한국 현대시의 형상과 논리

유성호 詩論集

국학자료원

책 머리에

　나는 원래 내가 내는 첫 책이 꼭 시집일 줄로만 알았다. 그것이 내가 국문과를 택한 실제적 꿈이었고, 지금도 그것은 별로 변함없는 채 나의 내밀한 욕구로 살아 있다. 그런데 어느덧 나 나름대로의 일정한 비평적 견해를 가지고 써온 글이 한 권의 책으로 묶이게 되었으니, 속절없는 관성적 세월과 사그러든 시를 향한 꿈을 다시 한번 느끼게 된다.
　결과적으로 이 책은 나의 첫 시론집이 된다. 대학원에서 우리 근현대시를 공부하면서 줄곧 배우고 느껴왔던 점을 여러 각도에서 써 본 결과이다. 나 나름대로 글을 쓰기 시작한 것이 1990년대 들어서이니 이 책에는 그동안 있었던 7년여의 글쓰기 작업이 담겨 있는 셈이다. 이번에 책으로 묶으면서 다시 읽어 보니, 오래된 글일수록 서투르고 미숙한 것은 어찌할 수 없는 노릇인 것 같다. 또 일관된 계획으로 쓰여진 글이 아니고 그때그때의 필요에 의해서 마련된 글들이라 통일적 구성이 어렵다는 점도 매우 주저되었다. 그러나 별 커다란 수정 없이 지난 시절의 내 고민과 탐색의 과정이 고스란히 들어 있겠거니 하면서 그대로 묶기로 하였다. 또 나로서는 결코 순탄치만은 않았던 나의 학생 시절을 이 책에 실어 떠나보내고 싶기도 하다. 같은 시절을 '견뎌낸' 사람들에게 이 책은 헌정되어야 할 것이다. 그리고 나는 이제 이 글들을 통해 허물을 훌훌 벗고 더 크고 좋은 글을 써야 하리라.
　돌이켜보면 내가 한국문학 중에서도 근현대시를 공부하게 된 것은 여간 행운이 아니었던 것 같다. 학문적 열의가 높았던 선배들과 동학들이 뭉쳐 꾸린 스터디 팀은 나에게 많은 긴장과 자극을 주었고, 대부분의 독시(讀詩) 체험이 그때 이루어졌다. 실로 고맙기 짝이 없다. 대학과 대학원을 1980년대에 보낸 대부분의 사람들이 공감하는 일이지만, 문학과 현실의 날카로운 긴장 관계 속에서 우리들의 문학적 감수력은 형성되었다. 그 과정에서 일정한 미적 편향이 형성된 것도 사실이고, 그것이 이 시대에 일정한 반성적 사유를 요청받게 된 것도 우리가 겪는 중요한 경험의 하나이다. '숲에서 나오니 숲이 보인다'는 경세적 잠언을 절절히 경험하고 있는 셈이다. 이제 나의 노력은 그와 같은 반성적 재구축에 바쳐질 것이다.

이 책은 4부의 구성에 모두 24편의 글을 싣고 있다. 제1부에는 식민지 시대로부터 해방기에 이르기까지 활약한 시인들에 대한 작가론을 싣고 있다. 김석송, 황석우, 박팔양, 박세영, 김광균, 윤동주, 여상현, 유진오가 그들이다. 제2부에는 1950년대로부터 최근에 이르기까지 활약한 시인들에 대한 작가론을 싣고 있는데 그들은 신동문, 신경림, 정현종, 이태수, 김남주, 천양희, 박노해, '시힘' 동인 들이다. 제3부는 1950년대로부터 최근에 이르기까지의 통사적 시사를 다룬 글들이다. 나로서는 이 1-3부의 글들에서 시에 형상으로 나타나는 '서정성'과 '현실인식'의 관계의 문제를 시종 다루어 보았다. 마지막 4부는 서정시에 대한 개념을 다룬 글과 1편의 서평, 그리고 이 책의 단 하나의 예외로 한 편의 소설론을 싣고 있다. 모두 즐겁고도 버거웠던 독서의 결과이다.

연세대학교에서 현대문학을 배우는 이의 즐거움과 고통을 경험케 해주신 스승들께 진심으로 감사드린다. 이선영 선생님, 신동욱 선생님, 정현종 선생님, 정현기 선생님, 마광수 선생님은 참으로 여러 각도에서 문학을 보는 눈을 예시해주셨다. 박사학위논문을 지도해주신 유종호 선생님, 한국문학을 바라보는 귀한 눈을 보여주신 임헌영 선생님께도 깊은 감사의 말씀을 드린다. 또 강창민, 이영섭, 최유찬, 오성호, 심원섭, 정희모 선생님은 박사과정을 지내는 동안 줄곧 내게 귀중한 조언을 해주신 분들이셨다. 아울러 시 공부를 통해 무수한 시공간을 공유했던 오문석, 이인영, 김신정, 최현식은 나의 든든한 동지적 역할을 해준 친구들이다. 사랑을 전하고 싶다. 더불어 민족문학사연구소의 시분과 회원들과 동주문학회 식구들 역시 나의 성장에 많은 도움을 주신 분들이다. 모두 깊은 감사를 드리고 싶다.

이 글을 쓰면서 새삼 느끼는 일이지만 이분들에 대한 감사는 결코 의례적이거나 치례로 하는 것이 아니다. 나는 결국 이분들로 하여 '있는' 셈이다.

또 언제나 내 삶의 버팀목으로 자리하는 아내 이은정에게도 이 책이 조그마한 위로가 되었으면 한다. 어려운 출판 사정에도 불구하고 국학 발전이라는 일관된 신념으로 책을 내주신 정찬용 사장님과 나의 작업을 한결같이 견인해준 한봉숙 부장님 그리고 편집부원들께도 감사드린다.

정결함과 성실함으로 살아가는 모습의 본을 언제나 보여주시는 아버님 유기환(柳冀桓), 어머님 최영례(崔永禮) 두 어른께 부족한 나의 책을 바친다.

1997년이 다가는 즈음에
南原에서
유 성 호

차 례

I

9 · 金石松論 : 강한 현실 지향성과 진보적 낭만주의
31 · 黃錫禹論 : 근대시에 대한 인식과 구상성의 시학
53 · 朴八陽論 : 현실성과 서정성의 갈등과 결합
106 · 朴世永論 : 상징적 형상을 통한 현실 저항의 논리
131 · 金光均論 : 이미지즘 시학의 방법적 수용과 굴절
157 · 尹東柱論 : 신앙적 체험과 심미적 가치의 통합
176 · 呂尙玄論 : 내면적 정서에 수용한 비판적 현실인식
210 · 兪鎭五論 : 전위적 혁명성의 서정적 형상화

II

235 · 辛東門論 : 전후 참여시인의 시적 파토스
265 · 申庚林論 : 서사시적 상상력의 서정적 수용
290 · 鄭玄宗論 : 결핍의 비극성을 '충일'로 노래하는 역설의 언어
312 · 李太洙論 : '그'를 향한 그리움, 꿈 속의 둥근 '집'
331 · 金南柱論 : 노래로서의 서정시 그리고 계몽적 열정
350 · 千良姬論 : 길 위에서 노래하는 '모성'의 시학
358 · 박노해論 : 자기갱신의 변증법, 새로운 시작
363 · '시힘' 同人論 : 희망과의 싸움, 서정시의 '힘'

Ⅲ

385 • 1950년대 후반 시에서 '참여'의 의미
415 • 1960년대 리얼리즘시의 전개 : 현실 지향의 시정신과
     비판적 주체의 정립
437 • 1970년대 민중적 서정시의 전개 : 시적 리얼리즘의
     다양한 성취
450 • 1990년대 시의 새로운 문법 : 탈중심 시대의 다양한 시적 형상
472 • 1990년대 시에 나타난 '서울'의 형상 : 자본과 소비
     과잉의 디스토피아, 서울

Ⅳ

478 • 서정시의 제개념 : '감각', '감정(정서)', '정조'에 대하여
496 • 우리 시의 내적 형식에 대한 역사적 고찰 : 윤여탁
     『시의 논리와 서정시의 역사』
504 • 현실 변화와 소설 담론의 새로운 지형도

I

金石松論
강한 현실 지향성과 진보적 낭만주의

1. 머리말 — 이단적 존재로서의 석송

　우리의 현대시사는 우리 민족이 겪어야 했던 현대사의 굴곡과 진폭을 그대로 담고 있는 하나의 화폭에 비유될 수 있다. 시(詩)라는 것이 시인의 역동적 주관을 통해 살아 움직이는 현실을 동태적, 비판적으로 인식하고 시적 형상과 형식을 바탕으로 훌륭하게 반영하는 양식이라는 믿음을 우리 시사는 늘 웅변적으로 말해주었다. 물론 역사의 전환기 또는 정체기마다 현실의 구체적 터전으로부터 눈을 돌려 탈사회적 공간에 시 영역을 드리운 시인들이 있었던 사실도 부인하기 어려울 터이지만 그보다는 역사의 마디마디마다 동시대의 삶과 진실을 노래하며 어려운 현실과 허위의식을 극복해 보려는 시인들의 노력은 한층 근본적이었으며 우리 문학사를 탄탄하게 이끌어왔던 자양이 되었다.
　이 글을 통해 우리가 살펴보려고 하는 시인 석송(石松) 김형원(金炯元)은 당대에 같이 활약했던 여타 시인들과는 사뭇 이질적인 시적 제재를 다룸으로써 문제적 시인으로 부각되었다. 『창조(創造)』(1919)에서 『폐허(廢墟)』(1920), 『장미촌(薔薇村)』(1921), 『백조(白潮)』(1922), 『금성(金星)』(1923)에 이르기까지 이른바 문학사조의 혼융기라고 일컬어지는 1920년대 전반기를 관류하던 시 경향이 서정소곡(抒情小曲)류나 유미적·상징주의적 낭만시 그리고 민요조의 서정시 등이었다는 것은 그간의 문학사 연구가 실증적으로 밝혀 놓은 주지의 사실이다. 이러한 문단사적 배경 속에서 석송의 시들이 갖는 제재상의 층위, 다시 말해서 당대의 왜곡된 현실과 그로부터 비롯된 궁핍상을 직접 시의 요체로 노래한 면모야말로 그를 당대 문단의 한 이단적 존재1)로 떠올리기에 족했을 것으로 여겨진다.

감상(感傷)과 비애가 충만하던 당대 시단에 석송은 민중시론(民衆詩論)을 주창했고, 월트 휘트먼(Walt Whitman)의 민주주의적 문학 이념을 자신의 세계에 적극 수용하기도 하였다. 그리고 미래에 대한 낙관적 관념으로 시를 창작하였고, 계급사상과 평등사상을 작품 속에 갈등적으로 내재시키는 방법을 택하기도 했다. 그러한 점이 그를 그러한 예외적 인물로 규정하게 된 동인이었던 듯싶다. 그러나 이러한 평면적 사실에 덧붙여서 이렇게 육안으로만 포착된 그의 작품세계가 갖는 이질성이 단순한 제재상의 이채(異彩)냐 아니면 그의 세계관과 매개된 인식론적 변별을 포괄하는 것이냐 하는 질문항이 필요할 것 같다. 왜냐하면 그러한 차별성이 구명되어야만 그의 시가 갖는 문학사적 위치를 올바로 찾을 수 있을 것이기 때문이다. 그리고 그러한 그의 작품세계는 어떻게 형상화되어 나타나는가 하는 점도 아울러 살펴야 할 것이다. 다만 이 글에서는 석송의 논리적 지론(旨論)인 평론류들은 여러 연구자들이 언급해 놓은 터라 생략하기로 하며 그의 시가 갖는 성과와 한계에만 주목할 것이다.

---

1) 김용직, 『한국근대시사(상)』, 학연사, 1986. 409면.

2. 1920년대 초기 시단과 석송

우리 시사의 갈피에서 1920년대의 시단이 갖는 역사적 배경은 언제나 3·1운동이라는 역사적 계기를 전사(前史)로 규정되어왔다. 3·1운동의 결과적 실패에서 유래된 민족적 허무감 또는 지식인적 자기괴멸감 등이 시적 형상화에서 비탄적 성조(聲調)나 음울한 병적 낭만성으로 귀결되었다는 정신사적 해명이 바로 그 일반적 양상이라고 할 수 있다. 그것은 그때까지만 해도 어느 정도의 진보성을 띠고 민족운동의 선편을 쥐고 이끌어오던 민족 부르주아들이 진보성을 상실하고 진정한 역사 주체로서의 역할이 소거된 채 민족개량주의로 급격히 경사하면서 귀착된 정신적 주조(主潮)가 바로 『백조』나 『폐허』로 대표되는 부정성의 낭만주의로 나타나게 된 것에 착안한 것이라 생각된다. 사실 이러한 정신사적 양상은 1920년 7월에 창간된 『폐허』의 동인인 공초(空超) 오상순(吳相淳)의 글에서도 능히 짐작할 수 있다.

> 廢墟 속에는 우리들의 內的 · 外的 · 心的 · 物的의 모든 不足 · 缺乏 · 缺陷 · 空虛 · 不平 · 不滿 · 鬱然 · 한숨 · 걱정 · 근심 · 슬픔 · 아픔 · 눈물 · 멸망과 死의 諸惡이 쌓여 있다. 이 廢墟는 멸망과 죽음이 支配하는 것 같다.[2]

"自由詩의 先驅"라는 표제와 함께 낭만주의적 성격을 표방했던 시전문 동인지 『장미촌』과 함께 1920년대 전반의 음울한 시 경향을 대표했던 『폐허』 창간호의 첫머리에 등장하는 공초의 말에서 우리는 당대의

---

2) 오상순, 「時代苦와 그 犧牲」, 『폐허』 1920. 7.

일반적인 정신적 지반을 읽을 수 있다. 그런데 이러한 시사적 배경을 토대로 하여 우리 문단에서는 다른 사상적 토양을 갖고 있는 시 경향이 등장하게 되는데 그것이 바로 '신경향파'로 대표되는 현실주의적 시 경향이다. 이러한 진보적 시문학이 등장하게 된 요인은 정치경제적 변화상을 문학적으로 반영하려는 창작 주체들의 진취적 욕구가 무엇보다도 큰 동력이었겠지만, 그렇게 간단하게 설명할 일은 못 되는 것 같다. 이에 대해서는 기존의 논의 중에 두 가지 견해가 눈에 띈다. 김윤식[3]의 입장에 따르면 『백조』가 견지했던 낭만주의적 시 경향이 붕괴되면서부터라고 설명한다. 예술적인 저항과 계급적인 저항을 '저항의 동질성'이라는 초점에서 파악하고 그 저항의 동질적 양상이 전자에서 후자로 전이되었다고 보는 경우이다. 이 견해는 『백조』 이전부터도 강한 현실 지향의 시가 더러 있었고 또 당시의 사상적 움직임을 너무 단선적이고 기계적으로 적용한 것이기 때문에 명백한 오류라고 여겨진다. 이에 반해 홍정선[4]은 "순수문학의 동인지에만 역점을 두지 말고 당대의 여러 종합지에도 눈을 돌려볼 필요"가 있다면서 "사회주의 사상과 진화론을 토대로 하여 종합지 계열에 의해 팽배해진 생활 개혁 의지"가 신경향파적 경향을 낳게 된 것이 아니겠는가 하고 논급한다. 그러나 그의 설명은 문학사의 사상예술적 성격과 맥락을 올바르게 규명하고 있다는 장점에도 불구하고 생활문학론으로 귀납되는 비평 분야를 집중적으로 점검한 것이기 때문에 시사에 있어서도 그대로 평면적인 적용을 하기는 어려운 점이 있다. 왜냐하면 일제 강점 후에 정치경제적으로 극도히 뒤틀려버린 현실의 모습에 대한 시적 대응은 즉자적이나마 지속적으로 이루어져온 흔적이 역력하기 때문이다. 그러던 연속적인 흐름이 1920년

---

3) 김윤식, 『근대한국문학연구』, 일지사, 1973. 267면.
4) 홍정선, 「신경향파 비평에 나타난 '생활문학'의 변천과정」, 서울대 석사학위 논문, 1981. 9면.

대 중반에 이르러 이른바 계급 이데올로기와 맞닥뜨려 이 땅의 현실주의적 시 영역의 정수를 드러냈다고 보는 쪽이 훨씬 타당할 것이다.

바로 이러한 논술의 언저리에 석송은 그 나름대로 결코 작지 않은 물음표를 안고 놓여진다. 왜냐하면 그의 시세계가 앞에서 암시하였듯이 1920년대 초반 우리 시사의 현실주의적 시적 인식을 거칠게나마 집약적으로 노정하고 있기 때문이다. 이러한 검토를 토대로 어쩌면 1920년대 전반기 시사를 기술하는 데 재조명의 빌미를 찾을 수 있지 않을까 하는 것이 바로 우리의 착안점이다. 그렇다면 이런 질문을 하나 던져두기로 하자. 팔봉(八峰)5)의 표현대로 "가장 健康하고 進就的인 思想을 노래로 表現"했던 석송 김형원의 시가 갖는 귀납적 본령은 무엇인가. 그것이 3·1운동 이후 부르주아 계급의 일각이 갖고 있던 진보성의 잔상(殘像)의 고수라는 측면으로 대표화될 수 있을 것인가. 그리고 그 이후로 펼쳐지는 프로시들과는 어떠한 연계성을 갖는가. 이것은 엉성하나마 그간의 문단사 위주의 1920년대초 시사 기술을 재검토해 보려는 질문일 것이다.

3. 석송의 문학적 궤적

석송 김형원의 전기적 사실에 대하여는 체계적이고 전일적인 작가론이 없는 까닭으로 소상하게 알 길이 차단되어 있는 실정이다. 다만 당대에 같이 문학적 활동을 했던 동료들의 회고와 단편적인 2차 자료들을 필자 나름대로 재구성하면 다음과 같은 골격을 얻어낼 수 있을 뿐이다.

석송은 1900년 11월 16일 충남 논산군 강경에서 출생했다.6) 1912년

---

5) 김기진, 「문단교류기」, 『김팔봉문학전집 1』, 문학과지성사, 1988. 531면.

보성고보에 입학하여 1915년 중퇴한 석송은 1919년 『매일신보(每日申報)』 문예란에 「사나히냐」(1919. 8. 4)라는 시를 '석송생(石松生)'이라는 필명으로 발표하면서 문단에 발을 들여놓게 된다. 그 후 1925년까지 그는 정력적인 시작활동과 번역·평론활동을 벌인다. 그의 이러한 문학 활동은 1924년까지는 『개벽(開闢)』지를 중심으로, 1925년에는 『생장(生長)』지를 모태로 하여 이루어지는 시기적 변별성을 갖는다. 그러나 이러한 분기(分岐)가 단순한 시기적 구분이라기보다는 그가 딛고 있는 시적 시야의 변모를 강력히 시사하는 것으로 보아야 할 것 같다. 그것은 『개벽』지가 박영희(朴英熙)가 입사한 이래 신경향파의 주활동 무대였고 『신생활(新生活)』이나 '서울청년회' 등의 구성원과 필진이 서로 복잡된 형태로 신경향파 인물들과 관련되어 있었다는 사실과, 『생장』지는 그 창간호 후기에서 "순문예잡지(純文藝雜誌)"임과 "점진주의(漸進主義)"를 내세우고 있다는 사실을 병치해 봄으로써 얻을 수 있는 추론인 것이다. 후술하겠지만 이런 차이점이 석송의 시가 갖는 변화양상과 맞물림은 물론 그가 1925년 이후 실질적으로 시를 포기하게 되는 근인(根因)의 유추점도 주게 되는 것이다.

석송이 『개벽』지에 발표한 시작품은 줄잡아 100여 편에 달한다. 이 때 미국의 민중시인 월트 휘트먼을 번역·소개하고 그의 문학적 이념에 많이 침잠하고 영향을 받았던 사실은 여러 연구자들이 언급해 놓은 바 있다.[7] 동아, 조선, 중외, 조선중앙, 매일신보 등의 기자를 역임했던 그는 동아일보 재직 시절 성해(星海) 이익상(李益相)과 더불어 PASKYULA 그룹을 적극적으로 조직하여 문예강연회 등을 주도한다.

---

6) 1939년판 『現代朝鮮文學全集 詩歌集』에 따르면 그의 출생연대를 '明治三十四年' 곧 1902년으로 기술하고 있는데, 가족들의 언급을 토대로 보거나 다른 자료에서 언급하는 연대를 따라 1900년으로 잡기로 한다.
7) 한계전, 『한국현대시론연구』(일지사, 1983)와 김용직, 「Leaves of Grass의 영향」(『한국현대시연구』, 일지사, 1974) 등이 대표적인 작업이다.

그 행사에는 그룹 성원들인 상화(尙火), 회월(懷月), 팔봉(八峰), 석영(夕影) 등이 참여하게 된다. 1925년에 그는 『생장(生長)』지를 주재하여 5호까지 펴내게 되는데 이 과정에서 파스큘라 계열 중에서는 유일하게 카프 창립에 가담하지 않게 된다. 이러한 전기적 사실 역시 그의 시세계의 변전에 자연스런 귀결점을 주는 것이다. 이후 계속 신문기자나 언론인(조선중앙 편집국장, 『조광(朝光)』 고정 칼럼니스트)으로서만 활동하던 석송의 그 후 행적에 대해서는 알기 어렵지만 8·15를 맞아 남한 정부에서 초대 공보처 차장을 지내다가 한국전쟁시 행방불명된 것으로 알려져 있다. 1979년에 가족들 명의로 『石松 金炯元 詩集』(삼희사)이 발간되어 그의 시 편력의 전체적 윤곽을 읽을 수 있게 되었다. 이 시집은 석송이 1920-25년 사이에 발표한 거의 모든 시편을 창작된 순서에 따라 싣고 있다. 다만 필자의 확인으로도 누락된 작품이 더러 발견되었고 또 당대 발표형태와 표기나 표현이 다른 것(예:「無産者의 絶叫」→「가난뱅이의 부르짖음」) 등도 간혹 발견되고 있기 때문에 발표 원문과의 서지 비교작업도 빠뜨려서는 안 될 것이다. 이 글에서는 발표 원문을 인용하기로 한다.

4. 석송의 시세계

석송이 월트 휘트먼을 소개하는 지면에서 그를 이야기하는 대목은 눈여겨 읽어둘 필요가 있을 것 같다. 앞에서 언급했지만 휘트먼을 이입·소개하면서 석송은 그 정신적 기조(基調)에서 상당 부분 그에게 영향을 받았기 때문이다.

　　월트·휘트맨! 나는 이렇게 感嘆的으로 그의 이름을 부르지 아

니할 수 업시 그를 敬仰하고 崇拜한다. 함은 그의 詩가 <u>美의 詩인</u>
<u>것보다도 力의 詩</u>인 까닭이다. 그는 果然「自然과 가티 寬大하고
强壯한」詩人이다. 그는 透徹한 豫言者요 先知者요 引導者이오 未
來를 爲한 詩人이오 人類의 向上前進과 共存共榮의 眞理를 確信한
벌거버슨 使徒이다.8) (밑줄은 인용자)

　석송이 휘트먼의 작품들에서 감격적으로 읽어낸 "力의 詩" 개념이
월탄(月灘)을 거쳐 팔봉에 이르면서 신경향파 시론이 형성되었다는 연
구9)는 벌써 행해졌거니와 그의 시가 갖는 독특한 힘의 시투는 그의 사
상적 지향과 늘 맞붙어 지속적으로 나타나게 된다. 더불어 휘트먼을 통
해 민주주의의 이념에 생각의 싹을 틔우고 그것으로부터 극도히 전도
되어 있는 조선의 현실상을 노래하게 된 모티베이션의 한 축을 제공받
았다고 판단된다.
　그리하여 석송의 문단 데뷔기의 시적 어조는 호흡이 거칠고 힘이 분
출하는 기운을 빚는 것으로 나타난다. 이러한 '힘'은 부조리하고 도착
되어 있는 당대 현실상을 시의 질료로 삼는 것으로 나타나게 되기도
하지만 역으로 그러한 현실이 '힘'의 발생적 모체가 되는 것이기도 하
다. 그러나 그의 시적 현실인식에 배태되어 있는 '힘'은 그가 문제삼는
현실의 역사적 정황을 전체성의 국면에서 읽어내지 못하는 탓으로 뚜
렷한 역사적 방향성이나 현실진단의 정확성은 근본적으로 결여한 채
관념적 허열(虛熱)의 소지를 다분히 풍긴다고 볼 수 있다. 그러나 이러
한 '힘'의 배음이 갖는 시적 특성은 그의 시에 뒤이어 나타나는 강한
현실비판과 생명예찬의 전조적(前兆的) 징후로서 파악된다.

　　사나히냐?

---

8)『개벽』1922. 7.
9) 한계전, 앞의 책 참조.

거든, 웃어라, 氣ㅅ 것, 正直하게
싱긋싱긋함은 계집이의 작는 ---
틔도 업시 웃어라(塵)
北極의 氷山이 녹도록.

사나히냐?
거든, 살어라, 限ㅅ 것, 사람답게
되는더로 홈은 바람긔비살님 ---
나도 업시 사러라(齡)
巴密의 高原이 달토록

— 「사나히냐」 1, 3연10)

「不平!」 그것은
弱한 者의 부르지즘이다
그들의 雄辯이고 그들의 武器라
그들은 이 웅변과 무기가 업스면
「不平!」을 부르짓지 안이ᄒ면
「不平!」을 놋코서는
설(立)수가 업다. 믹이 풀닌다.
아! 「不平!」 이것은 그네의 生命의 「파워」다.

— 「不平의 主人公에게」 중에서11)

  위에 제시한 두 편의 초기작은 형상성의 미흡함과 조악한 신체시적 잔재 등의 혐(嫌)이 있지만 공통적으로 강인한 힘의 분출을 어렵지 않게 검출할 수 있다. 더구나 같은 지면에 시를 발표하기 시작하던 춘성(春城) 노자영(盧子泳) 등의 센티멘털리즘 시들과는 판이한 목소리로 들린다. 그러나 문제는 그 힘이란 것이 전술한 대로 정당한 역사적 안

---

10) 『매일신보』 1919. 8. 4.
11) 『매일신보』 1919. 9. 15.

목에서 추구된다기보다는 막연한 반(反)감상주의자로서의 모습으로만 들어온다는 데 있다. 그래서 이러한 시적 예시는 그가 강렬하게 현실에 관심을 갖게 되는 시인의 내적 가능태로서 자리잡게 되기도 하지만 더불어 그러한 막연함이 시인의 현실인식에 대한 한계를 직접적으로 제공하는 원인소로 자리잡고 있는 것이다. 이러한 양면성은 석송의 데뷔기 때부터 출현하거니와 이것이 그의 시가 앞으로 펼치는 한계와 성과를 획정하는 맹아가 된다. 아무튼 자폐적 리리시즘이 만연해 있던 식민지 조선시단에 석송은 기운찬 현실주의자의 모습으로 등장하고 있는 것이다.

> 올슴니다
> 나에게는 耳目口鼻가 잇다 해도
> 智情意가 잇다 해도
> 피가 잇고 뼈가 잇고
> 살이 잇다 해도
> 아니 살은 목숨이 잇다 해도
> 이것은 모도다 당신네 ---
> 民衆의 압헤 犧牲이 올시다
> 아! 나는 스사로 나를 죽이고
> 民衆으로 살으랴는 나이외다
> 나는 그네의 입이 되야
> 그네의 모든 부르지즘을 代身하고
> 그네와 運命을 한가지 하고자 ......
>
> ─「民衆의 公僕」중에서12)

> 現代人아! 아 情다운 現代人들아!
> 티(塵)도 업는 人間의 良心을 가진 동무들아!

---

12) 『동아일보』 1920. 4. 2.

記憶하여라 一九二0年十月二十五日!
이날이 무슨 날임을 너의 마음속에

人類의 歷史가 잇슨 後 五千年, 記憶할날이만치만
特別히 記憶하여라, 一九二0年十月二十五日!
그리고 또다시 一九一九年의 六月二十八日을
이날이 무슨 날임을 너의 마음속에

멀리 멀리 해지는 쪽으로
大西洋과 北氷洋이 合水되는 곳에
自由를 爲하야 七百年의 피싸움을
끈기잇게 이어오는 「아일랜드」의 民族!

「自由를 다구치안으면 죽음을」 하는
옛사람의 부르지즘 고대로 옴긴듯이
마츰내 「항거스트라익」을 일으킴은
人間의 智力으로는 헤일 수 업는 最大의 驚異!

— 「죽음의 美」 중에서[13]

앞에 제시한 시는 물론 『동아일보』라는 언론지의 창간시라는 성격을 띠고 있기는 하지만 시적 화자의 만만치 않은 다짐을 금세 읽어낼 수 있다. 그는 민중의 '입'으로서의 신문의 역할을 강조하면서 자신 역시 민중의 편에서 노래하겠노라 다짐하고 있다. 여전히 형상성으로서의 시이기보다는 진술적 어투가 많은 작품이기는 하지만 그의 시에 지속적으로 흐르는 거친 어조가 자신의 사상적 지향과 맞물려 있어 한층 "중맹(重盟)"으로 들린다. 그의 이 같은 민중주의의 일면은 그의 논문인 「民主文藝小論」(『생장』 1925. 5)에서 산문적 논리로도 강하게 설파된

---

[13] 『개벽』 1921. 2.

적이 있거니와 이 '민중'의 개념은 면밀히 따져 보면 프롤레타리아라는 역사적 개념이라기보다는 제(諸) 이즘을 포용하는 평민(common people)의 뜻으로 그의 시에 수용되고 있는 것으로 보는 것이 옳을 것 같다. 이 같은 판단은 그의 「文學과 實生活과의 關係를 論하야 朝鮮文學 建設의 急務를 提唱함」(『동아일보』1920. 4. 20-24)이라는 글 이래 그의 문학세계에서 꾸준히 나타나는 코스모폴리타니즘과 시에 나타나는 민중들의 여러 형상들로부터 귀납한 것이다. 그러나 어쩌면 이런 포괄적 계급이해가 카프가 대두될 때 그로 하여금 시적 자기동일성을 상실하고 시를 그만두게 하는 원인으로 자리잡는 것 역시 미리 언급한 터이다.

뒤에 제시한 작품은 아일랜드 한 도시의 시장인 맥스위니라는 실제 인물의 헝거 스트라익을 시의 제재로 택한 특이한 작품이다. 역사적 사실이 시적 제재로 수용된 것으로 주목을 요하는 작품이다. 맥스위니는 절식동맹(絶食同盟) 끝에 1920년 10월 25일 절명했는데 시인의 눈은 그 죽음의 역사적 가치에 초점을 맞춘 것이다. 시의 정황은 "自由를 爲하야 七百年의 피싸움을 끈기있게 이어오는 아일랜드의 民族"의 헝거 스트라익을 통해 그 투쟁의 파장이 세계에 미치고 그의 죽음이 세계로 하여금 영원의 자유를 노래하게끔 했다는 줄거리이다. 이러한 시적 전개의 근저에는 물론 영국이라는 침략적 제국주의에 대한 강한 비판과 아일랜드 민족주의에 대한 심도있는 애정이 서려 있는 것이 사실이겠지만 그와 동시적으로 식민지 조선의 상황을 그대로 환기시키고 있다는 점에서 당대 작품으로서는 상당히 색다른 중의적(重義的) 리얼리티를 자아낸다. 맥스위니의 투쟁은 "新人間의 新行爲"이며 그것이 바로 "二百萬"의 또 다른 맥스위니를 낳았다는 언술에서 포착되는 역사적 공리성(功利性) 역시 이 작품의 중요한 장치라 여겨진다. 이 시가 무게중심을 두는 '죽음'이라는 소재는 당대의 자기괴멸적 감상성의 '죽음'

의식을 노래한 많은 여타 작품들과는 각도가 다른 것으로서 그 사적 의의가 인정된다고 하겠다. 석송은 이 작품의 후반부에서 "人生은 이따금 死로써 生을 삼기도 한다 / 生活은 藝術이요 行爲는 創作이다 / 美와 功利는 背馳되는 듯하고도 아니다"라는 그의 미학관의 일단을 내비치고 있다. 시적 현실주의의 서투른 물꼬의 모습이다. 그러나 혼연히 '弱者의 憤怨'의 편에서 시인의 목소리가 배어나오긴 하지만 그의 시 속에 지속되는 견고한 관념성으로 하여 좀처럼 본질적인 현실의 형상에는 다가서지 못한다. 이쯤에서 이 글의 허두에서 제기한 문제의 하나를 떠올릴 필요가 있다. 석송의 강한 현실 지향이 리얼리즘적 안목에서 볼 때 어떤 의의와 한계를 갖느냐는 것, 「죽음의 美」는 그러한 공과(功過)가 명징하게 드러나는 시작이 되는 작품이다.

나는 無産者이다!
아모것도 갓지 못한

그러나 나는
黃金도, 土地도, 住宅도,
地位도, 名譽도, 安逸도,
共産主義도,
社會主義도,
民主主義도,
아! 나는 願치 안는다!

사랑도, 家族도,
社會도, 國家도,
現在의 아모것도
아! 나는 詛呪한다!

>   그리고 오즉
>   未來의 合理한 生活을
>   아! 나는
>   要求한다.
>
>   …… …… ……
>
>   그러나 나는 다만
>   「人間」이란 財産만을
>   眞實한 意味의 「人間」을 ……
>   要求한다 絶叫한다!
>
>   -「無産者의 絶叫」중에서14)

　이 시에 등장하고 있는 '無産者'는 마르크스주의적 개념의 프롤레타리아가 아니라 축자적 의미 그대로 '가난한 자'의 뜻으로 쉽게 판단할 수 있다. 그리고 그 무산자는 현상 질서의 테두리를 모두 부정해버린 후에 '合理한 生活'을 요구하며 절규하는 모습으로 나타난다. 바로 이것이 석송이 딛고 있는 민중지향성의 일단인바, 이른바 시적 자아의 역사적 방향성의 상실로 귀결되는 형국을 빚게 된다. 그러므로 석송의 시 음역(音域)은 사회학적 차원에서 발흥됨에도 불구하고 모호한 '合理'나 '人間'이라는 관념적 개념어로 대안을 내세우는 모순을 나타내게 된다. 불합리한 모든 기성체계에 절규하듯 저항하면서도 특정 이데올로기를 포함해서 일체의 기성화된 논리를 극단적으로 부정하게 됨에 따라 역사적 허무주의나 무정부주의적 성격에 이르게 될 빌미를 주고 있는 것이다. 무정부주의가 개인의 절대자유를 기본으로 하여 모든 중앙집권적 지배 메커니즘을 부정하고 자유의 연합체를 건설하려는 사상이라고 볼

---

14) 『개벽』 1921. 6.

때 석송의 윗시는 그런 모습의 한 면을 보여준다고 판단된다.

오! 나는 본다!
숨쉬이는 木乃伊를

「現代」라는 옷을 입히고
「制度」라는 藥을 발라
「生活」이라는 棺에 너흔
木乃伊를 바라본다.

그리고 나는
나 自身이 이미
숨쉬이는 木乃伊임을
아! 나는 弔喪한다!

― 「숨쉬이는 木乃伊」 전문15)

   시가 한 시대의 현실을 반영하고 그 이념을 형상적으로 암시하는 기능을 갖는다면 이 작품이 씌어진 배면에는 반드시 부정되어야 할 왜곡된 식민지 질서가 모티프로 자리잡고 있는 것으로 여겨진다. '숨쉬이는 木乃伊'라는 것은 인습과 기성논리에 얽매여 지친 자아에 대한 은유일 터이고, 그에 대한 '弔喪'은 기성 모랄과 가치관을 회의하면서도 새로운 가치관의 제시에는 이르지 못하는 일종의 자기확인이라고 할 수 있다. 이러한 정황에서 시적 자아는 자아부정의 면모를 강하게 풍기지만 부정태(否定態)의 형상에만 주력한 채 현실의 구체적 진단이나 새로운 시적 비전의 형상 창출에는 미흡한 점을 남긴다. 시적 현실주의라는 것이 적극적 의미의 휴머니즘의 반영인바, 포착된 대상과 형상화가 중층

---

15) 『개벽』 1922. 3.

적으로 매개된 형상에서 찾아지는 것이라면 이러한 부정태의 형상은 리얼리티 획득에 간극을 주고 '지금 여기'라는 시적 치열성으로부터의 도피의 발판 노릇을 잠재적으로 행사하기도 한다. 물론 이러한 강한 부정정신의 연장선에는 「歸路」나 「웃음 파는 계집」, 「不純한 피」, 「샛검은 사람」, 「해빛 못보는 사람들」, 「지심을 매이자」 등의 작품에서 한결같이 유로되는 빈자(貧者)에 대한 강한 애정이 묻어나오지만 그와 더불어 「해빛 못보는 사람들」의 "오! 친구여! 해빛 못보는 / 世上에 詛呪바든 친구들이어! / 우리는 장차 어찌할거나! / 해와 달을 깨치어버릴가! / 해와 달을 새로 만들가" 하는 식의 방향상실을 동반하게도 된다. 이러한 현상의 근저에는 빈핍상에 대한 근본적 원인의 이해나 사회의 구조적 연결고리에 대한 인식의 결여가 잠복해 있을 것이다. 그렇기 때문에 공장 노동자들의 어려운 삶을 제재로 애정있게 다루면서도 그들의 사회학적 본체의 형상화에는 거리가 있는 시적 인식을 보여주게 되는 것이다. 석송의 이와 같은 강한 현실에의 관심이라는 문제의식의 발단과 거기에 대한 관념적 이해라는 어긋난 양축이 바로 그의 시가 자아내는 치명적 약점이 아닌가 싶다. 그렇다면 이러한 한계는 어디서 오는 것일까. 우리는 김우창의 다음 발언에서 암시를 얻을 수 있을 것이다.

> 문화와 같은 보다 무형적인 분야에서 식민주의는 支配문화의 점진적인 침투와 피지배문화의 내적인 붕괴와 부패라는 형태를 띤다. 그것은 외부적인 강압보다는 내적인 괴멸을 통하여 작용한다. (…) 식민치하에서의 自己否定은 자기문화의 붕괴와 괴멸을 가져온 근본적 원인인 식민주의에 대한 공격이기보다는 자기자신에 대한 포기와 공격으로 나타나고 그것은 자기를 넘어선 추상적인 것에 대한 崇仰으로 이어진다.16)

---

16) 김우창, 「일제하의 작가의 상황」, 『궁핍한 시대의 시인』, 민음사, 1987. 14-15면.

기성의 제도적 틀이나 질서에 의해 왜곡되어져 있던 당대의 조선적 삶의 일반적 현상을 조명했으면서도 자기부정이라는 극단화된 시적 목소리로 전이되는 근본요인은 그의 문화적 인식태도 때문이었을 것이다. 다시 말해 그는 식민지 실상을 소박하나마 정치경제적 구조틀로 인식하지 못하고 일종의 문화주의적 시야로 바라보았기 때문에 그런 부정의 절규를 내뱉지 않았나 하는 것이다. 이런 인식론적 한계는 석송으로 하여금 일종의 '문화적 코스모폴리타니즘'을 지향하게끔 하며 계급 예술운동의 도래와 더불어 자기동일성 상실로 인해 절필하게끔 이끄는 원동력으로 작용하였을 뿐더러 1924년 이후 강렬한 생명 예찬이라는 '추상적인 것에 대한 崇仰'에 접어들게 하는 발판이 된다. 백철(白鐵)이 그를 '인생파(人生派) 시인'17)으로 규정하려 했던 연유 역시 어쩌면 이때로부터 시작되는 그의 시작 성과를 검출해낸 결과가 아닌가 싶다. 그의 이른바 '생(생장, 생명)'에 대한 강한 집착은 그가 파스큘라 그룹에서 이탈하는 과정에서 주재하게 된 잡지『생장』의 표제에서도 짙게 배어나오지만 현실모순의 대안을 지나치게 추상화된 개념으로 대치시키는 관념성을 표출하게 된다.

>아무도 부르는 이는 없다, 그러나 只수도 부른다.
>너의 갈빗대 밋헤서 큰소리로 적은 소리로 꾸준히 부른다.
>모든 것은 善이다. 모든 것은 惡이다.
>그러나, 오즉 한가지 特別한 善이 잇다. 그것은 ……
>생의 肯定이다. 生長의 讚美이다.
>
>― 「그게 누구인가」 중에서18)

---

17) 백철,『신문학사조사』, 신구문화사, 1986. 337면.
18) 『개벽』 1924. 2.

아, 지금은 새벽네시!
장래의 닭은 새날을 宣言하고,
어대선지 갓난아기의 우름소리가 들닌다.
아! 새날! 새사람!
새 生命의 춤터가 열니랴 하는
아, 거룩한 새벽 네시!

　　　　　　　－「아 지금은 새벽 네시」중에서[19]

우리의 가는 곳은 果然 어듸인가?
歷史의 冊張속인가 虛無의 어둔 房인가
아니다, 우리의 도라가는 곳은
언제든지 生命의 꼿이 滿發하는
모든 槪念이 한데 뭉처지는
地上에서는 想像도 못할 樂園이다.
그곳에서야 비로소 우리는 永住할 것이다.
詐欺, 嫉妬, 謀害, 戰爭, 殺戮이 업는
가장 平和한 社會는 그곳에 비로소,
우리의 손으로 세워질 것이다.

아, 동무야 나의 동무들아!
그대들은 잔을 마시엇는가. 生命의 잔을,
이제는 一齊히 이러나서 노래부르자 ---
生의 讚美! 오, 生長의 찬미!

　　　　　　　－「生長讚美」중에서[20]

　위에 제시된 작품들에서 우리는 일종의 절대평화, 절대포옹으로서의 개념으로 사용된 '生', '生命', '生長'과 마주하게 된다. 이런 추상적 개

---

19) 『개벽』 1924. 11.
20) 『생장』 1925. 1.

넘어들은 진지한 시적 전망과 모색을 상당부분 저해하고 있고 이러한 현상은 역으로 그 진지한 모색을 추구할 만한 근본적 인식의 미비로 생기게 되는 것이 아닌가 한다. 그의 이와 같은 절대화해로서의 문학적 이념은 이미 그의 산문에서 피력된 바 있다.

> 이제 '데모크래시'의 意義에 對하여 좀더 具體的으로 말한다면, '데모크래시'는 靈肉合一, 萬有平等이 同時에 彼我가 一體요, 古今이 亦同하여 이곳에는 時間과 空間의 制限도 없고, 個體와 全體의 區別도 없고, 幽顯과 生死의 等分도 업시, 오직 永遠히 꺼지지 아니하는 거룩한 光明이 반짝일 뿐이다. '데모크래시'는 太陽이다. 宇宙의 구석구석에 그 光明을 고루고루 비추어 줄 뿐이오, 아무 差別的 意味는 가지지 못한다. '데모크래시'는 絶對의 抱擁이다. 美醜도 不許하고 善惡도 不關하고 모두 한결같이 抱擁한다. 마치 어버이의 사랑과 같이.21)

과장된 비유 안에 민주주의의 실재적 이념과 가치는 증발해버리고 있다. 이와 같이 감격적으로 민주주의 문학이념을 절대포옹의 자세로 받아들인 석송인지라 시가 현실의 올바른 구조적 양태를 반영하는 미덕을 놓친 게 아닌가 여겨진다.

이와 같이 전개된 석송의 시적 여정은 결과적 파탄이라고 단정할 수도 있겠지만 그가 위치했던 시적 배경과 성취한 몫을 면밀히 검토해야만 그의 값을 올바로 매길 수 있을 것이며 기실 그의 몫은 그리 간단하거나 왜소한 것만은 아닌 것이다. 그의 시세계의 전개양상을 정리하면 데뷔할 무렵의 힘찬 목소리가 민중들에 대한 강한 애정이라는 관념을 싣고 오다가 문화주의적 현실 이해로 인하여 관념적 전망을 시 안에 가지고 오는 것으로 단선적으로 요약할 수 있을 것이다. 이런 현상은

---

21) 김석송, 「民主文藝小論」, 『생장』 1925. 5.

재차 이야기하지만 강한 현실 부정정신과 그에 대한 관념적 인식이라는 평행선에서 배태된 것이고 자기동일성을 견지한 채 계속적으로 현실에 작품으로 대응하며 시적 모색을 못하게 하는 동인이 된 것이다.

5. 맺음말

시가 한 사회의 본질을 인식하고 그 시대의 구조적 양태를 전형적으로 형상 창조하여 사회현실을 전체성의 관점에서 반영하고 미래에 대한 역사의식을 형상적으로 창출하는 데서 시의 리얼리즘적 성과가 찾아지는 것이라면, 우리 시사는 현대사의 변화에 대한 시적 대응으로 빚어진 사회학적 상상력의 정치화(精緻化) 과정을 걸어온 흔적으로 충일하다. 그럴 경우 시적 자아는 역사적 자아로의 감연한 전신(轉身)을 획득하거니와 그 문학적 성과는 현실에 대한 정확한 감득과 형상화라는 중층적이고 복합적인 양상을 통해서 구현되는 것이다.

석송 김형원은 우리 시문학사에서 3·1운동 직후에 나타나 힘있는 호흡과 강렬한 현실 회귀 그리고 생명에의 관심과 예찬 등으로 당대 문단의 한 이단적 존재로서 모호하게 규정되어왔던 시인이다. 혹자는 그를 신경향파의 비조(鼻祖)로 보기도 하고 또는 신경향파와 프로시를 잇는 연결고리 역할을 했다고 보는 견해도 있으며 그를 낭만주의시의 한 변용으로 보려는 의견도 더러 있다. 그의 시세계는 상술한바, 독자적인 성과와 한계를 갖는 것으로 나타났거니와 인식론적 매개를 거치지 않은 부르주아 진보주의가 무정부주의 성격으로 전화되는 전개양상으로 나타났다. 또한 형상성의 조악함과 견고한 관념적 조사(措辭)로 인한 생경함 역시 그의 시적 역량이 갖고 있는 어쩔 수 없는 흠이다. 그렇다면 형상화의 조탁이 서투르고 성격상으로는 강한 현실에의 관심과 저항정신을 노정했고 더러는 낭만적 비가(悲歌)의 성격이 짙은 그의 시가 담당한 당대 시사의 위치찾기 역시 그가 갖는 독자성과 한계에서 연원한다고 할 수 있겠는데 우리는 프라이(N. Frye)의 다음 발언에 유의코자 한다.

> 낭만주의적 시인이 진보적이냐 보수적이냐 하는 것은 本源的인 사회가 현재의 사회에 의하여 감추어져 있다고 보느냐 아니면 그대로 드러나 있다고 보느냐에 달려 있다.[22]

석송의 시적 안목은 분명 3·1운동 직후에 제자리를 찾지 못한 진보적 지식인의 관념적 언술행위였음에 틀림없다. 그리하여 우리는 석송의 시가 당대 갖는 의미를 1920년대 벽두의 우리 시사에서 진보적 낭만주의의 일면을 외롭고도 명징하게 보여주는 것이라 판단하려고 한다. 이것은 개화기 이래 우리 시가에서 꾸준히 지속되던 현실주의적 안목이 상당부분 탈각된 채 관념적 외침으로만 잔존하는 아쉬움을 갖게 하지만 그의 시 영역이 당대의 수평선상의 타작가들에게 끼친 선구적 업적, 곧 현실 회귀의 시적 형상화라는 정당한 덕목을 제시했다는 점에서 그의 작품들이 갖는 시사적 위치는 남다르고 또 가치있는 일이라 여겨지기 때문이다. 동시대의 한 시인이 파악한 그의 위치가 이러한 면을 분명히 드러내주고 있다.

> 이 詩人의 民主主義的 詩風이 當時 細微 軟軟하거나 그러치 아니하면 '센티멘탈'하거나 또 그러치 아니하면 '떼카단'的이든 모든 詩風 中에 잇서서 한 힘잇고 굿세인 特色을 뭇하고 잇섯슬 뿐 아니라 이 傾向이 진실로 後日 新興階級詩運動 勃興의 한 刺戟이 되어 잇는 곳에 그 先驅的 意義를 發見할 수 잇는 것이다.[23]

---

22) N. Frye, 『로만주의의 재조명』, 한밭, 1983. 63면.

현실의 비판적 인식에서 출발하여 시를 그만두게 될 때까지 그의 문학행적은 다른 당대의 여타 시인들과의 비교 속에서 더욱 선명하게 위치지워질 수 있겠고, 그리하여 패배주의 일색의 병적 낭만성으로 기술되는 1920년대 벽두, 다시 말해 3·1운동 직후의 시사를 다시 살피게끔 하는 동기를 부여하고 있는 것이다. 이 글은 그의 작품이 갖는 내용사회학적 의의와 한계를 밝혀 시사적 위치를 가늠해 본 것에 불과하고 본격적인 시인론이 되기 위해서는 그의 시가 신체시로부터 전이되어지는 형태적 의의에도 꽤 관련되어질 것으로 보이기 때문에 그에 대한 고찰도 요구되며 더불어서 그가 남긴 몇 편의 평론에 대한 분석, 그리고 휘트먼과의 영향사적 측면을 밝히는 비교문학적 노력, 더욱 소상한 생애 고증도 진척되어야 할 것이다. (1991)

---

23) 박팔양, 「조선신시운동개관」, 『조선일보』 1929. 1. 10.

黃錫禹論
근대시에 대한 인식과 구상성의 시학

1. 머리말

시인 황석우(黃錫禹, 1895-1960, 호는 象牙塔)에 대한 그동안의 문학사적 평가는 꽤나 우호적이고 긍정적이었던 것 같다. 우리 근대시의 영역을 개척한 선구적 인물의 한 사람으로서 그리고 19세기 프랑스 상징주의 시론을 우리 문학에 수용하고 실제로 근대적 자유시를 창작한 시론가 및 시인으로서, 그는 초창기 우리 근대시사에서 그 나름의 고유한 영역에 대한 공고한 평가를 얻고 있는 것으로 보인다. 그리고 그의 행적에 대한 혹독한 비판이나 그의 문학이 끼친 영향력의 역기능에 대한 추궁은 별로 눈에 띄지 않는 것이 사실이다. 더불어 『폐허(廢墟)』(1920)나 『신민공론(新民公論)』(1921)의 동인으로 참가하였고, "자유시(自由詩)의 선구(先驅)"라는 표제가 붙은 최초의 시 전문지인 『장미촌(薔薇村)』(1921)을 편집, 주재한 사실이나 『조선시단(朝鮮詩壇)』(1928)이라는 시 전문지를 창간하여 신인 문사들을 발굴하는 데 기여한 사실도 매우 귀중한 문학사적 업적으로 평가받고 있다.

황석우에 대한 이러한 긍정적 평가의 이면에는 문인들의 문단적 위상을 유난히도 귀히 여기며 그것을 문학사적 위상으로까지 침소봉대하는 우리 문학풍토 특유의 저널리즘적 시각이 상당부분 개입되어 있는 것이 분명하다. 그럼에도 불구하고 그에 대한 이와 같은 긍정적인 가치 판단은 그가 초창기 우리 문학사의 정립기에 거둔 문학사적 몫을 귀납적으로 온당하게 추려낸 결과임에는 틀림없다. 왜냐하면 상아탑은 초기 우리 시사의 개화기에 매우 중요한 역할을 했을 뿐더러 이후 펼쳐지는 우리 근현대시사의 한 출발점을 이룬 뜻 깊은 시인이기 때문이다.

이 글은 전대(前代)의 연구에서 축적되어온 그에 대한 긍정적 논의들을 부정하면서 시작하지 않는다. 오히려 그러한 논구나 업적들을 적극적으로 충분히 섭렵하여 황석우에 대한 문학사적 평가를 새롭게 재정립해 보자는 데 목표가 있다고 할 수 있다. 하지만 상아탑이 안서(岸曙) 김억(金億)이나 송아(頌兒) 주요한(朱耀翰)과 함께 상징주의 시론을 소개한 주역이었다든가, 그가 근대문학 초창기의 대표적인 상징주의 시인이었다는 등의 다분히 사조적 위치정립에 꿰맞추는 식의 논의는 지양될 것이다. 다만 여기에서는 그가 남긴 시론(詩論)들을 통해 새로운 시에 대한 그의 장르인식을 근대 자유시론의 전개의 맥락에 놓고 검토하고, 나아가 그의 시에 구현되어 있는 형태상, 내용상의 특질이 우리 시사에 근대 자유시가 정착되고 확립되는 데 어떠한 역할을 했는가에 글의 초점을 맞추려고 하는 것이다. 이 두 가지 논의가 적실하게 이루어질 경우 황석우가 전개한 시적 노력(시론 및 창작)이 근대 자유시로 가는 우리 시사의 길목에서 어떤 역할을 했는지가 분명해질 것이다.

2. 근대 자유시와 상징주의

프랑스 상징주의를 적극적으로 수용하게 되면서 한국 근대시의 본령이 본격화되었다는 가설은 여러 논자들의 실증적, 역사적 연구를 통해 이미 정설로 굳어진 감이 없지 않다.1) 또 프랑스에서 일어났던 역사적 문예사조인 상징주의의 특성과 상징주의 시인들이 국내에 소개되는 경위, 그리고 상징주의의 수용이 우리 시에 미친 영향관계나 작품 번역과정 등도 상당히 많이 천착되어 있는 편이다.2) 그 논의의 대강의 골격은 다음과 같이 추려질 수 있다.

한국의 근대시가 전통적 장르를 계승한 측면과 일종의 서구충격에 의해 굴절, 변형된 측면의 변증법적 모델을 거쳤다고 할 때, 『태서문예신보(泰西文藝新報)』(1918)를 통한 상징주의의 이입과 소개는 가히 그 외래적 충격의 대표적 사례라고 할 수 있다. 그리고 나아가 이러한 서구 지향의 변형형태에 의하여 우리 시에 대한 근대성의 인식과 개인적 서정에 바탕한 자유시로 가는 도정의 바탕이 만들어지게 되었다고 할 수 있다. 그동안의 이러한 영향사적인 비교문학적 논의에서 황석우의 위치는 안서와 주요한 그리고 백대진(白大鎭)과 함께 선구자라는 각도에서 매우 중요시되어왔다.

그러나 정작 문제는 이미 문학사의 상식이 되어버린 이러한 이입사, 영향사적 측면이 아니라 그 상징주의를 이해하고 그에 맞추어 시적 실

---

1) 정한모, 『한국현대시문학사』(일지사, 1974), 한계전, 『한국현대시론연구』(일지사, 1983), 김용직, 『한국현대시연구』(일지사, 1985) 강남주, 『수용의 시론』(현대문학사, 1986), 김영철, 『한국근대시론고』(형설출판사, 1988) 등이 그 대표적 예이다.
2) 김학동, 『한국 근대시의 비교문학적 연구』(일조각, 1981), 양왕용, 『한국근대시연구』(삼영사, 1982), 백운복, 『한국현대시론사연구』(계명문화사, 1993) 등이 그 대표적인 예이다.

천을 하였던 당대의 시인들이 우리 근대시 정립의 발전맥락에서 차지하는 본질적인 위치에 있다. 다시 말해 당대에 집중적으로 소개되었고 또 그 기율에 따라 창작시까지 많이 산출되었던 상징주의가 과연 전환기적인 한 시대를 풍미한 우세종의 문예사조였느냐 아니면 근대시로 나아가는 매개항으로서의 필연적인 사적 맥락으로서의 연속적인 자질을 갖고 있느냐에 있다. 그러한 의문에 대해 나는 상징주의라는 터널이 우리의 시로 하여금 근대시에 대한 미적 자각을 할 수 있었던 계기가 되었고, 근대적인 양식에 대한 자각이나 자유시를 지향하는 시대적 요구와 결과적으로 맞아떨어졌다고 생각한다. 이것이 결과론적 시각, 다시 말해서 상징주의가 갖고 있는 시적 속성이 이후의 근대시에 공통적 요소로 나타났기 때문에 역으로 그 영향관계를 소급하여 추론하는 비역사적 안목인지 아니면 근대시적 전범을 확립해가는 데 이러한 서구 충격 특히 상징주의적 제특성이 필수불가결한 미학적 자양을 부여했던 것인지에 대해서는 확정하기 힘들다. 다만 근대시 논의를 할 때 밉든 곱든 이러한 외래 지향의 양식변모와 시적 인식의 변화가 결과적으로 우리 근대 자유시가 걸어가는 험난한 도정의 출발선을 만든 것만은 분명하고 상아탑이 행했던 자유시에 대한 모색과 지향 또한 이러한 서구지향적 노력이 빚은 한 결과인 것만은 분명하다.

그러나 이러한 외래소와 전통적 요소의 영향과 길항(拮抗)의 소상한 역관계는 좀 더 많은 시인과 작품 사례의 검증을 통하여 깊이 숙고해 보아야 할 문제라고 생각한다.

3. 황석우의 시론

황석우가 전개한 시론으로 알려져 있는 글들을 발표순으로 적시하면 다음과 같다. 그것은 「詩話」(『매일신보』 1919. 9. 22. / 1919. 10. 13), 「朝鮮詩壇의 發足點과 自由詩」(『매일신보』 1919. 11. 10.), 「日本詩壇의 二大傾向」(『폐허』 1920. 7.), 「最近의 詩壇」(『개벽』 1920. 11.), 「犧牲花와 新詩를 읽고」(『개벽』 1920. 12.), 「注文치 아니한 詩의 定義를 일러주겠다는 玄哲君에게」(『개벽』 1921. 1.), 「詩作家로서의 抱負」(『동아일보』 1922. 1. 7.) 등이다. 언뜻 일별해 보아도 상징주의가 본격적으로 소개, 유입되던 3·1운동 전후 시기에 집중적으로 글이 발표되고 있음을 알 수 있다.

주지하다시피 황석우는 서구 상징주의 작품을 번역하고 상징주의의 특성을 소개한 데 머무른 김억과는 달리 일종의 창작시론을 통하여 상징주의를 개진하기 시작하는 특성을 보인다. 그가 맨 먼저 발표한 소논문인 「詩話」라는 글은 프랑스의 대표적인 상징주의 시인 보들레르(C. Baudelaire)의 이른바 '교감(交感)의 시학'을 정면으로 수용하고 있으며, 그것의 시학적인 배경과 논리를 집중적으로 소개하고 있다. 이 글은 우리 근대시사에서 최초의 상징주의 시론이자 창작시론으로서의 가치가 있는 문헌이다.

여기에서 황석우는 시인이라는 존재가 신(본체)과 인간(현상)을 매개해주는 '샤먼(Shaman)'의 역할을 하고 있다고 보고, 시인의 언어를 통해서 영원 절대의 본질적 세계가 현현된다고 설명하고 있다. 이 항목이 바로 그가 받아들였던 보들레르가 말한 '교감(또는 조응)의 시학'의 핵심이라고 할 수 있으며, 나아가 근대 상징주의의 세계관적 요체라고 할 수 있는 초월적 실재의 표상화를 이름하고 있는 것이다. 따라서 이 글에 반영된 상아탑의 상징주의에 대한 이해는 상징주의를 "개인주의의 예술적 출현이요, 자연주의를 물리친 이상주의"로 규정하고 있는 백대진[3])이나 "記述을 말아라, 다만 暗示"라고 상징주의의 특성을 제시하고

---

3) 백대진, 「最近의 泰西詩壇」, 『태서문예신보』 1918. 11. 30.

있는 안서의 견해4)보다 진일보한 것이며, 역사적 상징주의의 본령을 요령있게 터득하고 있다고 판단된다. 다음의 인용은 그것의 구체적 모습을 잘 보여준다.

> (…) 自我最高의 美를 훔키며 그 美에 觸할 때의 '느낌'을 普通 '靈感' 或은 '神興'이라 한다. 더 强하게 말하면 '靈感' (inspiration)은 神의 雪白의 향기(句)로운 類에 觸할 때 그 손을 꽉 쥐일 때 일어나는 '魂의 淨의 肉感'일다 (…) '人語' 곧 '現實語'는 한 空氣일다. 그러나 '靈語'는 한 液일다. 그러므로 詩는 한 液體일다5)

그는 초월적 실재를 매개하여 언어적으로 구현한다는 조응의 시학에서 한 걸음 나아가 '靈語'와 '靈律'이라는 개념으로 시에 대한 장르적 인식을 발전시킨다. '영어'는 이를테면 현상 너머의 본질 세계를 암시하는 본체적 언어인 셈이고 신흥(또는 절대미)을 표현할 수 있는 시적 언어이다. 또한 '영률'은 '영어'를 제대로 유로(流露)시키는 통어적 리듬이고 창작 주체의 개성적 호흡에 토대한 자연스런 리듬이다.6) 따라서 이 글에 나타난 황석우의 시에 대한 인식의 중요한 출발점은 상징주의의 미학적 토대라고 할 수 있는 초월적 실재에 대한 시적 추구와 그것의 형상화에 필요한 자유로운 개성적 호흡이라고 두 가지로 요약할 수 있다. 내용과 형식 면에서 근대시의 중요한 국면을 시사했다고 할 수 있다.

그리고 이러한 내용과 형식에 대한 이해는 이어서 발표한「朝鮮詩壇의 發足點과 自由詩」라는 논문에서 그 연속성을 드러낸다. 그러나 여러

---

4) 김억,「프란스 詩壇」,『태서문예신보』1918. 12. 14.
5)『매일신보』1919. 9. 22.
6) 김영철, 앞의 책. 264-265면.

논자가 지적하고 있듯이 이러한 그의 시어 또는 시의 리듬에 대한 인식이 곧 특수화된 서정적 주체에 의해 통어되는 개성적 리듬이라는 근대 자유시의 본령에 이르고 있느냐 하는 것은 아직 정확한 판단이 이르다. 왜냐하면 그것이 그에 의해 창작시를 통해서 한껏 실험된 흔적도 드물 뿐더러 또 개인화, 특수화된 서정과 통합된 형식으로서의 내재율(內在律)에 대한 인식으로까지 나아갔다고 보기는 힘들기 때문이다. 그러나 분명한 것은 고전적인 전제시형에서 탈피하는 개념으로서 그가 '영어'와 '영률'을 제시한 것이고 그것은 근대적 자유시에 대한 인식의 지평을 처음으로 갖게 해주는 맹아적 역할을 했다는 것이다.

나아가 황석우는 이 글에서 또 하나의 중요한 자각의 편린을 보이고 있다. 그것은 근대시의 요소로서 '회화성(繪畫性)'을 강조한 것이다. 아직 '시(詩)'와 '가(歌)'가 인식론적으로 미분리된 시대적 상황[7]을 염두에 둘 때 이것은 매우 중요한 시사성을 갖는다. 왜냐하면 이것은 이후 펼쳐질 상아탑 스스로의 시세계의 중요한 시학적 근거가 되며 또 그의 자유시론에 중요한 신뢰점을 줄 수 있는 근거가 되기 때문이다.

> 繪畫性은 詩의 必要素의 一일다. 그러나, 單히 장식적으로 하이칼라的 繪畫的 가공이어서는 아니 된다. 그 色彩, 그 香, 그 形이 곧 詩의 血液의 色香 또는 그것에 卽한 自然形이 되지 않아서는 高貴한 價値를 接하기 不能이다. (…) 詩의 象徵派라며 民衆派라며 寫象派 等이라 함은 그 內容으로 보담은 色彩, 香, 音響의 排列形式 如何에 區別되는 者일다.[8]

---

7) 가령 주요한의 「노래를 지으시려는 이에게」(『조선문단』 1924. 10-12.) 같은 글에서도 시가 노래와 딱히 분리된 독립적 양식이라는 인식은 못 보여주고 있다. 더구나 시가 구상성(具象性)에 즉(卽)한 회화적(繪畫的) 이미지로 구축되는 양식이라는 인식에 대한 언급은 아직 맹아를 못 보이고 있는 실정이었다.
8) 『매일신보』 1919. 11. 10.

구상성이 풍부한 색, 형, 향의 조화를 말하고 있다. 그것이 앞서 말한 '영률' 속에 녹아들어 '시'라는 혈액을 이룬다는 말이다. 그러므로 황석우는 "詩는 繪畵的 要素와 共히 音樂的 要素와의 情을 握한 藝術일다. 그러므로 '音響'의 節制 洗練이 가장 緊要한 工夫일다"9)라고 시에서의 음악적 요소와 회화적 요소의 동시적 중요성을 언급하고 있다. 영성하나마 근대시적 본령을 이해하고 있는 것이다. 그렇다면 그의 이러한 시의 근대성 다시 말하면 인간의 개인적 호흡에 바탕한 자유로운 회화적 이미지의 형상화로서의 시에 대한 인식의 원천은 어디에서 유래하는가.

황석우가 자유시의 내용상, 형식상의 전범을 서구의 시적 전통에서 찾은 것만은 분명한 것 같다. 임화(林和)의 이른바 '이식문학론(移植文學論)'이나 서구의 모형에서 우리 문학의 근대적 요소를 찾으려는 연구를 일체 심정적으로 부정하고 근대시의 싹을 내재적 발전도식, 다시 말해서 '개화가사, 창가 → 신체시 → 근대 자유시'의 발전맥락으로 파악하려는 이들에게는 이러한 그의 서구 지향성이 못내 못마땅할 것이다. 그러나 이 사안은 그리 '주체성에의 집착'으로 생각할 일만은 아니다. 그가 서구시학 그것도 프랑스에서 역사적으로 전개되었던 상징주의 시의 개인적, 초월적 성격에서 내용상, 형태상의 특질을 구한 것만은 틀림없는 사실이기 때문이다.

> 自由詩의 發祥地는 더 말할 것도 없이 彼佛蘭西입니다. 自由詩 以前에 在한 西詩는 音數, 體裁 등에 關한 複雜한 怪難한 法則에 支配되어 있었습니다. (…) 이 專制詩形에 反抗하여 立한 者가 곧 自由詩입니다. 自由詩는 그 律의 根底를 個性에 置하였습니다. (…) 이 律名에 至하여는 사람에게 依하여 各各 或 內容

---

9) 『매일신보』 1919. 9. 22.

律, 或 內在律, 或 內律, 或 心律이라고 呼합니다. 그러나 이는
모두 自由詩 곧 個性律을 形容하는 同一意味의 말입니다. 나는
此等 種種의 名을 包括하여 單히 '靈律'이라 呼하려 합니다.10)

그리고 그는 이어 발표한 글에서 계속 상징주의에 대한 이해를 심화시키고 있다. 그가 의식하였던 근대성의 준거는 계속하여 상징주의라는 터널을 관류하여 전개되는 것이다. 이어 발표한 「日本詩壇의 二大傾向」은 상징주의에 대한 그의 개괄적 이해를 보여주는 일종의 상징주의 개론(槪論)이다. 일본의 영문학자이며 같이 '미래사(未來社)' 동인으로 활약하였던 산궁윤(山宮允)을 통하여 에이레계 영국 시인 예이츠(W. B. Yeats)의 상징 및 상징주의를 소개하고 그 중에서도 지적 상징주의와 정서적 상징주의를 대별하여 소개하고 있다. 이 글은 앞에서 언급한 「詩話」와 함께 황석우 상징시학의 요체가 되며 그가 시에 대해 가졌던 근대적 인식을 보여주는 중심적인 자료가 된다. 글의 전반부에서는 줄곧 일본 상징시단의 계보와 경향을 체계적이기는 하나 간략하게 소개하고 있고, 후반부에서 산궁윤의 시론을 차용하여 예이츠의 시론을 소개한 다음 상징주의에 대한 그 나름의 체계화를 시도한다. 이 글에서 그는 상징주의를 크게 '광의의 상징주의'와 '협의의 상징주의'로 논리화하고 있다. 그가 이해하고 있는 정서적 상징주의 곧 근대 상징주의의 내용은 다음과 같다.

(1) 人 또는 想像의 所産. 但 이에 想像이라 함은 洞察, 理想主義, 幻覺 등 온갖 自然主義, 倫理的 物質主義, 具體的 科學的 事實에 反하는 者.
(2) 內容으로 하는 觀念, 思想, 情緖, 氣分 及 形式은 同樣의 價値를 有함.

---

10) 『매일신보』 1919. 11. 10.

(3) 形式과 內容이 分離되지 아니하고 二者 渾融한 二體를 이르러 있는 것.
  (4) 具象性 富함.
  (5) 形式과 內容과는 渾融한 一體를 짓고 具象性에 富하여 있음으로써 知的 象徵主義에 在함과 같이 鑑賞에 際하여 審美的 享樂을 妨하는 知, 또는 意志의 活動을 要치 않는 것.
  (6) 藝術的 表現으로서 가장 審美性 及 必然性에 富하여, 事物의 統一的確한 本質的 表現인 것.
      (일련번호는 인용자가 붙인 것임)[11]

 상징주의를 일종의 주관주의, 정신주의로 파악하고 지적 관념보다는 구상성을 획득함으로써 사물의 본질이 형상화된다고 보는 것이 비교적 온당한 안목을 얻고 있다. 이러한 인식은 근대시적 본령 다시 말해서 시 안에 형상화되는 세계가 구체성을 띤 이미지를 통해 시인의 정서가 형상화되는 것이라는 점을 소박하게나마 표현하고 있는 것이라 할 수 있다. 그리고 이러한 '구상성(具象性)의 시학'은 그가 창작시에서 줄곧 집착하였던 방법론인 은유시학의 모태가 된다고 할 수 있다.
 「最近의 詩壇」이라는 글은 일종의 실제비평으로서 위에 제시된 상징주의의 시각으로 동시기 다른 시인들의 작품을 비평하고 있다. 하나의 작품은 비평이라는 이성적 행위에 의해서 진가를 얻을 수 있다고 보아 처음으로 비평의 효용성을 제기한 논문이라고 할 수 있다. 비평이라는 장르가 거의 부재한 상태에서 비평 장르 형성에 공헌한 논문이고 또 상징주의의 기율을 국내시에 확산시킨 면 또한 간과하지 못할 일이다.

 상아탑 등이 주도했던 당시의 상징주의 운동은 분명히 육당(六堂)시학이 가지고 있던 계몽적 변설과 불완전한 정형성의 잔재의 극복을 꾀

---
11) 『폐허』 1920. 7.

했다. 그리고 그러한 대항구조는 당시 사회의 부분적이고 파행적인 근대화의 길목에서 자연스럽게 도래하였다. 어쩌면 이러한 두 부분 곧 내용에서의 계몽성과 형식에서의 정형성을 문제시하고 이의를 제기한 최초의 움직임이 상징주의 운동이었다고 정리할 수 있다. 낭만주의나 신경향파 시론이 영성하기 짝이 없었고 자유시라는 내용상, 형태상의 특질을 체계적으로 인식하고 있지 못할 때 외래소적인 면모가 강하지만 그래도 일정한 체계를 갖춘 자유시론은 상징주의밖에 없었다. 그리고 그를 토대로 하여 강하게 실험성을 띠며 전개된 상징시들에 의해 초기 문단의 근대적 골격은 이루어졌다고 볼 수 있다. 불행히도 서구 상징주의 중 세기말적인 사상적 부분들 곧 도피와 허무, 죽음과 어둠을 예찬하는 데카당스 문학이 1920년대 초반의 상징주의시를 온통 채색하고 말았지만 그것이 근대 자유시로 가는 결과적 길을 연속적 자질로 형성하였으며, 상아탑의 시적 견해는 상징주의에 대한 인식의 심화와 그 변형에 의해서 근대 자유시의 경로가 마련되는 데 중요한 선구적 업적을 남겼다고 평가하는 것이 옳겠다.

4. 황석우의 시

그렇다면 황석우가 남긴 시 창작 부면에서의 특성은 어떠한가. 김춘수(金春洙)에 의하면 황석우는 시의 형태적인 면에서 비교적 뚜렷한 자각을 보여준 시인으로서 "한국의 자유시는 상아탑에 와서 비로소 정착되었다고 할 것이다"[12]라고까지 높이 평가하였다. 이 견해는 물론 시의 형태적 요소만을 부각시켜 평가한 일면성을 띠고 있지만 그래도 내용

---

12) 김춘수,『한국현대시형태론』, 해동문화사, 1958. 여기서는『김춘수전집 2 - 시론』(문장사, 1986), 33면에서 인용.

과 형식이 상호 통합되어 하나의 작품이 형성된다는 것을 고려하면 매우 높은 평가이다. 그렇다면 한국의 근대시는 형태 면이나 은유적 방법론에 의한 시 형상화에서 비록 실험적인 요소를 띠고 있다고 하더라도 황석우의 시에서 어느 정도 형상성을 얻은 것으로 생각할 수 있다.

그러나 동시기의 시인들 예컨대 김억이나 주요한, 김여제(金輿濟), 현상윤(玄相允), 최소월(崔素月) 등이 아닌 황석우에서 근대 자유시의 본령의 흔적을 찾는가 하는 것은 그 까닭이 밝혀져야 할 것이다. 그것은 『태서문예신보』에 1919년 발표된 「第妹의게」 여섯 편의 시에서 그 평가의 가능성을 볼 수 있다고 나는 생각한다. 안서나 김여제가 시기적으로 먼저 발표한 자유시들에 비해 그것이 어떤 변별적 자질을 가지고 있는지가 따져지면 자연스럽게 그 평가의 적부(適否)도 가려질 것이다.

황석우가 처음 『태서문예신보』를 통해 발표하며 등단한 작품은 동시기의 다른 시인들에 비해 그 시적 의장에서 새로울 것이 별로 없었다. 그것은 관념의 우세와 한문투의 남발 그리고 시의 흐름의 파행성 등으로 나타났으며, 동시기의 김석송(金石松)이나 현상윤, 김여제 등과 다를 바 없는 모습이다.

      勇士야들으라, 未來의 戶口에 나가들으라.
      官能의 廢墟, 噫, 落月의 밋으로
      고요히, 哀달케, 울녀나오는
      尊한 辱日의曲 - 新我의頌.

      僞의骨董에날근나는가고
      瓔兒는懺悔의闇 - 三位一體의胎에 頰笑하다.
      自然. 人生. 時間.

      新我는불으짓다. 오오 大我의引力에
      感電된肉의柵木 - 一我야, 一我야

新我의血은世의始와終과에흘너가고, 흘너오다.
나의게 哀愁업다. 恐怖업다. 苦惱업다,
참의「나」無限의傷과滅亡밧게,
噫, 死와老는
調和의花和일다, 夕宴일다라고.

— 「新我의 序曲」 전문[13]

 이 작품은 황석우가 '隱者의 歌'라는 제목으로 묶은 두 작품 중의 하나이다. 이 시는 언뜻 일별하면 생명 탄생에 대한 혼돈스런 관념을 시화한 것으로 보인다. 새로운 생명의 탄생에 대한 강한 희구 곧 '낡은 나'를 버리고 '새로운 나(新我)'가 탄생될 때 애수와 공포, 고뇌 따위는 사라진다는 열망이 기본구조를 이루고 있는데도 이 작품의 기본 배음은 그다지 밝게 느껴지지 않는다. 왜냐하면 시의 내용이 이미지의 형상으로 제시된 것이 아니라 공고하게 짜여진 관념적 메시지로 제시되고 있기 때문이다.
 견고한 관념적 선취와 그에 따른 시적 형상화의 실패는 당시 문단의 공통현상이기 때문에 그의 시작의 출발점으로만 삼을 일이고 따라서 그에 대한 본격적인 평가를 이 작품으로 내리기에는 석연치 않은 구석이 있다. 그러나 이 작품은 작품 자체의 성취 여부를 떠나 앞으로 펼쳐질 상아탑 시세계의 전개에 강한 시사점을 준다. 이 작품에서 검출되고 있는 화자의 정서적 지향이 그것이다. 그것은 밝은 심상(이후에 그의 작품에 지배적으로 나타나게 되는 태양, 봄의 이미지)을 예비하는 생명성에 대한 지향이다. 이것은 황석우가 길지 않은 시작(詩作)을 통해 구현하려고 했던 밝은 '생명성의 시학'이라 할 것이다. 그러나 이 작품에서는 그것이 관념으로만 제시되고 있어 시적 감동을 느낄 여지가 없지

---

13) 『태서문예신보』 1919. 1. 13.

만 다음 작품에 이르면 그 심상이 관념이 아닌 서정으로 구체성을 띠게 되어 앞에서 이야기한 그의 시적 성취를 가늠할 수 있게 해준다.

> 가을가고 결박풀어져 봄이오다
> 나무, 나무에 바람은 연한 피리부다.
> 실강지에 날감고 밤감아
> 꼿밧에 매여 한바람, 한바람식당기다.
> 가을가고 결박풀어져 봄이오다
> 너와나 단두사이에 맘의그늘에
> 絃音, 감는소리, 타는소리
> 새야, 봉오리야, 細雨야, 달아.
>
> ―「봄」전문14)

 이 작품은 상아탑이 거둔 은유시학의 한 표본이라고 해도 무리가 아닐 정도로 매끄럽게 잘 짜여진 작품이다. 형식은 연 구분 없이 8행으로 이루어져 있다. 전반부의 4행까지는 계절의 순환이라는 질서와 봄이 옴으로써 일어나는 여러 자연현상이 전경화되어 있고, 후반부 4행은 계절과 자연의 변화에 따른 사람의 마음의 움직임을 말함으로써 '자연사'와 '인간사'를 대칭적으로 조응시키고 있다. 특히 전반부의 '나무, 나무'는 후반부의 '너와 나'에, '연한 피리'는 '현음, 감는 소리, 타는 소리'에 각각 대응한다. 봄이 와서 나무와 나무 사이에 바람이 연한 피리소리를 내는 것을 들으면서, 서정적 화자는 "너와 나 단 둘 사이 맘의 그늘에 현음, 감는 소리, 타는 소리"를 느끼고 있다. 자연스러운 서정시의 환정(喚情)이다. 그러면 그 "현음, 감는 소리, 타는 소리"는 무엇일까.
 그 뜻을 알기 위해서는 3, 4행을 다시 눈여겨보아야 한다. 이 두 행에서 "실"은 기본적으로 흐르는 세월을 나타낸다. 그러나 그것은 그런

---
14) 『태서문예신보』 1919. 2. 17.

일차적 은유에서 그치지 않고 봄의 '실바람'과 '현음', 더 중요하게는 '결박 풀어져'와 연관되고 있다. 시인이 형식적으로 치밀하게 얽어놓은 이중적인 하나의 비유구조이다. 그리고 시를 이끌어가는 서정적 주체가 공리적 변설을 일삼거나 관념을 직서적으로 전달하거나 생경한 한문투로 시를 장식하는 등의 모습을 보여준 앞의 작품과는 매우 다른, 그런 요소들이 말끔히 탈각된 작품이다. 이 작품에 이르러 예의 김춘수의 평가는 적절성을 얻고 있다. 따라서 그가 근대 자유시적 안목을 이미지와 음악성의 조화라고 했을 때, 그 자신이 실천한 성취의 극대화가 이 작품을 통해 이루어졌다고 해도 좋을 것 같다. 그 다음에 펼쳐지는 작품은 새로운 각도에서 주목을 요한다.

> 어느날내靈魂의
> 午睡場(낮잠터)되는
> 沙漠의우,수풀그늘로서
> 碧毛(파란털)의
> 고양이가,내고적한
> 마음을바라다보면서
> (이애,네의
> 왼갓懊惱,運命을
> 나의熱泉(끌는샘)갓흔
> 愛에살적삶아주마
> 만일,네마음이
> 우리들의世界의
> 太陽이되기만하면,
> 基督이되기만하면).

— 「碧毛의 猫」 전문[15]

---

15) 『폐허』 1920. 7.

이 작품은 14행으로 이루어진 자유시다. 그가 소개한 상징주의의 기율에 의해서 실험적으로 쓴 일종의 상징시인데 이른바 난해시로 평판이 높은 시이다. 그러나 의미를 전혀 못 알아낼 작품은 아니다.

시의 전반부는 6행까지이고 후반부는 7행부터 14행까지 괄호 속에 묶여 있는 형태의 연속구조로 이루어져 있다. 전반부는 시공간적 배경과 고양이의 출현을 이야기하고 후반부로 분류될 수 있는 괄호 안의 내용은 파란 털의 고양이가 시인의 영혼에게 속삭이는 영혼의 대화로 이루어져 있다. 흡사 희곡의 지문과 대사를 떠올리게 하는 극적 구조이다. 그런데 우리는 곧 '고양이'와 '나'가 별개의 두 존재가 아니라 모두 하나의 시적 자아에서 나온 일원적(一元的) 분신임을 쉽게 알 수 있다. 그 분신들끼리의 대화가 이 작품의 골격인 것이다. 다시 말해서 독백구조로 짜여져 있다. 내용은 다음과 같이 분석될 수 있다.

어느날 백일몽의 안식처에서 나는 파란 털의 고양이를 만난다. 그곳은 사막을 지난 오아시스와 같은 곳으로 다시 말하면 현상적인 현실세계를 지난 원초적이고 본질적인 세계이다. 그때 마침 '또 다른 나'인 고양이가 나에게 말을 걸어온다. 괄호 속에서 진동하듯이 속삭이는 투로 말이다. 네가 우리들을 구원해주는 존재(太陽, 基督) 곧 궁극적인 존재가 되어준다면 너의 온갖 오뇌와 비극적 운명을 자신의 열 같은 사랑으로 삶아주겠다는 내용이다. 이 시는 이른바 상징주의로 분류될 수 있는 속성을 강하게 띠고 있는데, 유현(幽玄)한 신비적 분위기에 현상의 질서에 대한 천착이 아닌 초월적이고 원초적인 세계를 나타내고 있기 때문이다. 따라서 황석우는 이 작품을 통해 상징주의의 초월적이고 유현한 세계를 그려보이려 했던 것이다.

그러나 문제는 여기서 시작된다. 그가 견지하고 있던 자유시에 대한 지향과 상징시의 실험은 근대성이라는 내용과 형식으로 통합되고 있는가. 그런 것 같지 않다. 앞서 제시한 「봄」의 서정에서 이룩한 근대 자유시의 본령을 이후의 일련의 상징시는 난해한 실험성만을 띤 채 일련의 지속성을 못 가지고 만다. 왜냐하면 그가 상징주의를 통해 체득한 음악성과 회화성의 동시적 결합으로서의 근대시의 속성은 이론적 천착을 통해서 이루어진 것이지 기질적으로 또는 자신의 정서 안에서 필연적으로 요구한 것은 아니기 때문이다. 그렇기 때문에 김억이나 주요한이 한참 근대적 자유시를 쓰다가 민요조 서정시로 복귀했다거나 황석우가 1920년대 후반에 상징시를 벗어나 새로운 경향인 이른바 '자연시'라는 폐쇄적 경향의 시를 창작하는 깅로, 다시 말해 자유시의 이념에 반하는 시세계로 침잠해 들어간 이유가 헤아려질 것이다. 이와 같이 우리의 근대시는 황석우 등이 전개했던 근대 자유시라는 안목이 또 다른 근대적 시인 이를테면 소월(素月)이나 만해(萬海), 상화(尙火)의 출현과 동시에 꽃피면서 발전해갔다고 보아야 할 것이다. 위 작품은 그런 황석우의 공과(功過)를 극명하게 노출시키는 작품이다.

이후 그가 선명한 이미지의 조형을 버리고 침잠해들어간 시집 『자연송(自然頌)』(1929)의 세계는 경쾌한 기지와 해학으로 가득 채워져 있다. 이때는 이미 우리 시사에서 근대 자유시적 전범이 어느 정도 확립되어 있었기 때문에 그로서는 새로운 출구를 필요로 했을 것이다. 그것이 바로 이 시집에 구현되어 있는 우주적 일체감, 태양 숭배로서의 밝은 이미지이다. 그만큼 황석우는 초기의 몇몇 상징시를 빼고는 '봄'이나 '태양'으로 대표되는 생동하는 밝은 이미지를 지향한 시인이었다. 전통적으로 꾸려온 우리의 자연관(自然觀) 곧 유유자적하는 한가로운 공간이나 인생의 여로를 은유하는 대상으로서가 아니라 '자연' 그 자체가 노래와 찬미의 대상이 되어 있는 것이 이색적이다. 그러나 그런 시세계가 한때의 미덕이었던 은유 수사의 남발과 형상화 미흡의 흠을 띠며 전개되어 1930년대 이후 등장하는 김기림(金起林)의 관념적 시들의 선편을 잡았다고까지 평가될 수 있다. 다음 작품은 그러한 관념적 찬양과 우주적 신비에 대한 영탄을 잘 보여주는 시이다.

> 언제든지새벽문을박차열고무엇을쫓는듯히번개갓치내닷는氣運찬 太陽아
> 아아 暗黑을一券에부시려는巨彈갓치닷는太陽아
> 네손내밀어라 뛰여올나握手하고
> 宇宙가혼들녀쪽애지도록 太陽萬歲
> 人間萬歲, 太陽人間萬萬歲놉히놉히불으자 그리하여내生命이너와 갓치빗날수잇다면
> 나는네의싯벌것케타는逆旋風의불가운데라도벌거벗고들어거타서 라도바리겟다
>
> ―「내동무 太陽아」 전문16)

그러나 황석우는 근대적 자유시를 은유법을 통한 구상시라고 생각하여 '具象性이 富한' 시를 창작하여 근대 자유시적 실천을 적극적으로 한 시인이었다고 평가 가능하다. 시집 『自然頌』에 이르면 천체와 계절로 대표되는 자연에 대한 시적 진술로 한 발 후퇴하지만 그래도 그는 자신의 지론인 서구지향적 자유시를 끝까지 고수한 시인이다. 황석우의 시세계는 우리 시사가 전개되는 과정에서 은유시학을 통한 구상성의 제시와 당대에 이색적인 존재일 정도로 밝고 건강한 이미지를 제시했던 근대적 자유시인으로 기록되어야 할 것이다.

---

16) 황석우, 『自然頌』, 조선시단사, 1929.

5. 맺음말

『창조(創造)』 창간호에 실린 주요한의 「불놀이」가 근대 자유시의 효시라는 비실증적인 견해는 이제 더이상 문학사적 상식이 아니다. 그렇다면 자유시 형성의 기점은 어디까지 소급되어야 하고 그 형성경로는 어떻게 설명되어야 하는가. 그런데 시에서 나타나는 정형성의 탈피과정만으로 근대 자유시의 형성과 정착을 검출하려 할 때는 논리의 지나친 단선화가 필연적으로 따르기 마련이다. 때로 자유시의 태동과 근원의 흔적을 사설시조(辭說時調)까지 소급해 올리려는 논자[17]가 있지만 이것은 지나치게 내재적 발전론에 집착한 연구결과가 아닌가 한다. 만약 그렇다면 초창기 자유시인이라고 할 수 있는 김억이나 현상윤, 주요한 등의 자유시에 사설시조에서 개화가사로 이어지는 특질들이 연속적 자질로 나타나야 할 텐데 그런 연속성은 거의 발견하기 힘들다. 오히려 전대의 우리 시가들과는 엄청난 단절감과 이질성을 보인다고 할 수 있다. 그것은 내용과 형식 면 모두에서 그렇다.[18]

따라서 우리의 근대 자유시는 우리의 근대화가 그랬듯이 순탄하고 연속적인 내재적 발전경로를 받아서 태동했다기보다는 외래적 교양을 습득한 선구적 시인들의 안목에 의해서 굴절, 변형되어 나타났다고 보는 것이 옳을 것 같다. 이러한 시각이 문학사에서 내적 유산의 계승과 발전이라는 면을 무화시키려는 것이 아니라 상대적으로 비중이 덜했음을 말하는 것임은 물론이다. 이러한 시각에서 황석우가 제시한 시론과 시적 실천의 면모는 초기 자유시의 정착과 전개에 귀중한 자양이 되었

---

[17] 오세영, 『20세기 한국시 연구』, 새문사, 1987. 9-29면.
[18] 이승원, 「초기 자유시 형성의 몇 자기 층위」, 김은전 외, 『한국 현대시사의 쟁점』, 시와시학사, 1991. 참조.

다고 보는 것이다.
　육당 최남선이 의욕적으로 전개하였던 이른바 신체시(新體詩)는 근대 자유시로 가는 연속적 교량 역할을 했다기보다는 오히려 단절적 방해가 되었다고 보는 것이 이제는 상식이 되어버린 감이 있다. 이 글도 이러한 견해에 동의한다. 1920년대 이후 본격적으로 전개되는 근대 자유시가 전대의 신체시를 계승하여 발전한 것이 아니라면 그것은 어디서 툭 튀어나온 외래종인가 하는 점이 문제가 될 수 있다. 나는 당대의 시에 대한 인식 곧 장르적 인식의 변화가 자유시의 도래와 정착의 도정을 초래했다고 생각한다. 시를 단순히 생각이나 감정의 수단으로 삼았던 전대의 장르인식에서 발전하여 개인화되고 특수화된 서정적 화자의 예술적 표현으로 인식하는 태도 사이에는 엄청난 거리가 있다는 것이다.
　창가에서 신체시가, 신체시에서 근대시가 나왔다는 단선적 이해는 근대문학 이행기에서 파행적으로 도출되었던 여러 갈래들이 근대문학기에 근대 자유시로 통합, 정착되었다는 사실에서 비판으로부터 자유로울 수 없다. 근대시는 창가나 신체시의 단순한 계승적 변화가 아니라 오히려 그것들과 길항하고 대결하면서 다양한 율격과 표현과 사고를 포괄하는 자유시 형식으로 정착되었다. 사실 개화가사나 창가와 신체시 그리고 근대 자유시는 각각 전혀 다른 차원의 창작의식과 방법론으로 제작된 것이다. 자유시의 완전한 정착이란 각각의 시인이 저마다 자신의 내부적 호흡의 기율에 의해서 새로운 형식을 창조해가는 단계가 정착된 것을 의미한다. 따라서 정형성에서의 이탈이 근대 자유시로 가는 중요한 변별자질이 되기는 하나 필요충분한 설명은 못 된다. 형태의 변화뿐만 아니라 정서나 시에 대한 인식 면에서의 새로운 발전도 고려해야 할 것이다. 시의 형식은 시 자체의 내적 요구와 법칙에 의해 결정된다. 언어와 운율, 그리고 내용은 유기적 조화를 이루는 것이다.

다시 말하지만 시 양식과 근대적 삶에 대한 인식의 발전이 자유시 출현을 초래하였고 발전을 가속화시켰다. 공리적 변설의 세계에서 벗어나 개인화된 화자의 정서를 집중적으로 추구하는 것이 근대 서정시의 본령이라면 그리고 근대 자유시를 완전한 한글체의 문장구조, 시상의 흐름에 의한 행과 연의 구분, 자유로운 형태 속에서도 일정한 정형과 질서를 갖추려는 노력을 보여주는 시라고 할 때 『청춘(靑春)』, 『학지광(學之光)』, 『태서문예신보』, 『창조』에 이르는 도정이 근대 자유시의 태동을 일러주는 지표가 된다.

근대문학 일반의 이념을 민족문학에 두어 일체의 서구추수성을 부정하고 내재적 발전논리에 의해서 사적 체계를 잡으려는 연구경향에 상징주의의 이입과 수용은 아예 무시되거나 아니면 그 고유의 외래지향성 때문에 참다운 근대성 형성에 역작용이 있지 않았나 하는 생각이 있을 수 있겠다. 그러나 우리 근대 자유시는 확실히 내재적 발전을 끊임없이 이어왔다기보다는 외래적 영향과의 교섭을 통해 그리고 시에 대한 인식의 변화를 통해 도출된 것이다.

이 글은 여러 가지 문제를 부가하면서 끝을 맺는다. 먼저 황석우의 문학사적 공과를 남김없이 평가하기 위해서는 동시기의 안서, 백대진, 주요한 등과 심도있는 비교 고찰이 필요하다는 생각이다. 그럼으로써 1910년대 후반에서 1920년대로 진입하는 시기의 시 인식의 편차와 그 평균적 인식의 면모가 검증될 수 있겠기 때문이다. 그리고 1920년대에 광범위하게 창작되었던 자연발생적 신경향파시의 근대 자유시적 속성을 생각할 때 1910년대와의 연속성 또는 단절적 층위를 어떻게 설정할 수 있겠느냐는 것이다. 더불어 개인화되지 못한 화자를 설정하게 되는 일종의 배역시(配役詩)들을 놓고 과연 근대 자유시의 본령을 개인적 서정의 육화로만 볼 것인가 하는 문제도 풀어야 할 것이다. 마지막으로 근대문학 일반의 이념과 방법을 민족문학과 리얼리즘으로 보는 시각과 1920년대 초입의 근대시적 지향의 외래지향적 면모와의 상위점을 어떻게 통합시킬 것인가 하는 문제 등도 더 깊은 검증을 요구한다. (1994)

朴八陽論
현실성과 서정성의 갈등과 결합

1. 머리말 — 박팔양의 문학적 기저

이 글에서 이루어지는 시인 박팔양(1905-?, 아호는 麗水, 필명으로는 金麗水, 麗水學人, 金니콜라이 등 사용)에 관한 우리의 논의는 그가 등단하게 되는 1920년대 초반에서 1930년대 후반까지에 걸쳐 있다. 당대 현실에 대한 강렬한 관심과 대상을 섬세하게 살려내는 서정성을 양대 기조로 하여 당시로서는 꽤 많은 시편을 창작한 박팔양은 우리의 뇌리에 그리 낯익은 인물로 각인되어 있지 않다. 분단이라는 정치체제의 단절이 낳은 획일적이고도 몰이념적인 질서가 가져온 파행과 불구형이 우리의 괜찮은 문학사적 자산을 몰각시켰다는 것은 주지의 사실이지만, 그렇기 때문에 우리 문학사의 정당한 역사적 유산을 실증적으로 되살려 정신사의 폭을 재구성하는 일은 그 반대급부로 요긴한 일이다. 따라서 이 글은 한국 근대시사의 객관적 전체상에 접근하기 위해서는 개별 시인들의 작품 세계에 대한 온전한 의미 규정이 선행되어야 할 것이라는 생각을 전제로 씌어진다고 할 수 있다.

한 시인이 소속해 있던 시대적 환경의 파악과 전기적 사실 등의 참고가 그 시인이 창출한 작품들 사이에 가로놓여 있는 내용과 사상을 이해하는 데 커다란 보탬이 될 것은 물론 의심의 여지가 없다. 더구나 우리 근대문학사가 당대의 정치 현실과 늘상 날카로운 긴장 관계를 형성해왔기 때문에 그동안 문학사의 빈터로 존재해왔던 시인들의 생애를 당대의 문학적 흐름과 연관시켜 실증적으로 재구성하는 것은 한 시인의 시의식의 형성과 변모 양상을 살피는 데 필요불가결한 실천 행위이다.

박팔양의 개인전기적 자료가 정연하게 정리된 것은 아직까지 없다.[1] 그는 1905년 8월 2일 경기도 수원군 안룡면 반정리에서 태어났다.[2] 그의 아버지 박제헌(朴濟獻)은 당시 양반 관리였기 때문에 박팔양 집안의 경제적 형편은 그가 이후로 별다른 걱정없이 고등교육을 받는 데 부족함이 없었을 것이다. 그의 아명(兒名)은 팔복(八福)이었으나 나중에 항렬을 따라 팔양으로 개명했다고 한다. 경성 제동공립보통학교를 졸업한 그는 1916년 서울 배재고보에 입학한다. 그런데 그의 이 배재고보 시절은 앞으로 펼쳐질 그의 문학 여정에 매우 중요한 의미를 갖게 된다. 당시 배재고보에는 훗날 카프의 중심 역할을 하게 되는 박영희(朴英熙), 김기진(金基鎭), 송영(宋影) 등이 재학하고 있었다. 또 당시 그의 학교에는 작문교사로 강매(姜邁)라는 학자가 있었는데, 그는 3·1운동을 전후한 시기에 신문, 잡지에 진보적인 논설을 다수 발표했던 고매한 학자로 알려져 있다.[3] 박팔양은 그에게서도 많은 정신적·사상적 영향을 받았을

---

1) 최근 그의 생애와 작품 개관을 편린적으로나마 연보로 정리해 놓은 자료로는, 권영민 편, 「납·월북 시인·평론가 사전」(『문예중앙』 1987. 겨울), 『한국문예사전』(어문각, 1988), 『북한인명사전』(동서문제연구소, 1983) 등이 있다. 그러나 위 자료들은 면밀한 서지적 검토를 거치지 않아 실증적으로 틀린 부분이나 의도적이든 실수이든 누락된 부분이 많다.
2) 박팔양, 「自畵像」, 『조선문학』 1934. 1.
3) 예컨대 당시 프로 문단의 구심점으로 부상하던 『朝鮮之光』 창간호(1922. 11)

것이다.4) 그러므로 박팔양에게 배재 시절은 그의 전생애에서 자신을 프로문학의 영향권에서 벗어날 수 없게끔 만든 문학적 성찰의 구속력이자 예사롭지 않은 자양분이기도 했다. 또 우리는 그를 이해하는 데 그가 당시 사회주의 운동의 대표적 단체 중의 하나였던 '서울청년회'의 일원이었다는 점5)을 눈여겨볼 필요가 있다. 서울청년회는 초기 한국 사회주의운동사에서 매우 커다란 비중을 차지하고 있던 사상단체로서 1921년 1월에 결성6)된 서울 최초의 청년단체였으며 나중에 카프의 인맥적 전신(前身) 중의 하나가 되는 파스큘라 그룹에 가장 큰 사상적 영향을 끼치게 된다. 파스큘라계의 팔봉이나 회월과는 개인적인 친분 관계로 맺어져 있었다.7) 그러한 사실은 1924년 8월에 발생한 평양 사회주의 선전사건에 김팔봉이 서울청년회원들과 함께 연루, 체포되어 이 사건의 중요인물로 지목되면서 1년의 실형을 받았던 사실이나, "(서울청년회의) 李星泰, 辛日鎔이 나한테 자주 찾아왔던 것은 전혀 개인적 호감이나 우정에서만이 아니라 (…) 어떤 공작 내지 영향을 주기 위해서"8)라는 팔봉의 술회를 통해서도 쉽게 알 수 있는 것이다. 이렇듯 서울청년회계의 박팔양이 팔봉, 회월 등과 함께 초기 카프 활동에 뛰어들게 된 배경에는 위와 같은 학연적, 조직적 형성층이 가로놓여 있었다.

박팔양은 1926년 초기 카프에 가맹하였으나 1927년 조직 개편이 있기 직전 자진탈퇴를 한다.9) 어떠한 이유인지 간단히 논단키는 어렵겠

에 「精神生活과 文化의 價値」라는 평문을 발표한 것을 비롯, 「哲學의 自然主義的 傾向」(『新天地』 1922. 6), 「自由精神의 批評」(『新生活』 1922. 9) 등에서 인간 생활과 인간에 대한 과학적 파악을 주장하였다.
4) 권영민, 「카프의 조직과 해체」, 『문예중앙』 1988. 봄.
5) 권영민, 위의 글.
6) 이균영, 「1920년대 각종 사회단체의 형성과 민족운동」, 『한길역사강좌 11』, 한길사, 1988. 92면.
7) 홍정선, 「카프와 사회주의 운동단체와의 관계」, 『세계의 문학』 1988. 봄.
8) 김기진, 「나의 회고록」, 『세대』 1964. 7.
9) 『예술운동』 1927. 11. 홍정선, 「신경향파 비평에 나타난 생활문학의 변천과

지만 그의 시세계의 변화로 미루어 유추해 보면, 그가 딛고 있던 사상적 지반이 프로문학 운동의 토양에서 유적(類的) 동일성을 지닌 채 전개될 수 없었기 때문이었던 것으로 짐작된다. 그러나 3·1운동의 충격적 체험, 그리고 일제 식민치하에서 민족의 앞날을 구원하는 방책으로 당대 지식 청년들이 선택했던 것이 사회주의 사상이었고, 박팔양 역시 이 점에서 예외가 아니었던 사실은 그의 초기 시작에 나타나는 계급적 현실인식과 빈궁한 민족 상황을 매재로 한 시적 진술에 그대로 각인된다.

그런데 그의 정신적 요체를 형성하는 데에는 이러한 배재 학연, 카프 활동과 아울러 그가 경성법전 시절 휘문의 정지용(鄭芝溶), 중앙의 김용준(金瑢俊), 그리고 법전의 김화산(金華山) 등과 함께 등사판 문예동인지 『요람(搖藍)』을 펴낸 사실10)도 중요한 몫으로 자리한다. 『요람』은 동인의 한 사람이던 정지용의 발안으로 1921년에 처음 펴낸 박제찬(朴濟瓚), 김용준11), 김화산12), 김경태(金京泰), 전승영(全承泳), 이세기(李世基) 등 문학청년들의 회람잡지로서 휘문학교 등사판을 이용하여 꽤 여러 호를 제작하는 중에 '프롤레타리아 문예특집'이라는 제호(題號)로 책을 만들다가 일경 경무국 도서과에 책이 모두 압수당하기도 한다. 그들은 난독(亂讀)에 가까우리만큼 많은 독서체험과 우의를 시라는 사신(私信)에 얹어 시적 비전과 감수력을 쌓았다.

결국 박팔양은 이 동인지 제작과 습작을 통하여 시적 조형력에 대한 수업을 하게 된 셈이고, 후일 그의 시세계에서 지속적으로 나타나는 서

정」, 서울대 석사학위논문, 1981. 27면에서 재인용.
10) 박팔양, 「요람시대의 추억」, 『중앙』 1936. 7.
11) 그는 중앙고보를 거쳐 동경미술학교를 나와 보성고보에서 미술교사를 역임한 바 있으며, 1927년에는 임화와 아나키즘 논쟁을 벌이기도 했던 근원(近園) 김용준이다.
12) 김화산의 본명은 방준경(方俊卿)인데, 박팔양과 그는 경성법전 동기로서 둘이 상의하여 각각 '金華山', '金麗水'로 아호를 지었다고 한다. 金鳥山人, 「詩人印象記」, 『시인춘추』 1938. 1.

정성들은 이 시기의 체험과 제휴하고 있는 것 같다. 또 하나 이 시절에 기록할 만한 일은 1923년에 박팔양, 김화산, 이세기 등이 연희전문 학생들과 함께 우리 근대시사에서 최초의 사화집이라 할 수 있는 『廢墟의 焰群』(이세기 편, 경성 : 조선학생회, 1923)을 펴낸 사실이다.13) 이 사화집은 그 비지(扉紙)에 서명의 출처인 하이네의 시구절이 에스페란토로 신봉조(辛鳳祚)의 역문과 함께 병기되어 있다. 이와 같은 경험들이 가지는바 단단한 성숙도는, 향후 그가 끝까지 시인일 수 있게 하는 인력(引力)이자 버팀목이 된다.

한편 그는 법전을 졸업한 후에 동아일보 사회부 기자로 입사한다. 이로부터 그는 자신이 북에서 문학의 한 지도자로 활약하게 될 때까지 줄곧 신문기자 생활을 한다. 동아일보, 조선일보, 중외일보를 거친 여수는 중외일보가 재정난으로 문을 닫게 되자 이를 계승한 조선중앙일보에서 사회부장을 맡게 되고, 다시 시작과 평론에 주력할 수 있게 된다.14) 이때 중앙일보에는 그의 배재 동창이자 카프맹원이었던 박영희가 학예부장으로, 그리고 그의 고보 시절 스승이었던 강매가 편집국장으로 있었다.15) 그런데 주목해야 할 사실은 바로 이 중앙일보 시절에 그가 당시 프로문학과는 사상적, 미학적인 대척점에서 활동하던 그룹인 '구인회'의 후기 동인으로 참가한다는 것이다.16) 그런데 그의 구인회 가담 사실은 당시의 시단적 경향으로 보아서 그의 시적 생애의 변모에 있어 매우 커다란 상징적 의미를 띤다고 할 수 있다. 왜냐하면 초기 카프 맹원이던 그가 당대 모더니즘 운동의 거점이었다고 할 수 있는 구인회에 가담한 사실은 이 시기에 들어서 그의 시세계가 일정 부분 모더니즘을 축으로 하는 커다란 전환을 하게 될 것이라는 유력한 유추점

---

13) 문덕수 편, 『세계문예대사전』, 성문각, 1975. 2174면.
14) 「문예가명록」, 『문예월간』 1932. 1.
15) 「중앙일보의 새 진영」, 『동광』, 1931. 12.
16) 조용만, 「9인회 이야기」, 『30년대문화계산책』, 범양사, 1985. 139면.

을 제공해주기 때문이다. 당시 구인회는 카프계로부터 "無意志派"[17]라고 비난받으리만큼 조직도 회칙도 없는 창작가들의 단순한 회합이었을 뿐이다. 대개가 "문학으로의 길"[18]을 걷던 예술파 시인, 소설가 들로 구성되어 카프를 압도하자는 취지로 조직했기 때문에 사실상 동인이라고 보기에는 어려운 점이 있다.[19] 단지 이상(李箱)의 노력으로 회지인 『시와 소설』을 한 차례 펴냈고 월1회의 합평회와 대중문예강좌를 두 차례 주최하여 동인들이 연사로 활약했으며, 이때 박팔양은 '조선신시사'를 강의하고 있다.[20] 그렇다면 당시 구인회의 이러한 모더니즘 지향을 "관념론적 미학관으로 당대의 모순성 표출보다는 당대의 미학적 창조를 시도하는 이념성을 간접적으로 나타낸 운동"[21]으로 이해할 경우, 그가 이처럼 자신의 문학 여정의 방향타를 바꾼 동인(動因)은 어디에 있을까. 그 까닭을 간단히 이야기하기는 어렵겠지만 가장 본질적으로 그 자신이 문학을 바라본 뿌리의 변화에서 찾아야 할 것 같다. 곧 그의 초기시부터 일관되게 관류하고 있는 서정성과 관념적 현실인식이 당시 볼셰비키화로의 방향전환 이후 프로시가 걷게 되는 서사화 경향[22]과 합치되지 못하고 인생론적 모랄로 전이되어 리얼리즘 문학과 본질적인 거리를 가졌다는 이야기이다. 따라서 그가 1933년을 전후하여 모더니즘

---

17) S·K生, 「최근 조선문단의 동향」, 『신동아』 1934. 9.
18) 박팔양, 「雜文」, 『조선문학』 1934. 1.
19) 양왕용, 『정지용 시 연구』, 삼지원, 1988. 52면.
20) 제1차 행사인 '시와 소설의 밤'은 1934년 6월 30일 저녁 종로 중앙기독교청년회관에서 조선중앙일보 학예부 후원 형식으로 개최되고, 제2차 행사는 '조선신문예강좌'라는 제목의 강좌 형식으로 1935년 2월 18일부터 5일간 청진동 경성보육 대강당에서 역시 조선중앙일보 후원으로 열린다. 서준섭, 『한국모더니즘문학연구』, 일지사, 1988. 참조.
21) 임헌영, 「일제시대 문학운동의 논리와 성격」, 『한길역사강좌 11』, 한길사, 1988. 166면.
22) 정재찬, 「1920-30년대 한국경향시의 서사지향성 연구」, 서울대 석사학위논문, 1987. 참조.

풍의 도회정조를 채록한 시들을 많이 쓴 것이라든가 탈역사적인 서정성에 치우친 시풍을 형성하게 되는 것은 이 시기의 행적과 무관하지 않을 것이다. 그런데 이렇듯 한 시인이 '카프'와 '구인회'라는 당대의 두 극단을 오간 사실은 일견 당혹감을 주는 것이 사실이지만, 그의 시가 현실에 대한 관심과 시 자체의 예술성을 진폭으로 형성되리라는 점을 예감케 해준다. 그리고 이러한 전기적 안목의 틀은 시기별로 다양하게 전환되는 그의 시적 변모양상에 별 변화없이 그대로 선명하게 체현된다.

그러나 당시 박팔양에게 이러한 행적과 지위를 가능케 해주었던 중앙일보가 재정난으로 휴간하게 되면서, 그는 1937년 만주 신경에서 만선일보의 기자로 다시 출발하게 된다. 만선일보는 수도 신경에서 창간한 일간지로서 길림성, 요령성, 흑룡강성 등에 거주하는 1백만 한인 교포를 상대로 한 신문이었다. 일제의 '만선일여(滿鮮一如)' 정책을 주입시키기 위한 친일적 성격의 신문으로서 기사, 연재소설, 광고 등에는 당시 교포들의 생활상, 사회상을 담기도 하였다.23) 당시 만선일보의 편집국장은 염상섭(廉想涉)이었고, 여수는 사회부장 겸 학예부장을 맡다가 1939년에 간도지사장으로 발령된다.24) 그때 한 동료의 회고에 의하면 그는 "禪味多分한 性格으로 동료들에게 늘 厚德했"25)었다고 한다. 바로 이 시절에 그는 유일한 시집인 『여수시초(麗水詩抄)』를 상재함으로써 그의 해방전 시세계를 스스로 갈무리하는 계기를 갖는다. 사실상 이 시집 이후로는 그의 시세계를 증빙할 수 있는 객관적 자료는 거의 없는 상태이다.

8·15후에 그는 다시 좌익계 신문인 『로동신문』의 전신이라 할 수 있

---

23) 『조선일보』 1989. 2. 14. 9면 기사 참조.
24) 『박문』 1939. 12. 20면 기사 참조.
25) 안수길, 「용정, 신경 시대」, 『한국문단이면사』, 깊은샘, 1983. 234면.

는 『정로(正路)』의 주필로 활약하면서 1945년 9월 30일 결성된 '조선프롤레타리아 예술동맹'의 중앙집행위원으로 참여[26]하지만 실제적 활동은 거의 없었고, 북한 문단에 직접 참여하여 1946년 3월 25일 결성된 '북조선예술총동맹'의 부위원장 겸 출판국장을 맡게 된다.[27] 한국전쟁 때는 종군작가로 활약하고, 이후 1951년 10월 당시 문학예술총동맹 중앙위원을 비롯하여, 1956년 작가동맹 부위원장, 1957년 6월 중앙선거위원회 위원을 지냈으며, 1958년 1월 조·쏘친선협회 중앙위원으로 있으면서 6월에는 예술대표 단장으로 소련, 폴란드, 동독 등을 순방하는 등 북한 문단의 지도자로 활약한다. 북한에서 그는 두 권의 시집 『박팔양시선집』과 『황해의 노래』를 펴내고 집체작인 『인민은 노래한다』를 1962년에 발표한다.[28] 그러나 그러한 문학세계의 실증적 해독은 아직 문학사의 사각지대(死角地帶)로 남아 있는 상태이다.[29]

---

26) 권영민, 「납·월북 시인·평론가 사전」, 『문예중앙』 1987. 겨울.
27) 이때 명예위원장은 이기영, 위원장은 한설야, 또 한 사람의 부위원장은 안막이 맡았다. 임헌영, 「미군정기 좌우익 문학논쟁」, 『해방전후사의 인식 3』, 한길사, 1988. 532면.
28) 『북한인명사전』, 동서문제연구소, 1983. 18면.
29) 북한에서 펴낸 문학사의 시문학 분야는 박팔양의 해방후 일부 작품을 게재하고 있어 좋은 참고가 되나 자료로 쓰이기에는 불충분하다. 한편 1956년에 나온 『박팔양시선집』의 구성을 목차별로 밝혀주고 있어 참고가 되고 있다. 사회과학문학연구소, 『조선문학통사』, 인동, 1988. 213-217, 272-273, 366-368면.

2. 주체적인 현실 읽기와 시의식의 다양한 변주
　　— 그의 산문들

1) 「朝鮮新詩運動槪觀」 - 주체적인 근대 시문학사의 효시

이땅에서 프로문학 운동이 막 성숙하려던 길목인 1929년 벽두에 박팔양이 발표한 「朝鮮新詩運動槪觀」(『조선일보』 1929. 1. 1.-2. 7. 총 21회 연재)은 이식문학사와는 궤를 달리하는 주체적이고 근대적인 한국 최초의 시문학사로서 매우 귀중한 문헌이다. 이 글은 부제에서도 밝히고 있듯이 신시 이후 1920년대 말엽까지 신시사 20년의 자취를 사적으로 조명하고 있다. 따라서 이 글은 그가 시인으로서만 아니라 정치한 비평적 안목을 가진 사가(史家)로서의 면모도 보여주는 단적인 예라 할 수 있다.

이 글에 대한 기존의 문학사적 평가들을 검토해 보면, 조남현[30]은 임화(林和)의 「소설문학 20년」이나 김태준(金台俊)의 「조선소설발달사」와 견주어 "경향문학을 한국문학사의 한 본격적인 장면으로 심화시키고 고착시켰다"며 비판적 평가를 내리고 있으며, 김용직[31]은 근대시를 사적으로 정리한 면은 인정하지만 분량이 너무 적고 프로시에 대한 언급으로만 시종되어 있어서 밀도있는 논의를 진행시키지 못했다고 평가한다. 그러나 김윤식[32]은 박팔양의 또 다른 시사인 「朝鮮新詩運動史」와 함께 중요한 문학사적 업적으로 평가하고 있으며, 김성윤[33]은 "신경

---

[30] 조남현, 「1920년대 한국경향소설 연구」, 서울대 석사학위논문, 1974. 21면.
[31] 김용직, 『한국근대시사(하)』, 학연사, 1986. 26-27면. 그러나 그의 논단은 서지적 조사가 미흡한 것을 단점으로 지적할 수 있다. 예컨대 21회 연재한 글을 15회 연재했다고 예증하고 있는 것 등이 그러한 서지적 불충분함을 일러주고 있다.
[32] 김윤식, 『한국근대문예비평사연구』, 일지사, 1986. 498면.
[33] 김성윤, 「1920-30년대 경향시의 전개양상」, 연세대 석사학위논문, 1988. 2면.

향파시와 프로시의 전개양상을 개별작가의 특성을 중심으로 살피고 있어 1929년을 전후한 경향시의 모습을 짐작할 수 있는 중요한 연구"라고 높이 평가하고 있다.

이렇듯 문학사적으로 중요한 언급을 받고 있는 이 글의 체재를 먼저 간략히 살펴보면, 3·1운동을 분계선으로 '己未以前'과 '己未以後'로 나누어 기미이후를 신시의 융성기로 잡고 그 이후로 발흥하는 이상주의적 경향, 세기말적 경향, 신경향파, 순수예술적 경향 등을 사적으로 해명, 분류한 후, 육당(六堂)으로부터 노산(鷺山)까지 개별 시인의 특성을 개괄적으로 설명하고 마지막으로 프로시의 정의와 그것이 가져야 할 의식에 대하여 규정을 내리고 있다.

문학사의 기술방법은 그것이 어디까지나 문학의 역사인 만큼 문학의 주체적 인식이 우선해야 할 것이며 동시에 그 변화나 발전과정을 종합적으로 추적하기 위하여는 사회과학적 요인들도 면밀히 고찰되어야 한다는 입장34)에서 보면, 박팔양의 이 글은 문학 내재적 발전상과 그 형성 요인에 대한 통합적 인식을 바탕으로 한 설득력있는 작업이다.

그는 주요한의 「불놀이」를 예거하면서 1919년을 전후하여 "이 時機에 니르러 新詩는 이미 發芽期의 그것과 가튼 試驗的인 희미한 存在가 아니라 비록 隆盛하엿다고는 못할망정 確實히 한 個의 獨立的인 地盤을 獲得하여가지고 한 個의 分明한 存在로서 社會에 나타낫다고 할 수 잇다"고 진단한 후 기미년을 정점으로 신시가 융흥하고 있다고 본다. 3·1운동 이후 우리 문단에는 『開闢』, 『共濟』, 『新生活』, 『新天地』 등 잡지가 창간되고 시인도 석송(石松), 상화(尙火), 포석(抱石) 등 신진들이 대거 등장하여 요한(耀翰), 안서(岸曙) 등의 기존 시인들을 한발 비켜서게 하는 형국이 벌어진다. 이때의 시단 경향을 그는 이상주의적 경향(요한)과 세기말적 경향(백조파)으로 대별하고 이러한 분화 현상에 중

---

34) 정한모, 「한국 현대시 연구의 반성」, 『현대시』, 문학세계사, 1984. 140면.

요하게 부각되는 층위로 석송 김형원(金炯元)의 등장을 꼽는다. 다시 말해 당대의 데카단이즘 풍토에 "한 힘있고 굿세인 特色을 못하고 잇섯슬 뿐 아니라 이 傾向이 진실로 後日 新興階級詩運動勃興의 한 刺戟이 되어잇는 곳에 그 先驅的 意義를 發見할 수 잇는 것"이라 하여 석송이 신경향파시로 나아가는 연결고리를 담당하고 있다는 실증적이고 정합성있는 평가를 내린다. 그는 이어서 당시의 문단 정황을 사회정세(민중운동의 흥기와 지식인 계층의 환멸)에 발생 근거를 둔 "混合的 特殊空氣"로 보고 이러한 역사적 마디에서 1923년을 전후하여 이른바 신경향파가 대두한다고 설명한다. 그가 신경향파 대두의 요인으로 설정한 사회적 조건은 다음과 같다.

> 첫재는 現代資本主義 經濟組織의 XX으로부터 생기는 勞動大衆의 生活上 困窮과 社會的 不安의 事實, 둘재는 이 困窮과 이 不安에 恒常 當面하고 또 處하여 잇는 勞動大衆의 (…) '階級思想'의 世界的 傳播의 두 가지를 意味하는 것일 것이다.

다시 말하여 1923년에 이르러 "階級運動者의 勢力이 漸次로 伸張되어 全朝鮮青年黨大會가 開催되고 各地 青年會의 方向轉換으로 보아서도 當時의 一般的 社會情勢를 大概 抽象할 수 잇슬 것이, 이 社會的 空氣가 新文藝運動上에 나타난 것이 所謂 新傾向派의 文學이오 또 詩이엇다"는 것이다. 이어 1923년 이후에도 『朝鮮文壇』, 『生長』, 『朝鮮之光』 등을 통해 파인(巴人), 지용 등이 활약하며, 특히 파인의 시재(詩材)에 대해서는 찬탄을 보낸다고 했다. 더불어 현하(1928년 전후-필자)의 정세를 이상주의적 경향과 무산파적 경향의 대립으로 파악한 그는 적구(赤駒), 해강(海剛), 창술(昌述), 상화, 임화 등을 탁월한 시인으로 꼽고, 정지용의 표현의장에 대한 칭찬도 아끼지 않는다. 이렇게 순수예술과 무산계급적 경향이 대립된 원인을 현대 자본주의 경제조직의 산물인 유/

무산 계급의 대립의 사실에서 찾고 있는 그는 현실주의적 경향으로 신시의 존재적 정당성을 이끌고 있다.

이상 살펴본 그의 시사적 안목을 일별해 보면 첫째, 그는 이식문학사와는 판이한 토대론에 기초를 둔 우리 주체적, 내재적 발전논리로 시사를 기술했다는 점을 들 수 있겠고, 둘째로는 현실주의적 경향에 실증적이고 역사적인 정당성을 부여하면서도 소월, 지용 등 예술성 짙은 시인들에 대한 편견을 보이지 않았다는 점, 그리고 셋째로는 해박한 독서량을 통해 선행업적이 전혀 없었음에도 불구하고 실증도 높은 시인론을 당시 최초로 펼쳤다는 점으로 요약, 평가될 수 있을 것이다.

이제 마지막으로 그가 21회 연재분(1929. 2. 7) 원고에 의기있게 언급한 프롤레타리아 시의 문제를 검토해 보자. 박팔양은 이 글에서 프로시를 "簡單히 말하면 푸로레탈리아-트의 生活感情을 가지고 모든 事物을 노래한 것"이라 정의하고는 "生活이 그 條件이 아니라 意識이 그 條件"이라고 명징하게 말하고 있다. 덧보태어 그는 "智識階級이 푸로레타리아의 詩歌를 制作하는 데 잇서서 가장 重要한 問題는 그가 어느 程度까지 푸로레탈리아 意識을 戰取하엿느냐 하는 데 잇슬 것이다"라고 하여 프로시의 윤곽을 시 속에 구현된 계급의식의 유무에서 찾는 태도를 취하고 있다. 그리고 그 계급의식이란 것은 "곳 無産의 悲慘한 生活을 運命論的으로 肯定하지 아니하고 智識階級의 眞正한 使命을 歷史的으로 理解하는 바 그 智識의 所有를 말하는 것"이라고 구체적으로 정의하고 있다. 아마도 이러한 지적의 근저에는 그 자신의 출신 계층과 이념적 지향의 편차라는 개인적 처지도 고려되어 있을 것이다. 이러한 정의를 시에 담아 1928년경 그는 이른바 프로시의 창작에 힘을 기울였던 것이다.

이와 같은 그의 프로시 개념과 동궤에 놓이는 당시의 논의로는 신고송(申孤松)의 「詩壇漫評」(『조선일보』 1930. 1. 5)이 있고, 그와 반대로 김경원(金炅元)의 「현금의 푸로문학을 논함」(『동아일보』 1926. 10. 16)에서는 "푸로 作家가 勞動階級에 들지 아느면 안된다"고 하여 시인의 출신계급을 중시하는 입장을 보인다. 그러나 이후 전개되는 프로시사의 창작군을 일별해 볼 때, 또 문학예술이 사유를 매개로 삼는 형상적 인식의 반영임을 고려할 때 그의 프로시 정의는 정합성을 띤다고 볼 수 있다.

2) 문학성과 현실성의 결합을 통한 프로문학운동의 옹호
   - 평론활동

한 작가의 평론활동은 그의 시세계의 전개와는 매우 밀접한 친연관계가 있다. 더구나 "창작과 비평은 밀접한 관련을 맺고 있을 뿐 아니라, 이 두 개의 정신적 활동은 感受性의 두 方向과 같은 것이어서 상호보완적 기능을 지니고 있다"[35]는 점에서 박팔양의 여러 비평문들은 그의 시세계의 행간을 읽는 데 많은 시사점을 줄 것이다. 당겨 말하면 그의 평론에서 가장 두드러지게 나타나는 핵심적 양상은 문학과 사회의 관계에 대한 비평적 모색이다. 그의 글들은 당대의 문학적 흐름을 파악하고 분석한 것으로서 한결같이 일정한 비평적 수준을 견지하고 있다.

그의 평론류는 크게 두 부류로 구획지을 수 있다. 한 부류는 문학원론적 평문들이고 다른 하나는 작품들에 대한 가치평가적인 글들이다. 먼저 전자에 해당하는 글들부터 살펴보자. 1927년 3월 『조선문단』에 발표한 「문예시평」은 그의 첫 평론이자 무산문예에 대한 직접적 언급으로 인해 흥미를 끈다. 그는 이 글에서 "우리 朝鮮의 新興文藝는 이미 그 氣分的 宣傳의 時代로부터 批判的 硏究의 時代에 이르럿다"고 하면서 신흥문예가 이제 "一方의 勢力"이 되었음에 주목한다. 그리고 이러

---

35) T. S. Eliot(이창배 역), 『엘리어트 선집』, 을유문화사, 1960. 387면.

한 문학권내의 뚜렷한 움직임에 유의하면서도 그는 프로문예의 "藝術的 價値標準 問題"를 주요소로 논급한다. 그의 주장은 앞 절에서와 마찬가지로 "푸로레타리아 文藝作品에서" 제일 중요한 것은 "푸로意識"이지만 표현형식에서는 재래의 구투를 벗어나 "藝術的 形式"(주제, 묘사, 하모니)을 갖추어야만 한다는 것이다. 다시 말해 대사회의식과 체험의 중요성을 역설하면서도, 1920년대 중반에 벌어졌던 '내용/형식 논쟁'의 팔봉과 같은 맥락36)에서 그는 "藝術的이라는 冠詞가 붓게 되랴면은 적어도 藝術的 形式만은 가추어야 한다"고 말하고 있다. 이러한 절충론적 인식은 그 나름의 시종되는 사상성과 예술성의 통합에 대한 노력이고, 이 점은 그가 펼치는 시세계의 다양한 스펙트럼에 충실하게 재현된다.

그 다음 발표되는 「葡萄酒와 갓흔 文學」(『조선지광』 1928. 1)에서 그는 현재의 조선을 "病魔가 骨髓에 들어잇는 重病人"으로 진단하고 조선 민중에게는 "밥이나 물"과 같은 문학 대신에 "葡萄酒, 食鹽注射"와 같은 문학이 요구된다면서 "朝鮮과 및 우리의 世界를 正確하게 觀察, 認識하여야 한다"고 토로하고 있다. 이러한 여수의 비판적 현실인식은 과학적이고 구조적인 안목이 희석된 상태이긴 하지만, 그 당시 그의 시나 소설에 형상적으로 재구되는 가치축으로 작용하게 된다.

그리고 그의 이러한 인식은 다음 발표되는 「作家의 意識問題와 作品의 檢閱問題」(『조선지광』 1929. 1)에서 문학인의 "意識"을 강조하는 것으로 이어진다. 현하의 조선예술운동의 당면문제를 "作家에 잇서서의 意識問題"와 "作品에 잇서서의 檢閱問題"로 양분한 그는 의식에서 "社會에 對한 意識"을 강조하고 검열 문제는 "檢閱의 水準을 낮추는 運動

---

36) 백철이나 김용직은 박팔양의 예술성 견지 주장을 팔봉과 같은 맥락이거나 그에 대한 지원적 발언으로 해석한다. 백철, 『조선신문학사조사-현대편』, 백양당, 1949. 88면. 김용직, 『한국근대문학론고』, 서울대출판부, 1985. 214면.

이 必要하다"고 주장한다. 1928년은 일제당국의 검거가 기승을 부리던 때이라 문예운동은 물론 사회운동 전반이 탄압받던 시기이다. 그렇기 때문에 검열도 덩달아 강화되어 프로문예에 관련된 글들이 발표되지 못하는 수난을 겪었는데 이것을 촉발제로 대중화 논의가 프로문예에 대두하게 된다.37) 그래서 팔봉 이후의 대중화 논쟁이 개진되는 상황적 맥락은 이러한 검열의 강화에 줄을 대고 있었던 것이다. 박팔양 역시 이러한 시선을 가지고 그 검열 완화를 위한 '운동'과 '의식'을 가질 것을 역설하지만, 실제적인 방안이 부재칸 한계를 지닌다.

다음은 실제비평인데, 먼저 『중외일보』에 연재한 「九月의 詩壇」(1929. 10. 9-16)에서 그는 현재 시단의 부진을 지적하면서 그 동기를 "朝鮮의 모든 社會的 情勢에서부터"로 돌린다. 그리고는 김해강의 「歸路」와 임화의 「우산밧은 요꼬하마의 부두」 그리고 김창술의 「五月의 薰氣」 등을 높이 평가하면서, 원래 미(美)라는 것이 감정이요, 이지(理智)는 아니며 "靈感"을 강조하고 있다. 이 글에서도 역시 그 특유의 문학주의와 대사회적 과학적 인식이라는 절충적 모색이 피력되고 있다.

3) 계급성 중시의 서사 양식들

박팔양이 남긴 소설적 양식에는 콩트 1편, 장편(掌篇)소설 1편, 신문 연재소설 1편 등 세 편이 있다. 그러나 콩트나 장편(掌篇)의 양식은 그의 시세계의 산문적 변주라고 할 만큼 시적 운용방식을 택하고 있는데다가 장편(長篇) 역시 낭만성 짙은 소설이라는 점, 특히 콩트 「오후 여섯시」의 경우는 작가 스스로 '콘트'라고 명시하고는 있으나 산문시에 거의 유사한 점 등으로 미루어 역시 그의 문학적 본령은 소설쪽보다는 시에 있었다고 판단되며, 이러한 산문양식들은 그의 문학여정에서 다양

---

37) 김재용 편, 『카프비평의 이해』, 풀빛, 1989. 150-151면 참조.

한 장르적 관심의 일단을 증거하는 것이라고 할 수 있겠다. 여기서는 그가 쓴 세 편의 글을 간략히 스케치하고 그의 시세계와 맺는 관련 여부를 밝히고자 한다.

먼저 작가 스스로 '콩트'라고 명명한 「午後 여섯時」38)라는 작품을 보자. 이 작품의 기본 골격은 스물두 살 난 신경쇠약 제3기에 있는 무직자인 오빠의 시선으로 본 열아홉살 난 공장직공인 누이 덕순이의 퇴근시간의 풍경이다. 동대문안 XX工場의 여직공인 덕순은 오후 여섯시 종이 울리자 퇴근을 한다. 생전 처음으로 병구를 이끌고 누이동생을 맞으러 나온 '나'는 공장 앞에서 행해지는 이른바 '身體檢査'를 목격하게 된다. 검사원들은 붉은 눈초리를 하고 직공들의 몸을 뒤지는데 여직공들의 XX속까지를 당연하다는 듯이 더듬는다. 이것은 공장 제조품인 담배를 하나라도 감추었을까봐 세밀히 검사한다는 것인데, 시집못간 장성한 누이가 당하는 수모를 목도한 '나'는 가슴아파한다. 조수처럼 밀려나오는 직공들은 모두 "憂鬱"과 "疲勞"가 역력한 모습이다. 덕순이는 검사원 앞에 서서 "자! 할 대로 하시오"하는 듯이 팔을 벌리면서 하복부를 내어민다. '나'는 공연히 이곳에 왔구나 하면서 후회한다. 집으로 돌아오는 길의 거리에는 음악회를 보러가는 XXXX(부르주아-필자) 계집아이들이 떼를 지어가는데 덕순은 "옵바두 그이가 내 XX지고 만지는 것을 보섯수?"하고 묻는다. '나'는 대답이 없고 두 남매는 쓸쓸하고 서러운 미소를 짓는다.

이러한 스토리 전개의 배경이 일제 강점하의 공장 노동자들의 참담한 생활39)이라는 것은 재론의 여지가 없다. 당시 조선의 많은 공장 노동자들의 삶은 카프를 중심으로 한 소설이나 시 창작 속에 널리 산견되거니와, 이 작품 역시 상황 묘사나 심리 묘사에서 그와 같은 경향을

---

38) 『조선지광』 1928. 9.
39) 강만길, 『일제시대 빈민생활사 연구』, 창작사, 1987. 참조.

보여준다. 작품 말미에서 보이는 거리의 여인들과 노동자들의 대조적 풍경과 덕순의 발언을 통하여 당대의 개인과 집단적 처지를 여실히 보여준 것은 이 작품이 노리고 있는 현실 발언의 한 징후이다. 당대의 한 비평가가 "이 作品에 잇서서 끗 句節이 가장 妙하다고 보엿는데 잘못 解釋하면 小부르즈와 心理를 助長하기 쉬운 憂慮가 업지 안타. 또한 勞動을 忌避하고 虛榮心에 사로잡히기 쉽다. 다만 하는 일 업시 豪華롭게 音樂會에 가는 계집이 잇다는 것을 德順이와 對照해 보혀준 것만은 퍽 效果가 잇다고 생각한다."40)고 진술한 것을 염두에 둔다면 생경한 계급적 구호로 떨어지지 않고 일정한 반어적 의문 진술을 통한 작품적 성과를 거두고 있다. 물론 리얼리즘 소설이 갖는 현실 반영의 풍부함이나 전망 제시 같은 데에는 커다란 간극을 갖고 있지만 그 현실인식의 에너지의 연장선에서 파악된 당대의 전형상 묘사에는 성공했다. 이러한 그의 작가로서의 현실인식은 그의 시편들 이를테면 「工場」이나 「默想詩編」, 「데모」 등에 시적 형상으로 구체화된다.

그런데 여기서 한 가지 문제가 되는 것은 정작 「오후 여섯시」의 장르 규정이다. 이것은 비평가든 어떤 독자이든간에 문학작품에 대하여 어떤 한 관점을 불가피하게 선택해야 하기 때문에 작가론에 있어 문학작품들 사이의 특별한 유사성이나 공통점을 통한 장르적 해명이 불가피하기 때문이다.41) 문제는 이 작품이 작가 스스로 "콘트"라고 분명히 밝히고 있으나 산문시의 요소가 적지 않다는 데 있다. 산문시(prose poetry)를 보통 "시가 지닌 言語의 내적인 특징인 隱喩·象徵·이미저리 등을 본질적으로 갖추고 있으면서도 다만 언어 진술의 외적 특징이 불규칙적인 리듬과 산문적 형태(운문의 상대개념으로서)로 되어 있는 詩"42)라고 규정할 경우 더더욱 이 작품은 산문적 질서를 벗어나 압축

---

40) 윤기정, 「문예시평」, 『조선지광』 1928. 11-12. 합병호.
41) Paul Hernadi(김준오 역), 『장르론』, 문장, 1983. 13면.

된 암유를 통한 시적 분위기를 획득하고 있다고 보여지기 때문이다.[43] 그러나 한 편의 문학작품이 어느 장르에 속하느냐 하는 것은 한 작가가 자신을 드러내는 방식으로 어떤 표현양식을 결정하느냐 하는 문제로 귀착된다[44]는 점, 그리고 작품상에 나타나는 일정한 서사적 골격 등으로 인해서 우리는 이 글을 '콘트'로 다루었다.

다음으로 그가 창작한 장편(掌篇)소설[45]인 「放浪의 水夫와 異國계집아이」(『조선일보』 1927. 3. 8)는 위 작품에 비하여 이국적이고 낭만적인 작품이다. 뒷날 『女人』지에 「港口의 하로밤」으로 개작되어 실린 이 작품의 줄거리는 어려서 자기 나라에서 쫓겨 눈 쌓인 북국의 벌판을 헤매다가 자라서는 선부(船夫)가 되어 항구에서 항구로 떠도는 조선인 청년과 철나서 자기 나라에서 몸 팔려 이땅까지 표랑해온 외국인 여급의 잠깐 동안의 만남과 애정으로 엮어져 있다. 술집의 이름은 '카페 - 말쎄이유', '바다'의 이야기를 잘 하는 '루바시카'의 청년은 술집에 가끔 들렀는데 그 술집의 여급인 외국 처녀는 그 청년을 내심 무척이나 좋아하게 된다. 그 청년은 늘 술기오른 얼굴로 바다에 대한 연설을 한다든지 노래를 하곤 했다. 그런데 어느 겨울날, 여자가 난로가에서 신문을 보는데 거기서 그 청년의 사진과 기사를 보고 슬피 운다는 짤막한 구성이다. 그 기사는 "XX주의자 XX의 사명으로 XX에 들어와 XX하려다가 XX되여 XXX 등 XX명이 XX서에 XX되엇다"는 내용이었다. 그런데

---

42) 오세영, 「선구자로서의 이념과 문학적 현실」, 『관악어문연구』 2집, 1977. 218면.
43) 다음 책에서는 이 작품을 산문시에 가까운 작품으로 보아 시집에 싣고 있다. 김성윤 편, 『카프시전집』, 시대평론, 1988. 301면.
44) 홍문표, 『현대시학』, 양문각, 1988. 304면.
45) 장편소설(掌篇小說)이란 당시 "콘트"라는 양식과 동일한 장르적 범주로 생각되었고, 소설 부류 중에서는 가장 짧은 것으로서 一行小說, 一頁小說, 百字小說이라고도 불렀다. 한설야, 「문예시평 - 주로 콘트에 대하야」, 『조선지광』 1929. 6.

그 선부 청년의 의식이 작가가 말한 "XX의 사명으로 XX에 들어와 XX 하려다가 XX되여" 등의 진술을 뒷받침할 어떤 근거 내지는 개연적 인력(引力)을 작품 내부나 여자와의 대화에서 갖고 있지 않다는 소설적 결함을 이 작품은 안고 있다. 한설야의 지적처럼 "表現技巧만은 조앗는데 內容이 거게 相副하지 못하였다. 形式만은 '콘트'로서 取할 점이 만타. 哀傷을 낫하내는 그 表現이 새 意識을 그리는 힘잇는 技巧로 進化햇스면 한다"46)는 바람이 남는다. 그런데 이 작품에 삽입된 이른바 "바다노래"는 그가 쓴 시 「仁川港」에 동궤의 정조로 재현되며, 작품 저층에 깔린 낭만적이고 애상적인 분위기와 부동(浮動)하는 인간상은 「海邊에서」나 「님을 그리움」, 「그대」, 「여름 저녁 거리 우으로」, 「길손」 등에 기조적인 주음(主音)으로 남는다. 그는 짧은 두 편의 소설적 양식(둘의 사상적 입지점은 상술한바, 판이하다)을 통하여 그의 시세계가 갖는 진폭을 산문적으로 변주, 수용하여 문학세계를 이끌었으며, '콘트'가 "다만 一二頁으로써 全連繫의 一部分을 具現하는 것임으로 그만치 餘韻과 啓顯과 脈搏과 템포와 溫度와 諧調와 均齊가 보다 高調되지 안으면 안된다는 點"47)에 그 특수성이 있음을 감안한다면 두 편 다 짧은 양식 속에 일정한 문학적 효과와 성취를 거두었다고 생각된다.

끝으로 그가 남긴 유일한 장편소설인 「情熱의 都市」(『조선중앙일보』 1934. 1. 11.-5. 6. 총103회 연재)를 살펴보자. 이 작품은 동경을 배경으로 조선 청년들이 겪는 애정과 이념, 그리고 부패한 부르주아 인간상 등을 대비시킴으로써 식민지 시대의 젊은이들이 가져야 할 가치 지향에 대한 작가 나름의 소설적 형상화에 주력한 작품이다. 이 소설의 구조는 전지적 시점으로 두 가지 줄거리가 대비되면서 엮어진다. 하나의 줄거리는 주인공인 김준일이라는 동경 유학생과 그를 조선에서 우연히

---

46) 한설야, 앞의 글.
47) 위의 글. 105면.

알게 되고 자신을 부잣집에 팔아넘기려는 의붓어머니로부터 탈출하여 동경까지 준일을 찾아온 여인 안순자, 그리고 준일의 친구이자 진보적 지식청년인 정인수와 그를 필두로 한 「建設者」라는 잡지의 동인들, 그리고 상해로부터 동경에 들어와 정인수 등과 관련을 맺고 활약하는 XXXX당원인 김경숙이라는 여자 등 일군의 조선 청년들에 의해 서사화된다. 그들은 "환락의 粉末로 가득"찬 동경에서 진실한 사랑과 식민조국, 그리고 자신들의 건강한 삶의 방향에 대해 고뇌한다. 특히 조선의 한 부호로부터 일체의 학비를 조달받으며 별 생각없이 유학을 하던 준일과, 오직 그에 대한 애정 하나만으로 동경에 들어온 순자가 정인수와 김경숙을 각각 만나 삶과 사랑에 대한 이야기를 나누고 결국은 인수와 준일이 XX주의 죄명으로 옥에 들어갔다 나온 후로 조선에 들어와 공장 노동자로 바뀌는 과정은, 「建設者」라는 지식인 계몽잡지 동인들이 모두 농촌으로 들어가 운동을 하게 되는 과정과 더불어 당대의 조선 청년들이 가져야 할 사상적 지향을 보여주고 있다. 그리고 이 작품의 또 하나의 줄기는 준일에게 학비를 대주는 지주(地主) 진학인과 그의 첩 오혜원, 아들 진병구, 그리고 오혜원과 내연의 관계에 있는 동경 유학생 안유갑, 그리고 환락의 도시 동경의 밤거리를 떠도는 유한계급 등에 의하여 진행되는 부르주아의 타락한 인간상으로 서술된다. 특히 같은 동경 유학생이면서도 "애욕의 狂態"를 보이는 오혜원과 육적 관계를 맺으면서 준일 등과 대립적 관계에 서는 안유갑은 식민지 시대 조선청년의 불건강한 상의 전형으로 그려지고 있다. 이들은 한결같이 자신의 할 일들을 미처 깨닫지 못하고 황금과 애욕의 노예가 되고 만 것이다. 이러한 인물군의 형상화는 동경의 병든 문명의 거리 묘사와 중첩되어 시대의 환부(患部)를 극명하게 보여준다. 그리고 이 작품의 주요소는 아니지만 준일과 순자의 순애(純愛)와 인수와 경숙의 동지애 또한 낭만성 짙은 배경 묘사와 삽입된 노래들을 통하여 균형있게 작품 속에 내재화된다. 다만 이러한 긍정적 인물들의 각성과 변신 과정이 평면적인 서사성으로 기울어 설득력있는 원인계기를 보이지 못한다든가, 부르주아와 가난한 계층간의 구조적인 차별성보다는 도덕성과 이상의 차이로만 천착해들어간 점 등이 이 작품의 미비점이라고 할 수 있다. 그러나 그는 이 작품을 통해 자신의 정신적 궤적에 있어 일관되이 지속되는 가난한 사람들과 조국에 대한 애정을 장편소설로 써서 그의 사상적 입지점과 장르적 재기까지 입증했다고 판단된다.

3. 현실성과 서정성의 갈등과 결합
— 박팔양의 시세계

1) 다양한 실험정신과 관념적 현실인식 - 초기시의 전개양상

우리로서는 박팔양의 등단기를 1923년을 전후하여 『동아일보』 지상에 시를 발표하던 때로 잡는다.[48] 3·1운동 직후에 펼쳐지게 되는 1920년대 초반의 우리 시단은 수많은 신문, 잡지, 동인지 등을 중심으로 폭넓은 줄거리를 형성하게 된다. 그리고 시인이나 작품들도 양적으로 활발히 증폭되는 현상을 빚는다. 그런데 그렇게 방사적으로 넓게 퍼진 당대 창작활동의 양태는 커다랗게 세 갈래로 나누어 범주화할 수 있다. 첫째로 흔히 낭만주의시로 일컬어지는 경향의 시들이며, 둘째는 민요시 계열, 셋째로는 빈궁한 현실 상황에 대한 비판의 시들이다.[49] 그리고 이러한 굵은 줄기 외에도 실험적으로 분출되었던 상징주의, 다다이즘시

---

48) 그가 처음으로 발표한 작품은 1920년 「그날은 크리스마스」로 알려져 있으나 확인할 수 없고, 동아일보 신춘문예에 당선되었다는 「神의 酒」 역시 찾아볼 수 없었다. 따라서 그의 공식적 등단작이나 추천 여부는 확인할 수 없다.
49) 감태준, 「근대시 전개의 세 흐름」, 『현대문학』 1988. 10.

등을 떠올릴 수 있다. 박팔양의 초기 시세계는 이러한 당대의 시사적 파장을 두루 섭렵하여 거치게 된다. 다시 말해 등단기의 낭만주의시, 일제 강점하의 궁핍상에 대한 울분과 증언의 시, 당시 지식청년들이 한때 매료되었던 다다이즘시 등을 자신의 시적 동선(動線)에 두루 담아내고 있다.

먼저 감상적 어조로 슬픈 정서를 노래한 초기시의 경향은 당대 문단의 보편적 분위기였던 애상과 비탄이 주조를 이룬다. 3·1운동에서 1920년대 초반까지를 사실상 역사적 전망이 보이지 않았던 상태로 상정하고, 문화정치의 장막 속에서 어떻게 응전할 것인가에 대해서 지식인의 의식적 방향이 채 잡히지 않았던 시기로 이해한다면 당대의 시는 이러한 비관적 허무주의 속에서 사적 전망이 차단된 가운데 선택된 장르였다50)고 볼 수 있다. 그 역시 이러한 공통 분위기에서 시의 첫발을 들여놓게 된다. 그런데 한 가지 특징적인 것은 센티멘털리즘을 주조로 하고 있지만, 시적 대상을 사회 현실에서 취하고 있다는 점이다.

> 어지러운 이 世代 - 搖亂한 世上 / 무서운 물결은 뛰놉니다 기여들어요 / 사랑하는 내 동생 귀여운 내 누이 / 모도다 狂浪이 빼서감니다 잡어가요 // 모든 것을 所有치 못한 나에게서 / 世上은 내 누이동생까지 빼서감니다 / 이 하늘 이 땅 無心도 해요 / 沈默의 天空 無言의 大地 / 눈물어린 내 눈에 녯 그림자 그대로예요
>
> ― 「어즈러운 이 세대」 중에서51)

> 괴로운 朝鮮의 우름소리가 들닌다 / 荒涼한 廢墟의 구석구석에서 / 오! 듯기조차 지긋지긋한 / 괴로운 우름소리가 들닌다 // (…) // 괴로운 朝鮮 呻吟하는 産母여! / 創造되는 새 生命을 爲하야 勇氣를

---

50) 김윤식, 『한국 근대문학의 이해』, 일지사, 1974. 386면.
51) 『동아일보』 1923. 11. 4.

가지라 / 오! 괴로운 현 朝鮮은 / 至今에 새 希望을 나흐랴 呻吟하
도다

— 「괴로운 朝鮮」 중에서52)

현실에 대한 부정적 인식을 근본 모티프로 하여 격앙된 스타카토식으로 씌어진 위 작품들에서 시인은 조선의 어려운 현실을 '어지러움'과 '괴로움'이라는 단어에 담아 제시한다. 다시 말해 혼돈과 궁핍의 시대, 상실과 폐허의 시대로 응축하고 있는 것이다. 그런데 일제 강점하에서 고통받는 조선의 현실을 그는 꽤 감상적인 육성으로 처리하고 있고 또 형상보다는 진술에 의해 내용을 전달하고 있다. 시 안에 제시된 현실이 구체적으로 어떤 역사적 문맥을 거느리고 있는지 그에 대한 시적 장치는 사상된 채 단지 부재와 결핍만이 형해화(形骸化)되어 노출되고 있다. 그러므로 앞시에서는 박탈감만을 느끼는 수동적 화자가 제시되었고, 뒤의 작품에서는 근거없는 희망으로의 비약이 나타나는 단세포적 구도를 드러내게 된다. 이러한 관념적이고 구체성을 결여한 그의 현실 인식은 그의 시가 여러 경향의 언저리에서 부동(浮動)하게 되는 핵심적 이유이자 결과이기도 하다.

그러나 1920년대 중반 이후 당대의 주요 담론으로 부상한 사회주의의 영향과 더불어 궁핍한 현실에 대한 강한 관심과 시적 형상화로 우리 시는 보다 더 넓고 활발한 시적 축도(縮圖)를 가지게 된다. 다시 말해 시기적으로 보아 당시는 러시아혁명 후 일본을 경유하여 유입된 사회주의 사상이 민족해방운동의 주요 축으로 기능할 만큼 상당한 영향력을 지니고 있었기 때문에 당대의 이른바 '신경향파시'의 기저에는 당시 지식인 사회에 만연되어 있던 사회주의 사상이 내재되어 있었으며 이러한 시들은 식민지 현실에 대한 문학적인 대응의 형태를 띠고 등장

---

52) 『동아일보』 1924. 7. 7.

한 것이다.

> 이제야 온단 말인가 이 사람들아 / 나는 그대들을 기다려 기나긴 밤을 다 새엿노라 / 까막까치 뛰여다니며 아침을 지저귈 때 / 나는 그대들의 옴을 보려고 몃번이나 洞口밧게 나갓든고 // 그대들은 모르리라 / 荒凉한 이 廢墟, 이 거츠른 터에 / 심술구진 바람이 虛空에서 몸부림치든 지난밤 일 / 아아 꼿가티 젊은 무리가 / 罪업시 이 자리에서 몃치나 피 吐하고 죽은지 아느뇨 // 光明한 아츰을 못 보고 죽은 무리 / 그대들 오기를 기다리다가 / 아아 올혼사람 오기를 기다리다가 가버린 무리 / 그들의 피무든 옷자락이 / 소사오르는 아침볏에 붉게 빗나지안느뇨 // 지나간 모든 일은 한바탕의 뒤숭숭한 꿈자리 / 고개넘어 마을에 잇는 적은 鐘이 울어 / 久遠의 길을 떠난 受難者를 弔喪할 때 / 보라 나와 그대들의 머리우에 잇는 해와 무지개! // 밤새여 기다리든 이 사람들아 / 이제는 그 지리하든 어둔 밤이 다 지나갓느뇨 / 千里 萬里 먼 곳으로 다 지나갓느뇨 / 아아 지나간 밤의 지리하엿슴이여

― 「黎明以前」 전문53)

백철(白鐵)이 "신경향파의 一佳作"54)이라고 고평한 바 있는 이 작품은 당대의 현실을 밤과 아침을 잇는 "여명이전"으로 구가하면서 어두움과 밝음의 대립적 심상을 통해 미래에 대한 주체의 강한 희망을 보여주고 있다. 신경향파시의 공통분모이기도 했지만, 시 안에서의 구체적인 현장성은 거세되고 이항대립적 인식을 통한 막연한 희망을 감상적으로 보여주고 있다. 시적 상황은 "황량한 폐허"와 "바람이 몸부림치는" "거츠른 터"로서의 상황인식과 "까막까치 뛰여다니는" 아침을 위하

---

53) 『개벽』 1925. 7.
54) 백철, 『조선신문학사조사-현대편』, 백양당, 1949. 46면.

여 꽃같이 쓰러져간 젊은 수난자들의 비극을 매개로 하여 지리한 밤이 가고 아침이 왔다는 줄거리이다. 식민지 현실의 본질적인 원인을 파악하는 시적 구체성은 결여되고 또 새 시대를 향해 나아가는 사람들의 형상이 모호성을 띤 채 추상화되어버려 탄탄한 형상화에는 많이 미흡하고 있지만, 시의 목소리가 개인적 직정이나 울분을 넘어서 모순된 역사를 극복하고 새롭게 이끌어가고자 하는 흡인력있는 집단의 것으로 나타나 꽤 다른 면모를 보여주고 있다. 이러한 단순대립적 인식은 사실 1925년 카프 결성을 전후하여 창작되는 다른 신경향파 시인들의 창작지평과 엇비슷한데, 이를테면 김창술의 「戰線으로」(『조선일보』 1926. 1. 22), 김해강의 「屠獸場」(『조선일보』 1926. 1. 22), 「蜘蛛網」(『조선일보』 1926. 2. 11) 등에 나타나는 관념적 비약과 동일한 정신적 맥을 형성하고 있다.

　요컨대 이 시는 진전된 현실인식에도 불구하고 화자 자신이 능동적 열정을 갖고 현실의 복판에 뛰어들지 못하고 새로 오는 세대에 의한 피동적 소망으로 비약됨으로써 현실을 인식하고 개변하려는 인식을 가진 프로시로서는 일정 부분 한계치를 가지게 된다. 한 세계의 억압적 질서를 변혁하기 위해서는 구조적 인식에 근거한 조직적이고 구체적인 투쟁이 필요한데 시인의 세계는 거기에 이르지는 못한다. 북한의 문학사에서 이 작품을 "20년대 초기의 새로운 현실의 특질을 시대의 려명으로 구가하면서 일제통치하의 봉쇄된 환경 속에서도 새 시대와 더불어 사는 사람들의 멎을 줄 모르는 전진운동을 신선하며 예리한 시어의 구사로써 표형하였다"고 고평하고 있는 것은 엄밀한 의미에서 시적 구체성에 대한 미학적 배려가 부족한 단견이 아닐 수 없다. 이러한 지적은 실상 시의 창작동기나 언어미학에 대한 비평적 배려는 인정할 점이 있지만 시 속에 형상적으로 구체화된 현실인식의 면에서 본다면 부분적으로 온당치 못한 평가이다. 한편 박팔양이 「여명이전」에서 보여준

직정에 가까운 열정의 시학은 다음 두 작품에서도 속도의 관성을 풍기며 형상화되어 주목을 끌게 된다.

> 熱情과 感激! / 世上과 나라를 生覺하고 주먹으로 冊床을 치는 / 뜨거운 熱情과 感激, 噴火口上의 불길가튼 / 灼熱한 그 熱情과 感激! / 이것은 오즉 그대에게만 잇네 / 젊은 그대에게만 잇네.
> ― 「젊은 사람!」 중에서[55]

> 白頭山上에 빗나는 저 해를 보라 / 끌는구나 타는구나 熱情덩어리로구나 / 이나라 젊은이 가슴에도 피가 돌거든 / 해가 가진 熱情을 함빡 빼앗자고 / 활을 메여 한 눈 지긋하고 저 해를 견우라
> ― 「거리로 나와 해를 견우라」 중에서[56]

앞의 시는 힘과 자유에 대한 갈망이 젊은이들의 웅건한 열정으로 얻어질 것으로 나타내고 있고, 다음 시는 팔봉의 예찬[57]대로 열정어린 젊은이들의 삶이 고답한 밀실에서 신음하지 말고 거리로 나와 투혼을 불사르자는 내용을 '해'라는 알레고리로 빗대어 표현하고 있다. 이러한 그의 시적 열정은 그가 사회주의 청년 단체의 일원이었다는 사실과 무관하지 않겠지만, 그가 이후 프로시를 쓰는 과정이나 월북 후에 쓰는 작품들의 원형질로 자리하고 있다.

그런데 여기서 한 가지 짚고넘어가야 할 것은 그의 초기작 중에서 노동자들의 현실을 다룬 「工場」이라는 작품이다. 이 작품은 1923년작으

---

55) 『조선일보』 1925. 4. 13.
56) 『조선시인선집』, 조선통신중학관, 1926. 10. (1925년작)
57) 김기진, 「신춘문단총관」, 『개벽』 1925. 5.

로서 그의 신경향파시 중에서 이례적으로 현장성을 취급하여 프로시로 나아가는 결절점의 몫을 담당하고 있다고 보인다.

> 덜컥 덜컥 덜컥 / 工場의 機械가 도라감니다 / 無數한 職工의 피무든 機械가 / 소리를 지르며 도라감니다 // 덜컥어리는 機械소리 / 그것은 可憐한 일꾼의 우름소리입니다 / 굴뚝에서 나오는 검은 煙氣 / 그것은 그들의 한숨의 모힘입이다 // 비오는 어느날, 工場의 窓門이 열니면서 / 핏氣업는 얼골 하나이 간엷힌 손으로 턱을 고이고 / 지나가는 비단옷입은 行人을 내여다보다가 / 窓안에 호령소리, 그의 얼골을 살어집데다 // 至今의 工場은 그러케 苦生이라니 / 언제나 우슴소리가 그곳에서 새여나오릿가 / "사람은 일해야 맛당하고, 일하면 반듯이 먹는다"고 / 이웃집 先生은 가르칩데다.
>
> ―「工場」전문58)

이 시가 다루고 있는 시적 제재는 "핏기업는 얼골"을 한 공장 노동자들의 지친 삶이다. 일제강점하의 구조적 모순에 의한 농촌 피폐로 농촌 인구가 도시 노동자로 대거 편입되어 열악한 환경 속에서 삶을 이어가는 모습을 그린 작품이다. 특히 2연과 3연에서는 기본적인 생존권도 확보하지 못하고 노동과 착취에 시달리는 식민치하의 수많은 노동자들의 참상을 형상화하여 고통받는 민중상을 묘사했다고 볼 수 있겠다. 그런데 노동자의 삶을 다루고 있음에도 불구하고 시적 문맥으로 보아서 우리는 이 작품에서 화자 자신이 상당한 현실적 거리를 유지한 채 관찰자의 입장에 서고 있음을 어렵지 않게 발견하게 된다. 대상에 대한 감상적 애정이 짙게 깔려 있어 허열에 뜬 열패감이라는 비판의 틈을 많이 주는 것이 사실이다. 불합리하고 비인간적인 노동현실59)을

---

58) 『조선시인선집』, 조선통신중학관, 1926. 10.

비판하고 그에 항거하는 민중상을 형상화하기에는 화자 자신의 계급적 입지점이 모호했던 것으로 이해할 수 있다. 곧 노동자, 행인, 감독자 등의 생활방식이 암시적으로 제시되고 있을 뿐, 그런 상이한 방식의 차이와 상호관계에 대한 통찰은 결여되어 있다.60) 특히 끝 두 연의 종지어법인 "-데다" 같은 결구(結句)가 그러한 화자의 제3자적인 위치를 수사적으로 입증하고 있다. 이러한 결점은 뒤에 펼쳐지는 「데모」 같은 시에서 어느 정도 극복된다. 아무튼 이 작품은 이후 우리 시에서 줄곧 나타나는 공장 노동자들에 대한 애정의 시편들, 예컨대 유적구의 「女職工」(『개벽』 1926. 4)이나 김해강의 「職工의 노래」(『조선일보』 1927. 2. 6)보다 훨씬 감각적으로 앞서 시화했다는 사적 가치와 아울러 저항의지나 형상성에 있어서는 그에 떨어지는 한계점도 갖는 작품이라고 할 수 있다.

다음으로 그가 초기시에서 보여주는 중요하고도 색다른 지층은 바로 '다다이즘'에 대한 관심이다. 유럽에서 일어난 '다다'라는 전위예술은 성격 규정이 그리 용이하지 않다. 그 본령을 귀납해 보면 "현존하는 세계의 질서를 부정, 반박하여 그 전도된 양식 속에서 가치를 찾으려고 했던 전위예술운동"이 그것이다. 정치적으로 무정부적이고 허무주의적인 성격을 견지하고 있는 다다는 일체의 기성가치를 부정하는 정신풍토의 소산인데, 우리에게 본격적으로 수용되기 시작한 것은 1924년을 전후하여 고한용(高漢容)에 의해서이다. 그는 「따따이슴」(『개벽』 1924. 9)이라는 논문을 필두로 하여 다섯 편이나 되는 다다이즘 소개 논문을 발표하여 우리 문단에 다다이즘 이론을 적극적으로 이입, 소개하였다.

---

59) 당시 일본인 남자의 공장 노동자 임금에 비해 조선인 남자의 그것은 약 1/2 정도이고, 여직공의 경우는 다시 그것의 1/2 수준이었다. 또한 노동시간도 일본인이 대부분 10시간 이내였음에 비해 조선인은 대부분 12시간 이상이었다. 이효재, 『여성의 사회인식』, 평민사, 1978. 54-55면.
60) 신동욱, 『우리 시의 역사적 연구』, 새문사, 1984. 106면.

그리하여 1920년대 중반 우리 시단에서는 그 여파로 거의 유행병처럼 이 외래사조에 몰입하는 양상을 빚게 된다. 그러한 반항적 열정의 외양은 임화의 다음 회고를 보아도 넉넉히 알 수 있다.

> 십년전 '따따'나 '表現派'의 模倣者들은 詩의 思想과 內容에 向一的인 反抗者이었다. 그럼으로 朴八陽, 金華山 或은 筆者(가능하다면)까지가 一時的으로나마 그 急進的 情熱로 말미암아 푸로레타리아 文學에까지 到達했든 것이다. 그들에게 本質的인 것은 樣式上의 過去否定일 뿐만 아니라 生活, 世界觀 그것에 있어서 보다 더 큰 反抗의 情熱이었다.61)

말하자면 거의 초이념적으로 모든 문학권내에 다다의 파장이 어느 정도 가시화되었다는 이야기이다. 일찍이 1920년대의 한 다다이스트는 "DADA는 도회의 산물"이며 "都會人의 극도로 예민해진 말초신경의 병적 감각에서 산출된 것"62)이라 말한 바 있거니와, 그러한 다다의 세례를 받은 대표적인 시인으로 임화, 정지용, 김화산, 박팔양, 유완희 그리고 1930년대의 이상까지 이르게 된다. 특히 박팔양은 '金니콜라이'라는 필명으로 다다이즘시 번역이나 창작을 하게 되는데 그 역시 이 시기의 문학적 흔적을 비록 과작(寡作)이지만 격렬한 다다이즘시로 채색하게 된다. 여기서 우리는 그가 남긴 한 파격의 이질충과 만나게 된다.

> XX! XX! XX! / 輪轉機가 소리를 지른다 / PM. 7-8 PM. 8-9 / ABC. XYZ / 符號를 보렴으나 / 한 時間에 十萬장式 박어라! // (…) // XX! ◆◆! ●●! / DADA, ROCOCO! (誤植도 됴타) / 飛行機, 避雷針, X光線 / 文明病, 末梢神經病 / 無意味다! 無意味다! / 이글은

---

61) 임화,「담천하의 시단 1년」,『신동아』1935. 12.
62) 방원룡,「세계의 절망 - 나의 본 따따이슴」,『조선일보』1924. 11. 1.

不得要領에 意味가 업다 / 나는 2=3을 밋는다.

― 「輪轉機와 四層집」 중에서[63]

이 작품은 사회에 대한 조소적(嘲笑的) 모티프를 기축으로 하고 일상적인 시적 관행을 벗어나서 의미론적 언어의 해체를 통한 표현을 주로 하고 있다. 난해한 해사적(解辭的) 이미지의 연쇄 반응이 돌출시키는 효과로 단어와 단어 사이의 서술적 의미는 소실되고, 명사만의 나열이라든지 숫자 또는 글자 크기의 변형을 통해 의미의 관련 질서를 의도적으로 무너뜨리고 있다. 요컨대 이 작품은 주제 면에서 볼 때는 현대문명에 의해 해체된 인간의식과 기존논리에 대한 거부가 제시되어 있으며 기법 면에서는 시행의 회화적 배열, 개념의 추상화를 통해 다다이즘시의 극명한 한 특징을 보여준다.[64] 이러한 반시적(反詩的) 흐름은 거의 같은 시기에 창작된 김화산의 「惡魔道」(『조선문단』 1927. 2), 정지용의 「카페 프란스」, 「爬蟲流動物」(『학조』 1926. 6), 유완희의 「太陽과 地球」(『신생』 1929. 1), 그리고 임화의 「地球와 빡테리아」(『조선지광』 1927. 8) 등과 사조적 궤를 같이 하고 있다.[65] 이 시들은 모두 다다가 갖고 있는 핵심적 결점인 세계관의 부동성(浮動性)을 한결같이 입증해 주고 있고 그런 까닭으로 다다는 우리 시사를 통해 1930년대의 이상을 제외하고는 성공적으로 착근한 예가 없게 된다. 한편 그가 내비친 이러한 시적 경향은 위 작품처럼 극단적인 경우는 아닐지라도 그의 시 중에 은연히 번지고 있다. 도회문명에 대한 조소적 비판을 담은 「都會情

---

63) 『조선문단』 1927. 1.
64) 오세영, 『20세기 한국시 연구』, 새문사, 1989. 137면.
65) 임화는 자신을 회고하는 한 글에서 자신이 한때 "낡은 感傷風의 詩를 버리고 '따따'風의 詩作을 試驗"했다고 술회하면서 당시의 다다이스트 시인으로서 고한승, 김화산, 박팔양 등을 꼽았다. 임화, 「어떤 靑年의 懺悔」, 『문장』 1940. 2.

調」66)나 「최초의 은인」(『조선지광』 1928. 1) 등에도 잔영으로 남아 있다. 다음은 「도회정조」의 일부분이다.

> 도회는 강렬한 음향과 色彩의 世界 / 나는 그것을 얼마나 사랑하는지 모른다. / 불규칙한 직선의 나열, 曲線의 배회, 아아 表現派의 그림같은 都會의 氣分이여! // (…) // 문명기관의 총신경이 이곳에 집중되어 / 오오! 현대문명이 이곳에 있어 / 경찰서, 사법대서소, 재판소, 감옥소, 교수대, / 학교, 교회, 회사, 은행, 사교구락부, 정거장, / 실험실, 연구소, 운동장, 극장, 음모단의 소굴 / 아아 정신이 얼떨떨하다

그런데 한 시인의 정신적 기저에 이런 이질적이고 낯선 지층이 있다는 것은 기실 당혹스럽다. 특히 초기시에서 서정성과 현실인식의 적극성을 양축으로 시적 편력을 보였던 그에게 이러한 "反抗의 熱情家"적인 면모는 의미 규정이 어려운 것이 사실이다. 그러나 위에 제시한 다다 시인들의 추후 변모과정과 함께 유추하자면 당대의 다다이즘에 대한 경도는 한 젊은이의 세계관 형성이 흔들리면서 겪는 정신적 열정이자 세계관이 미성숙할 때 질곡에 빠져 있는 모순된 현실에 대한 그 나름대로의 출구로 설정했던 것임에 틀림없다. 이러한 다다의 본질적 공전(空轉)의 성격으로 하여 그것은 여수의 시세계에 깊이 정착하지는 않는다.67)

---

66) 박팔양, 『여수시초』, 박문서관, 1940.(1926년작) 팔봉은 이 작품을 다다적 경향이라고 하여 부정적 평가를 내리고 있다. 김기진, 「문예시평」, 『조선지광』 1927. 2.
67) 그리하여 어떤 평론가는 "깨끗한 詩를 많이 써 그때 文名을 날리던 金麗水란 筆名을 가진 朴八陽도 이 詩(다다이즘시-인용자)를 쓰기 시작하여 드디어 朴八陽은 그의 詩를 잡치는 데 이르기까지 하였다"면서 그의 시세계에서 다다이즘의 침투를 극히 부정적으로 보고 있다. 홍효민, 「한국문단측면사 5회」, 『현대문학』 1959. 1.

이상 살펴본 등단기부터 1927년초까지 박팔양의 시세계는 감상적 정조의 서정시나 관념적이고 열정 어린 현실인식을 바탕으로 한 신경향파시 그리고 시적 문법을 타기하고 정신 질서의 낯선 모서리를 형성한 다다이즘시 등으로 이루어져 아직 자리잡지 못한 세계관과 극히 다양하고 변주가 심한 실험적 시정신으로 축조되었다.

2) 현실인식의 진전과 프로시

카프의 문예운동이 목적의식기로 방향전환을 하면서부터 우리 시에서는 이전의 신경향파시와는 변별되는 프로시가 창작되기 시작한다.68) 이 시인들은 마르크시즘의 세계관을 시에 수용하여 계급개념에 대한 인식과 프롤레타리아 생활상에 대한 핍진한 묘사로 전대보다 한층 진전된 시적 리얼리티를 획득한다. 물론 볼셰비키화 방향전환 이후 씌어지는 일련의 계급투쟁이나 전위운동시에는 현저히 못 미치는 관념성을 드러내고 있지만 고통스런 시대에 대한 직접적인 시적 추구를 보인다는 점에서 이 시기의 시들은 값지다. 박팔양 역시 진전된 현실인식을 토대로 한 일종의 프로시를 이 시기에 집중적으로 창작한다.

追放되는 백성의 고닯힌 魂을 실고 / 밤車는 헐레벌떡어리며 다러난다 / 逃亡군이 짐싸가지고 솔밧길을 빠지듯 / 夜半國境의 들길을 달리는 이 怪物이여! // 車窓 밖 하늘은 내 답답한 마음을 닮었느냐 / 숨막힐듯 가슴터질 듯 몹시도 캄캄하고나 / 流浪의 짐우에 고개 비스듬이 눕히고 생각한다 / 오오 고향의 아름답든 꿈이 어듸로 갓느냐 // 비닭이집 비닭이장 가치 오붓하든 내 동리 / 그것은 지금 무엇이 되었는가 / 車바퀴소리 諧調마처 들리는 中에 / 희미하게 벌러지는 괴로운 꿈자리여! / 北方 高原

---

68) '신경향파시'와 '프로시'의 차이점에 관해서는 김성윤, 「1920-30년대 경향시의 전개양상」, 연세대 석사학위논문, 1988. 참조.

의 밤바람이 車窓을 흔든다 / (사람들은 모다 疲困히 잠들었는 데) / 이 寂寞한 訪問者여! 문두드리지 마라 / 의지할 곳 업는 우리의 마음은 울고 있다. // 그러나 汽關車는 夜暗을 뚤코 나가면서 / "돌진! 돌진! 돌진!" 소리를 지른다. / 아아 털끗만치라도 의롭게 할 일이 있느냐 / 아까울 것 업는 이 한 목숨 바칠 데가 있느냐 // 疲困한 백성의 몸 우에 / 무겁게 나려덥힌 이 지리한 밤아 / 언제나 새이랴나 언제나 거치랴나 / 아아 언제나 언제나 이 괴로움에서 깨워 이르키랴느냐

― 「밤車」 전문69)

이 작품은 조선의 현실을 암담한 "夜暗"으로 진단하면서 박팔양이 사회 현실에 대한 관심을 목적의식적으로 형상화한 시이다. 특기할 것은 이 시에서 제시되는 모습이 일제의 혹독한 수탈과 억압에 고향을 등지고 쫓겨가는 유이민의 참상이라는 점이다. '유이민'이란 식민지 시대에 단순한 경제적 이유에 따른 국내 유랑의 범위를 훨씬 벗어나, 일제의 조선침탈이 본격화되면서 한층 확대, 심화된 '경제적 궁핍'과 합방을 계기로 현저해진 '정치적 탄압'의 이유로 대규모로 발생하게 된 유랑민을 지칭한다.70) "故鄕의 아름답든 꿈"을 잃고 고국에서 쫓겨나 타국으로 짐짝처럼 아무렇게나 이민열차에 지친 몸을 싣고 달리는 유이민들의 뼈아픈 고통을 그린 이 시는 바로 이러한 국외유랑민의 역사적 삶을 시적 제재로 수용한 결과이다. 특별히 열차 안에서 "마음은 울고 있는" 사람들의 안타깝고 차단된 현실을 밀도있는 감각성으로 표현한 것은 시 전체의 비극적 분위기와 상승작용을 하여 핍진한 현실 환기에 기여하고 있다. "차창 밖 하늘"이나 "北方 高原의 밤바람"마저 유이민의 고통에 중첩되어 상황을 더욱 암울하게 빚어내고 있고 지난 시

---

69) 『조선지광』 1927. 9.
70) 윤영천, 『한국의 유민시』, 실천문학사, 1987. 10-11면.

절의 오붓했던 고향 생각을 한층 더 짙게 해주고 있다. 그리고 "밤"이 주는 고통스런 현실 속을 힘차게 달리는 "汽關車"의 이미지를 상정하여 현실타개의 의지가 드러나는 마지막 두 연까지 이끌어간 점은 이 시가 지닌 적극적 의미에서의 성과이다. 이러한 점은 그가 초기의 개인적 서정성을 극복하고 집단적인 목소리와 만나게 되는 연장선과도 무관하지 않으며 현실의 하중(荷重)을 시로써 견뎌내는 시인적 성실성의 모습을 시사하는 것이기도 하다. 그리고 윗시는 이후 수많은 유이민들의 삶을 그리게 되는 유이민시의 효시격이라고 할 수 있다는 데 시사적 의의가 있다. 이찬(李燦)의 「북만주로 가는 월이」(『중앙』1936. 6)나 조영출(趙靈出)의 「북행열차」(『조선일보』1936. 3. 3), 오장환(吳章煥)의 「北方의 길」(『헌사』, 1939. 7) 등의 만주 유이민시들보다 시기적으로 가장 앞선다는 시사적 의미를 지니고 있는 것이다. 윗시는 이렇듯 목적의식기 방향전환을 전후하여 프로시에 대두하는 민중들의 참상에 대한 묘사로 실감있는 형상화에 성공하고 있으나, 한편 엄정한 의미의 계급개념이나 구조적 천착에는 미흡한 점이 남는다. 그러나 다음 작품에 이르면 구체적인 시위 장면을 제재로 삼는다는 점에서 관심을 끌게 된다.

  납덩어리가치 무겁고 괴로웁든 우리들의 마음이 / 오늘은 엇지하야 이가치 가볍고도 愉快하냐 / 五月의 한울 - 그 밋헤서 부르는 우리들의 노래가 / 무슨 까닭에 참으로 무슨 까닭에 / 가슴 울렁거리도록 이가치 즐거웁게 들리느냐 // 市街가 좁다고 먼지 휘날리며 달리든 / XXXX 自動車와 馬車 / 그것이 오늘의 XXXX 무엇이란 말이냐 / 보아라 거리와 거리에 모혀슨 우리 XXXX / 平素에 默默히 일하든 친구들의 오늘을! // 街路에는 우리들의 데모 / 屋內에는 驚異에 빗나는 저들 XXX / 보혀주자 저 恰悧하고도 압못보는 백성들에게 / 未來를 춤추는 이 群衆의 舞蹈를! // XXXXXX 노래와 歡呼와 拍手와 / 步調. 步調. 步調를 마처라 / …… …… …… / 五月의 香氣로운 空氣를 通하야

/ 오오 울리라 우리들의 交響樂을.

― 「데모」 전문71)

김창술의 「進展」(『조선일보』 1927. 7. 21), 김해강의 「大道上으로」(『조선지광』 1929. 6), 유완희의 「民衆의 行列」(『조선일보』 1927. 12. 8) 등 목적의식기 프로시들과 함께 윗시는 계급적 대립을 시적 모티프로 하고 있다. 목적의식기 방향전환의 문단적 의미는 한 논자의 다음 언급을 통해 짐작할 수 있다.

> 一九二七年으로 말하면 朝鮮無産階級運動에 잇서서 가장 意義잇고 歷史的 必然의 任務를 어느 程度까지 敢行하엿고 가장 重要한 階級을 過程한 一年임에 틀림업섯다. 自然生長期에서 目的意識期로의 飛躍을 하야 質的으로 轉換을 하게 된 것도 過去 一年間에 니러난 意識的 行動이엇다.72)

요컨대 신경향파 문학의 자연발생성이 자본주의 사회에서의 계급혁명 이론으로 등장한 마르크스주의와 접합하여 목적의식적인 단계로 나아간 것이며73), 시적 주체들은 프롤레타리아의 계급의식을 내용으로 식민치하의 현실상을 파악하면서 작품활동을 하기 시작한다. 윗시도 열악한 노동조건 및 저임금에 묶여 있던 당대 노동자들의 자연발생적인 계급적 각성이 강력한 비타협성 지향의 사회주의 사상에 크게 고무, 격려되면서 급격한 증가현상을 보인 1920년대 노동쟁의의 현장74)을 포착한 것이다. 막연한 관념을 노래하는 것이 아니라 노동자들의 메이데이

---

71) 『조선지광』 1928. 7.
72) 윤기정, 「1927년 문단의 총결산」, 『조선지광』 1928. 1.
73) 최유찬, 「1930년대 한국리얼리즘론 연구」, 연세대 박사학위논문, 1986. 32면.
74) 윤영천, 앞의 책, 65-66면 참조.

행렬이 물결치는 투쟁의 거리로 나선 것이다. "自動車"나 "馬車"로 상징되는 "XXXX(부르주아-인용자)"의 삶과 "평소에 묵묵히 일"만 하던 노동자들의 뿌리 깊은 구조적 갈등이 메이데이를 기점으로 마침내 데모 곧 가두시위로 표출된 것이 이 시의 정황이다. 이러한 인식은 '가진자'와 '못가진자'라는 단순한 자연발생적 빈부개념에서 '부르주아'와 '프롤레타리아'라는 계급적, 역사적 개념으로 발전된 것이다. 특히 시인의 어조는 감격과 흥분으로 나타나고 뚜렷한 적의를 갖고 당당하기조차 하다. 반복되는 의문형, 청유형, 명령형 어미의 속도감은 짧은 시적 긴장감과 함께 분위기를 한층 고조시킨다. 따라서 이 시는 민중에게 잠재된 투쟁의 역량과 역사의 원동력을 활기찬 시적 어조로 표현한 목적의식기 프로시의 한 가편(佳篇)이다.

이상 살펴본 목적의식기 이후 이른바 프로시들은 전대보다 훨씬 진전된 현실인식을 토대로 하여 노동자나 유이민들에 대한 예민한 감성과 애정을 형상화하였다. 이것은 당대의 문학운동과도 밀접한 관련을 가진 것이며, 또 "식민지 시대의 문학을 논하면서 식민지적 상황에 언급하지 않는 평가는 거의 틀림없이 부정확하거나 잘못된 것"[75])이라는 단언이 그에게도 예외는 아닐 것이기 때문이다.

3) 생명에 대한 경외와 예언자의식

박팔양의 시는 카프가 두번째 방향전환을 거쳐 볼셰비키화로 나아가는 시기에 커다란 굴절을 겪게 된다. 이때 프로시는 노농계급의 삶을 날카로운 계급투쟁의 시각에서 포착한 작품들이 주류를 이루게 된다. 따라서 프로시가 현실의 리얼리티를 담기 위하여 서사화 경향을 걷게 되었음은 주지의 사실이다. 이때 그는 막상 프로시의 그와 같은 예술운

---

[75]) 김우창, 「일제하 작가의 상황」, 『궁핍한 시대의 시인』, 민음사, 1987. 13면.

동적 차원과는 거리가 있는 그 특유의 서정시편 곧 자연형상화를 통한 시들을 써가고 있었다. 그에게 나타난 이러한 변모는 여러 가지 원인을 안고 있을 것이다. 그가 카프라는 운동조직과는 사실상 거리를 둔 상태이고, 또 그의 세계관이 서사적 양식에는 어울리지 않는 관념지향의 성격이 있었다는 것도 이유의 일단이 될 수 있을 것이다. 그러나 그 중에서도 으뜸 항목으로 가로놓이는 것은 시인이 겪었던 사회주의 사상이나 가난한 민중과 민족에 대한 애정, 그리고 여러 실험적 정열 등이 그 본래의 민중적 휴머니즘이라는 인식틀로 수렴된 것이 아닌가 한다. 물론 이러한 변모를 두고 단선적인 진보나 퇴행으로 재단할 일은 못 되지만 그의 시 속에 끊임없이 생성되는 서정성이 훌륭히 자기양식과 통합된 것이라고 일단 긍정적으로 판단할 수 있다. 덧붙여 이러한 시 양상은 당대 시문학파의 리리시즘이나 카프의 노농시와는 차원을 달리하기 때문에 운동사적으로는 별도의 자리매김이 필요한 것이 사실이다. 한편 이러한 시적 변모를 통하여 그를 '계급시인'으로만 폄하하는 기존의 선입견을 바꿀 수 있을 것이다.76) 그런데 이러한 성향의 시는 세 가지 부류로 나눌 수 있겠거니와, 예언자의식을 자연(구체적으로는 '꽃')에 의탁하여 형상화한 작품들과 생명적 원천으로서의 자연을 형상화한 시들, 그리고 쓸쓸한 감상을 자연이라는 대상물(代償物)을 통해 드러낸 서정시들이다.

> 날더러 진달래꽃을 노래하라 하십니까? / 이 가난한 시인더러 그 寂寞하고도 가냘픈 꽃을, / 일은 봄, 산골째기에 소문도 없이 피었다가 / 하루아침 비바람에 속절없이 떨어지는 꽃을, / 무슨 말로 노

---

76) 예컨대 김용직 교수는 프로시의 제2기(1929-전향기)를 김창술, 유완희, 박세영 등과 함께 박팔양이 주도했다고 기술하였는데, 이것은 면밀한 작품 검토를 결여한 채, 그를 그저 프로시인으로만 인식한 결과로서 시정되어야 한다. 김용직, 『한국근대시사(하)』, 학연사, 1986. 164면.

래하라 하십니까? // 노래하기에는 너무도 슬픈 사실이외다. / 百日紅같이 붉게 붉게 피지도 못하는 꽃을, / 국화같이 오래오래 피지도 못하는 꽃을, / 모진 비바람 만나 흩어지는 가엾은 꽃을, / 노래하느니 차라리 부뜰고 울것이외다. // 친구께서도 이미 그 꽃을 보셨으리다. / 화려한 꽃들이 하나도 피기도 전에 / 찬바람 오고 가는 산허리에 쓸쓸하게 피어있는 / 봄의 先驅者! 연분홍 진달래꽃을 보셨으리다. // 진달래꽃은 봄의 先驅者외다. / 그는 봄의 消息을 먼저 傳하는 豫言者이며 / 봄의 모양을 먼저 그리는 先驅者외다. / 비바람에 속절없이 지는 그 엷은 꽃잎은 / 先驅者의 不幸한 受難이외다. // 어찌하야 이 가난한 詩人이 / 이같이도 그 꽃을 부뜰고 우는지 아십니까? / 그것은 우리의 先驅者들 受難의 모양이 / 너무도 많이 나의 머리속에 있는 까닭이외다. // 노래하기에는 너무도 슬픈 사실이외다. / 百日紅같이 붉게 붉게 피지도 못하는 꽃을, / 국화같이 오래오래 피지도 못하는 꽃을, / 모진 비바람 만나 흩어지는 가엾은 꽃을, / 노래하느니 차라리 부뜰고 울것이외다. // 그러나 진달래꽃은 오랴는 봄의 모양을 그 머리속에 그리면서 / 찬바람 오고가는 산허리에서 오이려 웃으며 말할 것이외다. / "오래 오래 피는 것이 꽃이 아니라 / 봄철을 먼저 아는 것이 정말 꽃이라"고 --

― 「너무도 슬픈 사실」 전문[77]

　　서사시가 작가의 인간성에서 독립되어 있는 바의 실체를 드러내는 데 반해 서정시는 개인의 의식 속에 사물과 사건이 반영되는 것[78]이라면, 이 작품은 민족의 수난자들이라는 대상성을 진달래꽃을 매개로 하여 시적 주체 자신의 의식 속에 내면화시킨 서정시이다. '봄의 선구자 진달래를 노래함'이라는 부제가 붙어 있는 이 시는 그의 현실에 대한 애정이 서정성과 탄탄하게 맞물린 수작(秀作)이다. 동일한 어휘의 반복으로 인한 시적 긴장의 이완이라는 수사적 취약점이 없는 것은 아니나,

---

77) 『학생』 1930. 4.
78) E. Staiger(이유영 외 역), 『시학의 근본개념』, 삼중당, 1978. 92면.

'진달래'라는 즉물성이 갖는 상징 의미의 파장을 확대하여 역사공간으로까지 이끌어 민족적 선구자들이 겪는 수난의 이미지와 접목시킨 것은 이 작품의 의의이다. 곧 이 작품은 이름 모를 조국산하에 이름없이 피고 지는 진달래를 표면심상의 비극성으로 설정하고 그에 중첩하여 식민 조국의 수난사를 함께 아우르며 민족적 선구자의 모습을 본질적 의미로 담아낸 것이다. 암울한 조국의 현실을 "모진 비바람"과 "찬바람 오고 가는" 산하로 설정하고 그곳에서 "봄의 소식을 먼저 전하는 예언자이며 봄의 모양을 먼저 그리는 선구자"로서 수난을 당하며 "속절없이 떨어지는" 진달래꽃을 그 대립항으로 위치지워, 프로시들의 공통적 결함이었던 생경한 구호나열이나 애상적 감정을 극복한 일종의 비장미를 획득하고 있다. 특히 마지막 연이 거두는 반전(反轉)의 이미지는 시 전체의 통사구조에 핵심적 역할을 하고 있다. 적지 않은 교술성의 의도적 배려라는 흠은 보이지만, 전체적으로 비극적 이미지가 짙은 가운데, 낙관적인 전망을 보여주는 극적 모티프를 구사했다는 면에서 이 시가 궁극적으로 갖는 '예언자의식'을 표상했다고 보인다. 더불어 의문형 종지인 "아십니까?"로 반문하면서 자신의 내면의식을 이야기한 율격적 배려 역시 비장감 속에 음각되어 율독적 성과를 거두고 있다. 이러한 이유로 그의 시는 독자적인 시적 영역을 갖게 되며 볼셰비키 창작방법에 의한 프로시나 모태복귀의 전원시들과는 변별되는 시적 대응을 하게 되는 것이다.

  百花가 하나도 피기 전에 / 먼저 외로히 피여서 / 봄소식 세상에 전하여주는 / 그대 적막한 꽃 개나리야 // 夜半의 비바람 이리떼와 가티 / 소리질으며 밤하늘을 달린 때 / 덧없시 떨어지는 그대의 귀한 목숨 / 아아 알아주는 이 업고나 // 그러나 일은 봄 비바람 다 지나간 후 / 일만 꽃 앞 다투어 땅 위에 필 때엔 / 떨어져 짓밟힌 그

대의 얼굴에 / 오히려 가느드란 웃음이 떠돌리라
- 「개나리야」 중에서79)

이 시의 '개나리' 역시 생태학적, 축어적 의미로부터 멀리 벗어나 신고(辛苦)를 겪고 살아가는 선구자의 면모로서 그 내포의미가 확장되고 있다. 비록 "백화가 하나도 피기 전에 봄소식 세상에 전해주"고는 "덧업시 떨어지는" 목숨이지만 봄이 다다른 후에는 "얼굴에 가느드란 웃음이 떠돌리라"는 낙관적 역사의식이 행간에 침투되어 있다. 평이한 언어 속에 리듬을 유념한 행가름 또한 교졸성을 벗어난 미적 조화를 이루는 데 기능하고 있다. 박팔양은 위의 두 작품을 통하여 비정물을 유정화하여 서사공간까지 이끌어 호소력있는 서정시로서 민족적 선구자 의식을 노래하였다.

다음으로 이 시기의 그가 갖는 또 하나의 시 영역은 생명과 자연에 대한 강한 긍정과 애착이다. 이러한 시편들에서는 시인의 넓은 의미의 휴머니즘80)이 깔려 있는데 그러한 형상은 민중적 생명력에 대한 짙은 긍정과 자연의 모성에 대한 애착으로 드러난다.

친구께서는 길을 가시다가 / 길가의 한 포기 조고마한 풀을 / 보신 일이 있으실 것이외다. / 빗밟히며 짓밟히면서도 / 푸른 하늘로 적은 손을 내여저으며 / 기어히 기어히 살어보겠다는 / 길가의 한 포기 조고마한 풀을.

- 「失題」 중에서81)

---

79) 『별건곤』 1929. 4.
80) '휴머니즘'은 여러 형이 있지만 그것에 공통되는 넓은 의미로는 인간의 생명과 가치를 존중히 여기고 이것을 우선적으로 보호하여 보다 더 풍부한 것으로 높이려고 하는 점이라고 한 학자는 정리하고 있다. 務臺理作(편집부 역), 『현대의 휴머니즘』, 풀빛, 1983. 23면.
81) 『조선문학』 1933. 12.

내가 흙을 사랑함은 / 그가 모든 조화의 어머니인 까닭이외다. /
그대는 보셨으리다, 여름 저녁에 / 곱게 곱게 피는 어여쁜 분꽃을! /
진실로 奇績이외다. 그 검은 흙 속에서 / 어떻게 그렇게 고운 빗갈
들이 나오는가 / 그것은 아무도 모르는 宇宙의 秘密이외다.

-「내가 흙을」중에서82)

발표 당시에는 「失題」라는 제목이었다가 훗날 『여수시초』에는 「목숨」이라는 제목으로 실려 있는 첫째 시는 '풀'이라고 하는 심상에 서정성을 덧입혀 민중적 생명의 보잘것없지만 끈질긴 속성을 형상화하고 있다. 자신의 왜소한 처지, 고통 받는 현실을 운명론적으로 수긍하지 않고 살아가는 민초들의 결곡한 생명력에 대한 애정을 노래하고 있다. 특히 2연에서는 "그대와 나는 목숨을 위하여 / 땅 위에 뒹굴고 또 뒹굴 것이외다"라고 피력함으로써 화자가 일종의 연대감을 형성하고 있다. 그리고 또 이러한 생명과 자연에 대한 친화력을 흙의 정체성에 접목시켜 형상화한 둘째 시에서도 시인의 모성적 생명사상, 그리고 자연의 이법에 담겨진 탄생과 소생에 대한 외경과 신뢰를 발견할 수 있다. 이 시에서 주요심상으로 가로놓여 있는 '대지' 심상은 인류의 고향(mother land)으로서 원래 동경과 낙원의식의 대상이자 생명의 원천으로서의 표상을 지니는 것이다.

마지막으로 언급할 수 있는 시의 지류(支流)는 자신의 내적인 쓸쓸함과 가상적 정서를 역시 자연물에 이입시켜 나타낸 개인정감적 서정시들이다.

그 누가 저 시내가에서 / 저러케 쓸쓸한 휘파람을 붑니까 / 그도

---

82) 『시대공론』 1931. 9.

아마 나와 가티 근심이 만허 / 밤한울 울러러보며 슯흔 곡조를 부
나봅니다.

―「그 누가 저 시내가에서」 중에서[83]

엇던 때는 바다가 그리워서 / 한업시 푸른 바다가 그리워서 / 물
결만이 우는 바다가 그리워서 / 바다 생각에 밤깁허가는 때가 잇습
니다.

―「無題吟」 중에서[84]

모두가 쓸쓸하고 낙백(落魄)한 개인적 정서의 표출을 보여준다. 이상과 같이 1930년을 전후하여 카프가 두번째 방향 전환을 겪었을 때, 곧 프로시가 대중화론과 연결된 단편서사시 계열과 볼셰비키 방침에 따른 개념적 서술시의 연장이라는 두 경향으로 나타날 때, 그는 자연형상화를 통한 예언자의식과 민중적 생명의식을 서정성 짙은 작품들에 담아내고 있다. 박팔양 시의 이러한 변모에 대해 한 평론가는 "沈着하다. 緻密하다. 따라서 거츤 맛이 적다. 그럼으로 그의 筆致는 고요한 田園의 風景, 人情의 流露를 詩化하는 데 가장 能熟한 技能을 가젓다. 프롤레타리아 詩人으로서 詩壇에 許容되는 모양이나 革命的 불길을 담은 詩篇으로서가 아니라 金麗水에게서 프로 詩人的 어떠한 品貌를 찾는다면 고요한 反省, 省察을 强姿하는 그러한 곳에서라고나 할까"[85]라고 지적하였다. 반면에 당대의 프로문사였던 권환(權煥)은 마찬가지로 그의 변모에 주목하지만 다음과 같이 부정적 평가를 내린다.

우리 푸로 詩人에게 가장 만은 詩篇을 製作하엿고 또 푸로 詩人

---

83) 『신여성』 1931. 4.
84) 『제일선』 1933. 2.
85) 정노풍, 「신춘시단개평(2)」, 『동아일보』 1930. 2. 10.

으로서 뿌루 詩壇에까지 만흔 寵愛를 밧든 朴八陽氏의 詩를 보면 우리는 도저히 푸로詩라고 名稱을 부치기 어려웟다. (…) 그 가운데 는 푸로레타리아의 뿌루조아 階級에 대한 XXXX는 거름자도 업고 조곰식 料理의 '약임'처럼 들어잇는 不平, 同情의 文句는 뿌루 大衆 詩人들의 反動詩나에도 넉넉히 볼 수 잇는 것이었다. 이러한 詩는 푸로詩로서는 말할 餘地도 업거니와 所謂 人道主義의 詩라고 일홈 부치기에도 程度가 업섯다. 우리는 이러한 詩는 어데까지든지 排斥 하여야 하며 또 이 同志의 하로밧비 反省하여 眞正한 푸로레타리아 詩의 길로 轉換하기를 衷心으로 바라는 바이다.[86]

4) 내성과 탈역사화 – 도회정조와 방황

박팔양의 시세계는 1933년을 전후하여 도회풍의 정조에 탐닉하는 모더니스틱한 자장을 형성한다. 그러나 그의 이러한 시경향은 그 이전에도 간헐적으로 발표된 바 있다. 예컨대 「도회정조」(1926)에서는 다다적 기운을 빌어서 현대 도시문명의 탁류를 빗대었고, 「새로운 도시」(1929)에서는 새로운 도시에 대한 충격을 환상적 정서에 담고 있으며, 1929년 6월 1일부터 6일까지 『조선일보』에 연재한 장시 「1929년의 어느 도시의 풍경」에서는 모든 도시를 '怪物'이나 '濁流'로 희화화하고 있다.[87] 이렇게 실험적으로 씌어지던 도회에 대한 관심은 1933년에 들어서 집중적으로 창작된다. 이러한 현상은 물론 '구인회' 가담이라는 개인사적 체험의 맥락과 관련이 있겠지만 좀 더 구체적으로는 서구 모더니즘의 국내 확산이나 1930년대 식민지의 수도 경성의 왜곡된 도시화에 따른 도시세대의 등장, 그리고 카프 중심의 리얼리즘 문학의 상대적 침체 등의 상보적 결과라고 해야 할 것이다. 주지하다시피 1930년대는 세계사

---

86) 권환, 「詩論과 詩評」, 『대조』 1930. 6.
87) 그는 장시(長詩) 후기에서 자신이 장시라는 양식을 처음 시도했으나 결과적으로 실패했다고 고백하고 있다. 『조선일보』 1929. 6. 6.

적인 충격과 국내 식민지적 정황의 악화가 중첩되어 만주사변(1931), 중일전쟁(1937)을 비롯한 병참기지화와 식민정책의 강화가 두드러지던 시기였다. 이에 따라 3·1운동 이후 문화정치라는 허울좋은 약간의 자유마저도 차례로 유린되어갔으며 사회현실과 유리된 순문학의 온상을 마련해주는 계기가 되었다. 그리하여 우리 시는 카프의 연장선상에서 창작을 지속하면서 내성의 길을 걷는 시인군과 순문학으로서의 전원문학, 그리고 이미지즘 계열의 모더니즘 시인들이 주류를 이루게 된다. 이러한 시대상황은 많은 시인들로 하여금 내성(內省)이라는 방법론적 편향을 가지게 하거니와 문학사적으로는 이른바 '전향기'를 형성하게 된다. 그리하여 이 시기의 우리 시는 얼마만큼 식민지적 정신질서가 주체의 삶과 의식 속에 고통스럽게 침투하였느냐는 하나의 좌증을 여실히 보여주고 있다. 특히 과거에 대한 역사인식의 태도나 현실에 대한 투시, 그리고 그 극복의 전망에까지 이르는 일련의 사상적 문제들은 식민지 시인들에게 한층 곤혹스러운 과제였을 것이다. 물론 순수한 예술적 독자성을 견지하고자 노력했고, 현실의 시적 투영을 필수적인 창작본령으로 삼았던 박팔양 같은 시인에게도 그러한 양자의 변증적 통합은 더더욱 어려웠을 것이다. 그런 와중에서 그는 도회정조를 바탕으로 한 자유주의자로서의 방황을 그린 내성시편들과 연시(戀詩) 창작에 자신을 비끄러매어 그의 시가 상당 부분 빚지고 있던 역사공간으로부터 서서히 발을 물러딛게 된다.

> 거리 위의 風景은 表現派의 그림 / 붉고 푸른 色彩燈, 네온싸인 / 사람의 물결속으로 헤엄치는 나의 넓은 마음은 / 藝術家의 깃븜같흔 깃븜속에 잠겨잇다. // (…) // 그러나 이윽고 나는 나의 疲勞한 마음우에 / 소리도 업시 고요히 나리는 灰色의 눈을 본다 / 아아 잿빛 憂鬱속의 나의 외로운 마음아 / '페이브멘트' 우엔 가을의 落葉이 떨어진다. // 이것은 一九三三年의 서울 / 느

진 가을 어느 밤거리의 **點景** / 깃붐과 슯음이 **交叉**되는 네거리
에는 / 사람의 물결이 쉬임업시 흐르고 잇다.

- 「**點景**」 중에서88)

이 작품은 시인의 눈에 비친 1933년 경성의 풍경첩이다. 경성의 "느 진 가을 어느 밤거리"의 풍정을 낯선 "표현파의 그림"이나 "깃붐과 슯음이 교차되는" 정경으로 묘사하고 그 안에 있는 시적 자아는 "잿빛 우울"과 "외로운 마음"이라는 단절적 심상으로 공존하고 있다. 여기서 비쳐지는 도시는 자체순환성으로 폐쇄되고 마는 낯선 공간으로 자리하고 있다. 시를 무절제한 감상주의나 편내용주의적 감정 유로의 일관한 관념성으로부터 건져내 회화성을 강조하고 문명비판적 내용을 형성한 것이 1930년대 모더니즘 운동의 특징이라고 이해할 경우, 이 작품은 그러한 모더니즘의 중심지였던 구인회에 가담했던 시인으로서 그 언저리에서 견지하게 된 시적 감성의 어눌한 결과였다. 그러므로 그의 시에 나타나는 모더니즘적 정조는 일종의 문명비판의 세계관에 확고히 발을 딛고 씌어진 것은 아니었다. 이러한 시정(市井)의 담담한 묘사는 다음에도 이어진다.

거리엔 지금이 '럿슈·아워' / 붉은 볼에 **幸福**을 **微笑**하는 젊은 **男女**의 / 오고가는 발자최소리 여기저기서 / 아츰의 아름다운 **幸福**을 노래하고 있다. // (…) // **電燈**이 어엽분 **少女**의 샛별 갓흔 눈처럼 / **玲瓏**하게 **市街**의 **夜景**을 **裝飾**하기 시작할 때 / 하로의 **苦役**에 녁을 일흔 얼골 검은 일군들은 / 맥업는 거름거리로 가난한 보금자리를 찾어간다. // '네온싸인'! 그것은 한 **個**의 슯은 **風景** / 일업시 거리를 **彷徨**하는 수만흔 '룸펜'이여 / **都市**의 사람을 **誘惑**하는 **享樂**의 밤이 깊어갈 때 / 그대와 나의 헛

---

88) 『중앙』 1933. 11.

된 嘆息을 엇지하랴는가?

-「하로의 過程」중에서89)

　스스로 생각건대 나는 한 개의 放浪兒 / 故鄕을 일허버린 나의 流浪의 마음은 / 거리燈불 깜박이는 都會의 한 밤에 / 지향업는 거름을 東西로 것고 잇나니. // (…) // 지나다가 거리에서 본 曲馬團 風景은 / 병들은 문명의 조고마한 그림일러라 / 날라리 북소리는 오히려 슬프게 들리고 / 재조파는 계집아이 말엽헤 울고 섯나니.

-「近詠數題」중에서90)

　한결같이 도회의 소시민적 일상에 대한 묘사와 그로부터 소외되어 있는 외로운 시적 자아의 모습이 그려져 있다. 문명의 이기로 대표되는 도시생활과 그곳에 부적응하는 개인의 숙명적 괴리를 비감어린 정서로 나타낸 것이다. 러쉬 아워 때 도시의 젊은이들은 아름다운 행복의 미소를 짓지만 도시화에 따른 소외층으로서는 "하로의 苦役에 넉을 일흔 얼골 검은 일군들"이나 "일업시 거리를 방황하는 수만흔 룸펜" 그리고 "고향을 일허버린 放浪兒"나 "말엽헤 울고 섯는 재조파는 (곡마단) 계집아이"의 표상으로 대칭을 이룬다. 이러한 소외의식은 1930년대 도시화가 자생적이고 주체적인 근대화라는 역사의 진행과정에서 우러나온 결과라기보다는 식민지배와 수탈을 위한 공업화, 그리고 식민지 교육을 위한 도시화의 결과였기 때문에 발생한 것이다. 그의 시에 이러한 인식이 탄력있게 침윤된 것은 아니지만 고향상실과 그에 대한 그리움의 카운터 이미지로서 당대 도시의 보편적 삶의 양태인 소시민의 고독과 방황을 시적으로 반추한 것이다.91) 이러한 시적 기조는「夏夜風景」(『조선

---

89)『중앙』1933. 12.
90)『중앙』1934. 1.

중앙일보』 1934. 6. 11)이나 「曲馬團風景」(『여수시초』)에도 짙은 인상으로 스케치되고 있다. 이러한 소외의식은 다음 작품에 이르면 자전적으로 변주되어 그의 정신의 일단면을 보여준다.

> 길손 - 그는 한 코스모포리탄 / 아모도 그의 故國을 아는 이 업다 / 大空을 나르는 '새'의 自由로운 마음 / 그의 발길은 아모데나 거칠 것이 업다. // 길손 - 그는 한 니힐리스트 / 그의 슯은 옷자락이 바람에 나붓긴다 / 쓰디쓴 過去여 탐탁할 것 업는 現在여 / 그의 將來의 '꿈'마저 물우에 떠보낸다. // 길손 - 그는 한 樂天主義者 / 더 일흘 것은 업고 어들 것만이 잇는 그다 / 나라와 안해와 명예와 안락은 / 그가 버림으로서 다시 엇는 재산이리라. // 길손! 그대는 쓰디쓴 입맛을 다신다. / 길손! 그대는 슯은 大空의 自由로운 '새'다.
>
> -「길손」전문[92]

1930년대 시인들에게 고향상실감(Heimatlosigkeit)은 심각한 양상을 띠었지만 보편적 주제이기도 하였다. 윗시는 '길손'이라는 개체심상에 "코스모포리탄/니힐리스트/낙천주의자"라는 통합될 수 없는 이질적 속성들을 덧입혀 실향감의 확인과 그에 따르는 방황을 서정적 기조로 하고 있다. 형식논리상으로 시를 보면 시적 대상이자 주체인 '길손'의 이미지에 상충하는 모순이 잠복하고 있음을 알 수 있다. 한마디로 전향기에 처한 한 지식인의 내면적 자기분열과 보헤미아니즘을 직서적으로 나타내고 있으며, 일종의 자기모순과 배회하는 자신의 정신질서에 대한 위악적(僞惡的) 대응이기도 하다. 인간이 상황없이 존재할 수 없고 또

---

[91] 이 시기를 대표화하여 백철은 박팔양의 시사적 본령을 프로시에 다다이즘을 가해서 된 '도시시인'('전원시인'에 대비된 의미로서)으로 규정짓고 있다. 백철, 『조선신문학사조사-현대편』, 백양당, 1949. 180면.
[92] 『조선중앙일보』 1934. 7. 30.

오직 상황을 통해서만 사회적 존재라고 인정할 경우 인간과 상황의 모순, 곧 무기력한 의식과 '전능한 상황' 사이의 적대관계는 '상황' 자체의 모순이며 인간 자체 속에서의 분열로 나타난다.93) 이러한 식민지적 '상황'내에서 그의 시적 대응은 상술한 것처럼 도회를 배경으로 한 소외의식과 자아균열로 표백되고 있다. 따라서 이런 탈사회화(de-socialization)의 경향은 이제 1935년을 고비로 그로 하여금 연시나 소박한 내성시를 쓰도록 만들며 시인은 탈이념적인 서정성에 기초한 시를 쓰게 된다. 이러한 시적 분위기는 당대의 시적 성격과 공유된다. 동시대의 한 시인의 처연한 회고에서 그 기운을 읽을 수 있다.

> 무엇보다도 딱한 노릇은 詩文學의 발랄성이 乙亥年(1935년-인용자)을 始初로 하야 丙子年(1936)에 이르러서는 참으로 未曾有의 沈滯를 形成하야 世代의 새로운 呼吸과 싸움의 칼을 노래하든 生氣발랄한 詩人들까지가 거의 全部 敗北와 卑屈의 毒酒를 마시고 那落의 '엘레지!'를 그 素朴한 感想語句로 되씹고 마침내 無風地帶로 化 (…) 詩文學의 思想性의 缺如! 이것은 朝鮮 詩壇을 통틀어 놓은 一般的 特性이다.94)

요컨대 시적 화자의 서정소곡이나 서경적 소품류만이 창작의 가시권 내에 미시적으로 들어와 있었던 상태이며, 사상성이나 운동성 등은 퇴영 내지 사장되었던 시기였고 박팔양 시 역시 이러한 일반적 울타리를 크게 넘어서지 못한 것이다.

> 세상에 純情이란 무엇이오니까 / 한 번 주고 받은, 그 사랑의 마음과 마음. / 아아 千里를 隔하여 이제 또 해를 넘기되 / 그를

---

93) K. Kosig(박정호 역),『구체성의 변증법』, 거름, 1985. 105면.
94) 윤곤강,「병자시단의 회고와 전망」,『비판』1937. 2.

넋을 길 바이 없사외다. // 흐르는 시냇물도 이 사나이 마음을 아는지 / 흐르는 그 소리 우는 듯 느끼는 듯 / 산머리 외로운 초가집의 반디불조차 / 그 눈에 눈물을 머금은 듯하외다 // (…) // 고요한 밤 외로운 방에서 내 이리도 생각하였사외다 / '사랑을 버리자 그것은 적은 일 / 연분홍 빛 꽃수건을 불살라버리자.' / 그러나 슬픈 일이외다. 이 마음을 불사를 수 없사외다.

- 「또다시 님을 그리움」 중에서[95]

사랑은 사람을 바보로 만드나 보다. // 넋을 잃고 먼 산을 바라다도 보고 / 남의 이야기를 귓가으로 흘려도 버리고 / 턱을 고이고 앉어 혼자 한숨도 쉬이고. // 또 사랑은 사람을 겁있게도 하나 보다. // 밤바람소리에도 소스라쳐 깨어 / 그의 발자최소리인가 놀라기도 하고 / 죄없이 가슴을 두근거리기도 하고.

- 「戀愛詩-失題」 중에서[96]

사랑에 빠진 화자의 감상적인 서정적 충동을 짙게 느낄 수 있는 작품들이다. 이러한 시들은 그야말로 "단아하고 羞態있는 閨秀와 가튼 고흔 마음씨를 가진"[97] 박팔양의 소박하고 정갈하지만 시적 긴장은 상당히 이완된 작품들이다. 이렇듯 그는 모더니즘과 순문학의 언저리[98]에서 서정적 육안을 가지고 시를 다수 창작한다. 특별히 다음 작품은 이렇게 탈역사화한 시인의 현실에 대한 인식과 미학적 토대가 언어적 미감을 살린 서정성으로 반영되어 후기 시세계의 현실로부터의 후퇴를

---

95) 『사해공론』 1935. 5.
96) 『조광』 1939. 2.
97) 안석주, 「캐나리아의 애인 麗水 朴八陽氏」, 『조선일보』 1933. 2. 7.
98) 결국 그는 식민지적으로 기형화된 자본주의 사회의 삶을 철저히 미학적으로 점검하려 했던 김기림이나 정지용 등 모더니즘 주류 시인과는 본질적인 거리를 두고 있었다는 의미로 '언저리'라는 표현을 써 보았다. 임헌영, 「일제시대 문학운동의 논리와 성격」, 『한길역사강좌 11』, 한길사, 1988. 166면 참조.

명징하게 보여주고 있다.

> 나는 그대의 종달새같은 이야기를 사랑한다 / 그러나 보다도 더 그대의 말없음을 사랑한다 / 말은 마츰내 한 개의 조고만 아름다운 작란감 / 나는 작란감에 실쫑난 커가는 아이다 // 말보다는 그대의 노래를 나는 더 사랑한다 / 진실로 그윽하고도 恍惚한 그대의 노래여! / 붉은 노을 서편 한울에 빛기는 여름 黃昏에 / 그대의 부르는 노래 얼마나 나를 즐겁게 하느뇨. // 노래에도 실쫑날 때 그대는 들 창가에 기대여 沈默한다. / 아아 얼마나 眞實하고도 華麗한 沈默인고! / 나는 말업시 서있는 아름다운 그대의 窓 넘어로 / 여름 黃昏의 붉은 노을을 꿈과 같이 憧憬한다.
> ―「失題」전문99)

 말보다는 노래, 그리고 노래에서 침묵으로 시인의 애정과 시선이 옮겨가며 자충자족하는 시편으로서 안정감있는 시적 구성력에 견주어 내용의 밀도는 빈약하다.
 이상과 같이 도시정조와 풍경묘사에 따른 소외의식, 그리고 자기균열에 수반한 방황과 내성, 또한 치열하게 자신이 몸 담았던 현실로부터 현격히 후퇴하는 것으로 그의 후기시는 요약될 수 있다. 그러나 한 가지 덧붙일 것은 이러한 변모양상이 그 일개인의 우연한 관심의 전이라기보다는 어쩌면 그 시대 시인들이 겪었던 일반적인 한계와 맥을 대고 있다는 사실이다. 여기에 대해서는 보다 더 실증적인 해석의 정곡을 기해야겠지만 임화나 유완희, 이찬, 김해강 등의 시적 변모양상과 수평선상에 병치해 볼 때 시대일반적 틀로도 설명이 가능하리라 생각된다. 한 시인의 작품은 어쩌면 당대의 다른 시적 주체들과 상호 영향을 주고받으면서 자기 나름의 목소리로 현실에 대해 인식, 언표하고 있기 때문

---

99)『시원』1935. 8.

이다. 물론 1920년대부터 창작활동을 하지 않고 이 시기에 이르러 야심만만하게 등장하는 신진시인들인 이흡(李洽), 이병각(李秉珏), 양운한(楊雲聞) 등이 보여주는 서경의 폭에 나름의 현실을 형상화한 작품들은 이 점에서 변별성을 갖는다.

4. 맺음말

우리가 한 시인의 시적 변모양상을 추적하는 것은 그 시인이 독자적으로 갖는 정신적, 시적 진폭이 그 당대의 일반적 시사와 어떤 길항관계를 형성하는 까닭에 개인을 통해 전체망에, 그리고 전체상을 통해 다시 그 개인의 총체적 시의식에 접근하기 위함일 것이다. 그렇기 때문에 그간의 몇몇 통사[100]에서 여수의 시세계를 일반 프로시의 흐름에 귀속시켜 재단하고 있는 것은 실증성이 부족한 평가이며. 올바른 시사 기술을 위해서도 시정되어야 할 것이다. 그런 뜻에서 이 글이 지금까지 해온 고구는 정치체제의 단절이 낳은 우리 시사의 빈혈화를 그 나름대로 극복해 보자는 차원에서 행해진 것이다. 다시 말해 우리 시의 온전한 골격을 규정짓기 위해서는 산술평균적 질서에 개개인의 시인들을 복속시켜 유파 분류만 하고 있어서는 안 되겠다는 의미에서 박팔양 나름의 작가론적 위상이 필요하다는 생각이었다.

---

[100] 박팔양의 시사적 위치에 대하여 전체 시사 속에서 '경향시인'으로 일반화하여 언급한 연구들로는 조연현, 『한국현대문학사』(성문각, 1969), 조병춘, 『한국현대시사』(집문당, 1980), 전규태, 『한국현대문학사』(서문당, 1976), 김해성, 「한국현대시연구」(『성곡논총』 5집, 1974) 등이 있다. 그리고 서준섭의 『한국모더니즘문학연구』(일지사, 1988)에서는 그를 이미지즘 계열의 모더니즘 시인으로 못박고 있는데, 이 역시 시인의 시의식의 변전을 집적하지 못한 일면적 고찰이다.

지금까지 우리가 살펴본 여수 박팔양은 어쩌면 우리 근대시사가 갖고 있는 다양하기 그지없는 정신사적 단면을 두루 자신의 화폭으로 거쳐낸 독특하고 개성적인 시인이었다. 그의 시적 기조는 현실에 대한 애정과 서정적 미감의 추구라는 비교적 넓은 음역을 진정성(authenticity) 있게 수용한 것이었다. 그러므로 그의 시는 당대를 관류하는 정신이나 미학적 이념에 많이 관련되어 있고 또 그가 프로문학과 모더니즘의 커다란 진폭을 오가긴 했으되 어느 쪽에서도 유파의 핵심적, 중추적 인물이 아닌 주변 인물(marginal man)이었던 모습도 띠게 된다. 그러나 그는 전체 시 영역을 통해서 자신의 문학적 열정을 당대의 미학과 결합시켜 서정성 짙은 가편들을 창작하였고, 1920년대부터 1930년대에 이르기까지 비교적 긴 시간 동안 꾸준히 창작 활동을 해온 시인으로 기억될 필요가 있다.
　이러한 그의 시세계를 정리해 보면, 초기시에서 비치는 현실인식이 카프 가맹을 전후해서는 관념적이지만 열정 어린 신경향파시나 「밤차」, 「데모」 같은 프로시로 전이된다. 그의 신경향파시나 프로시는 계급적 관점이나 서사적 리얼리티 확보에는 미흡하지만 그래도 그 나름의 서정적 양식에 생동하는 민중의 생명력을 형상화하고 있다. 그리고 1927년을 전후해서는 다다이즘에 경도되어 자기 시세계의 한 이질적 삽화처럼 그 흔적을 남긴다. 그리고 카프가 볼셰비키화로 방향전환을 겪을 즈음에는 현실에 대한 과학적 해부정신이나 거기에 대응하는 이념의 제시보다는 조직과는 관계없는 생명의식과 민족적 선구자의식을 자연 형상화를 통하여 다룬 서정시편을 발표한다. 그리고 1933년경 당대의 한 주요 미학운동이었던 모더니즘과 접촉하면서 도회세태와 소외의식을 다룬 시, 정신적 균열과 방황을 다룬 내성시, 소박한 연시들을 줄곧 창작, 현실로부터 한 발 물러딛는 모습을 드러낸다. 이러한 다양한 스펙트럼은 당대의 논자들로 하여금 그를 여러 눈으로 바라보게 만든 근

본 이유가 되었을 것이다.101)

이러한 분석 결과를 바탕으로 이 글에서 귀착된 그의 시적 성과는 단선적인 진보나 퇴행으로 전개되었다기보다는 1920-30년대에 변모되는 현실에 대응하여 서정시를 통하여 꾸준히 시적 모색을 한 많지 않은 시인 중의 하나였다는 데 있을 것이다. 특히 균질적이지 못했던 당대의 정신질서에 대응하여 프로시나 서정성 짙은 현실인식의 시 등 가작들을 산출해낸 점과 일관되이 관류하는 민족과 민중에 대한 애정 또한 그가 갖는 본령적 의미일 것이다.

이 글에서 다룬 여수 박팔양의 문학생애는 위와 같은 특징을 갖는바, 월북 이후의 시들과 당대 다른 시인들과의 수평선상의 비교론적 검토가 수반될 때 좀 더 깊이 천착된 시인론이 될 것으로 생각한다. (1990)

---

101) 예컨대 임화는 "초기에는 회고적 낭만시를 지었다가 정열적 반항가"가 되었다고 그에 대해 술회하고 있으며, 정인섭은 "리리시즘을 잃지 않는" 시인으로, 한흑구는 "리얼리스틱"한 시인으로, 팔봉은 "이상주의"의 시인으로, 민병균은 "이땅 민중에게 많은 감격을 주던 정열의 민중시인"으로 각각 규정하고 있다.
임화, 「막을 다친 제1기의 문학운동」, 『조선일보』 1933. 10. 6.
정인섭, 「조선시단의 재출발(4)」, 『조선일보』 1934. 4. 7.
한흑구, 「현대 조선시인의 철학적 연구」, 『조선중앙일보』 1934. 12. 1.
김기진, 「조선문단의 현재의 수준」, 『신동아』 1934. 1.
민병균, 「여수 박팔양 선생께 드림」, 『신인문학』 1936. 1.

朴世永論
상징적 형상을 통한 현실 저항의 논리

1. 1930년대 후반 시사의 구도

 이 글은 시인 박세영(朴世永, 1902-1989)의 작품 세계가 성취한 1930년대적 의미에 대한 고찰을 목적으로 한다. 우리 근대문학사에서 이른바 '1930년대적'이라고 할 때, 그 의미에는 편의주의적인 세대론적 연대 구분을 넘어서는 깊은 역사적 문맥이 숨어 있다. 그 의미는 현상적으로 보아 프로문학의 전성(全盛)과 위기, 그리고 전향기와 문학사적 암흑기로 일별되는 흐름인바, 시문학사에서도 그러한 모습은 그대로 맞아떨어진다 하겠다. 그렇기 때문에 프로문학의 볼셰비키 방향전환과 대중화 논의에 힘입은 1930년대 초반의 강도 높은 프로시들이 1935년을 전후한 카프 해체를 계기로 굴절, 분화되는 과정을 모두 포괄하여 그 변모 양상의 실체를 밝히고 거기에 문학사적, 미학적 평가를 부여한다는 뜻이 '1930년대적'이라는 수사(修辭)에 내포되어 있는 것이다.
 우리 시사에서 1920년대 초반부터 적극적으로 전개되어온 리얼리즘 시문학은 그 나름의 형식미학적 탐구와 문학이념의 형상적 성취를 통해 끊임없는 자기갱신과 발전의 길을 걸어왔다. 이러한 발전과정이란 당대 현실상의 형상적 반영과 그 전제로서의 당파성에 대한 인식, 그리고 현실변혁을 위한 시적 실천의 심화과정으로 환언할 수 있는데 이러한 양상은 주지하듯 조직의 변화상과 탄력있게 맞물려 이루어지게 된다. 그 전체적 전개양상은 대개 두 단계의 연속적 발전으로 설명된다. 곧 카프 창립을 전후하여 창작되는 왜곡된 현실상에 대한 즉자적 묘사나 울분 토로 그리고 계급의식이 미비한 이상주의적 비판의 시들을 프로시의 전사(前史)인 신경향파시로 이해하고, 카프가 문학운동의 뚜렷한 집약체로 변신하면서 시적 주체들이 마르크스-레닌주의를 세계관으로 받아들여 이룩해낸 창작성과를 발전적 프로시로 규정하여 그것들의 변증법적 발전사라는 측면으로 해명하는 것이다.1) 그리고 작품에서 드러난 다양한 형태적, 양식적 모색들도 그 발전의 한 몫을 거들고 있음은 물론이다.2)

그러나 기존의 시문학사들이 안고 있는 공통점은 카프 해산을 기점으로 프로시 또는 진보적 시문학이 위축 또는 퇴행했다는 인식이다. 물론 이 문제는 창작 주체들의 표면적, 이면적 전향이라는 문제, 그리고 새로운 진보적 시인들의 등장 등 복합적인 양상들이 얽혀 있는 터라 쉽게 단선적으로 설명할 일은 못 되지만, 분명한 것은 가치 정향의 준거였던 조직의 와해 그리고 폭압적인 파시즘 통치 체제라는 정세 변화와 맞닥뜨린 시인들의 정론성(政論性)에서의 탈피라는 현상이고, 그것들을 산술평균적으로 추출할 경우 그러한 퇴보로서의 시사 이해도 일

---

1) 김성윤, 「1920-30년대 경향시의 전개양상」, 연세대 석사학위논문, 1988.
오성호, 「1920-30년대 한국시의 리얼리즘적 성격 연구」, 연세대 박사학위논문, 1992.
2) 정재찬, 「1920-30년대 한국 경향시의 서사지향성 연구」, 서울대 석사학위논문, 1987. 이 논문에서는 프로시의 전개 과정을 '서사지향성'으로 포착하면서, 이를 대중화 논의와 연관된 양식 모색으로 기술하고 있다.

면 타당한 것이다.3) 그러나 문학사를 서술할 때 한 시대의 문학이념의 변모를 원인이나 계기에 대한 면밀한 고려없이 수평적으로만 나열하여 퇴행이라는 현상적 낙인을 찍어버리는 태도는 그리 온당한 일이 못 될 것이다. 왜냐하면 우리는 그러한 현상적 면모 배후에 은폐되어 있는 시대정신을 읽어야만 하기 때문이다.

이 글은 정치적 지향의 퇴색, 그리고 다양한 창작방법으로 시적 형상을 창출한 서정적 시문학의 전개기인 1930년대 후반의 시사 구도를 1930년대 전반에 대한 상대적 위축이 아닌 서정시 본래의 미학적 탐구와 시인들의 견고한 현실인식에 바탕한 시적 형상의 성취가 거둔 시문학의 발전적 전개기로 파악하려 한다. 이러한 판단은 정치적 변론이나 서사지향의 서술시 계열보다 서정적 시들이 현실인식의 전체성을 문제삼는 리얼리즘을 구현하기에 적당치 않은 양식이라는 장르론적 편견을 불식시키자는 데도 그 이유의 일단이 있고, 또 내면화와 상징적 의장을 통한 문학적 형상에 대한 이해를 토대로 서정시가 나타내는 현실인식을 올바로 구명하기 위한 것이기도 하다. 그러므로 1930년대 중반 이후 구카프 계열 시인들(이찬, 박세영, 임화, 권환)의 고통스런 자기성찰을 통한 사상성의 정서로의 상징적 응축 과정, 그리고 세련된 시적 의장에 당대의 민족현실을 새로운 양식과 창작방법으로 담아낸 진보적 시인들(이용악, 백석, 오장환), 그리고 서경의 폭이나 풍자를 통해 반어적 현실을 노래한 일군의 신진시인들(양운한, 이병각, 안용만, 이흡)의 성과는 서정적 시문학이 거둔 실로 값진 성과였으며 전대 리얼리즘 시문학의 창조적 계승이었던 것이다.4)

---

3) 프로문학의 퇴행과 더불어 1930년대를 참된 한국시의 개화, 곧 순문학의 정화기(精華期)로 평가하는 글로는 다음과 같은 연구가 있다.
김용직, 「1930년대 후반기 한국시 연구 서설」, 『성곡논총』, 1971.
조동일, 『한국문학통사 5』, 지식산업사, 1988.
조병춘, 『한국현대시사』, 집문당, 1981.

이러한 시사 구도에 박세영이라는 시인의 변모도 예외가 아니라는 것이 이 글의 착안점이며 그 실증적 구명을 통해 1930년대 시사 조망의 한 단면을 드러내고자 하는 것이다. 박세영에 관한 저간의 연구들5)은 많은 실증적 연구와 긍정적 가치평가를 여러 모로 축적한 바 있어, 이 글은 그의 전기간의 변모보다는 1930년대의 성과에만 주목하려고 한다.

2. 서정시와 리얼리즘의 관련성

시에 있어서 리얼리즘이라는 미학적 범주는 현실 동향의 객관적 반영과 시인의 역동적이고 비판적인 창조적 인식을 통한 현실의 본질적 측면의 형상화를 지칭하는 개념이다. 이 경우에 중심 사안으로 떠오르

---

4) 1930년대 후반의 시사를 '현실주의'의 확대, 심화로 보려는 성과들로는 다음과 같은 연구를 들 수 있다.
    이명찬, 「1930년대 후반 한국 현실주의 시의 내면화 과정 연구」, 서울대 석사학위논문, 1991.
    이인영, 「1930년대 후반 시에 나타난 현실인식」, 연세대 석사학위논문, 1991.
    이은봉, 「1930년대 후기시의 현실인식 연구」, 숭실대 박사학위논문, 1992.
5) 그간 이루어진 박세영 시의 전체적 변모 양상에 관한 연구들로 주목할 만한 것은 다음과 같다.
    김재홍, 「대륙적 풍모와 남성주의」, 『문학사상』 1988. 11.
    한만수, 「박세영론」, 홍기삼 외, 『한국현대시인연구』, 태학사, 1989.
    윤여탁, 「사상우위의 문학관과 작품행동으로서의 실천」, 윤여탁 외 편, 『한국현대리얼리즘시인론』, 태학사, 1990.
    황정산, 「리얼리즘 서정시로서의 박세영의 시」, 『어문논집』, 고려대 국어국문학연구회, 1990.
    심선옥, 「박세영 시의 현실주의적 성격」, 성균관대 석사학위논문, 1990.
    특별히 심선옥의 연구는 '이상화'와 '전형화'라는 서정시의 형상화 방법으로 박세영 시가 거둔 현실주의적 성과를 미학적으로 세밀히 고찰해 놓아 많은 시사점을 준 논문이다.

는 것이 이른바 시적 진실의 문제인데, 이 시적 진실이란 시적 주체의 의식 속에 각인된 현실인식의 가치지향적 원근법과 반영된 세계의 진실성 그리고 인식된 내용의 형상화 원리 등이 중층적으로 매개된 '형상'에서 구현되는 것이다. 그렇기 때문에 리얼리즘의 문제는 시적 주체의 세계관과 분리시켜 설명할 수 없는 것으로서 창작방법의 문제이면서 동시에 세계관으로서의 시정신의 문제인 것이다.6) 더불어 사회적이고 집단적인 체험과 시인이 지닌 주관적 체험의 일치라는 측면도 리얼리즘을 가늠하는 중요한 척도가 되거니와 이것은 형상화된 내용의 전형성 여부에 달린 몫이라 생각된다. '전형성'이란 보편성으로까지 고양된 개별성인 바, 시인의 정서적, 사상적 체험이 한 공동체의 이념적 정향을 추동하는 본질적 측면의 형상으로 나타나는 것을 말하며, 이것은 여러 가지 시적 장치의 연관구조를 통하여 구현되는 것이다.

또한 현실의 발전과정에서 도출되는 바람직한 전망을 시적 형상의 상징성 안에 획득하고 있는가의 여부도 리얼리즘 형상화 원리의 핵심적 요소가 되는데, 여기서 말하는 전망이란 낙관적 미래에 대한 시적 주체의 신념의 표백이라는 단순성을 넘어서 시적 주체와 시적 대상 곧 현실 사이의 변증법적 긴장 속에서 현실을 변화가능한 것으로 구체적 형상 속에 내재적으로 암시시키는 것까지를 포함하는 개념이다. 이럴 경우 암울한 상황에서 낙관적 미래를 시적 주체의 도식적 주관에 의존해 끌어내는 것을 시적 전망으로 곧바로 치환하는 누를 막을 수 있을 것이다. 요컨대 '전망'이란 객관적 현실의 변화 계기에 대한 정당한 인식과 주체의 시적 대응이라는 변증법적 과정 속에서 성취되는 것이다. 그렇다면 이러한 리얼리즘 시문학의 핵심적 제부면들을 서정시는 어떠한 시적 원리로 형상화하는가.

시에서 '서정'이라 할 경우, 그것은 다양한 삶의 여러 단층에 대한

---

6) 최두석, 「리얼리즘의 시정신」, 『실천문학』 1990. 봄. 367면.

정서적인 체험과 그 문학적 형태화를 아우르는 말이다. 이러한 시적 체험은 '서정적인 것 속의 세계와 자아가 자기표현적 정조의 고조 속에 융합하고 상호 침투하여 정조의 고조에 따른 대상성의 내면화가 따르는 것이 본질'[7]인 서정시에 있어서 내면화시키는 형상적 질료의 선택에 의해 시적 진실을 부여받는다. 다시 말해 시인은 정서적, 사상적 체험의 비본질적 질서로부터 본질적 질서를 추출해내야 하는 선택적 관계에 놓이게 되며, 그러한 선택 행위는 정서와 사상의 이념적 층위와 긴밀히 닿아 있는 것이다. 그리하여 서정시는 이러한 세계관에 매개되어 선택된 형상적 질료를 시적 상징 속에 온축시켜 형상화하게 되는데, 상징적 형상은 예술 형성물 속에 생활의 요소를 인위적으로 결합시켜 그것을 넘어서는 이념적, 정서적 의미를 창출하는 것이다. 물론 시적 상징과 상징화된 현실 사이에는 사회학적 연상작용의 완충적 매개가 필수적이거니와 그것은 창작방법으로서의 리얼리즘에 상부하는 시적 장치이다. 그리하여 민족적 현실을 정치하게 고루 탐사하여 그 현실의 본질적 핵심을 추출하여 시적 상징으로 형상화시키되 그 속에서 변혁에의 열망을 암시하는 구체적인 목소리를 드러내는 것이 시적 진실을 문제삼는 서정시에 있어서의 리얼리즘적 성격인 것이다.

하여 이 글은 시를 적극적 존재로서의 사회적 인간이 견지하는 현실 인식 및 가치지향에 관한 적극적 행위의 일부로서 규명하려는 노력의 일환으로서, 박세영의 서정시가 지니는 역사적 투시 영역과 시적 진실의 형상에 초점을 맞추어 1930년대 시사에서 그가 거둔 시적 성과를 가늠하려 하는 것이다.

---

7) W. Kayser(김윤섭 역), 『언어예술작품론』, 대방출판사, 1982. 520면.

3. 박세영의 초기 시작

이 장에서는 박세영 시의 전개과정 중 습작기로부터 1930년대 초반까지를 초기시로 규정, 그의 현실인식의 획득과 형상성의 발생적 맥락을 살펴보고자 한다.

1902년 7월 5일 경기도 고양에서 태어난 백하(白河) 박세영은 1918년부터 배재고보 동학인 송영(宋影)과 함께 『새누리』라는 등사본 문집을 펴내며 습작시를 발표하는 등 일찍이 창작수업에 들어선다. 그리고 3·1 운동 직후에는 역시 송영과 함께 『자유신종보』를 발간하기도 하며 반제 민족해방의 문학적 열정과 실천으로 시종일관한 자신의 문학생애의 기초를 형성한다. 고보 졸업 후 1922년 그는 당시 대표적인 사회주의 운동단체 중의 하나였던 염군사(焰群社)에 가입, 활동하다가 중국으로 건너가 상해 혜령전문학교에서 수학하고 천진에서 영자신문 교정원 등을 하면서 상해, 남경, 북경 등을 돌면서 중국 체험을 통한 시야를 넓히게 된다.[8] 1924년 귀국한 그에게 맞닥뜨린 식민지 조선의 현실은 중국 체험과의 연맥에서 비롯된 사회학적 상상력을 마련해주는 계기가 되며 따라서 그는 중국의 자연과 조선의 현실을 은유적으로 매개한 다수의 작품을 창작하게 된다. 그러나 그러한 작품들은 짧은 단형소곡들이 많아 식민지 사회의 실상이나 민중적 서정의 창조에는 다소 미흡한 채 단지 자연이라는 심리적, 정서적 등가물에 식민 조국의 참상을 빗대어 표현하는 데 그치고 있다.

> 흐리고나 바단가 싶은 이 江물은
> 어지러운 이 나라처럼
> 언제나 흐려만 가지고 흐르는구나

---

8) 박아지, 「朴世永論」, 『풍림』 1937. 4.

옛날부터 흐리고나, 이 江물은
그래도 맑기를 기다리다 못하여
이 나라 사람의 마음이 되었구나

해는 물끝에 다 갈 때
물은 붉은 우에 또 붉었다
아즉도 남은 배란 웃물에 나붓기는 돛단배 하나
― 「揚子江」 전문9)

　이 시는 일제를 비롯한 제국주의 열강들의 침탈로 요약되는 중국 사회의 혼돈상을 '양자강'의 탁류에 은유하여 형상화한 작품이다. 반식민지 상태에 빠져 있던 중국의 현실은 시인에게 이미 식민지가 되어버린 조국을 떠올리게 했고 따라서 이러한 양자강의 탁류는 식민지 조선의 암담한 상황을 암유하는 시적 대상물로 읽을 수 있는 것이다. 박세영이 편력한 중국의 기행지들은 대부분 중국 사회주의운동의 중심 근거지들이었고 이러한 예사롭지 않은 체험은 험열한 일제 강점기를 문학적으로 대응하는 정신적 근거를 마련해주었다는 판단을 해 볼 수 있다. 이 시기에 그가 염군사로 보냈다는 「황포강반」이라는 작품 역시 당시 제국주의 세력들에 침탈받는 중국 현실을 형상화했으리라는 추정이 가능하다. 이러한 중국 체험의 자연 형상이 식민조국의 정서와 정황을 아우르는 시적 대상으로 형상화된 그의 초기시로는 「月夜의 鷄鳴寺」나 「北海와 煤山」, 「明孝陵」 등이 있다.
　그러나 이러한 부정적 현실인식의 은유적 형상이 민족현실을 전형적으로 형상화하는 데 현저히 못 미치는 것은 사실이다. 그것은 객관현실이 시인의 창조적 주관과의 상호작용을 통해 외화(外化)되는 것인 만큼

---

9) 박세영, 『山제비』, 별나라출판사, 1938. 이 작품은 1925년작으로 표기되어 있음.

아직은 식민조선의 전체적 국면을 드리울 만한 현장성을 시인이 찾지 못했다는 이야기로 바꿀 수 있다. 그러나 박세영은 민족의 가치정향적 이상과 자신의 치열한 인식을 결합해가며 이 부분을 극복해가게 되는데 바로 그 분기가 되는 지점이 1926년 아동문학잡지인 『별나라』를 송영, 엄흥섭(嚴興燮) 등과 같이 펴내게 되고 은평면 근처에서 농민조합을 조직, 지도하면서부터라 할 수 있다. 이러한 체험 곧, 농민정서와의 동질화, 그리고 문예운동에 대한 자기의미화를 다지게 되면서 조국의 구체적 실상을 담게 되는 이 시기의 시적 성취는 전대와는 각별히 다른 데가 있다. 다시 말해 초기 사회주의운동에 몸담았던 그의 이념적 원형이 관념적 도식성과는 거리를 둔 생생한 체험의 현장으로서의 농촌공동체 생활을 통해 시적 진실성을 띠어가는 것이다. 이러한 농민정서와의 일체화는 식민조국의 실상을 감상 어린 비애의 정서로 형상화하던 전대의 서정시들보다 한층 구체화된 현실인식을 가능케 했고 그런 변모를 직접적 계기로 하여 당대적 농민정서를 시적으로 형상화하는 데 성공하게 된다. 그 대표적인 작품이 바로 「타적」[10]이다.

> 네그로를 흉보던 이들이
> 어느 사이에 그들과 가티 되어서
> 지금은 들, 이삭이 곤두슨 들에서
> 훌륭한 人間의 野外劇을 보여주는구나
>
> 절늠바리의 거름과 가튼 이 가을은
> 그래도 모든 穀食을 염을이고 가는가
> 울타리와 집웅엔 파란 박이 굴늘듯이 노였드니만
> 굴너갓는가 터저서 X가 됐는가
> 지금은 집웅조차 빨간 물이 들었네

---

10) 『조선지광』 1928. 11.

길진이 자란 수숫대는 이 가을이 다 가도록
기럭이를 불렀으나 한놈도 안와서
얼골을 붉혔네 왼몸이 피에 끌었네
끓다 못하여 기럭이도 못만나보고 주인에게
잘리고 말아
가을은 절늠바리로 왔다가만 가버리나

　　(…)

타적이 다 맞기 전에
다시한번 한울 탓이냐 하였네 입과입들은
그러나 곱다란 마당 벼 한톨 안남게 쓸어갔을 때
한울탓은 니젓네 모다 니저버렸네

오 해마다 오는 가을이여
언제나 절늠바리로만 왔다가려는가
이해가 다가서 내년이 올 젠
우리들의 맘까지 XX에 찔는 땅가티 되려나뵈
되고야 말려나뵈

　　　　　　　　　　　　－「타적」중에서

　1920년대 농민시의 주제적 특징이 무엇보다도 착취와 궁핍의 현장이 된 사회상을 반영하고 있다11)고 볼 때, 박세영의 위 작품도 곤궁해만가는 농촌사회의 실상을 시적 화자의 분노의 정서를 매개로 해 드러낸 작품으로 볼 수 있을 것이다. 그러나 또 하나 간과할 수 없는 것은 그러한 주제적 특징 이면에 드리워져 있는 여타 카프 작가들의 농민시와

---

11) 서범석, 『한국 농민시 연구』, 고려원, 1991. 105면.

의 상위점(相違點)이다. 예컨대 박아지(朴芽枝)의 농민시에서 보이는 선험적이고 당위론적인 구호나 유완희(柳完熙), 김창술(金昌述) 등의 시에 나타나는 도식성을 피해, 일제와 지주들에 의해 수탈되고 황폐화되어가는 농촌의 실상을 반영하고 시적 주체의 실재적 정서를 일구어낸 것이다. 이러한 시인의 투시가 농민들과의 직접적인 정서적 삼투에서 기인된 것임은 앞서 암시한 바 있다. 이러한 시적 성과는 「농부아들의 歎息」과 「山村의 어머니」 등에도 잘 나타난다.

이와 같이 박세영은 시에서 당대 사회의 사회경제적 변동의 양상을 다각적으로 묘파하는데 이야기 구조를 빌어 선진적 농민운동가의 형상을 구체적으로 표현한 「밤마다 오는 사람」(1931)이나 「야습」(1930), 「山골의 工場」(1932) 등에서 보이는 노동운동에 바탕한 혁명적 의지의 고양, 그리고 이른바 단편서사시 양식으로 분류되는 「누나」(1931), 「바다의 女人」(1930) 등에 그러한 시대정신의 점묘가 두드러지게 나타나고 있다. 더불어 슈프레히 콜 형식의 「黃浦江畔」(1932)과 「橋」(1934) 등을 통해 프로시의 대중화에 깊이 관여하여 문예운동을 이끌어간 것도 간과할 수 없는 박세영의 성과라고 할 것이다.

이렇듯 1920년대 후반에서 1930년대 초반에 이르기까지 박세영 시가 거둔 성취는 강렬한 현실인식과 그것의 서정적 기조와의 결합, 그리고 다양한 형태적 실험 등의 면모를 보여주는 것으로 모아진다. 그렇다면 이렇게 일제 강점기라는 폭압과 야수성이 횡행하던 시대의 한복판에 서서 그 왜곡되고 뒤틀린 현실을 혁명적 세계관과 시적 실천을 통해 변혁하고자 했던 시인 박세영의 1930년대 후반의 변모는 어떠한가. 이 글의 중심은 바로 이 질문의 해명에 놓이며 이 해명을 통해 박세영의 시적 성과는 물론, 1930년대 후반 시사 조망의 실증적 자료를 얻어내고자 하는 것이다. 하여 글 서두에서 제기한 박세영 시의 '1930년대적' 의미도 아울러 밝힐 것을 기대해 본다.

4. 1930년대 후반의 세계

1930년대에 들어와 자본주의 국가 전반에 파급되었던 공황의 위기를 극복하기 위한 여러 가지 방법들이 시도된다. 그 중 가장 커다란 흐름은 금융 독점자본에 물적 토대를 두고 그 독점자본의 국내외적 위기를 타개하기 위하여 광적인 전쟁준비와 선동, 무제한적 착취와 탄압을 하는 것을 요체로 하는 파시즘의 등장이라고 할 수 있다. 이러한 성격을 띠는 군국주의 파시즘은 전시동원체제로 전환, 이 땅에 엄혹한 수탈과 폭압적인 통치체제를 강화하기에 이른다. 특히 그러한 광태(狂態)는 사회주의 사상에 대한 전면적 탄압과 맞물려 10년간 조선문단의 주류를 형성했던 카프를 중심으로 한 문예운동으로 하여금 1934년 신건설사 사건, 1935년 카프 공식해산 등을 기화로 중심축을 잃게 만든다. 카프의 해산은 일 조직의 붕괴라는 차원을 넘어서 문예운동에 깊이 가담했거나 동조했던 작가 개개인의 세계관과 작품 실천에 커다란 가치침탈의 상처를 남기게 된다. 군국주의 통치의 엄청난 강화로 인해 프로문학은 그 전개과정에서 입지를 상실하게 되고 그 대타적 의미에서의 생명파나 모더니즘 등의 순문학이 은성하는 등 조선문단은 이른바 광범한 전향기를 형성하게 된다. 이러한 전향이란 회월(懷月)이나 백철(白鐵)처럼 명시적 전향선언으로 표면화된 경우도 있지만 대부분은 현실로부터의 도피나 은둔, 절필 등의 이면적 변신으로 나타나게 된다.

이러한 상황에서 박세영은 독자적인 시적 변모를 모색하여 억압적 파시즘 통치에 불복하고 이념과 그것의 문학적 실천을 견지하려 한 드문 예의 하나로 우리 시사에 남는다. 1934년 신건설사 사건 당시 카프 맹원들은 대부분 치안유지법 위반으로 피체되나 박세영은 당시 피검을 모면하게 된다. 그리하여 그는 옛 동지들이 몸담고 있던 터전을 찾아가

회고의 정서와 더불어 그 이념편력의 정당성과 계속적인 추구의 의지
를 비장감있게 노래한다. 그러한 그의 면모를 잘 보여주는 작품이 바로
「花紋褓로 가린 二層」12)이다.

>으스름 달밤, 호젓한 길을 나는 홀로 걷는다.
>얕으막한 장담을 끼고, 이 밤중에 나는 여호냄새를 맡으며,
>옛 보금자리가 그리운지, 단잠을 깨는 물새소리를 들으며 軌道를
>가로질른다.
>
>車도 끝이고, 사람의 자취 없건만, 홀로 깨어 껌벅이는 담배광고
>너 붉은 네온은 지난날과 같구나!
>그러나 너는 마즌편 이층 젊은이들의 소식은 모르리라.
>나는 한밤중 이 길을 지날 때마닥 한번씩 안스곤 못견디겠구나.
>
>그전날, 내가 이 길을 지날 때는 二層의 젊은이들의 우렁찬 소리
>가 하늘을 쩡쩡 울렸드니라.
>헬멧트가 비스듬이 창에 비치고, 芭蕉잎같은 창이 저쪽 벽에 비
>쳤드니라.
>그러면 나는 용감한 兵士 짜덴을 그려 보면서,
>먹물을 풀어 휘정거린듯, 저 하늘로 휘파람을 날렸다.
>
>그 번화스러웠든 때를 누가 다 아서 갔느냐?
>지금은 바람만 지동치듯 문앞엔 빠리켓과 같이 겻섬이 둘리었고,
>깨어진 창문으론 바람만이 기여드는데
>
>바람 찬 꽃문의보가 들먹일 때마다 보이는건 장농,
>어느 새살림이 이곳을 차지했는가?
>늬들의 단잠은 여기라 깨어질리 없건만.

---

12) 『신동아』 1935. 6.

지친 나의 거름은 여기서 이 밤을 새고 싶다.
나의 도무여! 늬들은 탈주병은 아니언만,
한번들 가서는 소식이 없구나.
아 문허진 참호를 보는 나의 마음이여!

나는 다만 부상병같이 다리를 끌며
　지금은 폐허가 된 어지러운 싸움터를 헤매이며 전우를 찾기나 하듯,
　그리하여 허무러진 이 터를 쌓으며
나는 늬들이 돌아오기를 기둘리겠다.
늬들이 올때까지 지키고야 말겠다.

　여기 나타나는 시적 주체의 불퇴전의식은 이후 펼쳐지는 폭압적 일제치하에 시인 나름으로 자연상관물의 상징을 통해 현실극복 의지와 낙관적 전망을 시 속에 담아내려는 노력의 맹아로 보이며, 이러한 전환기적 실상은 여타 구카프 계열의 시인들 예컨대 권환, 임화, 이찬 등의 시적 변모가 보여주는 우울한 자기성찰 및 내성화의 경향과는 근본적으로 그 양상을 달리 한다고 평가할 수 있다.
　기실 파시즘 통치라는 가혹한 억압기에 처해 있는 시인으로서는 이러한 기백과 결의를 보이는 것만도 쉬운 일은 아니었을 것이다. 박세영이 남긴 유일한 시집『山제비』의 서문을 적고 있는 민촌(民村)의 진술에서도 이러한 국면은 여실히 나타난다.

　　　現下의 情勢에는, 健實한 理想을 부쳐주는 것만도 우리는 그것을
　　값 높이 사지 않으면 안 될 줄 안다.13)

　그러나 이러한 위축될 수밖에 없는 문학사적 시련기를 맞는 박세영

---

13) 민촌,「序文에 代하여」, 박세영,『山제비』, 별나라출판사, 1938. 3면.

의 시적 대응에는 비장감이 묻어난다. 그의 20년 가까운 시적 편력을 응집해 놓은 시집 『山제비』의 자서(自序)는 행간마다 시련기에 처해 있는 시인의 기개를 넉넉히 읽을 수 있다.

> 모든 客觀的 情勢는 바야흐로 이 땅의 뜻잇는 사람으로 하여금 오히려 底力을 要請하는 것이나 다름없었다. 그러나 作品行動에 있어서 모든 抑制는 이 또한 表面의 弱體化를 免치 못했다. 따라서 모든 不自由는 이땅의 젊은 詩人으로 하여금 오히려 소리없는 노래를 불르게 하였으며 핏줄을 더욱 뛰게 하였다. (…) 그러나 客觀的 情勢의 如何로 詩의 創作方法과 內容問題도 달라지려니와, 그렇다고 이것이 詩의 發展上 全的 障碍物은 아닌 것이다. 밀물이 터지는 것 같이 이제 詩의 動向이 빛나는 未來를 또한 豫期하는 것이다.14)

이러한 진술은 자신의 창작 성과를 갈무리한 1938년의 언급이어서 그의 시가 딛고 있는 정신적 지반을 집중적으로 시사하는 바가 크다. 그런 까닭에 1930년대 중반 이후 박세영이 침잠해들어간 자아성찰로의 내성적 톤과 시적 내면화는 현실지향과 진보적 이념의 포기나 퇴행이 아닌 적극적인 변용적 대응임을 이해할 수 있다. 그러한 자성의 의식은 다음 작품에 깊이 내면화되어 각인된다.

> 허나 세상에 지은 죄란 없는 것 같으되
> 손톱만한 재주와 날카러운 認識에
> 나는 가면서도 갈곳을 잊는 健忘症을 그릇 天才로 알았고,
> 北斗七星이 얼굴에 배키어 英雄이 될 줄 믿었든 것이
> 지금은 罪가 되었네
>
> ―「自畵像」중에서15)

---

14) 앞의 책, 4-6면.

백철은 이 작품을 "프로문학이 가졌던 反抗的인 要素가 뵈지 않는"16) 일반적인 '不安文學'의 대표작으로 거시(擧示)하고 있거니와 이러한 성격 규정은 시의 서정적 내면화가 상징적으로 성취하는 현실대응의 변용상을 투시하지 못하고 다만 전대 프로시와의 수평적 병치를 통해 진보성의 위축 내지는 포기로 판단한 결과이다. 오히려 박세영은 이러한 결의와 내성을 통해 독자적인 현실인식의 시적 대응을 견지하는바, 그것은 서정시의 고전적 의장이었던 상징적 수법을 써서 민중정서와 혁명의지를 앙양시키는 면모로 나타나게 된다. 이런 면모는 이용악, 백석 등과 더불어 창작방법의 결곡한 모색을 통해 획득한 자기음역이고, 열악한 정세에 맞닥뜨려 그가 거둔 정당한 시사적 자산이다. 이러한 시사적 성과를 대변해주는 서정시로 우리는 「山제비」와 「午後의 摩天嶺」을 들 수 있다.

　　　　나의 가는 길은 조그만 山기슭에 숨어버리고
　　　　멀리 山아래 말에선 연기만 피여 오를 때,
　　　　나는 저 摩天嶺을 넘어야 됩니다.
　　　　나는 생각합니다. 저 山을 넘다니,
　　　　山을 싸고 도는 길이 있으면, 百里라도 돌고 싶습니다.
　　　　나는 다만 터진 北쪽을 바라보나
　　　　길은 그여이 山위로 뻗어올라갔습니다.

　　　　　(…)

　　　　그러나 나는 지금은 갑옷을 입은 戰士와 같이
　　　　性난 이리와 같이,

---
15) 『신동아』 1935. 9.
16) 백철, 『조선신문학사조사 - 현대편』, 백양당, 1949. 195면.

고개 길을 쿵쿵 울리고 올라갑니다.
거울같은 산기슭의 湖水는 나의 마음을 비처 보는 듯
올라가면 올를수록 겁나던 마음이야 옛일 같습니다.

나는 摩天嶺 위에서 나의 올르던 길을 바라봅니다.
이리 꼬불, 저리 꼬불, W字, I字, 或은 N字,
이리하여 나는 勝利의 길, WIN字를 그리며 왔습니다.

모든 山은 엎디고,
왼세상이 눈 아래서 발버둥칠 때,
지금의 나의 마음은 나를 내려다 보든 이 山이나 같이 되었읍니다.

이 壯快함이여,
이 壯快함이여,
나는 언제나 이 마음을 사랑하겠읍니다.

- 「午後의 摩天嶺」 중에서17)

  시적 상상력이란 시인이 현실을 관찰, 경험하고 이를 바탕으로 작품 속에 형상적으로 재구성하는 감성적 능력을 가리킨다. 윗시는 그러한 상상력이 '摩天嶺'으로 상징되는 한 시대의 이념적 정당성과 또 그 이념지향이 궁극적으로 '勝利'한다는 시인 스스로의 자기확인을 여정과 산정(山頂)에서의 조망에 삼투시켜 형상화한 작품이다. 결코 꺾일 수 없는 싸움에의 의지와 희구를 접어두지 않기 위한 이러한 자연상관물을 통한 전망의 성취는 물을 것도 없이 역사현장이라는 치열성을 담는 것으로서의 시에 대한 이해이고, 더불어 자기이념에 대한 신념과 열망을 노래하는 것이다.

---

17) 『學燈』 1936. 3.

사뭇 영웅적인 어조로 불굴의 의지와 도전, 그리고 승리 후의 장쾌함을 엮어나간 의연한 정서는 시인 스스로 기대하고 추구하려고 했던 "詩의 動向"의 비약적 표현이다. 그러나 열악한 파시즘 체제하의 정세와 맞서려는 불굴의 의지와 시적 전망이 빼어난 상징적 형상을 덧입어 노래된 대표적 작품은 「山제비」이다. 이 작품은 이 시기 박세영의 시적 본령을 핵심적으로 보여주는 성과이다.

    南國에서 왔나
    北國에서 왔나
    山上에도 上上峰
    더 오를 수 없는곳에 깃드린 제비

    너이야말로 自由의 化身 같고나
    너이몸을 붓드를者 누구냐
    너이 몸에 아른체할者 누구냐
    너이야말로 하늘이 네것이요 大地가 네것같구나

    綠豆만한 눈알로 天下를 내려다보고
    주먹만한 네몸으로 화살같이 하늘을 쬐여
    魔術師의 채쭉같이 가로세로 휘도는 山꼭대기 제비야 너는 壯하고나.

    (…)

    槍을 꼬진듯 희디횐 바위에 아츰 붉은 햇발이 비칠 제
    너이는 그 꼭대기 앉어 깃을 가다듬을 것이요
    山의 精氣가 뭉게뭉게 피여올을제
    너이는 마음껏 마시고 마음껏 휘정거리며 씻을 것이요
    原始林에서 흘러나오는 世上의 秘密을 모조리 드를 것이다.

멧돼지가 붉은 흙을 파헤칠제
너이는 별에 날러볼 생각을 할 것이요
갈범이 배를 채우려 약한짐승을 노리며 어슬렁거릴제
너이는 人間의 서글픈 소식을 傳하는
이나라에서 저나라로 알여주는
千里鳥일것이다.

山제비야 날러라
화살같이 날러라
구름을 휘정거리고
안개를 헤쳐라

땅이 거북등같이 갈러졌다
날러라 너이들은 날러라
그리하야 가난한 農民을 爲하야
구름을 모아는 못올까
날러라 빙빙 가로세로 솟치고 내닷고
구름을 꼬리에 달고 오라.

山제비야 날러라
화살같이 날러라
구름을 헤치고
안개를 헤치라

— 「山제비」 전문18)

위 작품에서 산제비는 억압적 현실을 이겨내는 "自由의 化身"이며 높은 경지에서 세상을 심원하게 조감하는 가장 초극된 위상을 점하는

---

18) 『浪漫』 1936. 11.

자유정신의 상징으로 그려져 있다. 산제비의 형상은 시인의 열망과 희구를 담은 정서적, 사상적 등가물로 표상되었으며 그 불굴의 의지와 낙관적인 신념은 상징적 형상으로 제시되어 있다. 그러나 이러한 상징성을 통한 시적 신념의 표백이 본래적인 리얼리즘을 그대로 현상하는 것은 아니다. 거기에는 전술한 바와 같이 시적 진실로서의 현실의 정당한 반영과 시적 전망이 있어야겠기 때문이다. 그런 면에서 「山제비」는 추상화된 상징과 관념화된 낙관적 전망이 치명적인 약점일 수 있다. 다시 말해 민중의 구체적인 역동적 형상에 대한 배려가 없고 그 속에서 움트는 강한 변혁에의 열망을 구조적으로 은닉한 채 노정되는 추상적 진보주의가 문제가 될 수 있다는 것이다. 그러나 이러한 미학적 평가의 정당함에도 불구하고 1930년대 후반의 시사적 맥락 속에서 갖는 이 작품의 의미는 그리 단순히 부정될 수 없다는 생각이다. 왜냐하면 그런 현상적 판단 뒤에 가려진 역사적 문맥이나 현실지향적 시의식을 우리가 놓칠지도 모르겠기 때문이다.

  1930년대 중반 이후의 객관적 정세는 시작품 속에서 더이상 구체적인 투쟁현장이나 노농의 생동감있는 형상을 그리는 것을 원천적으로 봉쇄했다. 이러한 정신사적 배경 속에서 현실 속의 살아 움직이는 역동적 리얼리티는 그 전체성의 국면에서 재현될 수 있는 여건이 차단될 수밖에 없다. 그러나 그러한 외적 여건이 제한될수록 서정시는 당대를 '내포적 총체성'이 현상된 상징적 형상 속에 구현되는 시적 내면화를 획득하게 된다. 하여 위 작품은 '山제비'의 자유와 초극의지로 투시된 시인의 인식이 밀도있게 상징적으로 형상화되어 1930년대 후반 우리 시의 현실지향적 시의식의 가능성을 내비친 중요한 작품이라는 게 올바른 가치평가가 아닌가 한다.

  이렇듯 악화된 객관 정세 속에서 자신의 신념을 견지하며 서정적 내면화를 이루는 시인의 정신풍모는 「隱瀑洞」이나 「自然과 人生」에도 자연 형상을 통한 상징적 추구로 지속된다. 더불어 이러한 의식의 연장선 상에서 박세영은 동시기의 혁명적 투사를 자연물에 은유하거나 회고적 정서로 추앙하는 일면을 보인다.「甘菊譜」나「하랄의 勇士」,「젊은 雄辯家」 등이 그러한 류의 작품인데 특히 「甘菊譜」는 '甘菊'이라는 생태적 현상을 통해 자신의 이념의 정당성은 물론 승리를 신념하는 혁명적 인물로 상징하고 있는 작품이다.

또 박세영의 이 시기 작품 중 간과할 수 없는 범주는 바로 파시즘 군국주의의 왜곡된 결과로서의 도회문명을 비판하는 작품군이다.「都市를 向하여」,「橋」,「時代病患者」 등이 그 예로서 폭압적 파시즘하에서 자생된 정당한 시적 안목으로 평가할 수 있다. 1930년대의 급격한 도시화가 민족자생적이고 주체적인 근대화가 아닌 식민통치와 병참기지화 그리고 그에 따르는 자원수탈을 위한 공업화의 일환으로 전개된 것임은 역사가 증명하는 바다. 위의 작품들은 이러한 배경을 토대로 현상되는 인간의 물신화와 사회구조의 왜곡상을 비판한 것이다. 또 하나 이채로운 것은 이러한 도시화를 배경으로 활발히 문학활동을 벌인 모더니즘 세대나 현실을 등지고 자폐적 리리시즘을 시적 기치로 내건 순문학 세대들을 비판하는 시적 형상도 박세영은 거르지 않는다는 것이다. 그 대표적인 작품이 「惡靈」이다.

> 世紀末의 사람들은 名譽를 도둑질하려들 때
> 이날의 사람들은 黃金을 안고, 무덤으로 가려들 때
> 너이는 조그만 名譽를 훔칠려고
> 그짓탈을 쓰고 朝鮮文學을 드럽피러 나왔느냐
> 新人도 아닌 新人文學塔이여!
>
> ―「惡靈」 중에서19)

---

19)『문학』 1936. 1.

마지막으로 박세영이 1930년대 후반의 시적 형상을 통해 집요하게 매달렸던 주제적 특징은 농촌공동체의 황폐한 해체과정을 배경으로 한 유이민들의 피폐상 제시와 그 정서적 동질화에 있다. 당시 조선의 농촌은 식민지 초과이윤의 극대화 정책으로서의 수탈은 물론, 전시동원체제와 일본을 경유한 물질문명의 급속한 전파에 기반한 도시화 과정 속에 해체일로를 걷고 있었으며 농민들은 토지로부터 유리되고 도시로 유입되어 유리걸식하거나 일본, 만주 등지로 유랑의 길을 떠나게 된다. 이러한 시대적 배경을 통해 실향의식과 그에 따르는 향수 또는 자기균열감을 서정적 기조로 삼는 시들이 1930년대 후반을 깊이 점하고 있음은 주지의 사실이나, 억압과 수탈이 극에 달했던 식민지 민중의 적빈한 삶의 단층을 제시하고 그 시대의 역학을 비극적 정서로 노래한 일군의 시들이 있으니 박세영도 그런 시적 고투에 힘을 기울인 흔적으로 역력하다. 사랑하는 아들을 떠나보내고 그리워하는 어머니의 비극적 정서를 형상화한 「歎息하는 女人」, "도시 노동자로 일하다가 고향땅을 찾은 한 시골청년이 또다시 만주나 시베리아로 유랑의 길을 떠난다는 이야기 구조를 지니고 있는"[20] 「다시 또 가는가」, 북만으로 팔려가는 노예처럼 쫓겨간 유이민들의 뼈아픈 상실감과 애상을 직정적 정서로 노래한 「鄕愁」, '어느 여인의 哀史'라는 부제가 붙어 한 여인의 유랑길과 귀향을 가족사적 비극을 넘어서는 민족적 비극으로 노래한 「最後에 온 消息」 등 박세영이 골몰한 국내외 유이민의 비극적 민족모순에의 천착은 집요하다. 그 중 시대상의 핍진성과 민중적 정서를 표출한 작품으로 우리는 「沈香江」, 「田園의 가을」 등을 기억할 수 있을 것이다.

그렇다면 네 沈香江은,

---

20) 윤영천, 『한국의 유민시』, 실천문학사, 1987. 96면.

늙은 農夫의 울음을 울리는
원한 실은 배는 흘려보내지 말어라
故鄕을 안타까이도 버리는 저들을,
푸른 江아 보내지는 말어라

― 「沈香江」 중에서21)

바람결에 스치는 베향기,
목미여 새쫓는 애들의 소리,
平和한 가을의 田園은 모든 사람을 오라 부르나

못살어 흘러간 마을 사람도 다시오라 부르나!

― 「田園의 가을」 중에서22)

정치적, 역사적 실상의 제시가 바로 시적 진실로 이어지는 것은 아니다. 그러나 그것이 전형성을 환기하며 제시될 때 그러한 시적 추구는 저항 내셔널리즘의 측면과 더불어 리얼리즘적 성취를 가능케 하거니와, 위 작품들은 그러한 형상화에 일정 부분 성공하고 있다. 이러한 면을 실증적으로 이해할 때 당대 한 평자가 진술한 시사적 평가는 근본적 수정이 요구된다.

> 오늘의 詩의 衰頹의 特性은 感覺을 通하야 神秘의 世界를 憧憬하고 交涉하려는 데 있고, 또한 쎈치멘탈 로맨틔시슴의 傾向을 띄운 데 있다. (…) 朴世永 제씨의 오늘날에 있어서의 隱退, 퇴영, 이데아의 喪失, 花朝月夕, 現實逃避 ― 이것이 참된 詩요 참된 리슴이요 참된 詩文學의 標本일까23)

---

21) 『신동아』 1935. 11.
22) 박세영, 앞의 책. 148면.
23) 윤곤강, 「이데아를 상실한 현조선의 시문학」, 『풍림』 1937. 2.

요컨대 박세영은 1930년대 중반이 갖는 문학사적 굴절기의 성격에 독자적인 시적 대응을 보였다. 그는 불퇴전의 의지, 자연 형상을 통한 혁명적 의지 고양과 시적 전망의 창출, 왜곡된 도시화의 물신화와 순문학 비판, 유이민의 비극적 삶에 대한 정서적 동질화에의 천착으로 요약되는 선 굵은 음역을 가졌던 시인으로 판단할 수 있을 것이다.

5. 마무리

우리가 일제 강점기에 펼쳐졌던 시문학의 리얼리즘을 문제삼을 때는 두 가지 측면의 고찰이 요구된다. 하나는 리얼리즘의 시적 원리를 과학적으로 정립하는 문제인데 이것은 시가 중층적 현실에 대해 어떠한 미학적 원리와 태도로 리얼리즘 원칙을 구현하는가 하는 시 장르 독자적인 미학적 범주로서의 논의이다. 또 하나는 식민지 시대라는 역사적 맥락 속에서 모순된 현실을 인식, 변혁하기 위해 시가 어떠한 형상화 방법과 형식으로 리얼리티를 형상하려고 했는가 하는 역사적 범주로서의 고찰이다. 특히 후자는 현실변혁 운동의 한 부문으로서 문예운동을 바라보고 있는 이들에게는 현실의 어려움을 극복하기 위해 노력한 구체적 현현태이면서 실천행위라는 점에서 그만큼 현재적 의의도 견지한다.

이 글은 그러한 의미에서 박세영의 시문학이 거둔 현실인식과 형상성의 구체적 구현으로서의 시적 성과를 1930년대라는 문맥과 매개시켜 고찰하였다. 그것은 전대 시문학과 비교한 리얼리즘의 단선적 퇴행이 아니라 상징적 형상의 창출을 통한 서정적 시문학의 창조적 심화과정으로 판단할 수 있다. 이러한 면모는 리얼리즘 시의 방법적 심화와 확대라는 가치평가와 더불어 시인의 정신사적 위상을 제고하는 방향으로 구증되어야 할 것이다.

　다시금 우리는 문학을 자족적 실체가 아닌 가치 평가가 내재해 있고 이데올로기적 갈등이 착색된 생생한 현장으로 보거니와, 당대 현실을 작가의 이념적 매개를 거쳐 변용적으로 반영한 특수한 형식의 대응양식으로 파악하는 것이다. 하여 박세영 시의 '1930년대적' 의미는 억압된 현실에 불복하여 끊임없는 시적 추구와 열망, 그리고 진보적 세계관의 상징적 형상을 통한 민족문학의 시적 지평을 넓힌 시인으로 해명되어야 할 것이며 더불어 그 구체적 공과는 이용악 등의 다른 서정시인들과의 비교론적 고찰을 통해 더 세부적으로 드러날 것으로 기대된다.
(1994)

金光均論
이미지즘 시학의 방법적 수용과 굴절

1. 1930년대 시문학과 모더니즘

우리 근대문학사에서 '1930년대'라는 시기가 갖는 중요성에 대해서는 거의 대부분의 연구자가 공감하고 있는 것 같다. 10년 단위의 세대론적 분법(分法)이 필연적으로 지닐 수밖에 없는 비과학성 및 비효율성을 십분 감안하더라도 이 시기는 그 전후의 기간과 확연히 변별되는 문학사적 특수성을 강하게 구현한 우리 근대문학의 성숙기라고 할 수 있다. 다종다양한 양상으로 출몰한 문학사조 및 창작방법들, 그리고 전대의 수준에 비해 볼 때 실질적으로 엄청나게 증가한 매체, 작가군 등의 현상적 변화만 보더라도 이 시기의 역동성은 다른 시기보다 훨씬 독자적 영역을 확보하고 있는 셈이다.

그러한 문학사적 현상 판단을 시문학에 한정하여 적용해 볼 때도 이 시기의 의의는 전혀 감소되지 않는다. 왜냐하면 이 시기에 이르러 우리 시문학은 시 장르 본연의 몫을 인식하고 역사와 시, 그리고 민족적 삶과 시의 형상적 결합을 비로소 성취하게 되기 때문이다. 따라서 이 시기는 우리 현대시의 본격적인 난숙기라고 할 만하다.[1] 1930년대는 현상적으로 보아 우리 시단에서 지극히 다양한 시인들과 시적 경향이 혼재되어 나타났던 이른바 백가쟁명(百家爭鳴)의 시대였다. 일본 제국주의의 대륙 침략과 식민지 수탈 정책이 본격화되면서 우리 시문학은 시대적 응전의 양상으로 여러 가지 변화 양상을 겪게 되는데, 그것은 진보적 민족문학과 민족어에 대한 전면적 탄압으로 인한 프로문학의 현상적 퇴조와 그로 인한 시인들의 내성화, 그리고 순수문학의 은성(隱盛)과 외래 사조에 바탕한 시적 움직임의 대두 등으로 나타난다. 이 시기에 하나의 뚜렷한 문학적 운동으로 각인되고 있는 모더니즘 시운동도 이러한 객관적 정세의 악화와 시 인식의 변이 그리고 시적 주체들의 미적 인식의 획기적인 변화 등의 맥락에서 도출된 것이라고 할 수 있다.

주지하듯이 모더니즘 문학운동은 세계사적으로 볼 때 근대 자본주의 사회의 성립에 따른 미학적 반응의 소산이었다. 그것은 기본적으로 '도시'라는 익명의 생활 공간으로 상징되는 근대화의 체험을 반영하는 사유 및 표현 체계의 한 양식이다. 따라서 농촌공동체를 바탕으로 한 민족적 결속감을 노래했던 전통적 서정시의 개념은 모더니즘이라는 서구 충격의 획시기적 여과를 거쳐 새로운 외연과 내포를 이루게 된다. 이와 같은 서정시 개념의 확장은 우리 현대시의 발전에 기름진 자양을 부여했을 뿐더러 시가 비로소 미적 실체임을 자각하게 해주었다. 그러한 변화는 시의 내용 및 형식에도 커다란 변화를 가져오게 되는데 그 양상의 구체적 현현이 1930년대 모더니즘 시인 것이다.

사실 이러한 문학적 움직임은 서구에서는 아방 가르드나 입체파 운

---

[1] 1930년대의 시문학사적 의의에 대해서는 한계전, 「1930년대 시문학의 일반적 경향」, 『1930년대 민족문학의 인식』(이선영 편, 한길사, 1990)을 참조할 것.

동 또는 다다이즘, 초현실주의 등의 전위적 운동으로 나타나게 된다. 하나의 미학적 공통성으로 포괄할 수 없을 정도로 다양한 진폭의 움직임을 보인 것이 모더니즘 운동이었던 셈이다. 그러나 1930년대의 우리 시사에 나타난 역사적 모더니즘의 실질적 내포는 이른바 이미지즘(Imagism)이나 주지주의(主知主義) 등으로 한정될 수밖에 없다. 왜냐하면 시인들이 의식적 자각을 가지고 창작 및 비평에 임했던 준거는 창작방법적 의미의 모더니즘이었지 세계관의 전체적 변혁 및 전위 미학의 형태로 그것을 받아들였던 것은 아니기 때문이다. 더구나 실질적으로 우리 시사의 맥락에는 다다나 미래파, 입체파 또는 쉬르 등의 전위적 실험이 문학사의 한 뿌리로 형성된 예는 찾아보기 힘들기 때문이다.2)

기본적으로 모더니즘 문학이 갖는 일반적 특성은 자기인식의 강화, 그리고 내면적 총체성, 기법에 대한 의존 등이다. 이러한 형식적 특성은 자본주의 현실이 가져다주는 현실의 사물화와 파편화, 그리고 그로 인한 주체의 소외 등 근대성의 체험에서 기인된 것이다.3) 그러나 서구 모더니즘을 배태시킨 유럽 도시들과는 달리 식민 세력에 의한 일방적이고 타율적인 도시화의 양상을 겪은 1930년대 경성이라는 공간에서의 근대성 체험이란 기실 세계관의 변이를 겪을 만큼 그리 통전적이거나 전면적이지 않다. 근대화가 가져온 현란한 외피만을 감각적으로 경험하기가 일쑤였고, 모더니즘이 고유하게 갖는 미적 근대성이라든가 미학적 비판의 기능이 자생적으로 육화되기에는 미적 주체들의 인식이 빠른 사회 변화를 따라가지 못했기 때문이다. 따라서 1930년대 모더니즘 시는 영미 모더니즘 이론의 도입과 더불어 경성에서 작가들이 겪는 체험

---

2) 김용직, 「30년대 모더니즘의 전개」, 『문예사조』, 김용직 외 편, 문학과지성사, 1977. 458면.
3) 나병철, 「모더니즘과 미적 근대성」, 『근대성과 근대문학』, 문예출판사, 1995. 188면.

내용에 합당한 형식상의 새로운 감각을 결합하려는 시도 정도로 나타날 수밖에 없었다.4)

이러한 인식의 한계에도 불구하고 1930년대 모더니즘 시운동은 전대의 낭만주의시가 구현했던 자연발생적 시관에 대한 반명제로 출발하게 된다. 엄청나게 가속도가 붙은 채로 변화하는 경성의 외양으로 상징되는 현대문명의 여러 조건에 대해 미적, 방법적으로 응전해 보려는 예술 정신의 갈등 속에서 모더니즘은 방법적으로 수용된다. 현실의 비극적 양상을 자각하고 방법적 긴장을 시적 언어에 부여하여 감정 일변도의 서정시 개념의 의미를 확장시키려 했던 미적 인식의 변화에 대한 집착이 이 운동을 한결같이 견인했다고 볼 수 있다. 그러므로 1930년대 모더니즘시에 이르러 우리는 현대의 복잡한 내면의식은 물론 감정의 무절제한 방출을 통어하는 언어적 절제력을 새롭게 인식하였다는 사실5)은 여전히 강조되어야 할 덕목인 것이다.

이 글에서 다루려고 하는 시인 김광균(金光均, 1914-1993)은 우리가 한국 근대시의 정신사 및 창작방법을 논구하려 할 때 꽤 의미있게 거론될 수 있는 독자적 영역을 구축한 시인으로 평가받고 있다. 왜냐하면 그는 1920년대 우리 근대시의 역사가 지녀온 병폐, 곧 경향시의 편내용주의와 낭만주의시의 감상적 퇴폐성을 방법적으로 극복한 1930년대 모더니즘 운동의 실천적 시인이었으며, 그 성과는 김기림(金起林), 정지용(鄭芝溶) 등과 더불어 고평받고 있는 것이 저간의 문학사 서술이 보여준 대체적인 모습이기 때문이다. 더불어 그는 장만영(張萬榮)이나 장서언(張瑞彦), 박재륜(朴載崙) 등으로 이어지는 한국적 이미지즘의 시 경향에 선구적인 길목을 트며 영향을 끼쳤다는 점에서도 사적으로 주목

---

4) 최혜실, 「모더니즘의 의미와 한계」, 『한국 현대시사의 쟁점』, 시와시학사, 1991. 310면.
5) 최동호, 「형성기의 현대시」, 『현대시의 정신사』, 열음사, 1985. 29면

을 받고 있는 형편이다.

　김광균 시에 대한 연구는 당대로부터 현재까지 질과 양 양측면에서 실로 많은 성과를 거두어왔다. 길지 않은 근대시 연구사에도 불구하고 집중적으로 조명을 받은 얼마 안 되는 시인 중의 하나가 그인 셈이다.6) 그런데 그 대부분의 논의는 그의 시가 갖는 모더니즘 시로서의 공과(功過)를 해명하는 데 주로 바쳐졌다. 물론 최근 그의 시에 대한 주제론적 연구나 시 전체의 발전 단계를 통시적으로 짚어가는 연구도 행해지기는 했지만 그럼에도 불구하고 김광균이 갖는 문학사적 위치는 모더니즘 시를 잘 형상화해낸 '창작방법적' 시인으로 널리 알려져 있는 실정인 것이다.

　이와 같은 연구사적 토대 위에서 우리는 김광균의 시에 나타나는 세계인식과 형상화 방법이 결합하는 방식을 모더니즘이라는 역사적 운동의 테두리내에서 검증해 보려 한다. "그의 눈에 비친 모든 현대적 사물들은 그의 슬픈 마음에 부딪쳐, 그의 주저와 회한을 묘사하는 도구가 되고 있을 뿐, 그의 감정상의 갈등이나 세계 인식의 고뇌의 대상이 되고 있지는 않다. (…) 현대문명의 속도를 잃어버린 현대적인 사물들만을 비유의 대상으로 끌어들임으로써 그는 시에 활력을 주지 못한 채 새로운 회화적 시의 가능성만을 보여주고, 시작을 청산한다"7)는 극단적인 부정적 평가와 "그는 30년대의 우수한 모더니스트의 한 사람으로, 서정적 에스프리의 낭만적 시인으로서, 또한 인간적 고통과 진실을 깊이 간직한 휴머니즘 시인의 한 사람으로서 이 땅 시사에 오래도록 기억될"8)

---

6) 그에 관한 논의를 중간 결산한 논문집으로 『30년대의 모더니즘』(구상, 정한모 편, 범양사출판부, 1987)이 있다. 이 책에는 그에 관한 다양한 안목의 글들이 실려 있다.
7) 김윤식, 김현, 『한국문학사』, 민음사, 1973. 214-215면.
8) 김재홍, 「방법적 모더니즘과 서정적 진실」, 『한국현대시인연구』, 일지사, 1986. 260면.

것이라는 상찬 사이의 논리적 접촉점을 찾아 당대의 우리 현실 속에서의 김광균 시학의 의의를 구명해 보려는 것이다.

원래 시인론은 한 시인의 작품 세계가 갖는 전모를 보이고 그의 주조가 될 만한 요소들 - 주제, 세계관, 기법 등 - 을 핵심적으로 추출하여 가치 평가를 한 후 당대의 여타 시인들과의 관계 속에서 시사를 기술케 하는 단위자의 역할로서 의의가 있는 것이다. 그런 만큼 이 글도 김광균 시의 전 변모 과정이 의미하는 역학을 면밀히 추적해 보아야 하겠지만 그러한 통시적 연구보다는 주로 1930년대에 발표된 작품을 중심으로 그의 세계인식이 어떠한 창작방법과 긴밀히 연관을 맺으며 시화되는가를 따져 보고 그 세계가 여타 세계와 변별적으로 영유하고 있는 성격을 모더니즘이라는 당대의 자장과의 관계 속에서 살펴보고자 한다.

2. 시의식의 기저(基底), 타자의 부재와 상실의식

우선 우리가 김광균의 시를 일별했을 때 가장 강렬하게 느낄 수 있는 그의 정신적 기저는 뿌리 내릴 곳을 박탈당한 '근원적인 상실감'이라고 어렵지 않게 규정할 수 있다. 시인에게 있어 무엇을 잃어버린 듯한 한없는 부동감(浮動感)은 비단 김광균에게만 전유되는 것은 아니다. 어쩌면 식민지 시대를 살아갔던 당대의 시인들이 일반적으로 공유하고 있던 정신적 기조였다는 표현이 더 적실할 것이다. 특히 1930년대는 주체의 응전 자체를 불가능하게 했던 객관적 정세 악화와 프로문학의 위축, 그리고 시적 주체들의 내면화 등으로 이러한 상실감은 당시 시창작에 있어 근본적 토대 구실을 하였다. 따라서 이와 같은 상실의식은 자신의 물리적, 정신적 고향을 잃어버렸다고 믿는 당대의 시적 주체들에게 일반적으로 관류하던 정신적 현상이었다. 김종철은 "30년대 한국시의 두드러진 문학적 징후의 하나는 대부분의 시인들이 극심한 고향상실감에 젖어 있다는 것"9)이라고 적절한 지적을 하고 있는데, 이것은 1930년대의 한국사를 규정했던 군국주의와 파시즘 체제에서 비롯된 시적 주체들의 시적 인식의 출발점으로 설정되었던 것이라고 보아야 할 것이다.

>   차단 - 한 등불이 하나 비인 하늘에 걸려 있다
>   내 호올로 어델 가라는 슬픈 信號냐
>
>   긴 - 여름해 황망히 나래를 접고
>   늘어선 高層 창백한 墓石같이 황혼에 젖어
>   찬란한 夜景 무성한 雜草인양 헝클어진 채
>   思念 벙어리되어 입을 다물다
>
>   皮膚의 바깥에 스미는 어둠
>   낯설은 거리의 아우성 소리
>   까닭도 없이 눈물겹고나
>
>   空虛한 群衆의 행렬에 섞이어
>   내 어디서 그리 무거운 悲哀를 지고 왔기에
>   길 - 게 늘인 그림자 이다지 어두워
>
>   내 어디로 어떻게 가라는 슬픈 信號기
>   차단 - 한 등불이 하나 비인 하늘에 걸려 있다.
>   - 「瓦斯燈」 전문10)

---

9) 김종철, 「30년대의 시인들」, 『시와 역사적 상상력』, 문학과지성사, 1978. 11면.
10) 『조선일보』 1938. 6. 3.

이 작품의 시적 주체에게 보이는 1930년대의 경성은 찬란을 극한 문명의 도시임에 틀림없다. 그것은 낯설고, 자기동일성을 가차없이 파괴하는 이질적 공간이다. 시적 주체에게 그 어지러운 변화는 충격적 경험으로 각인된다. 일찍이 이상(李箱)이나 구보(仇甫)에 의해서 식민지 시대 경성의 외양은 그 박람적 충격이 소설적으로 형상화된 바 있는데, 그 도회문명은 근본적으로 강한 타율성에 의해 이식된 자본주의 사회였다. 이러한 도시화는 그 외양 변모의 현란한 숨가쁨이라는 측면과 또 다른 식민지적 모순의 착근(着根)이라는 측면의 이중적 속성을 띠면서 1930년대의 주체들에게 다가왔다. 그 이중적 속성에서 자연스럽게 유로되는 시적 주체의 정서는 화려함 속에 어김없이 찾아오는 공허감, 뿌리 없음, 현실부적응성이었다. 그런데 그 양면적 성격 중 전자 곧 강한 정신적 부동성(浮動性)만을 감지하고 후자 곧 도시화의 역사적 맥락이 갖는 의미를 시적 인식에 담아내기에는 당대의 미적 주체들의 역사의식은 참으로 허약했다고 할 수 있다. 모더니즘시는 그러한 한계 어린 인식이 담겨 있는 시대적 초상이라고 할 수 있다.

앞에 제시된 작품은 특히 감각적 이미지에 많이 의존하고 있다. 찬란한 밤풍경에 둘러싸인 도회 가운데 뿌리를 잃고 부유(浮游)하는 현대인의 까닭 모를 슬픔이 감각적으로 드러나 있는 작품이다. 대개 '등불'이라는 시적 제재는 어둠 속에서 방향을 잃은 이들에게 길을 인도하는 긍정적 역할의 상징으로 많이 쓰이는데 여기서의 등불은 색다른 함의를 지닌 '차단 - 한' 등불이다. 더구나 도시의 희뿌연 거리를 연상시키는 '가스등'이다. 이것은 이미 긍정적 의미의 등불로서의 기능을 상실한 '슬픈 信號'에 지나지 않는다. '차단 - 한 등불 / 비인 하늘 / 슬픈 信號" 등의 이미지 조형을 통해 우리는 차가운 가스등만이 빛나는 황량하고 쓸쓸한 1930년대 경성의 현상적 외피를 연상할 수 있다. 여기서 '차단 - 한'이란 조사(措辭)는 '차가운'이라는 촉각적 심상과 '차단된'이라는 폐쇄성을 동시에 암시하는 기능을 하는 교묘한 중의어인데 자신의 슬픈 실존을 역설적으로 명징하게 하는 데 기여하고 있다. 그러면서도 그것은 단순히 이미지만으로 나타나는 것이 아니라 '비인' '슬픈'과 같은 정서적 관념과 결합되어 나타난다. "내 호올로 어델 가랴는 슬픈 信號냐"라는 구절은 식민지 도시의 암담하고 비애 어린 상황 속에서 방향감각을 잃고 방황하는 도시인, 1930년대 식민지 현실 속의 지식인의 정직한 절규로 읽을 수 있다.

여기에 한 가지 더 주목을 요하는 부분이 1연 2행의 "내 호올로 어델 가랴는"과 5연 1행의 "내 어디로 어떻게 가랴는"이라는 두 수식어의 중첩 사용이다. 이 시행이 반복되고 있는 것은 이 작품의 서정적 기조를 잘 드러내주고 있는데, 그것은 시적 주체의 정신적 지향이 아무런 방향 감각이 없는 채로 부동하고 있음을 정서적으로 진술한 것이며, 따라서 시적 주체가 이런 가치 상실의 공간인 도회를 커다란 무덤으로 인식하는 것도 무리가 아니다. '高層 / 墓石', '夜景 / 雜草'의 대비 속에 도회가 갖고 있는 메마르고 황량한, 생명성 없는 이미지를 시화하고 있는 것이다.

또 이 작품은 이 같은 무(無)방향성이 타율적인 근대화의 중압감으로부터 기인함을 보여준다. 늘어선 고층의 밤풍경이 묘석 주위의 잡초 같다는 인식은 현대문명이 갖는 찬란한 외양보다는 그 안에 내재해 있는 죽음의 이미지 곧 종말론적 의미를 추출해내고 감각하는 시적 주체의 인식이 비판적으로 암유되어 있다고 할 것이다. 그리고 '思念 벙어리'라는 표현은 그 도시로부터 끼쳐지는 중압감에서 오는 자기상실, 자기 결핍감의 표현이다. 이 관념적 표현은 사실상 이 작품의 주제에 해당한다. 김광균은 1939년 오장환의 시집 서평에서 "무형한 하늘을 향하여 내어젓는 조그만 생활 모색에의 촉수, 부단히 변색하는 자기 위치와 가치관에의 회의와 자소, 상실한 이데아에의 향수"[11] 등 자신의 시관을 밝히고 있는데 이 작품이야말로 자신 스스로 밝힌 식민지 시대 도시 지식인의 자기상실과 이데아에의 향수를 드러낸 작품이라고 할 수 있다. 따라서 이 작품의 제목인 '와사등'은 희망의 이미지라기보다는 어둠 속에서 희미하게 소멸되어가는 향수 또는 따뜻한 것에 대한 그리움의 이미지라고 볼 수 있다.

또 이 작품의 서정적 주체는 외계(外界)와의 소통이 일방적으로 단절된 상태를 감각적으로 경험한다. 그것이 '벙어리'라는 표현이다. 그러한 자아결핍이 외부 현실의 제약에서 비롯된 것인지 시적 주체 스스로 초래한 것인지는 시 내적 논리로 밝혀져 있지 않다. 그러나 그것이 실존적인 비애의식이 아니라 역사적인 맥락의 슬픔인 것만은 틀림없다. 왜냐하면 이 작품의 배경인 도회는 단순한 배경에 머물지 않고 시적 주체의 주관과 교섭하는 환경의 의미를 띠고 있기 때문이다. 다시 말하여 시적 주체의 감상을 도회라는 공간으로 풀어간 것이 아니라 도회야말로 시적 주체의 비애감의 발생론적 원천이 되고 있기 때문이다.

뒤이어 이 작품은 공감각적 심상의 제시, 공허한 군중 속의 고독이 빚어내는 공허감과 비애, 어둠이 환기하는 불안의식 등을 표현하고 있다. 마지막 연은 첫 연의 행 배열을 도치시킨 형태로 끝나고 있는데, 이는 등불의 소멸적 이미지를 보다 더 선명히 하는 효과를 보인다. 결론적으로 이 시는 신뢰할 바 없는 어두운 현실 속에서 군중 속에 묻혀서 어디론가 떠나야 하는 식민지 지식인의 고독감과 불안의식을 와사등의 이미지로 표현한 작품이다.

이러한 시 문맥 해석을 토대로 우리는 이런 생각을 해 보게 된다. 「와사등」에서 시사되었던 김광균의 시적 정조가 이미지의 선명한 제시에 의한 내면풍경의 주지적 제시, 또는 하나의 이미지 창조에 의한 투명한 시적 조형을 근간으로 하는 서구적 이미지즘의 본령을 구현해낸

---

11) 김광균, 「『헌사』 - 오장환 시집」, 『문장』, 1939. 9.

시인으로 평가되기에 적절한 질료가 될 수 있는가이다. 대답은 일단 부정적이다. 그만큼 그에게 이미지는 시상을 조형하는 내적 문맥의 필요에 따라 시적 주체의 정서를 얹는 장치로 이용된 측면이 더 강하지 그 자체의 조형이 목표는 아니다. 그렇다면 우리의 천착은 김광균이 이미지즘의 본령을 제대로 드러내지 못한 또 하나의 낭만주의적 감상주의자인지 아니면 새로운 시대인식에서 유로되는 자신의 정조를 새로운 방법으로 형상화한 시인인지 하는 가치평가의 기로에 선다.

물론 1930년대 모더니즘은 도시야말로 자본주의 모순의 온상이라고 인식하고 그것을 자본주의의 고유한 본질적 경향이 고도화된 공간으로 바라보면서 그 안에 명백하게 노출되어 있는 자본주의의 발전 단계, 또 그 속에 은폐된 본질적 관계의 측면에서 도시 내부의 현상을 취급[12]하지 못하고 다만 자기 시대를 급격한 변화의 시대로 인식하고 그에 대한 부적응성을 드러내는 한계를 공유한다. 그러나 역사의식의 부재 및 하염없는 비애감의 분출은 1920년대의 감상주의시들이 갖는 자연발생성과 환경과의 무매개성과는 성격을 달리한다. 왜냐하면 1920년대의 감상주의시들이 까닭 모를 비탄에 젖어 그것을 자연발생적으로 유로했던 성격이 강한 데 비해 김광균의 슬픔의 시학은 자신을 둘러싸고 있는 환경과의 상호 교섭에 의한 매개성을 충족시키고 있기 때문이다. 김광균의 시에 나타나는 끔찍할 정도의 소통 결핍, 타자 부재, 상실의식은 역사적 토대와의 연관관계를 기조로 한 측면이 더 강한 것이다.

김광균이 '죽음'에 대한 의식을 시적 제재로 많이 원용했다는 연구는 이재오[13]에 의해 행해졌거니와 "그는 어려서 아버지와 자매를 잃었고 그럼으로써 애정상의 결손을 받은 정신적 孤兒였다"고 한 조동민[14]의

---

12) P. Saunders(김찬호 외 역),『도시와 사회이론』, 풀빛. 1991. 참조.
13) 이재오,「김광균 시의 주제 체계에 관한 연구」, 서울대 석사학위논문, 1982.
14) 조동민,「김광균론」,『30년대의 모더니즘』, 구상, 정한모 편, 범양사출판부, 1987. 116면.

말로 미루어 그것은 유년기의 개인사적 체험과 관련된 듯이 보인다. 김광균에게 일종의 정신적 외상(外傷)을 남긴 어릴 적 주위 사람들의 죽음은 그의 정서에 나타나는 짙은 상실의식의 원형질로 자리하고 있다. 따라서 모더니즘이라는 공적 명분과 죽음이라는 사적 실존 근거 사이에서 취한 서로 엇갈리는 듯한 방법적 선택이 김광균 시를 푸는 열쇠가 될 수 있다.15)

그러나 그의 시에 나타나는 어린 시절이 그러한 상실과 고통만으로 그려지지는 않는다. 훼손되기 이전의 어린 시절의 추억은 상실의식을 보상해주는 자기동일성의 회복 공간으로 채색되기도 한다. 이러한 측면은 백석(白石)으로 대표되어 긍정적, 부정적 양평가를 받아왔지만 특히 김광균에게는 자기동일성을 시적 리얼리티를 통해 적극적으로 추구한다기보다는 절대 행복에 잠시 잠기며 고통을 무화시키는 '위안'으로서의 성격만이 부각된다.

행복한 유년 시절에의 회상은 시인의 세계인식 속에 '고통스런 현재 / 행복했던 과거' 내지는 '가치 상실의 비애 / 가치의 근원으로서의 옛날'이라는 이분법적 도식을 가져왔고 따라서 시인은 과거 지향의 목소리를 내뱉는다. 그러나 이러한 혹독한 상실감과 유년에 대한 회귀의식은 분명 같은 의식의 뿌리에서 유로된 소극적 현실인식의 두 가지 양태인 것이 분명하다. 왜냐하면 고향에 대한 아련한 추억, 그리고 그에 대한 조형적 투영은 자신의 상실의식에 대한 치유나 방법적 모색이라기보다는 현실 세계에 존재하지 않는 세계로의 몰입이요, 따라서 양태를 달리한 또 하나의 상실이기 때문이다. 그런데 한 가지 첨언할 것은 김광균의 시에도 현실적인 고향을 보여주는 현실인식의 시들이 몇 편 보인다는 것이다. 그러나 그러한 사실적인 제시에도 불구하고 짙은 감상성에 가려 적극적인 세계인식으로의 시화에는 나아가지 못한다. 다음

---

15) 박태일, 「김광균 시에 대한 새로운 읽기」, 『와사등』, 미래사, 1991. 144면.

시는 김광균 시가 성취한 현실인식의 최대치요, 몇 편 안 되는 비극미 (감상성과는 구별되는)를 보여주는 작품이다.

> 저물어 오는 陸橋 우에
> 한 줄기 황망한 기적을 뿌리고
> 초록색 람프를 달은 貨物車가 지나간다
>
> 어두운 밀물 우에 갈매기떼 우짖는
> 바다 가까이
> 停車場도 주막집도 헐어진 나무다리도
> 온 - 겨울 눈 속에 파묻혀 잠드는 고향
> 산도 마을도 포프라나무도 고개 숙인 채
> 호젓한 낮과 밤을 맞이하고
> 그곳에
> 언제 꺼질지 모르는
> 조그만 生活의 촛불을 에워싸고
> 해마다 가난해 가는 고향 사람들
>
> 낡은 비오롱처럼
> 바람이 부는 날은 서러운 고향
> 고향 사람들의 한 줌 희망도
> 진달래빛 노을과 함께
> 한번 가고는 다시 못 오기
> 저무는 都市의 옥상에 서서
> 내 생각하고 눈물 지움도
> 한 떨기 들국화처럼 차고 서글프다.
> ― 「鄕愁」 전문16)

이 작품은 김광균 시에서 보기 드물게 경험적 직접성이 생활의 체취

---

16) 『조선일보』 1940. 4. 1.

를 풍기며 다가오는 풍경화이다. '향수'라는 주제는 당대의 일반적인 시적 주제였는데 대부분이 상실되기 이전의 고향을 그리거나 아니면 자신의 속되고 훼손된 삶의 카운터 이미지로서 고향을 그리기 마련인데 이 작품에서도 그러한 일반적 양상은 그대로 나타나 있다.

1연에는 김광균 특유의 원경(遠景) 처리가 나타나 있다. 그것은 실제 풍경이어도 좋고 그렇지 않은 작위적 전경화여도 좋다. 그 여부는 시적 문맥에 커다란 영향을 끼치지 않는다. 2연에서는 이 시의 정신적 바탕이 나타나는데, 그것은 "조그만 生活의 촛불"이라는 은유가 함축하고 있는 피폐한 고향의 풍경으로서, 시적 주체는 고향 사람들의 실제적 생활의 체취가 풍기는 누추함과 그 피폐상을 감각화하고 있다. 따라서 이 작품에 나타나는 '차고 서글픔'이라는 정서는 자연발생적인 감상벽이 아니라 역사의 격동에서 유추 가능한 시적 주체의 무력감과 환경의 변화에서 나타나는 비극미의 한 양상이라고 읽을 수 있다.

우리 시사에서 1930년대의 모더니즘은 참신한 시적 이미지에 의한 내면풍경의 제시, 그리고 투명한 시적 조형성으로 1920년대의 센티멘털리즘과 경향시의 사상편향성을 방법적, 미학적으로 극복했다고 평가받아왔으며 그 대표적 시인이 정지용이나 김기림, 김광균 등이었음은 주지의 사실이다. 더구나 모더니즘의 하위 범주로서 '이미지즘'을 가장 시적으로 완성도 높게 구현한 시인으로 김광균을 꼽고 있는 것이 사실이다. 그러나 문학사에서 이미지즘이 견고하고, 명석하고, 애매하지 않은 이미지의 사용[17]을 통한 감상성의 배제를 제일의적 목표로 삼았다는 것을 염두에 두면 우리는 김광균을 서구적 의미의 이미지스트로 평가하는 데 선뜻 동의할 수 없게 된다. 그만큼 그는 우리의 재래적 서정이라고 일컬을 수 있는 비애의 정조를 전면화시켜 전대의 낭만주의시

---

17) J. Isaacs(이경식 역), 「이미지의 도래」, 『현대 영문학의 이해』, 종로서적, 1991. 49면.

의 1930년대적 변용으로 읽힐 만큼 센티멘털리즘[18])의 충실한 연장선상에 있는 것이다.
 그러나 앞서 이야기했듯이 그의 비애적 정서는 무매개적인 감상벽과는 차원이 다르다. 시대적 환경과 능동적으로 교섭하고 인식하는 비판적 형상에는 일정 부분 모자라지만 이미지 조형을 방법적으로 원용하여 한 시대의 슬픔과 주체의 부적응성을 일관되게 형상화하고 있는 것이다.

    등불 없는 空地에 밤이 나린다
    수없이 퍼붓는 거미줄같이
    자욱-한 어둠에 숨이 잦으다

    내 무슨 오지 않는 幸福을 기다리기에
    스산한 밤바람에 입술을 적시고
    어느 곳 지향없는 地角을 향하여
    한 옛날 情熱의 창랑한 자최를 그리는 거냐

---

18) 당대의 비평가 최재서(崔載瑞)는 그의 논문「센티멘탈論」(1937년)에서 당대 문학의 센티멘털리즘 유행 현상을 서구의 문학사와 견주어 합리적으로 설명하고 있다. 특히 그는 센티멘털리즘이 오히려 지적 우월성을 갖고 있는 지식인들에게 찾아올 수밖에 없는 필연성을 논증하고 있는데 막연히 모더니즘을 지성의 편에서 해석하여 반(反)센티멘털리즘으로 단순화하는 것보다 적절성이 있어 보인다. 다음의 인용문은 김광균과 같은 당대 지식인들에게 적실히 맞아떨어지는 예라 할 것이다.
 "要컨대 센티멘탈리즘은 情操의 偏重한 作用이다. 情操의 對象이 實在할 때 情操는 適當히 處理되고 말지만 그 對象이 없을 때엔 生理的 必然性에 依하여 情操는 더욱 濃密하여진다. 이것이 센티멘탈리즘이다. 現代 인테리겐챠가 文化와 敎養, 理想과 幸福에 대한 情操를 가지고 있는 限, 그리고 그 情操가 現實世界에 있어 늘 蹂躪을 當할 때 그는 그 空虛를 센티멘탈리즘으로서 느끼지 않을 수 없다." 최재서,「센티멘탈論」,『文學과 知性』, 인문사, 1938. 218면

> 끝없는 어둠 저으기 마음 서글퍼
> 긴 - 하품을 씹는다.
>
> 아 - 내 하나의 信賴할 現實도 없이
> 무수한 年齡을 落葉같이 띄워보내며
> 茂盛한 追悔에 그림자마저 갈갈이 찢겨
>
> 이 밤 한 줄기 凋落한 敗殘兵되어
> 주린 이리인양 비인 空地에 홀로 서서
> 어느 먼 - 都市의 上弦에 창망히 서면
> 腐汚한 달빛에 눈물 지운다
>
> — 「空地」 전문19)

 1920년대 시인들이 보였던 감상과 영탄의 방출이 현실 부정과 환멸의 소산이었듯이 김광균의 비애나 눈물 역시 식민지 현실, 그것도 낯설기 짝이 없는 식민지의 타율적 도시화의 양상에 절망하고, 그것을 부정하는 정서에서 유래된 것은 틀림없다. 이 작품에서도 시적 주체의 심적 고통을 유래케 하는 사회적 역학은 나타나 있지 않다. 다만 일방적인 소외의식 및 소통 가능한 타자의 부재 그리고 그로부터 유래하는 밀폐감과 내면적 황폐감 등이 감각적 은유를 통해 잘 나타나고 있다.
 이 작품의 배경 역시 도시의 밤이다. 김광균의 시에 나타나는 시간적 배경은 아침은 거의 없고 '오후'나 '황혼' 또는 '밤'이 대부분인데, 그것은 그것들이 '생성'의 시간이 아닌 '소멸'과 '침잠'의 시간이기 때문이다. 이러한 '소멸 / 침잠'은 김광균 시의 근본적인 서정적 충동의 모티프이다. 김광균이 딛고 있는 서정적 충동의 근본 모티프가 생성지향적 비판의식보다는 소멸지향적 상실의식이기 때문이다. 따라서 이 작품에는 '어느 곳 지향없는 地角'을 '追悔'에 싸여 걷고 있는 '敗殘兵'의 의

---

19) 『비판』 1938. 5.

식세계가 도시의 '腐汚'에 오버랩되면서 슬픈 소시민의 초상이 드러나고 있을 뿐이다.

현실은 본질과 가치를 결여하고 훼손과 상실이 가득한 것으로 보일 때 인간의 삶은 이데아를 열망하는 것으로야만 의의와 가치를 가진다는 것이 낭만주의적 세계인식이라 할 때 김광균이 찾고자 했던 시적 출구는 그런 태도의 부분적 양상을 보인다. '지금 여기'가 아닌 익명성으로서의 '먼 저기'를 지향하는 것도 그러한 현실인식이 배태한 시적 지향점의 실체화인 것이다. 이 점이 그의 시를 낭만주의와 절연한 서구적 의미의 모더니즘으로 일반화할 수 없는 장애가 된다. 그러나 우리는 그것을 부분적 아쉬움으로 평가해야지 함량 미달의 모더니즘이라는 서구 중심의 재단을 해서는 안 된다. 1930년대의 경성이라는 도시 공간이 던져준 공허감과 소외의식 또는 타자 부재와 상실의식 등이 그의 감각적 은유를 통한 시적 상관물들을 통해 오히려 잘 나타나 있으니 말이다. 이 점에서 명징한 이미지만을 추구했던 정지용의 초기 이미지즘시보다 김광균의 시가 훨씬 내면적 정직성과 서정적 비극성을 잘 형상화한 것으로 보아야 할 것이다.

3. 방법적 이미지즘의 의미와 한계

모더니즘은 당대 현실에 대한 위기의식과 현실에 대한 부정의식의 세계관으로 생성된 미학이념이다. 따라서 거기에서 일체의 내용성 곧 감상성이나 사회성을 탈각시킬 경우 그것은 표현 기법 위주의 형식성에 탐닉할 위험성을 내재하게 된다. 1930년대의 모더니스트들은 시의 정서 내용보다는 대상을 감각적으로 표현하는 방법에 심혈을 기울였다. 그러나 그러한 일반적 흐름과는 달리 김광균은 독자적인 시적 개성, 곧 자신의 정서와 시적 의장을 결합시키려는 열정을 가진 시인이었다. 이 숭원은 "그의 시는 적당한 비유와 윤기있는 이미지에 의해 감정을 순치시키고, 비애의 정서도 상당히 세련된 방식으로 드러냄으로써 20년대적 감상성에서는 벗어나 있는 것"이라는 언급하고 있는데, 그는 김광균이 1930년대의 경성이 갖고 있었던 이중성 곧 화려함과 공허함을 적절하게 융합시켜 형상화한 원숙한 표본으로 기억될 것으로 고평하고 있다.[20] 이 글의 시각 역시 김광균의 모더니즘은 자신의 비애를 형상화하는 방법적 의미의 수용이었다는 데 있다. 따라서 그가 서구적 의미의 이미지즘 시화에 불철저했다는 비교문학적, 비교우위적 평가와는 무연하다고 할 수 있다.

이미지는 실체의 단순한 모사나 재생으로는 형성되지 않는다. 설사 이미지가 대상을 충실히 묘사하는 것에 목표를 둔다고 하더라도 시 속에 형상화된 이미지는 시인 스스로 주관적 목적이나 욕구에 의해 자의적으로 선택되고 상징적 조작을 거쳐 배열된 것이다. 이러한 선택, 배열, 변형 등 이미지 형성의 일련 과정에 결정적으로 개입하고 있는 것은 말할 것도 없이 '시인 자신의 주관'이다. 현상학적으로 이야기하면 시인의 의식은 언제나 '어떤 것에의 의식'으로서의 지향적인 의식인 것이다. 따라서 시 속에 나타나는 이미지는 실체와 시인 의식과의 복합물로 보아야 할 것이다. 이럴 경우 그간 문학사에서 뛰어난 이미지를 구사했다고 평가받아온 김광균의 '시각적 이미지'라든가 '이국적 이미지' 역시 이미지 형성 그 자체의 미적 기교의 의의보다는 시인의 주관적 정서 및 의식을 담아내는 그릇[容器]의 기능이 더 승한 것을 알 수 있다.

따라서 그의 시에 나타나는 사물들의 작위성은 그 자체로 한계로 지

---

[20] 이숭원, 「모더니즘과 김광균 시의 위상」, 『현대시와 지상의 꿈』, 시와시학사, 1995, 18-19면.

적되기에 족하지만 그의 눈에 그리도 낯설고 부정적으로 보였던 도회 공간을 작위적으로 그려 보려 했던 위악적 포즈라는 시적 전략으로 읽을 수 있는 개연성도 놓치지 말아야 할 것이다.

    카 - 네숀이 흩어진 石壁 안에선
    개를 부르는 女人의 목소래가 날카롭다

    동리는 발밑에 누워
    먼지 낀 揷畵같이 고독한 얼굴을 하고
    露臺가 바라다보이는 洋館의 지붕 우엔
    가벼운 바람이 旗幅처럼 나부낀다

    한낮이 겨운 하늘에서 聖堂의 낮종이 굴러나리자
    붉은 노 - 트를 낀 少年 서넛이
    새파 - 란 꽃다발을 떨어뜨리며
    햇빛이 퍼붓는 돈대 밑으로 사라지고

    어디서 날라온 피아노의 졸린 餘韻이
    고요한 물방울이 되어 푸른 하늘에 스러진다

    牛乳車의 방울소래가 하 - 얀 午後를 싣고
    언덕 너머 사라진 뒤에
    수풀 저쪽 코 - 트 쪽에서
    샴펜이 터지는 소리가 서너 번 들려오고

    겨우 물이 오른 白樺나무 가지엔
    코스모스의 꽃잎같이
    해맑은 흰구름이 쳐다보인다

                                   -「山上町」전문[21]

이 시는 '洋館' '聖堂' '피아노' '샴펜' 등 이국적 정조와 이미지들이 내적 필연성없이 환상적으로 구성된 하나의 화폭이다. 객관적인 이미지 조형에 노력한 시라고 보기에는 지나치게 이국 정조가 미화되어 있고 시인 스스로 살았던 현실상과 아무런 유추점도 주지 못하는 작위적 현실이 되고 말았다. 김광균 시의 이미지 선택의 원리가 현실의 중층적 압박에서 오는 비애를 형상화하는 방법적 기제 외의 의미가 얼마나 허약한 것인가를 보여주는 단적인 예이다. 식민지 도시화의 현실에서 끼쳐지는 절망과 그것에 대한 부정적 태도의 변용, 그것은 경험적 구체성이나 역동적인 현실 연관성을 사상한 채 관념 어린 애상이나 환상적 이미지만을 시 속에 고집했기 때문에 나타나는 현상이다. 그러나 이 작품 역시 도시문명이 가져다주는 이물감과 시적 주체의 부적응성을 감각적으로 잘 전달하고 있다.

　　　　비인 방에 호올로
　　　　대낮에 體鏡을 대하여 앉다

　　　　슬픈 都市엔 日沒이 오고
　　　　時計店 지붕 위에 靑銅 비둘기
　　　　바람이 부는 날은 구구 울었다

　　　　늘어선 高層 위에 서걱이는 갈대밭
　　　　열없는 標木 되어 조으는 街燈
　　　　소래도 없이 暮色에 젖어

　　　　엷은 베옷에 바람이 차다
　　　　마음 한 구석에 벌레가 운다

---

21) 『조선중앙일보』 1936. 4. 14.

황혼을 쫓아 네거리에 달음질치다
모자도 없이 廣場에 서다

— 「廣場」 전문22)

이 작품 역시 경험적 구체성과는 무관한 시적 의장(意匠)으로써 가공된 풍경화이다. 대낮에 홀로 방에 앉아 거울을 마주하고 있는 시적 주체는 밀폐감에 의한 슬픔을 토로하고 있다. 사실 '방'의 사물은 외계와의 통로가 차단된 폐쇄적 이미지를 갖고 있다. 거기서 거울을 마주보고 있는 시적 주체는 무력감에 빠져 있는 자아를 대면하고 있다. 그것은 자기성찰이라는 능동적 자아찾기와는 무관한 의미없는 행위일 뿐이다. 2연에서 그는 '靑銅 비둘기'라는 시적 상관물로 표상된다. 시적 주체는 슬픔에 못 이겨 방으로부터의 외출을 꾀한다. 이상의 「날개」나 박태원의 「소설가 구보씨의 일일」에 빈번한 모티프로 나오는 외출 이미지와 산책 이미지가 이 작품에 그대로 관류한다. 이 시인의 또 다른 작품 「蒼白한 散步」에서도 이어지듯이 그것은 소통의 또 다른 주체로서의 타자 부재의 인식과 자신을 둘러싸고 있는 환경과의 부적응성의 좌증이다. 따라서 그가 도달한 '廣場'이라는 공간도 타자를 회복할 수 있는 생성적 공간은 되지 못하고 그저 마음 한 구석에서 벌레가 우는 황량한 공간일 뿐이다. 그러한 결핍 또는 부재의 시적 인식은 다음 작품에서 뛰어난 형상을 얻는다.

落葉은 포 - 란드 亡命政府의 紙幣
砲火에 이즈러진
도룬市의 가을 하늘을 생각케 한다
길은 한 줄기 구겨진 넥타이처럼 풀어져

---

22) 『비판』 1938. 9.

日光의 폭포 속으로 사라지고
　　　조그만 담배 연기를 내어뿜으며
　　　새로 두 시의 急行車가 들을 달린다
　　　포프라나무의 筋骨 사이로
　　　工場의 지붕은 흰 이빨을 드러내인 채
　　　한 가닥 꾸부러진 鐵柵이 바람에 나부끼고
　　　그 위에 세로팡紙로 만든 구름이 하나
　　　자욱 - 한 풀벌레 소래 발길로 차며
　　　호올로 荒凉한 생각 버릴 곳 없어
　　　허공에 띄우는 돌팔매 하나
　　　기울어진 風景의 帳幕 저쪽에
　　　고독한 半圓을 긋고 잠기어간다
　　　　　　　　　　　　　－「秋日抒情」 전문23)

　자연 그대로의 사상(事象)이 아닌 조형적 형상이 이 작품에서도 그 면모를 드러낸다. 사실 이미지스트의 시는 시각적 이미지를 중요시하기 때문에 표현에 크게 제약을 받는다. 그것은 시의 한 요소는 될 수 있을지언정 인간의 경험이라고 하는 그 복잡한 전체를 표현하기엔 부족하다. 시각적 이미지 위주의 시가 간단한 풍경의 스케치 같은 인상을 줄 뿐, 내면적으로 깊은 감동을 주지는 못하는 이유가 거기에 있다.24) 또 시가 선명한 시각적 영상만을 강조할 때, 시의 기능이 축소되어 묘사의 기교로 치우치고 사상성이 배제되기 때문이다. 이미지즘의 시가 교묘하게 채색된 회화로 되거나 또는 몇 장면의 연속된 인상의 투영도로 되어, 독자는 시인의 묘사의 기술과 언어의 구사에 감탄은 할지언정, 사상과 감정이 일체가 된 인간의 깊이있는 체험 세계에는 참여할 수 없는 이유도 거기에 있다.25) 이 작품 역시 그러한 사상성의 약화가 시각

───────────
23) 『인문평론』 1940. 7.
24) 이창배, 「이미지즘과 그 주변」, 『20세기 영미시의 형성』, 민음사, 1979. 111면.

적 이미지 위주의 시적 전략에서 상당 부분 초래되고 있다.

이 시는 돌연하면서도 이국적인 비유로 시작된다. '낙엽-지폐'의 은유적 전이는 이 시의 제목인 가을에 대한 시인의 기본적 태도를 드러내준다. 이 첫 부분은 1939년 9월 1일 독일의 폴란드 침공과 점령이라는 역사적 사실과 관련되어 있다. 이 침공은 처참한 제2차세계대전의 시작을 의미하는 것인데, 여기에서 '망명정부의 지폐'란 화폐로서의 생명을 잃은 무가치성을 말한다. 이 상실감은 '砲火에 이즈러진 도룬市의 가을 하늘'이 빚어내는 황폐감과 결합되어 이 작품에 특유의 메마르고 황량한 분위기를 만들어낸다.

시의 둘째 부분(4행-7행)은 두 개의 문장, 두 개의 장면 곧 '길'과 '급행차'의 상황으로 이루어져 있다. 우선 길은 풀어져 있고, 사라져가고 있는데, 이는 시인의 눈앞에 펼쳐진 길이기도 하지만 자신의 삶의 상황에 대한 암시, 곧 소멸의 이미지를 나타내기도 한다. 급행차는 존재의 급박한 상황을 암시한다. 멀리서 바라본 조그만 담배연기 같은 기차의 연기 역시 '소멸'을 그 본성으로 하고 있다. 이 부분에서는 특히 '새로 두 시'라는 대목이 눈에 띄는데, 이는 가을과 함께 하루중의 때늦은 시간이 오후 두 시를 가리키고, 그것을 달리는 기차처럼 빨리 흘러가버리는 시간에 대한 강박관념을 느끼게 한다.

셋째 부분은 포플라나무, 공장, 구름 등의 황량한 풍경인데, 이 역시 도시의 현대문명이 주는 황폐감과 상실감을 짙게 드리우고 있다. 특히 '筋骨' '이빨' '鐵柵' 등의 물리적 이미지로 삭막감을 강조하고 있다. '세로팡紙로 만든 구름이 하나'라는 표현은 인간의 꿈마저 인위적 이미지로 변화시키는 현실의 모습을 은유적으로 보여준다.

넷째 부분에서는 앞서까지 제시된 눈앞의 풍경에 대해 시적 주체가 어떤 행위를 보여주려 한다. 그것은 황량감, 상실감의 정서가 행위화된

---

25) 이창배, 「에즈라 파운드론」, 앞의 책, 275면.

표현이다. 풀벌레 소리 들리는 풀섶을 공연히 차 보는가 하면 허공에 돌팔매를 던져 보기도 한다. 돌팔매는 황량하고 쓸쓸한 느낌의 여운을 남기며 반원을 그리고 사라져간다. '기울어진 風景' 속에서 인물마저도 황량한 풍경의 일부가 되어 흔적도 없이 스러져가는 순간을 표현하고 있다. 궁극적으로 이 시는 모든 존재들이 소멸되어가는 가을의 공간에 대한 우울한 풍경묘사이다. 이와 같이 이미지 위주로 쓴 그의 시에서 역시 시적 주체의 소시민적 무력감과 부유의식은 공통적으로 나타나고 있다.

김광균 시학의 딜레마 곧 비극적 세계인식과 모더니즘 창작방법 사이의 불일치는 우리가 꾸준히 확인해온 바이다. 그러나 그 가치평가에 있어 우리는 방법적 원용으로 그가 채택해온 이미지즘의 한국적 변용이 그의 뛰어난 언어 구사 솜씨와 역사적 문맥 속에서의 비애의 정조로 구체화되어 나타났다고 본다. 김광균의 모더니즘 시학의 의미는 따라서 한국 현대시에 시의 방법적 자각을 일깨우고 당대의 서정적 충동을 감각적으로 언어화하는 데 일정하게 성취를 거두고 있다는 것으로 모아질 수 있다고 본다. 그의 시를 1920년대 낭만주의의 발전없는 계승이라고 보는 시각은 시에서 나타나는 주조로서의 정신적 문맥만을 추출하여 그것을 환경과의 매개적 범주로 해석하지 않고 전대의 주조와 등치시킨 인식의 오류라고 생각한다.

4. 맺음말

이제까지 우리는 김광균이 1930년대에 창작했던 작품들이 갖는 세계인식과 창작방법의 관련양상을 살폈다. 그것은 그동안 모더니즘의 실천적 기수로만 긍정적 평가를 받아왔다거나 또는 감상 과잉의 엘레지의 시인으로 평가받아왔던 것을 반성적으로 검토하여 그의 비극적 세계인식이 사실은 식민지 시대의 타율적 도시화에 따른 일방적 소외와 상실의식을 방법적 이미지즘에 의해 형상화한 시적 전략이었다는 것으로 요약할 수 있다. 상실의식의 외화로서의 감각적 이미지 수용, 그 보상으로서의 비극적 세계인식, 실체의 미적 변용으로서의 색채 이미지, 감각 이미지, 이국적 이미지 사용이라는 축들로 그의 세계가 구성됨을 알 수 있었다. 언어의 관습성에 대한 미적 저항 역시 그의 문학사적 몫이라 여겨진다.

한국에서 모더니즘시의 특수성은 언어 자체의 사물화와 공간 중시 그리고 음성성 배제 등으로 나타난다. 김광균은 자신의 유일한 시론에서 "오늘 우리가 최대의 관심을 가지고 대할 문제 중의 하나로 '시가 현실에 대한 비판정신을 가질 것'이 있다. 이것이 현대가 시에게 요구하는 가장 긴급한 총의겠다."[26]고 발언한 적이 있는데 그의 이러한 이념적 비판의식은 그의 시에서 감각적인 문명비판적 성격으로 표출된다. 그러나 도시문명을 비판한 그의 시가 현대시는 문명비판적이어야 한다는 선입관 때문이었는지, 신념에 의하여 주체성을 확립하지 못한 자아가 노출되고, 자아의 감정과 관념이 먼저 드러나는 것은 명백한 아쉬움이라고 해야 할 것이다. 사물과 관념의 이 불균형 상태는 현대문명을 보는 신념의 결여, 사상과 감각이 통합된 형이상학시적인 감수성에 대한 훈련이 결여되어 있었기 때문이었을 것이다.[27]

이 시기의 우리 모더니즘은 기독교적 가치관과 르네상스적 휴머니즘, 산업사회의 기계문명이 신봉하는 진보주의, 과학주의가 붕괴한 후의 황폐한 서구의 정신사적 내면성의 풍경과는 질적으로 다른 토양임에 틀림없다. 따라서 우리는 식민 세력들에 의한 제국주의적 전략의 일

---

26) 김광균, 「서정시의 문제」, 『인문평론』 1940. 2.
27) 문덕수, 『한국모더니즘시연구』, 시문학사, 1992. 333면.

환으로 조성된 타율적, 일방적 도회문명이 가져다주는 공허감, 타자 부재, 역사의식의 미비, 그리고 시적 주체들의 비극성을 한국적 문맥에서 재해석해야 할 것이다.

　더불어 우리는 정지용이나 김기림 등 당대의 모더니스트들을 평가함에 있어 외래 사조로서의 전범으로 모더니즘을 상정하지 말고 당대를 살아가는 시적 주체들의 서정적 충동을 미적으로 형상화, 구상화하는 방법적 전략으로서의 모더니즘이라는 역사적 안목을 가지고 그들의 평가에 임해야겠다는 생각을 적고 싶다. 그래야만 우리 시를 수준 이하의 박래품(舶來品)으로 평가절하하거나 서구적 기준을 충족시키지 못한 결여태로 평가하는 그릇된 비교문학적 의식의 강박관념으로부터 자유로워질 수 있고, 그때 우리 시의 가능성과 그것이 갖는 아쉬움을 객관화할 수 있을 것이기 때문이다. (1996)

尹東柱論
신앙적 체험과 심미적 가치의 통합

1. 머리말 – '종교 문학'으로서의 윤동주 시

훌륭한 문학 작품이 당대의 경험을 넘어서면서 지속적인 심미성을 견지할 수 있는 것은, 그 작품이 구현하고 있는 미적 요소가 한시적인 경험적 내용과 분리되어 성립하는 것을 의미하는 것이 아니라, 그러한 경험적 내용을 기초로 하면서도 이를 초월하는 하나의 '이념'으로 존재할 수 있다는 것을 의미한다.[1] 마찬가지로 훌륭한 서정시 역시 서정적 주체의 개별적이고 구체적인 경험 양상과 분리될 수는 없지만, 좋은 시일수록 그러한 경험적 양상을 초월하여 경험되는 심미적 영역도 아울러 갖기 마련이다.

특별히 우리가 문학 작품에서 '종교적' 또는 좁혀서 '기독교적' 성격을 말할 때, 그것은 일차적으로 창작 주체의 개별적이고 구체적인 신앙적 체험을 포함한 경험적 내용에 토대를 두는 소재적(stofflicher) 또는

---

[1] 김우창, 『심미적 이성의 탐구』, 솔출판사, 1995. 109면.

주제적(motivisher)인 상태를 의미한다. 따라서 작품 안에 어떤 형식적인 종교적 교조(敎條)나 원리가 필수적으로 내재할 필요는 없다.[2] 그러므로 우리가 한 작품 또는 한 작가의 세계를 일러 '기독교 문학'이라고 명명할 때, 그것은 인간 일반의 경험 그리고 그것을 초월하는 이념을 통해 종교적 충동을 자극하고, 서술할 수 있어야 하는 것이다.

그뿐만 아니라 '기독교 문학'은 보편적인 세계성과 개인적인 신앙 경험을 종합하여 복음의 역동성을 뒷받침해주고, 기독교 이념을 독자들이 받아들일 수 있어야 한다. 세속적인 세계관과 성서적 신앙이 서로 조화를 이루는 곳에, 그리고 신앙에 대한 모든 역사적 편견과 외식들을 벗어버리는 곳에 참된 '기독교 문학'의 새로운 본질이 있다[3]는 말은 그런 면에서 타당하다. 다시 말하면, 그와 같은 비의(秘義) 추구의 열정이 '기독교 문학' 또는 '종교적 상상력'의 존재 이유가 되는 것이다. 그렇다면 '종교 문학'이라고 우리가 이야기할 때, '종교'와 '문학'은 별다른 갈등없이 자연스럽게 하나의 형상으로 통합될 수 있는가.

언뜻 보면 언어적 양식으로 표상(表象)된다는 점에서 '종교'와 '문학'은 상당 부분 동질적이라고 할 수 있다. 그런데 그것의 결합 형태인 '종교 문학'은 형상(形象)을 매개로 하여 발생되는 미적 충동을 통해 사람들의 영혼 속에 잠재적으로 존재하는 종교적 충동을 현출시켜야 한다는 점에서 이중의 부담을 갖고 있다. 우리가 이 글의 주요 대상으로 삼은 시인 윤동주의 '종교적 상상력' 역시 이러한 이중적 가능성과 부담의 흔적을 우리에게 소중하고도 다양하게 보여주고 있는 종교 문학의 한 자산이라고 판단할 수 있을 것이다.

시인 윤동주(尹東柱, 1917-1945)가 시를 통해 지향했던 세계가 '기독

---

2) Curt Hohoff(한숭홍 역), 『기독교 문학이란 무엇인가』, 두란노서원, 1991. 13면.
3) 위의 책. 112-113면.

교'라는 특정한 종교와 깊은 연관을 갖는다는 사실은 그간의 윤동주 연구에서 늘 따라붙었던 일종의 관행적 전제였다고 할 수 있다. 그만큼 "기독교와 민족주의가 튼튼히 결합하고 있었던 간도(間島)의 정신적 풍토(風土)"4)가 윤동주의 시와 삶에 미친 영향은 충분히 확인되고 남음이 있다. 그러나 윤동주의 작품 세계를 '기독교'라는 토대의 프리즘으로 읽어내는 것은 일견 전적으로 타당해 보이지만, 그와 같은 시각은 한 시인의 복잡한 내면 세계를 응시하는 데 하나의 편견으로 작용할 가능성도 없지 않다. 왜냐하면 시인 치고 시세계의 발생론이 되는 종교 또는 신앙적 토양을 시 안에 그대로 분출하는 시인이 있을 리 없으며, 굴절의 각도를 저마다 달리하며 그 세계를 형상화하기 때문이다. 따라서 이 글로서는 윤동주가 '기독교'라는 하나의 세계를 시적으로 고스란히 번안하거나 또는 그것을 적극적으로 언표하려 했던 시인이라기보다는, 내적 가능성이자 삶의 자양으로 숨쉬고 있는 기독교적 가치관 및 세계관을 시 곳곳에 실어낸 시인으로 그를 보려 한다. 곧 그의 시에 나타나는 '종교성'이 의식적으로 나타나 있다기보다는 내면화되어 은폐되어 있고, 적극적으로 추구되고 있다기보다는 배면에서 무의식적인 전제가 되고 있다고 보는 것이다. 그러한 내적 성찰의 기록이 그의 유고 시집인 『하늘과 바람과 별과 시(詩)』(1948)이다.

 따라서 우리로서는 윤동주 시가 견지하고 있는 여러 특성들, 이를테면 사회적 의미의 저항성이라든가 형식미학적 특성 또는 내적 고백으로서의 화자 설정 등을 폭 넓게 수긍하고 그의 시 안에 무게있게 담겨 있는 종교사상적 흔적을 두루 탐사하여 그 진실의 양상을 가늠해 보아야 한다. 그럴 경우 윤동주 시를 '종교적 상상력'이라는 범주로 인식하는 행위 역시 그의 시를 연구하는 하나의 유용한 각론이 될 수 있으리

---

4) 홍정선, 「윤동주 시 연구의 현황과 문제점」, 『현대시』 제1집, 문학세계사, 1984. 194면.

라고 본다.

2. 종교적 상상력과 윤리적 자기 완성

윤동주가 자신의 시를 통하여 일관되게 취하고 있는 '시적 화자'의 양상은 다른 시인들과 확연히 변별된다고 할 수 있다. 상식적으로 말해 시의 표면에 등장하는 시적 화자는 실제 자연인인 시인과 같지 않다. 소월 시의 여성 화자라든가 정지용 초기시에 나타나는 유년 화자 등이 그 시인과 같다고 판단하는 사람은 거의 없다. 그들의 시에는 시가 구현하려고 하는 주제 또는 내용에 따라 그에 걸맞는 일종의 '퍼스나(persona)'가 방법적으로 설정된 것뿐이다. 그에 비해 윤동주의 시에 나타나는 시적 화자의 목소리는 아무래도 시인 자체가 직접 화자가 되어 버리는 속성이 매우 강하다고 볼 수 있다. 그만큼 그의 시의 특성은 강한 '자기 고백성'에 있다. 그것은 이 시인이 시를 하나의 발표 양식으로 생각하거나 전문적인 독자를 의식하고 창작 행위를 한 것이 아니라, 자기 스스로가 자기의 제일의적(第一義的) 독자가 되어 시를 썼기 때문에 나타난 형식이라고 해야 할 것이다. 그의 시들은 그러한 '고백'과 '자성(自省)'의 기록이다.

> 죽는 날까지 하늘을 우러러
> 한 점 부끄럼이 없기를,
> 잎새에 이는 바람에도
> 나는 괴로워했다.
> 별을 노래하는 마음으로
> 모든 죽어가는 것을 사랑해야지
> 그리고 나한테 주어진 길을

걸어가야겠다.

오늘 밤에도 별이 바람에 스치운다.
― 「서시」 전문5)

　아마도 우리가 '서정시'를 자기 표현의 양식으로 인정하는 한, 이 작품은 한국 시문학사에서 하나의 정상 시편으로 그 위치를 굳건히 지켜 갈 것이다. 어조(語調)와 시적 구성에서 이렇듯 치열하고도 단아하게 짜여진 자기 고백을 우리는 달리 들을 길이 없기 때문이다. 섬세하고 꽉 짜여진 자기 고백적 양식을 띠고 있는 이 시는 윤동주의 시정신과 내적 치열성을 웅변적으로 보여주는 그의 대표작이다. 그 '시정신'이란 다름아닌 신실한 신앙에서 우러나오는 도덕적, 윤리적 결백성이라고 달리 표현할 수 있는데, 이 작품 역시 그런 면에서 어김없이 그의 기독교적 사유 패턴에 기초하고 있다고 할 수 있다. 언뜻 보아 맹자(孟子)의 "앙불괴어천(仰不愧於天)"을 연상시키는 유가적(儒家的) 지절(志節)이라든가 운명적 소명의식 같은 것이 전면화되어 있는 듯이 보이지만, 그것 역시 넓은 의미의 기독교적 인생관, 윤리 의식에 포섭되는 것이다. 이 땅에 대한 사랑과 신(神)에 대한 사랑이라는 사랑의 수평과 수직의 소통성이 만나서 이루어내는 아름다운 현장6)을 이 시는 보여주고 있는 것이다.

　그의 유고시집 『하늘과 바람과 별과 시』의 서시이기도 한 이 작품은 전체가 자연 현상의 이미지와 서정적 주체의 정서 또는 관념이 각각 대등하게 결합된 구조로 이루어져 있다. 또한 시제를 중심으로 볼 때,

---

5) 윤동주, 『하늘과 바람과 별과 시』, 정음사, 1979. 이하 인용되는 윤동주의 시들은 모두 이 시집에 의거한다.
6) 김주연, 「한국 현대시와 기독교」, 『현대문학과 기독교』, 문학과지성사, 1984. 113-114면.

과거(괴로워했다), 미래(걸어가야겠다), 현재(스치운다)의 세 단락으로 구성되어 있다.

이 작품에 나타난 그의 시정신의 세목은 자책적 자기인식과 윤리의식 그리고 운명의식 또는 운명애 등으로 읽을 수 있다. 그리고 그것이 비교적 낭만적인 현실인식을 통해 내적 가열성을 얻고 있는 것 또한 읽어내기 그리 어렵지 않다. '자책'과 '자기긍정(운명애)'이라는 일견 모순되어 보이는 두 가지 의식은 비극적 존재로서의 자기 실존에 대한 승인과 그에 대한 연민이라는 이중적 태도를 필연적으로 낳게 된다. 기독교적 상상력이 현실적 자기부정과 실존적인 자기긍정이라는 양축에 기대고 있다고 볼 때, 이 작품은 그의 또 다른 대표작 「자화상(自畵像)」의 구조 곧 '자기확인 - 자기혐오 - 자기연민 - 자기긍정'이라는 회로를 따라가면서 그것을 더욱 응축된 자연 형상으로 나타낸 절편(絶篇)이라고 할 수 있다.

그리고 이 작품에 나타나는 자연 형상은 종교적 경험을 가진 사람에게 모든 자연은 우주적 신성성(神聖性)으로서 자신을 열어보일 능력을 갖는다7)는 사실 또한 체험케 한다. 하늘, 바람, 별, 또 바람 이런 것들이 조화와 길항의 세계를 역동적으로 열며 서정적 주체에게 우주적 신성성과 인간에 대한 통찰을 아울러 매개하는 상징적 기제가 되고 있는 것이다. 따라서 이 작품에서는 그의 종교적 상상력이 상당히 내면화되어 나타난다고 할 수 있다. 그런데 다음 작품에서 윤동주의 종교적 상상력에 바탕한 시적 모티브는 주제 면에서는 물론 어조나 표현 면에서 일정하게 표면적으로 관철된다.

다들 죽어가는 사람들에게

---

7) Mercia Eliade(이동하 역), 『성(聖)과 속(俗) - 종교의 본질』, 학민사, 1983. 12면.

검은 옷을 입히시요.

다들 살아가는 사람들에게
흰 옷을 입히시요.

그리고 한 寢臺에
가지런히 잠을 재우시요.

다들 울거들랑
젖을 먹이시요.

이제 새벽이 오면
나팔소리 들려올 게외다.

― 「새벽이 올 때까지」 전문

 이 작품은 윤동주의 작품 중 기독교적 종말의식을 명징하게 반영한 작품으로 주목된다. 종말론(Eschatology)은 '마지막 일들(ta eschata)'에 관한 가르침을 의미하는데, 그것은 역사는 무한히 발전하는 것이 아니라, 신의 의지에 따른 마지막이 있다는 일종의 사관으로서, 역사를 긴장하게 하고 새로운 역사를 만들어내는 관심과 동기를 부여하는 다이나믹한 역사관이다. 불교적 역사관이 순환적이고 인간 중심적이라면, 기독교에서는 일직선적이고 신 중심적인 역사관을 갖고 있는데, 따라서 신의 심판과 더불어 인간에게는 윤리적인 것이 표나게 강조된다. 따라서 윤동주에게 종말론적 관심은 자연히 윤리적 자기강제로 나타나게 된다.
 이 시에 나타난 '검은 옷'과 '흰 옷'의 색채 대극 이미지는 실상 하나의 관념을 달리 표현한 것에 지나지 않는다. 마찬가지로 '죽어가다'와 '살아가다' 역시 하나의 관념을 대극적으로 설정한 것일 뿐이다. 우리가 살아가는 것은 어쩌면 죽어가는 일일 것이고, 우리는 죽음을 멀리하며 살아가지만 궁극적으로 죽음을 향해 줄달음칠 수밖에 없는 존재임을 서정적 주체는 잘 인식하고 있는 것이다. "이제 새벽이 오면" 신의 뜻이 이땅에서 날카롭게 조우하는(나팔소리) 종말론적 상상력이 이 시의 말미에 구체화되고 있다.

> 거 나를 부르는 것이 누구요,
>
> 가랑잎 잎파리 푸르러 나오는 그늘인데,
> 나 아직 여기 呼吸이 남아 있소.
>
> 한번도 손들어 보지 못한 나를
> 손들어 표할 하늘도 없는 나를
>
> 어디에 내 한 몸 둘 하늘이 있어
> 나를 부르는 것이오.
>
> 일을 마치고 내 죽는 날 아침에는
> 서럽지도 않은 가랑잎이 떨어질텐데.
>
> 나를 부르지 마오.
>
> ―「무서운 時間」 전문

이 시 역시 죽음에 대한 근원적 관심과 죽음에 대한 두려움을 윤리적 의지와 종교적 사명감으로 극복해 보려고 노력하는 서정적 주체의 인간다운 면모가 잘 드러나 있다.[8] "손 들어 표할 하늘도 없는 나"라는 극한적 상황의 실존적 존재가 신의 소리를 어떤 의미로든 대면한다는

---

[8] 마광수, 「윤동주 연구」, 연세대 박사학위논문, 1983. 143면.

것은 그 자체가 '무서운 시간'일 수밖에 없다. 이 '무서움'은 물론 경외감을 그 안에 자연스럽게 내포하는 정서이겠지만, 그보다는 인간 존재의 유한성과 신의 무한성의 극명한 대비 속에서 나타나는 근원적 의미에서의 '비극성'이라고 해야 할 것이다. 이처럼 윤동주의 '종교적 상상력'은 신을 향한 절대 귀의나 호교성(護敎性)을 목적으로 하는 직설적 발언보다는 신과 자신의 양심 사이에 역동적으로 개재하는 갈등 양상을 정직하게 인정하고, 그 안에서 자신의 윤리적 입지를 지키려는 치열성으로 모아진다고 할 수 있다.

> 봄날 아침도 아니고
> 여름, 가을, 겨울,
> 그런 날 아침도 아닌 아침에
>
> 빨 - 간 꽃이 피어났네,
> 햇빛이 푸른데,
>
> 그 前날 밤에
> 그 前날 밤에
> 모든 것이 마련되었네,
>
> 사랑은 뱀과 함께
> 毒은 어린 꽃과 함께.
>
> ─「太初의 아침」 전문

이 작품의 시각에 의하면, 세계는 근원적인 모순을 포함한 채 창조된 것이다.[9] 서정적 주체가 바라보는 세계 구성원리 자체가 대극되는 두

---

9) 김홍규, 「윤동주론」, 『문학과 역사적 인간』, 창작과비평사, 1988. 146면.

가지 이미지의 갈등으로 이루어져 있다. 태초의 아침에 이 세계는 이미 '사랑 / 뱀', '독 / 어린 꽃'이라는 갈등의 세력들을 잉태한 채 창조되었던 것이다. 그러니까 세계 안에서 일어나는 모든 적대적 갈등의 양상은 신의 뜻이자 계획 속에 선험적으로 주어져 있었다고 보는 것이 옳다. 따라서 인간의 진보적 사유나 실천 행위를 통해 현실적 모순을 타개한다든가 미래를 진취적으로 열어나간다든가 하는 일은 근본적으로 불가능해진다. 이와 같은 변화는 전적으로 신의 의지에 달린 일이지, 인간의 인식과 실천 속에서 획득되어지는 어떤 것이 아니다. 따라서 서정적 주체의 예지는 이른바 '운명'(또는 섭리)이라는 것에 대한 폭 넓은 긍정과 자기 자신을 지켜가는 윤리적 완성에 대한 집념으로 옮아가게 되는 것이다.

하얗게 눈이 덮이었고
電信柱가 잉잉 울어
하나님 말씀이 들려온다.

무슨 啓示일까.

빨리
봄이 오면
罪를 짓고
눈이
밝아

이브가 解産하는 수고를 다하면

無花果 잎사귀로 부끄런 데를 가리고

나는 이마에 땀을 흘려야겠다.
                    ―「또 太初의 아침」전문

 이 시에는 명시적으로 구약(舊約)의 대목이 언급되어 있는데 죄 지은 몸이라는 기독교적 인간 이해가 땀 흘리며 살아야 한다는 원죄 응보의 수락으로 이어져 있다.10) 이 작품 역시 기독교의 창조 신화가 시사하는 상징적 계시의 요체가 당대의 현실적 질곡과 함께 상상 속에서 통합되어 형상화되고 있다. 원죄에 바탕한 낙원 상실, 그리고 끊임없이 들려오는 하나님의 말씀(계시), 그것이 자신의 삶을 부끄럽게 하고, 고통스럽지만 땀 흘리며 살아가야 한다는 윤리적 준거로 작용한다. 그 윤리적 기준은 이제 윤동주의 '종교적 상상력'이 하나의 극에 다다른 결과인 '자기희생'의 이미지로 이어진다.

> 쫓아오던 햇빛인데
> 지금 敎會堂 꼭대기
> 十字架에 걸리었습니다.
>
> 尖塔이 저렇게도 높은데
> 어떻게 올라갈 수 있을까요.
>
> 鐘소리도 들려오지 않는데
> 휘파람이나 불며 서성거리다가,
>
> 괴로웠던 사나이,
> 행복한 예수·그리스도에게
> 처럼
> 十字架가 許諾된다면

---

10) 유종호, 「청순성의 시, 윤동주의 시」, 『시란 무엇인가』, 민음사, 1995. 298면.

목아지를 드리우고
꽃처럼 피어나는 피를
어두워가는 하늘 밑에
조용히 흘리겠습니다.

- 「十字架」 전문

　단순한 하나의 이미지가 반복되고 집요하게 착근되어 지속성과 안정성을 얻을 때 그 독특한 의미는 '상징'의 영역까지 획득한다고 볼 때[11] 이 작품에 나타난 '십자가' 이미지는 기독교의 상징적 의미를 넉넉히 함축하고 있다고 할 수 있다. 더불어 이 시는 고통을 감수하고 그것을 기쁨으로 승화시키려는 노력 속에서만 인간이 참다운 인간일 수 있다는 기독교적 가르침을 확인시켜주고 있고, 그것의 확인을 우리가 윤동주에게서 발견하는 것은 우리 시사에 기독교가 정착한 뚜렷한 이정표라고 할 수 있다.[12] 이 시를 "1941년의 어두웠던 시대에 씌어진 이런 강한 자기희생과 굳은 결의 뒤에는 옳은 일을 하면 틀림없이 살아 남는다는 기독교적 확신이 자리잡고 있다"[13]고 본 견해 역시 맥을 같이 하고 있다.
　사실 윤동주 시의 저항의식은 부끄러움과 괴로움을 주조로 하는 소극적, 자책적 저항의식이다. 그러나 이러한 자책감이 가장 높은 경지로 발전했을 때, 그것은 이 작품에서와 같이 기독교적 세계관에 바탕을 둔 자기희생과 속죄양의식으로 나타나게 된다. 십자가는 기독교의 수난의식과 속죄양의식의 익숙한 상징이다. 1, 2연에서 '십자가'는 구원에 다

---

11) Philip Wheelwright(김태옥 역), 『은유와 실재』, 문학과지성사, 1988. 94-113면 참조.
12) 이인복, 『한국문학에 나타난 죽음의식의 사적 연구』, 열화당, 1980. 185면.
13) 김윤식·김현, 『한국문학사』, 민음사, 1987. 211면.

다르는 길로 표상되고 있다. 그것은 '첨탑'의 날카롭고 높은 이미지와 연결되어서 좀처럼 다다르기 힘든 대상이 되고 있다. 그렇기 때문에 서정적 주체는 구원의 희망을 잃고 단지 서성거릴 뿐이다. 그러나 4연에서 서정적 주체는 '십자가'의 상징적 의미를 변화시켜 인식하기 시작한다. 그것은 모든 인류의 괴로움을 지고 괴로워했던 예수 그리스도의 희생의 이미지와 연결된 것이다. 따라서 자신도 기꺼이 그리스도와 같은 속죄양이 되겠다는 결의를 보여주고 있다. 5연은 그 수난과 희생의 장면을 뚜렷하게 보여주고 있다.

이와 같이 나타난 그의 속죄양의식에는 튼튼한 역사적 종말관이 자리하고 있기도 하다. 종말적 신앙에 입각해서 씌어진 이 시는 훌륭한 하나의 예언시이기도 한데,[14] 그 예언성은 다름아닌 민족의 수난과 영광 그리고 자기 자신의 개체적 삶에 대한 준열한 다짐과 의지로 표상된다. 그 수난과 영광의 이미지는 기독교적 부활 사상의 세계를 덧입어 다음 작품에서 전면화된다.

　　　　나는 무엇인지 그리워
　　　　이 많은 별빛이 나린 언덕 위에
　　　　내 이름자를 써 보고,
　　　　흙으로 덮어 버리었습니다.

　　　　딴은 밤을 새워 우는 벌레는
　　　　부끄러운 이름을 슬퍼하는 까닭입니다.

　　　　그러나 겨울이 지나고 나의 별에도 봄이 오면,
　　　　무덤 위에 파란 잔디가 피어나듯이
　　　　내 이름자 묻힌 언덕 위에도

---

14) 임영천, 『기독교와 문학의 세계』, 대한기독교서회, 1991. 62면.

자랑처럼 풀이 무성할 게외다.

-「별 헤는 밤」 8-10연

이 시의 발상 구조는 '흙으로 덮어버림 - 봄의 도래 - 풀(잔디)의 재생'이라는 일련의 과정으로 짜여져 있다. 그런데 그와 같은 자연의 순환과 섭리에 그대로 대응되는 은유적 상관물이 바로 "(부끄러운) 내 이름자"이다. 윤동주는 이 시에서 흙 속에 피어나는 잔디를 통해 재생과 부활을 꿈꾼다. 그 재생과 부활은 물을 것도 없이 수난과 영광이라는 기독교적 보상 심리와 연맥되어 있을 뿐만 아니라 개체적, 민족적 갱생이라는 의미의 두 층을 포괄하고 있다고 볼 수 있다.

마지막 연에서 시인은 현실적 시련을 자연의 순리처럼 받아들이며 견디겠다는 자세를 무덤 위에 돋아나는 봄풀의 이미지, 서러움과 생명력을 동반한 소망의 이미지로 표현하고 있다. 내 이름자를 써서 흙으로 덮어버린 위에 자랑처럼 풀이 무성할 것이라는 의미는 부끄러움 그 자체를 순결한 자신에 대한 긍지로 삼고 있는 시인의 의식의 한 표현이다. '자랑처럼 무성한 풀'의 이미지는 기독교적 부활의식과 동양적 윤회사상을 하나로 결합시켜낸 것이기도 하다.

그리고 그 '별'은 그가 노래한 "가자, 가자. / 쫓기우는 사람처럼 가자. / 백골 몰래 / 아름다운 또 다른 고향에 가자"(「또 다른 고향」)에서 본 그 '고향'의 이미지이기도 하다.

> 바닷가 햇빛 바른 바위 위에
> 습한 肝을 펴서 말리우자.
>
> 코카사스 山中에서 도망해온 토끼처럼
> 둘러리를 빙빙 돌며 肝을 지키자.

尹東柱論 : 신앙적 체험과 심미적 가치의 통합 171

내가 오래 기르던 여윈 독수리야 !
와서 뜯어먹어라, 시름없이

너는 살지고
나는 여위어야지, 그러나,

거북이야 !
다시는 龍宮의 誘惑에 안 떨어진다.

프로메테우스 불쌍한 프로메테우스
불 도적한 죄로 목에 맷돌을 달고
끝없이 沈澱하는 프로메테우스.

―「肝」 전문

이 시는 윤동주 시의 일반적 주제인 자아와 세계 사이의 갈등과 긴장이라는 문제를 설화를 빌려 파고들어간 작품이다. 작품 속에는 두 개의 설화, 곧 프로메테우스와 구토 설화(龜兎說話)가 뒤섞여 있다. 이 둘은 '간(肝)'이라는 공통 요소를 중심으로 결합되어 있는데, 여기에서 토끼 설화는, 현실의 고난을 벗어나기 위해 환상을 꿈꾸지만 자신이 바라던 이상 세계[龍宮]가 오히려 삶의 포기를 요구하자 자신의 삶의 터전은 이 갈등의 현세이며 지상이 소중한 낙원임을 깨닫는 인간의 자각을 담은 이야기로 해석된다. 1연에서 토끼는 바닷가 바위 위에 간을 말리고 있으며, 2연에서는 그 둘레를 빙빙 돌며 간을 지킨다. 그러면서 시상은 코카서스의 큰 바위에 묶여 독수리에게 간을 쪼아먹히는 벌을 묵묵히 감내하는 프로메테우스의 신화로 자연스럽게 넘어간다. 여기에서 간은 인간의 실존적 본질로서 매일 쪼아먹히면서도 새로 돋아나는 '인간적 고통의 핵심'이 된다. 토끼와 독수리는 인간의 양면, 두 개의 자아를 표상한다. 곧 독수리는 화자의 밖에 존재하는 것이 아니라 자기의 생명을 쪼아내며 자신에게 아픔을 주는 내부의 예리한 의식이다. 곧 이 것은 현실적 자아를 반성하는 도덕적 결백성의 반성적 자아이다. 화자는 이 고통을 통해 반성적 의식이 살질 것을 기대하며, 다시는 용궁의 유혹, 세계의 갈등을 벗어나 보겠다는 덧없는 환상에 빠지지 않겠다는 다짐을 하는 것이다. 그는 어떤 초월적 희망에 대한 환상도 부질없는 것임을 깨닫고 고통스런 자기 응시의 긴장을 선택한다. 이러한 삶의 모습은 고통과 결연한 의지로 맞서는 비극적 인간 곧 프로메테우스의 모습으로서「십자가(十字架)」의 속죄양 의식과 통한다.

  이 시는 윤동주의 시에서 가장 의지적이고 적극적인 자아상이 등장하는 작품이다. 풍자적인 설화의 상상적 변용에 의해서 시인은 설화의 주인공과 암울한 시대 현실 속에서 존엄성을 잃지 않는 이상적인 자아의 모습을 자기 동일시하여 표현하고 있다. 따라서 윤동주가 토대하고 있던 기독교적 상상력은 이 시에서 설화적 차용의 모티프뿐만 아니라, 견인과 의지라는 희망의 표상을 역설적으로 제시해주는 밑거름이 되고 있다.

      슬퍼하는 자는 복이 있나니
      슬퍼하는 자는 복이 있나니
      슬퍼하는 자는 복이 있나니
      슬퍼하는 자는 복이 있나니
      슬퍼하는 자는 복이 있나니
      슬퍼하는 자는 복이 있나니
      슬퍼하는 자는 복이 있나니
      슬퍼하는 자는 복이 있나니

      저희가 영원히 슬플 것이오

                       -「八福」전문

신약성서 「마태복음」 5장에서 행한 예수의 산상수훈을 패러디한 것으로 유명한 이 시는 시적 구조의 단순성과 전언(傳言)의 함축성으로 색다른 해석을 요청하고 있는 작품이다. 물론 "슬퍼하는 자는 복이 있나니"라는 표현은 산상수훈에서 예수 그리스도가 말하고 있는 팔복(八福) 중의 한 구절로서 성서의 인유(引喩)이다. 그러나 이 작품은 그 표현을 여덟 번이나 반복시킴으로써 완결된 패러디의 형식을 취한다. 왜 저마다 다른 복을 이야기하는 원문을 변용하여 오로지 '슬퍼하는 자'만을 유독 여덟 번이나 반복하는 것일까. 그것은 '슬픔'이라는 것이 우리가 능동적으로 택할 수 있는 선택적 정서가 아니라 숙명적이고 조건적으로 주어져 있는 상황 자체라는 것을 강조하기 위한 하나의 시적 전략으로 보인다. 그러나 정작 중요한 것은 이 작품의 말미가 "영원히 슬플 것"으로 끝난다는 데 있다. 따라서 '슬픔'은 극복되거나 치유되는 형식을 취하지 않고 그 자체로 영원성을 획득하며 실존적 조건으로 승화되어버리는 것이다. 따라서 자명하게도 여기서 '슬픔'의 함의는 '기쁨'이라는 정서와 이항대립적 의미를 띠는 것에 한정되지 않는다. 여기서 '저희'의 의미는 민족 공동체의 차원으로도 읽힐 수 있지만, 인간 존재 일반에 대한 시적 투시가 반영되어 있다고 보는 것이 더 적실하다고 본다.

원래 '역설(逆說)'은 동서양을 막론하고 '높은 정신'들이 한결같이 도달한 이 세상의 구성 원리이자 실재의 형식에 대한 표현법이다. 신비평이 강조하고 있는 것을 원용하지 않더라도, '역설'은 시에 있어서 적합하고 불가피한 언어적 형식이기도 하다. 그것은 시적 정황 자체가 하나의 역설적 상황이 되어 나타나는 경우도 있지만, 언어적 표현 자체가 역설을 띨 경우가 더 많다. 이럴 경우 시인은 철저히 자신의 언어를 간접화하게 되는데, 이러한 '간접화'는 아이러니를 지향하게 되어 있는 시적 언어의 필연적 방법이다. 따라서 '역설'은 정상적 언어의 확장일 뿐 그 오용(誤用)이 될 수 없다.15) 윤동주로서는 역설적 언어 사용을 통해 자신의 종교적 상상력이 한 쪽의 절대성을 옹호하는 것을 우회적으로 피하고 한쪽의 시선과 그 맞은 편 시선이 통합될 수 있는, 다시 말하면 애초에 '선(善)/악(惡)'이라든가 '성(聖)/속(俗)' 이원론 같은 것의 허구를 들춰냈던 게 아닌가 싶다. 그것은 절대화하기 쉬운 종교 체계 자체에 대해 언제나 반대급부적 가능성을 부여하려는 생동하는 문학적 감수성의 탄력이라고 해야 할 것이다.

3. 맺음말

윤동주 시에 있어서 '종교적 상상력'은 한결같이 선택받은 자의 고뇌로 표출되는 내적 성찰과 윤리적 자아 완성이라는 나르시스적인 작업으로 치열하게 모아진다. 그 안에는 속죄양식, 종말론적 상상력, 부활의식 그리고 혹독한 현실을 견뎌내는 견인과 의지의 목소리 등 기독교적 덕목과 사상이 근본적 추진력으로 그 역할을 하고 있다. 언표(言表)되는 소재적 기호(記號)로서의 종교적 성격이 아니라 자아 내부에 숨쉬는 내적 기제로서, 또 자기 자신을 이끌어가는 숨겨진 삶의 원리로서, 그리고 시작(詩作)의 궁극적 파토스의 토대로서 그 종교적 상상력은 윤동주 시에서 오롯이 빛나는 것이다. 그런 의미에서 그에게 '종교'란 "본질 그것(the substance)이고 터전 그것(the ground)"16)이었다고 할 수 있다. "기독교적인 인생관이나 세계관이 어떻게 한 시인의 생존 감각과 더불

---

15) Cleanth Brooks(범대순 역), 「역설의 언어」, 『현대영미시론』, 을유문화사, 1982. 173-189면.
16) Paul Tillich(김경수 역), 『문화의 신학』, 대한기독교서회, 1981. 15면.

어 순수한 직관을 통한 창조성을 획득하느냐가 기독교 시를 이 땅에 성립시키는 요인"17)이라고 전제할 때 윤동주의 시는 진실한 신앙적 체험과 심미적 가치가 통합되어 형상화된 시편들로서 그와 같은 명제를 충족시키고 있다고 할 것이다. 따라서 우리로서는 윤동주의 시를 '기독교'라는 이념적, 정신사적 프리즘으로 치밀하게 따라가 보아, 그의 시적 정수(精髓)를 올바로 읽어내는 데 섬세한 배려를 해야 할 것이다. 그와 같은 독법(讀法)은 한 시인을 이해하는 데 있어 좀 더 심화된 안목과 감동을 줄 수 있을 것이다. (1997)

---

17) 박두진, 「현대시와 기독교」, 김우규 편, 『기독교와 문학』, 종로서적, 1992. 186면.

呂尙玄論
내면적 정서에 수용한 비판적 현실인식

1. 머리말

　문학사를 쓰는 가장 원론적인 입장은 일정한 시기에 나타난 문학적 현상들을 평면적으로 나열하거나 산술적으로 모두 집적해내는 것이 아니라, 문학사가의 선택적 안목에 의해 선별된 가치있는 현상들을 원인 계기적 맥락에서 인과적이고 통시적으로 기술하는 것이다. 따라서 문학사를 쓰는 사람의 미적 태도 및 세계관 또는 정치적 입장에 따라 문학사적 흐름의 중추에 놓이는 문학단체, 작가, 작품, 문학적 현상 등이 다를 수 있고, 반면에 그 때문에 상대적으로 논의의 주변부로 밀리게 되는 작가나 특정 문학현상들도 있게 마련이다.
　이러한 견지에서 보면 어떤 작가나 문학현상은 특정 세계관을 가지고 있는 문학사가에 의해서만 중요하게 취택되고, 세계관을 달리하는 연구자들에 의해서는 홀대당하기가 십상이다. 그러나 그와는 달리 아무리 세계관을 달리하고 있는 이들이라도 모두 중요하게 취급하고 있는 작가나 문학적 현상이 있기도 하다. 그것은 두 말할 나위 없이 그 작가나 문학현상이 가지고 있는 문학적 가치와 의미에 대한 객관적 검증이 어느 정도 축적되었기 때문일 것이다.

그러나 그와는 달리 우리 문학사에서 문학사가들이 가지고 있는 세계관의 상이성과는 관계없이 비교적 문학사의 기술에서 소외되고 배제되어온 문학인들이나 문학현상이 있다면 그 까닭은 무엇일까. 그것은 언뜻 생각해 보면 그들이 갖고 있는 문학적, 예술적 가치가 고려해 볼 만한 수준에 이르지 못했거나 아니면 실증적 자료의 부족으로 그들에 대한 전모가 드러나 있지 못하여 문학사에 편입시키기 난처한 경우 등일 것이다. 또 어떤 면에서 보면 그것은 문학사가 씌어지고 있는 사회의 이념적 토대가 그 작가나 문학적 조류를 객관적으로 기술할 수 없을 정도로 강한 이질감과 배타성을 띨 때 가능하기도 하다.

예술적 가치가 아예 없는 시인이나 작가를 문학사 기술에 모두 편입시키자는 견해는 문학사 기술이 기본적으로 취사선택의 작업이라는 원론에 비추어 볼 때도 별로 수긍이 가지 않는 무리한 입장이다. 그러나 자료의 부족이나 이념적 배타성의 차원에서 배제되어온 작가나 문학현상의 경우에는 좀 더 섬세한 성찰이 필요하다고 할 수 있다. 연구자의 성실한 노력 여하에 따라 매우 가치있는 문학사적 질료로 검증될 가능성이 그 안에 내재해 있기 때문이다. 앞의 경우에는 묻혀져 있는 자료를 가능한 한 폭 넓게 탐색하고 찾아내어 재구성하는 노력을 기울여야 할 것이고, 후자의 경우에는 그들의 문학적 가치를 면밀하게 검증하고 판단하여 그 우열(優劣)에 따라 객관적인 문학사 기술에 편입시켜야 할 것이다.

이 글은 우리에게 월북 또는 실종 문인으로 알려져 있는 시인 여상현(呂尙玄)의 생애와 그가 남긴 문학세계에 대한 논의이다. 한국 현대문학사, 좁게는 한국 현대시사에서도 결코 낯익은 이름이 아닌 그를, 이 시인론을 통해 살펴보고 문제 삼으려는 것은 그가 일제 식민지 시대에서 해방기까지라는 우리 역사의 격변기에 활동한 민족문학 진영의 진보적 시인이었다는 측면 외에도, 자료의 부족에서 기인했든 이념적 성격에서 기인했든, 그동안의 문학사 연구에서 상대적으로 도외시되고 소홀히 다루어졌던 비중에 비하여 그가 남긴 문학적 성취의 몫이 주목해 둘 만한 가치가 있다는 필자 나름의 가치판단 때문이다.

그간 월북 및 실종 문인에 대한 여러 차례의 단계적 해금조치에 따라 우리 출판계에서는 앞을 다투어 그들의 작품세계의 면모와 숨겨졌던 생애 등을 집중적으로 조명하는 기획과 단행본 출판을 한 바 있다. 그러한 적극적인 노력이 축적된 결과 그동안 이념적 배타성에 의해 부당하게 가리워지고 심하게 굴절되어 이해되어왔던 문학사적 역학 구도의 진실이 상당 부분 복원되었고, 나아가 총체적이고 객관적인 한국 근현대문학사 정립의 실증적 토대가 어느 정도 마련되었다. 그러나 이렇게 치열한 경쟁적 소개의 와중에서도 여상현은 상대적으로 경시되고 소외되었던 시인이라고 할 수 있다.

그러한 까닭이 다른 월북 및 실종 시인들에 비해 그의 작품이 형상성이나 현실인식의 면에서 현저히 뒤떨어지기 때문은 아닌 것 같다. 오히려 그 원인은 그가 창작한 작품이 당대의 문학운동에 정확하게 대응하고 있는 작품들이 아니라 문학운동의 관점에서 자리매김하기 어려운 내면적이고 담담한 서정시들이 우세하다는 측면과, 여상현 역시 인적 구성상 식민지 시대의 카프나 해방 직후 조선문학가동맹 등의 핵심인물이 아니었기 때문에 부분적으로 경시된 측면이 어우러졌기 때문이 아닌가 한다.

이제 우리는 실증적 복원의 단계에서 소외되었던 작가 및 시인들을 작품성이라는 잣대로 성실하게 문학사의 맥락으로 수렴하여야 한다. 그렇기 때문에 양적으로나 논의의 깊이에서 매우 진척되어 있는 우리 진보적 시문학사의 양상에 대하여 역시 작품성이라는 잣대로 평가하여 제대로 복원하는 일은 이제 매우 중요한 작업이라고 할 수 있다. 따라서 우리가 해금문인 중에서도 비교적 뛰어난 시적 성취를 이룬 한 시인을 생애의 재구와 작품에 대한 면밀한 분석을 통해 온전하게 평가해 내는 일은 정당한 문학사적 요청이라고 할 수 있다.

이 글은 이러한 입장과 방향을 가지고 여상현이라는 시인의 생애와 그가 남긴 작품에 내재하고 있는 당대적 의미의 현실인식과 문학적 형상성을 검토해 보려 한다. 부분적이나마 자료의 재구를 통해 그의 생애의 궤적을 살펴보고 그가 남긴 작품의 면모를 따라가 보며 그의 문학적 가치를 논의해 볼 생각이다. 이러한 작업을 통해 그의 시인으로서의 독자성과 문학사적 의미가 세워질 것으로 보인다.

2. 연구사 검토 및 생애의 재구(再構)

그동안 여상현에 대해 문학적 논의를 한 글들을 살펴보면 대개 다음과 같은 두 가지 경향으로 대별할 수 있다.

하나는 특정한 유파로 그의 시세계를 복속시키는 경향인데, 그 중에서 가장 주류를 점하고 있는 경향은 그를 『시인부락(詩人部落)』이라는 동인지와 결부시켜 논의한 경우이다. 이 경우에는 대부분 그의 시세계의 개별적 특성보다는 『시인부락』이 갖고 있는 문학사적 평가 곧 '생명과 인생의 탐구'라는 보편론으로 그의 개별적 시세계를 수렴시키고 있다.[1] 그와 비슷한 경향으로서 여상현을 해방 직후 조선문학가동맹의 시인으로 규정하여 그의 시가 가지고 있는 이념성을 규명하는 글[2]도

---

1) 김동리, 「신세대의 정신」(『문장』 1940. 5) 이후 많은 『시인부락』에 대한 연구에서 여상현에 대한 언급이 부분적으로 이루어졌다.
2) 김용직, 『해방기 한국 시문학사』(민음사, 1989)가 가장 대표적인 경우이다.

있다. 이러한 글들은 부분적인 패러다임의 차이는 있지만 한 시인의 시 세계를 한두 작품만을 예로 들어 유파별 또는 문학운동의 차원에서 투박하게 일반화시키고, 결국은 유파적 속성에 귀일시키는 오류를 범하고 있다. 물론 문학사를 쓰는 일에 부분부분의 진실을 귀납하여 일반화하는 작업은 매우 필요불가결한 기본적 속성이라고 할 수 있겠지만, 한 시인이 남긴 전 작품에 대한 진지한 탐구 자세의 아쉬움을 더하는 연구 성과들이라고 할 수 있다.

또 하나의 경향은 월북 및 실종 문인들에 대한 해금조치가 있은 후에 나오고 있는 그에 대한 본격적인 개별 시인론3)이다. 그 중 최학출의 논문은 여상현에 대한 본격적 논의의 출발을 이루는 의미가 있는 글인데, 전편에서는 초기시 네 편을 작품론적으로 매우 꼼꼼하게 분석하고 있고, 후편에서는 초기시부터 후기시까지 그의 시가 갖고 있는 성격을 내적 성찰과 시적 현실주의라는 입지에서 해석, 평가하고 있다. 현실주의라는 비교적 시인에게 알맞는 안목으로 성실한 분석과 해설을 꾀하고 있어 여상현의 시세계를 조감할 수 있게 해주는 특장을 가지고 있다. 박홍원의 연구는 그의 생애 재구에 목표가 있어 보이나 작품 분석이 소략하고 생애 고증 역시 부분적으로 이루어진 한계가 있고, 채수영의 경우에는 많은 자료 섭렵이 이루어졌지만 평가의 단선성으로 인해 여상현의 긍정적 성취 부분이 상당 부분 가리워졌다고 보인다.

이에 이 글은 이러한 선행 연구들을 적극적으로 수용하여 그의 생애를 비교적 소상하고 실증적으로 복원하면서, 일제 식민지 시대에서부터 해방 직후까지 그가 남긴 작품들의 변모 양상에 중점을 두고 논의를 이끌까 한다.

---

3) 최학출,「여상현론1」,『서강어문』7집, 1990.
_____,「여상현론 2」,『울산어문논집』7집, 1991.
박홍원,「여상현론」,『한국시문학』5집, 한국시문학회, 1991.
채수영,「시대수용과 시인의 고뇌」,『해금시인의 정신지리』, 느티나무, 1991.

여상현(본명은 呂尙鉉, 필명으로 呂星野를 쓰기도 함)의 개인적 생애나 이력에 대해서는 아직 소상하게 고증해 놓은 글이 전혀 없는 형편이다. 그간의 몇몇 연구서 및 문인사전류 또는 해금작가 시선집에 실려 있는 그의 이력4)은 대부분이 양적으로 소략할 뿐만 아니라 대부분 실증적으로도 오류가 많고 치밀하게 고증되지 못한 것으로 드러났다. 다만 한 연구자에 의해 확인된 호적상의 기록5)에는 그가 1914년(대정 3년) 2월 9일 전라남도 화순군 동면 천덕리 451번지에서 부친 여규병(呂奎炳)과 모친 조함령(趙咸寧)의 5남 5녀 중 장남으로 태어난 행적이 나온다. 이와 같은 인적 사항은 필자가 확인한 연희전문학교 학적부 신상란과도 일치하고 있다. 학적부에는 부친 여규병의 직업이 농업으로 기재되어 있다.

1923년(대정 12년) 4월 1일에 그는 고향인 화순에 있는 동복(同福)공립보통학교에 입학하여 1929년(소화 4년) 3월 31일에 그곳을 졸업하였다. 그 해 그는 서울로 올라와 4월에 경성중동학교 본과로 편입하여 2년간 수학하였다. 그리고 나서 1931년에는 그의 정신적 요람이 되고 있는 고창으로 내려가 고창고등보통학교에 입학한다. 그 해 8월에 그는 비교적 이른 나이(17세)에 결혼을 한다. 그의 부인은 고창 인근인 전라남도 장성 출신의 김아지(金阿只)인데, 그와의 사이에서 슬하에 7남 2녀를 두었다고 한다. 현재 미망인과 자제들이 경기도 일원에 살아 있다는 증언6)도 있다.

---

4) 김윤식 편, 『해금시인 99선』, 나남, 1988. 185면.
  권영민 편, 『한국근대문인대사전』, 아세아문화사, 1990. 677면.
  박덕은, 『해금작가작품론』, 새문사, 1991. 128-142면.
  김용직, 『현대경향시 해석/비판』, 느티나무, 1991. 221-227면.
5) 박홍원, 앞의 글, 78면.
6) 위의 글, 78면.

1935년에 여상현은 4년간의 수학을 마치고 고창고보를 졸업하게 된다. 그런데 고창고보는 여상현에게 예사롭지 않은 두 가지 인연을 만들어주게 된다. 하나는 당시 고창고보의 교사로 있던 국어학자인 건재(健齋) 정인승(鄭寅承) 선생과의 만남이다. 정인승은 전라북도 장수 출신으로 연희전문 문과를 1925년에 졸업한 당시 우리나라의 대표적인 국어학자이다. 그의 고창고보 재직기간은 1925년 곧 연희전문 졸업 직후부터 1935년까지이다. 1935년 이후로는 한글학회에 관계하여 이사직을 맡으며『큰사전』편찬을 주재하기도 한 사람이다. 따라서 스승 정인승으로부터 배운 모국어 교육과 민족의식은 여상현에게 매우 인상적인 것이었으며, 그 인연은 여상현이 졸업 후 진로를 연희전문학교로 정하게 되는 결정적 역할을 해준다.

또 하나의 인연은 같은 고창고보 출신 시인인 미당(未堂) 서정주(徐廷柱)와의 만남이라고 할 수 있다. 주지하다시피 미당은 고창 출신의 시인으로서 고창고보 재학중 비밀모임과 집단행동으로 퇴학한 경력을 갖고 있다. 그와의 만남은 훗날 여상현으로 하여금 미당이 주재하게 되는『시인부락(詩人部落)』이라는 동인지에 참여하게 되는 구체적 동기를 마련해주었다.『시인부락』이 인적 구성상 중앙불전(中央佛專) 학생들과 연전(延專) 학생들이 주류를 이룬 것으로 보아 중앙불전은 미당이, 그리고 연희전문은 여상현이 인적 결합의 창구가 되었다고 볼 수 있다. 따라서 이러한 미당과의 지연(地緣)과 학연(學緣)은 여상현의 문학생애에 매우 뜻있고 귀중한 결절점이 되고 있는 것이다.

1935년 4월 13일 여상현은 연희전문학교 문과 본과에 입학한다. 입학한 이듬해 그는 서정주가 주재하고 있던『시인부락』(1936)에 동인으로 참가하게 되는데, 그는 그 창간호에「장(腸)」,「호텔 앞 광장(廣場)」, 2호에「법원(法院)과 가마귀」,「호흡(呼吸)」등을 발표하였다. 동인지 2호의 후기(後記)까지 그가 집필하는 것으로 보아 매우 비중있는 동인이었음을 알 수 있다. 여상현은 그 이전부터 습작을 해온 것으로 알려져 있으나 그때 곧 『시인부락』 동인 활동기가 그의 본격적인 작품 활동의 시작을 알리는 시기라고 할 수 있다.

『시인부락』 창간호는 1936년 11월 14일 편집 겸 발행인을 미당으로 하고 동인들이 10원씩 충당하여 만든 시전문 동인지이다. 비록 2호라는 단명으로 끝났지만 우리 시단에 당시 매우 충격적인 생명지향의 시의식을 보인 것으로 유명한 『시인부락』은 강한 유파적 속성을 띠지는 않았지만 여상현에게 매우 의미있는 문학세계의 출발점 역할을 했다고 여겨진다. 그가 발표한 네 편의 작품들은 한결같이 모더니즘적 형식 추구와 강렬한 생명성 추구라는 내용이 복합된 것들이다.

그는 연희전문을 1939년 3월 13일 졸업하였다. 1935년에 초현실주의 경향을 추구했던 『삼사문학(三四文學)』(1934)의 일원으로 활약했다는 언급7)도 있으나 그가 참여한 흔적은 전혀 발견할 수 없다. 다만 『자오선(子午線)』(1937)의 동인으로 잠시 몸담은 적이 있음을 확인할 수 있다. 여느 시인과 마찬가지로 1942년 이후의 행적은 확인할 수 없는데 그가 일제 식민지 시대에 마지막으로 남긴 것으로 확인되는 작품은 『조광(朝光)』 1942년 12월호에 발표한 「옷고름을 맺다가」이다. 그에게도 그때 이후의 시기는 "勿論 마음 놓고 쓰지도 못했고, 더구나 太平洋戰爭三年有餘는 통이 한 줄 써 보지도 못한 屈辱도 톡톡히 맛"8)본 시기이기 때문이다.

1945년 해방이 되자 여상현은 당시 진보적 문학단체였던 조선문학가동맹에 가입하여 시부 위원으로 활약하게 된다. 그가 조선문학가동맹에 가입하게 되는 구체적 동기는 알 수 없으나 해방 후에 그가 지은 작품

---

7) 백철, 『조선신문학사조사 - 현대편』, 백양당, 1949. 351면.
  오세영, 『20세기한국시연구』, 새문사, 1989. 137면.
8) 여상현, 「서(序)」, 『칠면조(七面鳥)』, 정음사, 1947. 144면.

들의 성향을 보거나 그가 남긴 시집의 후기를 볼 때, 매우 적극적인 관심과 호의를 가지고 가맹했던 것임을 알 수 있다. 1946년의 전국문학자대회에서 그는 홍구(洪九), 박찬모(朴贊謨) 등과 함께 동맹의 서기로 선출되었다. 1947년 9월에는 그의 유일한 시집인 『칠면조(七面鳥)』를 동문인 최영해(崔暎海)가 운영하던 정음사(正音社)에서 펴내어 자신의 시세계를 갈무리하고 있는데 이 시집은 그의 시세계를 거의 망라하고 있는 작품집이라고 할 수 있다.

남한에서 대한민국 단독정부가 들어선 후 그는 그때부터 한국전쟁 직전까지 당시 서울신문사에서 교정부 부장을 지냈다. 1949년 조선일보의 한 보도에 따르면 그는 정지용(鄭芝溶), 설정식(薛貞植), 김철수(金哲洙) 등 조선문학가동맹 소속 시인들과 함께 보도연맹에 가입하였다고 되어 있다. 전쟁의 와중에서 행방을 감추었는데 그때 월북했거나 사망한 것으로 추측할 수 있다. 1964년 12월 5일에 생사불명기간 만료로 이틀 뒤인 같은 달 7일에 서울가정법원에서 실종선고를 받은 바 있다.

이 정도의 골격이 우리가 현재로서 그려 볼 수 있는 시인 여상현이 살아간 생애의 대강이다. 이러한 정도의 밑그림을 통해 우리가 알 수 있는 것은 그의 문학 생애가 1936년 『시인부락』의 동인 시절에서 비롯된다는 것과, 그때부터 해방기에 이르는 10여 년 정도에 불과한 길지 않은 시적 이력9)을 지니고 있고, 그럼에도 불구하고 당대 문단의 주도적 위치에 참여했으며, 적극적인 시 창작에 몰두했다는 사실이다.

이 글에서는 그의 시세계의 변모과정을 연희전문 재학시절에서 비롯된 식민지 시대의 작품과 해방 후에 더욱 진전된 역사의식을 바탕으로 창작한 후기 시세계를 대별하여 살펴보려 한다. 그러나 이러한 언급이

---

9) 그의 마지막 작품으로 확인되는 것은 『백민(白民)』 1949년 1월호에 발표된 「슬픈 가락」이다.

그 시기를 경계로 한 환골탈태의 변화를 상정하는 것은 아니고, 비교적 세계를 대하는 태도와 그것을 시화하는 방법이 달라졌음을 의미하는 정도이다. 오히려 어조 면에서 여상현은 그 특유의 담담한 태도를 보이는 일관된 특성을 가진 시인이다.

그러나 시기 구분에 임할 때 우리가 유의해야 할 점이 하나 있다. 그것은 창작 연대와 발표 연대가 다른 작품을 어느 범주로 귀속시킬 것인가 하는 문제이다. 가령 여상현의 경우 시집 『칠면조』 자서에 수록시들의 창작 연대를 친절하게 밝혀 놓고 있다. 시집의 4부에 수록된 작품들은 연희전문 재학시절(1935-1939)에 창작한 작품들이고, 시집의 2-3부 작품들은 1940년부터 1942년까지 창작한 것들이며, 이 시집의 핵심이라고 할 수 있고 양적으로도 가장 많은 부분인 1부는 해방 이후 쓴 것들이라고 못박고 있다. 말하자면 창작의 역순으로 시집을 엮었다는 시집 구성원리를 저자로서 응당 밝혀 놓은 것이라고 할 수 있다.

그러나 그의 발언을 액면 그대로 받아들여 그에 따라 시기 구분을 하기에는 아무래도 석연치 않은 점이 많다. 그 일례로 『시인부락』에 실린 「호흡」과 「몽염기」(「호텔 앞 광장」의 개제) 같은 작품은 분명 그 시기가 연희전문 재학 시절과 중첩되는데도 4부에 실리지 않고 시집의 2부에 실려 있고, 『자오선』 동인 시절 발표한 「군와(群蛙)」 역시 시집의 2부에 수록되어 있기 때문이다. 그와는 반대로 창작 연대를 식민지 시대로 밝혀 놓았지만 정작 발표한 시기가 해방 이후인 경우도 있다. 「근해(近海)」, 「시계(時計)」, 「공작(孔雀)」 등이 거기에 해당된다.

따라서 이 글에서는 전기의 작품을 해방 전에 여러 매체에 발표한 작품들과 시집의 2-4부의 작품 중 해방 후에 발표되지 아니한 작품으로 삼았고, 후기의 작품은 시집 1부의 작품과 해방 후에 여러 매체에 발표된 작품으로 정하기로 했다.

3. 해방 전의 시세계 — 개인적 정서를 통한 시대 현실의 재구성

여상현의 시세계를 검증하기 위한 텍스트는 아무래도 시집 『칠면조』에 수록된 작품들이 대종을 이룰 수밖에 없다. 그 시집에는 모두 45수의 서정시가 수록되어 있는데 그를 대표할 수 있는 거의 모든 작품이 수록되어 있다고 할 수 있다.

현재 우리가 검증할 수 있는 그의 최초의 작품은 시집 『칠면조』의 4부에 실려 있는 산문시인 「새벽 — 어떤 어머니의 수기(手記)」와 「좀먹은 단층(斷層)」을 들 수 있다. 이 두 작품은 시인이 연희전문 재학시절에 창작한 작품이라고 말한 바 있고, 또 훗날 어떤 매체에도 발표를 하지 않다가 시집에 실은 작품들이다. 그러므로 이 작품들은 시인이 본격적인 문단생활을 하기 이전 곧 습작시절에 지어진 작품들이라고 할 수 있는데, 시적 조사(措辭)나 문학적 형상화의 측면에서 치기 어린 습작 수준을 훨씬 넘어서고 있고, 이후 펼쳐지게 될 그의 시세계의 골격을 유추할 수 있는 서정적 원형이 그 안에 숨어 있는 작품들이다.

그 중에서 특히 「좀 먹은 단층」은 여상현을 살피는 데 꽤 주목을 요하는 작품이다. 이 작품에는 서정적 화자의 성장 기록이 유장한 산문시 형식에 융해되어 나타난다. 언뜻 보면 여상현의 자전적 요소가 촘촘히 배인 것처럼 보이지만, 그의 개인적 생애와의 실증적인 불일치점이 많고 또 시에 구현된 서정적 화자를 실제 시인과 일치시켜 해석하는 것도 온당치 못하므로, 우리는 그가 자신의 개인적 체험을 토대로 또 하나의 주체를 시 안에 허구적으로 설정한 것으로 보아야 할 것이다.[10]

---

[10] 이런 점에서 채수영의 분석과 생애 검증은 오류에 빠져 있다고 볼 수 있다. 그는 이 작품을 산문적 진실로 곧바로 받아들여 여상현이 고창고보를 다녔

아무튼 이 작품에는 한 지식인의 꼼꼼한 자아 성찰과 시대적 신념이 잘 나타나 있다. 시는 모두 여섯 개의 연으로 되어 있는데, 그 구성은 다음과 같은 기승전결의 구성을 취하고 있다.

1연과 2연은 '기' 부분으로서, 자신의 지난 날을 '헛된 꿈'의 세월로 보는 지식인 인텔리의 자아성찰의 목소리로 시작되는 일종의 프롤로그이다. 서정적 화자는 "二十餘의 靑春을 '인텔리'의 層階에 올려놓고 / 이리 둥굴 저리 둥굴 누워서 푸른 하늘을 거머쥘 듯이 별과 달과 이슬을 머금고도 오히려 노래를 부를 듯이 / 무슨 어리석은 꿈" 곧 지적 우월성과 낭만적 이상에 살던 자신을 발견하게 되고, 나아가 "한낱 安價의 榮譽 속에 나의 살을 썩히고 나의 뼈를 묻고 말 것인가" 하며 "마땅히 우리는 제작기 남은 젊음을 안아들고 새 出發의 信號에 다같이 움직여야 한다"고 말하고 있다. 시대의 추이에 무력한 지식인의 자기발견과 결단(물론 신념의 표백 수준에 그치고 있고 새 출발에서의 '새'의 성격은 전혀 나타나고 있지 않지만)이 제시되고 있다. 이러한 시적 진술은 앞으로 계속될 그의 성장기에 하나의 암시를 던져주는 역할을 한다. 아무튼 이 시의 서정적 화자는 자신의 삶에 대한 회한과 반성에 가득차 있는 자아이며, 그 까닭은 자신의 신념과 삶의 괴리에서 온 것임이 암시되기 때문이다. 따라서 독자들은 앞으로 이루어지게 될 그의 성장기를 주시하게 된다. 여기서부터 이른바 '피이드백' 기법이 원용된다.

시의 3-5연이 '승'에 해당하는 부분으로서 이른바 서정적 화자의 가족사가 고백되고 있다. 할아버지, 할머니, 어머니 그리고 서정적 화자의 생활과 체험이 탄광 등의 지역을 매개로 그려지고 있다. 이 비극적이고도 눈물 겨운 가족사는 여상현의 어떤 의도가 담겨 있다고 할 수 있는 부분이다. 이 부분은 유난히도 불행했던 우리 근대사의 비극성을 의도적으로 담으려고 했던 것으로 보이는데, 시인으로서는 노동계급으로 대

다는 등의 생애 궤적에 회의를 나타내고 있다. 채수영, 앞의 글.

표되는 당대 민중들의 편에 선 짙은 서정을 드러내고 있는 부분이다.

　　　그렇다 어머니의 눈물 겨운 이야기를 잊지 않았다
　우리 할아버지는 숯장수, 주먹만한 질탕관 조밥에 九峰山 아사리
밭길을 안개 속에 나리고 별빛에 더듬어올라 모래를 풍기던 호랑이
앞에서도 상투끝을 붙잡고 발을 구르고 藥物터에서 곁배를 채우며
山에 맹세를 했다는 할아버지의 下壽平生 호랑이 어금니를 쌈지끈
에 달아매고 하 - 얀 무명 토씨짝이 숯검정과 진땀에 검어지는 동
안 그의 검은 머리는 희어졌더란다

　九峰山 기슭에 왜버들로 에워싼 新作路가 지나가고 멀리 바라보
이는 南海 위에 가마귀 같은 汽船이 떠돌아 아버지는 時代 따라 要
求된 '간드레' 불빛에 번적이는 숯(石炭)을 파러 온종일 굴 속을 드
나들고 選炭場에 모여 앉은 어머니들의 품을 기다리며 손톱이 까맣
도록 소꿉질을 하던 時節 바위 너덜겅에 새끼를 치던 호랑이도 우
뢰같이 터지는 남포 소리에 이 山中을 도망쳤다

　　나는 정작 幸福스러웠던가
　진달래꽃 뿌리를 스쳐 갈대밭 속을 더듬어 흐르는 개울물에 멱
을 감던 어느 봄날 약물터 외진 곳에 모여앉아 속삭이던 어른들 틈
에 주먹을 쥐고 떠들던 것이 나의 아버지였다
　그날밤 엄마와 나는 아버지 뒤를 따라 할아버지의 墓도 마당가
의 나의 소꿉도 잊고 그곳을 떠나버렸다 아아 그날밤은 참으로 바
쁘기도 했다

　그 뒤 나는 S市 東문밖 煙突선 洞里에서 '고꾸라' 洋服을 입고
즐거워 뛰는 都市의 少年이 되었다
　아버지의 뼈골과 어머니의 치마끈으로 가방을 멘 中學生의 의젓
한 활개도 저었고 때로는 소꿉질하다가 남포 소리에 깜짝 놀라던
어린 追憶에 낯을 붉히고 그러면서도 나날이 썩어가는 사다리를 타

고 軟弱한 숨결을 붙들고 層階로 層階로 푸른 하늘만 쳐다보고 오르던 斷層은 이미 좀 먹어 헐릴 날이 가까워왔다
　千길 虛空에 떠도는 나의 꿈은 진실로 九峰山 호랑이도 잊고 약물도 잊고 하늘을 그을리는 煙突도 잊고 말았던가
　그리고 푸른 하늘을 거머쥐고 별과 달과 이슬을 머금고 노래를 시험했던가

- 「좀 먹은 斷層」 3-6연[11]

　서정적 화자의 어머니가 들려준 이야기에는 그의 가족사가 곡진하게 각인되어 있다. 그것은 숯검정, 조밥, 아사리밭길, 무명 토씨짝, 진땀 등의 기표(記表)로 나타나고 있는 할아버지의 숯장수로서의 "하수평생"과, 간드레 불빛 속에서 채탄을 하는 광부로서의 아버지, 그리고 선탄장에서 잡역부로 일하고 있는 어머니의 삶이다. 이른바 일제 군국주의의 본격적 진출과 시기적으로 일치하는 탄광지의 노역 과정에 그의 가족이 동원되고 있었던 것이다. 이러한 사정은 실제 시인인 여상현의 고향인 화순이 탄광으로 유명한 곳이기 때문에 설정 가능했던 시적 상황이라고 할 수 있다.
　이러한 채탄의 과정에서 "호랑이도 우뢰같이 터지는 남포 소리에 이 산중을 도망치"게 된다. 곧 제국주의의 본격적 진출이 가져온 근대적 물질문명의 도입이 '호랑이'도 살고 있는 것으로 표상되는 전근대적 농촌공동체의 해체를 가져오는 과정을 그리고 있는 셈이다.
　그리고 이 작품의 '전' 부분인 6연에서는 서정적 화자의 공간과 처지가 달라지는 경험이 형상화된다. 어느 봄날 서정적 화자의 가족은 소리 소문 없이 고향을 등지고 소도시로 생각되어지는 S시로 나아오게 되는 것이다. 그 까닭이 구체적으로 나타나 있지는 않지만 이른바 농촌공동

---

11) 여상현, 앞의 책. 138-142면.

체의 삶이 해체되는 과정을 개인적 서정 속에 담아 전언해주고 있는 대목이라고 보면 될 것이다. 할아버지의 묘도 어릴 적 놀던 소꿉도 잊고 곧 자신의 뿌리를 등지고 도시로 온 서정적 화자는 부모님의 고생을 대가로 해서 학교의 가방을 메고 인텔리의 첫걸음을 시작한다.

그러던 중 그는 어린 시절의 추억을 가끔 떠올리면서 연약하고 무력하게 살아가고 있는 자신을 발견하게 된다. 일말의 자괴감과 자기성찰 의식이 서정적 화자의 의식의 전면에 나타나게 되고, 따라서 어린 시절의 호랑이도 잊고 연돌도 잊고 낭만적 이상에 흠뻑 취해 현실의식을 까마득하게 놓치고 살고 있는 자신을 질타하기에 이른다.

마지막 7연은 시의 '결' 부분인 에필로그에 해당하는데, 그 내용은 서정적 화자의 회한과 자괴를 극복하는 다짐으로 나타나고 있다. 그 다짐은 "가장 굳센 우리 世代의 첫아들로 태어났거니 자랐거니 마땅히 내 뼈 내 피를 바쳐야 한다"는 당위적 진술로 나타나고 있고, 나아가 "비록 半島의 한구석에서 얼마 남은 젊음을 안고 뛰어드는 나의 時代工의 職分"을 의식하며 좀 먹은 단층을 지나간 꿈으로 보려 하는 서정적 화자의 현실인식으로 이어지고 있다.

이와 같이 그의 가장 초기시라고 할 수 있는 「좀 먹은 단층」은 식민지 시대의 객관현실을 서정적 화자의 개인사라는 맥락으로 귀일시켜 개인의 절망과 비애를 통해 한 시대의 현실인식을 드러낸 작품이라고 할 수 있다. 이러한 면모 곧 서정적 화자 개인의 정서의 맥락에 시대 현실을 재구성하여 반영하는 기법은 여상현의 해방 전 작품에서 거의 일관되게 나타나고 있는 특성이다.

  온 終日 城 밖에 나와
  두덩길 위에 해가 저물었다
  호올로 망설이는 마음을 안고

呂尙玄論 : 내면적 정서에 수용한 비판적 현실인식 191

죄그만 개울이 있어
성큼 뛰어넘었으나
애써 돌아갈 길이 없구나

菜蔬밭머리 女人도 돌아가버리고
먼 山마루 부풀어 넘어오는 구름장
이밤 또 나의 窓밖엔 궂은 비마저 뿌리려나

저무는 新作路로 馬車를 달려
山모롱이 돌아들며 汽笛을 울려
돌아갈 기쁨도 슬픔도 나는 없노라

가까운 城市의 밤거리에 술이 있어
어느 친구가 나를 기다린들
무어라 盞을 기울여 豪言이 있을까 보냐

차라리 이 두덩길 위에 고스란히 서서
풀벌레 울고 電信대 우는 속에
나의 몸과 마음이 함께 어두워지리라

-「귀불귀(歸不歸)」전문12)

 이 작품에서 서정적 화자는 자신을 둘러싸고 있는 절망적 현실 때문에 그 아픔의 행보조차 옮기지 못하는 자신의 고통스러움을 노래하고 있다. 이 작품에는 서정적 화자의 정서를 이토록 암울하게 하고 있는 외재적 요인이 어떤 실마리도 비치지 않은 채 은폐되어 있다. 시인의 주관이 객관세계를 압도하고 있는 그야말로 주관적 서정시이다.
 그러므로 시의 문맥에 짙게 드러나고 있는 시인의 절망감은 개인적

---

12) 앞의 책. 68-70면.

이유일 수도 있고 또는 시대 일반적인 무력감이라고도 할 수 있다. 여기 제시된 성 밖, 두덩길, 개울, 채소밭머리, 창 밖, 신작로, 성시, 전신대 등의 공간적 이미지는 언뜻 사실적 통일성이 없는 것들로 보이는데, 그것 자체가 목적의식도 없이 부동(浮動)하면서 이리저리 오갈 데도 없는 지식인의 무력감을 외화하는 데 효과적으로 쓰이고 있다. 서정적 화자는 시의 제목이 암시하듯 시대적이고 개인적인 방향상실감으로 비애에 젖어 있다. "돌아갈 길"도 "돌아갈 기쁨도 슬픔도 나는 없"는 것이다. 그리하여 사면에서 사물들이 비애에 젖어 보이고 서정적 화자의 마음 역시 밤의 시간을 따라 어두워지는 것으로 시를 맺고 있다.

이러한 비판적이고 내적으로 침울하게 가라앉은 목소리는 권환(權煥)이나 이찬(李燦) 등의 동시기 시에 공통적으로 나타나는 시적 성향이라고 할 수 있다. 군국주의 파시즘의 광포에 당시의 시인들은 어느 누구 할 것 없이 절망하고 현실에서 도피했지만 그래도 절망의 내면에서 부당한 현실을 비판하고 자기 자신의 내면에 항체(抗體)를 형성하며 시를 써온 시인들을 우리 문학사는 간직하고 있거니와 여상현도 그러한 성향을 띤 시인이었다고 할 수 있다. 1930년대 후반의 시사적 흐름에서 모더니즘 및 리얼리즘의 경계선과 관계없이 이러한 특성 곧 지식인의 자기투영, 자기관찰이라는 주제는 매우 폭 넓은 일반성을 획득하고 있는 성격이라고 보인다. 이러한 면모는 시인 개성의 발현으로서의 서정시라는 측면보다는 한 시대의 형상적 반영으로서의 서정시라는 측면이 우세하게 관철된 경향이라고 할 수 있다.

그러한 경향이 보이는 작품으로 「종로(鐘路) 168호(號)」, 「줄의 문도(門徒)」, 「군와(群蛙)」, 「법원(法院)과 가마귀」, 「지진제(地鎭祭)」 등이 있는데 특히 「군와」는 개구리 울음소리를 통한 의성어를 잘 살려 효과적으로 개인의 내면에 서린 절망감의 시화에 성공한 작품이고, 「법원과 가마귀」는 피압박민족 또는 실향민의 현실이 갖는 설움과 한이 '가마귀'를 통해 관조되고 있는 작품이다. 슬픈 현실을 관조하는 가마귀는 그 시대 상황을 뿌리 깊이 새겨 보려는 시인 자신의 모습이기도 한 것이다.13)

그리고 「장(腸)」, 「호흡(呼吸)」, 「호텔 앞 광장(廣場)」 등과 같이 모더니즘적 기법을 의식적으로 실험한 작품들도 보이고, 「별」이나 「장미(薔薇) 속에서」, 「백화(白花)의 서정(抒情)」, 「산길」, 「옷고름을 맺다가」 등 개인적 감성을 읊은 서정적 시도 있다. 전자의 경향은 『시인부락』 동인 시절에 주로 나타나는데, 같은 동인이었던 오장환(吳章煥)이나 함형수(咸亨洙)의 당시 작품과도 상통하는 경향이라고 할 수 있다. 후자의 작품군은 매우 감각적인 언어를 통해 순수 서정의 세계를 표상한 작품이라고 할 수 있다. 그 재미있는 예가 「옷고름을 맺다가」이다.

    黃壯士가 이긴다눈 朴壯士가 이긴다눈
    상씨름이 나가던 秋夕 달밤에

    八茅亭집 淑이와 옷고름을 맺다가
    자주고름 한짝을 잃어버리고

    고깔 쓰고 소 타고 판이 헤진 뒤
    서리밭 더듬더듬 웃기만 했소
                        - 「옷고름을 맺다가」 전문14)

추석에 즈음하여 마을에서는 달밤에 씨름대회가 열렸는데 팔모정집 숙이와 서정적 주인공은 밀회를 나눈다는 상황 설정이 재미있고, 또 옷고름을 잃어버리는 당혹스런 상황에서도 씨름판이 끝난 뒤에 오히려

---

13) 김지연, 「<시인부락> 연구」, 『성심어문논집』 12집, 1989. 61면.
14) 『조광』 1942. 12.

웃음을 웃을 수 있는 넉넉하고 해학적인 서정이 나타나 있는 작품이다.
한편 일제 식민지 시대의 진보적 문학자들이 사숙의 대상으로 삼기도 했던 소련 작가 막심 고리키의 죽음에 부치는 시도 그의 시편력의 자양이 어디로부터 연원한 것인가를 암시해주고 있다.

> 한 번 보고팠던 그대 永永 떠나가다니
> 크다 자취가 클사록 서름도 크다
> 비록 나라가 다를지언정 -
> 비록 말과 글이 다를지언정 -
> 아 六月 十八日 때마침 이나라엔 하늘에 뜬 구름도 울고 갔다
> ―「추조(追弔) 고르끼옹(翁)」중에서15)

4. 해방 후의 시세계 - 진전된 현실인식과 서술적 태도

이제는 여상현의 시가 거둔 본령이라고 판단할 수 있는 해방 직후의 시를 살펴볼 차례이다. 해방 직후는 '새 나라' 건설의 열망이 진보적 지식인들에게 여러 가지 편차를 가진 대로 편재되어 있었던 시기이다. 범민족적으로 일제잔재의 청산, 봉건적 유산의 극복, 그리고 자주적인 민주주의 국가의 건설이라는 역사적 과제가 제기되었고, 문학운동내에서는 문학이념으로서의 진보적 리얼리즘이 제시되었으며, 조직사업에서도 대중획득이라는 측면에서 문학대중화 운동이 실천적 사업으로 대두하였다. 이러한 여러 활동 양상들은 창작을 매개로 하여 이루어졌는데 이 시기에 가장 대중과 밀착되어 전개된 것이 바로 시 장르였다.
해방 직후의 시사에 관한 연구는 이제 양적으로도 괄목할 만한 진척

---

15) 여상현, 앞의 책. 98면.

을 보였다.16) 그런데 그것이 해방기에 활동했던 시인들의 개별 작가론으로 폭 넓게 수렴되고 있지는 못한 편17)이다. 여상현의 경우도 해방 직후에 초점을 맞추어 집중적으로 다루어지지는 못하고 있는 형편이다.

해방 직후의 시단은 그 인적 구성으로 보아 크게 두 부류로 범주화하여 살펴볼 수 있다. 하나는 식민지 시대부터 창작활동을 해오던 시인들이 이른바 암흑기의 사상적, 문학적 굴절을 '자기비판'하면서 민주주의적 세계관을 획득하여 대중적 현실에 적극 참여한 경우이고, 다른 하나는 해방기에 이르러 새로이 등장한 일군의 신진시인들 곧 『전위시인집(前衛詩人集)』으로 유명한 유진오(兪鎭五), 김상훈(金尙勳), 이병철(李秉哲), 박산운(朴山雲), 김광현(金光現) 및 상민(常民), 최석두(崔石斗) 등이다. 여상현은 출신 맥락으로 보아서는 분명히 앞의 시인군에 속하면서도 작품 성격으로는 후자의 시인군에 더욱 밀착되는 성격의 작품 창작에 임하며 해방기 시단에 적극적으로 참여한다.

그러나 이러한 진술이 여상현 시가 곧 정치적 전위성을 본격적으로

---

16) 대표적인 성과로는 다음과 같은 논저들이 있다.
김윤식, 「해방공간의 시적 현실」, 『한국문학』 1988. 9-10.
김용직, 『해방기 한국 시문학사』, 민음사, 1989.
신범순, 「해방기 시의 리얼리즘 연구」, 서울대 박사학위논문, 1990.
이기성, 「해방기 신진시인 연구」, 이화여대 석사학위논문, 1991.
권영민, 「해방 직후의 시단」, 김은전 외, 『한국 현대시사의 쟁점』, 시와시학사, 1991.
김상선, 「광복 무렵의 우리 문학」, 『열서 김기현교수 회갑기념논총』, 개문사, 1995.
17) 해방기 시인의 작가론으로 대표적인 것은 다음과 같다.
오성호, 「무기로서의 시 - 유진오의 시에 관하여」, 유진오, 『창』, 민족과문학사, 1989.
최두석, 「김상훈 시 연구」, 『한국학보』, 일지사, 1991. 겨울.
김신정, 「김상훈 연구」, 연세대 석사학위논문, 1992.
윤여탁, 「최석두의 문학과 삶」, 『실천문학』 1991. 여름.
_____, 「김상훈의 시에 나타난 현실인식과 역사적 전망」, 『국어국문학』, 국어국문학회, 1991.

띤다는 뜻은 아니다. 다만 담담하고 내면적인 어조 속에서도 당대 현실에 대한 날카로운 비판과 풍자가 그의 시에 일관되게 적극적으로 내재되어 나타난다는 것이다. 그것은 그가 오히려 일제 말기의 친일이라는 행적으로부터 상대적으로 자유로웠기 때문일 터이고 또 후배 시인들보다는 해방 직후의 현실을 냉정하고 찬찬히 바라볼 수 있는 안목을 가졌던 것으로 볼 수 있다. 이 시기의 그의 시가 갖는 그러한 주제의식의 일관성은 시집 『칠면조』의 후반부에 실려 있는 자서(自序)에 충분히 암시되어 있다.

> 다시 八·一五를 맞아 누구나 마찬가지로 퍽 興奮 속에 解放을 부르짖으며 오늘에 이르고 있다. 南에 美軍, 北에 蘇軍이 제가끔 와 있게 된 것은 실상 意外의 일에 屬하고, 眞正한 解放이 조금도 끊임없이 부르짖어지고 있는 것은 사뭇 마음이 든든해진다. 그러나 아직껏 統一될 朝鮮이 複雜微妙한 속에 있다는 이 現實, 이 時刻을 생각하며 詩를 쓰는 것은 이 世代에 태어난 것을 퍽 잘 태어났다고 생각하는 또 하나의 經驗은 되어도 못내 焦燥하지 않을 수 없다.

제2차세계대전의 결과로 조선 민족에게 민족 해방이 안겨졌다고는 하나 삶의 구체성에서는 조금도 달라진 것이 없고 오히려 외세에 의한 분단의 위협만 증폭되고 있었던 것이 시집이 발간되던 1947년 당시의 객관적 정세였다. 단독정부 수립이라는 위협도 커가고 있었고 진정한 통일조선의 앞날은 멀게만 체감으로 느껴질 때, 해방 직후의 진보적 시인들은 그 현실을 때로는 서사적으로 때로는 풍자적으로 노래한다.

그 중에서도 여상현은 들뜬 감격적 어조나 비관적 감상 같은 극단적 정서를 충분히 내적으로 가라앉히고 당대에 살아 있는 구체적인 민중적 정서를 담담하게 형상화한다. 이러한 내면적이고 담담한 어조는 당시에 매우 이례적인 시적 특성으로 기록될 만한데, 이는 정치적 전위성을 띤 시들보다 오히려 현실인식의 면에서 더욱 설득력있게 읽힐 수 있다는 장점을 가진 방법적 선택이었으며, 식민지 시대로부터 지속되어 온 여상현의 시적 특성 곧 개인적 내면으로 객관세계를 수렴하는 특성의 지속적 성과라고 할 수 있다. 그리하여 그는 진정한 의미에서의 민족 해방, 자주적 독립을 희구하고 열망하는 작품과 그것이 좌절될 것에 대한 쓸쓸한 예감을 담은 작품을 다수 창작하게 된다. 그것이 시집 1부에 수록된 작품들이다.

이 부분에 나타난 여상현의 시적 특성은 자기 주변의 일상사에서 보고 느낀 점을 시적 제재로 택하고 있으면서도 해방 직후라는 현실이 갖는 본질적인 모순들을 놓치지 않는 특성을 갖고 있는 것이라고 할 수 있다. 그 대표적인 성과로 평가받고 있는 작품이 바로「영산강(榮山江)」이다.

> 진달래 뿌리를 스쳐
> 가난한 마슬의 土墻을 돌아
> 열두 골 샅샅이 모여든
> 榮山江 五百里 서러운 가람아
>
> 머언 天心처럼 푸르고
> 어질디 어진 靑春의 마음인듯
> 푸른 바다로 푸른 바다로 가는 길이기에
> 밤낮없이 흘러가며
> 하냥 여울져 가느다란 痙攣을 일으킴이여
>
> 封建의 티끌 처마밑마다 쌓여 있고
> 帝國主義 外敵의 탯줄을 붙들어
> 至極히 영특한 '뿌르'의 雄據地
> 여기 全羅道 富豪가 사시고

여기 또 全羅道 小作人, 선비의 子息, 상놈
사철 검정 무명치마의 가시내도 無數히 산다

소리 잘 한다는 전라도 사람
北間島며 大阪이며 지향없이 떠나갔던 移民들
소리도 없이 흐느꼈던 눈물에 섞여
구비구비 榮山江은 흘러가는 것이다

旱魃과 洪水의 天災를 뉘 怨望하랴
'東拓'의 손아귀를 뉘 막아내랴
倭兵의 얕은 豫測 上陸作戰은 더구나 무서운 戰慄의 白日夢이었던가
돈이요 논이요 中樞院參議라
쇠잔한 목숨들은
사뭇 窮하면 兵事係面書記 성님이라도 있어야 했다

기름진 國土, 늘어가는 헐벗은 階級이 있어
山에 올라 사슴도 될 수 없고
때론 풀 뜯는 송아지 뛰는 물고기도 부러운
人生의 크나큰 서름에
바다로 푸른 바다로 모두가 解放을 찾았다

오 얼마나 목메어 찾던 解放이었던가
바둑돌과 絶壁 밑을
크고 작은 들판과 어름짱 밑을 감돌아
榮山江 줄기찬 물결을 모르랴마는
바다는 아직도 저 먼 곳에 있음인가
진정 눈앞엔 解放이 없다

가을 햇볕에 抗爭의 피도 엉키었고

倭敵과 더불어 호화롭던 놈이
또한 호화로운 외출이 잦아도
潭陽 竹細工, 和順 炭鑛夫, 羅州 소반工
盜賊이 버리고 간 옛땅만 바라볼 뿐인 無數한 農民들

봄이 오면 제비 날으고
풀 뿌리 캐서 延命할 서름
열두 골 줄기 줄기 모여든
예나 다름없는 榮山江 五百里 서러운 가람이여
— 「영산강(榮山江)」 전문[18]

  해방 전에 주로 모더니즘적 의장에 바탕한 개인적 내면 세계의 작품과 순수서정의 감각적 작품을 다수 남겼던 그가 이 작품에서는 당당한 서술적[19] 태도로 돌아섰다. 당대의 역사적 현실을 드러내기 위해서 이른바 단편서사시류의 양식을 채택한 것이다.
  모두 아홉 연으로 구성된 이 작품은 내용상으로 기승전결의 구조를 가진 일종의 서사적 성격의 서정시라고 할 수 있다. 처음 부분은 1연과 2연으로서 영산강에 서정적 화자(그것은 집단적 화자이기도 하다)의 서러움을 투영시키고 있다. 둘째 부분은 3연에서 5연까지인데 이 부분은 해방 직후의 역사적 실상과 계급적 구성을 구체적으로 밝히고 있다는 점에서 꽤 주목을 요한다. 새로운 제국주의와 토착 부르주아라는 한 그룹과 실향으로 상징되는 민중들의 대조가 민족사의 한 국면으로 반영되고 있다. 이는 사회과학적 계급 구성의 사실성과도 매우 부합되는 부분으로서 여기서는 그것을 서정적 화자의 독백적 형상으로 처리하고 있다.

---

18) 『신천지(新天地)』 1947. 10.
19) 김용직, 『현대경향시 비판/해석』, 느티나무, 1991. 226면.

셋째 부분은 6연에서 8연까지로 해방이 되었는데도 진정한 해방이 오지 않았다는 부정적 현실인식을 날카롭게 제시한다. 마지막 9연은 첫째 부분의 변주적 반복으로서 영산강이라는 상관물에 당대 민중적 정서인 '서러움'을 투영시키며 시를 맺고 있다.

이 시는 골짜기와 마을을 돌아흐르는 영산강을 많은 사연과 곡절을 가지고 있는 민족사의 운명과 대비시키고 있는 작품이다.[20] 해방이 와 세상은 바뀌었어도 여전히 당당한 모습으로 살아가는 친일세력과 도적이 버리고 간 자신들의 땅을 그저 냉연히 바라볼 수밖에 없는 농민들의 처절한 아이러니가 대비를 이루며 잘 제시되고 있다. 시인으로서는 자기 자신이 살고 자란 지역을 흐르는 영산강의 유유한 흐름을 보면서 그 주변에 뿌리내리고 살고 있는 민중들의 삶과 의식을 보여주려 했을 것이다. 가난했지만 평화로운 영산강 주변에도 제국주의와 결탁한 부르주아들이 살고, 또 일제의 수탈에 피폐해버린 농민들의 삶과 이역으로 떠나간 유민들이 삶이 어우러져 있으며, 또 해방이 되었으면서도 하나도 달라진 것 없는 민중들의 서글픈 삶이 있음이 유장하고 긴 호흡 속에 잘 담겨져 있다.

강의 흐름은 원래 우리 역사의 흐름의 대체물로 익숙하게 쓰이고 있는 상징[21]인데, 여기서도 묵묵히 흐르고 있는 영산강은 통한 어린 민중적 삶의 징표[22]로 쓰이고 있다. 이 작품에서 역시 참혹한 당대 현실은 서정적 화자의 독백을 통해 담담하게 진술될 뿐 어떤 격앙된 분노의 목소리를 찾아볼 수 없다. 이는 전술했듯이 여상현 시의 일관된 개성이자 다른 시인에 비해서 여상현만이 갖는 해방 직후 시의 유다른 특성

---

20) 한계전, 『한국 현대시 해설』, 관동출판사, 1994. 349면.
21) 가령 채만식(蔡萬植)의 「탁류(濁流)」 앞부분에 나오는 금강의 흐름이나 김용호(金容浩)의 「낙동강」, 신동엽(申東曄)의 「금강」, 신경림(申庚林)의 「남한강」, 김용택의 「섬진강」 등이 그 익숙한 예이다.
22) 윤영천, 『한국의 유민시』, 실천문학사, 1987. 196면.

이기도 하다.

늙은 농부의 탄식과 고백의 어조로 형상화된 「보리씨를 뿌리며」[23]도 일제로부터의 해방이라는 것이 실상 이 땅의 농민들에게는 아무런 의미를 지니지 못하는, 오히려 새로운 고난과 시련의 시작일 뿐이라는 역설적 현실인식을 설득력있게 보여주고 있는 작품이다. '永川에서 어떤 늙은 農夫의 고백'이라는 부제를 달고 있는 이 작품은 "이것도 解放 德이랍니까 / 알알이 샅샅이 털어가려는 바람에 / 동네 방네 고을 고을마다 / 抗爭의 불길이 터지고야 말았소 / 쌀은 못 먹으나 보리로나 주림을 여의려는 것이었소"라고 하는 시적 진술 속에 "서러움보다는 / 憤에 더욱 못 이기면서 / 다시 정성껏 罪 많은 보리씨를 뿌리"는 농민들의 실상과 그들의 살아 있는 정서를 느끼게 하고 있다.

그러나 이러한 해방기의 비참한 민중적 현실은 주로 수탈의 가장 근원지라고 할 수 있는 농촌공동체를 배경으로 했을 때 두드러지는 특징인데, 그가 시선을 일상적 삶으로 옮겨서 창작한 시 작품에서도 그러한 객관적 현실의 양상은 효과적으로 형상화되고 있다. 시 「복로방(福爐房)」에는 복로방에 모여 있는 노인 및 나그네, 시정인 들의 지친 모습이 그려지고 있는데, 해방이 가져다 준 기쁨보다는 그 기쁨 뒤에 남는 고달픈 민중들의 참상이 밀폐된 공간 속에 감각적으로 그려지고 있다. 이 작품에서 시인이 바라본 해방기 현실과 일상적 소시민들이 갖게 된 비극적 정서의 형상이 가장 잘 그려졌다고 판단된다.

> 고린 자반토막 퀴퀴한 길목짝
> 제마다 고달픈 노염인양 뿜어대는 자욱한 담배煙氣
> 福爐房 유난히 낮은 天井이
> 지친 나그네들의 가슴을 누른다

---

[23] 여상현, 앞의 책. 34-41면.

자꾸만 흐려지는 남포燈 심지
돋구며 돋구며 渴한 하품 속에
다시금 來日의 里程을 헤아리며 감발을 푼다

돌아앉아서 부스럭대던 웬 中年 나그네
銀錢소리를 내고 제 혼자 놀래 주춤하고
수잠을 자던 황애장수 영감도 덩달아 놀랜다

木枕을 못벤 不平은 初저녁부터 코들이 들고 일어났고
'감돌'을 꺼내보이며 입심껏 떠들던 영감님
굵적 굵적 샤쓰 밑에서 金을 파는 게다

'大韓獨立'을 이러니 저러니
큰기침 섞어가며 떠들던 老人도
상노 아이 못 데리고 온 것이 무척 뉘우치는듯
안절부절 하다간 새우잠이 들었다

竹窓을 밝히는 뜰앞 長明燈
房은 港口 가까운 海灣처럼 어수선한데
외입쟁이 애꾸눈이 土産 망아지의
이따금 구르는 발굽소리가 자칫 외로움구나

이윽고 머나먼 마을에 닭 우는 소리
지새는 밤을 털고 일어나
내 아직도 千里길을 가야 하는가

－「복로방(福爐房)」전문[24]

---

24) 앞의 책. 18-21면.

이 작품의 공간적 배경은 담배연기 자욱한 복로방 안이다. 시간적 배경은 밤으로 설정되어 있다. '복로방'은 그 사전적 의미가 "여러 손님들이 모여 자는 주막집의 큰 방"이다. 그러나 여기서 그 복로방이라는 공간은 한 시대의 민중들이 안고 있는 현실을 담기 위한 시적 장치로서 기능하고 있고, 따라서 당대의 한 축도(縮圖) 역할을 하고 있다고 할 수 있다.25)

여기 나오는 지친 나그네들 곧 중년 나그네, 황애장수 영감, 영감님, 노인, 나 등은 새로운 시대가 왔음에도 불구하고 갈 곳조차 없는 부동하는 뜨내기들이다. 더욱 주목할 만한 것은 3연에서 5연까지의 인물의 희화화이다. 은전에 집착하는 이, 꿈 속에서 금을 캐고 있는 이, 독립에 대해 속화(俗化)시키며 떠드는 이, 그러면서도 일상 속에 갇혀 지쳐 지내는 당시 민중들의 삶이 감각적으로 잘 나타나고 있는 것이다. 마지막 연에서 서정적 화자가 "지새는 밤을 털고 일어나" 가야 할 천리길은 우리나라의 참된 독립을 향한 기나긴 여정을 시적으로 상징하고 있다. 이처럼 이 작품은 복로방에 갇혀 있으면서도 거기를 넘어서야만 한다는 민중적 열망을 역설적으로 담고 있는 데 성공하고 있다.

진정한 의미의 해방은 오지 않고 오히려 뒤틀리고 왜곡된 사회구조 곧 미군정을 위시한 반독립세력들에 의해 분단이 비로소 가시화되었을 때, 여상현은 시집의 표제로 내세운 「칠면조(七面鳥)」라는 작품을 통해 해방기의 현실을 비판하고 풍자한다. 그의 시에서는 오히려 이례적 독설처럼 여겨지는 냉소와 풍자가 이 작품에 가득하다.

    速製의 憂國士와 洋裝女들은
    어느새 七面鳥의 習性을 배웠다
    낯설은 사람과도 外交가 能해

---

25) 최학출, 「여상현론 2」, 『울산어문논집』 7집, 1991. 126면.

蓄財의 지름길로만 달리는 것이다

일찍이 黑人들이 즐기던 새라
開拓者들이 잘도 먹었었다지
'링컨'氏의 獅子吼가 功을 이루어
解放 朝鮮에까지 와 준 黑人의 恩惠를 어이 모르랴

昌慶苑에서 돈 내고야 구경한
가지가지의 異國産 짐승 중에서도
어른들이 가장 무서워하는 變節의 奇鳥
謀利輩들은 무릎 치며 嘆服하리라

— 「칠면조(七面鳥)」 1-3연[26]

미점령 군정의 주구들을 비판적으로 풍자하고 있는 시적 대상물인 칠면조를 시인은 "蓄財의 지름길로만 달리는" 변신과 변절의 기조로 파악, 사실은 일제의 야합 세력들이 다기 미제(美帝)의 주구로 곧바로 바뀌었다는 역사의 아이러니에 주목한다. 이국산 짐승, 변절의 화신인 칠면조의 습성을 익힌 자들이 바로 속물쟁이 우국지사들이요, 신여성들이요, 모리배들인 것이다. 칠면조 요리가 필수적인 서양 크리스마스의 상가에선 연애도 장사도 정치도 수월하게 풀리는 것, 우리도 그리될 것인가 하며 진정한 해방의 시기를 조용히 희구하고 있는 풍자시라고 할 수 있다. 이러한 풍자시 계열의 작품으로는 시집에 수록되어 있는 「초춘재가수기(初春在家手記)」 연작시가 있다.

그리고 시집의 첫머리에 실려 있는 「분수(噴水)」라는 작품은 미국이라는 외세를 상징하는 성조기가 걸려 있는 어느 고궁(덕수궁)에서 미소공위가 휴회한 후에 서정적 화자가 허공을 바라보며 느끼는 역사적 위

---

26) 여상현, 앞의 책. 28-29면.

기 의식과 그 허탈감을 형상화하고 있다.

    슬픈 歷史가
    午睡에 잠긴 古宮

    홰를 치며 우는
    닭의 울음이 어디서 들릴 것만 같다

    하늘을 쏘는 噴水
    地熱과 함께 猛烈히 뿜는 義憤이런가

    墻 너머 불타는 아스팔트 거리에는
    生活이 落葉처럼 구르고 -

    텅 비인 庭園엔 星條旗 하나
    '共委' 休會後, 園丁은 때때로 먼 虛空만 바라볼 뿐

    비둘기 깃드는 추녀끝엔 풍경이 멀고
    꼬리 치며 모였던 금붕어떼 금새 흩어진다

    노상 속임수 많은 여름구름은
    무슨 재주를 펼 듯이 머뭇머뭇 지나가는데
    내 마음의 噴水도 사뭇 솟구치려 하는구나

                              - 「분수(噴水)」 전문[27]

여기서 서정적 화자는 미소공위 휴회라는 상황을 시적 상황으로 설정하고 있는데 이는 여상현의 정치적 입장이 반영된 것으로 해석할 수 있다. 당시 좌우합작에 대해 기대를 걸었던 지식인들은 모두 미소공위

---

27) 『동아일보』 1946. 12. 17.

의 결과를 주시했는데, 그에 대한 조용한 열망과 좌절은 진정한 민족 독립의 가능성을 여상현 스스로 탐구하는 자세에서 나온 것이기도 하다. 따라서 텅 비인 덕수궁 정원에 성조기 하나 걸려 있고 공위가 휴회한 쓸쓸한 풍경은 서정적 화자에게 "슬픈 歷史가 午睡에 잠긴" 것으로 각인된다.

홰를 치며 우는 닭의 울음을 예감하는 상상력은 어두운 시대가 물러가고 새로운 민족사가 열리는 시점을 예감하는 상징으로 익숙한 것이지만, 이 작품에서는 그다지 강한 긍정적 예감으로 보이지 않는다. 다만 고궁에 솟는 분수를 보며 서정적 화자는 그것을 자신의 마음 속에 일어나는 '솟구치는 義憤'의 대상물로 삼는다.

그러나 앞서 말했듯이 그 의분은 새 시대에 대한 강한 개척정신이나 한 시대의 한계에 대한 저항정신이라기보다는 말 그대로 의분(義憤)에 넘치는 염결성있는 지사의식과 연결될 뿐이다. 따라서 "生活이 落葉처럼 구르고"라는 어설픈 직유로 표현된 서정적 화자의 쓸쓸한 소회를 담고 있는 것이다. 그러므로 이 작품은 앞으로 펼쳐지게 될 암담한 민족사의 전개를 쓸쓸하게 예감한 서정적 화자의 '의분'을 형상화한 내면적 서정시라고 할 수 있다.

이 밖에도 민족의 암담한 장래에 대한 인식과 역사에 대한 걱정과 자주독립 통일조선에 대한 염원을 담은 작품으로는 「맹서(盟誓)」,[28]와 「푸른 하늘」[29]이 있다. 앞의 작품은 "무슨 雜音이 있어 / 千年 歷史를 훼방하느냐" 하며 우리의 독립을 가로막고 있는 외세 및 그와 결탁한 이들을 비판하고 있다. 따라서 이 시의 서정적 화자는 "목숨 뺏겨 / 열 길 땅속에 묻힐지라도 / 우리의 불타는 마음 / 오직 하나의 조선이 있을 뿐"이라는 당당한 어조로 시를 이끈다. 당위적 진술이 희망찬 미래

---

28) 여상현, 앞의 책. 10면.
29) 『신문평론(新聞評論)』 1947. 7.

를 이념적으로 선취하여 진술한 것 같지만 세밀하게 읽어 보면 오히려 한 시대의 불안감과 운명의식이 역설적으로 배어 있어 서정적 화자가 갖고 있는 쓸쓸함을 고조시키는 작품이다. 뒤의 작품은 그 부제가 '再開共委에 바치는 노래'라고 되어 있을 정도로 미소공위에 남다른 기대를 표명한 작품이다. 미소공위를 통해 "푸른 하늘, 푸른 푸른 하늘에 / 久遠한 새 나라의 旗빨을 날리소서"라는 숙원을 담고 있다. 이 역시 "生活은 갈대꽃같이 메말라 있다"는 현실에 대한 진단을 염두에 두고 "꿀벌처럼 잉잉대는 人民의 나라"를 희원하는 서정적 화자의 비원(悲願)을 담고 있는 작품이다.

이와 같이 여상현이 당대의 정치적 현실을 인식한 작품에는 하나같이 민중들의 비원이 서려 있다. 여러 번 이야기했던 것처럼 유진오의 전위성이나 김상훈의 서사성이 아닌 내면적 서정에 투영된 담담한 비원을 담는 것은 해방 직후 여상현 시의 서정적 특질이라고 할 수 있다.

마지막으로 자주독립의 진로가 왜곡되는 과정을 '커-브'로 은유하고 있는 「커-브」라는 작품을 통해 시인이 해방기의 위기 상황을 어떻게 암시했는지를 보자.

> 나라에 아직 근심이 많고
> 마을엔 몹시 고달픈 밤이 쌓인다
> 누구 때문이냐, 누구를 위한 것이냐
> 곧장 달려야 할 우리들의 길
> 부질없이 '커-브'를 '커-브'를 돌고 있다
>
>   ―「커-브」 5연[30]

---

30) 여상현, 앞의 책. 33면.

5. 맺음말

 이상 살펴본 여상현의 해방기 시들은 해방 직후의 상황이 갖는 본질적인 제 역학관계를 면밀하게 포착하여 그것을 농민이나 시정인 들의 정서와 융합하여 형상화시킨 작품들이 대종을 이루고 있음을 알 수 있다. 그리고 그 어조는 대부분 외재적 사실을 자신의 내면에 수용하여 서정적 화자 자신의 의분과 우려 그리고 암담한 심정 등으로 형상화한 내면적 서정시의 그것임도 확인하였다.
 우리의 현대시사는 그 짧은 역사에 비해서 올곧은 정신으로 억압적 현실의 본질을 놓치지 않으면서도 자신의 정서와 결부시켜 탁월하게 노래한 시인들을 많이 간직하고 있다. 유난히도 불행하고 고난스러웠던 우리의 근현대사가 그러한 시인들을 길러낸 토양이었음은 부연적 설명이 필요없는 역설적 진실이다. 특히 해방 직후의 3년 동안의 시문학은 그 이후 조국분단이 있은 후 문학사적으로 전적으로 가리워져 있던 부분으로서 훌륭한 서정시인들을 많이 배출한 바 있다. 문학사 기술이 근본적으로 작가나 작품 또는 문학적 현상의 위계화를 바탕으로 한 질서 잡기라면, 그동안 가리워져서 이해되지 못했던 많은 작가 및 작품들에 대해 많은 연구가 뒤따라야 할 것이다. 그간 몇몇 선구적인 연구자들의 노력으로 작가론적 측면이나 문학운동적 측면이 부분적으로 밝혀지고 있는 실정이지만 더욱 폭 넓은 대상을 통한 세부적이고 구체적인 논의가 뒤따라야 할 것이다.
 여상현은 1930년대 중반부터 적극적으로 시를 써온 시인으로서 그 시적 본령은 비판적 의식과 서정이 조화된 해방 직후의 시기에서 찾아지는 시인이다. 더 많은 객관적 사료발굴과 면밀한 작품분석을 통해

'연희전문 → 시인부락 → 조선문학가동맹'의 궤적을 밟아올라간 한 시인에 대한 심충적 이해가 있게 되기를 바란다. (1995)

兪鎭五論
전위적 혁명성의 서정적 형상화

1. 해방 직후와 시문학의 전개

짧지 않았던 일제강점기를 지나 찾아온 8·15 민족 해방은 그 상징적 함의가 '빛의 회복[光復]'으로 각인될 정도로 우리에게는 새롭고 밝은 시대의 시작을 알리는 역사적 출발점의 의미를 띤 사건이었다. 그만큼 해방 직후는 어떤 선명한 완결성보다는 앞으로 펼쳐지게 될 새로운 가능성에 대한 열망이 역동적으로 분출했던 시기였을 뿐만 아니라, 그에 따른 실천적 열의 또한 만만치 않게 전개되던 민족사의 변혁기였다고 할 수 있는데, 그것은 이 시기가 일체의 체제나 이념 또는 가치 체계 등이 정형화되지 않은 채 열려진 가능성으로만 우리에게 다가왔기 때문이다. 또 해방 직후는 첨예한 이념적 대립과 외세의 적극적 개입에 의해 결국 민족 분단이 초래된 민족사적 좌절의 시기이기도 하다.

우리 근현대문학사를 통해서 볼 때도 이른바 '해방기(1945-1948)'의 문학이 갖는 역사적 의의는 자못 크다고 할 수 있다. 그것은 이 시기의 문학이 분단 이전에 우리 문학이 가졌던 통일적 전체상을 파악할 수 있는 마지막 준거가 된다는 점 외에도 이 시기가 민족 분단에 따른 모순과 이념적 질곡을 겪고 있는 우리 문학의 통일적 전망의 상(像)을 유추케 해주는 유력한 근거가 되는 기간이기 때문이다. 따라서 이 시기에 대한 실증적, 역사적, 가치평가적 복원은 그동안 왜곡되고 굴절되어 이해되어온 우리 문학사의 전체상을 구축할 수 있는 유용한 질료가 될 수 있을 것으로 보인다.[1]

정치사적으로 볼 때 해방기 3년은 일제잔재 및 봉건유제의 청산, 그리고 자주적인 민주주의 국가의 건설이라는 역사적 과제가 범민족적으로 제기된 시기이다. 더불어 민주적 개혁과 민족의 자주독립을 목표로 하는 부르주아민주주의혁명에 발맞춘 문화혁명의 과제가 잇따랐다. 문학 운동내에서는 문학적 이념으로서 '민주주의적 민족문학'과 창작 지침으로서 '혁명적 낭만주의를 내적 계기로 하는 진보적 리얼리즘'이 제시되었으며, 조직 사업에서의 대중획득이라는 측면에서 문학대중화 운동이 실천적으로 대두하기도 하였다. 따라서 해방기의 문학적 과제는 '민주주의 국가 건설을 위한 도정에 따른 민족문학의 정립'으로 특징지워진다고 할 수 있다.

그런데 주지하듯 해방 직후는 그와 같은 민주주의 국가건설의 주체와 방법론을 놓고 이념을 달리하는 두 진영이 첨예하게 대립한 시기이

---

[1] 이와 같은 해방기의 문학 연구가 갖는 중요성에 대해 일찍이 임헌영은 다음과 같이 정리하고 있다. 첫째, 근대문학 이후 한국의 문학인들은 한 번도 검열없는 창작의 자유를 누린 적이 없으나, 근대 식민지 문학에서 현대 민족해방문학으로 변하면서 창작의 자유를 마음껏 누린 시기가 해방 직후의 문학이며, 둘째, 해방 직후의 문학은 분단되기 이전 상태에서의 민족문학의 전체상을 파악할 수 있는 마지막 잔영이 되며, 셋째, 이 시기의 문학적 쟁점은 언젠가 분단모순이 극복될 때 부딪칠 것으로 예상되는 문화적 분단의 문제점들을 유추케 해주며, 해결의 방법을 제시할 수도 있고, 또 직접적으로는 현재성에 기준을 둔 진정한 민족문학이란 어떠한 것이냐 하는 물음에 답을 제공할 수도 있다는 것이다. 임헌영, 「해방후 한국문학의 양상 - 시를 중심으로」, 『창조와 변혁』, 형성사, 1985. 108-109면.

다. 그리고 문학운동이나 창작의 양상 역시 이러한 양극적 자장을 피할 수 없었다. 그러므로 해방기의 문단 형성을 좌우익의 대결이라는 선명한 이항대립으로 인식하는 관행은 다분히 현상추수적이고 결과론적인 것이지만, 어느 정도 불가피한 것이기도 하다. 아니 어쩌면 이 같은 확연한 범주 구분이 오히려 그 시기의 역사성을 낱낱이 드러내주는 실증적이고 유용한 틀로 자리할 수 있다고 보인다. 아무튼 정치지향적인 문학 단체를 중심으로 이루어진 당대의 문학운동은 좌우익을 막론하고 새로운 국가건설의 방법, 그리고 그것을 위해 문학이 무엇을 할 수 있느냐 하는 가장 원론적이고도 섬세한 문제를 두고 고민하였고, 그에 따라 해방기는 민족문학사의 역동적 가능태를 보인 융흥기로 자리한 것이다.

이러한 문학운동의 양상은 비평 장르에서 가장 두드러진 약진을 보였지만, 상당 부분 '창작'을 매개로 해서도 이루어졌는데 이 시기에 가장 대중과 밀착되어 전개된 것이 다름아닌 '시(詩)' 장르였다. 아닌 게 아니라 해방 직후는 우리 문학사에서 드물게 보는 시의 전성기였다고 할 수 있는데, 이러한 현상은 시가 갖고 있는 장르상의 특성, 곧 현실 대응의 기동력과 대중적 확산의 효율성 등에서 그 원인을 찾을 수 있다. 그것은 체험의 직접성과 호흡의 급박성에서 시 장르가 일층 직접적[2]인 특성을 띠고 있는 데다가, 한 시대의 전망이나 역사적 해석의 안목이 일정한 미적 거리를 확보하지 못할 때 우세종으로 드러나는 것이 시일 경우가 많다는 장르적 성격 때문이다. 시가 시인의 창조적 직관과 표상을 통해 현실의 전체성을 압축적으로 반영할 수 있다는 측면에서, 해방기의 격변하는 역사적 정황은 시적 표상을 통해 단연 우세하게 나타났다고 할 수 있다.

그동안 해방기의 시문학에 대한 연구는 여러 차례 행해져 이제는 어

---

2) 김윤식, 「해방공간의 시적 현실」, 『한국문학』, 1988. 9. 361면.

느 정도 괄목할 만한 성과가 축적되었다.[3] 이것은 1980년대 후반에 있었던 월북문인들의 해금 조치라는 외적 요인과 이 시기 시인들이 갖고 있는 만만치 않은 시적 역량이라는 시사(詩史) 내부의 요청에 의하여 이루어진 것이다. 그러나 이제 우리는 한갓 열정에 사로잡혔던 문학 연구의 자세에서 벗어나 문학의 본령에 충실한 작품들을 중심으로 차분히 그들의 시적 성취를 객관화해야 할 시점에 와 있다고 할 수 있다.. 이념과 역사의 목소리가 전면에 대두하여 개인적 서정이라든가 탈이념적 자유주의를 근본적으로 허락하기 힘들었던 당대에, 문학적 형상과 치열한 시대정신을 융화하려 했던 시적 주체들에게 우리가 눈을 돌려야 하는 까닭이 여기에 있다.[4]

---

[3] 대표적인 것으로는 다음과 같은 연구들을 들 수 있다.
김윤식, 「해방공간의 시적 현실」, 『한국문학』, 1988. 9-10.
오현주, 「8·15직후 문학운동과 시문학의 전개양상」, 『해방기의 시문학』, 열사람, 1988.
김용직, 『해방기 한국 시문학사』, 민음사, 1989.
신범순, 「해방기 시의 리얼리즘 연구」, 서울대 박사학위논문, 1990.
권영민, 「해방직후의 시단」, 김은전 외, 『한국 현대시사의 쟁점』, 시와시학사, 1991.
박용찬, 「해방 직후 현실의 시적 형상화 문제」, 『문학과 언어』 12집, 문학과 언어연구회, 1991.
이기성, 「해방기 신진시인 연구」, 이화여대 석사학위논문, 1991.
윤여탁, 「해방정국 문학가동맹의 시단 형성과 시론」, 오세영 외, 『한국현대시론사』, 모음사, 1992.
이영섭, 「해방기 시문학의 전개양상」, 『한국문학의 통시적 성찰』, 전규태교수 회갑기념논문집, 백문사, 1993.
[4] 물론 해방 직후 시문학의 전개에서 또 다른 중요한 하나의 축을 형성하는 흐름이 있다는 것을 의도적으로 망각할 이유는 없다. 민족 고유의 정신이나 인간의 보편성 또는 모더니스틱한 언어적 의장을 적극적으로 시 안에 담아내려 했던 흐름이 그것이다. 현실에 적극 참여했던 흐름과 이러한 흐름의 교호 내지는 상보 가능성 탐색은 우리 시대의 지적 과제이자 향후 민족 통합 차원과 관련된 인식적 과제이기도 하다. 이영섭, 앞의 글 참조.

2. 유진오의 생애 및 문학적 활동

해방 직후에 활약하였던 일군의 시인들 중에 문학적 형상과 시대정신을 융화하려 했던 시인들은 크게 두 가지 부류로 나누어 볼 수 있다. 하나는 식민지 시대부터 창작적 실천을 해오던 시인들이 암흑기의 문학적 굴절을 '자기비판'하면서 민주주의적 세계관을 성취하여 대중적 현실에 적극 참여한 경우이고, 다른 하나는 이 시기 문학 운동에서 이른바 '전위(前衛)'를 형성했던 신진시인들이었다. 일제말의 삶에 대한 자기비판의 과제가 기성문인들에게 부여된 정신적 과제였다면, 신진시인들은 그들의 투쟁경력 등에 힘입어 그러한 비판의 과제로부터 비교적 자유로울 수 있었다.5) 그 신진시인들 중에서도 특히 유진오(兪鎭五)는 비극적인 생애와 서정성 짙은 시, 그리고 혁명적 열정으로 우리의 각별한 주목을 끈다.

유진오는 1922년 전북 완주군 고산면 읍내리에서 아버지 유치구(兪致九)와 어머니 남원 양(梁)씨의 4형제 중 막내로 태어났다. 1936년 서울에 있는 5년제 중동중학교에 입학하게 된 유진오는 여기서 나중에 전위시인으로 같이 활약하게 되는 김상훈(金尙勳)과 급우로 같이 지내게 된다. 1941년에 중동중학교를 졸업한 그는 일본 동경으로 가서 와세다대학, 메이지대학, 동경문화학원 등에서 수업하면서 학병을 면한다. 1945년 9월에 첫 작품「피릿소리」로 등단한 후 그는 '공청(共靑)'에 가입하기도 한다. 물론 그는 해방 전부터 시를 써온 것으로 추측되는데, 다만 시가 활자화되어 대중들에게 선보인 것이 해방 후일 따름이다. 그는 해방 직후에 오장환(吳章煥)의 천거로 '조선문학가동맹'에 적극적으로 참가하여 대중적 낭독시 몇 편으로 인해 1년간의 옥고를 치른 후,

---
5) 이기성, 앞의 글. 6면.

1947년 빨치산 문화선전대로 지리산에 들어갔다가 피체되어 사형을 언도받았으나 감형되어 6·25가 터진 직후인 1950년 7월 행방불명된 짧은 생애를 갖고 있다. 그러나 분단 이후 그가 갖는 문학적 의미는 공백 상태에 있었으며 더구나 그의 이름은 남과 북 어느 쪽에서도 기록되지 못한 채 문학사의 외진 골방에 묻혀 있었다.

유진오의 처녀작은 앞서 말했듯이 「피릿소리」로 알려져 있다. 이 작품은 그의 중학 동창이기도 한 시인 김상훈이 주재했던 종합시사지 『민중조선(民衆朝鮮)』 창간호에 실렸다.[6] 1946년 2월, 학병추모 행사에서 「눈 감으라 고요히」를 낭독하고, 1946년 9월 1일 국제청년데이 기념대회가 열린 동대문운동장에서 자작시 「누구를 위한 벅차는 우리의 젊음이냐?」를 낭송함으로써 10만 청중으로부터 갈채를 받고 재차 낭독하기까지 한다.[7] 그는 이로써 9월 3일 미군정 포고령 위반죄로 긴급 구속된다. 이 사건은 해방 이후 첫 필화사건으로 기록된다. 이때 임화(林和)가 찬가(讚歌)를 써서 옥중의 그를 격려했고, 유진오는 출감된 후에 "名譽스러운 人民의 桂冠詩人"[8]이라는 다소 과장된 칭호를 얻는다. 당대 문단의 한 충격적인 사례였던 이 사건에 대해 오장환은 다음과 같이 말하고 있다.

> 그리하여 이 중에 한 동무(유진오-필자주)는 벌써 그 노래로 하여금 몸을 영어(囹圄)에 빠지게 하였으며 또 참으로 오랜동안 감격을 모르던 이 땅의 청년들에게 그의 한 편의 시로 하여금 만뢰(萬雷)의 공명을 일으키게 하였으며 일찍이 시인들이 차지하였던 아테네의 영광을 약관으로 이 땅에서 다시 찾은 것 같은 느낌을 주게

---

6) 이 잡지는 창간호가 종간호가 된 단명한 잡지였다. 정영진, 『문학사의 길찾기』, 국학자료원, 1993. 146면.
7) 「소식과 통신」, 『문학』 1946. 11. 143면.
8) 조운, 「서(序)」, 『창』, 정음사, 1946.

하였다.9)

이어서 오장환은 미군정에 의해 자행되는 일련의 문인 구속 상황을 강하게 비판하는 글을 발표한다. 그는 이 글에서 "작년 9월 1일 국제청년데이에서 다만 시 한 수를 읽었다는 죄명으로 1년의 징역을 하는 동무 유진오를 보라. 그리고 연달아 작년 12월 29일 삼상결정일주년기념대회 때 어리석은 내가 시를 읽은 것으로 인하여 나를 찾으려 하고 내가 없는 틈에 원고를 압수해갔고 또 금년 1월 10일 종합예술제 때에도 극장에 임석한 경관이 사전에 원고를 검열하고 낭독에서 삭제할 곳을 일러준 다음 그 뒤에 읽었음에도 불구하고 그것을 낭독한 여배우 문예봉 씨는 당국에 불려가는 불상사를 일으키었다"면서 "내가 두 번 다시 말할 필요는 없다. 동무 유진오를 석방하라. 만일에 유진오가 유죄라 하면 그의 시를 듣고 열광하여 외치는 군중은 무엇인가. 수만의 열광자도 공범이 되어야 하느냐? 우리는 유진오 동무의 석방을 위하여 끝까지 싸워야 한다. 오늘 내리눌리는 부당한 억압을 참지 못하여 일어선 우리 문화인들이여! 우리 앞에는 열백번 결의를 다시 해야 할 크나큰 싸움이 있을 뿐이다. 우리 인민의 벗인 젊은 시인 유진오를 즉시 석방하라"10)고 절규하였다. 임화 역시 그의 시에서 "억수로 내리는 양광(陽光) 아래 / 요란히 흔들리는 수만의 손과 / 아우성치는 동포의 고함 속에 / 그대는 호령하는 장군처럼 / 노래하였다"11)고 써 유진오의 문학적 기백과 정당성을 적극 옹호하였다. 이와 같이 조선문학가동맹의 선배들이 그의 문학 세계를 옹위하고 나선 실례들은 유진오의 문학적 행보가 당대의 정치적 상황과 매우 높은 관련성을 갖고 전개되었음을 깊이 암

---

9) 오장환, 「발(跋)」, 김광현 외, 『전위시인집』, 노농사, 1946.
10) 오장환, 「시인(詩人)의 박해」, 『문학평론』 1947. 4.
11) 임화, 「계관시인 - 옥중의 유진오군에게」, 『찬가(讚歌)』, 백양당, 1947.

시하고 있다.

  1946년 12월 유진오는 김상훈, 이병철(李秉哲), 박산운(朴山雲), 김광현(金光現) 등과 함께 공동사화집『전위시인집(前衛詩人集)』(노농사)을 발간한다. 이 사화집에 유진오는「공청원(共靑員)」,「장마」,「횃불」,「삼팔이남」,「누구를 위한 벅차는 우리의 젊음이냐?」등 다섯 편의 시를 싣고 있다.

  1947년 5월 약 9개월간의 복역 끝에 석방된 유진오는『문학(文學)』에 옥중기「싸우는 감옥」을 발표한다. 이어 7월에 조선문학가동맹과 문연의 방침에 따라 계획된 문화공작대 운동에 참가하여 그 제1대에 소속되어 경남지방을 순회하며 인민들의 조직, 선동을 위한 활동을 전개한다. 1948년 1월 정음사에서 시집『창(窓)』을 발간하고, 그 해 9월에 결혼한다. 1949년 1월『학풍(學風)』에 최후로 활자화된「조국과 함께」를 발표한 후 그는 지리산 중심의 남로당계 유격대에 문화 공작대장으로 입산하라는 지령을 받고 지리산으로 갔다가 곧바로 피체되어 1949년 9월 군법회의로부터 사형을 언도받는다. 가족 친지들의 탄원으로 무기로 감형된 후 1950년 3월 전주감옥소로 이감되었고, 그 해 한국전쟁이 터져 그는 행방불명된다. 당시 좌익수들을 긴급 처형했던 잘 알려진 사실로 미루어 그때 처형된 것으로 짐작할 수 있다. 따라서 우리로서는 유진오가 끝내 월북하지 않고 남한에서 활동하다 처형당한다는 측면에서 그의 세계관을 철저한 민주주의에 대한 열망으로 읽을 수 있다고 본다.

3. 유진오의 시세계 - 혁명성의 서정적 형상화

  이른바 '전위시인'으로 불렸던 유진오, 김상훈, 김광현, 박산운, 이병철과 상민(常民) 등은 해방 직후의 시사에서 특별한 주목을 요한다. 그것은 이들의 시가 시적 형상성의 확보라는 측면에서만이 아니라 해방기의 현실이 요구하는 새로운 시적 비전의 창조라는 측면에서 모두 일정한 성취를 거두고 있기 때문이다. 그뿐 아니라 이들은 시국과 관련된 각종 행사와 1947년 이후 전개된 문화선전대 활동 등을 통해서 자신들의 시적 실천을 민주주의 국가 건설이라는 정치적 과제와 적극적으로 결합시키기도 했다. 그런 의미에서 그들에게 시는 현실 변혁을 위한 효과적인 '무기'였던 셈이다.12)

이들은 조선문학가동맹의 실질적인 일꾼으로서 문화제 등의 행사나 '문화공작대' 등의 당 조직 사업에 헌신하는 역할을 담당한다. 당이 불법화되어 공개적인 활동이 불가능했던 시기에는 조선문학가동맹을 통하여 문학대중화 사업과 구국문학운동을 전개하는 중추적 역할을 맡기도 한다.13) 1946년 총파업과 10월 인민항쟁, 그리고 1947년 초반의 대중화론에 기초한 문화제와 문화공작대 사업, 1948년 남한만의 단독정부 수립 시기의 '구국문학론' 등으로 이어지면서 그들의 역할과 활동은 매우 구체적으로 드러나게 된다.14) 특히 유진오는 다음과 같이 자신의 이념적, 문학적 지향을 선명히 밝혀 놓은 바 있어 그의 시에 표백될 관념의 향방을 쉽게 알 수 있게 해주고 있다.

> 시인이 되기는 바쁘지 않다. 먼저 철저한 민주주의자가 되어야겠다. 시는 그 다음에 써도 충분하다. 시인은 누구보다도 먼저 진정한

---

12) 그런 의미에서 그들에게 문학은 소시민적 체관(諦觀)이나 고립적 순수주의의 영역에 머물러 있는 정태적 예술 행위가 아니었다. 어쩌면 그들은 가장 비(非)문학적 형식으로 문학적 열정을 구현하려 했던 철저히 역사적인 존재였다고 할 수 있다. 오성호, 「해방 직후의 전위시인들」, 민족문학사연구소 편, 『민족문학사강좌 하』, 창작과비평사, 1995. 205면.
13) 윤여탁, 「해방정국 조선문학가동맹의 시단 형성과 시론」, 『시의 논리와 서정시의 역사』, 태학사, 1995. 73면.
14) 윤여탁, 앞의 글, 83면.

민중의 소리를 전하는 사람이어야 할 것이다. 투철한 민주주의자가 된다는 것은 인민을 위한 전사가 되는 것이다. 나의 시다운 시는 금후의 과제이다.15)

따라서 이러한 결의와 혁명적 열정에 가득찼던 신진시인들에게 있어서 이른바 '혁명적 낭만주의'의 성취는 기성시인들과 비교할 때 그 순수성에 있어서나 젊음이 밑받침을 하고 있는 정열에 있어서나 훨씬 우월한 단계에서 이루어졌다고 볼 수 있다.16)

그러나 그러한 시대 일반적 특성에도 불구하고 문학 작품이란 작가의 내적 삶에 대한 객관적 상관물이며, 감지할 수 없는 전혀 사적인 내적 체험에 대한, 감지할 수 있는 투사물이고, 따라서 그것들은 각각 독립된 예술 작품이면서도 총체적으로 놓고 보면 영혼의 자서전을 그 안에 감추고 있는 것17)이라는 측면에서 볼 때, 우리는 유진오의 삶의 역정에 따라 나타나는 시세계의 독자적인 발전 과정에 주목할 수 있다. 그 결과 그의 시세계는 크게 세 가지 단계적 범주로 나누어 고찰할 수 있다고 본다. 이러한 분류는 어떤 선험적 틀을 가지고 나눈 것이 아니라 길지 않은 시기 동안 이루어진 그의 시세계 내적인 양상의 변화에 따른 귀납적 결과이다.

(1) 개인화된 화자와 그리움의 서정

유진오의 시세계가 견지하고 있는 초기적 성격은 소박하고 개인화된 서정시편에 있다. 그 스스로 "쉽사리 던져지지 않는 몸의 뼈에 깊이 배어 있는 낡은 장옷"이라고 비유하고 있는 이 시기의 시들에는 한결같

---

15) 유진오, 『창』, 정음사, 1948. 93면.
16) 신범순, 「해방직후 리얼리즘 시의 새로운 지평」, 『한국 현대시의 매듭과 혼』, 민지사, 1992. 247면.
17) Leon Edel(김윤식 역), 『작가론의 방법』, 삼영사, 1994. 141-142면.

이 서정적 주체의 개인적 심성이 잘 나타나 있는데, 그것은 대상에 대한 그리움의 정조와 가난한 이웃들에 대한 따뜻한 시선으로 형상화된다. 그러나 이들 시에 나타난 서정의 질은 대상의 명료함이나 시적 상황의 투명성이 확보되어 있지 못한 비구체성과 막연함을 그 특징으로 삼고 있다. 대상의 불명료성이라든가 그리움 또는 연민이라는 개인적인 정서로 칩거하는 양상이 한 시대의 구체적인 역학 관계 속에 위치한 역사적 자아로서의 자기인식 차원까지 나아가지는 못하고 있는 것이다. 이러한 양상은 서정적 주체의 자기인식이 현실인식과의 상호 침투를 결여한 채 고립된 개체성으로 떨어질 때 발생하는 추상성이다.

> 비에 막혀 못 오는 사람이 / 자꾸만 그리워지면 / 그만 하늘을 주먹으로 / 쥐어지르고 싶어진다 // (…) // 일어날 기력도 없이 / 호올로 누워 있는 이 방을 / 환하게 채워주는 그런 사람이 / 한없이 그리워진다
>
> ─「비 오는 날」중에서

> 그리운 사람이 있음으로 해 / 더 한층 쓸쓸해지는 가을밤인가 보다 // 내사 퍽이나 무뚝뚝한 사나이 / 그러나 마음 속 숨은 불길이 / 사뭇 치밀려오면 / 하늘도 땅도 불꽃에 싸인다 // (…) // 네가 생각지도 못한 / 꿈조차 꿀 수 없던 그런 것이 / 젊은이 가슴에 손에 담겨서 / 그득히 앞으로만 향해 간다 // 외곬으로 타는 마음이 있어 / 괴로운 밤 / 나의 사랑 나의 자랑아 / 나는 불길에 싸여버린다
>
> ─「불길」중에서

이 두 작품에서 우리가 느낄 수 있는 것은 서정적 주체가 그리워하는 대상의 주관성과 모호성이다. 물론 그리움이라는 정서 자체가 극도의 주관적 체험에서 형성되는 것이고, 그런 만큼 그리움의 대상 역시

추상화되고 개체화될 수 있다. 그러나 주관화된 감정만이 전경화되고 그러한 감정을 빚어내는 상황의 구체적 형상이 결여되어 있다는 것은 시적 형상으로 아직은 설익은 것이라 하지 않을 수 없다. 서정적 주체에게 기다림의 대상인 "비에 막혀 못 오는 사람"이나 "그리운 사람"으로 나타나는 존재는 서정적 주체의 내밀한 주관성 속에 깊이 침윤되어 좀처럼 독자들의 경험 속으로 수용되지 못한다.

그 외에도 「순이」, 「눈이 멀도록」, 「밤」, 「봄」 등의 시는 일상성에 대한 애정과 그리움, 그리고 그에 대한 기다림의 정서가 서정적으로 그려지고 있는 초기 작품이다. 그런데 마찬가지로 초기작인 「들국화」는 혁명에 나선 이가 '꽃'을 매개로 하여 한 연인에게 개인적 연정을 느끼되 그와 동시에 그에게 사적(私的) 연정을 넘어서는 혁명적 동질성을 부여하는 곡진한 심성이 담겨 있다. "네가 꽃과 나를 좋아하듯이 / 나는 너와 또 무수한 너와 / 꽃과 自由와 / 정말로 自由로운 自由 / 꽃보다도 귀한 목숨들 / 내 일과 내 젊음을 사랑한다"는 구절 안에 개인과 공동체를 넘나드는 서정적 주체의 인식이 엿보이기 시작하는 것이다. 이 작품을 고비로 유진오는 한 시대의 자장이 '혁명'이라는 근본적 인식과 행위로 맞닥뜨려야 한다는 차원으로 인식이 바뀌게 되고, 자기 자신의 시인적 정체성을 새롭게 변모시키게 되는 계기를 맞는다.

(2) 집단적 화자와 혁명적 열정

두번째 부류는 바로 유진오를 급진적인 혁명적 지식인으로 규정짓게 만든 각종 기념 행사시들이다. 이러한 행사시들은 말할 것도 없이 조선문학가동맹이 관심을 쏟은 문학의 대중화 문제와 긴밀하게 연결되는 시적 방법론의 결실이었다. 바로 이 일련의 시들 때문에 유진오는 일년간 옥고를 치르게 된다. 이 시들은 진정한 민족 해방의 진로가 암담해져가던 시기에 대중의 혁명적 의지를 고양시키며 이른바 인식교양적 기능을 하는 역할을 했다. 「장마」(수해구제 문예강연회 낭독시), 「햇불」(8·15기념시), 「삼팔이남」(국치기념 문예강연회 낭독시), 「누구를 위한 벽차는 우리의 젊음이냐?」(국제청년데이 기념 낭독시) 등은 한결같이 투쟁시의 전범을 보여주고 있는데, 이러한 시적 양식들은 진정한 해방의 의미가 점차 퇴색되어가는 당시의 현실에서 되찾아야 할 해방의 참된 의미를 대중에게 주지시키고 그들의 혁명적 의지를 고무, 앙양시키는 데 큰 역할을 했던 것으로 그 성과를 인정받고 있다.[18]

주지하듯 모든 서정시는 사람들의 실제 생활이 그들에게서 불러일으킨 사상과 감정을 표현하며, 외적 세계가 그들에게 끼친 영향을 표현한다. 그러나 이러한 사상과 감정은 순수한 의미에서 개인적인 것이 아니라 '집단적인 것'이다. 즉 그것은 한 인간에 의해서가 아니라 주어진 순간에 동일한 경험에 의해 직접적으로 관련되고 하나의 보편적인 감정에 의해 결합된 전집단의 사람들에 의해 경험된 것이다.[19] 그렇다고 하더라도 서정시가 독자로 하여금 삶에 대한 올바른 시각과 탄탄한 세계관 및 역사의식을 한갓 충동이 아니라 감동 효과로서 전달하는 기능을 지닌 것이라고 할 수 있을 때,[20] 그 집단성과 내면화된 공간 확보는 잘 어우러져야 한다고 할 수 있다. 그런 점에서 유진오의 이 시기 시는 집단적 화자를 통하여 주체의 세계관 전달에 매진한 계몽적 의지의 발현이었다고 볼 수 있을 정도로 주체의 내적 공간 확보는 이루어져 있지 못하다. 「삼팔이남」은 이러한 시의 외곬 특성을 잘 드러내준다.

    어지러운 몸짓으로 / 베일을 씌우느냐 ? / 가리워도 가리워도 / 타는 눈방울은 베일을 뚫는다. // 쓸개를 뒤집어놓고 생각하여

---

18) 오성호, 「무기로서의 시」, 윤여탁 외 편, 『한국현대리얼리즘시인론』, 태학사, 1990. 241-242면.
19) G. Fridlender(이항재 역), 『리얼리즘의 시학』, 열린책들, 1986. 236면.
20) 이영섭, 앞의 글, 206면.

도 / 허울 좋은 南朝鮮은 / 흐물거리는 人肉市場이다. // 蕩兒와 賣笑婦는 연방 눈짓을 하며 / 어리다고 어리다고 얼르면서 / 목 쫄라매어 어데로 끄으느냐. // 지금은 아니라고 잡아떼어도 / 너는 역시 보스요 / 너는 역시 종이다. // 밀가루는, 밀가루 / 빵은 되어도 밥은 아니다. // 씨를 없애는 / 지독한 火藥이었다고 // 自由를 말함도 罪되어 / 모조리 짓밟아놓은 三八以南. // 옳은 마음 그리는 人民의 나라 / 사람들은 北으로 北으로 쏠리는데 / 權力은 東으로 東으로 / 太平洋 저쪽으로.

- 「삼팔이남」 전문

이 시에 나타나 있는 "人肉市場"이나 "蕩兒", "賣笑婦"는 미국과 결탁하여 부패해가는 남한 사회를 풍자하는 것이며, 그 안에는 권력의 중심이 미국으로 옮아가고 있다는 인식과 비판이 내재해 있다고 할 수 있다. 이렇듯 당대 상황을 알레고리적으로 인식, 비판하는 시적 장치는 우회와 간접화의 기능을 담당할 수밖에 없게 된다. '알레고리'란 표면 이야기의 저변에서 표면 이야기와 함께 그 속에서 2차적 의미를 읽을 수 있게 하는 말의 암유적(暗喩的) 용법을 일컫는데, 이와 같은 시적 장치의 설정은 당대 사회의 현실을 내포적 전체성에 의해 담아내는 시적 리얼리즘의 본령에는 거리를 두는 창작방법이 아닐 수 없다. 더불어 주체의 개인적 서정은 발 붙일 틈을 찾지 못하고 철저히 집단화된 화자에 의하여 시가 관철되고 있으며, 재해석의 여지가 없이 당연한 상황으로 시가 읽히게 된다.

또 그의 시에 나타나는 중대한 결점으로 "현실의 계급적 관련에 대한 인식이 거의 미비한"[21] 것으로 보는 시각은 타당하다. 그만큼 유진오는 현실의 복잡한 그물망을 최대한 단순화시켜 이항대립적으로 인식하는 추상성과 도식성을 면치 못하고 있다. 그러나 도식성과 선명성이

---

21) 신범순, 앞의 글, 258면.

범주 구분되지 않았던 시대적 특성이 그의 시에 어느 정도의 자기동일성과 소홀치 않은 독자적 영역을 부여하는 것 또한 사실이다.

> 눈시울이 뜨거워지도록 / 두 팔에 힘을 주어 버티는 것은 / 누구를 위한 붉은 마음이냐? // 깨어진 꿈조각을 / 떨리는 손으로 주어 모아 / 歷史가 마련하는 이 國土 위에 / 옛날을 찾으려는 // 저승길이 가까운 令監님들이 / 주책없이 중얼거리는 잠꼬대를 / 받아들이자는 우리의 젊음이냐 // 왜놈의 씨를 받아 / 소중히 기르던 무리들이 / 이제 또한 모양만이 달라진 / 새로운 XXX의 손님네들 앞에 / 머리를 숙여 / 生命과 財産과 名譽의 / 積善을 빌고 있다. // 누구를 위한 / 벅차는 우리의 젊음이냐? // 서른여덟 해 전 나라와 같이 / 송두리째 팔리어 피눈물 어려 / 남의 땅을 헤매이다 맞아 죽은 同族들은 / 팔리던 날을 그리고 / 맞아죽던 오늘 九月 초하루를 / 목메어 가슴을 치며 잊지 못한다. // 그러나 오늘날 또한 / 썩은 강냉이에 배탈이 나고 / 뿌우연 밀가루에 부풀어 오르고도 / 三千五百萬弗의 빚을 짊어지고 / 생각만 하여도 이가 갈리는 / 무리들에게 짓밟혀 / 가난한 同族들이 / 여기 눈물과 함께 우리들 앞에 섰다. // 누구를 위한 / 벅차는 우리의 젊음이냐? / 어느 놈이 우리의 / 분통을 터뜨리느냐? / 우리들 젊음의 힘은 / 피보다도 무서웁다. // 머얼리 바다 건너 저쪽에서도 / 피 끓는 젊은이의 / 씩씩한 行進과 부르짖음이 / 가슴과 가슴들 속에 波濤처럼 울려온다. / 젊은이의 갈 길은 단 한 길이다. / 가난한 同族이 우는 곳에 // 핏발이 서 날뛰는 / 外國 XXX들과 / 망령한 令監님들에게 / 저승길로 떠나는 路資를 주어 / XX으로 쫓아야 한다.
>
> ―「누구를 위한 벅차는 우리의 젊음이냐?」전문

이 시는 앞서 말했듯이 해방 후 최초의 필화사건을 겪은 작품이다. 이 작품은 시가 현실 변혁을 위한 투쟁의 무기로서 얼마나 큰 위력을 발휘할 수 있는가를 여실히 보여준 작품이다.22) 정치적 행사에서 낭독된 행사시는 독자(청중)와의 직접적 만남 속에서 정치적 영향력의 파급이라는 일정한 목적을 가지고 창작된다. 곧 전언 자체에 초점을 두고 있기 때문에 시는 사회적 기능으로서의 역할에 충실하게 되며, 시적 언어는 수신자의 관점에 있기 때문에 능동적인 어떤 효과를 획득할 수 있다.23) 이때 시는 '읽히지' 않고 '들리게' 되고, 따라서 화자와 청자와의 동일한 체험 공유가 필수적이 된다. 이와 같은 대중과의 직접적 교섭은 활자화되어 읽히는 시의 영역을 벗어나 소리로 들리게 되면서 현장적 동질성을 유발하게 하는 전략적 형식이라고 할 수 있다. 따라서 이러한 시들은 독자(청중)의 문제를 고려하지 않을 수 없다. 그것은 야우스의 언급처럼, 작가, 작품, 독자 대중의 삼각형에서 독자 대중이 수동적인 요소도 단순한 반응의 고리도 아니며 오히려 적극적 참여를 통한 역사창조의 에너지로 작용하기 때문이다.

이 작품에 대한 기존의 분석 역시 해방 직후를 바라보는 이념적 편차를 고스란히 반영하고 있다. 가령 김용직 교수는 "얼핏 보아도 나타나는 바와 같이 이 작품에는 시가 지니고 있어야 할 말솜씨 같은 것이 상당히 결여되어 있다. 뿐만 아니라 좌파 시의 생명으로 생각되는 가락의 신축성이나 어투의 절박감 같은 것도 잘 나타나지 않는다. 단적으로 말해서 이것은 그 무렵까지 우리 시와 시단이 쌓아올린 질적 수준으로 보아 전혀 문제가 될 만한 작품이 못 된다"24)고 폄하하였다. 그리고 이어서 "이것은 문맹의 시가 예술성을 돌보지 않은 채 당파성에 편향한 좋은 보기가 된다"25)고 하였다. 그러나 이 작품은 "짧으면서도 격렬하고 긴박한 느낌을 주는 리듬과 자문자답식으로 이어지는 진술 방식, 그

---

22) 오성호, 앞의 글, 242면.
23) Terry Eagleton(김명환 외 역), 『문학이론입문』, 창작과비평사, 1986. 125면.
24) 김용직, 『해방기 한국 시문학사』, 민음사, 1989. 129면.
25) 위의 책, 231면.

리고 일도양단식으로 단순하고도 명쾌하게 구분된 적(敵)과 아(我)의 대립적인 구도, 적에 대한 강렬한 증오심과 동지에 대한 한없는 연대의식 등은 그러한 당위적인 관념과 혁명적 열정이 좀 더 강렬하게 전달되도록 해주는 시적 장치라고 할 수 있다"26)고 적극적으로 읽을 수도 있다. 결국 문학과 정치의 날카로운 긴장 관계에 대한 적대적 해석과 호의적 해석은 연구자 나름의 세계관적 선택이므로, 첨예한 정치적 전위로 행동했던 유진오에 대한 평가가 이렇게 상반된 결과로 도출되는 것은 어쩌면 자명한 일이다. 그러나 이 시기가 문학과 정치의 상관성이 시적 주체들에게 널리 공유되었던 만큼, 당대 유진오의 시적 실천은 자기 스스로에게 가장 충실한 선택이었음에 틀림없고, 나아가 그것은 그의 시인적 정체성을 확보해가는 가장 유용한 시적 양식화였다고 할 수 있다. 이와 같은 시대 분위기는 임화의 다음 글에 잘 나타나 있다.

> 본질적으로 문화가 정치와 떠날 수 없다는 이론적 해명보다도 현하의 조선정세를 경험하는 가운데 얼마나 문화가 정치와 불가분의 존재라는 것을 사실을 들어 지적할 필요가 있다.
> 정치가 모든 생활관계의 집중적 표현이란 말이 지금처럼 사실화되어 나타날 시기라는 것은 극히 드물다. 그렇다고 문화를 곧 정치의 한 수단에 불과하다고 생각한다면 왕년의 과오를 되풀이하는 것이다. 단지 우리는 문화에 대하여 정치가 우위에 섰다는 것을 (문화종사자에 대한 정치가의 우위가 아니라!) 다음에 사실을 통하여 솔직히 표명해야 한다.
> 삼천만인민의 절대다수의 행복과 불행이 앞으로 수립될 정부의 성격과 지대한 관계를 가진 현재 문화가 정치의 권외에 선다는 것이 대체 허용될 것인가?27)

---

26) 오성호, 「해방 직후의 전위시인들」, 민족문학사연구소 편, 『민족문학사강좌 하』, 창작과비평사, 1995. 214면.
27) 임화, 「현하의 정세와 문화운동의 당면임무」, 『문화전선』 창간호, 1945. 11.

이와 같은 문학과 정치의 친연성 내지 상보성을 유진오는 집단의 이념을 대변하는 증언적 화자에 긴박하여 표출하였다. 그는 일관되게 언어의 심미성보다는 정서의 의도적 고양에 힘을 쏟았다. 옥고를 치르는 중에 구상을 했음이 틀림없는 다음 시 역시 한 시대의 뒤틀린 정의 감각을 고스란히 뒤집어 보여주는 시적 장치가 돋보이는 작품이다.

> 나의 사랑하는 / 불쌍한 동무들은 / 이러한 窓 안에서 / 굶주려 숨넘어갔다 // 그러기에 / 도적이 두려워 / 어둠이 무서운 아름다운 窓들엔 / 權力과 함께 / 富裕한 도적이 살지 않느냐 // 부딪쳐 파아랗게 / 타오를 날 / 이날이사 나즉한 목소리는 / 우렁찬 나팔처럼 울리고 / 하늘을 찌르는 불꽃은 / 우리의 旗ㅅ발 / 어둠을 뚫고 / 아름다운 窓들 / 그들이 사랑하는 窓들은 / 鐵窓이 되리라 // 아아 이것은 偶然이 아니다 / 强盜와 富者에겐 / 鐵窓을 주라
>
> — 「창」 중에서

서정적 주체에게 굴레가 되었던 시적 대상인 '창'이 시의 마지막 부분에서 강도와 부자에게 향하는 '철창'으로 변화하는 반전(反轉)의 수사학이 시 전체를 효과적으로 마무리짓고 있다. 이러한 시적 장치 역시 서정적 주체의 인식을 독자의 그것으로 치환하고자 하는 계몽 의지의 적극적 발현이라고 보아도 좋을 것이다. 이러한 시적 방법론은 1980년대의 김남주(金南柱)가 쓴 현실 변혁을 열망하는 작품들에 그대로 이어진다는 면에서 하나의 보편적인 양식적 배려라고 할 수 있다.

(3) 서정적 주체 안에서 서정성과 혁명성의 통합

마지막 부류는 이러한 투쟁의식이 서정적 내면화로 변증적 통합을 이루며 정서적으로 한 차원 높아진 시편들이다. 이 시들에서 유진오의

시인적 면목은 이른바 변증법적 지양을 이루며 개화한다. 여기서는 그의 혁명적 사상성이 짙은 개인적 서정과 맞물려 일정한 승화를 이루어 내고 있는데, 바로 이러한 시들이 시집 『창』의 주된 분위기를 이루고 있는 것이다.

어매여 / 한없는 노래여 // 나는 시방 / "자식이란 애물"이라던 / 옛말을 생각하고 있다 // 세치 앞이 안 보이는 어매는 / 왜 그리 자꾸 속을 태우는가 / 그리다간 영 그 눈을 / 못 쓰게 맹글지 않겠는가 // 골목 길을 골라서 / 행여 뒤따를 놈 있을까봐 / 뺑 뺑 돌아서 / 아주 생판 딴 길을 갔다간 / 겨우 겨우 찾아서 / 남의 집 사랑방에 숨어 있는 / "애물"을 찾아온 어매 // "이 자식아 네가 왜 그리 보구 싶으냐" // 어매야 / 인젠 제발 나서지 마라 / 눈 어둡고 귀도 어두운 어매 / 돌아가는 길에 / 무엇에 칠까봐 정말 겁이 난다 // 요전에도 / 옷보퉁이를 들고 / 留置場 문 밖에 와 / 쭈그리고 앉았더구나 / 取調를 나가는 길에 / 내가 부르지 않았더라면 / "애물"을 알아 보지도 못할 / 어매야 / 다음부턴 아예 / 警察署 門앞에 얼씬도 마라 / 警察署로 監獄으로 / 어매야 무던히도 다녔구나 / 白髮이 성성한 어매야 // 꿈자리가 사납더라고 / 걱정 끝에 점치러 가고 / 오오 어매야 / 그게 무슨 짓이냐 // 그렇지만 / 어매여 / 나의 자랑 나의 노래여 // 망 보러 나갔을 때의 / 어매는 千里眼이다 / 그리고 / 시골서 온 일가가 / 무어라고 무어라고 / 허튼 소리 지껄였을 때 / 어매는 훌륭히 解說을 했다 // 동네 여편네들이 / 주접을 떨 때 / 어매는 차근차근 / 타이르구 가르쳐서 / 모오두 동무가 된 것을 / 어매야 아무리 숨겨도 / 나는 알았다 // 어매야 / 나는 어깨가 그만 으쓱해지더라 // 나는 어매가 바라보는 / 눈초리가 괴롭다 / 말없이 깜박이며 / 어디까지나 따라오는 / 어매의 눈이 귀하기 때문에 / 몹시도 괴롭다 // 어매야 / 인젠 이 자식을 잊어버려라 // 그래도 어매는 못 잊을 게다 / 아무리 나오지 말래도 / 누더기 옷 입고 비척 비척 / "애물"을 찾아 나올 게다 // 내가 안 된다고 들어가시라면 / 염려 말고 가라고 보내 놓고는 / 내 사라지는 뒷모습을 / 넋없이 바라보다간 / 눈도 귀도 아조 영 못 쓰게 / 상해버릴 게다 // 그렇지만 어매야 / 나는 간다 / 그러기에 어매야 / 나를 잊고 쉬어다오 // 어매여 / 한없는 나의 노래여

- 「한없는 노래」 전문

개인적 서정 곧, 서정적 주체의 구체적인 삶이 시의 기본 골조이고 거기에 시대의 현실이 부각되어 나온다. 더구나 일상성을 극복하여 현실에 뛰어드는 어머니의 의지를 아들의 시선으로 그리고 있는 이 시는 아들의 혁명적 삶에 의식적으로 동참하게 되는 어머니의 모습이 연민과 안쓰러움, 고통과 그의 초극이라는 정서의 다양성과 함께 잘 그려지고 있다. 여기서 그는 가장 개인적인 이야기를 통해 사사(私事)로움을 넘어선 시대적 보편성을 구현하는 원숙함을 보인다. 이러한 시에는 「향수」, 「산」, 「3월」 등이 더 있다. 따라서 유진오 시의 본령은 시인 자신의 삶을 매개로 한 고양된 서정성에 현실 인식의 적극성과 무기로서의 시에 대한 철저한 인식이 결합되는 것으로 요약되어질 수 있을 것이다.

죽음인들 대수로우냐 / 이대로 가자 / 괴로움이면 차라리 / 뼈를 앗으라 // 사나운 바람 속에 / 눈물 어려 살아왔다 / 가야만 할 길이다 / 꽃잎처럼 떨어지자 // 하나 둘 / 헤일 수 없이 / 짓밟혀간다 / 아까운 목숨들이 / 악착스리 짓밟는다 // 사나운 발굽 밑에 / 꽃잎이 있다 / 번쩍이는 총칼 밑에 / 목숨이 있다 // 꽃같은 목숨이 / 땅 위에 떨어졌다 / 떨어진다 // 허수히 죽는 게 아니다 / 그냥 스러지는 / 꽃 같은 목숨이 아니다 // 땅 속에 / 흙 속에 / 다시 피리라 / 죽어도 떨어져도 / 꽃은 피고 / 꽃은 남는다 // 죽음인들 대수로우냐 / 이대로 가자 / 괴로움이면 차라리 / 뼈를 앗으라

- 「이대로 가자」 전문

이 작품은 어느 시대 어느 상황에서고 자신의 신념을 위해 죽음을 결단한 사람이 부를 수 있는 최상의 것이기에 감동적이면서도 보편적이다. 이 시의 '앗기는 뼈'와 '떨어지는 꽃잎'의 심상은 뒷부분에서 죽음의 일회성을 초월한 영원의 상징으로 전화된다.[28]

결국 유진오는 초기시의 막연하고 불투명한 개인적 서정과 그 후의 집단화된 화자의 변이를 거쳐 개인과 공동체가 수평적 위상에서 만나는 지점에서 그것들이 결합됨으로써 가편들을 산출했다고 볼 수 있을 것이다.

4. 맺음말 – 해방기 시의 현실적 의미

서정시는 외적 사건의 계기 및 전개보다는 주체의 체험 및 의식의 순간적 통일에 의하여 형성되는 형상에 의하여 표현된다. 그러나 서정적 주체의 의식은 가장 개인화된 이야기를 배음(背音)으로 하면서 동시대의 보편적 정서를 내면화하는 기능을 아울러 떠맡는다. 카이저는 배역시(配役詩)란 어느 특정한 인물의 목소리를 통해 나타나는 시로서, 시인의 심혼적(心魂的)인 자기 표현이 시의 정수로 인식되기 시작한 낭만주의 이후로 이한 배역시는 퇴보하였다[29]고 보지만, 엄밀한 의미에서 심혼시와 배역시의 구분 가능성은 정치적 의식의 앙양기에는 유진오의 예처럼 흐릿해지는 것이 아닌가 한다. 윤리적 자아와 문학적 자아의 구별 자체가 불가능했던 해방 직후의 시인들은 자신이 추구하는 이

---

28) 이숭원, 「유진오 시의 행동성」, 『현대시와 현실인식』, 한신문화사, 1990. 90면.
29) W. Kayser(김윤섭 역), 『언어예술작품론』, 대방출판사, 1982. 참조.

상을 실현하려고 하는 행위 그 자체 속에 자신의 존재 근거를 두고, 그 속에서 무너져가는 세계와 자기 자신을 간신히 지탱했다고 보아야 옳을 것이다.30)

그러나 해방 직후의 시들은 서정적 순간성 속에서 서사적인 맥락을 내재화시켰던 1930년대 후반 시 이를테면 백석, 오장환, 이용악, 안용만 등의 시에서 퇴행한 측면이 분명히 지적되어야 할 것이다. 그것은 서정적 주체의 체험적 진실성과 한 시대의 구도가 투명하게 시적 형상 속에 결합하였던 것에서 주체의 의지가 전면화되는 시적 맥락의 불투명성, 또는 시적 구체성의 약화로 비판받을 수 있을 것이다. 이러한 비판은 동시대 문학에 관련된 실천적 연관을 잃어버리는 순간 이와 같은 격동기를 살아갔던 시인의 흔적이 과거적 상투형으로 남게 될 것이라는 면과 더불어 우리의 주의를 더욱 환기시킨다.

우리 근현대시사의 분단에 의한 파행성의 극복에는 앞으로도 많은 과제들이 가로놓여 있다. 분단에 의해 여백으로 남은 문학사의 양적 확충 외에도 우리 시에 흐르는 면면한 진보성에 대한 실증적 재구성 또한 우리에게 요구되는 핵심적 과제 중의 하나이다. 그런 의미에서 한 시대를 열정과 의지로 이겨내려 했던 서정시인 유진오의 시적 실천의 의미와 한계는 우리에게 고난의 시대에 시가 할 수 있는 영역의 가능치에 대한 강력한 시사점을 줄 수 있을 것이라고 생각한다. (1997)

---

30) James D. Wilkinson(이인호 외 역), 『지식인과 저항』, 문학과지성사, 1992. 429-457면 참조.

II

辛東門論
전후 참여시인의 시적 파토스

1. 머리말 — '전후(戰後)'의 시사적 조건

 한국 현대문학사에서 '1950년대'라는 특수한 시기를 떼내어 그것을 역사적 전개의 한 마디로 파악할 경우, 우리는 궁극적으로 그 시기가 담당해낸 문학사적 역할을 섬세하게 따져 보아야 한다. 물론 우리로서는 10년 단위의 획일적 분법(分法)으로 문학사를 기술하는 그간의 관행이 갖는 비과학성과 몰역사성을 충분히 지적할 수 있다고 본다. 그러나 그러한 부분적 결함을 감안한다 하더라도, 1950년대는 '6·25(1950)'와 '4·19(1960)'라는 뚜렷한 정치사회적 변화의 간극에 그 실체를 드리우고 있음으로 해서, 연구의 명분과 효율성에서 다른 연대(年代)보다 유리한 점이 많은 것이 사실이다. 따라서 우리는 '1950년대'라는 특정한 시기에 펼쳐진 시적 경향을 연구하는 데 있어서, 그 시대를 가장 힘차게 관류(貫流)하였던 시적 흐름을 일별하고, 그것들이 한국 현대시사에서 떠맡은 공과(功過)를 정리·해명하는 데 힘을 모아야 할 것이다.
 1950년대 시의 성격은, 말할 것도 없이, 상상을 뛰어넘는 물리적, 이

넘적, 정신적 충격을 몰고온 '한국전쟁'의 영향권으로부터 발생할 수밖에 없다. 우리가 아무리 1950년대에 산출된 작품에 대하여 초역사적인 분석비평이나 내적 구조에 충실한 형식이론적 분석을 한다고 할지라도, 그 시대의 시인들이 자신의 체험과 생각을 다듬고 그것을 형상화하기까지 가장 강하게 영향을 받은 '전쟁'이라는 역사적 경험을 논외로 할 수는 없는 것이다. 그들에게 '전쟁'이란 '선험적 관념'이 아니라 '체험적 상황'이었고, 원천적으로 모든 의식의 발생론이 되고 있는 것이다.

아무튼 '한국전쟁'은 당대의 시인들에게 깊은 정신적 상처를 남긴 채 끝이 난다. 그 상처는 강력한 물리적 충격과 심각한 생명 훼손의 목도(目睹), 정상적인 삶의 연속성 붕괴, 그리고 한 쪽의 이념을 적대시하고 다른 한 쪽의 이념과 체제를 절대시해야 하는 사상적 협애성 등으로 나타났고, 그러한 지적, 정서적 분위기에 따라 그들은 '시'라는 예술 양식을 상당히 곤혹스런 행위로 인식하게 되었다. 가령 '절대빈곤'으로 불리워지던 당대의 궁핍과 생활난이 시 창작 행위를 모종의 사치로 만들어버렸고, 자유당 정권하의 이념적 불구형은 그들에게서 사회적 비판의식이나 민족사적 원근법의 시각을 근본적으로 앗아갔다. 그만큼 당대의 시인들에게 있어 '한국전쟁'이 남긴 가장 우성적(優性的)인 이미지는 물리적 폭력과 그에 따른 인간의 사물화, 그리고 시정신의 죽음과 역사적 허무주의였다.

그러나 1950년대는 전쟁으로 인한 냉전논리의 확산이라는 측면과 함께 민주주의적 혁명 역량의 축적이라는 성격 역시 아울러 견지한다. 당대의 정치적 모순은 절대빈곤과 냉전이념의 틈새에서 암암리에 은성(隱盛)하였고, 그것은 결국 그 연대의 끝에 이르러 '4월혁명'이라는 위대한 민중적 힘의 분출을 초래한다. 이러한 이율배반적 성격('냉전의식'과 '혁명 역량')의 누적을 1950년대의 역사적 성격이라고 했을 때, 우리는 그러한 양극적 자장(磁場) 속에서 우리 시문학이 어떻게 현실과 대응해갔는가에 관심을 둘 수 있다. 그 양상을 우리가 온전히 귀납할 수만 있다면, 우리는 '1950년대'와 그 이후 시기가 서로 이어지는 추이 과정을 알 수 있을 것이고, 나아가 우리 시의 역사적 연속성 곧, 이후 펼쳐지는 1960-70년대의 민중적 서정시, 1980년대의 노동시나 민중시 등의 전개와 1950년대를 이어서 생각할 수 있는 연속성의 사관(史觀)을 얻을 수 있을 것이다. 그렇게 함으로써 한국 시문학의 진보적 전통이 특정 시기에 활동하였던 소수 시인들의 예외적 정열들로 이룩되어간 것이 아니라, 그 부분적 단층(斷層)에도 불구하고 하나의 연속적 흐름으로, 곧 문학사적 계승과 굴절로 이어지고 있다고 판단할 수 있는 것이다. 그런 면에서 볼 때 '1950년대'는 다양한 가능성과 한계가 공존했던 문학사의 역동적인 시기였다고 할 수 있다. 정치적으로나 역사적으로 볼 때 이 시기는 "냉전의 허위의식에 매몰되어 한치 앞도 내다보지 못했던"[1] 시기였지만, 문학적으로 볼 때 이 시기는 다양한 주체들의 욕망과 목소리가 끊임없이 명멸하고 혼류했던 시기였다.

이 글의 대상이 되는 시인 신동문은 바로 이러한 전후(戰後)의 시대적 양상을 그 시세계 속에 온축(蘊蓄)하고 있는 문제적 시인이다. 그는 1956년에 등단하여 1950년대 후반에서 1960년대 초반까지의 사회 변화상에 대한 시적 주체의 반응을 그 나름의 독특한 목소리로 실어 전한 이채로운 시인이다. 특히 그의 시에서 강렬하게 표출되는 것은 '시적 주체'[2]의 전면화(前面化)이다. 대상을 바라보고 그것을 판단, 평가하고

---

1) 안병영, 「6·25가 미친 정치적 영향」, 『현대사를 어떻게 볼 것인가 II』, 동아일보사, 1988. 411면.
2) '시적 주체'라는 말은 '시적 자아'나 '시적 화자'의 개념과 일치하기도 하고 변별성을 띠기도 한다. '시적 주체'는 일상적인 자아의 의식을 창조적이고 배역적인 자아의 의식으로 여과하여 한 편의 시 안에서 형상화하는 주인물인데, 그것은 인식 능력과 인식 기능의 능동적 담지자일 뿐만 아니라 시적 경험을 형상화하는 시적 목소리의 주인공이기도 하다. 따라서 '화자(話者)'가 주로 배역(配役)의 문제에, '자아(自我)'가 주로 정신적인 문제에 집중되어 있

자아와의 관련에서 그 의미를 해득할 수 있는 '지·정·의'의 담당자를 '주체(主體)'라고 할 경우, 신동문의 시는 상황에 대한 '시적 주체'의 반응의 궤도를 밟아간 여정이라고 할 수 있다.

2. 신동문의 문학적 궤적

지금까지 우리에게 알려진 시인 신동문(辛東門, 1928-1993)의 개인적 이력(履歷)과 시세계에 대한 정보는 그야말로 영성하기 짝이 없다. 그가 문단 생활을 본격적으로 전개할 때에도 변변한 시인론 하나 없었던 데다가, 그의 사후(死後)에도 역시 그를 기리거나 그의 문학 세계를 귀납, 정리하여 전일적으로 소개하는 글 하나 없었을 정도3)로 그를 향한 문단이나 연구자들의 관심은 매우 인색했다. 그 까닭을 그의 문학적 성과나 비중의 비루함에 둔다면 달리 이의를 제기할 필요도 없을 것이다. 왜냐하면 '시인론'이라는 문화적 행위 역시 문제적이거나 일급의 수준을 이룬 시인들에게 독점적으로 할애되는 것이 상례일 터이니 말이다.

그러나 그가 남긴 작품들을 통해 그의 시적 사유와 시대적 응전을 그 나름대로 음미해 보면 우리로서는 그와 같은 판단이 그리 타당하다

는 인상을 강하게 띠는 반면, '주체(主體)'는 '화자'의 기능적 의미와 '자아'의 정신적·내용적 의미를 같이 함축할 수 있다.
3) 그가 타계한 1993년에 그가 깊이 관여했던 『창작과 비평』(1993년 겨울호)에서 대표시를 수록하여 추모하고 있을 뿐이다. 최근에 '1950년대'에 대한 집중적 연구 분위기에 따라 신동문의 시에 대한 고찰도 서서히 시작되고 있는데, 박지영의 「신동문시 연구」(『덕성어문학』 9집, 1996)와 이승하의 「혁명의 현장에 선 한 시인의 변모 - 신동문의 풍자시」(『현대시사상』 28호, 1996. 가을)이 그것이다. 이 논문들은 신동문 시의 사회적 의미와 방법적 성격을 각각 천착하여 그에 대한 이해의 길을 터놓은 선구적인 작업들이라고 할 수 있다.

고 느껴지지 않는다. 달리 말해 신동문의 시세계가 그리 우열(愚劣)하지 않고 오히려 전후(戰後)라는 시대적 조건 안에서 음미해 볼 만한 충분한 가치가 있으며, 따라서 그가 동시대의 여타 시인들과 미적, 형상적으로 변별될 수 있는 '문제적 시인'으로 평가될 소지가 있다는 가설을 세워 봄직하다는 이야기이다. 따라서 이 글은 그러한 가설을 검토하고, 가능하다면 그의 시세계의 본령을 시대적 지형도 안에서 충실하게 재구, 구명해 보려는 의도를 갖고 있는 셈이다.

신동문(본명 建鎬)은 1928년 7월 20일 충청북도 청원에서 출생하였다. 그는 어려서부터 병약하여 소학교, 중학교를 중간에 몇 차례씩 휴학했다가 재편입한 이력을 갖고 있다. 서울대학교 문리대학에 입학한 뒤에도 1년을 채우지 못하고 중퇴한 뒤에, 다시 동국대학교에 편입하였으나 반년 만에 또 휴학하고 지병으로 입원을 하는 등 굴곡 많은 육신의 고통에 시달렸다. 그를 안정된 상태에서 일관성있게 학업에 전념할 수 없게 만든 그의 지병은 폐결핵이었는데, 그는 이 병으로 인해 도합 10년 가까운 세월을 요양원에서 보냈다.

1950년, 그의 나이 스물셋에 터진 6·25는 그로 하여금 미증유의 충격 공간인 전쟁의 직접 체험을 가져다준다. 국민방위군에 잡혀갔다가 목숨을 건 탈출에 성공한 그는 공군에 자원 입대하여 3년간의 전쟁기 동안 군에서 현역 군인으로 복무한다. 물론 그의 시세계나 산문에서 피력한 말을 토대로 보면, 그는 전선에 투입된 전투병이었다기보다는 후방에서 기상을 관측하는 근무병이었다는 것을 알 수 있다. 그러나 전쟁은 그에게 다른 전후 시인과 마찬가지로 시의 '발생학' 역할을 하였고, 근무하는 틈틈이 써 모은 작품들이 1956년 12월에 상자된 처녀시집 『풍선(風船)과 제삼포복(第三匍匐)』(충북문화사)에 수록된다.

군에서 제대한 직후에 그는 『충북일보』, 『사회일보』의 논설위원, 『경향신문』 기획위원 등을 지내다가 1956년 1월 『조선일보』 신춘문예에

「풍선기(風船期)」 연작이 2등 당선[4]된다. 이는 그에게 의미있는 문학적 출발점이 되었다. 1959년 충북문학인회를 창립하여 민병산 등과 함께 활약했으며, 그 후 주로 청주에서 '원탑', '푸른 문', '창' 등의 동인 활동을 했다. 그 후 그는 종합지 『새벽』 편집장과 『창작과 비평』의 초기 편집일을 평론가 염무웅(廉武雄)과 함께 맡아보기도 했다. 그리고 1970년대 이후 세상을 뜨게 되는 1993년까지 그는 일체의 문단 활동을 하지 않고 고향인 청원에서 농장을 경영하며 칩거한다. 따라서 그의 시적 본령은 1950년대 중반으로부터 1960년대 초반에 이르기까지의 10여 년에 집중된다는 판단이 가능한데, 그것은 그 이후의 삶이 창작인으로서의 여정이 아니라 생활인으로서의 삶이었고 시 창작과는 일정 거리 떨어진 상황이었기 때문이다.

신동문은 본질적으로 자기의 시 작업이 당시의 사회 현실에 대한 '앙가쥬망'의 한 형식임을 굳게 믿고 있던 시인이다. 그의 짤막한 산문인 「실시(失詩)의 변」[5]을 보면 그러한 태도는 명징하게 드러난다.

> 그런데 재미난 것은 내가 시를 안 쓰는 것을 고소하게 생각하는 사람은 소위 純粹詩派, 藝術至上主義 詩人들이고, 나를 비판하든 동정하든간에 理解의 길을 터놓고 있는 사람들은 소위 앙가쥬망의 시인들이라는 사실이다.

이 글에서 그는 시를 더 이상 산출하지 않는 자신에 대한 문단 내외

---

[4] 사실 1956년 『조선일보』의 신춘문예 당선작은 박봉우(朴鳳宇)의 「휴전선(休戰線)」이었다. 그러나 당시 심사위원이었던 김광섭(金珖燮)과 양주동(梁柱東)이 합의하여 신동문의 「풍선기」 연작을 2등 당선작으로 뽑는 이례적 풍경이 연출된다. 김광섭은 심사평에서 박봉우의 작품이 워낙 뛰어나다는 것을 전제한 후 신동문의 특이한 시적 성향을 높이 평가하여 2등 당선작으로 뽑는다고 밝히고 있다. 『조선일보』 1956. 1. 3.
[5] 『52인 시집』, 현대한국문학전집, 신구문화사, 1981. 489면.

의 평가를 스스로 요약하고 있다. 그의 시세계를 부정적으로 보는 사람들의 견해는 대개 '抒情이 결여'되어 있다거나 '絶叫'일 뿐 예술에는 못 미친다고 평하고 있고, 그의 시에 대해 심정적으로든 미학적으로든 공감의 영역을 갖고 있던 사람들은 '反骨精神'과 '현실과의 대결'을 높게 평가하고 있는 것이다. 이와 같은 개략적이고 인상적인 평가를 놓고 추론해 볼 때 그의 시는 6·25 이후 우리 현실에 대한 강도 높은 비판과 참여의 육성을 보여줄 수 있을 것으로 보인다. 또 당시 『세대(世代)』지에 미당(未堂) 서정주(徐廷柱)와 함께 순수, 참여 논쟁을 벌이고 있는 사실[6]을 감안하면 그의 시적 토대는 반(反)유미주의적인 현실 지향의 속성을 지녔을 것이라는 추측이 가능하다. 따라서 그의 참여적이고 비판적인 열정과 그 내적 형식의 양상을 밝히는 일이 이 글의 기본 얼개가 될 수 있을 것이다.

이제 우리는 당대의 현실적 억압 담론에 대하여 동화하지 않고 오히려 그것을 비판적, 풍자적으로 응시하고 의식의 치열성과 정직한 자기 성찰[7]을 유지하려 했던 한 시인의 힘과 열정을 '전후(戰後)'라는 특수한 시기에 나타난 주목할 만한 시사적 사례의 한 예증으로 검토할 생각이다. 특히 동시대의 박봉우(朴鳳宇)나 신동엽(申東曄)이 민족주의적 관점에서 현실을 비판하고 성찰했던 데 비해, 신동문은 자유민주주의라는 당대의 지향을 시적으로 구현하려 했고 자유민주주의를 유린하는

---

6) 『세대(世代)』 1963년 10월호에 마련된 <순수문학이냐 참가문학이냐>라는 지상 세미나에는 서정주와 신동문이 참여하여 각 입장에 대한 옹호적 성격의 글을 발표한다. 여기서 신동문은 "중요한 것은 언제나 상황의 시를 써야 한다. 즉 현실에서 기회와 소재를 얻어야 하는 것이다. 특수한 경지도 시인에게 취급되면 필연적으로 보편적 경지가 된다. 나의 시는 전부가 상황의 시다. 나의 시는 현실에서 생겨난다. 나의 시가 뿌리박은 곳은 현실이며, 돌아가는 곳도 현실이다. 나는 아무것에도 의지하지 않고 시를 쓰기만 하면 된다"는 괴테(Goethe)의 말을 인용하면서 「오늘에 서서 내일을」이라는 참여문학에 대한 옹호의 글을 발표하고 있다. 『세대』 1963. 10. 187-201면.
7) 박지영, 앞의 글, 239면.

당대의 폭력에 대해 풍자적으로 노래한 시인이었다는 면에서 우리의 적극적인 주목을 요한다고 할 수 있다.

3. 신동문의 시 분석

원래 '서정시(抒情詩)'는 시적 대상으로부터 환기되는 시적 주체의 정서를 근본적 형질로 삼는다. 따라서 그 안에는 철저히 '개인화'되어 있는 시적 주체의 정서가 무르녹아 있고 따라서 시적 주체가 견지하고 있는 이념 또는 세계관이 고스란히 반영된다. 그러나 여기서 말하는 '개인화된 시적 주체'라는 것은 한 사회로부터 고립된 '개체성'으로서의 뜻이 아니라, 보편성과는 변별되는 개별적 주관을 강하게 갖는 목소리로서의 성격을 의미한다. 그 주관적 목소리 안에는 한 시대를 살아가는 주체의 사상과 정서가 반영되기 마련인데, 그 정서와 사상이라는 것은 한 시대의 보편성과 부분적으로 또는 전면적으로 매개된다. 그런 의미에서 모든 서정시에는 직접적이든 간접적이든 그 시대의 지배적 이념과 그에 대항하는 대안적 이념이 착색되기 마련이다. 특히 그 시대가 이념적 또는 역사적으로 첨예한 힘겨루기 양상을 띨 경우 그러한 양상은 더욱 증폭된다.

따라서 보통 '서정시'를 사회와는 절연된 것, 또는 철저하게 개인적인 것으로 느끼지만, 서정시는 이미 사회적인 것이며, 모든 개인이 그 스스로에 대하여 절대적이며, 낯설고 매몰차고 압제적인 것으로 느끼는 사회적 상황에 대한 항의를 포함하고 있다[8]는 것을 우리로서는 생각하지 않을 수 없다. 신동문의 시는 바로 그러한 서정시의 사회적 의미를

---
8) T. W. Adorno(김주연 역), 「시와 사회에 대한 강연」, 『문학과 지성』 1978. 가을. 775면.

충실하게 예증해주는 세계이다.

(1) 반전(反戰)의식의 형상화

신동문 자신의 등단작이자 처녀시집의 대부분을 장식한 작품인 「풍선기(風船期)」연작(連作)은 그의 군 경험(자연스럽게 그것은 그의 '전쟁 경험'과 일치한다)이 직접적으로 형상화되어 있는 작품이다. 시인은 스스로 이 연작이 엄청난 규모로 착상되고 창작되었음을 "「풍선기」는 전부가 53호, 총 1700행이나 되는 장편시였는데, 동란 당시 전전하는 전선기지에서 써모은 그것을 무기보다도 더 소중히는 들고 다닐 수가 없어서 이곳 저곳에 버리고 말았다. 그러나 끝내 내 호주머니에 남아 있어서 조선일보에 당선했던 10여호와 기타 지면에 활자화했던 것 등등 수중에 있는 것을 간행편의상 호수를 1호부터 20호로 고친 작품이"9)라고 밝히고 있는데, 그만큼 이 연작에는 신동문이 직접 체험하고 인식한 전쟁의 양상이 고스란히 배어 있다고 볼 수 있다.

>   草原처럼 넓은 飛行場에 선 채 나는 아침부터 기진맥진한다. 하루종일 수없이 飛行機를 날리고 몇 차례인가 風船을 하늘로 띄웠으나 人間이라는 나는 끝내 외로웠고 支撐할 수 없이 푸르른 하늘 밑에서 당황했다. 그래도 나는 까닭을 알 수 없는, 來日을 爲하여 身熱을 衛生하며 끝내 기다리던, 그러나 歸處란 애초부터 알 수 없던 風船들 대신에 머어ㄴ 山嶺 위로 떠가는 숨덩이 같은 구름쪽만을 지킨다.
>
>   ― 「風船期 1號」전문

「풍선기」전체의 서시(序詩)격인 「1호」에는 이 연작의 시적 주체가

---

9) 신동문, 「후기」, 『풍선과 제삼포복』, 충북문화사, 1956. 82-83면.

처한 정황이 잘 드러나 있다. 그는 "초원처럼 넓은 비행장"에서 "아침부터" "하루종일 수없이 비행기를 날리고" "풍선을 띄"우는 관측병이다. 따라서 그는 전장(戰場)으로부터는 한 켠 물러서 있는 셈이다. 그러므로 이 시는 전쟁을 직접적 배경으로 삼는 이른바 '현장시(現場詩)'가 아니고 전쟁이라는 폭 넓은 정황에 반응하는 주체의 정서만이 각인된 작품이다. 신동문은 그의 시집의 서문격인 「주(註)」에서 "공군기지에서는 기상을 관측하기 위하여 풍선을 수시로 띄운다. 공기의 밀도가 희박한 고공으로 올라갈수록 팽창해가던 풍선은 마침내 육안으로 보이지 않게 되면 터져버려서 사라지고 만다."고 적고 있는데, 이 시에 나타난 시적 주체에게 그와 같은 '풍선 띄우기'는 아무런 의미 없는 시지프스 같은 관성적 책무일 뿐이다. 따라서 그는 아침부터 전의(戰意)를 불태우기는커녕 "기진맥진"하고 "신열"을 앓을 수밖에 없다. 물론 이때 신동문 스스로 앓았던 지병을 염두에 둘 경우 이 '기진맥진'과 '신열'을 육체적인 병적 징후로 읽을 수도 있겠지만, 시 전체의 정조(情調)로 보아 그것은 "인간이라는 나는 끝내 외로웠고"라는 말에서 알 수 있듯이 전쟁의 무의미함, 그리고 그 전쟁에 투입된 이들의 한없는 고립감과 비원(悲願)을 '풍선'이라는 일견 자유롭고 일견 터져버릴 위험이 가득한 물상에 전이시킨 것으로 보아야 할 것이다. 그리고 시적 주체는 망연히 "귀처"를 알 수 없는 풍선과 자신을 동일시하며 역시 귀처를 알 수없이 떠가는 구름만을 바라본다. 이 "나 = 풍선 = 구름"의 동류항의 전이는 시적 주체가 느낀 전쟁기의 부유(浮游)의식을 그대로 각인한 것이라고 하겠다. 따라서 이 시에서 우리가 대담한 반역정신을 역설적으로 느낄 수 있고, 이 시를 기성시의 감옥을 파괴[10]한 작품으로 읽는 것은 온당한 일일 것이다.

---

10) 이철범, 「공군 기지의 풍선 - 신동문의 시」, 『분단·문학·통일』, 종로서적, 1988. 254면.

억수로 퍼붓는 장마비로 꼬빡 새운 어젯밤 활주로 끝 방공호 속에서 자살을 한 병사의 그 원인을 나는 묻지 않았다. 그러나 그 이유를 나는 아마 알 것이다. 그 이유를 나는 아마 모를 것이다. 나는 그것을 몰라도 오늘 진혼가를 불러주듯 이렇게 파아란 하늘로 풍선만을 띄우면 그만인가 ? 그가 죽은 것은 어제의 일이지만, 오늘의 의미는 ? 그리하여 내일의 의미는 ? 하고 지금 내가 알고 싶어하는 것은 나의 앞가슴팍에 걸려 있는 스테인레스 군번표의 비호 능력인지도 모른다. 그리고 또 내가 알고저 하는 것은 잊어버린 어머님의 나이와 진정 지금 나의 손아귀에 쥐어져 있을 알뜰 랭보의 酒酊船의 港圖 같은 그런 나의 手相일지도 모르지만 아무튼 나는 그것을 알고 있으나 없으나 나의 오늘의 의미는 매한가지일 수밖에 없을 것이다.

　　　　　　　　　　　　　　ㅡ「風船期 16號」전문

이 작품에는 전쟁의 비감 어린 기운이 훨씬 잘 나타나 있다. 동료 병사의 자살, 한없이 무료하게 밤새 퍼붓는 장마비, 마치 아무 일도 없었다는 듯이 그 다음날 거짓말처럼 활짝 개인 하늘, 그리고 역시 관성처럼 버릇처럼 또 하늘로 풍선을 띄우는 '나' … 그러나 이 시의 시적 주체는 "활주로 끝 방공호 속"에서 숨져간 그 병사의 자살의 원인을 묻지 않는다. 그 까닭은 이미 그 이유를 알기 때문이다. 그러나 그는 또 그 이유를 모르기도 한다. "아마" 알기도 하고 "아마" 모를 수밖에 없는 것, 그것이 바로 병사의 죽음의 원인이다. 이 표현은 참으로 적실한데, 그 이유를 안다고 한 것은 전쟁중에 느낀 여러 가지 상념으로 미루어 보아, "아, 죽을 수도 있었겠구나" 하는 일종의 공명(共鳴)이요, 모른다고 한 것은 "그럼에도 불구하고 죽기는 왜 죽어 ?" 하는 의구심일 것이다. 이러한 양가감정이 가능한 것은 그 양가의 두 쪽을 시적 주체 스스로가 고스란히 가지고 있기 때문이다. 따라서 병사의 죽음은 시적 주체의 가상 체험이기도 하고, 그가 자신만은 죽지 않겠다는 결의를 되비추는 거울 같은 것이기도 하다.

아무튼 순환성(어제, 오늘, 내일)과 무의미성을 본질로 하는 전쟁기의 일상은 시적 주체에게 수많은 망각과 "알고 있으나 없으나 나의 오늘의 의미는 매한가지일 수밖에 없"다는 비애를 가져다준다. 따라서 이 작품에는 전장(戰場)의 피비린내가 끼쳐주는 핍진성은 나타나 있지 않지만 전쟁의 후방에서 느끼는 한 군인의 비애와 무기력감을 통해 반전의식이 형상화되고 있다고 보인다.

　　한 나무 가지에 수천 수만씩 돋아나 저마다 하늘을 부르며 너풀너풀 손짓을 하는 플라타너스 잎의 꿈이나 풍선의 꿈이나 매한가지이었다. 하늘은 始終 없이 푸르른 것이었다. 가도 가도 가 닿을 수 없는 하늘의 끝을 깨친다고 하는 것이 무슨 보람이겠는가 ? 오늘도 하늘 높이 솟아보려고 한들 어제와 매한가지인데, 그리하여 그 누구의 심장, 아니 그 무슨 풀벌레의 앵도알 같은 심장이 하나 터져버리듯 그렇게 오늘도 내가 띄운 풍선이 터져버리고 말 그 경지를 참지 못하고 애를 태운단들 무엇하겠는가 ? 내 조석으로 걷는 길가의 풀이파리 끝에 밤 사이에 맺혔다 지곤 지곤 하는 맑은 이슬방울의 운명에도 무관하고 있는 우리가 아닌가 ? 차라리 그 모양할 수 없이 부드러운 탄력으로 부풀어 있는 풍선의 한 아름은 되는 그만한 球體가 그 역시 하나의 우주처럼 있었던 것이라고 믿어봄이 어떠할까 ? 내 그 속에 불어넣을 수 있었던 입김이 도리어 정다웁게 벗해주지 않는가 ? …… 왼통 나무둥치를 뿌리마저 송두리째로 뽑아들고 하늘로 날아오를 듯이 서둘러대면서 너풀너풀 하늘을 부르던 수천 수만의 플라타너스 잎들도 끝내 그 자리에 머무른 채 지금 엽록소의 생리를 햇볕 받고 있는 것이나, 슬픈 궁극의 관측풍선이나, 내 젊음이나 다 계절 속을 한때 무성하여 보는 것임은 매한가지가 아닐까 ?

　　　　　　　　　　　　　　　　　－「風船期 20號」전문

이 시는 '전쟁'이라는 직접적 외피가 상당 부분 걷히고, 시적 상관물을 자연('플라타너스')으로 돌린 작품이다. 맑게 개인 하늘가로 하늘하늘거리는 플라타너스의 잎들, 그리고 관측풍선과 자신의 젊음도 모두 한 순간의 절정일 뿐이라는 인식을 이 시는 보여주고 있다. 결국 "한 나무 가지에 수천 수만씩 돋아나 저마다 하늘을 부르며 너풀너풀 손짓을 하는 플라타너스의 잎의 꿈"과 수없이 하늘로 띄워지는 "풍선의 꿈"이나 전쟁에 투입된 수많은 나 같은 젊음이나 모두 마찬가지라는 인식을 보인다. 곧 "플라타너스 = 풍선 = 나"의 등식은 앞서 살핀 「1호」의 등식과 같은 것이다.

신동문은 이 시를 쓸 즈음을 회상하는 글11)에서 "오늘도 나는 全身으로서 世界를 感覺하고 歷史를 感覺하고 나를 感覺한다. 그리하여 나는 그것들에게 反應한다. 意味(言語)로서 反應할 때 詩가 되고, 現象(肉體)으로서 반응할 때 行動이 된다. 이 끊임없는 感應의 振幅이 나의 存在를 保證하고, 生命을 前進시킨다."고 말한 적이 있거니와 이 시는 시적 주체가 폭 넓게 전쟁이라는 상황에 반응하고 감각하는 양상을 잘 보여준다.

이른바 '연작(連作)'이란 작품 하나하나를 떼어놓아도 독립된 단위의 시가 되는 경우를 가리킨다. 그런 작품들이 한 주제나 제목 아래 모여서 한 덩어리가 되고, 그 덩어리가 곧 하나의 미적 실체가 되면 일단 연작시의 시도는 성공적이 되는 것이다. 그런데 이런 전제를 토대로 하는 연작시는 그 성격으로 보아 두 가지로 나눌 수 있다. 하나는 형태나 의미 내용이 비슷한 가운데 조금씩 변하고 그것으로 한 작품을 이루는 경우이다. 이런 류의 작품은 어조가 고르다든가 의미 내용의 흐름이 일정해서 독자가 손쉽게 이해할 수 있다는 편의가 주어진다. 그러나 그와

---

11) 신동문, 「'풍선기(風船期)'를 쓰던 무렵」, 『한국전후문제시집』, 신구문화사, 1961. 388면.

함께 평면적이라는 인상이 빚어 내는 부작용도 있게 되는 단점이 있다. 다른 하나는 제목이 환기하는 것만 동질적일 뿐 하나하나의 작품은 모두 독립성을 띠는 경우이다. 이때 연작의 의미는 한결 달라지는데 그것은 병치와 환유에 의한 폭 넓은 소통이 이루어진다는 데 그 장점이 있다. 「풍선기」 연작의 경우는 전자의 경우라고 보아야 할 것이다. 다시 말하면 각 작품에 풍선을 띄우는 시적 주체의 눈에 비친 전쟁의 여러 정황과 정서가 착색되고 있어 그것들이 모여 작품의 전체적 인상을 형성하고 있는 것이다.

이 연작을 들어 '산문시'라는 시 형식을 통한 전통과의 단절의식, 현대문명에 대한 비판정신, 내면 세계로의 침잠, 언어 자체에 대한 보다 많은 관심, 의식과 시간에 대한 새로운 태도 등으로 그를 전형적인 모더니스트로 파악하는 시각12)도 가능한데, 모더니즘을 사조적·유파적 범주가 아니라 보편적인 세계인식의 양상과 기법의 특성으로 파악할 경우 일정한 타당성이 있다. 그러나 신동문의 「풍선기」 연작은 하나의 '이즘'으로 파악될 것이 아니라 전쟁을 겪은 주체가 감각하고 반응하면서 얻은 전쟁에 대한 인식과 실존의식 등이 형상화된 작품으로 보는 것이 더 정당하다 할 것이다. 따라서 "전쟁소설의 시적 대응물"을 신동문의 시에서 찾고 그가 "전쟁하의 상흔의 의식을 비정의 스타일로 엮었다"고 평가하며 "정치 현실에 대한 저항의 육성을 울리고 있다."는 해석13)은 사실에 부합한다고 할 수 있다.

(2) 시대에 대한 부적응과 비관주의

군에서 제대한 신동문이 1950년대 후반에 남긴 소수의 시편은 일관

---

12) 이승하, 앞의 글. 193면.
13) 유종호, 「현대시에 부쳐 - 전후시 15년」, 『비순수의 선언』, 민음사, 1995. 461면.

된 정신적, 정서적 지향을 보인다. 그것은 다양한 변주(變奏)를 이루지 않고, 시적 주체의 비교적 일관된 내적 육성을 직접적으로 토로하는 서정시의 일차적 기의(記意)에 충실한 것으로 나타난다.

그 우선적인 면모가 전후 시기에 부적응하는 시적 주체의 비관주의라고 할 수 있다.

> 義足을 끼고 절그럭 절그럭 또 절그럭 절그럭 걸어가면은 黃昏과 地平線이 더욱 歲月처럼 멀 밖에 없다. 머어른 그 人生을 아침마다 熟眠 後의 개운함으로 채우고 채우곤 하면 되는 縮地法도 있긴 하다는데 어찌하여 내가 발 멈추어 눈감고 기대어 서보는 道程標들은 대자꾸 한숨과 맞바뀌며 쓰러져 버리기만 하는 것일까. 그것은 硝煙 짜욱한 하루아침 워-카靴를 낀 채로 散彈이 비오듯 하는 山중턱에 簷架채로 遺棄되어버렸던 戰傷과 그 戰傷과 더불어 切除되어 간 意識의 틈바구니에서나 또는 하루저녁 戀人도 없이 우러러보던 달빛 아래 코스모스 밭에서 續發되던 기침 끝에 壞沒된 나의 肺臟의 空洞에서 無時로 挑出되는 毒性氣泡 때문이라고만은 믿지 않는다. 도리어 그 아무것으로나 믿어버리고 말면 疲勞함도 自慰로운 處方이 되련마는 끝끝내 믿어버릴 수 없는 나의 어색한 오늘의 實存은 한숨을 燦然한 傷痍勳章처럼 가슴 한복판에 달고 절그럭 절그럭 또 절그럭 절그럭 來日도 義足을 끼고 걸어갈밖엔 없다.
>
> ―「條件史 5 義足」 전문

'의족'을 낀 시적 주체의 모습은 일종의 알레고리적 형상이다. 물론 전쟁에서 다리를 잃은 상이군인의 배역을 빌리기는 했지만 그것은 육체적 불구형을 통해 시적 주체가 느끼는 정신적 불구를 드러내려고 하는 방법적 기제일 뿐이다. 시적 주체는 전후의 사회에서 불구로 살아간다. 물론 그는 "인생을 아침마다 숙면 후의 개운함으로 채우고 채우곤 하면 되는 축지법"을 알고 있다. 그 "축지법"이란 다름아닌 세상살이의 굴곡에 대해 무심히 살아가는 '처세법'을 의미한다. 그러나 그러한 방법적 처세를 수긍하기에는 그가 받아들이고 있는 세상의 모습은 단순하거나 편안하지 못하다. 그것은 "전상과 더불어 절제되어간" 자신의 다리와 자신의 폐장(신동문은 실제로 폐결핵 환자였다)에서 무시로 뿜어져올랐던 독성기포로 상징되는 개인적 불행 때문이 아니라, 한숨을 상이훈장처럼 간직하고 살아갈 수밖에 없는 이 사회에 대한 시적 주체의 부적응성 때문이다. 물론 부적응성을 발생시키는 근본적 이유는 문맥에 나타나 있지 않은데, 이러한 구체성의 결여가 전후 신동문 시에 나타나는 파토스의 허점이라고 할 수 있다.

현실과 이상의 갈등에서 이상의 패배를 우연적이거나 잠정적인 것이 아니라 지극히 합법칙적이고 불가피하고 궁극적인 것으로 나타내게 될 때 우리는 이것을 '비관주의(悲觀主義)'라고 부른다. 역사적으로 볼 때 이 비관주의는 19C초 낭만주의 시기에 뿌리를 내리기 시작했는데 이 당시 낭만주의자들은 부르주아가 주도한 사회 발전 속에서 현격한 모순을 보고 그것을 대개 해결 불가능한 것으로 간주했다. 곧 낭만주의 미학 속에서 비관주의는 이상과 실재, 숭고한 꿈과 비속한 현실, 아름답고 시적인 지향과 추악하고 천박한 삶의 산문(散文)간의 절대적 대립으로 표현되었는데 이러한 적대를 낭만주의자들은 해결 불가능한 것으로 간주했다. 이러한 비관주의적 태도는 지상 위에서 자유와 행복이 승리할 가능성에 대한 불신과 사회적 삶 속에서의 이상을 실현시키기 위한 진정한 방도를 모른 데서 비롯된 것이다.[14] 따라서 신동문이 1950년대 후반에 집중적으로 창작한 일련의 비관주의 시들도 역사적 전망을 차단당한 시인의 절규가 역설적으로 형상화된 것들이라고 볼 수 있다.

   우산은 비가 나리는 때에만 받는 것이 아니라 젖어 있는 마음은

---

14) M. Kagan(진중권 역), 『미학강의 1』, 벼리, 1989. 198-201면.

언제나 우산을 받는다. 그러나 찢어진 紙우산 같은 마음은 아무래도 젖어만 있다. 더구나 웃음이나 울음이나의 表情으로 人間이 漏電되어 몸 속으로 배어올 때는 발 댈 곳 손 짚을 곳 없이 지리 지리 마음이 저려 온다. 저리는 눈으로 내다보는 앙상한 우산살 사이의 하늘은 비가 오나 안 오나간에 언제나 灰色진 低氣壓인데 그런 氣象이 벗겨지지 않는 것은 떨어진 마음을 마음이 우산 받고 있는 것이라 내 손도 누구의 손도 어쩔 도리가 없다.

-「雨傘 - 條件史 11號」 전문

이 시의 시적 주체는 "찢어진 紙우산 같은 마음"의 상황에 있다. 그러한 마음 상태가 초래된 구체적 문맥은 전혀 나와 있지 않고 다만 폭력적 외계의 절대성과 주체의 무력한 내면만이 극명한 대조를 보이며 비관주의를 자아내고 있다. 원래 '우산'이란 내리는 빗물을 막아주는 역할을 한다. 그런데 그것이 찢어져 있으니 제 구실을 다할 리가 없다. 그 앙상한 찢겨진 틈으로 보이는 회색빛 하늘의 저기압은 가실 줄을 모르는데, 그 까닭은 이미 찢어져서 떨어진 마음을 우산이 힘겹게 받고 있기 때문이고 그것은 누구도 어쩔 수 없는 불가항력적 상황이 되고 있다. 이처럼 한 시대의 상황(저기압)에 제대로 적응하지 못하는 주체의 무기력과 비관주의는 정당한 이유없이 드러난다는 면에서 이 시인이 갖고 있는 현실인식의 추상성과 의식의 방향을 동시에 일러준다고 할 수 있다.

絶望을 커피처럼 / 絶望을 아침차례 진한 커피처럼 / 아침부터 마시면 / 빈 창자 갓갓이 / 메마른 가슴 구석까지 / 絶望은 커피처럼 스미고 / 가벼운 微熱함께 / 나는 興奮한다. // 懦弱은 罪라고 …… / 懶怠는 罪라고 …… / 그러나 아무튼 / 固疾 앓듯 이렇게 / 첫새벽 아침부터 / 絶望을 마시며 凝視하는 / 窓 밖의 저 크나큰 都市의 하늘엔 / 오늘도 진종일 먼지와 騷音이 / 아라베스크로 交織될 것이고

/ 그 아래서 허둥댈 / 나 같은 사람들. / 漂白되어가는 表情과 / 貧血되어가는 感情으로 / 오늘도 진종일 무엇을 기다릴 / 나 같은 사람들. / 아아 나 같은 사람들. // 커피를 絶望처럼 / 커피를 아침차례 진한 한숨처럼 / 아침부터 마시면 / 빈 창자 갓갓이 / 메마른 가슴 구석까지 / 커피는 絶望처럼 스미고 / 야릇한 慰安 함께 / 나는 포근히 鎭靜한다.

─「絶望을 커피처럼」 전문

이 작품 역시 "절망"과 "나약"과 "나태"와 "한숨"으로 얼룩져 있는 '애가'의 일종이다. 이 시의 시적 주체에게 '절망'은 이미 일용할 커피와 같이 일상적인 것이다. "첫새벽 아침부터" "진종일 먼지와 소음" 속에서 그는 표정과 감정을 잃어간다. "가벼운 微熱" 속에서 흥분하고 허둥대며, "빈 창자 갓갓이" 커피처럼 스미는 절망을 안고 무언가를 기다리기만 하는 시대의 부적응자의 모습이 잘 나타나 있다. 원래 '애가(哀歌, elegy)'는 원래 실제 인물의 죽음이나 삶의 비극적 양상을 제재로 한 서정양식으로서 비애가 그 근본적 정조(情調, mood)가 된다. 이 비애는 그러나 어떤 영원한 원리를 관조함으로써 위안을 받는다. 곧 '애가'는 이상을 동경하는 서정시의 한 변형이다.15)

이와 같이 신동문은 전후(戰後)의 시대에 부적응하고 그로부터 유로되는 강한 비애를 전망이 철저히 차단된 비관주의로 노래함으로써 자기 나름의 시대적 항체(抗體)를 형성한 시인이다. 그런데 그러한 비관주의는 그 나름대로 1960년대에 이어지면서 그에게 더욱 강하게 착근되는데, 그 방향이 자아로 향할 때는 강렬한 자기부정의 파토스가 되고, 사회를 향할 때는 참여의식 또는 비판의식으로 나타난다. 1960년대 초반의 시세계는 그 두 궤적을 동시적으로 밟는다.

---

15) Allex Preminger, *Princeton Encyclopedia of Poetry & Poetics*, Princeton University Press, 1965. 215-216면.

(3) 시적 주체의 자기부정

앞서 살핀 대로 비관주의는 그 대상이 자기 자신일 때는 강렬한 자기부정의 파토스로 나타난다. 지식인의 경우, 혼돈과 절망 또는 환멸의 시대일수록 자기 자신에다 그 비판과 자조(自嘲)를 싣는 경우가 많은데, 신동문의 시는 그러한 성격이 매우 강하게 나타난다.

> 오늘 나는 바둑을 두고 있지만 / 어제 나는 막걸리로 주정을 했지만 / 이런 게 아니라는 / 내 마음 속의 생각은 / 오늘 나는 할 수 없이 / 바둑을 두고 있지만 / 어제 나는 할 수 없이 / 막걸리로 주정을 했지만 / 이런 게 아니라는 / 내 마음속의 생각은 / 바둑을 두면서도 / 農夫가 부러웠고 / 막걸리를 마시면서 / 洪景來를 생각했다 / 洪景來를 생각하며 / 잠 못 이룬 밤에는 / 어지러운 凶夢으로 / 진땀도 흘렸지만 / 나는 언제나 이 모양이었고 / 나에겐 아무 일도 없었다. / 아무 일 없이 하루가 가고 / 아무도 나를 찾지도 않고 / 아무도 나를 따르지도 않지만 / 이런 게 아니라는 / 내 마음속의 생각은 / 어제도 洪景來를 꿈꿨지만 / 나는 언제나 이 모양으로 / 나는 언제나 있기만 했다. / 오늘 나는 바둑을 두고 있지만 / 어제 나는 막걸리로 주정을 했지만.
>
> ― 「바둑과 洪景來」 전문

이 시의 시적 주체는 독백 형태로 자신의 내면에서 일고 무너지는 의식의 소용돌이를 감각화하고 있다. 오늘은 '바둑'을 두고, 또 어제는 '막걸리'를 마시면서 '주정'을 했다. 의미나 가치로부터 한 켠 벗어난 순환적 일상의 반복이 예시된 것이다. 그런 일상적 소시민으로 그려져 있는 시적 주체가 그런 상투적 생활과는 아랑곳없이 부러워하고 있는 대상은 '農夫' 또는 '洪景來'이다. '농부'는 그에게 삶의 현장과 자기실현으로서의 노동이 행복하게 결합된 '노동하는 주체'로서 비쳐졌을 것이고, '洪景來'는 조선 순조 때의 혁명가로서 일상을 사는 시적 주체에게 탈일상적, 역사적 의식 공간을 대체해주는 시적 상관물일 것이다.

'아무 일 없이 하루가 가고 아무도 날 찾아오지 않고 아무도 나를 따르지도 않'는 무미건조한 일상적 현실은 그로 하여금 '의식'과 '일상'의 섬뜩한 괴리를 감득케 하고 그 어긋남에 대하여 시적으로 반성적 사유를 하게끔 한다. 따라서 이 작품은 시적 주체가 감각적 직접성에 의해 늘 경험하는 일상성과 당위로서의 역사에 대한 인식이 대위적으로 그려져 있는 작품이다. 주기적 반복성을 본질로 하는 일상성 속에는 무력하기 짝이 없는 자아가 무의식 속에서 일상을 뒤집는 혁명적 열정을 고이 키우는 형상이 그려져 있다. 그러나 이러한 무의식 중의 상념은 현실을 더욱 비극적으로 돋우는 역할을 할 뿐이다. 실제의 삶을 구성해가는 원리로는 도저히 구체화되지 않는 비극적 열정, 그곳에 신동문의 시적 출구와 사유의 절망이 겹쳐 있다. 역사와 일상의 대비 또는 '살아감(live)'과 '살아 있음(exist)'의 대비가 이 시의 기본 축인데, 이러한 '자기부정' 또는 '자기책려'의 방식은 다음 작품에서도 이어진다.

> 내 勞動으로 / 오늘을 살자고 / 결심을 한 것이 언제인가 / 머슴살이하듯이 / 바친 靑春은 / 다 무엇인가. / 돌이킬 수 없는 / 젊은 날의 失手들은 / 다 무엇인가. / 그 女子의 입술을 / 꾀던 내 거짓말들은 / 다 무엇인가. / 그 눈물을 달래던 / 내 어릿광대 表情은 / 다 무엇인가. / 이 야위고 흰 / 손가락은 / 다 무엇인가. / 제 맛도 모르면서 / 밤새워 마시는 / 이 술버릇은 / 다 무엇인가. / 그리고 친구여 / 모두가 모두 / 蒼白한 얼굴로 明洞에 / 모이는 친구여 / 당신들을 만나는 / 쓸쓸한 이 습성은 / 다 무엇인가. / 절반을 더 살고도 / 절반을 다 못 깨친 / 이 답답한 목숨의 未練 / 未練을 되씹는 / 이 어리석음은 / 다 무엇인가. / 내 勞動으로 / 오늘을 살자 / 내 노동으로 / 오늘을 살자고 / 決心했던 것이 언제인데

― 「내 勞動으로」 전문

이 작품도 「바둑과 洪景來」의 연장선상에 서 있는 자기회의, 자기부정의 시세계를 투박하고 직설적으로 드러내주고 있다. 따라서 이 시 역시 자신의 속된 일상성에 대한 반성의 기록이다. '다 무엇인가'라는 어구의 반복으로 자신의 젊은 날의 속절없음을 토로한 이 작품은 '다 무엇인가'라는 체념적이고 회의적인 어구 앞에 자신이 반성적으로 부정하고 있는 삶의 세목을 나열하는 형식을 빌린다. 그것은 '청춘 / 실수 / 거짓말 / 표정 / 손가락 / 술버릇 / 습성 / 어리석음' 등인데 그와 같은 것들은 '노동'이라는 신성한 몸짓에 의해 극복될 수 있다고 시적 주체는 믿고 있다. 그러나 그런 믿음에는 아랑곳없이 또 다시 속절없이 반복되는 소시민적 속성은 그에게 벗어버릴 수 없는 짐이자 자책의 원인이 되고 있다. 이와 같이 신동문의 시에는 전후의 도시에서 살고 있는 시적 주체가 부박(浮薄)하게 반복되어지는 소시민적 일상성에 대해 반성하고 절망하는 자기부정의 시학이 토대로 자리잡고 있다.

그런데 신동문의 자기부정은 이를테면 윤동주(尹東柱)가 그의 시 「자화상(自畵像)」에서 보여 주었던 '자기부정→자기연민→자기부정→자기긍정'이라는 회귀적 사이클을 그리지 않는다. 이와 같은 양상의 차이는 주목되어 마땅한데, 왜냐하면 결국 신동문의 시에서 시적 주체는 자기긍정이라는 변증법적 회로로 돌아오지 않고 끝끝내 자기부정의 극단으로 치닫기 때문이다. 그 극단적 부정이 한 시대의 양상을 간접화하는 시적 전략이기도 한 것이다.

따라서 이 작품을 지식인이 자신의 일상성과 스노비즘을 뉘우치는 시16)로 읽고, 순수한 이상과 참된 삶에 대한 높고 간절한 열망이 짙게 바탕에 깔려 있는 작품으로 읽는 독법은 매우 타당하다고 본다.

---

16) 신경림·정희성, 『한국현대시의 이해』, 진문출판사, 1988. 367면.

나는 요새 이상한 생각이 자꾸만 나서 큰일이다. 밤에 혼자서 詩를 쓴다든가 엘리옽을 읽는다든가 할 것이 아니라 어디 시골이나 가서 한 열 坪 밭대기라도 장만하여, 남들이 잘 안 하는 미나리 農事나 왕골 農事를 改良栽培해서 미끈한 줄거리로 자라나게 하든가, 토란이나 우엉 같은 것을 硏究的으로 가꾸어서 알찬 뿌리가 안게 하는 生産에 골몰하고 밤에는 피로한 몸이 푸-ㄱ 풀리도록 일찍부터 잠이나 자면, 릴케 같은 內面性의 光度는 없어도 그런 대로 보람도 있고, 詩를 우수하게 쓰는 것처럼 자랑스럽지는 않지만 그러나 재미있는 일이 아닐까 하는 생각이다.
　그러면 필시 친구들은 現實逃避니 詩精神의 枯渴이니 하면서 무척 서운한듯 또는 얕보는 듯한 얼굴을 하고 담배연기 자욱한 다방에 모여 딜런 토마스니 메타포니, 혹은 레지스땅스니 아니면 무슨 文學賞이니 하는 重大한 문제들을 토론하겠지만 나는 내 式의 生産과 現實을 그다지 부끄러워할 줄도 모르는 그런 俗物이 되고만 싶다는 생각이 날이 갈수록 자꾸만 늘어서 큰일이다.

－「散文 또는 生産」전문

　이 시는 반어(反語)로 가득찬 자조(自嘲)와 부끄러움의 고백이다. 시 작품의 제목으로 '산문(散文)'을 택한 것부터가 시정신의 부정이기도 하고 시인으로서의 자기에 대한 중대한 부정의 한 양상이다. 그러나 신동문의 의식 안에는 "시/엘리옽/릴케/자랑/딜런 토마스/메타포/레지스땅스/문학상"과 대비되는 "농사/생산/잠/재미/생산과 현실/속물"이 긍정적 가치를 얻고 있다. 이러한 이원적 구조로 한 시대의 스노비즘을 반어적으로 비판하고 있는 작품이다. 이 시의 시적 주체는 시정신이 고갈되고 현실을 도피했다는 비판을 받더라도 결국 다방에 모여서 입으로만 '시적'인 중대한 문제들을 올리는 사람들에 비해 '산문적'인 생산에 열중하는 자기를 '속물'로 표현하고 있지만, 이 시의 문맥은 자연스럽게 역설적 '풍자'를 지향하고 있는 것이다. 따라서 결국 그들이 '속물'이 되고 마는 아이러니가 발생한다.

(4) 참여(參與)와 시적 파토스

1950년대를 지나 1960년대로 넘어오면서 신동문은 비극적 실존에 바탕한 자기부정과 사회적 참여의 형상을 내비친다. 앞서 말했듯이 대부분 그의 시적 주체는 무기력하고 자조와 냉소로 가득하지만, 그 대상이 사회를 향할 때는 강렬한 참여의식과 비판의식으로 나타난다.

따라서 신동문의 특성을 언급할 때 거론할 수 있는 것이 예의 '참여의 시학'이다. 보통 '참여'라고 할 때 그 함의는 대개 화자(話者)가 취하고 있는 태도(attitude)의 측면에 집중되는 감이 있다. 모순된 현실을 직시하고 그것을 역사사회적 문맥에서 해석하고 그것들과 자신의 태도와의 연관성을 주된 목소리로 삼는 일을 참여의 시학이라 할 경우, 우리는 신동문에게서 그러한 흔적을 어렵지 않게 확인할 수 있다.

> 서울도 / 해 솟는 곳 / 東쪽에서부터 / 이어서 西 南 北 / 거리 거리 길마다 / 손아귀에 / 돌 벽돌알 부릅쥔 채 / 떼지어 나온 젊은 隊列 / 아 - 神話같이 / 나타난 다비데群들 / 혼자서만 / 野望 태우는 / 牧童이 아니었다 / 열씩 / 百씩 / 千씩 萬씩 / 어깨 맞잡고 / 팔짱 맞끼고 / 共同의 希望을 / 太陽처럼 불 태우는 / 아 - 새로운 神話같은 / 젊은 다비데群들 // 고리아테 아닌 / 巨人 / 殺人專制 바리케이트 / 그 奸惡한 組織의 橋頭堡 / 無差別 銃口 앞에 / 빈 몸에 맨주먹 / 돌알로서 對決하는 / 아 神話같이 / 奇異한 다비데群들 / 빗살치는 총알 총알 / 총알 총알 총알 앞에 / 돌 돌 / 돌 돌 돌 / 주먹 맨주먹 주먹으로 / 피비린 正午의 / 鋪道에 匍匐하며 / 아 - 神話같이 / 肉迫하는 다비데群들 // 제마다의 / 가슴 젊은 염통을 / 全體의 방패삼아 / 貫革으로 내밀며 / 쓰러지고 / 쌓이면서 / 한 발씩 다가가는 / 아 - 神話같이 / 勇猛한 다비데群들 // 沖天하는 / 아우성 / 혀를 깨문 / 앙까님의 / 요동치는 筋肉 / 뒤틀리는 四肢 / 躍動하는

肉體의 / 造型의 極致 이루며 / 아 - 神話같이 / 싸우는 다비데群들 // 마지막 發惡하는 / 銃口의 몸부림 / 狂舞하는 칼날에도 / 一絲不亂 / 海溢처럼 海溢처럼 / 밀고 가는 스크램 / 勝利의 旗를 꽂을 / 惡의 心臟 危所를 向하여 / 아 - 神話같이 / 前進하는 다비데群들 // 내 흔드는 / 旗발은 / 쓰러진 戰友의 / 피묻은 옷자락 / 虛榮도 멋도 아닌 / 목숨의 代價를 / 絶叫로 / 내 흔들며 / 아 - 神話같이 / 勝利할 다비데群들 // 멍든 가슴을 풀라 / 피맺힌 마음을 풀라 / 막혔던 숨통을 풀라 / 짓눌린 몸뚱일 풀라 / 포박된 精神을 풀라고 / 싸우라 / 싸우라 / 싸우라고 / 이기라 / 이기라 / 이기라고 // 아 - 다비데여 다비데들이여 / 勝利하는 다비데여 / 싸우는 다비데여 / 쓰러진 다비데여 / 누가 우는가 / 너희들을 너희들을 / 누가 우는가 / 눈물 아닌 핏방울로 / 누가 우는가 / 歷史가 우는가 / 世界가 우는가 / 神이 우는가 / 우리도 / 아 - 神話같이 / 우리도 / 운다.

— 「아 - 神話같이 다비데群들」 전문

　신동문을 우리의 뇌리에 깊이 각인시킨 작품을 하나 들라 하면 우리는 단연 이 육성을 떠올릴 수 있다. '4·19의 한낮에'라는 부제가 붙어 있는 이른바 '현장시'의 대표격이다. 해방 직후의 전위시인 유진오(兪鎭五)의 「누구를 위하는 벅차는 우리의 젊음이냐」에 비견되는 이 세련되지 못한 거친 음역(音域)은 '당대성'과 '현장성'에 충실한 앙가쥬망의 예증이다. 이 시의 기본 정조는 직정성(直情性)이라고 할 수 있는데, 시적 주체는 뒤로 후경화되고 시의 주인공들인 "다비데군"이 전면화되어 있다. 이 작품은 『사상계(思想界)』 특집 '4월혁명에 붙이는 시집, 4월혁명화첩(畵帖)'에 실린 것으로서 박두진(朴斗鎭)의 「우리들의 깃발을 내린 것이 아니다」, 김춘수(金春洙)의 「이제야 들었다, 그대들 음성을」, 성찬경(成贊慶)의 「英靈은 말한다」 등과 같이 실려 있다.

　이 작품의 기본 모티프는 『구약』성서에 나오는 목동 '다윗'과 거인 '골리앗'의 대결이다. 여기서는 '다윗'을 집단의 개념으로 지칭한 '다비데群'이라는 용어가 시종 쓰이고 있다. 신화의 주인공들은 익명(匿名)의 민중들인 셈이다. 또 '신화(神話)'란 무엇인가. 그것의 성격은 하나는 '비현실성 또는 현실일탈성'이고 또 하나는 '신성성 또는 숭엄성(崇嚴性)'일 것이다. 4·19의 정치사적 의미는 그에 비유되고 있는 것이다. 이 당시 많은 혁명 기념시가 산출되었지만 그 중에서 가장 역동적이고 인상 깊은 작품을 신동문은 남기고 있다.

> 국민에게서 言語가 봉쇄되었을 때 言語의 派守兵인 詩人들은 어땠던가. 그들은 자기들의 生命인 말이 봉쇄돼도 슬프지도 답답하지도 않았던 것이다. 아니 도리어 그들은 언어가 봉쇄되기 전의 그 많고 거창하던 言語와 現實 앞에서 질리고 겁이 나기만 했었기 때문에 봉쇄되고 남은 유약한 感傷言을 몇 개 갖고 돌아앉아서 어린애 같은 언어의 '셋 플레이'만 하여 스스로 孤高한 체하기만 했던 것이다. (…) 우리 詩人은 우리의 민족 앞에 條文없는 立法者가 되어야 정신의 先驅者가 되자. 그것이 그 무슨 장애로 하여 억압당했다면 그 억압자의 權力과 組織에 抗拒하고 도전하는 정신의 暴動을 일으키라. 人間은 처음부터 끝까지 '나는 나다'라는 말을 固守할 의무와 자격이 있는 것이다.17)

이 글에는 신동문이 착근하고 있는 '미학적 구체성'은 나타나 있지 않으나, 그가 견지하였던 의식의 투명성은 분명하게 제시되어 있다. 그것은 다음과 같이 이어진다.

> 나는 詩를 人生의 重大事로 보지 않는 것이다. 그것은 살아가는 人間의 精神을 자극하는 一種의 覺醒劑이지 그 자체가 人生의 目的도 精神의 目的도 아닌 것이다. (…) 그런 詩人, 즉 專門化되어 優秀한 詩를 쓰는 詩人 百名보다는 詩를 모르고도 熱心히 그리 성실하

---

17) 신동문, 「詩人아 立法하라 아니면 暴動하라」, 『동아춘추』 1963. 3.

게 社會의 一員으로 勞動을 하는 한 사람의 詩人이 더욱 重要하고 대견하게만 생각된다.[18]

시보다는 삶을 중시하는 그의 태도 역시, 현실 참여를 토대로 하는 인식의 한 양상이다. 그러나 엄밀히 말해서 '참여'라는 개념은 보편적인 미학적 명칭이라기보다는 시대적, 역사적 개념이다. 그것은 언제나 탈현실적 미의식 추구를 본령으로 하는 '순수'라는 이항대립적 짝을 타자(他者)로 갖고 있는 개념이다. 신동문 시의 참여는 단지 '태도'로서의 참여였을 뿐, 운동으로서나 미적 자의식을 가지고 한 '참여'에는 이르지 못했다고 할 수 있다. 따라서 그에게는 현실의 추상적 인식과 그에 따르는 강렬한 파토스가 시를 형성하는 근본 형질이 된다.

窓 앞에서 기다리는 바깥 바람과 우두커니 앉아 있는 앉은뱅이의 더구나 그 處女의 가슴에서 타는 아쉬운 아쉬운 그리움같이 어긋난 봄이여 四月이여 四月에 기다리던 우리들의 期待여 기다리는 살갗에 와 닿는 感覺은 그 옛날 어느 봄의 잔디밭에 누워서 奢侈하게 헤어 보던 한숨도 아니고 네 窓앞에 멈춘 발로 祈禱처럼 섰었던 어린 날의 사랑도 꿈도 아니고 더더구나 먼 山과 마주 앉아서 蓋然히 끄덕이는 보람도 아니고 이렇게 시름시름 몸살을 앓듯 못 견디게 못 견디게 심심한 하루 하루해를 종일토록 못 갖고 마는 앗뜩한 나의 不在 主人 없는 나 없는 것을 진종일 갖고 있으면 山 너머 너머 아득히 갔다간 물러서 돌아오는 幸福의 노래 노래라도 있으면 미치는 劇藥같이 대자꾸 마시어 홍얼대면서 온 世上이 빙빙 돌게 어지러운 어지러운 그런 現實이나 갖지만 없는 걸 아무 것도 봄도 나도 오늘도 슬픈 軌道도 더더구나 人工衛星 隕石하고 衝突하는 事件도 奇蹟도 天才도 없는 걸 四月이여 봄이여 기다리는 僞裝이여 죽은 陰謀여

― 「春困」 전문

---

18) 신동문, 「詩人이 못 된다는 이야기」, 『세대』 1965. 11.

이 시는 4월에 느끼는 서정을 담은 산문시다. '4월'이라면 흔히 역사적 상상력을 불러일으키는 상징적 어휘인데, 이 시의 토대도 그러한 상상력에 바탕하고 있다. 그것은 '봄날'이라는 1차적 기의(記意)에서 시작하여 역사사회적 문맥의 '관습 상징'으로서 그 의미가 읽는 과정에서 자연스럽게 확대된다.

먼저 4월은 시적 화자에게 '어긋난 봄'으로 인식된다. '우리들의 기대'를 안은 채 4월은 온다. 그러나 그 봄날의 감각은 사치한 한숨도 아니고 사랑도 꿈도 보람도 아니다. 다만 '주인 없는 나'라는 끔찍한 부재(不在)일 뿐이다. 부재의 의미는 존재를 가능케 하는 역설적 힘으로도 사용되지만 여기서는 순전한 결핍의 상태 곧 봄날의 화창함과 전적으로 대비되는 텅 비인 '아무것도 없음'의 의미이다.

그 부재의 인식이 2연으로 이어지면서 '어지러운 현실'에 대한 비판적 의식으로 나아간다. 봄은 우리에게 '기다리는 僞裝'이고 '죽은 陰謀'일 뿐이다. 시적 화자에게 4월은 혁명적 열정이 가시고 난 후의 허위와 폭력적 음모로 각인된다. 이 시의 제목이 '춘곤(春困)'인 것은 봄날의 그와 같은 혼곤(昏困)함을 우의적(寓意的)으로 나타낸 것이다.

현실의 가장 작은 부분의 묘사를 통하여 시가 현실의 가장 작은 부분 속에도 반영되어 있는 동시대 실재성의 보편적 양식과 구조, 주변 세계의 모든 특성을 표현[19]하는 양식임을 이 시는 한껏 보여주고 있는데, 그것은 "문학의 가장 개인적인 장르인 서정시에서도 주관적 내면성이란 대상에서 사회사적 체험을 형상화한다"[20]는 정언을 충족시켜준다.

---

19) G. Fridlender(이항재 역), 『리얼리즘의 시학』, 열린책들, 1986. 26면.
20) T. Metscher(이춘길 역), 「반영이론으로서의 미학」, 『리얼리즘 미학의 기초이론』, 한길사, 1988. 106면.

꿈 속에서도 / 잠을 못 잔다. / 한낮에 디딘 땅도 / 믿을 수가 없고나 // 어찌 되어가는 거냐 / 아아 내 祖國 // 우리 머리 위 / 저기 푸른 하늘에 / 휘날리는 旗빨을 / 오늘도 누가 / 제멋대로 오르내린다. // 어찌 되어가는 거냐 / 아아 내 祖國 // 지금은 우리 땅 / 다시 찾은 들판에 / 봄은 오건만 / 풀리잖은 마음은 / 어둡기만 하고나 // 어찌 되어가는 거냐 / 아아 내 祖國 // 내 祖國아 / 가난하고 순하고 / 그나마 어린 나라 / 그 불쌍한 祖國아 / 너는 언제까지 슬퍼야 하느냐 / 너는 무엇 때문에 시달려야 하느냐 // 무명 옷자락으로 / 가린 素朴이었고 / 호미로 진종일 / 땅이나 파고 / 동치미국 마시는 / 밤마실도 단란한 / 순하디 순한 / 우리들에게 / 이 슬픔을 / 갖고 온 건 그 누구인데 / 이 괴롬을 / 마련한 者는 그 누구인데 // 조용한 後方 / 따사로운 마음길을 / 戰爭도 敵도 없이 / 한밤중을 짓밟듯 지나가는 / 軍靴의 발굽소리가 / 너는 두렵지 않느냐 / 내 祖國아 // 더더구나 밤낮없이 / '앞으로 갓' / '뒤로 갓' / 사슬보다 / 號令이 뒤바뀌는데 / 너는 답답치도 않느냐 / 내 祖國아 / 그리고 罪도 罰도 없는 / 우리의 입 귀 눈을 막고 / 후렴이나 부르며 / 따라오라는데 / 너는 분하지도 않느냐 / 내 祖國아 // 아니면 / 낡은 亡靈 / 貪慾한 政商輩가 / 헐벗은 國土에서 / 또다시 아귀다툼 / 투전판을 벌이는데 / 너는 억울치도 않느냐 / 내 祖國아 // 더더구나 / 老憎한 賣國의 무리들이 / 民意를 假裝한 프라카드를 / 서울의 복판에서 내저으며 / 國民을 혼란으로 우롱하는데 / 너는 슬프지도 않느냐 / 내 祖國아 // 내 祖國아 / 더는 참지 말아다오 / 더는 잠자지 말아다오 / 우리의 땅, 우리의 하늘, / 하다못해 터럭 하나라도 / 우리의 것은 / 우리의 손으로 만져야 한다. / 우리의 것은 / 우리의 마음으로 다뤄야 한다. / 우리의 것은 / 우리의 몸을 가져야 한다. // 그리하여 우리 全部의 손으로 / 우리들의 旗를 꽂아야 한다. / 그 하늘 우리 旗빨 아래서 / 合唱을 하자 / 朗朗히 祖國의 이름을 부르는 / 단란한 목청의 合唱을 하자 // 아아 내 祖國 / 아아 내 祖國

— 「아아 내 祖國」 전문

전후에는 일군의 순수시인들에 의해 이른바 '애국시(愛國詩)'라는 것이 집중 창작된 일이 있다. 그런데 그들의 시는 반공의 첨예한 육화라는 목적의식적 속성을 띤 것들이 대부분이었다. 그러나 신동문의 시는 4·19를 정면으로 뒤집은 5·16이라는 시대적 굴절 상황에 대한 혹독한 비판을 감행한다. 간난의 역사를 지나온 사랑하는 조국이 이제는 군홧발과 호령, 그리고 매국의 정상배들이 휘젓고 다니는 반역사적 현장이 되어버렸다는 의식이 배어 있다. 그러나 이와 같은 시는 우리에게 그의 역사의식의 순정성과 투명성을 보여주기는 하지만 상당히 큰 아쉬움을 주는 것이라고 아니할 수 없다. 왜냐하면 그가 이분법적으로 구획하고 있는 현실은 '침탈받고 있는 조국 / 조국을 침탈하는 무리'로 설정되어 있기 때문이다. 시대적 역학을 단순한 선악 구도의 알레고리로 환치하여 절대선(絶對善)으로서의 조국의 의미 및 정당성을 목청 높이 외치는 그의 시에서 우리는 시적 구체성을 결여한 전후 참여시의 한 앙상한 한계에 접하고 만다.

4. 맺음말 - 전후 참여시(參與詩)와 신동문

사실 우리가 한 시인의 작품을 읽는다는 것은 수많은 동시대인들의 몫을 간접적으로 경험하는 것이 된다. 타인의 몫이 들어 있다는 것은 그 시인이 고립된 개인이 아니라 공동체적 삶을 영위하고 있는 개인이라는 의미가 포함된다. 따라서 당대의 분위기와 소속 집단의 이데올로기는 시인도 모르게 작품으로 표출된다. 이러한 측면은 작품을 독자적이고 고립된 개인의 작품으로서가 아니라 시인이 살고 있는 시대 상황이라는 역사적 맥락 속에서 파악하려고 할 때 필수적으로 요청되는 것이다. 또한 그것은 문학을 단순한 형상으로서가 아니라 하나의 인식 행위로서 접근할 수 있게 만들어준다. 문학 작품이 담고 있는, 개인적 측면을 넘어서는 공통적 기반을 찾으려는 태도를 가능케 해준다.

우리는 이제까지 시인 신동문이 1950년대 중반부터 1960년대 초반까지 남긴 시들을 통해 그의 시가 갖고 있는 시대적, 미적 성격의 일단을 이해해 보았다. 다양한 미학적 인식과 그것의 시적 구체화가 역동적으로 그 가능성을 보여주었던 '전후(戰後)'에, 신동문은 여타 시인들과는 참으로 이질적인 시세계를 보였다. 그것은 순환적인 일상을 살아가는 소시민적 자아에 대한 혹독한 자기부정과 자유민주주의를 억압하는 사회 현실에 대한 강한 관심과 참여 등으로 나타났다.

역사는 변증법적으로 발전한다는 의미에서 1950년대는 분단극복 의지와 민주주의 실현이라는 현실인식을 뚜렷이 보여주는 중요한 역사적 위상에 놓인다. 그리고 1950년대 시의 한계는 1960년대의 참여시를 낳게 한 중요한 매개 역할을 하기도 하였다.[21] 분단과 전쟁이라는 실존적이고 역사적인 패러다임으로부터 떨어져나와 있을 수 없었던 당대에 신동문과 같은 시인들은 '참여'를 통해 '대항문화'적 시적 양식화에 기여했다고 할 수 있다. (1996)

---

21) 이영섭, 「50년대 남한의 현실인식과 시적 형상」, 한국문학연구회 편, 『1950년대 남북한 문학』, 평민사, 1991. 98면.

申庚林論
서사시적 상상력의 서정적 수용

1. 머리말

　신경림(申庚林)은 우리 현대시 역사의 전개에서 매우 독특한 영역을 확보하고 있는 중견시인이다. 그가 짧지 않은 시력(詩歷)을 통해 구현하려 했던 것은 주지하듯 농민들의 삶으로 대표되는 당대 민중들의 진실한 삶과 정서의 시적 재현이었다고 할 수 있다. 그런데 그는 분단시대 민족문학진영 시 부문의 한 전범 또는 대표격으로 늘 거론되어왔음에도 불구하고, 일부 논자들에 의해서 민중문학의 결정적인 흠으로 지적되어오곤 했던 주제의 도식성이나 시어의 생경성 그리고 기법의 상투성과는 늘 일정 거리 떨어져 있었고, 나아가 그것을 한껏 극복해낸 시인으로 평가되고 있다. 이것을 달리 말하면 그가 지향하고 구현했던 시세계가 민중적 삶의 실재성과 핍진성에 견고하게 토대를 두고 있다는 것이며 또 그가 시 속에서 상투화된 추상적 구호나 사회과학의 번안적 진술을 지양하고 늘 구체적이고 살아 있는 민중적 형상을 새롭게 창출해간 시인이라는 가치평가를 아우르는 것이다.

그가 시를 쓰기 시작하던 1950년대는 많은 시인들에 의해서 국적 불명의 외래적 시어가 범람했던 것이 사실이고 또 부박하고 관념적인 모더니즘이나 실존주의라는 강력한 문학적 자장이 드리워져 있던 때였다. 그러나 신경림은 이러한 문학적 토양 위에서 어느 누구의 에피고넨이 되거나 특정한 유파적 테두리에 귀속되는 것을 거부해온 예외적 시인으로 유명하다. 그 당시에도 그는 난해하고 외래소적인 문학적 성격을 적극적으로 부정하고 자신만의 개성적인 음역을 쌓아왔던 것이다. 그만큼 신경림의 세계는 독자적이다. 그가 이제는 한국 서정시의 뚜렷한 한 영역을 이루고 있음에도 그의 아류가 등장하지 않는다든가(또는 못한다든가) 하는 것도 그만이 갖는 시세계의 고유성과 독자성을 방증하고 있다. 그의 시는 따라서 1970년대 이후 한국 민중시가 도달한 공과(功過)를 그 안에 집약적으로 내장하고 있으며 그만큼 그의 시적 성취는 앞으로 펼쳐지게 될 민중적 서정시의 문학사적 자양 또는 극복의 대상이 될 것이 틀림없다고 할 것이다.

무릇 시라는 것이 사람과 사람 사이의 진솔한 의사 소통이요, 흩어져 일상적 삶을 살아가는 각개의 사람들을 공동체적 결속감으로 묶어내는 것이라고 신경림은 믿고 있다. 따라서 그의 시가 거부하는 제1속성이 시의 난해성이 되는 것과 그가 살아 있는 사람들의 입말들을 끊임없이 시어로 적극 수렴하여 시적 탐구를 계속해간 사실도 어찌보면 자명한 이치라고 할 수 있다. 시인이 난해하지 않은 쉬운 시어를 자주 부리게 될 때 그의 시는 통속성이나 상투성으로부터 자유롭기 어렵다. 그러나 신경림은 참으로 묘하게 그런 것들을 극복하고 있으며 따라서 그의 이러한 시적 지향은 동시대의 다른 시인 이를테면 정희성(鄭喜成), 이성부(李盛夫), 조태일(趙泰一) 등과 더불어 1970년대의 풍요로운 민중적 서정시의 영토를 개척했으며, 읽기 어렵지 않으면서도 범상치 않은 감동을 주는 드문 시인 중의 한 사람으로 그를 기억하게 한다.

신경림은 자신의 등단작을 1956년 『문학예술(文學藝術)』에 추천된 「갈대」와 「묘비(墓碑)」 등으로 든다. 그의 창작 연륜은 사실 그보다 훨씬 이전으로 소급되는 것이 사실이지만 시인은 자신의 본격적인 창작 본령의 시작을 이 작품들로부터 삼고 있다. 이 작품들에 와서 비로소 신경림이 추구해마지 않는 예의 그 서정성이 온축되어 있기 때문일 것이다. 다분히 1950년대적 모더니즘의 세례를 느끼게 하는 시적 조사(措辭)로 형상화하고 있기는 하지만 이 작품들에서는 신경림의 시적 출발을 이루는 민중적 삶에 대한 적극적 관심과 일상어의 도입이 강하게 느껴지고 있다.

신경림은 1935년 일찍이 광산지역으로 개발된 충청북도 중원군 노은면 연하리라는 곳에서 태어났다. 그곳은 그에게 일제의 농공병존 정책에 의한 농민 수탈이 전형적으로 이루어졌던 가난의 원형으로 각인되어 있기도 하고, 남한강변의 아름다운 자연과 사람살이의 고달픔이 서정으로 물씬 묻어나기만 하던 시심(詩心)의 고향이기도 하다. 장터를 논 하나 사이에 둔 웃말이었기 때문에 사람들과 부대끼고 살아갈 수 있는 조건도 타고 태어났다. 이러한 그의 고향에 대한 기억의 소묘는 앞으로 펼쳐지게 될 그의 시세계의 전개에 나타날 두 가지 점을 강력하게 암시하고 있다고 보인다.

하나는 그가 일제 강점기의 남루하고 척박했던 민중의 역사를 유년 시절부터 온몸으로 느끼고 체험할 수 있었기 때문에 체득할 수 있었던 서사의 누적이다. 다시 말해 그것은 밀도 높은 현장감을 토대로 민족사의 여실한 국면과 민중들의 살아가는 이야기를 그의 문학 안에서 적극적으로 형상화해갈 것이라는 가능성이다. 또 다른 하나는 아름다운 자연과 구체적인 사람살이에서 섬세하게 읽어낸 서정성이 그의 시의 중추적 기조가 될 것이라는 서정적 가능성이다. 그 두 가능성은 아닌 게 아니라 신경림 시의 두 가지 원동력으로 줄곧 자리잡고 있는 것이 엄연한 사실이다. 그는 초기시로부터 줄곧 가난하고 소외된 민중들의 현실적 삶과 생활의식을 시 속에서 대상화하지 않고 동질감을 토대로 형상화했으며, 유난히도 어려웠던 우리 민족의 근현대사에 대한 역사적 통찰을 민중들의 이야기 곧 서사를 통하여 노래해왔던 것이다. 따라서 그의 시세계가 백낙청의 지적처럼 "리얼리스트의 단편소설과 같은 정확한 묘사와 압축된 사연들을 담고 있는 동시에 민요를 방불케 하는 친숙한 가락을 띠"1)고 있는 것도 어쩌면 필연적인 일이라 할 수 있다.

그는 등단한 지 꽤 오랜 세월이 흐른 뒤에 첫시집 『농무(農舞)』(1973)를 낸다. 이후 최근에 낸 『쓰러진 자의 꿈』(1993)까지 모두 여섯 권의 시집을 상재하고 있는데 그 작품집들을 관류하고 있는 특성은 앞에서 말한 서정성과 서사성의 시적 통합이라고 명명할 수 있을 것이며, "소외된 민중의 고통과 분노를 삶의 실감에 밀착한 언어로서 노래한"2) 세계이다. 이 글이 논의의 대상으로 하고 있는 신경림의 연작 장시『남한강(南漢江)』은 신동엽(申東曄)의 『금강(錦江)』이나 김지하의 일련의 담시(譚詩), 고은(高銀)의 『만인보(萬人譜)』등과 함께 그 서사시적 성과로 주목받아왔던 작품이다. 여기서는 이 작품의 주제와 그 주제 구현을 위해 시인이 의도적으로 배려했던 시적 의장(意匠) 등을 검토하여 이 작품이 신경림 문학에서 갖는 의미와 문학적 성과를 가늠해 보려고 한다.

---

1) 백낙청, 「발문」, 신경림, 『농무(農舞)』, 창작과비평사, 1973. 112면.
2) 현기영, 「내가 아는 신경림」, 『시와 시학』 1993. 봄.

2. 『남한강』의 세계

『남한강』3)은 「새재」, 「남한강」, 「쇠무지벌」 등의 독립적인 세 작품이 연작 형태를 이루고 있는 서사장시이다. 각각의 작품은 다루고 있는 시대적 배경이나 등장인물 그리고 시점의 선택이나 서술기법 등에서 매우 상이한 데다가 각기 독립적으로 발표된 작품들이어서 외따로 떨어져 있는 독자적인 영역의 작품들이다. 따라서 시인의 말4)대로 각각의 작품을 독립적으로 향수하는 것과 한 편으로 읽는 일이 모두 의미가 있겠지만, 여기서는 그 작품들이 한 편으로 구성된 일련의 장시로 읽는 독법(讀法)이 더욱 유효하리라고 생각된다. 왜냐하면 각 작품들에 나타나는 그러한 상이성이 각 작품들간의 이질성과 독립성을 강조하고 심화시키고 있다기보다는 우리 민족사를 여러 각도에서 전체적으로 여실하게 드러내 보이려고 했던 시인의 의도적 배려에서 비롯되었다는 판단 때문이다. 따라서 이 글에서는 먼저 세 작품에 나타난 각각의 서사와 시적 형상을 개괄한 후 그것이 한 작품으로 읽히는 『남한강』에 연루되는 양상을 살피고자 한다.

시집의 첫번째 장시인 「새재」의 서장은 다음과 같다. 이 시는 물론 「새재」의 서시에 국한되는 것으로 그려지고 있지만 사실은 『남한강』에 나타난 서사 전체의 프롤로그에 해당된다고도 할 수 있다. 왜냐하면 『남한강』 전체가 펼쳐질 공간적 배경이 이 시에서 제시되고 있고 무엇보다도 『남한강』에 나타나는 갈등의 시작과 서사의 비밀이 암시적으로

---

3) 이 글의 대상 텍스트는 신경림의 『南漢江』(창작과비평사, 1987)이다.
4) "이 세 편의 연작 장시는 모두 때와 곳과 나오는 사람이 다르다. 기술방법도 세 편이 모두 다른데, 의도적으로 그렇게 했다. 이 세 편의 시는 서로 이어진 내용을 가지고 있지만, 한 편의 장시로 읽어도 좋고 따로 떨어진 시로 읽어도 좋을 것이다." 「책 앞에」, 『남한강』, 창작과비평사, 1987.

아름답게 제시되고 있기 때문이다. 이 시는 『남한강』 전체에서 유일하게 시인의 시점에서 진술되고 있는 서정시이다.

> 여울물 요란스레 벼랑에 부딪치고 / 벼랑끝 / 그 모롯바위 끝에까지 / 진달래가 빨갛다. // 꾀꼬리가 운다 / 다시 사월이 왔다고. / 오두 재 넘는 길 그 오솔길로 / 아지랭이 가득 안고 / 다시 사월이 왔다고. // 사월은 나루터에서 서성거린다 / 다리 저는 사공 / 나룻배 저어 올 때까지. / 억새에 파랗게 물이 오르고 / 붉거지 오색으로 몸빛이 변했는데 / 바람과 함께 나룻배에 오르면 / 다시 진달래는 피었는데도 / 이곳은 서러운 땅. / 기왓장 벽돌짝 찌그러진 옹기조각 / 초가집 서너 채 / 드문드문 엎드린 옛 장터. // 주재소 자리 담배밭에서 / 면소 자리 마늘밭에서 / 곡괭이를 짚고 서서 / 괭이를 받치고 앉아 / 이 고장 사람들 / 옛날처럼 사월을 맞는다. // 누가 알리 그들의 원한을, / 누가 말하리 그들의 설움을. // 언덕으로 뻗어 올라간 / 탱자나무 울타리 / 가시 덮인 돌무덤 / 저것은 도적의 무덤이라 / 그렇게 배웠지만, / 도적의 무덤이라 / 말하라 배웠지만, / 저것은 한 이름없는 / 젊은이의 무덤. // 「1913년 새재에서 싸우다가 / 원통하게 목 잘려 / 원귀로 객지를 떠돈 지 그 몇 해 / 이제사 고향땅에 돌아와 / 잠들다, 병진년에」

시인은 어느 해 사월에 남한강변을 거닐다가 이곳에 가득히 배어 있는 민중들의 이야기를 떠올리고 있다. 한 편의 역사소설이 됨직한 진중한 이야기 곧 서사가 있고 그 안에 숱한 사람들의 갈등과 화해 그리고 좌절과 환희가 짙게 드리워져 있음을 시인은 느낀다. 그러나 시인은 이것을 시적 발상으로 수렴한다. 아름다운 봄과 만개해 있는 자연. 인간의 역사는 숨죽인 채 잊혀져가도 쉴 새 없이 어김없이 찾아오는 자연의 순환에 시인은 그것을 "서러운 땅"이라는 민중의 역사와 오버 랩시키며 '이야기'에 중점을 두지 않고 '정서'와 그것의 양식화에 무게중심을 둔다. 시인은 천천히 이러한 정서를 응축시켰던 그 서사의 싹을 찾아나서게 되고 사뭇 색다른 시적 화자를 설정하여 역사 속으로 들어선다.

　이 서시는 앞에서 언급한 대로「새재」의 서사를 예견케 할 뿐만 아니라『남한강』전체 서사의 싹을 내장하고 있다고 보인다. 그것은『남한강』의 서사를 떠받치게 될 두 가지 기둥이다. 하나는 아무도 말해주지 않았고 왜곡되게 배워왔던 "그들의 원한"과 "그들의 설움"의 내용이 무엇이냐 하는 것, 다시 말해서 이 고을의 민중들이 겪어야만 했던 비극적 역사이다. 또 다른 하나는 "한 이름없는 젊은이"라는 서사시적 주인공이 누구냐 하는 것과 그의 죽음을 둘러싸고 벌어질 준열한 민중들의 투쟁적 서사이다.『남한강』은 서시에서 암시된 이 두 가지 복선을 시 속에 구체화하면서 전개된다. 물론 그 젊은이는 첫 시인「새재」에서 그 역할을 다하지만 그로 대표되는 민중들의 결곡한 삶과 투쟁은 시 전편을 통해 연속적으로 나타나고 있기 때문이다.

　『남한강』의 첫번째 시인「새재」는 시기적으로는 구한말에서 국권상실기에 이르는 때를 다루고 있으며 사건은 남한강변의 한 고을에서 일어난 계급갈등과 그에 항거한 민중들의 봉기 그리고 그것의 비극적 결말이다. 주인공인 '돌배'는 방물장수인 떠돌이 아버지와 개피떡 파는 행상인 어머니 사이에 태어났다. 아버지는 이른 봄에 떠나 돌아올 줄 모르고 돌배는 강물 따라 장짐 나르는 뱃사공이 되어 있다. 그의 각성(各姓)받이 두 형은 그 마을 지주인 정참판집 첩의 세간을 물난리 속에서 건지다가 "뻘건 물에 쓸려"가버렸다. 그의 가족사는 그만큼 온통 상처 투성이인데 이러한 장면 내지는 이야기를 독자 앞에 내보이는 시인의 말하기 방식은 전통적인 서사시의 그것과 매우 다르게 보인다. 시의 화자가 객관적 정황이나 사건의 추이를 전달하는 역할을 담당하는 것이 아니라 화자의 정서 안으로 철저하게 그것들을 용해시켜 표현함으로써 서사는 서정의 한 계기가 될 뿐이고 이야기는 연속적 서사로 나타나지 못하고 단절적인 과거사로 시인의 회억(回憶) 속에서 진술될 뿐이다. 서사는 독자적으로 '형상화'되지 않고 서정의 한 계기로 '진술'될 뿐이다. 이러한 기법은 뒤에서 다시 살펴보겠지만 이 작품 전체의 문학적 전략과 깊은 관계가 있으며 이러한 방식 — 화자의 정서로의 서사의 내면화 — 은 작품 전면에 걸쳐 주된 기법으로 나타나고 있다.

그 무렵 나라가 망했다는 풍문이 여기저기서 들려온다. 한일합방이 된 것이다. 그러나 이 망국(亡國)의 사건은 그들에게 그리 심각한 일로 받아들여지지 않는다. '나라'라는 것은 그들에게 은혜를 주는 존재가 아니라 '빼앗기만 하는' 권력의 실체로서 경험적으로 인식되기 때문이다. "나라란 무엇인가 / 나라란 무엇인가. // 나라란 우리에게서 빼앗기만 하는 곳 / 땅에서 쫓아내고 집을 빼앗는 곳 / 지아비를 빼앗아가고 지에미를 짓밟는 곳"일 뿐인 것이고 돌배에게는 그런 국가의 흥망 따위는 관심이 없고 오직 자신의 삶의 터전인 "강이 있을 뿐이다." 형들을 잃은 익사 사건은 '돌배네 / 정참판'이라는 이 작품의 계급갈등이 돌배에게 인식되기 시작하는 시발점이 되는데 그 갈등의 인식 내지는 계급적 각성도 자연스런 서사의 한 단계로 터득하는 것이 아니라 화자의 정서 안에서 구체적 계기가 과감히 생략되고 비약하고 있다.

외팔이 아버지를 둔 '연이'는 돌배가 사모하는 연인이다. 그녀는 고된 노동과 가난 속에서 손이 닳고 해어질 정도로 묘사되고 있는데 돌배는 그럼에도 불구하고 정참판네 아낙들의 백옥같은 흰 살결을 저주하고 오직 연이를 사모한다. 여인네들의 외양적 차이 역시 계급갈등의 부차적 요소로 부각되고 있다. 「새재」 2장인 '어기야디야' 장에서는 이러한 계급적 대극 형상을 민요적 가락에 실어 풍자하고 있는 대목이 여러 차례 나온다. 다소 도식적이고 상투적이기까지 한 이러한 계급갈등의 설정은 서사의 일관성과는 거리를 둔 비교적 독립적인 민요로 양식화됨에 따라 작품이 나타내려고 했던 '민중적 서정'을 효과적으로 드러내고 있다. 그것은 화자의 정서와 밀착된 삽입민요식으로 그때그때의 정황에서 불규칙하게 빈출하는데 이러한 장치는 이 작품이 서사 중심의 작품이 아니라 민중적 서정을 양식화하는 데 그 목적이 있다는 것을 보여주는 일례라 할 것이다.

저기 저게 무슨 소리 / 줄바위 열두 굽이 / 다람쥐가 뛰는 소리 / 저기 저게 무슨 소리 / 정참판네 중대문에 / 왜놈 청놈 나드는 소리

저기 저게 무슨 소리 / 탄금대 열두대에 / 장끼 까투리 얼리는 소리 / 저기 저게 무슨 소리 / 정참판네 비단 금침에 / 동네 과부 구르는 소리

그런데 앞서 이야기한 대로 이러한 계급갈등을 느끼고 있었던 돌배가 계급적 자각을 하여 봉건적 질곡에 대항하여 투쟁을 벌이는 데까지 이 작품에서는 정밀한 원인적 계기가 주어지지 않는다. 다만 "벼랑에 걸린 달을 보고 / 그렇다 우리는 깨닫는다"고 순간적인 자각을 할 뿐이다. 그동안 계속되어온 계급적 불평등에 대한 정서적 누적이 그 폭발을 가져온다는 이야기다. 이러한 엉성하고 치밀하지 못한 단속적 구성은 그것이 객관적 서사로 기능하려 할 때 치명적인 결함이라고 할 수 있는데, 이 작품이 객관적 서사를 전달하는 데 목적을 두지 않고 비극적 역사를 화자의 정서 속에 용해시켜 표현하는 '노래'로서의 양식적 성격이 강하다는 측면에서 그 약점은 현저히 약화된다.

이러한 형상은 서사를 추동하는 객관적 화자가 등장하지 않고 서사시적 주인공인 돌배의 감정에 용해되어 서사가 암시와 비약을 띠고 있는 것에서도 극명하게 나타난다. 그런 면에서 이 작품을 굳이 부른다면 '서정적 서사시'라 할 만하다. 그 결과 「새재」는 각개 장면은 서정시에

접근하고 작품 전체는 연극적 구조에 접근한다는 탁월한 분석5)을 낳게 하는 것이다.

돌배의 친구인 모질이, 팔배, 근팽이 등은 정참판네 곳간을 습격한 다음 도강(渡江)을 하여 도망친다. 이러한 항쟁 역시 장면의 구체성은 제시되지 않고 화자가 회상하는 일부로서만 아슴푸레 존재한다. 그리고 그들은 정참판의 눈을 피해 금점판, 철로 공사판 등을 전전하게 되는데 이러한 민중적 현장에서 생활한 돌배는 이 나라의 봉건적 질곡이 제국주의의 침략과 불가분의 관련을 갖는다는 의식에까지 이른다. 이러한 인식의 발전이 세밀한 계기적 과정을 밟지 않고 비교적 돈오(頓悟)에 가까운 것도 사실이고 그것은 앞서의 형상적 장치와 동궤에서 해석이 가능하다.

나라는 망했다 해도 / 배부른 자는 배부른 채 / 나라를 빼앗은 자의 편에 붙어서서 / 배곯는 자를 더욱 배곯릴 궁리를 한다

가진 자로부터 / 더 가진 자가 나라를 빼앗고 / 이제 가진 자는 더 가진 자에게 붙어 / 더 못살게 우릴 들볶는 / 그래서 이것이 새 세상인가

일하고 있는 공사판에서 일인(日人) 기사가 한 아낙을 희롱하는 장면과 그에 대한 돌배의 싸움을 통해 이 작품의 영웅적 투쟁은 본격화된다. 일인들은 돌배를 향해 총을 쏘아대지만 돌배네는 어느새 군중으로 집결하여 저항한다. 한 사람의 행위가 공동체적 결속감으로 승화되는 장면이다. 일인들이 최부자집으로 내빼자 군중들은 불을 지르고 곳간을 턴다. 이 대목에서 일인과 최부자는 한국 근대사의 봉건적 모순을 가져

---

5) 염무웅, 「서사시의 가능성과 문제점」, 김윤수 외 편, 『한국문학의 현단계 1』, 창작과비평사, 1982. 45면.

온 두 주체 곧 외세와 봉건세력을 상징하며 민중적 저항은 제국주의와 봉건적 모순에 대하여 하나의 형상으로 적대감을 표출하고 있는 것이다. 인물 설정의 안이한 도식성이 엿보이지만 그것을 민중적 '입담'과 해원(解寃)의 '노래'로 표현함으로써 양식적 변이를 획득하고 그에 의한 시적 효과를 극대화하고 있다.

이 장면에서 또 하나 주목해야 할 것은 외세에 대한 양반과 민중들의 인식의 상이성이다. 양반들은 '기강'을 명분으로 살생을 해서는 안된다며 항거를 막으려 한다. 보수적 현실순응의 한 단면이다. 물론 살생은 나쁘지만 저항의 정점에서 보수적 유교 윤리로 민중적 봉기를 무마하고 회유하려는 것이기 때문에 실제로 저항 주체였던 이들은 그들의 권유에 넘어가지 않는다. 그리고 줄곧 추구해왔던 새 세상을 향한 열망을 굽히지 않으며 헌신적인 항쟁에 들어간다.

> 그러나 나는 믿을 수 없다, / 그들만이 언제나 옳다는 것을. / 우리가 배곯아야 옳은 일인가, / 빼앗기고 짓밟혀야 옳은 일인가, / 벙어리로 살아야 옳은 일인가.

헌병들의 급습으로 새재에 오른 돌배네는 의병부대와 합세하여 본격적인 구국대열을 형성한다. 그러나 싸움이 거듭되면서 의병들이 차차 죽어가고 또 배신자들의 안내를 받은 양반들의 반격으로 돌배는 체포되고 효수(梟首)형을 당하는 것으로 이 작품은 끝을 맺는다. 특히 마지막 대목에서는 죽은 돌배가 화자가 되는 비현실적 정황이 설정되는데 그것은 이 영웅적 투쟁의 정당성과 비극성을 한층 고조시키려는 시인의 배려이고 이 작품의 일관된 서사성을 약화시키는 것이 아니라 깊은 서정적 울림으로 작품의 효과를 제고시키는 역할을 하고 있다. 왜냐하면 그의 죽음은 비장미를 토대로 하는 비극성이 분명하지만 그것은 삶의 실패나 좌절이 아니라 민족의 서사 속에 완결된 생의 형식으로 읽혀지기 때문이다.

이 작품은 이와 같이 삽입민요의 적절한 배치를 통해, 그리고 서사시적 주인공이 화자가 되어 그 당시의 역사를 재현하는 데 중점을 두지 않고 경험적 정서 안으로 그것을 수렴하여 서정적으로 표현한 특색을 통해 형상화되었다. 특히 이 작품의 제3장인 '황소떼' 장의 8절은 의병들과 돌배네가 의기투합하여 신명나는 춤판을 벌이는 대목으로 신경림의 민요적 양식화가 거둔 절창의 한 대목이라 아니할 수 없다. 실제로 그것들은 그들이 모닥불을 피우고 춤을 추면서 집단적으로 신명나게 불렀음직한 민중적 서정요라 할 만하고 그 노래를 통해서 결속감과 투쟁의 의지를 승화시키고 있다는 것을 간접적으로 암시하고 있다. 민요는 다른 어떤 작품도 따를 수 없는 대중적 성격을 가졌고 그 속에 노동과 투쟁, 사는 동안의 희로애락의 결의를 토로하고 있기 때문이다.6) 민요에 대한 신경림의 애착과 탐구정신은 그의 『민요기행 1·2』에 잘 나타나고 있다. 그는 이것을 자신의 시세계에서 창조적으로 응용하고 효과를 극대화하고 있는데 『남한강』은 그 대표적 예라 할 수 있다. 다음은 민요에 대한 시인의 인식을 보여주는 심경 토로의 한 부분이다.

> 여기서 저는 구체적으로 시가 민중으로부터 사랑을 받기 위해서 시 속에 우리 고유의 가락을 되살리는 것이 어떻겠느냐 말씀드리고 싶습니다. 저는 최근 여러 해 동안 졸시 「새재」를 쓰기 위해 자료를 모은다는 구실로 시골, 특히 남한강 일대를 여러 번 돌아다녔는데, 강마을 어딜 가나 들을 수 있었던, 아직도 농민들 사이에 전승되어 오고 있는 민요 가락처럼 저에게 커다란 감동을 준 것은 없었습니다.
> 결코 정교하게 다듬어진 것은 아니었지만 거기에는 우리의 어떠

---

6) 최철, 『한국 민요론』, 집문당, 1986. 14면.

한 현대문학 작품도 형상화하지 못했던, 이 민족의 한과 설움, 견딤과 참음, 끈질긴 생명력이 넘치고 있었습니다. 이제 민요는 텔레비전이나 라디오의 특수 프로그램이나 뒷골목 술집에서 가수나 작부에 의해 가까스로 보존되고 전승되고 있다는 느낌인데 이것을 시속에 끌어들이는 것은 민요의 계승을, 발전을 위해서라기보다 시가 민중의 사랑을 되찾기 위하여 매우 시급한 일이라 여겨집니다.[7]

두번째 시인 「남한강」은 봉기한 민중과 의병들이 진압되고 돌배가 비극적인 죽음을 맞은 후 10년이 지난 시기부터 해방 이전까지의 역사를 다루고 있다. 식민지 시대 전체를 통시적으로 관류하고 있는 셈인데 공간적 배경은 역시 「새재」와 같은 남한강변의 한 마을이다. 그런데 이 작품에서 부각되고 있는 첫번째 특징이라고 할 수 있는 것은 작품의 서사시적 주인공이 「새재」의 돌배와 같이 적극적인 주동 인물의 형상으로 나타나지 않고 집단화된 사람들로 나타난다는 것이다. 그뿐만 아니라 서사를 이끌어가는 나레이터도 단일한 목소리의 주체가 아니다. 물론 연이의 목소리로 시가 진척되는 부분이 있긴 하지만 대부분은 제3의 은폐된 화자나 집단화된 '우리'로서의 화자가 설정된다. 따라서 이 작품은 한 인물의 정서나 행적을 따라가는 서사의 틀을 시작부터 거부하고 있는 셈이다. 특정화되지 않은 다시점(多視點)의 화자 설정, 적극적인 서사시적 주인공의 미설정 등은 이 작품이 「새재」보다 한층 더 서사의 약화 내지는 비약을 가져올 것이며, 그때그때의 정황에 따라 그에 부합되는 민중들의 집단적 서정을 표출하고 그 한 켠에 서사를 내장하여 표현하리라는 것을 예견케 해준다. 이러한 예단은 작품의 양식과 주제 그리고 형상적 의장을 검토해 볼 때 그대로 맞아떨어진다.

이 작품 역시 앞의 「새재」처럼 인물들간의 갈등구조를 갖고 있지만 「새재」가 주로 계급갈등의 측면을 '돌배 / 정참판'의 대립구도로 형상

---

[7] 신경림, 「나는 왜 시를 쓰는가」, 『삶의 진실과 시적 진실』, 전예원, 1983. 53면.

화했다면 「남한강」은 '연이로 대표되는 민중일반 / 친일군상'을 대립항으로 제시함으로써 식민지 시대의 민족모순을 집중적으로 형상화하고 있다. 그런데 민중일반들의 적극적 투쟁보다는 피해집단으로서의 동질감과 그에서 우러나오는 민중예술적 '노래'인 삽입민요로 그러한 분위기를 이끌어가고 있는 데 이 작품의 남다른 특징이 있다.

이 작품의 시작은 남편의 원수를 갚을 것을 결의하는 연이의 당찬 다짐에서 이루어진다. 이어서 일본 제국주의의 침투를 수많은 민요를 통해서 암시하고 있는데 "소올개야 소올개야 어어디서 와왔니 / 가앙건너 바다건너 왜놈나라에서 와왔다 / 무얼하러 무얼하러 조선땅엘 와왔니 / 병아리 먹고 애기 먹고 사알찌러 와왔다" 등이 그 예이다. 이러한 구비예술은 그러한 역사적 인식이 민중들에게 보편화되어 있음을 상징적으로 나타낼 뿐만 아니라 지배계급의 그것보다 한층 구체적이고 당파적이라는 사실을 나타내주는 기능을 하고 있다. 그리고 남한강변의 역사적 유래와 남편을 여읜 연이의 여성으로서의 그리움의 정서 등이 형상화되었다. 이 대목들은 이 작품에서 가장 뛰어난 민중적 서정을 민요라는 양식으로 담아내고 있는 가편(佳篇)들이다.

이 작품의 서사는 야학을 가르치다가 화적으로 변신해 독립군 군자금을 대다 체포되는 정참판집 큰손자, 일제에 항거하다가 뭇매를 맞고 죽는 대장간집 작은 아들, 연이가 남편에 대한 그리움과는 별도로 그리워하는 '앵금 타는 사나이' 등에 의해 식민지적 모순에 대한 민중적 저항으로 형상화된다. 이러한 서사 전략의 이면에는 「새재」에서 돌배로 형상화되었던 한 사람의 영웅적 투쟁에서 모든 민중이 저항의 세력으로 결집함으로써 계급적 자기정체성을 획득해가는 우리 현대사의 전개를 세력 확산의 개념으로 포착하고자 하는 시인의 면밀한 의도가 내재한다고 할 수 있다. 더구나 작품 말미에 정참판네 큰손자를 구출하는 싸움과 웅장한 민중적 놀이인 '줄다리기' 시합이 마을에서 신명나게 벌어지는 장면을 동시적으로 그림으로써 식민지 시대의 침탈과 저항이 입체적으로 그려지고 나아가 이러한 양상들이 전민중적 합의를 얻고 있는 것으로 드러내고 있다. 특히 '앵금밖에 모르는 사내'는 「새재」에 나오는 돌배의 혼의 연속체라 할 수 있는데 연이의 그리움이 그에게 쏠리는 대목이나 그가 마스막재에 투쟁적 인물들과 같이 오르는 장면 등은 그러한 사실을 암시하고 있다. 그리고 연이는 대장간집 아들이나 정참판 큰손자를 도움으로써 간접적인 방향으로 투쟁에 합류하게 함으로써 "억세고 매몰찬 여자"가 되게 하였다. 그러나 민중 수탈의 전형으로 「새재」에서 그려졌던 정참판의 손자가 독립운동에 투신하는 아이러니는 서사의 세부에 의해 해명되지 않음으로써 세밀한 서사적 원근법의 결여라는 특성을 다시 한 번 짐작케 해주고 있다.

 그러나 이 작품은 커다란 스케일의 서사(독립운동세력의 투쟁 등)를 상정했음에도 불구하고 서사가 추동되면서 느껴질 법한 긴박감은 많이 약화되어 있다. 그것은 앞서 언급한 대로 시인이 이 작품에 부여한 의도와 그에 따르는 형상화 방법 때문이다. 다시 말해서 이 작품은 민족의 비극적 역사를 재현하는 데 유용한 방식으로 '민요'라는 양식을 적극 도입함으로써, 서사 그 자체에 목적을 두는 것이 아니라 오히려 그를 토대로 하여 한 맺히고도 신명나는 민중적 서정이 민중예술적 성취를 통해 발현되는 '노래'로서의 성격이 더 강하기 때문이다. 그렇기 때문에 이 작품에서 시적 화자는 객관적으로 진행되는 서사에 충실하기보다는 정황에 따라 발생하는 정서의 주체가 되어 극적 정황에 맞는 민요를 때때로 삽입하는 형식을 취하는 것이다. 그 가락과 노랫말의 신산함과 늘력한 풍자 그리고 활기 넘치는 집단적 신명에 의한 축제 분위기가 고단한 민중의 삶을 역설적으로 승화시키는 한판 '굿'으로서의 제의 기능까지 수행하고 있다고 보아도 틀리지 않을 것이다. 이 작품의 민요 수용은 앞의 「새재」보다 더욱 적극적이고 한층 효과적으로 보이는데 그것은 시적 화자를 '돌배'라는 단일 인물이 아니라 집단화된 민중일반으로 표상하였기 때문에 그 효과가 더욱 증폭되었다. 일일이 열거하기 힘들 정도로 거의 모든 장에서 도입 부분을 민요로 처리하고 있고 또 곳곳에 민요적 형식으로 그때그때의 정황에 어울리는 정서를 노래하고 있는데 그때의 화자는 한 시대의 불특정한 민중일반으로 나타나고 있는 것이다. 덧붙여 지적할 것은 이 작품에서는 민중들의 풍부한 제의(祭儀), 삶의 양식, 관행들이 민요가락에 실려 장중하게 부분부분 제시됨으로써 실제로 살아 움직이는 집단의 풍속과 정서를 잘 나타냈다는 미덕도 갖고 있다.

> 원수로세 원수로세 총 잡은 놈이 원수로세
> 가랑잎처럼 살얼음 위에 가볍게 떠서
> 원수로세 원수로세 바다 건너온 놈 원수로세
> 동그라미 한복판에 정참판 서아들도 깨끼춤
> 원수로세 원수로세 갓쓴 놈이 원수로세.

이런 삽입민요는 주제 구현을 강화해주지만 다음과 같은 일례는 주제를 측면에서 도우기는 하지만 본질적으로는 이 작품의 민중예술적 성취에 기여하는 질료가 되고 있는 것이다. 일관된 서사의 맥락에서 필연적으로 도출되는 대목이 아니라 '노래'로서의 신명이 주가 되고 있는 것이다.

> 얼굴 잘난 새서방님 황색 연초만 찌더니
> 수납철 오기 전에 쇠고랑이 웬 말이냐
> 에헤에헤 에헤야 여기에 살자꾸나
> 뚝심깨나 쓰는 총각 씨름판만 돌더니
> 칠월 백중 다 지나고 재판소가 웬 말이냐
> 에헤에헤 에헤야 여기에 살자꾸나

申庚林論 : 서사시적 상상력의 서정적 수용 281

몸매 고운 읍내 처녀 이마의 솜털만 뽑더니
잔칫날 받아놓고 반봇짐이 웬 말이냐

작품「새재」가 돌배의 죽음으로 한 시대의 영웅적 행위를 비장미있게 마무리한 것처럼 이 작품의 말미도 고난에 찬 민중사가 진행되면서도 역사는 끊임없이 흐른다는 연속적 역사관을 드러내주고 다음 작품인「쇠무지벌」의 세계로 자연스럽게 이어지는 구조를 취한다.

바람이 일어 먼지가 일어
아우성이 일어
땅과 하늘이 온통 뿌우옇고
먼 능선 키 큰 굴참나무도
숨가쁘게 돌아가는 사람들도
온통 뿌우옇제.

두껍게 얼어붙은 얼음 아래
그래도 강물은 흐르는구나

이 작품에 나타난 민요들은 서사민요의 전개방식인 '비애'와 '골계' 기법을 혼합하여 표현하는 것을 택했고 또 장엄한 민중 저항사라는 배음을 뒤에 두고 노래했기 때문에 슬픈 정서를 노래했음에도 불구하고 슬픔에만 탐닉하는 것이 아니라 여유있게 그 슬픔을 초극하는 비장미를 보여주었다.[8]

마지막 시인「쇠무지벌」은 같은 지역에서 일어난 해방 이후의 역사를 제재로 다루고 있다. 그야말로 한국 현대사 어느 곳에 아프지 않은 구석이 있을까마는 신경림은 집요하게도 역사적 연속성으로 민중 수탈

---

[8] 홍홍구,「민요의 시화운동과 신경림의 민요시」, 제3세대비평문학회 편,『한국 현대시인 연구』, 신아출판사, 1988. 327면.

사를 형상화하고 있는 것이다. 따라서 이 3부의 연작장시는 이 작품에 이르러 그 주제와 역사의식이 강화되어 나오고 있다.

이 작품의 화자는 앞의 두 작품과는 또 다른 변이를 가져온다. 그것은 집단화자로 불릴 성질의 것으로서 특정한 고정된 시선을 설정하지 않고 상황에 따라서 그에 걸맞는 은폐된 화자가 시를 이끌어가는 방법이다. 이는 물론 두번째 시에서도 부분적으로 원용되었던 기법 설정이었는데 이 세번째 작품은 시종 이러한 화자를 선택하고 있는 것이다. 이러한 시점의 변이는 개인의 투쟁사에서 집단적 항쟁의 역사로 현대사의 조감을 확장해가면서 해 보겠다는 시인의 강렬한 소망에 따르는 필연적인 시적 장치이다. 민요가 시적 화자의 정서와 인식을 드러내는 양식적 틀임은 이 작품에서 훨씬 전면화되어 관철된다.

이 작품의 갈등구조는 '민중들 / 새 양반계급'으로 그려지고 있다. 여기서 새 양반계급이라 함은 해방 이후의 혼란한 질서에도 살아남은 구시대적 지배세력의 잔존 형태를 일컫는다. 해방이 되어 새 세상이 되었기 때문에 외국에서 들어오는 무리와 거짓 회개로 위기를 넘기려는 친일분자들이 작품 서두에 나타난다. 식민지 시대에 철저하게 억압당했던 민중들은 두 가지 의견으로 갈리게 되는데 하나는 민중집단과 지배집단이 지난 날을 잊고 화해하자는 의견이었고, 또 하나는 그들을 응징하자는 것이었다. 그들의 기세는 자못 처절하고 의기당당하다.

> 군수 판사 면장 형사 숨차구나.
> 진샷골 새부자 새양반 숨차구나.
>
> 빼앗긴 만큼은 빼앗고
> 짓밟힌 만큼은 짓밟고.

친일파 군상들의 회개와 재물로 민중집단과 비민중집단이 화해하는 속에서 신명나게 '열림굿'을 하는 장면이 그 뒤로 이어진다. 그러나 그것이 본질적으로 거짓 화해임이 드러나게 되는데 친일잔당들이 "우리 권세 시들 줄 아나 / 우리 재물 줄 줄 아나"며 오히려 기세등등하게 민중들을 다시 억압하면서 상황은 역류한다. 이러한 재대립 상황은 민중들에게서 무상을 빼앗은 '황밭들'을 되찾으려는 농민들의 집단적 투쟁 의지로 발전하게 되는데 싸움은 다시 등장한 친일파들과의 대결 속에서 더욱 치열해지고 그들의 못자리를 짓밟아버리는 등의 형국으로 이어진다. 이들 '반란세력'들에 대한 새 양반세력들의 매도는 한국 현대사의 이념적 파행을 그대로 드러내고 있다. 다음의 시는 그들 두 그룹 간의 화해가 얼마나 허구에 찬 것이었으며 그들이 궁극적으로 비화해적인 적대적 계급이라는 것과 거짓 화해의 허구성을 인식한 농민들이 화자의 목소리를 빌려 노래하는 적극적 현실인식의 한 징표이다.

> 임자 없는 나라땅을 우리한테 속이고
> 몹쓸 땅 거친 밭이라 우리한테 속이고
> 쌀됫박 보릿말에 우리한테 빼앗은 땅.
> 배고프고 미련한 우리한테 빼앗은 땅.
>
> 내 나라 되찾았다 하나 좋아진 게 없고
> 내 세상 되었다 하나 달라진 게 없으니,
> 왜말 하던 바로 그 입에서
> 조선말이 나오고,
> 긴 칼 대신 양총을 메었구나.
>
> 남의 땅 거저 가지려 했으니 빨갱이
> 남의 못자리판 짓밟았으니 빨갱이,
> 가진 이에게 대들었으니 또한 빨갱이.

결국 민중들의 항거에 따른 새 양반세력의 폭력적 보복이 이어지게 되는데 마지막 장인 '횃불'에서는 소작농들이 삽자루와 곡괭이 등을 들고 무력적 투쟁에 떨쳐일어서는 장면이 펼쳐진다. 그 결과 새 양반세력이 돌려주지 않고 민중들을 범죄집단시하게 했던 원천지인 황밭들을 농민들이 되찾게 된다. 되찾은 황밭들에서 농민들은 죽어간 동지들의 혼을 위무하기 위해 씻김굿을 한판 벌이는데 '굿'이라는 민중적 제의를 통해 역사의 상처와 굴절에 배인 그들의 비원(悲願)을 해소하는 카타르시스 역할을 하고 있는 대목이다. 마지막으로 "싸움은 이제부터가 진짜 싸움"이라며 횃불을 드는 장면으로 『남한강』은 종결되는데 이 대목은 이후로도 어김없이 지속되고야 말 척박한 우리 현대사에 대한 투쟁의지의 절규 내지는 주체의 현현일 뿐더러 시들지 않는 거대한 뿌리로서의 민중적 분노의 참 의미를 반추케 하고 있다.

「쇠무지벌」은 해방 이후의 우리 현대사가 친일파의 단죄 내지는 엄정한 청산을 거치지 못하고 그들의 재무장을 통해 본격적으로 왜곡되어갔던 역사적 실재를 시적으로 재구성하고 있다. 더구나 그에 대한 저항이 한 뛰어난 예외적 개인의 의식적 자각에 의해 이루어지는 것이 아니라 다시 피해의 대상으로 자리매겨져가는 민중들의 집단적 항전이라는 형식을 택했다는 면에서 이 작품의 역사의식은 민중사관에 철저히 입각하고 있다고 할 수 있다. 거듭 강조하거니와 이 마지막 작품은 앞의 두 작품과 시기적으로 연속선상에 있다는 측면 말고도 시점의 확대에 따른 사관과 역사적 주체 설정의 확산 그리고 민요 양식의 적극적 채택에 따른 민중예술적 배려 및 제의적 기능을 다하고 있다는 면에서 작품의 객관적 서사에만 한정할 때 생기는 도식성과 안이한 인물 설정에 대한 오해와 폄시를 극복할 수 있었다고 생각된다.

3. 역사의식과 형상적 의장

　문학을 서정, 서사, 극의 3분법에 의해 구획지었던 것은 고대 그리스 미학 이래로 그 뿌리가 매우 깊은 고전적 인식이다. 헤겔에 의해 한 정점을 이룬 이 인식의 틀은 그에 의해 문학 양식의 발전과 사회 발전과의 복잡한 관계망 해석이 덧보태지면서 그 현대적 의의를 구축해갔다. 그러므로 고전적 의미로 존재하고 있는 고대의 서사시가 소설이라는 서사 양식의 총아가 존재하고 있는 현대에도 존재 의의를 갖느냐 하는 것은 쟁점이 될 만하였다. 곧 시대를 초월하는 규범적인 장르로서의 서사시가 존재하는가 아니면 소설과는 다른 미학적 효과를 노리는 서사 양식의 끊임없는 갱신 과정에서 아직도 현대적으로 변용된 역사적 의미의 서사시가 존재하는가로 이 문제는 집약될 수 있다. 그 관점 여하에 따라 인물과 사건이 나오고 고대적 서사시의 귀납적 규범을 상당 부분 일탈한 하나의 장시를 서사시로 판정할 수 있는가 아니면 서정장시로 국한시키거나 새로운 장르명을 또 고안해야 하느냐 하는 미학적 분기점이 열리는 것이다.
　그러나 기본적으로 서사시가 이론적 장르이면서도 동시에 역사적 장르인 것처럼, 서양의 서사시 본질론과 요건론은 절대 신봉의 대상이 될 수 없다9)는 견해에 비추어 볼 때 이 글은 서사시의 내포를 광의로 놓고 또 모든 장르는 역사적으로 그 의의와 역할 그리고 형식이 변화해 간다는 관점 아래 신경림의 『남한강』 연작을 서사시의 개념에 부합하는 '서정적 서사시'라 부를 수 있다는 입장이다. 굳이 '서정적'이라는 에피셋을 붙인 까닭은 "객관적 과거형으로서의 플롯과 스토리가 서사

---

9) 조남현, 「서사시 논의의 개요와 쟁점」, 김은전 외, 『한국 현대시사의 쟁점』, 시와시학사, 1992. 279면.

시의 필수적인 요건"10)이라는 측면에서 볼 때 이 작품이 가지는 독특한 주제 구현 방식과 형상적 의장이 전통적 서사시와 많은 차별성을 띠기 때문이다.

신경림의 『남한강』은 물론 서술 주체와 대상의 거리 확보를 통한 객관성을 본질로 하는 서사시의 개념에 부합되지 못하는 측면이 많다. 이 시에 나타나고 있는 역사적 사건을 토대로 하고 있는 서사가 대개는 화자의 정서의 '노래의 양식화'를 통해 주로 나타나기 때문이다. 더 세부적으로는 화자의 정서가 먼저 제시되고 뒤따라 그 정서가 유발되고 있는 서사적 정황이 제시될 정도로 이 작품에서는 '서정적'이라는 것이 오히려 주제 구현에 핵심적인 인식론적 역할을 하고 있다고 보인다. 이처럼 신경림은 "사회적 성격의 설움의 서정적 처리에 능한 시적 개성"11)을 지닌 시인이다.

『남한강』의 서사 방식은 서사시적 주인공의 정서 속에 용해된 서사의 계기들이 주관화되어 제시되는「새재」에서 민중일반의 집단적 화자를 선택하는「남한강」,「쇠무지벌」로 점점 심화, 확대됨으로써 민족사의 총체상 구현이라는 시적 접근을 취하고 있는 작품이다. 다시 말해서 민중들이 자신들의 부당한 삶 속에서 계급적 자기 정체성을 찾아가는 서사적 여정을 통해 집단적 공속의식(共屬意識)과 공동체적 결속감으로서의 역사적 주체의식을 획득해가는 이야기인 것이다.

또 하나 이 작품이 거둔 우리 시사에서 중요한 점은 민요의 적극적 수용과 그의 예술적 형상화이다. 시인은 첫번째 장시인「새재」와 기타 여러 서정시를 한 데 묶은 시집 『새재』(1979)의 후기에서 이렇게 적고 있다.

---

10) 홍문표, 『현대시학』, 양문각, 1987. 338면.
11) 유종호, 「슬픔의 사회적 차원」, 『동시대의 시와 진실』, 민음사, 1982. 118면.

얼마동안 쉬다가 다시 시를 쓰기 시작했을 때, 나는 내가 자라면서 들은 우리 고장 사람들의 얘기, 노래, 그 밖의 가락 등을 시 속에 재생시킴으로써 그들의 삶이며 사상, 감정 등을 드러내겠다는 생각을 했었다.

이와 같은 발언은 그의 시적 지향을 축도적으로 그리고 매우 암시적으로 잘 드러내주는 부분이다. 이것은 사람살이의 안팎이라는 시적 주제를 철저하게 민중적 형식과 내용으로 형상화해 보겠다는 결의이다. 그가 주목하고 있는 것은 민중들의 '이야기'와 '노래' 그리고 '가락'이라는 말인데 이것은 당연히 민요에 대한 관심의 증폭으로 이어지고 그것의 적극적인 현대시적 변용으로 이어지는 것이다. '이야기'와 '노래'를 동시적으로 시 속에 수용하자니 전통적인 의미의 서사시나 막연한 서정시로는 안 되었을 것이고 따라서 시의 장형화는 불가피하게 되었을 것이다.

그의 『남한강』에 나타나는 민요 양식의 차용 양상은 구체적으로는 다음과 같다. 물론 그것은 집단의 정서를 반영한다든가 사회적 현실을 우회적으로 풍자한다든가 하는 전래민요 고유의 특성도 함의하고 있지만 그보다는 작품의 기저를 이루는 서사의 분위기와 정황을 서정적으로 전달하는 기능을 떠맡고 있는 것이다. 그 구체적 실현 양상은 전통적 리듬으로서 4음보의 채용이나 후렴구 및 노래체 어구의 대구나 반복과 같은 형태적인 측면과 보편화된 비인칭적 화자에 의한 무가(巫歌)적 목소리의 표출 그리고 그에 따른 신명나는 정서와 가락과 같은 내적 구조에까지 복합적으로 걸쳐 있다.[12]

전래민요에서 흔하게 발견되는 선후창과 교환창을 굿가락과 혼합하는 굿 양식의 도입이나 마당극 형식의 원용, 풍부한 민중적 언어의 능

---

12) 박윤우, 「민중적 상상력의 양식화와 리얼리즘의 탐구」, 『시와 시학』 1993. 봄.

변 등도 이 작품이 가지는 민중들의 한과 그의 초극으로서의 신명이라는 주제를 구현하는 데 크게 기여했다고 생각되며 이런 면모가 바로 신경림 서사시학이 거둔 독자적인 민중예술적 형상이라고 하겠다.

4. 마무리

나는 어느 의미에서 서정과 서사는 인식론적으로 대립적 배타성을 띤 범주가 아니라고 생각한다. 어느 서사시가 있어 서정이 몰각된 감동 어린 서사가 있겠으며 서정을 상실한 객관적 서사가 가능하겠는가. 특히 신경림에게 이 두 가지 범주는 상호통합되어 민중의 여실한 역사를 재현하는 데 성공적으로 기여하고 있다. 『남한강』은 서사시가 가질 수 있는 더없는 약점인 서사성의 약화와 인물, 사건의 도식적 설정 등을 풍부한 형상적 의장의 변이와 민요 양식의 도입을 통한 민중적, 구비예술적 접근으로 극복해내고 있는 독특한 연작장시이다. 이 작품이 신경림 개인에게는 서정과 서사라는 사람살이의 안팎을 동시에 통합한 문학적 결실이었다면 우리 시사에서는 민중적 내용과 형식의 괴리를 극복한 사례로 기록될 수 있을 것이다.

신경림은 그의 최근 시집에서 "최근 나의 시는 궁극적으로 자기탐구요 시의 가장 중요한 주제는 자신일 수밖에 없다는 생각도 많이 하지만, 쓰러지는 자들, 깨어지는 것들을 다독이는 일, 이 또한 내 시의 숙명인지도 모르겠다."[13]라고 말함으로써 그의 시가 이제는 살아가는 이들의 집단적 추이보다는 자신의 내면이 응시하는 조용한 움직임과 주위의 작은 움직임들을 애정있게 바라보게 될 것임을 이야기한 바 있다. '민중이 이해할 수 있는 쉬운 시'를 위해 시에서 민요적 바탕의 회복과

---

13) 신경림, 「시집 뒤에」, 『쓰러진 자의 꿈』, 창작과비평사, 1993. 105면.

한글 전용, 그리고 민중 주체의 역사관을 견고하게 지켜온 이 시인이 어느 식으로 변모하게 되더라도 내 생각에 시인 신경림은 천상 '이야기'와 '서정'을 상호 매개, 통합하는 시인이 될 것이다. (1995)

鄭玄宗論
결핍의 비극성을 '충일'로 노래하는 역설의 언어

1

정현종(鄭玄宗)의 시를 한 편 한 편 통시적으로 따라가 다시금 읽어 보면 무척 재미있는 시읽기를 경험하게 된다. 굳이 '통시적'이라는 독법(讀法)을 표나게 앞에 내세운 까닭은 어느새 중견의 반열을 지나고 있는 이 시인의 시세계가 단조롭지 않은 변화 과정을 거쳤기 때문이기도 하고, 또 그 과정이 무척 재미있게 읽혀진다는 판단 때문이기도 하다. 사실 정현종의 시세계는 명징하고 단정적인 분석적 언어로 포착되기를 상당 부분 거부하고 있는 것처럼 보인다. 다시 말하면 그의 시는 살아 있는 유기적 형상으로서 우리의 영혼 속에 각인되려 하는 특성을 갖고 있고, 독자들에게는 그것을 단지 숨쉬면 된다고 말하고 있는 듯이 보이는 것이다. 따라서 그의 시세계에 대하여 일정한 비평적 감수성으로 언어적 객관화를 시도하고, 또 그것들을 귀납하여 우리 시단에서 그가 차지하는 영역을 확인해 두는 문학사가적 습관이 이 시인에게는 그다지 어울리지 않는 일이 될 수도 있다고 보인다.

아무튼 우리 시단에서 그가 차지하고 있는 시적 음역(音域)의 몫은 자못 독특하면서도 커 보인다. 김현은 그것을 일러 "정현종의 시사적 자리는, 오십년대를 휩쓴 서정주의 토속적 여성주의를, 유치환, 박두진, 김수영의 한문투의 남성주의와 서구적 구문법에 의지한 개인주의에 의해 극복한 곳에 있다."[1]고 하였다. 조금은 과장되어 보이고 사실에 부합할지도 의문이기는 하지만 이와 같은 적극적 평가의 배면에 그의 시적 독창성과 언어적 변용에 관한 눈부신 역량이 당당하게 버티고 있음은 말할 것도 없다. 그만큼 정현종은 1960년대 이후 우리 시사의 새로운 경향을 독자적인 목소리로 주도해온 시인이라고 말할 수 있다.

1960년대 중반에 등단하여 이른바 한국적 모더니즘의 적자(嫡子)인 듯한 시적 언술로 우리 앞에 다가왔을 때부터 원초적인 생명력의 예찬을 주조로 하는 최근의 시에 이르기까지 정현종은 그 특유의 철학적 사색과, 사물을 섬세하게 형상적으로 살려내는 치밀한 언어로 독자적인 시세계를 형성해왔다. 그것을 단순하게 일별하면, 불투명하고 난해한 형이상학적 관념(죽음, 영혼, 실존 …)의 시에서 일상적인 삶의 성찰을 통해 시적 구체성(삶, 나무, 몸 …)을 획득해간 도정이었다고 집약해 볼 수 있을 것이다. 다시 말해 세월이 거듭되는 동안 현저히 거세된 부분이 예의 그 철학성 내지 관념성이라면 꾸준히 획득해간 부분은 명징성과 구체성이라고 할 수 있을 것이다(그것은 한자어의 격감과 기층 언어 활용의 증대라는 기표적 변화에서도 역력하게 감지할 수 있다). 첫 시집인 『事物의 꿈』(1972) 이래 『고통의 祝祭』(1974), 『나는 별아저씨』(1978), 『떨어져도 튀는 공처럼』(1984)을 거칠 때만 해도 정현종은 인간적 비극의 '결핍' 상태 곧 '죽음'이라든가 삶의 권태 또는 실존적 비극성에 대한 형이상학적 천착을 노래해왔다. 그러던 그가 지천명(知天命)의 연배에 이르러 펴낸 『사랑할 시간이 많지 않다』(1989)에서는 사람살

---

1) 김현, 「술취한 거지의 시학 - 정현종의 문학적 자리」, 『거지와 狂人』, 나남, 1985, 411면.

이에 대한 일상적이고 구체적인 형상들을 표출하더니, 최근의 『한 꽃송이』(1992)나 『세상의 나무들』(1995)에서는 우리를 둘러싸고 있는 모태인 자연의 "무슨 충일(充溢)"(「나의 자연으로」)을 확신에 찬 목소리로 노래한다. 마치 시야말로 이런 것을 노래해야 한다는 자각을 신명나게 펼치기나 하듯이. 언뜻 보아도 매우 선명하고 서로를 변별하기 그리 어렵지 않은 변화이다. 많은 시인들이 초기에는 그렇지 않다가 훗날 연륜이 쌓이면 공연히 시가 어려워지고 굼떠지는 경향이 있는 것을 보면 이 시인의 변화는 자못 바람직한 일이 아닐 수 없다.

그러나 이 글에서 강조하고자 하는 것은 이렇게 안이하고도 평면적으로 정현종 시의 변화를 이야기하는 것 — 결핍에서 충일로, 관념성에서 구체성으로 — 에 있지 않다. 오히려 그러한 단선적 시각은 그의 시에 면면히 흐르는 일관된 성격을 간과하는 것임은 물론, 그의 시를 정확히 읽는 태도도 아니다. 모든 이들이 다 그렇겠지만 시인에게는 환골탈태의 단절적 변화보다는 일관성 속에서 변주가 많은 법이고, 정현종도 거기서 예외가 아니기 때문이다. 따라서 이 글의 목적 또한 이 시인의 시세계가 이룬 평면적인 변화를 나열하는 시인론에 있는 것이 아니라 다양한 변화 속에서도 어김없이 존재하는 시인의 일관된 관심, 곧 그가 시를 통해 집요하게 매달리는 궁극적 관심을 추출하는 데 있다. 곧 그에게 '시란 무엇인가' 또는 그의 시를 이루는 근본적이고 지속적인 동력은 무엇인가 하는 것이 이 글의 관심인 것이다.

2

정현종의 시적 기저음을 비관주의와 허무주의로 파악하고 "생존의 중압을 벗어나게 하는 도취와 몰입"의 세계로 평한 김우창의 통찰[2]은 그 범주를 초기시로 한정할 경우 전적으로 타당하다. 그만큼 그의 시는 기본적으로 비가적(悲歌的) 성격을 띠고 우리들 앞에 나타났다. 그때 그는 세상을 죽음의 이미지로 읽어내고, 시를 그것에 이르는 하나의 의식(意識)의 과정으로 보았다. 따라서 그에게 "意識의 맨 끝은 항상 죽음"(「事物의 정다움」)일 수밖에 없었다. 인간 존재가 누리고 있는 이와 같은 본연의 비극적 운명, 그리고 그것을 섬찟한 죽음의 이미지로 직조해내는 그의 눈은 인간 존재의 비극성을 두루 투시하고 있다. 무한한 결핍감과 목마름 그리고 불가해한 실존이 환기하는 "고통의 祝祭"에 자신의 몸과 언어를 내맡기는 것이 시인의 몫이라고 그는 믿는다.

그런데 그러한 절망과 결핍을 풀어가는 방법적 열쇠로서 정현종이 발견한 것은 매우 독특한데 그것이 인간(또는 자연) 육체성의 생명력, 그 충일함이라고 할 수 있다. 그 충일성이야말로 '영원성'이나 '불변성'이라는 믿을 수 없는 형이상적 추상성과 다른, 감각적으로 느낄 수 있고 가장 신뢰할 수 있는 실재적 구체이다. 세상의 어떤 부분, 이를테면 관념이나 이데올로기 또는 윤리나 휴머니즘 어디에도 그가 넉넉하게 충일성의 이미지를 읽어낼 수 있는 것은 없다. 그것은 다만 살아 있어 그 자체가 생명인 자연과 인간의 육체에서나 가능할 뿐이다. 그 육체 안에 숨쉬고 있는 생명일 뿐이다. 따라서 이러한 충일감이 삶의 비극성이 빚는 결핍감과 결국 반대급부적인 상동성을 이루는 것임을 우리는 어렵지 않게 예감할 수 있다. 이러한 자연과 인간의 육체성에 대한 발견과 그것의 시적 화육(incarnation)이 정현종 시의 근본 동력의 하나이다. 더불어 그는 거기로부터 한 치도 피할 수 없는 시의 비극성에 대한 인식 또한 가지고 있다. '시쓰기'라는 것이 그저 숨쉬듯이 하는 시인의 필연적이고도 운명적인 행위이지만 그것은 저 살아 숨쉬는 '사물'들에 비해 얼마나 무력하고 왜소한가를 거의 같은 무게로 그가 인식하고 있

---

2) 김우창, 「事物과 꿈」, 『고통의 祝祭』, 민음사, 1974. 17면.

다는 말이다. 이 두 가지 - 육체성에의 발견과 시적 탐닉, 그리고 시가 갖고 있는 본래적 운명으로서의 비극성에 대한 인식 - 가 그의 시를 이루는 출발점이다.

> 그 잎 위에 흘러내리는 햇빛과 입맞추며
> 나무는 그의 힘을 꿈꾸고
> 그 위에 내리는 비와 뺨 비비며 나무는
> 소리내어 그의 피를 꿈꾸고
> 가지에 부는 바람의 푸른 힘으로 나무는
> 자기의 生이 흔들리는 소리를 듣는다.
> ─「事物의 꿈 1 ─ 나무의 꿈」전문[3]

꿈과 사물은 궁극적으로 하나라는 사실, 다시 말하여 시인의 꿈꾸기에 대한 욕망이 그치지 않는 한 사물들은 살아 움직이고, 그 꿈이 다하면 사물들도 죽음의 그림자를 짙게 드리우고 우리 또한 그 밀폐된 공간의 그림자에서 질식해갈 것이라는 믿음이 이 시의 기본을 이루고 있다. 따라서 시인의 눈에 들어오는 사물들은 그 자체가 살아 움직인다. "나무"로 지칭되는 그의 시적 대상 곧 事物은 꿈꾼다. "햇빛과 입맞추며" "힘을 꿈꾸고" "피를 꿈꾸고" 결국은 바람과의 친화를 통해 "자기의 生"의 본질을 알아챈다. 이와 같은 시적 조사(措辭)가 단순한 의인화나 도덕적 효과를 환기하고자 하는 안이한 알레고리가 아님은 분명하다. 오히려 그의 시에 나타나는 사물들은 스스로 알아서 움직이는 물활적(物活的) 존재일 뿐이고, 우주적 생명력으로 범람하는 육체성으로서의 몸된 가치일 뿐이다. 앞서 말한 그의 시적 방법론의 하나가 바로 이러한 물활적 속성으로서의 인간 또는 자연(사물)의 육체적 생명력이

---

[3] 정현종, 『事物의 꿈』, 민음사, 1974. 104면.

다. 반면 그에 비해 시라는 인간적 행위는 얼마나 하잘것없는가.

> 시로서 무엇을 사랑할 수 있고
> 시로서 무엇을 슬퍼할 수 있으랴
> 무엇을 얻을 수 있고 시로서
> 무엇을 버릴 수 있으며
> 혹은 세울 수 있고
> 허물어뜨릴 수 있으랴
> 죽음으로 죽음을 사랑할 수 없고
> 삶으로 삶을 사랑할 수 없고
> 슬픔으로 슬픔을 슬퍼 못하고
> 시로 시를 사랑 못한다면
> 시로서 무엇을 사랑할 수 있으랴
>
> 보아라 깊은 밤에 내린 눈
> 아무도 본 사람이 없다
> 아무 발자국도 없다
> 아 저 혼자 고요하고 맑고
> 저 혼자 아름답다.
>
> ―「詩, 부질없는 詩」전문[4]

 이 시 역시 정현종의 시적 천착이 차지하고 있는 영역을 살피는 데 꽤 중요한 시사점을 준다. 누구나 한 번 생각해 봄직한 화두, "시가 무엇을 할 수 있단 말인가?"라는 탄식과 절망이 이 시의 근본적인 상상적 모태이다. 시 곧 인간의 언어가 닿지 않은 "아무도 본 사람이 없"는 자연은 오히려 "저 혼자 고요하고 맑고 저 혼자 아름"다울 뿐 아닌가. 이러한 자재(自在)로운 존재들 앞에 인간의 언어적 결과물인 시는 얼마

---

[4] 앞의 책, 114-115면.

나 무력하고 왜소하고 따라서 쓸데없는가. 그런데 참으로 역설적인 것은 시의 무력성과 무용성을 승인하는 자탄 역시 '시'로 씌어지고 있다는 사실이다. 과연 시인은 그런 존재이다. 세계의 비극성과 시의 덧없음을 누구보다도 미리 알아챘지만 그럼에도 불구하고 그 비극성을 시로 노래하는 일이 자신만의 몫이라는 그 비의를 알아채버린 존재이다.

아무튼 우리는 이렇게 이야기할 수 있다. 정현종을 떠받치고 있는 시적 동력은 두 가지로 나타난다고. 그 하나는 사물들이 꿈꾸며 끊임없이 생성시키는 우주적인 생명력으로서의 육체성이고 또 하나는 시 자체가 갖는 숙명으로서의 비극성이다. 이 두 토대는 서로 이질적으로 보이지만 끝끝내 그의 시를 떠나지 않는 발생론적 원천이 된다.

3

정현종은 인간의 삶이 근본적으로 비극적이라고 믿고 사유하는 시인이다. 그러나 이러한 그의 인식은 시라는 장르에 비추어 볼 때 하등 새로울 것도 독특할 것도 없는 것이다. 사실 거의 모든 시인이 인간 존재의 비극성을 노래해왔다고 해도 지나친 말이 아닐 테니 말이다. 그러나 정현종의 독자성은 그 비극성을 푸는 그 고유의 시적 방법론에 있다. 그것을 푸는 열쇠를 정현종은 단연코 '육체성에 기반한 사랑' 곧 '에로스'라고 말한다. 그리고 시라는 것은 그 사랑을 육화하는 것일 뿐 다른 어떤 초월적인 정신적 차원의 행위가 아니다. 따라서 "그렇다면 시의 언어는 우주의 생채기이니 / 그건 실로 우주적 풀무가 아니겠느냐"(「생채기」)고 노래하는 것이다. 따라서 시인의 언어는 바로 삼라만상에 생명을 불어넣어주는 '우주적 풀무'가 될 수밖에 없고, 그 생명 안에는 하늘과 땅과 나무가 한데 어울려 있는 것이다. 그 노래는 한결같이 도덕,

관습, 이데올로기 등으로 대변되는 공리성과 시적 정신주의에 대한 거부로 표현되고 있고, 참된 생명의 원천은 자연의 육체성 곧 에로스적 충일함이라는 인식을 수반하게 된다.

>   해는 출렁거리는 빛으로
>   내려오며
>   제 빛에 겨워 흘러넘친다
>   모든 초록, 모든 꽃들의
>   왕관이 되어
>   자기의 왕관인 초록과 꽃들에게
>   웃는다, 비유의 아버지답게
>   초록의 샘답게
>   하늘의 푸른 넓이를 다해 웃는다
>   하늘 전체가 그냥
>   기쁨이며 神殿이다
>   - 「초록 기쁨 - 봄숲에서」 중에서5)

>   뒷산에 올라가 삭정이로 흙을 파헤치고 거기 코를 박는다. 아아, 이 흙냄새! 이 깊은 향기는 어디 가서 닿는가. 머나멀다. 생명이다. 그 원천. 크나큰 품. 깊은 숨.
>   생명이 다아 여기 모인다. 이 향기 속에 붐빈다. 감자처럼 주렁주렁 딸려 올라온다.
>
>   흙냄새여
>   생명의 한통속이여.
>
>   - 「흙냄새」 중에서6)

---

5) 정현종, 『떨어져도 튀는 공처럼』, 문학과지성사, 1984. 40면.

위 두 시편은 만물이 서로 어울려 살아가는 질서를 시 속에 정연히 재현하고 있는데, 그 질서의 원리로 제시되고 있는 것이 바로 살됨끼리의 부대낌 곧 '스킨십(skinship)'이다. 우리를 둘러싸고 있는 자연(그것은 살아 있는 생명의 다른 이름이다)은 딴딴한 각질 같은 관념이나 그저 단순한 환경으로 치환될 수 없는 것이다. 다만 그것은 우리 앞에서 "푸른 넓이를 다해 웃"을 뿐이며, "생명이 다아 여기 모"이는 "한통속"이다. 그런 면에서 정현종의 시를 이른바 환경 운동의 차원에서 형상화된 작품으로 접근하면 중요한 결(texture)을 하나 놓친다고 할 수 있다. 앞질러 말하면 정현종에게는 환경 운동도 하나의 거추장스러운 이념일 뿐이고, 그저 견자(見者)인 시인은 자연의 생명력이 갖고 있는 자연스러움을 노래하면 그뿐이다. 따라서 이 시인에게는 자연 속에서 느끼는 환시(幻視)와 엄연한 실재(實在) 사이를 오가는 몽상의 경험도 부차적으로 따라붙게 마련이다(「벽 앞에서」).

4

신비평적 '자세히 읽기(close reading)' 개념이 아니더라도 한 편의 시를 놓고서 꼼꼼히 읽고 그 의미를 따져 분석하는 일은 이제 가장 긴요한 문화적 실천의 하나라고 나는 믿는다. 이제까지 우리는 시가 주는 산문적 메시지의 골격에 따라 감동의 유무를 경험해온 셈이고 그것은 한 작품의 의미를 찬찬히 그리고 꼼꼼히 즐기는 태도를 근원적으로 차단해왔다. 지금 우리가 그의 최근작이기도 하고 한 시집의 표제작이기도 한 「한 꽃송이」의 세계를 자세히 문맥에 따라 분석해 보려는 것은

---

6) 정현종, 『사랑할 시간이 많지 않다』, 세계사, 1989. 72면.

이 시가 정현종 시의 방법적 특질을 매우 잘 함축하고 있을 뿐만 아니라 꼼꼼히 따져 읽는 태도를 통해 막연히 그의 시를 생명에의 예찬이라고만 평가하는 단선성을 극복해 보려는 생각에서이다. 그리고 이 시는 다른 시들과 서로 보완적으로 정현종의 시적 세계를 이루고 있으며 한 편의 시적 수사학이라는 측면에서도 많은 생각거리를 주는 작품이다.

> 복도에서
> 기막히게 이쁜 여자 다리를 보고
> 비탈길을 내려가면서 골똘히
> 그 다리 생각을 하고 있는데
> 마주 오던 동료 하나가 확신의
> 근육질의 목소리로 내게 말한다
> 詩想에 잠기셔서 ······
> 나는 웃으며 지나치며
> 또 생각에 잠긴다
> 하, 쪽집게로구나!
> 우리의 고향 저 原始가 보이는
> 걸어다니는 窓인 저 살들의 번쩍임이
> 풀무질해 키우는 한 기운의
> 소용돌이가 피워내는 생살
> 한 꽃송이(시)를 예감하노니 ······
>
> ─「한 꽃송이」 전문7)

이 작품의 구조는 1행부터 10행까지의 전반부와 11행부터 15행까지의 후반부로 짜여져 있다. 일단 그리 복잡하지 않은 시의 내용을 상세히 따라가 보자. 시인은 자신이 재직하고 있는 대학에서 짬이 나면 캠

---

7) 정현종, 『한 꽃송이』, 문학과지성사, 1992. 83면.

퍼스를 산책하는 것을 즐긴다. 이 시의 창작 배경도 그 한가로운 산책임에는 틀림없다. 교사 복도에서 한 여학생의 예쁜 다리를 얼떨결에 보고 그게 눈앞에 어른거려 골똘히 생각하며 숲길을 걷고 있는데, 맞은 편에서 오던 동료 교수가 으레껏 "시인이니까 시상에 잠겨서 저렇게 산책을 하면서 골똘하겠거니" 하며 일상적인 인사를 건넨다는 이야기가 전반부의 배경이다. 그런데 이렇듯 상투적인 인사를 건네받은 시인은 멋쩍어서 웃고 지나친다. 자기는 그 사람이 말하는 시상은커녕 어찌 보면 가장 시적(詩的)이지 못한 여자 다리 생각에 빠져 있었으니까. 그런데 10행에서 시인의 생각은 기막힌 반전(反轉)을 얻는다. 난데없이 "쪽집게"라니 ? 누가 그렇다는 말인가 ? 인사를 건넨 동료 교수인가 아니면 자기 자신이 그렇다는 것인가 ?

그것은 '詩'라고 하는 내포(內包)에 관련된 경이적인 인식 전환에서 이루어지는 탄성이다. 다시 말해 동료 교수가 건넨 인사말에서의 '시상'의 내포는 보통 사람이 생각함직한 고상한 정신주의적 상념 내지 낭만적 서정을 일컬었을 것이다. 그러니 시인은 오죽 쑥스러운가. 시상은커녕 여자 다리 생각이나 하던 참인데 하면서 말이다. 그런데 "또 생각에 잠긴" 시인은 그 순간 '쪽집게'라는 반전을 얻는다. 말하자면 "맞다. 바로 그게 시다"라는 인식 곧 시라는 단어의 내포에 관한 새삼스러운 인식이 그로 하여금 탄성을 자아내게 한 것이다. 여자 다리 생각하는 것이 시라니 이건 또 무슨 당치않은 소리인가 ? 이러한 정신주의적 질문을 한참 비켜선 곳에 시인의 예지는 가 닿아 있다. 시인은 후반부에서 그 특유의 목청을 얻어 비로소 '노래'하기 시작한다(이제까지는 엄격히 말하여 '노래'가 아니었다. 그저 시의 배경 제시에 불과하다. 직접 시를 읽어 보라. 후반부에서 시인이 얼마나 자신의 경이로운 인식 전환에 기꺼워하는지를 율격적으로 느낄 수 있을 것이다). 바로 사람들의 육체를 "우리의 고향 저 原始가 보이는 / 걸어다니는 窓"이라고, 그리고 그 "살들의 번쩍임이 / 풀무질해 키우는 한 기운의 / 소용돌이가 피워내는 생살"이야말로 한 꽃송이 곧 시라고 노래한다. 우리의 고향인 원초적 생명을 볼 수 있게 해주는 투명한 창이 곧 인간의 육체이고 그 살의 역동, 다시 말해서 에로스적 에너지의 소용돌이가 피워내는 생살이 한 꽃송이 곧 시라는 인식이다. 예쁜 여자 다리를 보고 감동하는 것이나 아름다운 꽃을 보고 감동하는 것이나 시를 쓰는 일이나 근본적으로 보면 하등 다를 바가 없는 것이다. 이것이 이 시의 내용이다.

이쯤 되면 이 작품을 통해 우리는 정현종의 시관(詩觀)과 그가 시를 통해 꾸준히 집착해온 생명력의 실체를 만날 수 있다. 일차적으로 그에게 시는 이 비극적 세계를 노래할 수밖에 없는 숙명으로 주어져 있었다. 그리고 그것은 생명력으로 충일한 자연과 인간의 육체성을 도외시하고 초월적인 정신의 세계에 침잠하는 고고한 행위가 아니다. 자연적 생명력을 언어적으로 육화하는 일이 시가 하는 일임을 그는 이 작품을 통해 말하고 있는 것이다. 따라서 이 작품에서 제시되고 있는 '한 꽃송이' 곧 '시'라는 실체는 탄력있는 감각 그 자연과 인간의 육체성이다.

그런데 이 작품은 하나 커다란 수사(修辭)상의 문제를 남겨두고 있다. 그것은 왜 괄호를 치고 주석을 달아가면서까지 한 꽃송이의 실체가 시라고 적시(摘示)해주고 있는가이다. 곧 "한 꽃송이 = 시"라는 등식은 은유나 시적 이미지를 통하여 암시(暗示)한 것이 아니라 직접 친절하게 말해줌으로써 시 본연의 특성인 암시적 상징성을 약화 내지 무화시킨 것이 아닌가 하는 점이다. 그러나 시적 수사라면 이미 일가를 이룬 이 시인이 그걸 몰라서 그랬을 리는 없고 따라서 이것은 분명 시인의 깊은 배려에서 나온 것임에 틀림없다. 그것은 도정일의 지적처럼 은유적 상상력이 죽어버린 삭막한 시대에 세계의 궁핍성을 역설적으로 드러내는 또 하나의 시적 전이로 해석[8]될 소지를 많이 안고 있지만, 시 자체

---

8) 도정일, 「여신의 가위소리 - 시와 테러리즘」, 『문예중앙』 1992. 가을. 364-368

의 짧은 구조상 "시 = 꽃 = 살"이라는 구조적 상동성의 사슬을 시적 구조로 형상하기에는 더 많은 장치가 필요했을 것이기 때문에 시인은 에둘러가기를 포기하고 또 소용돌이치며 피워올리는 역동성의 한 모습을 보여주기 위해 격류로서의 지름길을 택했을 수도 있다.

　이와 같이「한 꽃송이」를 자세히 읽고 나서 우리는 자연과 인간의 육체성이 빚어내는 한 폭의 "좋은" 풍경화를 읽는 일로 정현종의 대책 없는 생명 찬미를 다시 한 번 느낄 수 있다.

> 늦겨울 눈 오는 날
> 날은 푸근하고 눈은 부드러워
> 새살인 듯 덮인 숲속으로
> 남녀 발자국 한 쌍이 올라가더니
> 골짜기에 온통 입김을 풀어놓으며
> 밤나무에 기대어 그짓을 하는 바람에
> 예년보다 빨리 온 올봄 그 밤나무는
> 여러 날 피울 꽃은 얼떨결에
> 한나절에 다 피워놓고 서 있었습니다.
>
> 　　　　　　　　　　　　　－「좋은 풍경」전문9)

　밤나무와 인간적 행위의 소통 또는 친화 그것이 그의 우주적 상상력의 근본 뿌리이다. 정현종의 시는 한결같이 반공리적인 자연스러움을 표출하고 있는데 그것은 두 가지로 표현된다. 정말로 고집스럽게 충일대는 자연 그 자체로서의 자연스러움과 순리로서의 자연스러움이 그것이다. 이 둘은 시 안에서 조화롭게 융화되어 있는데, 그 통일성이야말로 그에게는 인위가 배제된 자연 그 자체의 "좋은 풍경"이다. 그만큼

면.
9) 정현종, 앞의 책. 43면.

그의 시에는 에로스와 자연이 불가분리의 속성으로 하나가 되어 있는 것이다.

5

정현종의 후기 시세계에는 그와 같이 자연을 향하는 시인의 열린 마음이 넘쳐흐른다. 언뜻 보면 그것은 낙관과 풍요로움으로 이루어져 있고 넉넉한 자연의 잠재적 에너지가 시적 언어로 육화되어 황홀하게 현현한 것으로 보이기까지 한다. 그러나 정현종의 자연 인식은 문명이나 권력 혹은 이데올로기 일반을 혐오하고 "깊은 자연 / 얕은 문명 // 깊은 흙 / 얄팍한 아스팔트"(「깊은 흙」)에서 보이는 반문명론을 이념적 토대로 삼고 있다. 시인 자신이 모든 이념이 덧없다고 할 때 그 시인의 이념적 토대를 묻는 것이 무슨 필요가 있겠는가. 그러나 자연 환경을 시적 대상으로 노래하는 많은 젊은 시인들과는 달리 "생명의 저 맹목성"(「무슨 슬픔이」)을 경외와 찬탄으로 노래하는 정현종은 자연주의적이고 종말론적인 절망을 보이는 생태학적 고발의 시나 유년 회귀의 복고적 향수의 시들과는 달리 이념적 층위를 달리하고 있는 것이 분명하다. 그것이 그를 섣불리 낙관의 시인으로 평가하게끔 빌미를 주고 있는 것도 사실이다.

그렇다면 정현종의 후기 시세계는 그가 꾸준히 견지해왔던 비극적 인식에서 자유로운가. 진정 낙관의 미학을 체득했는가. 아니다. 그는 여전히 '비가(悲歌)'의 시인이다. 그의 충일성과 '흥청댐'(「급한 일」)은 역설적인 것이다. 독성을 깊이 내장한 채 성장제일주의의 탈을 쓰고 발전하고 있는 자본주의 산업사회의 거짓 도금을 벗겨내고 버려진 참생명의 원천을 찾고 있는 정현종의 시는 생명으로 충일되지 못한 인간 문명을 안타까워하고 그 반대급부로 "저 생명의 원천 흙기운"(「이 나라의 처녀들아」)을 노래하는 비가이다. 그의 토대인 이 반문명론적 시관이 앞서 이야기했던 육체성과 시적 비극성의 한 모습임은 더 말할 필요가 없다. 시인의 자연 예찬도 그것과 동전의 양면을 이루는 것이다. 그렇기 때문에 시인이 결핍을 극복하는 열쇠는 육체성에의 탐닉이고 그 생명력에 동화되는 길밖에 달리 방법이 없다. 추상적인 이념이나 섣부른 전망 등은 비극성을 더욱 돋울 뿐이다. 그가 산문이나 시를 통해 발언한 다음의 사례들은 이런 점을 더욱 시사한다.

> 세월이 흐를수록 점점 더 나는 생명 현상에 감동합니다. 모든 생명의 움직임에 감동하지 않고는 시가 나오지 않는 것이니까 옛날이라고 해서 그렇지 않았을 리 없겠습니다만, 근년에 한결 더 그렇습니다. 숲에 가서 초록 나뭇잎과 풀들을 보면 어떤 때는 狂喜에 가까운 기쁨으로 부풀어오르고, 날으는 새들, 꽃들, 풀벌레 같은 것들이 너무 사랑스러워 감탄하며 혼자 웃기도 하는 것입니다만, 사실 생명의 기쁨은 무슨 추상적인 이념이나 거창한 철학 속에 들어 있는 게 아니라 이렇게 작은 것들 속에 들어 있습니다.10)

> 가령 <전망>이란 말, 언뜻
> 앞이 탁 트이는 거 같지만 그보다는
> 나무 위엘 올라가 보란 말야, 올라가서
> 세상을 바라보란 말이지
> 내 머뭇거리는 소리보다는
> 어디 냇물에 가서 산 고기 한 마리를
> 무엇보다도 살아 있는 걸
> 확실히 손에 쥐어 보란 말야

---

10) 정현종, 「구체적인 생명에로」, 『생명의 황홀』, 세계사, 1989. 174면.

(……)

그리하여 네가 만져 본
꽃과 피와 나무와 물고기와 참외와 새와 애인과 푸른 하늘이
네 살에서 피어나고 피에서 헤엄치며
몸은 멍들고 숨결은 날아올라
사랑하는 거와 한몸으로 낳은 푸른 하늘로
세상 위에 밤낮 퍼져 있거라.

― 「詩創作 교실」 중에서[11]

6

정현종의 최근작들은 그 형식과 내용에서 이제 하나의 언어를 지나 온통 숨결로 가득해 보이는 것이 사실이다. 그의 시 속에 이제는 거의 전면화되어 나타나고 있는 흥청대는 몸짓들, 그리고 그 속에 이미 동화될 대로 동화되어 있는 시적 자아의 열린 마음은 이제 독자들에게 소용돌이치는 심연을 매개하는 숨결로 느껴진다. 시인 스스로 언젠가 "의식의 촉수가 광명의 정점에 있고 감정의 공간에 사랑의 창이 열려 있는 상태, 모든 게 다 있으면서 동시에 아무것도 없는 미친 듯이 풍부한 상태, 번뇌가 곧 열반인 역설적인 상태의 에네르기의 소용돌이 ― 이것이 매인 데 없는 살아 있는 모습"[12]이라고 말했듯이 그의 시 안에는 무한히 열려 있는 공간으로서의 물상(物象)들의 풍요가 나타나고, 아무것도 없는 결핍의 또 다른 환유인 "充溢"의 상태가 노래된다. 이른바

---

11) 정현종, 『사랑할 시간이 많지 않다』, 세계사, 1989. 54-56면.
12) 정현종, 「자유로서의 시」, 『인문과학』 59집, 연세대학교 인문과학연구소, 1988. 70면.

'우주적 역동성'이라고 불릴 만한 홍성스러움이 시를 하나의 숨결 곧 "노래"로 만들고 있다.

> 세상의 나무들은
> 무슨 일을 하지 ?
> 그걸 바라보기 좋아하는 사람,
> 허구헌 날 봐도 나날이 좋아
> 가슴이 고만 푸르게 푸르게 두근거리는
>
> 그런 사람 땅에 뿌리내려 마지않게 하고
> 몸에 온몸에 수액 오르게 하고
> 하늘로 높은 데로 오르게 하고
> 둥글고 둥글어 탄력의 샘 !
>
> 하늘에도 땅에도 우리들 가슴에도
> 들리지 나무들아 날이면 날마다
> 첫사랑 두근두근 팽창하는 기운을 !
>
> ― 「세상의 나무들」 전문13)

이 시는 시인의 최근 시집의 표제작이자 그가 구현하려고 하는 시적 이상이 고스란히 함축되어 있는 작품이다. 세상의 나무들, 그것은 단순한 식물성 또는 이양하(李敭河)의 수필에 나옴직한 윤리적 이상으로서의 은유가 아니다. 그 안에는 사람들 가슴을 탄력있게 솟구치게 할 수 있는 둥글고 둥근 샘이 고여 있고, 하늘과 땅 그리고 사람의 가슴과 두근거리며 수런댈 수도 있는 팽창하는 에너지가 들어 있다. 그것이 이른바 "수액"인데 그것은 시인의 눈에 의해 둥근 "탄력의 샘"으로 변용된다. 이와 같이 정현종은 우주 가득차 있는 생명성의 흔적을 나무라는

---

13) 정현종, 『세상의 나무들』, 문학과지성사, 1995. 34면.

대상이 갖고 있는 생명의 원리에 의탁하여 노래하고 있다. 그의 시를 통해 우리는 스스로 살아 움직이는 생명의 의미를 신성성의 경지에서 체험한다.

결국 정현종은 그 신성의 이미지와 세속적 인간이 자연스럽게 소통해야 한다고 믿고 있다. 이와 같은 일관된 시적 지향은 그의 많은 작품으로 하여금 더러 문명 비판이나 자연 예찬과 같은 주제로 나아가게 하기도 한다. 하지만 그의 시에는 계몽적 어사(語辭)가 거의 등장하지 않는다는 그만의 특장이 있다. 그 흔하디흔한 풍자나 알레고리도 그의 시적 방법론과는 거리가 멀다. 시를 통한 계몽을 누구보다도 꺼리는 그로서는 그냥 노래처럼 마치 무슨 숨결처럼 우주의 생명력과 동화하고 화창(和唱)할 뿐이다.

그런 면에서 시집 『한 꽃송이』 이후 『세상의 나무들』에 정현종의 시적 소재 또는 배경으로 줄곧 나타나는 자연의 의미는 참으로 독특하다. 그의 시가 그리는 자연의 의미가 서구적 의미에서 생각되는 정복의 대상 또는 환경의 일부가 아닌 것은 물론 자명하다. 또 그것은 예전의 청록파(靑鹿派)가 그리려 했던 관조의 미학이나 농경적 귀거래(歸去來)의 대상도 아니다. 그는 자연을 작품 안에서 스스로 수런대는 그 무엇, 곧 이미 스스로 살아 있고 인간에게 가끔 신성성의 말을 건네기까지 하는 생명성으로 인식한다. 따라서 그의 시 안에서는 나무들도 자신들의 언어를 갖게 되고, 꽃이나 물은 말할 것도 없이 그가 노래하고 있는 모든 시적 계시의 원천이 된다. 인간의 덧없는 욕망이 자리할 틈은 이 신성성의 노래 밖에 있을 뿐이다.

    여름날 한가한 시간,
    천둥은 구름 속에 굴러다니고
    비는 쏟아지다 말다 하고
    여름날 오후,

그러한 때는 어떻든
유복하구나 은총이여.

한가한 시간도 천둥도
비도 뻐꾸기 소리도 다 보물이지만
그 合奏에는 고만 多幸症을 앓으며
한가함과 한몸
천둥과 한몸
비와 한몸
뻐꾸기 소리와 한몸으로
나도 우주에 넘치이느니.

둥글고 둥근 소리들이여
(자동차 소리나 무슨
 사이렌 소리는 비열하게도
 그 보석을 깨는구나)
온몸에 퍼지는 메아리
여름 한때의 은총이여.

— 「여름날」 전문14)

이와 같은 시적 발상과 형상화가 낙관의 미학 그 자체가 아닌 것만은 분명하다. 자동차 소리나 사이렌 소리 같은 금속성의 인위(人爲)와 천둥, 비, 뻐꾸기 소리로 대표되는 자연의 육성이 대비되는 이 작품에서 시인이 지향하는 것은 그야말로 우주에 넘치는 생명력을 체험하는 일임에 틀림없다. 그러나 그것이 표면적으로는 자연에 대한 들뜬 예찬으로 나타나고 있지만 오히려 이 작품의 배면에는 그 역현상으로서 금속성으로 상징되는 인간의 비속적 현실에 대해 절망하는 시적 자아의

---

14) 앞의 책. 12-13면.

육성이 숨어 있다. 이와 같은 이중의 언어가 이 작품으로 하여금 이 시대의 비가가 되게 하고 있는 것이다. 그런 면에서 정현종 시의 충일감과 저 푸르게 일렁이는 두근거림은 사실 역설적 뜻으로 우리에게 다가올 수밖에 없다. 독성을 깊이 내장한 채 여전히 경제지표적 성장 드라이브로 치닫고 있는 우리 시대의 거대한 욕망에 대한 전형적인 반대급부의 비가가 그의 시에서 그저 스스로 역동하는 자연의 이미지로 충일되어 관류하는 것이다. 이런 의미에서 나는 정현종이야말로 우리 시대의 비가의 형식을 가장 독창적으로 ― 비판이나 음울한 서정성으로서가 아니라 역으로 충일하고 흥청대는 우주적 생명력의 형식으로서 ― 구축하고 있는 시인이라고 믿고 있다.

> 바람을 일으키며
> 모든 것을 뒤바꾸며
> 밀려오는 게 무엇이냐.
> 집들은 물렁물렁해지고
> 티끌은 반짝이며
> 천지사방 구멍이 숭숭
> 온갖 것 숨쉬기 좋은
> 개벽.
> 돌연 한없는 꽃밭
> 코를 찌르는 향기
> 큰 숨결 한바탕
> 밀려오는 게 무엇이냐
> 막힌 것들을 뚫으며
> 길이란 길은 다 열어놓으며
> 무한 變身을 춤추며
> 밀려오는 게 무엇이냐
> 오 詩야 너 아니냐.
>
> ― 「밀려오는 게 무엇이냐」 전문15)

이 작품은 그가 지향하는 시학의 궁극적 의미를 시적으로 밝힌 하나의 메타시이다. 그는 시를 통해 선적인 해탈의 경지나 탈역사적 유년 회귀로 나아가지 않는다. 물신화된 현실을 극복할 수 있는 정서적 기제로 그는 독특하게도 미친 듯이 역동하는 자연에의 흡인을 말한다. 이 작품 역시 시란 밀려오는 열린 숨결 외에 그 무엇도 아니라는 그의 인식이 깔려 있다. 이쯤 되면 "시로서 무엇을 사랑할 수 있으랴"라고 노래했던 초기시의 잔영이 하나의 숨결을 열며 걷히고 있는 듯이 내게는 보인다. 이제 시인은 "시로서" 모든 것을 할 수밖에 없다. 이 결핍과 절망의 삶 사이에 있는 "그 섬에 가"(「섬」)기 위하여 정현종의 시는, 라캉(Lacan)이 이야기한 거울 이전의 단계, 주관과 객관이 통합된 세계, 알몸의 시원성으로 화창하는 신성한 우주적 유기체를 꿈꾸는 세계로 기투된다. 초월적 해탈을 꿈꾸는 선적 구도의 정신주의시 일반과 정현종의 시가 갈리는 부분이 바로 이 지점이다.

7

누구든 정현종의 시적 궤적이 나타내는 표상의 변화 및 언어 운용 방식의 변화를 놓고 그 순치(馴致)와 활기에 긍정적으로 고개를 끄덕일 것이다. 시 속에 표현된 자연의 형상은 원래 그 자체로 존재하는 것이 아니라, 시인이 자연이라는 객체를 인간화하려 한 흔적이 나타나 있으며, 시인의 감정과 관념에 착색되어 있는 것이다. 그러나 이 시인이 노래하고 있는 자연은 우리를 둘러싸고 있는 모든 결핍의 양상을 그 대척점에서 채우고 정화시키는 몫을 하기 위해 일체의 인위를 배제하고

---

15) 앞의 책, 91면.

저 혼자 고요하고 저 혼자 수런댄다. 이곳에 바로 정현종의 시적 상상력이 빛나는 대목이 있다.

> 페루 리마의 라파엘 라르코 에레라 박물관에서 잉카 시대 **性愛**
> 도자기를 보고 나와서 우리는 소형 버스를 탔다.
> 나는 냉방을 별로 좋아하지 않는 바이지만 이번에는 달라서 기사한테 소리쳤다.
> "에어컨 좀 틉시다!"
>
> 달은 잘 익어서 떠오르고
> 옥수수도 잘 익어가고 있었다.
>
> ―「**性愛** 도자기」 전문16)

시는 근본적으로 현시적 전언(傳言)보다 묵시적이고 함축적이며 이면적인 전언이 훨씬 커다란 파장을 그으며 다가오는 법이다. 위의 시에 나타나 있는 장난과 익살, 그다운 해학적 여유 역시 그의 시가 파장을 크게 그으며 우리에게 다가와 이 세상의 생명들(달, 옥수수)에 대한 동화를 긍정시키고 있다는 느낌을 준다. 이것 또한 정현종의 시적 상상력의 원천이다.

그의 시는 예술적 자족성에 바탕한 심미성을 목적으로 하지 않는다. 또 그의 시는 도덕성이나 휴머니즘에 치중하는 인간주의에 침윤되어 있지도 않다. 정현종의 시가 또 어떠한 궤적을 그리면서 발전해나갈지 우리는 섣불리 예측할 수 없지만, 분명한 것은 그의 반공리적 시관이 더욱 흥청대는 물활적 형상으로 메마르고 척박한 우리의 삶에 충일감 어린 역설적 활기를 불어넣어줄 것이라는 것이다. (1997)

---

16) 앞의 책. 67면.

李太洙論
'그'를 향한 그리움, 꿈 속의 둥근 '집'

1. 시적 상상력, 가혹한 비상(飛翔)의 꿈

　서정시는 근본적으로 언어의 투명성에 대한 지극한 불신을 그 발생적 토대로 삼는다. 언어를 통하여, 그것도 짧고 압축된 언어적 형상(形象)을 통하여, 우리 인간만이 가졌다는 자랑스런 매질(媒質)인 언어 자체의 한계를 뛰어넘으려는 모순에 가득찬 노력을 서정시는 본래적으로 떠맡고 있다. 따라서 서정시는 산문적 언어로는 말할 수 없는 '어떤 것', 또는 산문으로 표현한 후에는 이미 다른 것이 되어버리는 '어떤 것'을 함축적으로 언표한다. 그만큼 표면에 물질적 조건으로 나타나 있는 기표(記表)와 그것이 가리키는 대상 사이에 필연적이고도 숙명적인 '거리(距離)'가 서정시에는 개재할 수밖에 없다. 따라서 서정시를 읽는 이들은 자신의 마음 속에 또 하나의 언어 기제를 준비해 두지 않으면 안 되는데, 그것은 기의(記意)를 표면에 곧바로 드러내지 않는 것을 운명적 조건으로 삼는 서정시를 온전히 읽어내려면 그 안에 다양하게 담겨 있는 시적 언표들을 감식하고 항유할 수 있는 영혼의 밝은 눈 하나를 가지고 있어야 하기 때문이다. 시인들의 언어를 자신의 체험 및 인식의 언어로 환원하고 시의 행간에 폭 넓고 층 두텁게 은폐되어 있는 함축적이고 이면적이고 잠재적인 전언(傳言)들을 읽고 추상(抽象)해낼 수 있는 또 하나의 마음밭 코드가 절대적으로 요청되는 것이다. 그렇지 못한 독자들에게 시는 단지 난해한 언어의 퍼즐 같은 아이러니만을 던져주게 된다.

시인들에게 원래 시의 기표 체계는 하나의 놀이의 체계이다. 시인들은 그러한 놀이의 기호적 흐름을 통해 욕망의 상상적 성취를 이루고, 기호가 지고 있는 현실적 대상의 무게를 그 시인이 얼마나 감당하는가 하는 것은 그 욕망의 밀도에 의해 결정된다. 욕망의 세기 및 밀도를 조절, 통합하고 또 그것과 실제 사물과의 유기성을 확보하는 질서를 상상 속에서 세우는 일, 이것이 이른바 시적 상상력이 떠맡은 몫인데, 우리는 그 상상력이 빚어낸 회로와 터널을 순례하여 그들이 산문적으로 현시(顯示)하지 않고 시적으로 암시(暗示)해야만 했던 진정한 '말'들을 읽어야 하는 것이다.

우리가 이태수(李太洙)의 시세계[1]를 문제삼을 때, 자연스럽게 떠올릴 수 있는 것이 바로 이러한 서정시적 언표의 특성과 시적 상상력이 갖는 몫과 한계에 관한 것이다. 그것은 그가 독자들의 마음 속에 또 하나의 언어들을 준비하게 만드는 전언의 방식을 택하고 있고, 시적 상상력

---

[1] 이태수는 첫 시집 『그림자의 그늘』(1979) 이후 『우울한 비상(飛翔)의 꿈』(1982), 『물 속의 푸른 방』(1986), 『안 보이는 너의 손바닥 위에』(1990), 『그의 집은 둥글다』(1995) 등 모두 다섯 권의 시집을 상재한 바 있다. 여기서는 『그림자의 그늘』을 초기시로, 가운데 두 시집을 중간 시기의 시로, 마지막 두 시집을 후기시로 삼는다. 첫 시집에서 범람하던 추상적 관념들이 중간 시기로 오면서 구체성을 확보한다는 판단으로 두 시기를 구분하였고, 이후 그가 거의 필사적으로 집착하고 있는 '그'라는 화두가 나타나고 '그'를 천착하는 시기를 일러 후기시로 규정하였다. 이 글은 기본적으로 이태수 시의 본령이 형이상성을 두텁게 형성하면서 개성화되는 후기시에서 발현된다고 보고 있다.

의 본령이 현실과 비실재 사이에 무한히 파동치는 다양한 시적 제재들을 분별하고 질서화하고 분리하고 통합하는 능력에 있다는 사실을 그의 시가 적극적으로 인지시키고 있기 때문이다. 다시 말하면 그의 시는 우리 삶에 대한 반영론적 입장에 서 있지 않을 뿐 아니라, 오히려 상상 속의 여로를 따라 우리 삶이 근본적으로 내포하고 있는 현실적 결여의 부분을 상상적으로 채워가는 도정에 있다. 그럴 때 그에게 있어 '시쓰기'는 각박한 일상 생활에서 시인 스스로에게 숨통 터주기, 물주기, 숨구멍 트기와 같은 역할을 한다. 시인과 사물 사이의 끝없는 의식의 얽힘, 그 속에서 비로소 눈 비비며 생성하는 존재의 은폐성 같은 것이 시적 상상력이 고유하게 성취하는 몫이라고 할 때, 이태수의 시는 그러한 존재의 비의(秘義)를 일깨우는 상상적 질서를 한 폭의 그림으로 펼쳐보이는 개성을 견지하고 있다고 보인다. 가령 다음의 초기시는 그것을 잘 이야기해준다.

> 내 누이의 꿈 속의 유리알 같은,
> 그런 먼 나라.
> 이 지상 늪에서 보면
> 언제나 저만큼 가물거리는,
> 꿈꾸는 내 누이의 꿈 속의 먼 나라, 머나먼
> 저쪽의 불켜진 사랑의 나라
>
> ― 「어떤 사랑나라」 중에서

어떤 시인인들 자신이 꿈꾸는 '유토피아'가 없겠는가. 그러나 상상 속의 '유토피아'는 그것이 갖는 실현 불가능성 때문에 운명적으로 비극적이다. 시인은 그곳을 '사랑나라'로 부른다. 그것도 '어떤' 사랑나라이다. 마치 '꿈 속'에서나 있는 '먼, 머나먼 / 저쪽'에서 아득하게 빛나는 거리에 그곳은 "유리알 같"이 존재한다(따라서 부재한다). 여기 지상의

'늪'에서 보면 '저만큼' 떨어져 가물거리는 곳에 그 나라는 있다(따라서 부재한다). 그 '저만큼'의 거리는 우리 말 어감으로 가깝고도 먼 거리이다. 가까이 하기에는 지나치게 멀고, 멀다고 하기에는 우리의 눈앞에 어렴풋이 보일 정도로 가까운 역설적 거리가 바로 '저만큼'이다. 이것은 일찍이 소월이 그의 시「산유화」에서 '저만치'로 인지했던 거리 감각과 상통한다. 그곳은 결국 꿈속에서만 상상적으로 성취 가능한 결국은 '갈 수 없는 나라'이다. 이태수의 시적 상상력은 이와 같이 실현 불가능성과 그곳에 대한 역설적 열망이 상상 속에서 조우하는 현장에서 눈부시게 발현되고 있다.

원래 시인들의 상상적 기투(企投)는 현실에 대한 지극한 열망의 다른 이름이다. 이태수는 시집『우울한 비상(飛翔)의 꿈』의 후기에 이렇게 적고 있다. "꿈에게 퍼득이는 날개를 달아주고 싶다. 눈 뜨고 꿈을 꾸고 있으면 어떤 가위눌림이나 부자유스러움, 미망의 늪으로부터도 자유로워진다. 마음이 막 피어오르고, 새롭게 태어난다. 잠을 흔들어 타오르는 불꽃을 안고 날아오른다. 하지만 현실은 그 반대편에 얼굴을 우그러뜨리고 앉아 있다. 언제나 현실은 꾸고 싶지 않은 꿈을 강요한다. 나의 진정한 삶으로부터 유리된 가상, 본래의 모습을 잃고 이리저리 떠밀려 다니는 <자아>, <나>로부터도 소외된 <나>를 떠올려줄 뿐이다. 너는 그런 참담함을 벗고 풋풋하게 피어오를 수 있게 되기를 바란다. 나의 모든 관념들은 나의 이 덧없는 감각과 융합되기를, 꿈과 현실이 한몸되기를 갈망하기도 한다. 그러나 그것은 강 건너 등불일 따름이다. 그럼에도 나는 희망을 버리지 않을 것이다. (……)" 그의 시세계는 그와 같은 상상적 질서 속에서의 "모든 관념과 덧없는 감각의 융화 또는 꿈과 현실의 하나됨"에 근거를 두고 펼쳐진다.

내 마음 깊은 깊이에
새 한 마리가 살고 있다.
울지도 못하고 노래도 못하는
눈 멀고 말라비튼 귀머거리
새 한 마리가 살고 있다.
눈보라 흩날리고
얼어붙은 내 마음 허허벌판에
날지도 못하고 걷지도 못하는
기막힌 새 한 마리,
새 한 마리의 캄캄한 마음이 살고 있다.
강물 풀리고 새 아침이 밝아올 때
단 한 번 울고 오래오래 노래할,
눈 뜨고 귀가 트이는 그 시각을 위해
나의 새는 뼛물 말리며
웅크리고만 있다.
가혹한 비상의 꿈을 꾸며
새 하늘을 그리고 있다.

- 「내 마음의 새」 전문

 근본적으로 삶에 대한 비극적 인식이 삶의 기본 전제가 되는 시인에게 세계는 계속 부정적 상황이어야 한다. 왜냐하면 그는 슬픔이나 비판적 사유가 없이 지낼 때보다 슬픔으로 영혼이 적셔져 있을 때 오히려 마음이 편안해지기 때문이다. 다시 말하면 그의 인격적 통일성은 그가 슬퍼하고 비판할 수 있는 상황에 의하여 가장 잘 고양되는 것이다. 만약 그가 세계에 대하여 슬퍼할 일이 없어진다면 그는 존재 근거를 잃어버리거나 새로운 정체성으로 태어나야만 하는 이중의 부담을 지게 된다. 그러니까 부정적이고 절망적인 상황은 비극적 세계관의 시인에게 가장 강력한 존재 근거가 되는 것이다. 이태수에게 시쓰기는 그러한 역설적 의미를 담고 있는 행위이다.

 위에 제시된 작품은 그 "가혹한 비상의 꿈"이 운명적으로 주어져 있는 것에 대한 비극적 절규이다. "내 마음 깊은 깊이에 / 살고 있는" 새 한 마리. 그 상상 속의 실재(實在)는 곧 시인의 "캄캄한 마음"이 되고 만다. "날지도 못하고 걷지도 못하는" 존재이지만, 결국 "새 하늘을 그리"며 날아가고 싶은 "가혹한 비상의 꿈"이 운명적으로 짐지워져 있는 그 역시 "가혹한" 존재인 새 한 마리이다. 따라서 그 새 한 마리가 곧 시인의 환유적 분신임을 우리는 쉽게 알 수 있다. 이 비상에 대한 꿈과 현실적 좌절을 확인하는 시쓰기는 시인에게 결국 시지프스적인 절망만을 허여하는 반복적 행위로 각인되지만, 시인은 그와 같은 꿈꾸기를 통해 자기 자신을 인지하고 그 시적 상상력을 통해 존재 의미와 가치를 확보한다. 어느 시인의 말처럼 "시인이란 슬픈 천명(天命)인 줄 알면서도".

2. 상상적 실재로서의 항체(抗體), 꿈과 기다림의 의미

 이태수 시학의 기저(基底)에 자리잡고 있는 기본 정조가 '꿈'과 '기다림'임은 이미 그의 두번째 시집의 발문에서 김병익(金炳翼)이 잘 지적하고 있다. 이러한 정서적 양상은 중기시 이후 가장 튼튼하게 착근한 그의 시적 주제라고 할 수 있다. 그러나 우리가 잘 알듯이 '꿈'이라는 말에는 두 가지 속성이 내재하기 마련이다. 하나는 비실재성이고 또 하나는 강렬한 소망으로서의 기다림이라는 이미지이다. 앞의 속성은 "꿈같은 소리 말라"라든가 "꿈처럼 허무한 것" 등의 용례에서 발견되지만, 후자의 경우는 "우리에게는 꿈이 있다"는 야심을 엇비칠 때 두루 쓰인다. 이태수의 시는 이처럼 꿈이 갖는 이중적 속성을 승인하는 자리에서 꽃피기 시작한다. 곧 꿈의 비실재성을 인정하고 그것을 오히려 상상 속에서 축조함으로써 우리의 번쇄한 욕망과 호흡에 일정한 오솔길 트기 역할을 하고 있는 것이다. 그것이 그의 '기다림'을 낳고 (그것이 현실적으로 이루어지리라고 기대하는 기다림이 아니다) 현실적 결핍을 상상 속에서 채워가는 그의 시적 상상력이 갖는 고유의 몫이다. 이러한 인식 및 행위가 궁핍하고 어려운 시련의 시대에 비추어 '현실 도피'라는 비판의 빌미를 주는 것도 어찌할 수 없는 노릇이다. 그러나 그는 속악한 현실과 마주하는 항체를 상상 속에서 열망하는 "그"라는 실체에 대한 기다림과 만남을 통해 충전하고 끊임없이 재생산한다. 이것이 이태수만의 색깔이요, 특징이다. 그러니 할 수 없다. 그는 사실성에 토대한 시적 묘사에는 별 신경을 쓰지 않는다. 그는 열망의 시인이요 그것의 상상적 구축의 시인인 것이다.

> 흐르는 물에 발을 담근다.
> 서늘하고 둥근 물소리 ……
> 나는 한참을 더 내려가서
> 집 한 채를 짓는다.
> 물소리 저 안켠에
> 날아갈 듯 서 있는 나의 집, 나의
> 푸른 방에는
> 얼굴 말끔이 씻은 실바람과
> 별빛이 술렁이고
> 등불이 하나 아득하게 걸리어 있다.
>
> ―「물 속의 푸른 방」 전문

'집'은 인간에게 안정의 근거와 그 환상을 주는 이미지들의 집적체이다. 이태수가 희구하고 꿈 속에서 구상(具象)하고 있는 '집'의 이미지는 그와 같은 시적 상상력에서 형상적으로 빚어진다. "물소리 저 안켠에 / 날아갈 듯 서 있는" 집, 그리고 그 안의 "푸른 방"에는 우주적인 원초적 이미지("얼굴 말끔이 씻은 실바람과 / 별빛이 술렁이고 / 등불이 하나 아득하게 걸리어 있")로 가득하다. 그 "물 속의 푸른 방"은 위에서 말한 기다림의 이미지를 어김없이 불러일으키는 매체이지만 그 역시 현실적으로 이룰 수 없는 완전하고 훼손되지 않은 상상적 질료일 뿐이다. 이러한 이미지는 "집"과 유사한 "섬" 이미지로 이어진다.

> 저만큼 가물거리는 섬,
> 언제나 꿈 속에서 선연해지는
> 섬.
> 파도를 헤치고, 거친 바람을 잠재우며
> 가라앉을 듯 아득하게
> 솟아 있는 섬.
> 어둠과 미움과 질곡과
> 한숨을 넘어서
> 한반도의 오늘의 그늘과
> 내일의 다른 꿈 사이
> 지워질 듯 안 지워지며
> 떠 있는 섬.
> 오직 따스한 사랑만이 숨쉬는,
> 서러운 사람들과 함께
> 바라보면 볼수록 또렷해지는
> 섬.
> 눈을 감으면 더욱 가까이 다가서는
> 그 섬에 가서
> 집을 짓고 싶다. 꿈 밖으로 나와도
> 꿈 속과 같은
> 나의 방을 갖고 싶다. 그곳에서

따스한 말들 언제까지나
　　　깊이깊이 끌어안고 싶다.

― 「섬」 전문

　이 시에서 나타나는 '섬'의 이미지는 이미 살펴본 대로 '집(방)'의 이미지와 통한다. "저만큼 가물거리"고 "언제나 꿈 속에서 선연해지는" 섬. "가라앉을 듯 아득하게 솟아 있는 섬"은 앞 시에서 그가 상상 속에서 구상하던 "물 속의 푸른 방"과 동일하다. 따라서 그 섬은 어느새 "나의 방"으로 환치되고 시인은 그것을 열망한다. "그곳에서 따스한 말들 언제까지나 깊이깊이 끌어안"기 위해서. 그러나 누가 읽어 보아도 이 "섬" 역시 환시(幻視)의 대상이다. 꿈과 현실 사이에서 저 혼자 흔들리고 그림자를 드리우는 상상적 실재일 뿐이다.
　우리의 현실적 삶 속에서 사상(事象)의 외양은 경험의 대부분이 그러한 것처럼 단편적이고 전환기적이며 때때로 분명치 않다. 대부분의 경험이란 우리가 그 속에서 움직이는 공간, 우리가 흘러간다고 느끼는 시간, 우리에게 도전하는 인간적, 비인간적 힘들을 의미할 뿐이다. 시인의 직능은 이러한 경험들의 외양, 곧 우리가 살고 느끼는 사상들의 외형을 창조하고 이것들을 하나의 순수하고 완전하게 경험된 실재, 곧 하나의 가상적 삶을 구성하게끔 조직하는 일이다. 이태수의 시적 상상력은 바로 그러한 경험적 외양을 하나의 가상적 질서로 새로 생성시키는 역동적 흐름의 힘으로 나타난다.
　그럴 경우 행과 불행 역시 이분법적 실체로 존재하는 것이 아니라 한 인간의 영혼 속에 언제나 가능성으로 숨쉬고 있기 마련이며, 그것을 바라보고 견뎌내고 시적으로 환치시키는 시인의 변증법적 노력을 따라 현실적 에네르기로 환생한다.

3. 낭만적 상상력, 시적 형이상성

따라서 이태수의 시적 지향은 지상의 현실에 토대한 사실성보다는 관념의 이입이 강하게 작용하는 이른바 '형이상시(形而上詩)'의 특성을 보이게 된다. 형이상시의 가장 중요한 특질은 '중층 묘사'에 있는데, 중층 묘사란 구체적 표현과 추상적 표현을 교착시키는 서술 방법을 말한다. 이때 구체적 표현은 이미지에 의한 표현이며, 추상적 표현이란 관념 작용에 의한 표현을 말한다. 동일한 사물이나 사건을, 감각적 차원과 추상적 차원의 양쪽을 왕래하면서 입체적으로 표현하는 것이 바로 그것이다. 이태수는 바로 그 감각과 관념을 오가면서 그것끼리의 덧없는 융화를 꾀한다. 그러면서 그는 모든 구체적 사물을 관념화하고 그 관념에 현실을 의탁하여 역설적으로 현실을 견뎌내게 하는 상상적 질서 구축을 끝없이 감행하고 있다.

> 내려간다. 더 내려갈 데가 없을 때까지
> 낮게, 허리를 구부리고
> 이제는
> 그가 이쪽으로 뚜벅뚜벅 걸어온다.
> 그의 발자국 소리는 지하도를 울리다가
> 풍선처럼 가볍게 떠오른다.
> 나는 땅바닥에 엎드린다. 엎드려서 보면
> 거짓말처럼, 그의 발바닥이
> 송신탑 피뢰침 끝에 걸려 있다.
> 나는 주눅이 든 채 그의 뒷꿈치에 매달려
> 가물거린다. 흔들리는 불빛 ……
>
> ― 「절망, 또는 비구상」 중에서

브룩스(C. Brooks)에 의하면 시는 생활 과정의 반영인 동시에 인간 자신의 계발적 이미지이다. 그러므로 시는 추상적으로가 아니라 구체적 매질을 통해 객관화된다. 이 작품에서 비로소 그 모습을 나타내는 "그"는 이태수 시학의 근본 주제일 뿐만 아니라 그 자체로서 하나의 계발적 이미지를 불러일으키는 구체적 매개체이다. "그"는 "이쪽으로 뚜벅뚜벅 걸어온다". 이쪽으로 건너오고 있느니만큼 분명 "그"는 "저쪽"에 있을 것이다. 따라서 "그"는 우리가 앞에서 살핀 대로 아득한 '저만치'에서 존재하는 갈망과 기다림의 대상의 구체적 현신이다. "가물거린다. 흔들리는 불빛 ……"의 이미지로 각인되는 "그"의 모습은 이제 이 시인의 열망의 투사가 이루어지는 이입 대상이요, 그 자체로서 살아 있는 하나의 "어떤 사랑나라"이다.

> 시멘트벽에 기대어 서서
> 그를 기다린다.
> 하늘은 낮게 내려앉고
> 세종로에는 길 잃은 사람들,
> 마냥 붐비는 발자국들과
> 꼬리에 꼬리를 물고 달리는 자동차들.
> 벗은 가로수들은 뿌리에 힘을 모으며
> 조금씩 흔들리고, 이따금
> 눈발이 비치다 흩어진다.
> 봄은 해마다 찾아와도
> 우리들 가슴 깊숙이 와 닿지는 않듯이
> 그는 아직도 돌아오지 않는다.
> 기다려도 기다려도 나의 기다림은
> 기다림으로 서성이고 있듯이,
> 그는 저만큼 모습을 감추고
> 조금씩 흔들리는 가로수 가지에는

아직은 성급한 설레임,
되다 만 몇 마디 말이
뿌옇게 글썽이고 있다.

  ―「그를 기다리며」중에서

 단순한 하나의 이미지가 반복되고 집요하게 착근되어 안정성을 얻게 될 때 그 독특한 의미는 '상징'의 영역까지 넘보기 마련이다. '상징'이라는 수사적 양식은 직설적 번역을 허락하지 않는 자기 신비화 기능을 갖기도 하는데, 여기서 "그"의 의미가 바로 그러한 예에 속한다. "봄은 해마다 찾아와도 우리들 가슴 깊숙이 와 닿지는 않듯이" 아직 돌아오지 않는 "그"는 나의 기다림과 서성임을 부추기지만 그는 돌아오지 않음으로 해서 열망의 대상으로 영원성을 가지게 되고 따라서 현실의 인간은 그에 대한 기다림으로 시간과 공간이 빚어내는 순간성과 속악성을 버텨낼 수 있게 된다. 이러한 상징적 요체를 지니고 있는 "그"는 이 시인의 낭만적 상상력이 빚어낸 심미적이고 이념적인 가상(假像)이다. 따라서 낭만주의의 기본 정조를 불안(不安)과 동경(憧憬)이라고 할 때 이태수의 시적 상상력의 본령은 철저히 낭만주의적 성격을 견지한다고 말할 수 있다.

4. "그"의 현상학, 덧없음의 위상학

 이태수의 최근작 시집 『그의 집은 둥글다』는 그 목소리가 앞의 시집들에 비해서 침잠되고 한층 사색적으로 보인다. 그와 같은 침잠과 사색은 역시 "그"라는 형이상학적 대상에 대한 열렬한 추구를 통해 구심력을 획득하는데, 그의 시에 집요하게 그 모습을 현현 또는 은폐하고 있는 "그"는 우리가 잘 알고 있는 만해(萬海)의 '님'처럼 초월적이고 세속적인 이미지가 중첩되어 있는 그 누군가를 떠올리게 한다.『물 속의 푸른 방』이후 그 윤곽을 조금씩 비치기 시작하던 "그"라는 존재는 이제 본격적으로 시적 자아가 궁극에 가 닿고 싶어하는 목적적 이상으로 나타난다. "그"는 인간이 결국은 다가갈 수 없는 유토피아적 영상으로서의 비극성을 띠는데, 그런 면에서 "그"는 신성성(神聖性)의 존재이기도 하다.

이태수는 이제 지상의 사람의 덧없음, 부질없음을 애써 숨기려 하지 않는다. 부질없음에도 불구하고 열심히 살아올 수밖에 없었던 삶에 대한 짙은 연민은 곧 반대급부로 어느 신성한 존재에 대한 열망과 희원으로 대체되고, 잠깐 동안의 몽유(夢遊)일지라도 그 같은 존재를 꿈꾸는 것이 오히려 시인됨의 지복(至福)으로 나타날 뿐이다.

이태수 시학의 중심 원리가 되고 있는 "그"라는 존재는 이미 시인 안에서 삶의 중심으로 자리잡고 있기도 하고, 시인의 밖 온갖 자연에 편재화(遍在化)되어 있기도 하다. 그런 의미에서 "그"는 만해의 '님'과 상사성(相似性)을 갖는다. 그러나 "그"는 어떤 이념적 구심도 아니고, 또 시인의 삶을 역동적으로 추동케 하는 힘의 연원도 아닌 것처럼 보인다. "그"는 다만 우리가 범접할 수 없고 결국은 다가갈 수 없는 거리에 있는 심미적, 정신적 이상일 뿐인 채로 아득하게 서 있을 뿐이다. 따라서 "그"를 추구하는 것은 결국 덧없음을 불러오지만 그 추구 자체에 이 시인의 시쓰기의 최종적 목표가 있는 것이다.

그런데 "그"는 "둥근 집"에 살고 있다. "숲속을 헤매도 안 보이는" 존재이고, 나는 "더듬어 다시 그를 느끼기라도 하고 싶다. 내 마음은 떠돌이, 그를 향한 떠돌이 바람."(「떠돌이 바람」)이라고 노래한다. 그런 의미에서 "그"는 현실적 추구의 대상이 아니고, 나날의 삶이라는 일상적 터널에서 빠져나와 사색해 보는 꿈꾸기의 대상일 뿐이다. 낮의 역동성에서 구현되는 실체가 아니고 밤의 몽유에서 "언뜻언뜻 비치는 푸른 하늘"처럼 인식되는 심미적 가상인 것이다.

> 어두운 뒤에야 시를 생각한다. 그를 생각하고, 이따금 하늘의 별들도 가슴에 불러들인다. 부질없는 짓인 줄 알면서도 그를 기다린다. 앞산자락 불빛 어둑한 주막에도 밤은 깊어, 불 꺼질 시간이 다 가온다. 가슴에 고이는 상처, 무중력의 시간.
>
> ― 「일기, 어떤 밋밋한 날」 중에서

프랑스의 문예비평가 모리스 블랑쇼(Maurice Blanchot)는 글쓰기의 본질을 '밤'의 세계로 이끌리는 것이라고 말한 바 있다. '낮'은 텅 비어 있는 부재의 공간이어서, '낮'의 세계에서 '나'는 진리의 확실성에 대한 근거 위에서 합리적으로 사고하는 목적에 따라 일하고 생각하게 된다. 반면에 '밤'은 이러한 합리적이고 이성적인 자아의 활동을 정지시키고 근원적인 고독의 경험을 제공한다. 따라서 '밤'은 '의미'가 은폐되고 상상적 '이미지'만 남는 세계이다. 그 속에서 일상에 충실하던 '나'는 없어지고 느닷없이 타자화된 또 다른 '나'를 만나게 된다. 이때의 나는 이미 '나'가 아니라 "그"와 같은 존재이다. 따라서 블랑쇼의 말대로 "말 하나하나가 심연으로 통해 있어 그 속으로 사라지기를 강하게 권하는 심연의 노래"는 어쩌면 밤에만 가능한 꿈의 형식인지도 모른다.

합리적이고 이성적인 인식을 통한 지성적 탐구가 아니라 인간 세계의 구석진 이면에 숨쉬고 있는 신성한 존재를 끈질기게 탐사하는 것이 이태수 시학의 중심 방법이라면, 그 비의는 회원의 형식 곧 상상적 세계에서만 팽팽하게 솟구쳐오르는 "그"라는 존재에 귀의하고 투항하는 형식을 통해 구현된다. 그것은 자신이 몸 속에서 자연스럽게 빠져나오는 숨결을 그와 같은 신성적 존재에 역투사함으로써 얻어진다. 일체의 잠언적 경구를 배제하고 있는 그의 반계몽적 태도 역시 그러한 추구와 필연적 절망이 가져올 비극성을 내포할 수밖에 없다.

> 그의 집은 둥글다, 하늘과 땅 사이
> 그의 집, 모든 방들은 둥글다.
> 모가 난 나의 집, 사각의 방에서
> 그를 향한 목마름으로 눈감으면
> 지금의 나와 언젠가 되고 싶은 나 사이에
> 검고 깊게 흐르는 강.
> 모가 난 마음으로는
> 언제까지나 건널 수 없는 강.
> 신과 인간의 중간 지점에서 그는 그윽하게,
> 먼지 풀풀 나는 여기 이 쳇바퀴에서 나는
> 침침하게, 눈을 뜬다. 아득하게 느껴지는
> 그의 집은 둥글다. 하늘과 땅 사이
> 그의 집, 모든 방들은 둥글다.
>
> ― 「그의 집은 둥글다」 전문

왜 둥근가. 둥근 이미지는 원래 자연의 온전함과 완결성 또는 무흠성(無欠性)의 상징으로 쓰인다. 그러나 이태수의 시에서 그것은 한 발자국 더 나아가 하나의 원형 상징으로 쓰이고 있다. "둥글다"는 것은 모가 나지 않은 원만함, 무애함, 순환성 등을 언뜻 상기시키지만 그보다 더욱 근원적인 원형적 이미지이다.

융(C. G. Jung)에 의하면 '원형(Archetype)'이란 헤아릴 수 없이 반복되어진 전형적 경험의 누적으로부터 형성되는 동일한 형식의 심리적 잔영(殘影)이다. 그 중 '원(圓)'은 가장 철학적인 원형인데, 그것은 전체성(wholeness), 통일성, 무한으로서의 신, 원시적 형식의 삶, 공(空)을 상징하기도 하며 모든 우주의 사물에 생의 형식을 부여하는 중심 근원으로서의 이미지를 갖는다. 릴케(R. M. Rilke) 역시 "나는 원이 닫혀질 때를, 하나가 다른 하나 속에서 자기를 다시 만날 때를 좋아한다"며 원형의 자기회귀성을 강조한 바 있다.

따라서 그의 시에 자주 등장하는 '둥글다'는 표현은 그의 시에서 새로운 의미가 첨가되고 있다기보다는 원형 상징으로서의 방법적 심화가 이루어지고 있다고 보아야 할 것이다. 원형의 원용은 언뜻 발생과 귀일의 순환적 반복이라는 상투화를 가져오기 쉽다. 하지만 이태수의 시에서는 한 편 한 편의 시가 그 자체로 완결되고 있다기보다는 전체적인 "그"의 둥근 이미지를 구심으로 모여 들어오는 흡인력을 보이고 있어 상투적 형상화를 극복하며, 사색의 통로로 우리를 안내하는 힘을 가지고 있다.

그는 계속하여 "둥근 방을 꿈꿉니다. / (…) / 밤은, 그가 아득하게 / 둥근 집, 둥근 방에서 / 새로운 꿈을 꾸는 시간입니다."(「둥근 마음을 꿈꿉니다」)라든가 "그는 이 세상 번뇌를 밀어내면서, 그윽하고 / 둥근 말들을 빚고 빚어 안겨주면서 ……"(「어느 날, 그는」) 또는 "마음의 창을 열고 마음을 낮출수록 / 그는 한결 가까이 느껴집니다. / 꽃이 피고, 열매가 영글고 여전히 / 그는 높고 넓고 깊고, 저만큼 둥글게 / 있습니다. 그의 마음도 방도 집도 둥글어 / 꿈결에는 내 마음도 둥글어집니다. 나는 / (…) / 둥글어지고 싶은 마음 때문에, 그를 / 더욱더욱 목말라하게 될 것만 같습니다."(「찬밥을 먹으며」)고 노래한다. 우리는 다만 "모가 난 사각의 방"에서 "그를 향한 목마름을 눈감"을 수밖에 없다.

> 내 발은 허공에 떠 있습니다.
> 마음은 먼지처럼 떠다니고
> 몸도, 방도, 집도 흔들리고 있습니다.
> 안 보이지만 느껴지던 그가
> 기다림과 그리움의 저쪽 하늘 깊이
> 다시 숨어버렸습니다.

> 이 눈물겨운 지상에서 마음은
> 또 다시 정처가 없습니다. 바람처럼
> 집도, 방도, 몸도 허공에 떠 있습니다.
> 애타게 불러보아도 그는
> 뜬구름 저켠, 둥근 집에 있습니다.
>
>   -「마음은 먼지처럼」전문

  도대체 범접할 수 없는 "그"와 나와의 아득한 거리, 다시 소월의「산유화」를 환기시키는 그 실존적 단층(斷層) 앞에서 우리는 우리의 존재를 역으로 객관화할 수 있는 여유와 인식을 자연스럽게 터득하게 된다. 이태수의 시에 등장하는 현실은 이미 저만치 물러서 있는 것이다. 그것은 덧없는 것, 구겨져 있는 것, 연민을 느낄 만한 것 등으로 나타난다. 따라서 우리가 이태수를 따라가 사색할 수 있는 세계는 그것들을 쓸쓸히 확인하는 마음의 여로에 불과하다. 그는 그만큼 우리의 속악하고 권태로운 일상을 뒤집어 "그"라는 존재의 근처로 우리의 마음을 인도하고, 가능한 한 우리로 하여금 현실을 반추할 수 있는 힘을 부여한다. 상상적 세계에서만 접촉할 수 있는 또 하나의 신성성인 것이다.

  이와 같이 이 시인은 일상이라는 터널을 빠져나와 꿈꾸는 행위를 통해 우리의 상투적 의식에 의미있는 오솔길 하나를 트고 있다. 그러나 절망을 미리 안은 채 형이상학적 존재를 찾아나서는 그의 상상력의 여정이 그야말로 몽유적 상상력으로 떨어지지 않고 우리에게 새로운 시적 경이와 방법적 심화를 보여주려면 사람살이의 안팎을 형상으로 보여주는 시적 분기(分岐)가 그에게 요구될 것이다. 미만해 있는 현실과 꿈, 외면과 내면의 역설적 상호작용의 병립(竝立)에서 그 동일성을 꿈꾸는 그에게는 사람살이라는 구체성 속으로 자신의 상상적 질서를 육화하려는 열정과 도전이 이후의 시세계에서 가능할 것으로 보인다. 그만큼 그에게 있어 꿈과 현실은 아직까지 모순 개념이라기보다는 서로

를 지탱시켜주는 대극 개념(對極槪念, concept of polarity)이다.

5. 시적 형이상성의 가치와 의미

시적 상상력과 시적 전언의 의미는 무엇인가. 서정시는 이면적 전언에 담긴 또 하나의 말을 읽어낼 수 있는 또 하나의 밝은 눈을 필요로 한다고 우리는 말한 바 있다. 따라서 우리로서는 이태수를 이해할 때 우리 삶에 근원적으로 편재해 있는 반(反)인간성에 대한 그의 시적 통찰을 읽어야 하리라고 본다. 우리의 삶을 본래적으로 둘러싸고 있는 허무와 비애, 그것들이 직조해내는 마음의 슬픈 무늬를 품격 높은 시적 상상력으로 대결하는 것. 그의 시쓰기는 결국 '나'의 바깥에 있는 어떤 실체인 "그"를 부르는 초빙의 언어요, 간절한 기도이다. 그리고 이 세상의 비극성에 대한 위무요, 질타이다.

그렇다면 이렇듯 간절한 형이상적 열정은 결국 '근원'을 희원하는 것으로 모아지는데, 그러나 '보편'과 '영원'과 '일반'과 '항상'과 '근원'은 위대하고 궁극적이지만 '단순성'을 그 기본 속성으로 한다. 이 악연(惡緣)의 그물로 얽히고 얽힌 세상에, 그와 같은 단순성의 시학은 삶과 사물의 근원적 구경(究竟)을 투시하는 전략적 이미지로서 새삼스런 내적 지양의 계기가 될 수 있을 것이다. 그러나 서정시가 추억과 미래에의 투시라는 극단을 진자운동하는 언어적 실체라고 할 때, 이 의미 과잉의 시대에 시쓰기는 이러한 단순화만이 아니라 삶의 세세한 결들을 투시하는 안목까지 갖추어야 하리라고 우리는 본다.

그럴 경우 자기 확인의 아픔을 고전적 격조로 승화시킨 이태수의 시를 놓고 우리는 시가 역사적 존재로서의 인간이 가지는 현실 조건, 세계 이해 및 지향에 관련된 행위의 일부라는 해묵은 명제를 포괄적으로

승인해도 좋을 것이다. (1997)

　출전시집 :「어떤 사랑나라」,「내 마음의 새」-『우울한 飛翔의 꿈』
　　　　　　「물 속의 푸른 방」,「절망 또는 비구상」-『물 속의 푸른 방』
　　　　　　「섬」,「그를 기다리며」-『안 보이는 너의 손바닥 위에』
　　　　　　「일기, 어떤 밋밋한 날」,「그의 집은 둥글다」,「마음은 먼지처럼」-『그의 집은 둥글다』

金南柱論
노래로서의 서정시 그리고 계몽적 열정

1. 머리말

　김남주론(金南柱論). 사실 이제까지 씌어져왔던 그에 대한 논의들은 어찌보면 하나의 빛깔을 띠고 있었다고 할 수 있다. 그 또는 그의 시를 아는 많은 이들은 한결같이 그의 이름 앞에 '개결함', '대책없는 순결성', '뜨거움', '단호함' 등의 술어들과 '민족시인', '혁명시인'. '전사(戰士)' 등의 칭평을 붙이곤 했다. 반면 이러한 긍정적 평가와 대척적인 곳, 다시 말해서 그의 시세계에 정서적, 사상적으로 동조할 수 없었던 일군의 시 진영에서는 언제나 일관된 침묵으로 그를 대했다. 그에 대한 찬사나 비판은커녕 마치 그라는 존재가 우리 시단에 없기라도 하다는 듯한 무반응을 보여왔다.
　따라서 김남주에 관한 논의는 주로 그의 시 또는 그의 삶이 갖는 시대사적, 정신사적 층위를 귀납하여 그를 가장 위대한 민족시인의 한 사람으로 자리매김한 경우를 빼고는 별로 찾아볼 수 없는 것이 사실이다. 그 우선적인 까닭은 말할 것도 없이 우리 현대시사를 통틀어서 김남주

만큼 선명한 시적 이념과 실천 행위를 지속적으로 견지해온 시인이 없기 때문일 것이다. 그만큼 그는 우리 사회가 추동해왔던 사회변혁운동의 이념과 정신적 지향을 그야말로 온몸으로 주도해갔던 걸출한 독보적 민족시인임에 틀림없다.

그러나 그를 거론할 때마다 따라붙는 이러한 상찬(賞讚)을 십분 긍정하면서도 이제 우리는 이 익숙하고도 낯익은 시인에 대해서 차분하게 그 시사적 의미를 말할 시간에 와 있는 것 같다. 여기서 말하고 있는 '익숙함'은 사실 그의 시가 갖고 있는 미적, 형상적 특질 때문이라기보다는 그의 목소리 또는 세계인식이 갖는 강렬한 이미지 때문이라고 나는 추측해 본다. 그의 이미지는 우리에게 익숙하다 못해 하나의 뚜렷한 흔적으로 남아 있을 만큼 강렬하고 명징하다.

그러나 하나의 시인이 갖고 있는 '이미지'와 시세계의 '실체'를 구분하는 것은 매우 중요한 일이다. 이를테면 시인 윤동주(尹東柱)를 말할 때 우리는 그의 감성적이고 해맑은 여성적 이미지 그리고 그의 비극적 죽음에 대해 짙은 애정과 연민을 가질 수 있다. 그러나 그러한 이미지를 일단 접어두고 그의 시의 객관적 실체에 접근해 보면 의외로 견고하고 탄탄한 사상적 깊이 그리고 작품 하나하나에 구현된 높은 형상적 성취도를 만날 수 있는 것이다. 모든 시인은 이와 같이 두 가지 측면, 곧 시인으로서의 이미지와 실체를 갖고 있기 마련이다.

따라서 우리가 김남주의 시세계를 논할 때 그 특유의 전투적 서정성이 오롯이 빛나는 몇몇 대표시를 위주로 가치평가하는 것은 이제 더 이상 생산적이지 않다. 그러한 평가가 여전히 유효하고 또 그에게만은 참으로 적실하다는 사실도 흔연히 동의되어야 하겠지만 그러한 논의는 이제 어느 정도 축적되었다고 볼 수 있다. 또 한번 우리가 내용사회학적 또는 이념적 분석만을 통해 그를 민족문학의 거봉으로 극찬할 경우 그것은 논의의 진전이 아니라 지나간 시대와 그에 대한 하나의 수사(修

辭)이고 췌언(贅言)일지도 모른다. 그의 대표적인 이미지 뒤에 여전히 역동하며 솟구치고 있는 서정시인으로서의 몫을 논증하는 일은 그런 의미에서 자못 소중한 일이 아닐 수 없다.

그러므로 이제 우리는 그의 시세계가 갖는 시사적 의미와 그에 수반된 방법적, 형상적 특질을 검토해야 할 차례에 와 있다. 그러나 김남주, 그의 이름 앞에서는 미학적 분석 운운하는 것이 여전히 어색하기만 하다. 그러한 방법은 다른 시인에게는 몰라도 왠지 그에게는 어울리지 않아만 보인다. 그는 확실히 분석 '이전'의 시인이니까. 그러나 이 '어색함'조차도 어쩌면 우리가 그의 시세계를 적확하게 실체화하지 않고 대표적 이미지만 공고히 반복해서 강조해왔던 결과일지도 모른다. 모든 논의가 그의 실체를 줄기차게 우회해간 징후가 아닐까 생각해 보는 것이다.

어쨌든 우리는 방대하기만 한 그의 시들 앞에서 그를 당대인으로는 물론 시사적 연속성의 의미에서 가치평가해야 할 의무를 느낀다. 그러나 이러한 나의 의욕에도 불구하고 실로 망망대해만 같은 그의 시세계를 미학적으로 섬세하게 규명하려면 그야말로 아득함을 느낄 도리밖에 없다. 그와 같은 기대를 충족시키기 위해서는 꼼꼼한 서지적 조사를 토대로 한 본격적인 논구가 서서히 잇따라야 할 터이고, 이 글은 그에 대한 얼개적 그림 수준에서 그칠 수밖에 없을 것이다. 더구나 이 글은 통시적 작가론의 골격을 갖추고 있기 때문에 그의 시세계를 연대기적으로 따라가 보는 역할에 상당 부분 무게중심을 둘 수밖에 없음은 물론이다.

우리가 따라가 볼 김남주의 시적 궤적은 대개 보아 세 가지 시기로 구별 가능하다. 이것은 물론 시기적인 분류를 의미하지만 이 구분은 곧 그가 견지했던 시적 지향점 또는 형식의 차이라는 본질적 변별성을 기준으로 한 것이기도 하다. 먼저 『창작과 비평』에 처음 시를 발표했던

1974년부터 1979년에 이르기까지 발표했던 초기시, 그 다음 옥중에서 10여 년간을 생활하면서 쓴 옥중시 계열, 그리고 세상에 다시 나와 일상적 현실과 고투하면서 써온 후기시 계열로 대별해 볼 수 있다.

이 글은 그가 엮어온 20년 남짓의 시력(詩歷), 그 역동적인 궤도를 따라가며 시정신이 변화해온 과정에 대한 개괄적인 고찰을 첫번째 목표로 하고, 그에 수반되고 있는 형상화 방법에 부수적으로 주목하려 한다. 그리고 가능하면 이미 잘 알려져 있는 그의 대표작들보다는 새롭게 읽혀 마땅한 그의 아름다운 서정시를 부각시키려는 일을 의도적으로 하려 한다.

2. 초기시의 세계 — 『진혼가(鎭魂歌)』

김남주가 시를 쓰기 시작한 1970년대는 우리 시사에서 매우 각별한 의미를 띠고 있다. 그것은 단적으로 말해서 해방기 이후 단절되었던 진보적 시 전통의 복원, 다시 말해서 철저한 민족, 민중적 관점에 기초하여 당대 민중들의 삶과 정서를 형상화하거나, 그들이 누리고 있는 삶의 여러 질곡과 모순을 구체적으로 드러내는 비판적 시의 흐름을 형성한 것으로 요약할 수 있다. 그리고 이 시기의 시는 서정시의 대중적 소통 가능성을 확대한 것은 물론 시어의 일상어법으로의 확장, 형상화 방법과 시적 대상의 적절한 조응, 창작 주체의 계급적 존재기반 확대 등의 긍정적 성과를 우리 시사에 가져왔다. 김남주라는 민족시인이 등장할 수 있었던 개연성도 이러한 시사의 연속성 위에서 가능했던 것이라 할 수 있다.

김남주는 1973년 대학 재학중에 이른바『함성』지 사건으로 투옥되어 8개월간의 옥고를 치르고 집행유예로 석방된 경험을 갖고 있다. 이 투옥 경험은 그의 신산스런 삶의 상징적 출발이라고 해도 좋을 것이다. 출소 후 그는 고향에 내려가 농사를 지으며 생활을 하게 되는데, 이미 대학에서는 제적된 후였다. 그때 그는 농촌 사회의 구조적 모순에 눈을 뜨게 되는데, 문학적 초점을 거기에 맞추게 되면서 파괴된 농촌공동체의 모습을 본격적으로 노래하게 된다. 1974년 『창작과 비평』 여름호에 그는 「잿더미」 등 일곱 편을 싣게 되는데, 이것이 시인 김남주로서의 첫걸음이었다.

> 아는가 그대는 / 봄을 잉태한 겨울밤의 / 진통이 얼마나 끈질긴가를 / 그대는 아는가 / 육신이 어떻게 피를 흘리고 / 영혼이 어떻게 꽃을 키우고 / 육신과 영혼이 어떻게 만나 / 꽃과 함께 피와 함께 합창하는가를
>
> — 「잿더미」 중에서

김남주 스스로 "恐怖야말로 인간의 본성을 캐내는 데 / 가장 좋은 武器이다"(「鎭魂歌」)라고 절규한 바 있지만, 이 작품은 자신이 발을 굳건히 딛고 있는 세계로부터 아득히 떨어져나갈 것만 같은 육체적 공포의 극점 곧 옥중 경험이 두려움을 시적 기저(基底)로 하고 있다. 갖은 고문과 비인격적 조건 속에서 그는 "하찮은 것이지만 육신은 나의 / 唯一의 確實性이라고"(「鎭魂歌」) 깨닫게 되고, 그 자기 다짐은 오히려 그에게 새로운 갱신을 추스를 줄 아는 밝은 영혼을 가져다준다. 윗시는 그러한 자기초극의 적절한 예증이 될 수 있는 작품이다.

이와 같은 옥중 체험을 예민하게 반영한 그의 첫 시집 『鎭魂歌』가 느지막하게 출간된 1984년은 우리 시사에서 또 하나의 기념비가 됨직한 박노해의 『노동의 새벽』이 나온 해이기도 하다. 이때는 우리 사회의 민족민주운동이 새로운 전환기를 맞았던 때였는데 마침 두 시인의 작품집이 변혁운동에 기여한 사상예술적 기여는 실로 컸다고 할 수 있다.

박노해의 시가 노동자의 일상적 디테일에 충실하면서 사실적이고도 충격적인 노동자의 정서를 전해준 데 반해, 김남주라는 영어(囹圄)의 시인은 부단히 죄어오는 정치적, 물리적 외압에 저항하면서 힘있게 분출하는 강렬한 전사의 정서를 체험케 했다. 그만큼 그는 우리에게 변혁운동의 중심에 선 전투적 리얼리스트의 모습으로 다가왔다.

1970년대를 통해 그가 줄곧 발표한 작품들을 모은 이 시집은 1973년도의 옥중 체험과 농촌에서의 생활 체험을 아우르고 있는데, 「진혼가」나 「잿더미」 등은 옥중 체험을 가장 직접적으로 전해주는 작품들이고, 「秋穀」, 「고구마똥」 등은 농촌에서의 체험을 각인한 작품들이다. 이 작품들은 1980년대에 펼쳐지게 될 김용택, 고재종 등의 농민시를 한 시기 앞서간 그 분야의 선구적 작품으로 새롭게 평가될 만하다고 본다.

그러나 나는 1977년에 발표된 다음의 시를 옥중 체험을 통한 강렬한 저항성과 아름다운 농민적 서정이 하나의 '노래'로 눈부시게 통합, 성취된 김남주 초기시의 대표작이라고 생각한다.

> 이 두메는 날라와 더불어 / 꽃이 되자 하네 꽃이 / 피어 눈물로 고여 발등에서 갈라지는 / 녹두꽃이 되자 하네 // 이 산골은 날라와 더불어 / 새가 되자 하네 새가 / 아랫녘 웃녘에서 울어 예는 / 파랑새가 되자 하네 // 이 들판은 날라와 더불어 / 불이 되자 하네 불이 / 타는 들녘 어둠을 사르는 / 들불이 되자 하네 / 되자 하네 되고자 하네 / 다시 한 번 이 고을은 // 반란이 되자 하네 / 靑松綠竹 가슴으로 꽂히는 / 죽창이 되자 하네 죽창이
>
> — 「노래」 전문

이 작품은 앞으로 펼쳐지게 될 김남주 시의 형상적 특질을 거의 다 내장하고 있는 아름다운 노래의 형식을 띠고 있다. 꽃과 산과 새와 불, 이와 같은 자연적 소재들이 청송녹죽의 푸르른 이미지와 중층적으로

결합되면서 섬뜩한 반란의 이미지로 반전, 승화되고 있다. 정서의 점층적 고양을 통한 자연스러운 상승의 시학이 이 작품에서는 형식적 완벽성과 함께 구현되어 있다.

　서정시는 본디 '노래'라는 신념을 나는 갖고 있는데, 이 작품은 일단 불리워질 수 있는 자연스러운 호흡률에 바탕한 '노래'로서의 자질을 두루 갖추고 있다. 그 중에서도 연 단위로 같은 시적 조사(措辭)가 반복되는 이른바 평행법(parallelism)은 노래가 갖는 자연스런 리듬을 형성하는 효과적인 한 방법이기도 하지만 앞으로 지속되는 김남주 시적 방법론의 으뜸가는 형상적 전략이기도 하다. 생각해 보면 일정한 주기마다 반복되는 시적 언술 곧 평행법은 읽는이로 하여금 공감과 정서이입에 빠질 수 있게 하는 매우 큰 시각적, 율독적 효과를 달성할 수 있다. 이와 같은 시적 방법론은 그가 갖는 한 시대의 계몽주의자로서 그리고 시대의 추이를 읽어나가는 리얼리스트로서의 시적 본령과 매우 친화력 높은 것이다. 노래로서의 서정시, 그리고 독자들에 대한 계몽적 전언(傳言)을 가장 근본적인 시적 목표로 하는 리얼리스트로서의 모습이 김남주가 개척한 예술적 성취의 가장 중요한 몫이라는 것이 내 생각이다. 그러나 이러한 평가는 좀더 많은 사례 검증을 통해 객관화될 수 있을 것이다.

　그 외에도 김남주는 「달도 부끄러워」, 「솔직히 말해서 나는」 같은 작품을 통해 고통과 함께 비례적으로 자라나는 내부의 부끄러움과도 싸우는 모습을 보여준다. 순수한 영혼일수록 고통의 시기에 이른바 '자괴(自愧)'라는 부끄러움과 싸운다는 문학적 실례를 우리는 이미 윤동주나 문익환(文益煥)에게서 확연하게 경험한 바 있다. 김남주에게서도 그것은 아마 그가 세상을 떠나기까지 늘 그림자처럼 따라붙어 다니던 원형적 자의식이 아니었던가 한다.

　아무튼 체질적으로 발본적 사유에 길들여진 김남주는 젊은 20대를 이와 같은 저항의 열정 속에 살았다. 옥중에서 폭력적 타의로 경험하게 된 육체적 공포감, 그럼에도 불구하고 그 밑바닥에 어김없이 솟구쳐오르는 섬뜩한 비타협적 저항의 언어, 그리고 농촌의 실상을 계급적 시각에서 포착하는 과학적 사유, 그리고 끊임없는 자기부정과 갱신을 스스로 요구하고 요구받는 성실한 시인으로서의 첫걸음을 그는 고난의 1970년대에 서서히 걷고 있었던 것이다.

3. 옥중시의 세계 － 『나의 칼 나의 피』, 『조국은 하나다』

김남주는 1979년 이른바 '남민전' 사건으로 징역 15년형을 선고 받고 복역중, 1988년 그러니까 만 10년 만에 풀려나온 옥중시인의 대명사이다. 옥중시는 '감옥'이라는 금제의 공간에서 사유와 실천의 자유를 속박 당한 채 역설적으로 솟아오르는 '사유와 실천'의 육성이라고 할 수 있다. 일제 강점기 또는 해방 직후에 우리는 임화(林和), 상민(常民) 등의 뛰어난 옥중시인들을 기억하지만 김남주만큼 긴 시간 동안 본격적으로 한결같이 뛰어난 시를 양산해낸 옥중시인은 단언컨대 없다. 그의 시세계의 미적, 형상적 우수성도 감옥이라는 곳에서 섬세하게 체득되고 있었으니 그 표현의 부자유와 열악한 여건을 생각하면 아이러니컬하게도 그가 천상 시인이로구나 하는 탄성이 나올 수밖에 없다. 어쩌면 김남주의 산술평균적 본령은 단연 이 옥중시에 모아진다고 해고 지나친 말이 아닐 정도니 말이다.

10년간의 옥중 생활에서 김남주는 루이 아라공, 하이네, 네루다, 마야코프스키 같은 유물론적이고 전투적인 리얼리스트들, 혁명시인에게 깊이 공감한 바 있다. 여러 친우들에게 그들의 저작을 넣어달라고 부탁하여 그는 '아침 저녁으로' 그것들을 읽고 때로는 공명하고 또 어느 것에 대해서는 직접 번역작업에 매달리기도 했다. 작품 「그들의 시를 읽고」는 그 저작들을 대했을 때의 그의 기쁨을 가감없이 보여주고 있다. 또 이 시기 그는 녹두장군 전봉준의 혁명적 열정과 경세치용(經世致用) 학파인 다산 정약용의 실학적 가치관에 깊이 뿌리를 내리게 되는데, 「녹두장군」, 「田論을 읽으며」, 「茶山이여 茶山이여」 등은 그와 같은 사상적 동질성을 애써 확인하는 그의 육성으로 들린다.

그러나 옥중시인으로서 그를 자리매기는 데 가장 직접적 질료가 되는 시 계열은 단연 '전사'적 이미지를 주는 단순 명료한 싸움의 시, 일갈(一喝)의 시들이다. 우연찮게도 그가 감옥에 있던 1980년대는 우리 민족사에 대한 부당한 권력의 유린이 가장 강도 높게 전개되던 암흑의 시절이었다. 그 시절에 그가 할 수 있었던 유일한 실천 행위는 끊임없이 시를 써서 밖으로 내보내 독자들로 하여금 읽히는 일 바로 그 계몽적 열정뿐이었다.

이러한 작품들은 일일이 예거하기 힘들 정도로 많다. 이미 옥중시 전집으로 나와 있는 『저 창살에 햇살이』두 권이 모두 그러한 시들로 가득 채워져 있거니와 이 시들에 이르러서야 김남주는 예의 그 '노래'로서의 서정시에 단호한 전투성을 싣게 된다. 자전적인 의미가 짙게 배어 있는 「전사 1·2」를 비롯하여 「학살 1·2·3·4」, 「희망에 대하여 1·2」 등은 모두 혹독하게 암울했던 시대가 낳은 저항예술의 명편(名篇)이라고 아니할 수 없다.

특히 그에게 1980년대 벽두에 터졌던 광주민중항쟁은 가장 뿌리 깊은 시적 화두가 되었다. 사실 그는 그때 옥중에 있었지만 사건의 경과를 듣고 나서 금방 사태의 본질을 알아챌 수 있었고, 내적 영혼으로부터 뿜어져올라오는 증오의 미학을 마치 울부짖듯이 집요하게 형상화하게 된다. 「이름이여 꽃이여」, 「오월 그날이 다시 오면」, 「바람에 지는 풀잎으로 오월을 노래하지 말아라」, 「남의 나라 이야기」 등 『조국은 하나다』에 실려 있는 작품들은 독재 정권은 물론 제국주의자들에 대한 강렬한 증오를 폭 넓게 담고 있다. 이때 그는 이미 자타가 공인하는 민족해방전사였다. 그만큼 그에게 민족은 "토지와 자유와 조국의 이름으로 하나씩 불러보는"「별」이기도 하다가 깊게 든든하게 흔들리지 않게 내린「뿌리」이기도 하였다.

> 그리고 나는 내걸리라 마침내 / 지상에 깃대를 세워 하늘에 내걸리라 / 나의 슬로건 "조국은 하나다"를 / 키가 장대 같다는 양키들의 손가락 끝도 / 언제고 끝내는 부자들의 편이었다는 신의 입김도 / 감히 범접을 못하는 하늘 높이에 / 최후의 깃발처럼 내걸리라 / 자유를 사랑하고 민족의 해방을 꿈꾸는 / 식민지 모든 인민이 우러러볼 수 있도록 / 겨레의 슬로건 "조국은 하나다"를 !
>
> —「조국은 하나다」중에서

전투적인 개념으로서 시의 대중성은 읽는 이로 하여금 혁명적이고 진보적인 정서를 일깨우도록 하는 일종의 견인적 계몽성을 의미한다. 그때 시는 '폭로의 원리'를 기본으로 하고 거기에 전투적 서정을 싣게 된다. 전사로서의 삶의 치열성을 담은「감옥에 와서」,「별아 내 가슴에」등은 이러한 원리가 잘 구현된 성취도 높은 작품이라고 할 수 있다. 여기서 한 가지 부언해야 할 부분은 김남주 시에는 시인과 시적 화자가 따로 미학적으로 분리되지 않는다는 것이다. 비록 삶의 세목에 대한 시적 묘사나 구체성을 획득하는 시적 의장을 부차화하는 한이 있더라도 그가 믿고 있는 시인의 책무는 혁명적 정서와 신념을 직접화하는 일이었기 때문이다.

또 확고한 노동계급적 시각에 바탕한 당파성이 구현된 작품군도 이때 집중적으로 창작된다.「노동의 가슴에」,「깃발」,「전업」,「감을 따면서」,「권양에게」등은 그와 같은 성과의 작품이다. 실로 이 시기에 우리는 박노해는 물론 백무산, 박영근, 정인화 등 계급적 시각의 노동시인들을 배출한 바 있지만 김남주의 시 역시 그들과 궤를 같이 하는 노동계급적 시각을 선명하게 보여주었다. 또 김남주는 김지하에게서 본격적으로 시도되었던 이른바 '담시(譚詩)' 계열을 실험적으로 쓰기도 하는데 그것이 「이 세상 넘으면」, 「내력」, 「아버지」 등이다. 그러나 이때의 시는 좀 장형화하면서 그의 입담이 하나의 계몽적 요설로 떨어질 위험도 상대적으로 증폭되었다고 할 수 있다.

아무튼 그의 옥중시는 사유의 직접화라는 창작방법을 기본으로 하였다. 그러한 것을 누구보다 그가 잘 알고 있었고 그는 그와 같은 신념을 다음과 같이 말한 적이 있다.

> 시는 변혁운동을 이데올로기적으로 준비하는 문학적 행위입니다. 사회과학과는 달리 시는 생활의 구체성을 기초로 해서 변혁운동을 사상적으로 형상화시켜야 합니다. 저는 가능하면 시가 짧아야 한다고 생각합니다. 이것을 전투적인 측면으로서 변혁운동과 연관시켜서 표현하면 시는 寸鐵殺人의 풍자이어야 하고, 백병전의 단도이어야 하고, 밤에 붙였다가 아침에 떼어지는 벽시이어야 하고, 치고 도망치는 유격전의 형식이어야 합니다. (「시와 변혁운동」, 『오늘의 시』 1989 상반기, 현암사)

그러나 옥중시의 백미가 그러한 저항시 또는 투쟁의 시에만 있는 것은 아니다. 오히려 건강하고 생동하는 민중적 서정이 넘실대는 사랑과 따스함의 시편이 오히려 김남주적이라고 나는 생각한다. 노래로서의 서정시, 김남주는 옥중에서도 그것을 잊지 않는다. 이러한 작품들은 수적으로는 열세이지만 그 감동에 있어서는 단연 근본적이고 폭 넓은 것이라고 해야 할 것이다.

사랑만이 / 겨울을 이기고 / 봄을 기다릴 줄 안다 // 사랑만이 / 불모의 땅을 갈아엎고 / 제 뼈를 갈아 재로 뿌릴 줄 안다 // 천 년을 두고 오늘 / 봄의 언덕에 / 한 그루의 나무를 심을 줄 안다 // 그리고 가실을 끝낸 들에서 / 사랑만이 / 인간의 사랑만이 / 사과 하나 둘로 쪼개 / 나눠 가질 줄 안다

- 「사랑 1」 전문

원래 모든 저항시는 세련된 시적 의장보다는 체험의 직접성이 불러일으키는 디테일이 압도적이기 마련이다. 그 직접성은 때로는 절박한 자신의 심경 고백이 되거나 설익은 구호로 전락하기 쉽지만 때로는 이 시와 같이 삶에 대한 진중한 성찰에 바탕하여 값진 서정성을 산출하기도 한다. 이 작품에는 혹독한 조건에서도 끊임없이 갱생하고 복원할 수 있는 힘은 '사랑'밖에 없다는 고전주의자적인 인식이 아름답게 각인되어 있다. 이 시의 '사랑'은 추상적인 아름다움이나 흡인력 강한 감성적 에로스 들과는 거리가 멀다. 그가 인식했던 이른바 민중적, 공동체적 사랑인지 무엇인지 알 수 있다.

그러나 이 작품에서도 역시 그는 계몽적 전언을 가장 근본적인 시적 신념으로 삼고 있는데, 그에게 시는 어쨌든 고난 받는 민중들과의 소통 행위이지, 자기 자신과의 외로운 대화는 아니었다. 어머니를 그리워하며 자신의 고된 처지를 위무하는 「편지」 등도 이러한 작품군에 당당히 끼일 수 있다. 다음의 시는 김남주의 '노래'로서의 서정시가 또 한 번 빛을 발한 작품이다.

함께 가자 우리 이 길을 / 셋이라면 더욱 좋고 둘이라도 함께 가자 / 앞서 가며 나중에 오란 말일랑 하지 말자 / 뒤에 남아 먼저 가란 말일랑 하지 말자 / 둘이면 둘 셋이면 셋 어깨동무하고 가자 / 투쟁 속에 동지 모아 손을 맞잡고 가자 / 열이면 열 천이면 천 생사

를 같이 하자 / 둘이라도 떨어져서 가지 말자 / 가로질러 들판 산이라면 어기어차 넘어주고 / 사나운 파도 바다라면 어기어차 건너주자 / 고개 넘어 마을에서 목마르면 쉬었다 가자 / 서산낙일 해 떨어진다 어서 가자 이 길을 / 해 떨어져 어두운 길 / 네가 넘어지면 내가 가서 일으켜주고 / 내가 넘어지면 네가 와서 일으켜주고 / 산 넘고 물 건너 언젠가는 가야 할 길 시련의 길 하얀 길 / 가로질러 들판 / 누군가는 이르러야 할 길 / 해방의 길 통일의 길 가시밭길 하얀 길 / 가다 못 가면 쉬었다 가지 / 아픈 다리 서로 기대며

— 「함께 가자 우리」 전문

마지막으로 동양화 같은 한 폭의 삽화적 시를 통해 그가 그리워했던 민중적 서정의 원형을 확인할 수 있다. 가난하고 핍박 받으면서도 넉넉한 여유와 따스함이 체질적으로 배어 있는 그 무엇.

찬 서리
나무 끝을 날으는 까치를 위해
홍시 하나 남겨둘 줄 아는
조선의 마음이여

— 「옛마을을 지나며」 전문

4. 후기시의 세계 — 『솔직히 말하자』, 『사상의 거처』, 『이 좋은 세상에』

1987년 이른바 6월항쟁 이후 우리 문학은 새로운 단계로 접어들게 된다. 그 방향은 대개 두 가지 지류를 형성하는데 그 하나는 노동자 계급의 당파성에 대한 강조와 민족문학논쟁으로 대표되는 일군의 진보적

민족문학의 흐름이고, 또 하나는 소시민적인 일상성에 깊이 침윤되어 있는 인간적 삶의 편린들과 정서를 시적으로 재현하는 흐름이다. 하나는 비평의 완강한 주도 밑에 창작이 질식되어버리는 부분적 역기능을 초래했고 또 하나는 우리 시대의 본질에 대해 우회의 방법을 택하게 되는 결과를 가져왔다.

  김남주는 6월항쟁이 끝난 후 6공 정권하에서 출감한다. 그가 다시 몸담게 된 사회적 현실은 숱한 현상적 변화에도 불구하고 동일한 모순을 지속시키고 있었다. 혼란스러울 정도로 세상은 변해 있고 그가 일관되게 견지해왔던 신념은 옥중시처럼 직접화되어 시로 산출될 수 없었다. 일상성 속에 자신의 시적 활로를 새롭게 모색해야 했던 그가 출감 직후 썼던 사랑의 시는 아름답다. 여전히 평행법이라는 시적 방법론과 계몽적 열정은 변치 않은 채로.

    세계를 잃고 그대 하나를 내 얻었나니 / 그대 이름 하나로 우주와 바꿨나니 / 나는 만족하나니 / 지금은 다만 그대만이 그대 사랑만이 / 내 안에 가득한 행복이나니
                  ─「지금은 다만 그대 사랑만이」중에서

    이를테면 이렇게 온다오 우리들의 사랑은 / 가도가도 해가 뜨지 않는 전라도라 반역의 땅 / 천리 길 먼 데서 온다오 / 백년보다 먼 갑오년 반란으로 일어나 / 원한의 절정 죽창에 / 양반들과 부호들 목을 달고 온다오 / 빼앗긴 땅 제 것으로 찾아갖고 온다오 / 빼앗긴 자유 제 것으로 찾아갖고 온다오 / 사랑은 우리 시대의 사랑은
                  ─「우리 시대의 사랑」중에서

  오랜만에 맡아 보는 인간적 훈향은 반복되는 엄혹한 역사 속에서도 가녀린 빛을 발한다. 그러나 그 빛은 또다시 찾아오는 역사의 요구에

잠시 접어둘 수밖에 없다. 김남주는 이제 일상성에 대한 시적 관심이 부쩍 늘어난 시단의 보편적 분위기와 자신과의 외로운 싸움에 접어든다. 그는 3당 합당 등 거짓 화해로 점철되어 있는 반역의 시절과 변하지 않는 사회적 현실 속에서 오히려 더 간교하고 교묘하게 뒤틀려 있는 사회구조를 간취한다. 그러나 그는 곧 우리 사회를 둘러싸고 있는 의식의 변이에 대해 참으로 아득한 시간의 불가역성을 느낀 듯하다. 자신의 거친 육성이 시퍼렇게 살아 꿈틀대는 언어로 한 시대를 전유했던 시절을 역설적으로 그리워했는지도 모른다. 시의 위기, 그것은 김남주는 물론 많은 민족민주 진영의 시인들이 공동으로 뚫고나가야 할 공안이었다.

현실 사회주의 이념의 몰락과 상업주의 문학의 위협 등의 위기 속에서 그는 이제 비로소 그동안 등한시했던 서정시의 본령인 일상성을 통한 자기탐구에 몰두한다. 시집 『사상의 거처』는 그 결실이다. 일상성이란 사람들의 개별적인 삶을 매일매일의 테두리 속에 조직하는 관성적 힘인데 그것은 그 물신화된 친근성 때문에 현실의 모순을 은폐하고 우리들의 비판적 의식을 순치시킬 수도 있다. 김남주는 우리의 일상을 교묘하게 관철하고 있는 허위의식과 자기기만을 단호하게 공격하며 현실을 전유하는데, 그때 그가 취하게 되는 시적 방법론이 바로 '풍자(諷刺)'이다.

'풍자'는 직접화의 방식이 아닌 간접화 곧 우회적 공격의 문학적 양식이다. 그것은 공격하려는 대상이 이미 도덕적, 이념적 정당성을 상실했을 때 그것의 개량과 변화를 목적으로 하는 것을 본질로 삼는 폭로의 양식이자, 비판의 양식이다. 시집 『이 좋은 세상에』는 김남주의 풍자정신이 집약되어 있는 보고이다. 그러면 그가 택한 풍자의 대상은 무엇인가. 그것은 말할 것도 없이 더욱 더 비인간화되어 가는 자본주의적 삶의 방식과 그것을 심화시키는 데 기여하는 외세와 독점자본, 그리고 부당한 권력 등이다. 참으로 고전적인 사유방식이다. 우리 시단에서는 이때 김남주, 김진경 등에 의해서 한때 풍자시가 유행하기도 했다.

 자본주의 사회의 물화 현상을 정치경제학적으로 비판하는 것이 비판 이론의 핵심이라면, 계몽은 그와 한 짝을 이루는 인식 유형이라고 할 수 있다. 사실 풍자라는 방법론은 단순한 기법 차원을 넘어 이러한 비판과 계몽의 변증법을 수행할 수 있는 간접화의 예술적 방법론인 셈이고 그것은 이때 김남주가 발견한 가장 효과적인 시적 방법이었던 것이다. 계몽은 인간을 비합리적이고 신화적인 사고의 구속으로부터 해방하여 칸트적 의미에서 성숙한 인간을 만드는 것을 목적으로 한다. 현대사회에서 계몽은 인간의 자기 창조를 도우면서 동시에 자기의 갱생을 유도한 인식론적 기능을 수행한다. 이러한 인식 유형은 김남주에게 여전히 조응되었고, 그는 할 수 있는 대로 시적 방법론을 변화시키면서 한 시대를 예리하게 조감하려 했다.

 「대통령감」, 「대통령 하나」, 「대통령 지망생들에게」, 「유세장에서」 등은 대표적인 정치풍자시이고, 「어떤 관료」나 「시인님의 말씀」은 해학성이 돋보이는 풍자시이다. 그러나 이러한 풍자시는 언제나 뒷맛이 개운치 않은 것이 사실이다. 그것은 직접적으로 해부하고, 질타하고, 다시 세우는 진보의 비전은 왜 무너지고 이러한 간접적 방식만이 유효한가 하는 역질문 속에서 배태된다. 그러나 당시 김남주는 자신의 계몽주의자적 면모 또는 리얼리스트로서의 열정을 바로 그 풍자 외에는 담을 수 없다고 판단했던 것 같다.

> 아들은 쇠파이프에 머리가 깨진 채 / 피바람 오월 타고 저 세상으로 가고 // 아버지는 아들의 죽음에 저항하다 / 쇠고랑 차고 감옥으로 가고 // 어머니는 감옥에 저 세상에 남편과 자식을 빼앗기고 / 가슴에 멍이 들어 병원으로 가고 // 옷가지 챙겨들고 아버지 보러 감옥에 가랴 / 밥반찬 보자기에 싸들고 어머니 보러 병원에 가랴 //

누나는 세상 사람들에게 눈물 보일 겨를도 없다면서 / 꽃 한 송이
사들고 내일은 동생 보러 무덤 찾겠다네

— 「이 좋은 세상에」 전문

빙허(憑虛)의 「운수 좋은 날」과 같은 맥락의 통렬한 반어(反語)가 이 작품의 제목이자 김남주 생애의 마지막 개인 시집의 표제가 되고 있다. 강경대 사건을 소재로 한 듯한 이 작품은 우리 사회가 안고 있는 본질적인 문제에 대한 본격적 응전이라기보다는 역시 간접화의 회로를 통한 우회의 방법을 통해 한 시대를 그리고 있다. 그러나 풍자가 공격의 대상을 적확하게 설정하고 사상적 깊이에서 어느 정도 튼튼한 토대를 얻을 때 그것은 값진 계몽의 방식이 될 수 있음을 김남주는 인식하고 있었고 「날마다 날마다」 등은 그런 풍자가 어느 정도 본 궤도에 오른 작품이라고 할 수 있다. 이 풍자시 계열에서 김남주는 그 특유의 역설과 반전의 미학을 어느 정도 성취하고 있는 것이다.

5. 글을 맺으며 — 『나와 함께 모든 노래가 사라진다면』

1980년대에서 1990년대로 넘어오는 시기의 우리 시의 특징은 서정성의 강화, 일상적 삶에 대한 관심의 증폭, 시적 형상성의 확보를 위한 노력 등을 정리될 수 있다. 그것은 당연히 이념적 구심과 정치한 방법적 기율로부터의 이탈 또는 상대적 이완을 불러왔고 고전적인 계몽주의자인 김남주로서는 그러한 자기부정적인 탈중심적 사고를 견딜 수 없었을 것이다. 그래서 그는 유고시집의 저 절규와 같은 안타까움을 남기고 세상을 등졌는지도 모른다. 그러나 그는 우리에게 선명한 자취를 남기고 갔다. 그것 하나만으로도 우리는 그를 고난의 현대사의 증인(證

人)이라고 불러도 좋을 것이고, 자신에게 가장 치열했던 성실한 시인으로 기억해도 좋을 것이다.

다시 말하지만 김남주 그는 근본적으로 계몽주의자이다. 그 자신 스스로를 무슨 '주의자'라고 부르면 어색해하겠지만 그는 우리 시대의 둘도 없는 고전적 계몽주의자이다. 우리 인류가 창출해낸 가장 고전적인 명제가 '사랑과 혁명'이라는 측면에서 볼 때도 그는 영락없는 고전주의자이고, 계몽적 이성의 기획이 정당하다는 신뢰를 바탕으로 인간의 합리적 판단능력에 기초한 변화, 발전의 가능성을 열렬히 신뢰했다는 측면에서 그는 계몽주의자였다. 그만큼 그는 '역사'라는 그늘 안에서만 실천적 삶을 구성할 줄 알았고, 계몽적 이성의 소통 과정으로 시를 이해했던 리얼리스트이기도 했다. 그의 이렇듯 폭 넓은 패러다임은 '대안(代案)의 몰락'이라는 상징적 수사로 특징지워지는 요즘에 한 시대를 마감한 듯한 인상을 주지만, 여전히 가장 믿을 수 있는 순결한 육성으로, 탄탄한 시적 방법론을 가지고 창작되었던 불퇴전의 저항시로, 그리고 무엇보다도 '노래'로서의 서정시로 여전히 감동과 시적 유효성을 갖는다.

계몽주의자의 집요한 의장이 알레고리와 풍자임은 문학사가 널리 증명해온 터이지만 후기로 갈수록 김남주는 그 방법에 자신의 창작을 기댔다. 어둠의 어김없는 현존과 도래할 새벽을 믿었던 한 시대의 리얼리스트는, 자신이 그토록 열망하던 세상이 결국은 오지 않았다는 데 대해 늦은 밤 홀로 한숨만 쉬었을지도 모른다. 그러나 그의 시는 육사(陸史)의 표현대로 "가난한 노래의 씨"가 되어 끊임없이 재음미, 재해석될 것이다.

불투명한 양심적 자조보다는 생활 형상의 구체성을 통해 민중적 삶의 진실을 노래하는 것, 그리고 변한 현실에 무정부적으로 순응할 것이 아니라 견지했던 신념을 변용하여 지켜나가야 한다는 믿음이 마지막 그가 택한 그다운 모습이다. 시인 김남주의 유고시집에 실린 다음 작품은 그의 그러한 의지를 웅변적으로 보여주는 예이다.

> 그 길 자유의 길을 가다 / 어떤 이는 총알에 맞아 / 부러진 날개의 피 묻은 새가 되기도 했다 / 그 길 해방의 길을 가다 / 어떤 이는 도끼에 발등이 찍혀 / 쓰러진 나무가 되기도 했다 / 그 길 통일의 길을 가다 / 어떤 이는 비바람 눈보라에 모가지가 꺾여 / 다시는 일어서지 못하는 들풀이 되기도 하고 // 아 살아남은 자의 슬픔이여 / 나 여기까지 와서 무엇인가 / 눈물의 천길 계곡인가 / 절망의 늪에서 헤어나지 못하는 / 좌절의 무릎인가 / 불의의 세계와 싸우다가 / 도끼와 총알에도 굴하지 않았던 형제들이여 // 나 아무것도 아니다 / 또 하나의 별 그 밑에서 나 / 억센 주먹의 다짐이 아닐 때 / 원수 갚음의 원수 갚음의 / 전진하는 발자국 싸움이 아닐 때 / 저 쓰러진 나무들과 / 저 짓밟힌 들풀과 / 함께 어깨동무하고 걸었던 그 길 / 함께 발맞추고 걸었던 그 길 / 자유의 길 / 해방의 길 / 통일의 길 / 내 다시 걷지 않을 때 그때 / 나 아무것도 아니다 // 한 매듭의 끝에 와서 / 내 가야 할 길 멈출 때
>
> ―「한 매듭의 끝에 와서」중에서

그의 대표시의 하나인「최선을 다한 사람」처럼 그는 이토록 선연한 흔적을 남기고 아쉬움을 뒤로 한 채 갔다. 그의 삶 자체가 하나의 시가 된 채로. 눈 밝은 독자들에게 그의 시는 여전히 시란 스스로 살아 역동하는 것임을 보여줄 것이다. (1995)

千良姬論
길 위에서 노래하는 '모성'의 시학

바람이 먼저 능선을 넘었습니다. 능선 아래 계곡이 깊고 바위들은 오래 묵묵합니다. 속 깊은 저것이 母性일까요. 왼갖 잡새들, 잡풀들, 피라미떼들 몰려 있습니다. 어린 꽃들 함께 깔깔거리고 버들치들 여울을 타고 찰랑댑니다. 회화나무 그늘에 잠시 머뭅니다. 누구나 머물다 떠나갑니다. 사람들은 자꾸 올라가고 절골 물소리는 자꾸 내려갑니다. 내려가는 것이 저렇게 태연합니다. 無等한 것이 저것밖에 더 있겠습니까 누가 세울 수 있을까요 저 무량수궁. 오늘은 물소리가 절창입니다. 응달 쪽에서 자란 나무들이 큰 재목이 된다고, 우선 한 소절 불러제낍니다. 자연처럼 자연스런 세상에서 살고 싶습니다. 나는 저물기 전에 해탈교를 건너야 합니다. 그걸 건넌다고 해탈할까요. 바람새 날아가다 길을 바꿉니다. 도리천 가는 길 너무 멀고 하늘은 넓으나 공터가 아닙니다. 무심코 하늘 한번 올려다봅니다. 마음이 또 구름을 잡았다 놓습니다 산이 험한 듯 내가 가파릅니다. 離俗고개 다 넘고서야 겨우 추월산에 듭니다.

─「추월산」(『문학동네』 1997년 여름)

1.

언제나 순환논리를 벗어나지 못하는 이야기지만 요즘 발표되는 시들을 정성스레 일별하려는 이들에게 한결같이 곱떠오르는 의문은 아마도 "시는 왜 씌어지는가"일 것이다. 고개를 주억거리며 그 존재의 무의미성을 거듭 실감하는 순간에도 시는 그 누군가에 의해 저마다의 절실함으로 씌어지고 있으니 그 지극한 생존력을 찬탄할 도리밖에 없는 것 같다. 그 어떤 사람이 한 해에 1,000권에 달하는 시집 출간을 내심 기꺼워하겠는가. 또 그 무한수량은 고사하고 그 시들이 그리고 있는 화폭이 온통 난해성 또는 무의미의 언어로 창궐할 때의 공허함이란!

근자에 우리는 제대로 그 실체를 검증받지도 않은 채 마치 당연한 질서처럼 쏟아져들어오는 의미 부재의 언어들을 가히 폭력적으로 경험하고 있다. 당당한 서정적 주체로서의 '나'는 슬금 뒤로 사라지고 실존적 불안에 싸인 기호들만이 절망의 목소리로 수런댄다. 그것이 우리 시의 미래를 갱신하는 하나의 방법론적 모색이 된다고도 하지만 그러면 그럴수록 상황은 시의 존재 자체를 회의하게 되는 위기 담론으로 구체화되고 있는 것도 숨길 수 없는 현실이다. 또 한켠에서는 시의 의미가 퇴색한 것이 아니라 미시적으로 다양화된 것이라고 강변하기도 한다. 아무튼 독립적이고 고유한 자기 '세계'를 가진 서정적 주체의 결핍상은 하나의 시대적 맥락을 이루고 있는 듯이 보인다. 이때 우리가 천양희(千良姬)의 잉크냄새 채 가시지 않은 신작들을 읽는 것은 그 의미가 각별하다.

『문학동네』여름호에 발표된 천양희의 시들에는, 그의 시가 항용 그렇듯이, 상식적 이성의 논리로 해독하기 어려운 불편한 이미지나 까다로운 유추를 요구하는 굴절된 언어들이 거의 나타나지 않는다. 『마음의 수수밭』(창작과비평사, 1994)에서 이미 절정의 득음(得音)을 한 차례 이룬 그의 시는 이번 시들에서도 서정적 주체의 외계와 내면, 과거와 현재, 몸과 정신을 하나로 엮어 표출하는 시정신을 일관되게 보여준다. 그것은 마치 수행(修行)하는 자의 목소리로 현현되는데, 그때 그의 모습은 속악한 일상적 삶에서 멀찍이 떨어져나와 한가로이 전원을 산책하는 무책임한 도피행이 아니라, 그것을 통해 자신의 미학적 욕망을 표현하려는 부단한 시적 형식으로 자리한다.

저마다 문단 권력에 대한 주체할 수 없는 욕망의 과부하 때문에 초래되는 절름거림에 시달리면서도 자신의 문학적 함량 미달을 오직 해체나 뒤틀기라는 언어적 전략으로 대응하는 축들이 넘쳐나고 있는 즈음, 오히려 그의 시가 갖는 고전적 격조는 역설적으로 돋보인다. 오직 '차이짓기'라는 기표에 자기 존재의 운명을 걸고 분투하고 있는 최근 시류(詩流)에 그는 마치 생명력이 고갈된 불모의 땅에 화엄의 세계를 보여주듯이, 자기 폐쇄의 외피를 벗고 실존적 고통에 맞서는 서정적 주체의 고전적 양상을 보여주고 있다는 점에서 우리는 이 시인의 존재를 간단히 보아 넘길 수 없다.

2.

「추월산」은 천양희의 여느 시와 마찬가지로 '여행' 또는 '순례'라는 형식을 통해 이 세계 곳곳에 흩어져 자신의 존재를 되비추어주는 사물들을 만나가는 도정으로 이루어져 있다. 그에게 이미 '여행'이란 유폐된 공간으로의 칩거를 위한 것이거나 현실에서 소외된 자의 국외자적 외출의 차원이 아니다. 그것은 자신의 삶에 대한 응시이자 발견이자 파괴이자 재정립의 의미를 적극적으로 구상화하려는 자기 답사의 형식으로 나타난다. 또 그것은 그동안 잊고 지냈던 자아의 상을 힘겹게 구축하여 (또다시 필연적으로 무너질 수밖에 없는 것이겠지만) 그것과 마주하는 해후의 길이기도 하다. 또 그에게 그것은 심미적인 경험의 시간이자 삶의 행간행간을 성찰하게 하는 환유적 상관물로 기능하기도 한다.

본래 시 속에 표현되는 자연 형상은 그것이 순수한 의미에서의 서경시가 아니라면, 그 자체로 존재 의의를 띠는 것이 아니라 거기에 시인이 자연이라는 객체를 인간화하려 한 흔적이 착색되어 있기 마련이다. 천양희의 시 역시 답사 길에 마주치는 자연 형상이 빈번하게 나타나는데, 그는 그러한 사물들을 자신의 삶과 긴밀히 결부시켜 그것을 서정적 주체의 고유한 삶의 문맥으로 치환하는 일관된 특징을 보인다. 우리가 자연친화적 또는 문명비판적 시들 곧 '생태학적 상상력'이라는 어눌한 이름으로 포괄되어 지칭되는 시적 경향과 천양희의 시를 구별해야 하는 이유가 여기에 있다.

「추월산」은 단련(單聯)으로 된 산문적 서정시이다. 시 안에 빼곡히 들어 차 있는 서정적 주체의 목소리는 공간을 이동하면서 그때그때 마주치는 산 속의 사물들을 명명하고 자기화하며, 산 속에서 무수히 일렁이는 자연 형상들을 일일이 정신성의 차원으로 탈바꿈시킨다. 특히 이 시는 여성의 몸을 빌려 터뜨리는 시인의 특별한 프리즘에 주의를 기울여 읽을 때 올바른 독법을 터득할 것으로 보이는 작품이다.

바람이 능선을 넘은 고요한 산 속, 그 안에 계곡과 바위들이 내지르는 침묵이 우리 또는 시인 자신에게 내내 결핍되었던 '母性'의 원래 모습은 아닐까 하고 시인은 아프게 자신의 삶을 반추한다. 그러나 그 고통은 어설픈 감상벽의 형태로 시 문면에 노출되지 않는다. 그 아픔은 오히려 온갖 새, 풀, 짐승들을 존재케 하고 살아가게 하는 넉넉한 품으로 이 세계 속에 어김없이 존재할 뿐이다. 그러나 결국 그들도 머물다 떠나는 것, 시인에게 모성은 어쩌면 그 머물다 떠나는 것들을 언제나 수락해야 하는 운명의 다른 이름인지도 모른다. 따라서 태연자약하게 제갈길을 가고 있는 것들처럼 더할 나위없이 좋은 것들이 있겠는가. 그들은 무등할 뿐더러 무변(無變)하기도 하다. 인간은 그 무량수궁을 세울 수 없을 것이다. 그러니 "하늘을 나는 새는 자취"(「발 없는 새」)도 없는데 "오직 사람만이 변신의 명수"(「단 한 번」)일밖에.

고통 속에서 삶의 살이 여물듯이 응달 쪽의 나무가 큰 재목이 된다는 것을 물소리가 노래한다. 또 마음이 언제나 구름을 잡았다 놓기를 반복하듯이 시인은 진정한 '해탈'과 숙명적으로 거리두기를 할 수밖에 없음을 발견한다. 이윽고 가파른 이속고개를 다 넘고서야 시인은 속절없이 추월산에 든다. 그러나 '추월산'은 시인의 삶의 목표 곧 종국의 종점으로서의 정착지가 아니라 또 잠시 머물다 떠날 수밖에 없는 모성의 환유체일 뿐이다. 이때 시인은 비로소 모성의 소유 주체이자 또 그 모성을 기다리고 바라고 그리워하는 결핍체로서 동시에 환생한다. 추월산은 그런 이중의 욕망을 품은 공간인 셈이다.

천양희의 「추월산」은 이 세계의 질서를 있는 그대로 수락하는 듯한 어조의 외관 아래 삼엄하게 얽혀 있는 인간의 고독과 슬픔을 노래하는 시다. 이 세계가 거의 유일하게 이 시인에게 허여한 듯한 고독과 슬픔 속에서 자학적 고해성사 대신에 목숨있는 것들이 화창(和唱)하는 눈부신 화엄의 세계를 지속적으로 노래해온 그는 떠나는 것과 만나는 일이 결국 한 가지임을, 또 이러한 순례의 길이 결국 두텁게 축적된 욕망들을 훨훨 벗어버리고 오는 것임을 또 한 번 새삼스레 시적 형식을 빌어 역설한다. 그러나 이렇듯 질기도록 그의 곁을 떠나지 않는 고통은 인간이 원래 고독하고 비사회적이고 다른 존재와의 관계를 맺을 수 없는 존재라는 선험적인 모더니스트식의 발상은 결코 아니다. 왜냐하면 그렇게 상정된 인간은 다만 피상적이고 우연적인 방식으로, 존재론적으로 말하면 회고적인 반성을 통해서만 다른 존재와의 관계를 맺을 수 있을 뿐인데, 천양희의 시가 지천명을 훨씬 넘긴 이녘에 찾아나선 길찾기는 선험적으로 주어진 고독과 슬픔의 수세적 승인이 아니라 그것을 우리의 운명의 형식으로 적극적으로 노래하고 그것을 영혼 속에 각인하는 시적 양식화에 있다. 그것이 '집'을 떠나 '길' 위에 있는 행려자의 시학으로 나타나는 것이다.

원래 '집'은 인간에게 안정의 근거와 그 환상을 주는 이미지들의 집적체다. 집의 모성에 대해 바슐라르(Bachelard)는 '더할 수 없이 깊은 몽상 속에서 우리들이 태어난 집을 꿈꿀 때, 우리들은 물질적 낙원의 원초적인 따뜻함, 그 잘 중화된 물질에 참여하게 된다. 보호되는 존재들이 살고 있는 것은 바로 그런 분위기 속에서인 것'이라고 하였다. 그런 의미에서 천양희에게 시는 자신에게 "전 집"(「後記」)이지만 그것은 어김없이 '집'을 떠난 '길' 위의 형상으로 나타난다. 그것은 성(聖)스런 것을 찾는 구도(求道)의 길이자 이제까지 속절없이 쌓아온 삶의 흔적들을 지워버리는 해탈(解脫)의 길이기도 하지만, 현실적 삶에서 느끼는 모성의 결핍을 끝간 데까지 찾아나서 그곳에서 자기동일성을 확보하려는 사랑의 행위이기도 하다. 이때 '성(聖)'이란 종교적 인간이 세속적 경험의 차원에서 존재하는 양식과 다른 존재이기를 소망하는 것과는 다른 것이다. 그것은 숱한 인간 관계 속에서 겪은 고통과 갈등을 넘어서는 동일성의 원리를 향한 지향적 움직임이며, 유한적인 모든 선(善)을 넘어 존재를 초월하는 행위이기도 하다.

천양희의 이번 신작시 역시 언어에 대한 민감함이나 시적 통찰을 결여한 순간의 충격 행위로 이루어져 있지 않다. 그러나 그의 시는 평화로운 외관에도 불구하고 자아의 통시적 통일성을 순간순간 부정하며 자신을 되비추는 '방법적 억압'의 시로 고쳐 읽혀져야 한다. 이러한 그의 시적 방법론은 언어만이 하나의 강력한 이미지가 되어 인간의 사유를 규정하고 그 이미지만이 현실을 구성할 뿐이라는 최근 시단의 경향에 강력한 비판적 항체가 될 수 있다는 신념을 그는 가지고 있다. 서정적 주체의 의도적 분열을 통해 의미론적인 일관성을 교란한다든가 이미지 생산자의 익명화를 꾀하며 '낯섬' 자체를 시적 방법론으로 삼는 경향과 그의 시는 이러한 근본 차별성을 띤 채 우리 앞에 존재한다.

언어 속에서 자율적으로 호흡하는 미적 가상의 창조를 뛰어넘어 마치 산문(山門)에 든 이의 눈으로 세계를 보는 천양희. 그의 운필법이 보여주는 생에 대한 질문의 형식과 시인은 언어의 연금술사라는 고전적 명제를 정직하고 충실하게 실천하는 시인됨의 육체성을 우리는 지극한 눈으로 지켜본다. 이제 그는 삶의 고통을 딛고 일어서 세계 곳곳에 숨쉬고 있는 모성을 스스로 누리는 안심입명(安心立命)의 경지로 나아가는 도정에 고독하게 서 있는 것이다.

3.

내가 이 글을 쓴 것은 천양희의 시 안에 독자와의 직접적인 의미론적 소통을 방해하는 난해성이 잠복해 있어 그것을 해석해내야 한다는 비평적 책무 때문이 아니다. 그것은 오히려 안과 밖, 절망과 희망, 부재와 존재, 삶과 죽음, 떠남과 정착, 생성과 소멸, 고독과 사랑이 뒤섞인 채로 편재(遍在)하는 것이 삶이라는 어쩌면 해묵은 진실을 다시 한 번 노래함으로써 차분한 인생론적 성찰로 독자들을 안내하는 고전적 격조를 이 시인이 고집스럽게 한결같이 견지하고 있기 때문이다. 더 정확히 말해 이 새로울 것 없는 지속성이 그 자체로 하나의 문학적 긴장의 매혹적 진경을 보이고 있기 때문이다.

인간이라는 연약한 존재 곧 불우하고 남루한 영혼들의 고백일지라도 이러한 실존적 표백은 우리에게 여전히 더없이 소중한 서정시적 가치로 남는다. 서정시를 '엿듣는 독백'으로 갈파한 어느 시인의 말대로 우리는 그의 독백을 통해 고독의 틈새로 비로소 일어서는 한 서정적 주체의 형상을 마주하게 된다. 나로서는 이러한 천양희 시의 진화론을 반갑게 맞아들인 체험을 소중히 간직하고 있다. 그것이 바로 『마음의 수수밭』에서의 "絶唱의 한 대목, 그의 완창"(「직소포에 들다」)이었을 것이다. 그러나 이 시인의 진화는 이제 어디를 향할 것인가. 시인은 고심

참담할 것이다. 습작기의 고통과는 또다른 자아의 넘어서기가 또 한번 그를 기다리고 있으니 이미 완창에 이른 그가 노래할 세계는 또 어디일 것인가. 그런 뜻에서 이번 신작시들이 『마음의 수수밭』의 연장선이라는 마음 또한 떨굴 길 없다. 그리고 그는 이 완성도 높은 시편들을 써 놓고도 **흡족**해하지 않았을지 모른다. 그러나 막연하게 말하여지는 또 다른 세계로의 도약이 이 시인에게 바람직한 것인지, 아니면 이 답사와 성찰의 방법론을 굳건히 심화시켜가는 것이 그가 가장 제 물을 만나게 되는 천혜의 토양인지 나로서는 알 길이 없다. 다만 홀로 "菩提三昧에 빠"(「보리밭을 지나다」)지지만 말고 그 존재 천착의 깊이를 거두고 익히는 동안거(冬安居)와 그것을 펼치고 타자 속으로 아득하게 퍼지게 하는 시적 보시(布施)의 길을 같이 걷는 양수겸장의 모습으로 그가 더욱 힘을 얻기를. 그래서 무의미(또는 의미 과잉)에 지친 우리 독자들에게 시가 말하고도 남는 언외지의(言外之意)를 경험할 수 있는 시를 계속 써나가기를. 그것이 "다시는 아무곳에나 내 이름을 내려놓지 않으리라"(『마음의 수수밭』 후기)던 그의 가혹한 실존적 자기 다짐과 남의 속도 모르는 우리의 철없는 기대를 동시에 충족시킬 것이다. (1997)

박노해論
자기갱신의 변증법, 새로운 시작

지금 내가 갖고 있는 시인 박노해에 대한 기억은 참으로 선명하다. 1984년에 그가 처음으로 『노동의 새벽』(풀빛)이라는 작품집으로 우리 앞에 나타났을 때, 그의 이름은 익명성과 신비화를 동반한 하나의 사회적, 문학적 경이임에 틀림없었다. 『노동의 새벽』이 던져준 시적 감동은 이른바 '구체적 현장성' 또는 '노동 체험의 정치의식화와 그 예술적 형상화'로 요약되는, 나로서는 전혀 낯선 새로운 세계의 체험이었다. 아직도 내 머릿속에 「손 무덤」이나 「시다의 꿈」, 「지문을 부른다」 등의 충격적인 서정이 그의 이름을 온통 채색하고 있는 것도 결코 무리가 아니다. 그만큼 1980년대라는 억압과 투쟁의 현대사가 그에게 허락한 '얼굴없는 혁명시인'이라는 칭호는 분명 우리 노동문학의 귀중한 하나의 전범으로 그를 상정하기에 족했고, 한 시대의 진보적 이상을 노동운동 부분에서 선도해갔던 이로 그를 기억하게 한 것이다. 물론 그의 시에 담겨 있는 비유의 상투성, 투박성, 계급적대감 등을 들어 그의 시를 정면적으로 거부해온 이들도 없지 않았지만 분명 박노해의 시는 우리가 길들여왔던 자본주의적 일상성과 소시민 의식을 꿰뚫고 틈입해 들어온 상처 같은 것이었다. 그런데 그가 이번에 새로운 시집 『참된 시작』(창작과비평사)을 출간하였다. 그것도 이른바 '사노맹 사건'으로 인하여 영어(囹圄)의 몸인 채.

그런데 첫 시집이나 『노동해방문학』 창간호 등에 실린 시사시를 읽을 때 같으면 진솔한 노동 체험의 고백과 노동 해방에 대한 강한 신념 그리고 그의 확연한 실천적 의지에 사로잡혀 (또는 압도되어) 다소 들뜬 상태에서 이루어졌을 법한 독시(讀詩) 과정이 이번에는 전혀 유다르게 펼쳐졌다. 그냥 술술 읽히는 것이 아니라 한두 편을 읽노라면 어느새 독자 나름대로의 긴 사색을 요청받는다. 달라진 그의 시만큼 내 생각의 진폭도 혼란스러울 만큼 컸던 것이다. 이 시집에는 적어도 시인이 1980년대 중반 이후부터 겪어온 개인적 이력이 동시대의 외적 상황 변화와 함께 고통스럽게 촘촘히 각인되어 있다. 사실 누구의 삶도 현실의 변화와 무관할 수야 없겠지만 박노해만큼 시대의 변화를 시로써 현시(顯示)하고 있는 이도 드물 것이고, 그 변화가 일견 혼란스러운 '격세지감'을 가져온 것이다. 그렇기 때문에 시의 창작 순서대로 읽어가는 독법을 택한다면 우리는 이 시집을 통해 박노해의 삶과 시의 변모와 매우 명료하게 만날 수 있다고 보인다. 누구보다도 한 시대의 복판에 서서 치열하고 순결하게 자기 몫을 감당해낸 사람만이 가질 수 있는 체험적인 시적 전언의 굴절된 모습 말이다.

시집의 구성은 모두 4부로 구성되어 있다. 먼저 3, 4부의 시들은 과거 그가 노동운동가로 활동할 때부터 수배 시절까지 쓴 시를 모았고, 1, 2부의 시들은 옥중시가 대부분을 이룬다. 『노동의 새벽』에서 이른바 시사시(時事詩)로의 길도 가파르고 급격했지만, 편집후기에서 이시영(李時英) 시인이 밝힌 것처럼 "이 시집의 3부와 4부에서 1, 2부의 옥중시로 넘어오는 길은 더욱 깊고 아스라하다." 따라서 박노해 시의 변화의 도식을 우리는 『노동의 새벽』 -> 이 시집의 3, 4부 -> 1, 2부의 시들로 그려 볼 수 있다. 이 변모의 궤적을 따라가 보되 주로 이 시집의 후반부와 전반부에 나타난 변화에 중점을 두고 읽으면 시집의 궁극적 화두인 '참된 시작'의 변증적 의미를 체득할 수 있다는 것이 내 생각이다. 그것은 두 세계 사이에 가로 놓여 있는 엄청난 격차(태도나 어조, 주제 등)에도 불구하고 그것을 '인식의 단절'로 읽기보다는 연속성을 토대로 하는 '일관성'에 주목하여 읽을 때 얻을 수 있는 귀납적 결과이다.

『노동의 새벽』의 체험적 노동시 이후, 시인이 강한 선전선동성을 담은 시사시들(「머리띠를 묶으며」 등)을 발표했을 때 평자들은 한결같이 그 변모를 '현실에서 관념'으로 보았다. 견고한 당파성이라는 잣대로 긍정적 평가를 내린 이들도 관념적으로 선취한 세계관과 이념이 직접 투영됨에 따르는 구호주의적 성격을 지적했고, 생활의 진실성을 버리고 세계관의 선명함에만 집착했다고 비판하였다. 그리고 임규찬(林奎燦)의 지적처럼 특수성의 매개를 거치지 않은 보편성의 세계로 추상화되어 있기도 했다. 사실 이러한 판단들은 옳다. 그 자신이 만든 슬로건 "가라 자본가 세상, 쟁취하자 노동 해방"처럼 노동 해방의 세계관이라는 면에서 그 시들이 전시기보다 한 걸음 나아간 것은 사실이지만 그것은 그 시기의 전술적 요구에서 비롯된 사회적 이상의 표백으로서의 성격이 강하고 체험으로부터 길어올려진 시적 정서는 아닌 까닭이다. 그 대표적인 실례가 되는 작품이 「내 눈에 흙이 들어가기 전에는」, 「무너진 탑」, 「손을 내어뻗는다」 등이다. 그러나 이 시기의 시를 단순하게 형상성의 결여로 낙인 찍는 일은 결코 옳지 못하다. 「소를 찌른다」나 「못생긴 덕분에」, 「씨받이 타령」 등의 작품에서 여전히 살아 있는 민중 정서의 넉넉함이 아직도 박노해다운 시적 구체성을 견고히 틀어쥐고 있고, 「머리띠를 묶으며」 등에 나타난 내용과 형식의 훌륭한 결합 등은 관념성이라는 기준으로만 평가절하할 수 없기 때문이다. 그러나 정작 문제가 되는 것은 이 넉넉함과 치열한 세계관이 그 나름의 내적 지양을 거치면서 숙성되는 모습을 차근차근 보이기도 전에 갑작스레 닥쳐온 현실의 변화와 그의 체포 및 사형 구형 그리고 한 평도 못 되는 독방에서 얻은 결실로서의 옥중시에 대한 평가이다.

  이 부분의 변화에 대한 평자들의 견해는 다소 엇갈리는 것 같다. 자기연민에 대한 강한 집착과 주관주의를 비판하는 시각에서부터 내적 변증을 치러내는 소중한 성과로 보는 시각까지 그것은 다양한 편차로 공존한다. 그러나 내가 읽기로는 김병익(金炳翼) 선생이 시집의 발문에서 명쾌하게 지적한 것처럼 "변증적인 변용"을 통한 자기부정과 자기갱신으로서의 내적 지양이 이 시집의 요체인 듯싶다. 자신이 고투하면서 기대어온 이념의 패배를 진중한 실존적 무게 속에서 고백하면서도 그것이 '참된 시작'임을 강하고도 넌지시 알리는 '반전의 미학'이 이 시집의 저류를 흐르고 있는 까닭이다. 이러한 판단의 질료가 되는 작품이, 누가 읽어 보아도 앞으로 박노해를 대표할 서정시로 읽혀질 「그해 겨울나무」이다. 시를 읽을 때 만나는 시인의 깊디깊은 서정이 그를 여전히 훌륭한 '시인'이게끔 튼튼히 떠받치고 있다.

      세계를 뒤흔들며 모스크바에서 몰아친 삭풍은
      팔락이던 이파리도 새들도 순식간에 떠나보냈다.
      잿빛 하늘에선 까마귀떼가 체포조처럼 낙하하고
      지친 육신에 가차없는 포승줄이 감기었다.
      그해 겨울,
      나의 시작은 패배였다.

  이렇게 고백되고 있는 시인의 현실인식은 "땅은 그대로 모순 투성이 땅 / 뿌리는 강인한 목숨으로 변함없는 뿌리일 뿐 / 여전한 것은 춥고 서러운 사람들"로 이어지고 마지막에 "모두들 말이 없었지만 이 긴 침묵이 / 새로운 탄생의 첫발임을 / 굳게 믿고 있었다 / 그해 겨울, / 나의 패배는 참된 시작이었다"라는 역설적 반전의 표백을 통하여 새삼스런 지양의 계기를 마련한다. 이러한 지양이 근거없는 심정적 비약이나 비관주의의 위장된 포즈가 아니고 진정한 변증법적 인식임을 나는 「민들레처럼」, 「징역에서들 보면」, 「마지막 시」 등에서 읽는다. 「강철 새잎」에서 진술되는 "썩어가는 것들 크게 썩은 위에서 / 분노처럼 불끈불끈 새싹 돋는구나 / 부드러운 만큼 강하고 여린 만큼 우람하게 / 오 눈부신 강철 새잎"의 서정을 보라. 현실적 패배로 왜소해진 시적 자아가 현실적 승자를 오히려 왜소하게 만드는 질기고도 역동적인 갱생의 힘이 느껴진다. 유난히도 자기 고민을 시 안에서 속이지 못하는 박노해, 그의 시적 변신이 자신의 말대로 "마땅히 피어나야 할 곳에 거침없이 피어나" 새로운 '참된 시작'이 될 수 있기를 바란다.

 박노해 시집 『참된 시작』을 읽으면서 그에게 '시란 무엇인가' 하는 생각이 끊임없이 나를 따라왔다. 결국 그것은 1980년대의 한 눈부신 전위로서의 역할을 다한 시인이 변화된 현실 (개인적으로나 사회적으로나) 속에서 참된 지양의 맥락을 찾아 나서는 새로운 변증법적 자기탐구의 길이라는 생각이다. 그 고통스럽고 아름다운 그의 개인적 궤적을 따라가 볼 이들에게 이 시집은 어느새 우리 속에 무너져내렸던 새로운 세상에 대한 열망을 새로운 절실함으로 울려놓을 것이다. (1994)

'시힘' 同人論
희망과의 싸움, 서정시의 '힘'

1. '시힘' 동인 시학의 중심 특성

'시힘' 동인은 올해로 출범 11년을 맞는다. 그 사이에 모두 여덟 권의 동인지를 냈고 이번에 새로이 제9집을 냈다. 물론 창립 당시의 멤버들과 비교해 볼 때 그 얼굴은 많이 바뀐 게 사실이지만 하나의 동인 모임이 10여 성상을 지속해온 일도 우리 문학사에서 드문 일이다. 1919년 동경 유학생들의 『창조(創造)』로부터 시작된 우리 동인지의 역사는 대개 이러저러한 까닭으로 인해 단명으로 끝나기 일쑤였고, 또 창간호가 종간호가 된 예도 허다하다. 그리고 시류에 따라 또는 동인들간의 인간관계에 따라 이합집산과 변천을 거듭해갔다. 이런 현상과는 자못 대조적으로 '시힘' 동인이 장수(?)할 수 있었던 힘은 무엇일까? 그것은 다른 여타의 동인지들이 단명했던 까닭을 역으로 뒤집어보면 자연스레 밝혀진다.

동인지들이 중도하차하는 이유에는 물론 여러 가지가 있을 수 있겠지만, 다음과 같은 세 가지로 줄일 수 있다. 그 하나는 그들이 동인지를 통해 구현하려고 했던 강한 지향성(그것이 이데올로기적 추구였든 아니면 기법적 공통성이었든)이 효력을 상실하고 와해된 경우이다. 실로 우리 문학사에서는 강렬한 이념적 추구 또는 기법적 동질성을 바탕으로 당대의 총아로 등장했던 무수한 시인들이 존재했었다. 그러나 그들의 그러한 추구가 시대의 변화에 따라 출구를 못 찾고 문을 닫은 경우 또한 적지 않다. 이에 비해 '시힘'은 동인들간의 공통된 사상적, 방법적 동질성이 비교적 약한 데다가 구성원들의 독자적 역량을 전적으로 신뢰하며 동인을 이끌어나가고 있다. 이 점이 그들을 여느 동인들과 질적으로 구별해주는 변별적 '힘'이다. 따라서 그들은 표나게 내세운 이념적, 방법적 기율이 특별히 없음에도 불구하고 시인들 각자가 자기 개성에 바탕한 완성도 높은 작품을 계속 써감으로써 동인으로 어우러질 수 있었다.

또 다른 이유는 동인들 각자의 개인적 이유에서 찾을 수 있다. 자신의 문학적 역량과 성가(聲價)가 어느 정도 축적되면 동인이라는 결집적 노력보다는 스스로의 역량을 극대화하려는 욕망이 앞서게 되고, 따라서 동인들은 하나하나 떠나게 된다. 시힘 동인들은 창작 연륜이 더해가면서도 모여서 서로를 부추기고 있으니 이 또한 이들만의 장점으로 언급되어 마땅하다.

그리고 마지막 이유는 의욕적으로 출발한 동인들의 창작적 역량이 부실하였기 때문에 지속되지 못한 경우에서 찾을 수 있다. 이는 동인이 해체될 수밖에 없는 필연성을 가진 경우이다. '시힘'은 여기에서도 예외가 될 수 있으니 이 모임을 이루고 있는 한 사람 한 사람의 시인들은 저마다 탄탄한 문학수업과 시적 역량을 갖추고 있기 때문이다. 이 모든 까닭으로 하여 '시힘'은 동인지의 호수(號數)를 거듭해가면서 발전적으로 지속되리라는 것이 내 믿음이다.

그러면 그들이 이제까지 구현해왔던 시학의 중심 특성은 무엇인가.

그것은 아무래도 구심적(求心的) 가치에 대한 추구가 아니라 외곽성 또는 주변성에 대한 관심의 시화라고 보아야 할 것 같다. 자본주의의 소용돌이의 핵심에서 한켠 비켜서서 그것을 비판적 또는 비극적으로 인식하고 거기로부터 떨어져나온 인간과 사물들의 본질적 가치를 찾아나서는 비가(悲歌)가 그들 시의 특성이라는 말이다. 그런데 여기서 말하는 주변성이나 외곽성은 관찰자적 회피나 산산이 흩어져 버린 파편성과는 성격을 달리한다. 이 점을 확인해 두는 일은 무척 중요하다. 그들은 우리 사회가 비극적이라는 데 다같이 동의하지만 그것을 탈근대적 상황이라 인식하여 포스트모던한 방법으로 치환하거나 또는 대가적 탈속성(脫俗性)으로 거기로부터 초월하려 들지 않기 때문이다.

다만 문명사회의 중심에 가려진 외곽성의 가치를 이른바 정통적 서정시로 노래하는 것이 그들의 공통적이라면 공통적인 모습이다. 여기서 외곽성의 현장은 '김포'로 상징되는 도시 변두리이고, 끊임없이 무엇인가 세워져서 시인을 고통스럽게 하는 '신정 6-1지구'이고, 떠도는 시간강사의 비애이기도 하며, 아무것도 살지 못하는 '버려진 간척지'나 상처받은 영혼들이 찾고 싶어하는 '순창 여인숙' 같은 곳이다. 서정시 본령의 방법으로 - 전위적 언어실험이나 강렬한 정론성(政論性)은 그들의 세계와 전적으로 무관하다 - 버려진 이들의 일상적 구체성을 형상화하는 것, 이 점이 그들의 유일하고도 가장 확실한 장점이다.

그와 같은 특성을 지닌 '시힘' 동인들이 1년 남짓의 세월 사이에 각각 개인 시집들을 냈다. 나희덕, 박철, 고운기, 이윤학, 정일근(시집 간행순)이 그들인데, 이 글에서는 그 시집들을 스케치해 보고, 위에서 말한 '시힘' 동인들로서의 보편성과 각자의 개체성이 어떻게 그 안에 나타나 있는지를 살펴보려고 한다.

2. 삶의 외곽성에 대한 관심과 사랑의 시화

2-1. 나희덕의 『그 말이 잎을 물들였다』(창작과비평사)는 언제나 '모성적 따뜻함'이라는 평언이 따라붙는 이 시인의 두번째 시집이다. 예의 그 '모성적 따뜻함'은 정현종(鄭玄宗) 교수의 지적 이후 이 시인을 일컫는 가장 대표적인 수사(修辭)가 되었는데 나로서는 이 같은 표현이 그 적실성에도 불구하고 이 시인의 시를 제한된 분위기로 이끄는 역할도 하고 있다고 생각한다. 그의 시의 원천이 대상에 대한 따스한 마음씨 그리고 그것을 감싸안으려는 모성적 본능에서 우러나오는 것은 사실이겠지만 오히려 치열하게 살아오지 못했던 자신, 그럼에도 불구하고 고통 속에서 한치 한치 키를 더하는 자신을 비추는 거울로서의 역할이 그의 시의 남다른 비밀이기도 하기 때문이다. 또 더러는 우리 사회를 둘러싸고 있는 대립적 가치를 드러내어 거기에 비판적인 시적 사유를 더하는 일 또한 그의 시가 일관되게 추구하고 있는 시적 자양이기도 하다. 첫 시집 『뿌리에게』(1991)에는 이와 같은 시인의 여러 언어들이 곡진하게 담겨 있다.

이번의 두번째 시집에서 그는 위에서 열거한 것 중 사회적 관심을 시의 표면에서 많이 걷어내고 자신과 자신을 에워싸고 있는 이들에 대한 사랑을 집중적으로 노래한다. 따라서 그리 새로운 발견이 될 것도 없지만 이 시집을 관류하는 중추적 기조는 단연 '연민과 사랑'이 된다. 스스로 살아가면서 마주치는 모든 대상들의 존재 형식을 안쓰러워하는 것, 밝고 찬란하고 때로는 신명나는 대상으로 얼마든지 형상화할 수 있는 대상조차 모두 '연민과 사랑'의 테두리 속에서 자기 정서의 식솔들로 만드는 일, 이것이 그의 20대 후반의 성장 기록을 담은 이번 시집에 나타난 나희덕 시만의 매력이자 개성이라고 할 수 있다.

> 네 물줄기 마르는 날까지
> 폭포여, 나를 내리쳐라
> 너의 매를 종일 맞겠다
> 일어설 여유도 없이
> 아프다 말할 겨를도 없이
> 내려꽂혀라, 거기에 짓눌리는
> 울음으로 울음으로만 대답하겠다
> 이 바위틈에 뿌리내려
> 너를 본 것이
> 나를 영영 눈 뜰 수 없게 하여도,
> 그대로 푸른 멍이 되어도 좋다
>
> 네 몸은 얼마나 또 아플 것이냐
> ― 「풀포기의 노래」 전문

대상에 대한 본능적 연민이야말로 시인이 시를 쓰게 되는 가장 근본적인 충동 중의 하나라는 사실을 이 작품은 형상으로 잘 보여준다. '풀포기'로 분한 화자가 내지르는 울음은 자신을 내리치는 폭포에 대한 항거나 증오가 아니다. 물론 폭포에 압도당하거나 맹목적으로 거기에 자신을 동일화하려 한 결과도 아니다. 그는 이 시에서 어쩌면 자신을 내리치는 가학(加虐)의 존재일 수밖에 없는 것에게도 동류적인 연민을 보내고 있는 것이다. 순간 가학과 피학(被虐)의 이분법은 소멸하고 눈물겨운 우리의 삶만이 부조(浮彫)된다. '네 몸은 얼마나 또 아플 것이냐'. 나는 이 표현이 이 시집을 한마디로 요약해주고 있으며, 치밀하게 계산된 시적 수사가 아니라 이 시인이 시를 쓸 수밖에 없는 비밀을 시사해준다고 본다. 그와 같은 심성은 '당신이 아프실까봐 / 저는 아프지도 못합니다'(「찬비 내리고」)라는 극진한 사랑의 언어로 이어진다.

그의 시 안에만 들어오면 그것이 꽃이든 배추든 다람쥐든 귀뚜라미든 아니면 사북 같은 탄광에서 흘러내리는 물이든 모두 연민과 사랑의 대상으로 화한다. 그 중에서 「어린 것」 같은 시는 그의 연민이 단순히 안쓰럽게 생각하는 것을 지나 생명에 대한 무한 사랑으로 퍼져나갈 수 있는 가능성을 경험케 해주는 작품인데, 어린 다람쥐의 순수무구한 눈동자에서 생명있는 모든 것을 긍정하며 스스로 어미가 되겠다는 시인의 시선은 하산길 송사리떼의 무사함에 환성을 지르는 데로 이어진다. 이와 같이 그의 시에 나타나는 사랑은 근본적으로 삶에 대한 애정과 긍정에서 비롯된다. 이 시의 '다람쥐'는 「빈 의자」의 '노인'이나 「못 위의 잠」에 나오는 '아버지'에게로도 이어져 그의 사랑의 대상이 증폭 가능함을 예감케 해주고 있다.

그의 시에 나타나는 연민이라는 것이 '불쌍히 여김'이라는 우월적이고도 감상적인 시혜의식(施惠意識)이라면 우리는 그의 시에서 얻을 것은 물론, 아무런 감동을 발견할 수 없을 것이다. 자신은 결국 '그것'일 수 없으면서도 '그것'을 사랑하게 될 때 느끼게 되는 아득한 거리, 그 거리로부터 비롯되는 안타까움과 사랑의 노래가 나희덕의 시다.

'이제 밥그릇을 받아놓고도 식욕이 동하지 않는 시대'(「딸기나무 덤불 있다면」)에 그는 '추억의 속도보다는 빨리 걸어야 한다'(「기억의 자리」)고 말한다. 분명 하나의 성숙의 기록으로 기억될 이 시집 이후 그로서는 예전의 「살아라, 그리고 기억하라」와 같은 미래 전망의 힘, 그리고 '상처를 터뜨리면서 단단해지는 손등'(「빨래는 얼면서 마르고 있다」)처럼 여리지만 강한 새로운 육성을 담아가야 할 것이다. 그와 같은 '힘'의 현현이 우리에게 나희덕의 세번째 시집을 읽는 즐거움을 가져다 줄 것이다.

2-2. 박철의 세번째 시집 『새의 全部』(문학동네)는 문명과 권력의 중

심부로부터 한켠으로 떠밀려나와 있는 이른바 '주변인 의식'을 꾸준히 형상화하고 있는 작품집이다. '김포' 연작시를 통해 변두리 사람들의 삶과 의식을 사실적으로 담아낸 첫 시집 『김포행 막차』와 몸과 마음이 여러 모로 위기에 처해 있던 시기에 쓴 두번째 시집 『밤거리의 갑과 을』에 이어 이 시집에서도 그는 줄곧 우리 인간의 폐부 깊숙히 배어 있는 슬픔과 안쓰러움을 노래한다. 고운기 시인이 말했던 것처럼 그의 시에는 여전히 눈물자욱이 진하게 나타난다. 미래적 전망은 결국 그와 친화하지 않는다. 그러나 그의 시는 슬프긴 하되 회한이나 자책 또는 불가항력의 절망으로 이어지지는 않는다. 왜냐하면 박철은 그 투명한 눈물을 통해 우리로 하여금 삶과 사물에 대한 역설적 의지와 사랑에 이르게 하는 '힘'을 가지고 있기 때문이다. 그런 면에서 그는 '시힘' 동인 중 가장 인생론적인 시인이다.

> 가진 것 없는 이들의 눈빛이
> 새의 전부이다
> 인적 드문 외지의 골목
> 집으로 돌아오는 저 사람의 발자욱이
> 아름다운 새가 가진
> 모든 것이다
> 바람 불어 날개 젖은 오늘
> 빈손 빈 하늘
> 그래도 사랑 그리워
> 촛불 밝히니 새는 그 위에서 난다
>
> 우리 스스로 빼앗길 것 없으니
> 저들이 우리를 새라 한다
> 뒤돌아볼 것 없고 돌아갈 곳 없다 하나
> 나는 나의 적이 아니니

저들이 우리를 새라 부른다
―「새의 全部」전문

　이 시에는 가진 것 없는, 그리고 스스로 빼앗길 것 없는 우리 시대의 외곽인들이 나온다. 그들은 뒤돌아볼 것 없고 돌아갈 곳 없는 날개 젖은 새와 동일시된다. 새의 전부는 결국 그들의 눈빛이고 그들의 남루한 발자욱일 뿐이다. 이와 같은 시상이 버려진 이들에 대한 연민으로부터 비롯된 것은 자명하겠지만, 박철의 시에 나타나는 연민은 대상적(代償的) 정서가 아니라 스스로의 삶에서 길어올려진다는 데 그만의 특색이 있어 보인다. 그의 시에는 모든 정서가 생활 형상의 생동하는 ― 활기차다는 뜻이 아니다 ― 목소리로 나오게 되고 결국 그것은 그 스스로의 이야기가 되고 만다.
　박철에게 가장 기쁜 일은 기껏해야 '맑은 물 한잔 마시는 일 / 맑은 물 한잔 따라주는 일 / 그리고 당신의 얼굴을 바라보는 일'(「그대에게 물 한잔」)이다. 이것을 우리는 허심(虛心)이라고 해야 할까, 아니면 생활 능력을 못 갖춘 벽지 시인의 가난한 초상이라고 해야 할까. 이처럼 비실용적이고 소박하디 소박한 정서는 역설적이게도 그의 시를 떠받치는 '힘'이 된다. 과장된 감상주의적 절망이나 설익은 선적(禪的) 초월 행위를 그는 하지 않는다. 자신의 삶을 주변으로 끊임없이 내모는 모순된 사회에 대해 소리 높여 비판하는 것도 그의 몫은 아니다. 그는 삶의 비극성을 정직하게 받아들인다. '해지는 들녘을 바라보며 산다는 것은 / 쉽게 얻기 힘든 행복'(「다시, 김포에서」)이라며 '세상이 다 파랗게 되기를 '(「상추」) 기다리는 마음씨만이 그의 몫이다. 그 긍정의 시학이 그가 부르는 이 시대의 연가(戀歌)이다.
　이 시집에는 「꽃그림」과 같은 아름다운 연가도 있고, 「권력과 폭력」처럼 우리의 구체적 일상 속에 깊이 침윤되어 있는 폭력의 속성을 말하는 시도 있다.

「별, 고향의 강 그리고 낙엽」, 「그리움」, 「가을 하늘」, 「갈매기가 머무는 곳」 등은 잃어버린 것들에 대한 강한 그리움을 담고 있는데, 그 그리움은 '이제 / 검은 양복 한 벌쯤은 마련해야 하는 / 그런 나이'(「검은 양복」)에 '새벽길 / 다시 돌아오지 않을 우리의 젊은 날'(「새벽길」)에 대한 회억(回憶)을 불러오기도 한다. 속절없는 삶이다. 그러나 그의 이 같은 비극적 인식은 읽는 이에게 분노를 선사하지 않는다. 같이 가슴 아프게 할 뿐이다. 언젠가 김현 교수가 "시는 좋은 주장을 하는 곳이 아니라 구체적 체험의 공간으로 독자를 안내하여 그 주장을 느끼게 하는 곳"이라고 표현한 것을 나는 눈여겨 읽어둔 일이 있는데, 박철은 그와 같은 잠언(箴言)에 비교적 충실한 시의 성격을 누구보다도 잘 보여주는 시인이라고 할 수 있다.

또 우리로서는 흔히 세계관과 처세술의 괴리를 지식인들에게서 심심치 않게 경험해왔으나 이 시인에게서는 그러한 틈을 찾을 길이 없어 보인다. 그는 실제로 현실의 소용돌이로부터 얼마간 비켜서 있는 사람이다. 그 비켜섬은 미적 관조를 위해서 있는 것이 아니고 떠밀려나와 있는 이의 실존 그 자체이다. 그렇기 때문에 그에게는 현실을 타고 오르는 영악한 잇속이나 안팎이 다른 논리적 치장 역시 어울리지 않아 보인다. 활주로를 타고 김포 하늘을 날아가는 비행기를 보면서 '이웃에 대한 믿음과 사랑을 회복'하고 '나 역시 하나의 민중이고 그럼으로 해서 민중을 위할 의무 또한 내게 있다는 것을 알게 된'(시집『김포행 막차』후기) 그는 이번 시집에서도 결국 '김포'를 등지지 못했다. 그가 다음 시집에서만큼은 김포를 떠날지 아니면 어디 자신이 뿌리내릴 시적 토양을 새로이 준비하게 될지 나로서는 신뢰와 기대로 기다리고 싶다.

2-3. 고운기의『섬강 그늘』(고려원)은『밀물 드는 가을 저녁 무렵』이

후 무려 8년 만에 내는 그의 두번째 시집이다. 두 시집 사이의 시기에 그는 긴 군 복무를 마치고 대학 강의를 맡고 학위를 받고 결혼을 했다. 이 시집을 따라가 보면 우리는 그와 같은 그의 개인적 이력을 진솔한 생활 언어로 만날 수 있다. 더 정확하게 말하면 시집의 주조(主潮)는 자기 자신이 젊은 날을 살아오면서 만나고 보고 느꼈던 사람들 또는 사물들에 대한 성찰과 자기 투시에 두고 있고, 이어서 군 체험을 다룬 「효동일지」 연작, 「빈 산」이나 「願往生歌」 등 고전문학을 전공한 학도로서의 조예를 바탕으로 자신의 정서에 접목시킨 작품 등이 나타난다. 그리고 「벌교」, 「할머님 생각」, 「밤늦게 돌아와」 등은 자신과 가장 가까운 가족, 이웃들의 가난함 삶을 반추하고 그들에 대한 그리움과 안타까운 사랑을 노래한 작품들이다. 여러 세월을 갈무리한 만큼 시적 제재도 다양하다.

  고운기는 '시힘' 동인의 터주 시인이다. 창립 당시부터 왕성하게 활동해온 그에게는 때늦은 감이 있는 이번 시집에서 그는 여전히 김우창(金禹昌) 교수의 지적처럼 순수가 불가능한 시대에 순수를 가능케 하는 고운 심성을 유감없이 보여준다. 자신의 구체적 일상은 물론, 우리를 에워싸고 있는 모든 사물들에 대한 결 고운 연민과 사랑을 노래한다. 따라서 그의 세계 역시 주변성과 외곽성 그리고 그곳에서 아련히 피워 올리는 사랑의 '힘'이라는 '시힘'의 보편성에서 벗어나지 않는다.

      성산대교 아래까지 걸어갔다
      해가 떨어지는 곳은 보이지 않는
      서해 바다
      그곳에 숨어 산다는 심청이가 생각나고
      나는 다리 밑을 흐르며
      반짝이는 물결만 바라보았다
      어제는 장문관네에 모여

술내기 화투를 쳤는데
태어난 지 두 달도 안 된 아이를
장문관 부인은 돌보고 있었다
웃음기 없는 목소리로 아이는
내일 미국으로 간다고,
벌써 십 년이 넘게
아동복지회에서 이 일을 맡아 한다고
들으며 우리는 아무도
아이를 팔려 간다 말하지 않았지만
조용히 가슴 한 구석을 베어 놓았다
아, 비행기
김포 하늘을 차고 오르는 저 비행기 속에
아이는 타고 있을까
누구의 무심한 욕망이 버린 목숨이었을까

— 「봄 하늘에 빛나는 별」 중에서

이 시는 시인의 따스한 심성이 사회적 혜찰에 힘입어 상승적으로 형상화된 아름다운 작품이다. 이 시집을 통틀어서 가장 완성도 높은 작품이라 해도 좋을 것 같다. 성산대교 아래에서 지는 태양을 바라보며 서해 바다의 심청이 생각을 하고 거기에 어제 우연히 본 팔려갈 아이를 중첩시키는 시인의 발상은 인간 실존적이고 사회적이다. 심청이와 그 어린아이는 누군가의 '무심한 욕망'에 의해 버려진 희생의 존재들이다. 그러나 시인은 그와 같은 이미지 중첩을 냉정하게 관찰하거나 담담하게 서술하지 않는다. 시인 역시 '더불어 취한 후 / 돌아서는 길은 언제나 허허롭'기만 한 것을 경험한다. '봄 하늘의 빛나는 별'은 그 비극성을 한층 더 돋울 뿐이다. 아픈 구석을 보고 지나치지 못하는 동류의식 그리고 결국 '그것'이 될 수 없으면서 '그것'을 사랑하는 벽(癖), 그것이 고운기의 시를 꿋꿋이 지탱해주는 '힘'의 서정적 원리이다.

그러나 고운기 시에 나타나는 이러한 연민과 사랑은 자신을 왜소하고 뒤처진 존재로 인식하는 태도를 곧잘 불러온다. 따라서 그에게 시작(詩作)이란 자신이 밟아온 흔적을 언어적으로 재구(再構)하고 그 언어에 자신의 모습을 비춰보는 나르시스적인 측면이 강하다. 이 글을 쓰고 있는 나도 절절이 공감할 수 있는「강사일지」연작이나「꽁생애」,「헌 잡지」,「前夜」등은 연민의 대상에 자기 자신을 이입한 것에 불과하고, 거기에 같이 등장하는 '김밥 장수 할머니'나 '지하도 김씨' 역시 자신과 한 부류임을 그는 인식한다. 사물이나 사람을 대하는 데 아타(我他)를 잇속 차원에서 구분하는 것은 그의 시와 거리가 멀고, 아와 타를 일원화하여 느끼고 사유하는 힘은 그의 시학의 근본을 이루는 에너지이다.

따라서 고운기 역시 비극적 세계관을 지닌 시인이다. 그러나 그것은 신성(神聖)한 것과 비속(卑俗)한 것 또는 가치 있는 것과 타락한 현실 사이에 근본적으로 건널 수 없는 단층이 존재한다고 믿는 모더니즘적인 비극적 세계관과는 달라 보인다. 오히려 시적 주체와 시적 대상이 사랑으로 하나 되는 것 자체가 삶의 숙명적 비극성을 더 선명하게 하고 역설적으로 아름답게 한다는 희망과의 힘겨운 싸움이 그의 시라고 할 수 있다.

그러나 시에 나타난 그의 자책적 모습 곧 뒤처져 있다는 의식은 자기 사유에 더없이 좋은 그만의 서정적 '힘'이자 시적 원리이지만 그것이 삶에 대한 깊은 통찰을 부분적으로 상투화시킬 위험도 내재한 듯이 보인다. 그런 의미에서 나는 그의 시가 '누구의 이름도 위안처럼 지니고 다닐 수 없'어져 버린 시대에 마치 득음(得音)을 해가듯 스스로를 천천히 다독이고 폭을 넓히며 역동적인 힘을 충전해가는 토양으로 발전해가길 바란다.

2-4. 이윤학의 두번째 시집 『붉은 열매를 가진 적이 있다』(문학과지

성사)는 치열한 리얼리즘 정신이 이룩한 집요한 사생(寫生)의 기록이다. 그의 시적 방법론은 우리 삶을 싸고 있는 사물들 배후에 도사리고 있는 본질적 의미를 끈질긴 시적 묘사를 통해 환기시키는 것이다. 따라서 그의 시는 자신의 삶을 고백해들어가는 생활 형상이 아니라는 면에서 다른 동인들과는 현격한 변별성을 드러낸다. 따라서 나는 이 시인의 존재야말로 '시힘' 동인이 갖는 다양성의 첨예한 예증이라고 본다.

대개의 작품이 구상적(具象的) 극사실화(極寫實畵)의 표정을 하고 있는 그의 이번 시집은 한 편 한 편의 시가 독립적 완결성을 보이지 않고 마치 서로가 서로의 못다한 이야기를 메워주고 있는 일종의 연작(連作)의 역할(물론 형식은 연작시가 아니다)을 하는 듯이 보인다. 그것은 세상에 남아 있는 상실과 폐허의 흔적을 따라가는 이 시인의 냉철하고도 철저하게 가라앉아 있는 관찰의 소산이자 세상의 본질적 비의를 드러내는 그의 독특한 방법론이기도 하다. 따라서 그의 시에는 자기 자신의 삶의 흔적이나 우리의 현실 또는 그에 대한 전망이라든가 치유 가능성이 애당초 나타나지 않는다.

> 하루종일,
> 내를 따라 내려가다보면 그 저수지가 나오네
> 내 눈 속엔 오리떼가 헤매고 있네
> 내 머릿속엔 손바닥만한 고기들이
> 바닥에서 무겁게 헤엄치고 있네
>
> 물결들만 없었다면, 나는 그것이
> 한없이 깊은 거울인 줄 알았을 거네
>
> 세상에, 속까지 다 보여주는 거울이 있다고
> 믿었을 거네

거꾸로 박혀 있는 어두운 산들이
돌을 받아먹고 괴로워하는 저녁의 저수지

바닥까지 간 돌은 상처와 같아
곧 진흙 속으로 비집고 들어가 섞이게 되네

― 「저수지」 전문

　여기서 시인이 찾아간 곳은 '그 저수지'이다. 그냥 저수지가 아니라 '그' 저수지인 까닭은 과거에 언젠가 한 번 와 본 적이 있다는 체험의 환기로 볼 수도 있겠지만 바로 시인이 생각해온 어떤 관념적 의미가 바로 그 저수지에 담겨 있기 때문이기도 할 것이다. 그 관념적 의미란 다름아닌 '속까지 다 보여주는 거울'로서의 뜻이다. '세상에,' 속이 보이는 거울이라니. 그 얼마나 섬뜩하고 무서운 이미지인가. 그 세계는 속을 다 비추어 보여주면서도 결국은 가 닿을 수 없는 차폐물(遮蔽物)로서의 이중성을 띤다. '거꾸로 박혀 있는 어두운 산들' 역시 저수지 안에서 괴로운 신음을 할 뿐, 시인은 거기에 이를 수 없다. '진흙 속을 비집고 들어가'는 던져진 돌은 우리 삶의 상처와도 같다. 왜 난데없는 '상처'인가. 결국 저수지가 다 보여준 '속'은 그 상처의 기억이 되는 셈인데, 그것은 이 시집 전체를 통하여 상실의식으로 구체화된다. 이 상처의 기억이 이 시집의 직접적 모티프이자 '힘'이다.
　이와 같은 상처로서의 폐허감은 과거에 대한 기억의 형식으로 나타나기도 하고 기도 소리보다 '신음 소리'(「그 병원 앞」)로 나타나기도 한다. 그런데 이러한 폐허감은 그 외적 요인을 산문적으로 곧바로 유추할 수 없을 정도로 거의 선험적이고 숙명적인 비극성으로 주어져 있다. 죽음과 소멸, 낡아감의 이미지는 다른 동인들의 작품에 어김없이 따라붙는 '따뜻한 마음과 대상에 대한 연민' 같은 말을 머쓱하게 만든다. 그만큼 그는 독특한 방법으로 이 시대와 삶의 비극성을 노래하는 시인이다.

그의 시에는 또 우리 주위에서 흔히 볼 수 있는 동물들이 시적 통찰의 매재(媒材)로 자주 등장하는데 그의 동물들은 섣부른 의인화나 알레고리로 절대 나아가지 않는다. '눈에서 붉은 빛이 사라진'(「붉은 빛」) 붕어나 '상처를 견디기 위해 / 악착같이 몸을 구부리고 있'(「쥐며느리」)는 쥐며느리 또는 '타 죽지 않으면 / 떨어져 죽을 목숨들'(「하루살이」)인 하루살이, '푸른 몸 그 안간힘'(「자라」)의 자라, '항문을, 침을, 안으로 오므리고 / 무수한 날개로 유리창을 치고 있'(「유리창을 떠도는 벌 한 마리」)는 벌, '마음 속의 불을 모으고 있'(「떨고 있는 개」)는 개, 그 밖에도 제비, 두꺼비 등은 모두 한결같이 우리 삶에 내재하는 종말론적 이미지의 편재성(遍在性)을 환기하고 있다.

 그의 성실하고도 집요한 시적 묘사를 따라가보면 우리는 예사 시에서 경험하기 힘든 이 세상의 진경을 체험한다. '식탁 위엔 신문지와 영수증, 플라스틱 용기와 비닐 봉지가 / 올려졌다. 한때는, 그곳에서 양파를 기른 적도 있었다. / 양파 줄기는 잘라내자마자 다시 자라났다. 점점 가늘어져 / 창문에 가 닿을 듯했다.'(「버려진 식탁」) 같은 표현이나 '이 낡은 건물의 뒤뜰은 / 하루종일 햇빛이 뜸하다 / 파리가 들끓는다, 대낮에도 / 쥐들이 소란을 피운다 // 가지들은 찢어져서 마른다 / 철사줄 위에 / 가랑이를 벌리고 걸터앉아 / 네 갈래의 다리를 늘어뜨리고 있다'(「아래층에 식당이 있다 2」) 같은 묘사는 실상 무의미하기 짝이 없다. 흡사 이상(李箱)의 수필 「권태(倦怠)」에 나옴직한 건조한 묘사이지만 그 묘사 자체가 이 시대의 비극성을 적극적으로 환유하고 있으니 이 방법론은 내 생각에 우리 시단 전체를 보아도 이윤학만큼 독자적인 경지를 이룬 이가 없을 것 같다.

 언뜻 어두운 폐쇄성으로 오인(誤認)될 소지마저 있는 종말론적 상상력, 그것은 이 시인에게 섣부른 희망을 절대 가져다주는 법이 없다. 절망을 절망으로, 그리고 낡아감을 안타까움의 대상이 아니라 어김없이 비극적 이미지로 포착해내는 그의 시. 따라서 내가 그의 시에서 소멸지향적 기표(記表) 뒤에 숨겨져 있는 또 다른 생성지향적 기의(記意)를 우줄우줄 찾고 있는 것은 심각한 오독(誤讀)인지도 모른다.

2-5. 정일근의 『처용의 도시』(고려원)는 벌써 그의 네번째 시집이다. 일찍이 '무릇 시인은 가슴 속에 별 하나 품고 살 일이다'(「시인과 별」)라고 윤동주(尹東柱)적으로 노래했던 그 역시 이 세계를 비극적 원리로 인식하는 데 동의한다. 시를 쓰는 일 자체가 세계의 비극성에 동참하는 일이라는 것을 그의 시는 명징하게 보여주고 있다. 그것은 정과리 교수의 지적대로 세계와의 '멀고 먼 친화성'으로 나타나는데, 이 역설적 표현은 결국 아득한 거리를 느끼게 되는 현실 속에서 그래도 그곳을 향한 그리움과 사랑을 가진 시인의 심성을 이야기한 측면도 있겠지만 그보다는 그의 시적 방법론을 시사하는 말이기도 하다.

그의 시학적 원리는 사물과 삶의 구체적 세목(細目)을 들추어내는 현실지향적 정신과 속악한 현실로부터 초월하려는 상상력 속에서 구현된다. 일견 모순되어 보이는 이 두 측면은 세계를 인식하고 표현하는 그의 시적 방법이 되고 있는데 내가 보기에 앞의 측면은 사회에 대한 힘 있는 질타로 나타나고 뒤의 측면은 아름다운 초월에 대한 그리움으로 나타난다. 앞의 경향을 띤 작품이 힘 있는 비판적 육성으로 나타나는 데 반해(이 계열에는 「취재수첩」 연작을 비롯해서 「태홧강은 없다」 등으로 나타난다) 뒤의 경향을 띠는 작품들은 「감은사지」 연작처럼 한결같이 유토피아적 지향(Utopian reflex)을 보이면서 현실을 대타적으로 볼 수 있는 안목을 제공하고 있다. 따라서 이 두 방법은 이율배반적이라기보다는 '따뜻한 내 이름 !'(「시인」)이라는 숙명을 지닌 이의 동시적 추구라고 보아야 할 것이다.

내 삶은 아직도 길 위에 있다
지친 두 발 기진한 육신
허기진 비애가 하루를 마감할 때
돌아가 옛집 더운 아랫목에
굽은 허리 묻고 잠들고 싶다
진해시 여좌동 3가 844번지
굴다리 지나 다닥다닥 산 위까지
둥지 틀고 식솔 거느린 번지마다
날 저물면 저 빼곡한 불빛
내 영혼의 일부가 그 불빛 속에서 자랐다
먼 사람 그리웁듯 그리운 진해 옛집
지금도 내 이름의 우편물이 쌓이고
꽃밭에는 봄꽃 흐드러지겠다
사월이면 꽃 지고 연초록 새잎들 신생하겠다
내 영혼은 집 떠나 길 위에서 상처받고
삶에 등 배길 때마다
백열전구 불빛 붉은 마루
저녁 밥상가로 둘러앉던 식구들처럼
더운 국에 밥 말아 먹는 뜨거운 밥숟갈처럼
그리운 옛집 진해

― 「옛집 진해」 전문

이 시는 그의 초월에의 의지가 시인의 과거에의 그리움과 마주치면서 서정적으로 형상화된 아름다운 작품이다. 기억 속에 훼손되지 않은 원형으로 남아 있는 '옛집'을 그리워하는 마음과 그곳에서 지낸 때묻지 않은 유년 또는 청년 시절을 그리워하는 마음이 여기에 담겨 있다. 그러나 이 작품이 단순한 복고적 회고조의 작품이 되지 않는 까닭은 거기에 '길 위에 있는' 시인의 초상이 겹쳐 있기 때문일 것이다. '지친 두 발 기진한 육신 / 허기진 비애' 그리고 '집 떠나 길 위에서 상처받고 삶에 등 배'기는 지친 자아의 모습이 이 작품에서는 '옛집'과 대비되면서 아스라이 체온을 드러낸다. 그는 길 위에서 상처받을 때마다 옛집 진해나 '그 고추장 속에 상처난 마음 하룻밤 푹 묵었다가 / 아침 일찍 다시 꺼내는 싱싱한 용서를 다시 배울 수 있'을 것 같은 순창여인숙을 꿈꾼다. 이러한 시들은 앞의 두 경향을 그의 시적인 혜안으로 통합한 아름다운 서정시들이다.

그의 「上疏를 읽으며」나 「우리는 늑대!」, 「독수리에 대한 몇 개의 단상」은 매우 힘찬 육성으로 들리는데, 주제는 저마다 조금씩의 편차가 있지만 나는 이 작품들이 구현하는 상승과 고양(高揚)의 상상력이 이 시대에 무척 귀한 목소리라고 믿는다. 이러한 면은 같은 '시힘' 동인들 중에서도 찾기 어려운 그만의 특장이다. 다른 시인들이 대개 비애나 연민의 정서를 시집에서 전면화시키는 데 비해 정일근의 이와 같은 힘참은 드물고 귀하다. (그런 면에서 그는 영락없는 시'힘' 동인이다.)

「근황」이나 「꿈」 같은 작품에서 그는 자기 자신의 삶에 대한 진지한 성찰을 잊지 않는다. 여전히 '바다가 보이는 교실로 복직하는 꿈'(「꿈」)을 꾸거나 '사람과 사람 사이에도 그런 길은 있어서 / 나는 그 길을 천천히 걸어 / 그리운 마을의 저녁에 도착하고 싶다'(「길」)고 노래하는 정일근. 해직교사로서 그는 두고 온 아이들을 잊지 못하며 기자(記者)라는 분주한 직업을 택했으면서도 진정으로 '사람과 사람 사이'를 그리워하는 그리움과 사랑의 시인이다. 시인이 때로 '불두화 속에 내가 타며 寂滅하는 꿈 꾸며'(「佛頭花 피다」) 지내는 것도 그런 외로움에 대한 시적 초월일 것이다. 나는 부디 이 시인이 우리로 하여금 세상에 지치지 않고 내부에서 새록새록 움트는 희망과의 싸움을 견딜 수 있도록 힘있는 시적 메시지를 계속해서 전해주었으면 한다.

3. '시힘' 동인의 시적 지향점

우리 시대에 '동인(同人)'이란 무엇인가. 저마다의 이념이 백가쟁명(百家爭鳴)했던 1980년대라는 시의 계절을 지나 이제 우리를 강하게 견인하였던 가치의 중심이 와해되었다고 주관적으로 믿고 있는 이 시대에 함께 모여서 시를 쓰는 '동인'은 무슨 의미를 지니는가.

여기서 김종철(金鍾哲) 교수가 '인간이 자신의 존재 근원을 지각하고 명상하는 매체가 시이며, 오늘날에도 시의 존재 이유는 여기에 있다'고 한 말은 여전히 유효한 것 같다. 거창한 세계관을 가지고 있어도 실상은 언제나 관성 같은 일상의 힘에 압도당한 채 순환적 삶을 살아가는 것이 우리일진대 이러한 삶의 모순이 가지는 아름다움에 대해 또는 진실에 대해 견자(見者)로서의 몫을 포기하지 않는 시인들, 삶의 구체성 안에서 차분히 분투하는 시인들을 보면 우리는 여전히 반갑다. "참된 민중문학"(제7집 『배추에게도 마음이』 동인의 말)이 이제부터 시작이라고 중지(衆智)를 모았던 '시힘' 동인은 이른바 낯설게하기나 일탈의 시학 또는 전위적 실험과 애초에 무연(無緣)한 사람들이다. 그들은 꼼꼼한 장인적(匠人的) 덕목을 언제나 의식하는 시인적 성실성, 그리고 이미지 위주의 시보다는 삶의 구체성에서 유추 가능한 '이야기'가 있는 시를 보여주고 있다. 그들의 시가 좋은 서정시에 필연적으로 내재할 수밖에 없는 무사(無邪)의 정신으로 오늘의 현실을 이끄는 욕망의 소용돌이를 다잡아 바른 질서를 세우는 일에 기여해주리라 기대한다.

이들의 나이는 30대 초반부터 후반까지 두루 걸쳐 있다. 생활인으로 가장 바쁜 나날을 살아갈 이들이 앞으로 모여 합평회하기조차 어려울지도 모를 분주함을 넉넉히 이기고, 죽임의 문화를 넘어 살림의 문화를 묵시적으로 또는 혁명적으로 선도할 수 있는 첨병이 시라는 것을 보여주기를 독자의 하나로서 바랄 뿐이다. 그럼으로써 그들 각자의 시도 웅숭깊어지기를. 그들에게는 그런 '힘'이 있다. (1995)

III

III

1950년대 후반 시에서 '참여'의 의미

1. 1950년대의 역사와 시문학

　우리가 1950년대라는 특정한 시간대에 발표되었던 시 작품들을 역사적, 미학적으로 탐구해 보고, 거기에서 유의미한 문학사적 연속성을 찾아내려 할 때 가장 먼저 해결해야 할 과제는 '한국전쟁'이라는 그 시대의 발생론적 터전에 대한 성격 규명이다. 해방 직후의 민족사적 좌절을 겪고 나서 민족 통합의 소망을 부분적으로나마 가졌던 당대의 주체들에게 6·25는 미증유의 물리적 충격과 함께, 지울 수 없는 내면적 상처와 외적 상황에 대한 근본적 한계의식을 동시에 안겨주었다. 그리고 그 충격과 한계의식은 당대를 살아가는 많은 이들에게 전대(前代)와 여러 모로 변별되는 정신사적 단층(斷層)을 부여했으며, 그것은 배타적 실존성에 대한 자각, 그리고 인간과 역사에 대한 짙은 환멸과 자기 부정의 파토스로 노정되었다. 따라서 한국전쟁은 그 성격이 동족간에 일어난 상잔(相殘)이었든 한반도라는 공간에서 일어난 국제전의 성격이었든, 민족 구성원 모두의 내면에 형언하기 힘든 적의(敵意)와 피해의식 그리고 민족의 운명에 대한 깊은 허무주의를 각인시켰다.

그러므로 1950년대의 시의식은 어쩔 수 없이 '전쟁'이라는 구체적 체험으로부터 출발할 수밖에 없다. 여기서 '체험'을 강조하는 까닭은 인간의 의식 중에서 가장 비타협적인 배타성을 띠면서 형성되는 것이 '체험'적 인식이라는 점을 드러내기 위해서이다. 일반 민중은 물론, 문학의 창작 주체였던 작가 및 시인들도 '체험의 직접성'이라는 당대의 인식 지평 안에서 한 치도 자유로울 수 없었고, 그가 어느 유파적 속성을 견지했든간에 자신의 체험을 어느 정도 반영하지 않은 이가 없었을 정도이니 말이다. 그러나 '체험의 직접성'이라는 공통 지반이 곧바로 시적 유형의 공통성으로 환치되지는 않는다. 오히려 1950년대의 시사는 한국전쟁을 겪은 주체들의 다양한 체험들이 그들 각자가 갖고 있던 미의식 및 세계관에 의해서 굴절된 복잡하기 짝이 없는 지형도와 같이 전개된다. 따라서 이 글은 그동안 1950년대의 시사를 전시기보다 훨씬 단조롭고 무기력한 '문학의 공백기'라고 판단한 것은 사실에도 맞지 않을 뿐더러 그 시기에 나타났던 다양한 역동적 가능성과 시적 징후들에 대한 고찰을 결한 개괄적, 인상적 판단이라고 본다. 특히 1955년을 기점으로 신진 비평가 그룹이나 신진 작가들이 대거 진출하면서 1950년대의 시사는 다양하게 분화되는 양상을 빚는데, 따라서 후반의 시기를 특별히 주목해서 볼 때 우리는 그러한 인상비평을 떨굴 수 있는 실증적 자료를 얻을 수 있으리라고 생각된다.

한편 1950년대의 시적 전개를 '전쟁'이라는 물리적 힘과 그에 대응하는 또 하나의 정신적 힘의 응전으로 읽는 독법(讀法)은 그 유용성에도 불구하고 또 하나의 부분적 결함을 필연적으로 가질 수밖에 없다. 1950년대의 시가 전쟁에 대한 응전의 성격을 띨 경우 그것은 대개 불타는 적개심으로 대표되는 반공 이념의 재생산에 기여하는 정도로 인식되거나 또는 수세적 허무주의에 깊게 침윤된 추상적 인간주의에서 근본적으로 자유로울 수 없기 때문이다. 그럴 경우 1950년대의 시는 기껏해야 '후반기(後半紀)' 중심의 모더니즘 운동의 영역(그것도 그들의 깊은 허무주의와 서구추수적 시 기법에 대한)으로 협애하게 대표화하거나, 민족문학의 결여태라고 안타까워만 하고 있는 태도를 불러일으키기 쉽다.

1950년대 시사를 그렇게 이해할 경우 그 인식구조는 그 이후의 시사를 뛰어난 몇몇 예외적 개인에 국한하여 기술하게 되고 4·19의 의미를 평지돌출의 분수령으로 신비화할 수밖에 없게 된다. 그때 우리는 이른바 문학사적 연속성을 해명할 실증적 토대를 상실하고, 4·19가 가져다 준 폭발적 가능성에 대한 필요 이상의 찬탄을 가지기 쉽다. 특히 1950년대 후반부터 맹아를 보이기 시작하는 이른바 참여시적 경향을 무의식적으로 등지고 1960년대에서 (특히 4·19를 체험적으로 거친 김수영, 신동엽 등에 의해서) 이른바 참여시 또는 진보적 민중시가 본격화되었다는 편의적이고 비역사적인 서술을 초래할 개연성이 커지는 것이다.

이 글은 이러한 생각 곧 1950년대의 시적 전개가 단층적 성격을 띠었다기보다는 (물론 그 성격이 강한 것을 전적으로 부정하기는 어렵다) 1950년대 후반부터 강한 정념(情念)과 가치관으로 맹아를 보이기 시작한 민족 통합 또는 현실참여 지향의 시적 궤적이 매우 의미있는 시적 실천이었다는 생각 아래, 이 시기를 엄청난 공동기(空洞期)로 이해하는 것이 실증적, 역사적 오류라는 것을 검증해 보려 한다. 그러기 위해서 우리는 당대에 이미 '참여'라는 자장 안에서 활동했던 시인들의 시세계를 살펴보아 이러한 가설의 정당성을 생각해 보려 한다.

2. '참여(參與)'의 의미

문학에서 일컫는 '참여'의 사전적 정의는 작가가 자기 작품을 통하여 어떤 특정한 믿음과 강령(綱領)들, 특히 정치적이고 이념적이며 사회 개혁을 돕는 것들의 옹호에 헌신하는 일련의 행위를 일컫는다. 그러므로 그 의미는 특정 이념이나 특정한 지향성만을 배타적으로 내포한다기보다는 넓은 의미에서 현실에의 적극적 관심과 기투(企投)를 아우르는 개념일 것이다. 따라서 김춘수(金春洙)의「부다페스트에서의 소녀의 죽음」처럼 전쟁의 비극을 고발하고 (물론 이 시의 배경은 '한국전쟁'이 아니다. 모더니스트들이 폭 넓게 공감하고 있던 '세계적 동시성'의 편린이 짙게 보인다) 그 비극상을 최대한 조명하자는 의도의 반공적 서정시라든가, 모윤숙(毛允淑)이 쓴「국군은 죽어서 말한다」와 같은 선정적 적의(敵意)를 표명한 작품도 적극적 의미의 참여가 될 수 있다. 모윤숙의 작품은 인민군에게 죽음을 당한 국군의 주검을 추모하는 외연적 내용에도 불구하고 그 내면에 전쟁의욕을 고취하는 짙은 선무성[1]을 담고 있는데 그러한 목적의식성 역시 광의의 참여 개념에 포괄될 수 있는 것이다.

그러나 우리가 문학사에서 '참여문학'이라고 할 때 그것은 보다 더 정련되고 선명한 시적 지향을 가지는 일련의 흐름 또는 특정한 태도 등을 공유하고 있는 문학적 특성을 지칭하게 된다. 그 역사적 실상을 귀납하면 그것은 민족사에 비추어 진보적이고 민중적인 역사의식을 함의하고 있는 실천지향적인 태도 또는 근대 자유민주주의의 이념에 반하여 전개되는 현실 사회에 대한 강한 저항과 비판을 표출한 것을 뜻한다. 따라서 그것은 언뜻 보아 도덕적 개인과 문학적, 창조적 자아를 구별할 수 없게 만드는 구속력을 갖게 된다.

이와 같이 참여의 내포를 획정했을 때 우리는 한국전쟁을 바라보는 1950년대의 두 가지 '참여'를 미적, 이념적으로 차별화할 수 있다. 그

---

[1] 이영섭,「50년대 남한의 현실인식과 시적 형상」, 한국문학연구회 편,『1950년대 남북한 문학 - 현대문학의 연구 3집』, 평민사, 1991. 90면.

하나는 이른바 종군과 참전이라는 적극적 행동양식과 결부된 응전의 방식으로서의 모습이고, 또 다른 하나는 전쟁 및 분단이라는 상황에 비판적 인식을 가하는 시정신이다. 전자는 모윤숙의「국군은 죽어서 말한다」등에 노골화되어 나타나는 적극적 반공의식, 또 북한에 대한 뚜렷하고 명징한 적의와 강렬한 조국애 등이 참여의 흔적으로 나타난다. 더불어 구상(具常)의 연작시「초토(焦土)의 시」나 조지훈(趙芝薰)의「다부원(多富院)에서」, 유치환(柳致環)의「보병(步兵)과 더불어」등도 격렬한 전쟁 체험의 비극성을 응시하고 휴머니즘을 옹호하는 참여정신을 표출했다2)는 평가가 가능하다. 또 다른 하나의 참여는 분단 상황의 비극성을 민족공동체의 관점에서 비판하고 시적 형상을 창조한 것이라고 할 수 있는데, 이 경우 이 글의 대상이 되는 시인들이 포함될 수 있을 것이다. 이 글의 전제는 위에서 이야기한 민족사적, 민중적, 현실정합적 원근법에 의하여 참여가 협의로 규정될 경우 그것은 후자의 시인들에 국한된다는 것에 놓여진다.

사실 문학에 있어서의 참여, 순수 문제는 실상 문학의 속성이 갖는 이원성에서 필연적으로 기인하는 범주에 속한다. 이때 이원성이란 상상적(想像的) 기능과 인식적(認識的) 기능을 말하며 이 두 기능 중 어느 쪽에 역점을 두는가에 따라 순수, 참여론의 논의 가능성이 놓이는 것이므로, 원론상으로는 어느 쪽도 정당하고 동시에 어느 쪽도 부당하다.3) 따라서 이것은 단지 문학과 정치의 날카로운 긴장 관계에 대한 원론적 탐색이라는 긍정적 의의를 띨 뿐 그 자체로서 논의의 정당성을 띨 수는 없는 것이다. 그러므로 우리가 문학사의 '참여'를 거론할 때 그것은 분명 미학적, 보편적 개념이라기보다는 당대에 붙여지고 또 그렇게 불

---

2) 김재홍,「6·25와 한국문학」,『시와 진실』, 이우출판사, 1984. 37-38면.
3) 김윤식,「상상적 기능과 인식적 기능」,『한국현대문학사 1945-1980』, 일지사, 1983. 70면.

러온 관행에 의한 시대적, 역사적 개념이라고 할 수 있다. 따라서 우리로서는 일제 시대에 창작된 무수한 저항시편들을 '순수'라는 대척점을 언제나 연상시키는 '참여시'로 부를 필요는 이제 거의 없다고 생각한다.

그러나 순수, 참여의 이항대립적 접근이 전혀 무용한 것만은 아니라는 점 또한 지적될 필요가 있다. 김양수(金良洙)의 글 「문학의 자율적 참여」(『현대문학』 1960. 1.)에서 '참여'라는 어휘가 공론화된 이후 이 접근은 세대론의 성격을 띠며 논쟁적으로 전개되는데 '서정주(徐廷柱)/홍사중(洪思重)', 김붕구(金鵬九) 등이 참여한 '작가와 사회' 논쟁, 그리고 1968년에 이어령(李御寧)과 김수영(金洙暎)간에 벌어진 이른바 '불온시(不穩詩) 논쟁' 같은 것이 그 예이다. 이때 격렬하게 오간 '참여'의 개념은 비록 비과학적이었지만 '순수/참여'의 논의는 이후 리얼리즘 논의의 심화라는 망외의 부산물을 가져다준 것 또한 부인할 수 없기 때문이다.

이러한 입장을 토대로 이 글에서는 1950년대 후반에 이른바 신진시인으로 강한 인상을 풍기며 등단했던 이른바 참여시인들 곧 박봉우(朴鳳宇), 신동문(辛東門), 신동엽(申東曄) 등을 통해 1950년대 후반의 시적 지향이 1960년대에 내재적 연속성이라는 형식으로 이월되는 흔적을 밝혀 보려 한다.

3. 박봉우의 경우

박봉우[4](1934-1990)는 1934년 광주에서 태어나 1956년 『조선일보』 신

---

[4] 박봉우에 대한 작가론은 정창범, 「박봉우의 세계」(『나비와 철조망』, 미래사, 1991)와 심선옥, 「1950년대 분단의 시학 - 박봉우론」(『한국전후문학연구』, 성균관대출판부, 1993), 그리고 오민석의 「'휴전선'론」(『시와 사회』 2호, 1993.

춘문예에 자신의 대표작이 되어버린 「휴전선(休戰線)」이 '추풍령(秋風嶺)'이라는 필명으로 1등 당선되어 문단에 발을 들인다. 전남대학교 정치학과를 나온 그는 대학 재학시부터 『영도(零度)』 동인으로 주로 현실문제에 민감한 시작 생활을 해온 터였다. 『영도』는 1955년부터 박봉우, 박성룡(朴成龍), 정현웅(鄭玄雄), 장백일(張白逸) 등에 의해 4집까지 발행된 동인지였는데, 이 잡지는 이후 『시정신(詩精神)』(1956)으로 이어지면서 광주 문단의 터주 역할을 했다.5) 그 후로 그는 1990년 사망하기까지 모두 다섯 권의 시집을 상재하는데, 1950년대에 출간한 작품집으로는 『휴전선』(정음사, 1957)과 『겨울에도 피는 꽃나무』(백자사, 1959)가 있다.

　　산과 산이 마주 향하고 믿음이 없는 얼굴과 얼굴이 마주 향한 항시 어두움 속에서 꼭 한 번은 천동 같은 화산이 일어날 것을 알면서 요런 자세로 꽃이 되어야 쓰는가.

　　저어 서로 응시하는 쌀쌀한 풍경. 아름다운 풍토는 이미 고구려 같은 정신도 신라 같은 이야기도 없는가. 별들이 차지한 하늘은 끝끝내 하나인데 …… 우리 무엇에 불안한 얼굴의 의미는 여기에 있었던가.

　　모든 유혈은 꿈같이 가고 지금도 나무 하나 안심하고 서 있지 못할 광장. 아직도 정맥은 끊어진 채 휴식인가 야위어가는 이야기뿐

가을) 등이 있었는데, 최근에 1950년대 시에 대한 본격적 연구의 분위기 속에서 괄목할 만한 논의가 뒤를 잇고 있다. 박지영, 「1950년대 후기시 연구 - 전영경 · 박봉우 · 민재식을 중심으로」, 성균관대 석사학위논문, 1994. 윤종영, 「박봉우 시정신의 전개양상」, 『대전어문학』 12집, 1995. 이영민, 「박봉우 시 연구」, 경희대 석사학위논문, 1995. 오성호, 「상처받은 '나비'의 꿈과 절망」, 한국문학연구회 편, 『1950년대 남북한 시인 연구』, 국학자료원, 1996.
5) 광주문인협회 편, 『광주문학사』, 한림, 1994. 17면.

인가.

　　언제 한 번은 불고야 말 독사의 혀같이 징그러운 바람이여. 너도 이미 아는 모진 겨우살이를 또 한 번 겪으라는가. 아무런 죄도 없이 피어난 꽃은 시방의 자리에서 얼마를 더 살아야 하는가. 아름다운 길은 이뿐인가.

　　산과 산이 마주 향하고 믿음이 없는 얼굴과 얼굴이 마주 향한 항시 어두움 속에서 꼭 한 번은 천동 같은 화산이 일어날 것을 알면서 요런 자세로 꽃이 되어야 쓰는가.

―「휴전선」전문6)

　　이 시는 민족 통합을 결정적으로 가로막고 있는 물리적 상징인 휴전선에 대한 새로운 접근으로 사람들의 시선을 모은 작품이다. '북진통일'이라는 선정적 구호와 반공 이념의 토대가 조금도 흔들리지 않았던 시기에 휴전선을 사이에 두고 동족간에 벌이고 있는 살풍경을 이처럼 강하게 비판하고 있는 시를 우리는 일찍이 본 일이 없다. 당시로서는 외적, 내적으로 터부시되어왔던 이러한 제재 및 주제를 형상화한 박봉우는 민족사의 비극을 자조적 냉소나 이념 편향의 강한 부정성으로 표출하지 않고, 꽃과 바람 그리고 별과 하늘의 은유적 방법을 통해 한결 민족사의 실상과 나아갈 바 지향점의 객관화에 성공하고 있다. 특히 '아무런 죄도 없이 피어난 꽃'이라는 이 작품의 고발적인 상징 속에는 강대국의 세력 각축과 이데올로기 싸움의 틈바구니에서 어쩔 수 없이 서로 죽이고 죽어야만 했던 한민족의 비극이 내포7)되어 역사적 비극성의 참된 의미를 잘 조형하고 있다.

---

6) 박봉우, 『휴전선』, 정음사, 1957.
7) 김재홍, 『한국전쟁과 현대시의 응전력』, 평민사, 1978. 37면.

일반적으로 예술에서의 '비극성(悲劇性)'은 실재 세계 속에서의 이상적인 것의 몰락이자 실재하는 것 속에서의 이상적인 것의 패배로 규정된다.8) 동시에 비극적인 것은 실재하는 것과 이상적인 것 사이의 특수한 관계이기 때문에 다른 모든 미적 범주들과 마찬가지로 항상 특수한 역사성을 갖게 된다. 예를 들어 중세의 봉건 귀족들에게는 중세적 이념과 봉건적 지배체제의 몰락이 비극적이었다. 그러나 진보적 이상을 가진 사람들에게는 역사적 의미에 모순되는 사건들이 비극적인 것이다. 이것은 비극의 진정한 가치가 역사의 합법칙적 발전에 정향되어 있을 때 비로소 구현될 수 있다는 점을 뜻한다. 엥겔스가 비극을 "역사적으로 필요한 요구와 그 실현의 실제적 불가능 사이의 모순"9)이라 한 것은 바로 이 점을 지적한 것이다. 박봉우의 「휴전선」 또한 이러한 비극성의 명제에 충실히 부합되는 시적 감동을 주는 명편(名篇)으로서, 우리로서는 이 시를 분단 문학의 절창으로 불러도 좋을 것이다.

이러한 분단 상황의 감각적 시화는 「나비와 철조망(鐵條網)」으로 이어져 더욱 심화된다.

지금 저기 보이는 시푸런 강과 또 산을 넘어야 진종일을 별일없이 보낸 것이 된다. 서녘 하늘은 장미빛 무늬로 타는 큰 눈의 창을 열어 …… 지친 날개를 바라보며 서로 가슴 타는 그러한 거리에 숨이 흐르고.

모진 바람이 분다.
그런 속에서 피비린내나게 싸우는 나비 한 마리의 상채기. 첫 고향의 꽃밭에 마지막까지 의지하려는 강렬한 바라움의 향기였다.

---

8) M. Kagan(진중권 역), 『미학강의 1』, 벼리, 1989. 197면.
9) 소련과학아카데미 편(신승엽 역), 『맑스레닌주의 미학의 기초이론 2』, 일월서각, 1989. 186면.

앞으로도 저 강을 건너 산을 넘으면 몇 <마일>은 더 날아야 한
다. 이미 날개는 피에 젖을 대로 젖고 시린 바람이 자꾸 불어간다.
목이 바싹 말라 버리고 숨결이 가쁜 여기는 아직도 싸늘한 적지.

벽, 벽 …… 처음으로 나비는 벽이 무엇인가를 알며 피로 적신 날
개를 가지고도 날아야만 했다. 바람은 다시 분다. 얼마쯤 날으면 아
방의 따스하고 슬픈 철조망 속에 안길,

이런 마지막 <꽃밭>을 그리며 숨은 아직 끝나지 않았다. 어설픈
표시의 벽. 기여 ……

― 「나비와 철조망」 전문10)

이 작품 역시 '나비'라는 시적 상관물이 '꽃밭'을 그리며 철조망을
상처 가득한 채 날아가는 형상을 통해 분단의 비극을 객관화하고 있다.
모진 바람 속에서 '고향의 꽃밭'을 그리며 철조망을 날으는 이 같은 박
봉우의 중심적 시선은 분단이라는 기본적 제한에 관련하여 전개되어온
한국의 불행한 정치적 현실에 집중되어 있고, 그의 시적 작업은 어두운
현실이 뜻있는 삶을 근원적으로 불가능하게 만든다는 사실의 되풀이되
는 확인11)에 놓여 있다. 이후 그의 이러한 시세계는 「사미인곡」, 「창
은」, 「수난민」 등으로 이어지면서 1950년대의 분단문학에 일맥을 대고
있다.
  그 후 박봉우의 시적 궤적이 1960년대로 넘어오면서 역사적 구체성
을 띠지 못하고 역사적 비관주의12)로 심화되어갔다고는 하나 분열된

---

10) 박봉우, 앞의 책.
11) 김종철, 「도덕적 관점과 시적 구체성」, 『시와 역사적 상상력』, 문학과지성사,
    1978. 99면.
12) 심선옥, 앞의 글, 163면.

민족의 전체성을 시적으로 탐구하고 그것을 적의나 냉소로 해소하지 않고 민족 통합에 대한 강한 열망으로 승화시킨 점과 분단의식의 불구성을 정당하게 노래한 점, 그리고 자신의 내면상황에서나마 끝까지 현실 극복의 의지만은 잃지 않은 채 생산되었던 시적 주체의 모습13) 등은 이 글의 기본 얼개인 1950년대 후반의 참여시적 맹아의 충실하고도 적절한 예증이라고 해야 할 것이다.

4. 신동문의 경우

신동문14)(1928-1993)은 충청북도 청원에서 출생하였다. '동문'은 그의 필명이고 본명은 건호(建鎬)였다. 그는 어려서부터 병약하여 소학교, 중학교를 중간에 몇 차례씩 휴학했다가 재편입한 특이한 이력을 갖고 있다. 서울대학교 문리대에 입학한 뒤에도 1년을 채우지 못하고 중퇴한 뒤에, 다시 동국대학교에 편입하였으나 반년 만에 또 휴학하고 지병으로 입원을 하는 등 굴곡 많은 육신의 고통에 시달렸다. 그를 안정된 상태에서 일관성있게 학업에 전념할 수 없게 만든 지병은 폐결핵이었는데, 그는 이 병으로 인해 도합 10년 가까운 세월을 요양원에서 보내게

---

13) 박지영, 앞의 글, 74면.
14) 신동문에 대한 독립된 작가론은 1995년까지 단 한 편도 없었다. 그가 타계했을 때 그가 깊이 관여하였던 『창작과 비평』(1993. 겨울)에서 대표시 다섯 편을 재수록하여 그를 추모한 적이 있고, 유종호, 이건청, 이철범 등의 단평 정도만 있을 뿐이었다. 이는 특정 시인에 대한 정당한 홀대라기보다는 그동안 1950대 시를 인식하는 관행이 특정 유파나 그룹 또는 몇몇 걸출한 시인 위주로 평가되어온 태도와 무관하지 않을 것 같다. 그러나 최근에 그에 대한 논의가 두 편 나와 1950년대 시사에서 그를 적극적으로 평가하려는 움직임이 구체화되고 있다는 것을 보여준다. 박지영, 「신동문시 연구」, 『덕성어문학』 9집, 1996. 이승하, 「신동문의 풍자시」, 『현대시사상』, 1996. 가을.

된다.
 그의 나이 스물셋에 터진 6·25는 그로 하여금 미증유의 충격공간인 전쟁의 직접 체험을 가져다준다. 방위군에 잡혀갔다가 탈출한 그는 공군에 자원 입대하여 3년간의 전쟁기 동안 군에서 현역군인으로 복무한다. 물론 그의 시세계나 증언을 토대로 보면 그는 전선에 투입된 전투병이었다기보다는 후방에서 기상을 관측하는 근무병이었다는 것을 알 수 있다. 그러나 전쟁은 그에게 다른 전후 시인과 마찬가지로 시의 '발생학' 노릇을 하였고, 근무하는 동안 틈틈이 써모은 작품들이 1956년에 상재된 처녀시집 『풍선(風船)과 제삼포복(第三匍匐)』에 대부분 수록된다.
 공군에서 제대한 직후에 그는 『충북일보』, 『사회일보』 등의 논설위원을 지내다가 1956년 1월 『조선일보』 신춘문예에 「풍선기(風船期)」가 2등 당선되었다.15) 1960년 이후에는 종합지 『새벽』 편집장과 『창작과 비평』의 초기 편집일을 염무웅(廉武雄)과 함께 맡아보기도 했다. 『현실(現實)』이라고 하는 동인지 활동도 하였다. 그리고 세상을 뜨게 되는 1993년까지 그는 일체의 문단 활동을 하지 않는다. 따라서 그의 시적 본령은 1950년대 중반으로부터 1960년대 초반에 이르기까지의 10여 년에 집중된다는 판단이 가능하다. 그 이후의 삶은 창작인으로서의 여정이 아니기 때문이다.
 신동문은 본질적으로 자기의 시작업이 당시의 사회현실에 대한 '앙가쥬망'의 한 형식임을 굳게 믿고 있었다. 그의 짤막한 산문인 「실시

---

15) 사실 1956년 『조선일보』 신춘문예 당선작은 위에서 말한 대로 박봉우의 「휴전선」이다. 그런데 당시 심사위원이었던 김광섭(金珖燮), 양주동(梁柱東)이 합의하여 신동문의 「풍선기」 연작을 2등 당선작으로 뽑는 이례적 풍경이 연출된다. 김광섭은 심사평에서 박봉우의 작품이 워낙 뛰어나다는 것을 전제하고 신동문의 특이한 시적 성향을 높은 가능성으로 참작하여 2등 당선작으로 뽑는다고 밝히고 있다. 『조선일보』 1956. 1. 3.

(失詩)의 변(辯)」16)을 보면 그러한 태도는 명징하게 드러난다.

> 그런데 재미난 것은 내가 시를 안 쓰는 것을 고소하게 생각하는 사람은 소위 순수시파(純粹詩派), 예술지상주의(藝術至上主義) 시인들이고, 나를 비판하든 동정하든간에 이해의 길을 터놓고 있는 사람들은 소위 앙가쥬망의 시인들이라는 사실이다.

이 글에서 그는 자신에 대한 문단 내외의 평가를 스스로 요약하고 있다. 그의 시세계를 부정적으로 보는 사람들의 견해는 대개 '서정이 결여'되어 있다거나 '절규'일 뿐 예술에는 못 미친다고 평하고 있고, 그의 시에 대해 심정적으로든 미학적으로든 공감의 영역을 갖고 있던 사람들에게는 '반골정신'과 '현실과의 대결'이 높게 평가되고 있다. 또 당시 『세대(世代)』지에 서정주와 함께 순수, 참여 논쟁을 벌이고 있는 사실을 감안하면 그의 시적 토대는 반(反)유미주의적인 현실 지향의 속성을 지녔을 것이라는 판단이 가능하다. 따라서 그의 참여적 열정의 실상을 재구하고 그 근원을 밝히는 일이 중요하게 된다.

신동문의 시적 특성을 참여의 시학으로 들 수 있는 예증은 참으로 많다. 모순된 현실을 직시하고 그것을 역사사회적 문맥에서 해석하고 그것들과 자신의 태도와의 연관성을 주된 목소리로 삼는 일이 '참여의 시학'이라면 그의 육성은 그에 잘 부합된다.

> 초원처럼 넓은 비행장에 선 채 나는 아침부터 기진맥진한다. 하루종일 수없이 비행기를 날리고 몇 차례인가 풍선을 하늘로 띄웠으나 인간이라는 나는 끝내 외로웠고 지탱할 수 없이 푸르른 하늘 밑에서 당황했다. 그래도 나는 까닭을 알 수 없는, 내일을 위하여 신열(身熱)을 위생(衛生)하며 끝내 기다리던, 그러나 귀처(歸處)랑 애

---

16) 『52인 시집』, 현대한국문학전집, 신구문화사, 1981. 489면.

초부터 알 수 없던 풍선들 대신에 머어ㄴ 산령 위로 떠가는 숨덩이
같은 구름쪽만을 지킨다.

　　　　　　　　　　　　　　　　　　－「풍선기 1호」 전문[17]

그의 공식적인 등단작이라고 할 수 있는 이 작품은 그의 개인사 곧
3년간의 전쟁기를 통한 공군 복무라는 배경에서 자연스레 도출된 것이
다. 일종의 연작시로 구성되어 있는 이 작품의 서시격인 이 시는 전쟁
의 참혹함이나 체험의 직접성은 상당히 은폐된 채 당대의 시적 주체가
갖고 있는 열정과 환멸 그리고 주체의 부재 등을 잘 시화하고 있다. 이
시의 시적 주체는 드넓은 비행장에서 풍선 띄우기라는 시지프스적 행
위를 반복한다. 그 주체는 전쟁이라는 합목적적 행위에 종사하면서도
그에 부적응하고 내면적 절망을 통해 반전의식과 현실비판의 맥락화에
기여하고 있다. 따라서 이 시를 가열한 반역정신과 기성시의 감옥을 파
괴[18]했다는 은유적 평가는 김광섭이 신춘문예 심사평에서 언급한 그의
시적 가능성에 연맥된다고 할 수 있다.

신동문은 이 시를 쓸 즈음을 회상하는 글[19]에서 "오늘도 나는 전신
으로서 세계를 감각하고 역사를 감각하고 나를 감각한다. 그리하여 나
는 그것들에게 반응한다. 의미(언어)로서 반응할 때 시가 되고, 현상(육
체)으로서 반응할 때 행동이 된다. 이 끊임없는 감응의 진폭이 나의 존
재를 보증하고, 생명을 전진시킨다"고 말한 적이 있거니와 그는 언어적
미의식의 결정인 시와 실천적 열정으로서의 행동을 결합시키려는 의식
의 편린을 보여준다. 따라서 "전쟁소설의 시적 대응물"을 신동문의 시

---

17) 신동문, 『풍선과 제삼포복』, 충북문화사, 1956.
18) 이철범, 「공군 기지의 풍선 - 신동문의 시」, 『분단·문학·통일』, 종로서적,
    1988. 254면.
19) 신동문, 「'풍선기(風船期)'를 쓰던 무렵」, 『한국전후문제시집』, 신구문화사,
    1961. 388면.

에서 찾고 그가 "전쟁하의 상흔의 의식을 비정의 스타일로 엮었다"고 평가하며 "정치 현실에 대한 저항의 육성을 울리고 있다."는 해석[20]은 사실에 부합한다고 할 수 있다.

그 후 4·19를 맞으면서 우리에게 신동문을 강한 참여 시인으로 각인 시킨 시는 다음 작품일 것이다.

> 서울도 / 해 솟는 곳 / 동쪽에서부터 / 이어서 서 남 북 / 거리 거리 길마다 / 손아귀에 / 돌 벽돌알 부릅쥔 채 / 떼지어 나온 젊은 대열 / 아! 신화같이 / 나타난 다비데군들 // 혼자서만 / 야망 태우는 / 목동이 아니었다 / 열씩 / 백씩 / 천씩 만씩 / 어깨 맞잡고 / 팔짱 맞끼고 / 공동의 희망을 / 태양처럼 불 태우는 / 아! 새로운 신화같은 / 젊은 다비데군들 // 고리아테 아닌 / 거인 / 살인전제 바리케이트 / 그 간악한 조직의 교두보 / 무차별 총구 앞에 / 빈 몸에 맨주먹 / 돌알로서 대결하는 / 아! 신화같이 / 기이한 다비데군들 // 빗살 치는 / 총알 총알 / 총알·총알 총알 앞에 / 돌 돌 / 돌 돌 돌 / 주먹 맨주먹 주먹으로 / 피비린 정오의 / 포도에 포복하며 / 아! 신화같이 / 육박하는 다비데군들 // 제마다의 / 가슴 / 젊은 염통을 / 전체의 방패삼아 / 관혁으로 내밀며 / 쓰러지고 / 쌓이면서 / 한 발씩 다가가는 / 아! 신화같이 / 용맹한 다비데군들 // 충천하는 / 아우성 / 혀를 깨문 / 앙까님의 / 요동치는 근육 / 뒤틀리는 사지 / 약동하는 육체 / 조형의 극치를 이루며 / 아! 신화같이 / 싸우는 다비데군들 // 마지막 발악하는 / 총구의 몸부림 / 광무하는 칼날에도 / 일사불란 / 해일처럼 해일처럼 / 밀고 가는 스크램 / 승리의 기를 꽂을 / 악의 심장 위소를 향하여 / 아! 신화같이 / 전진하는 다비데군들 // 내 흔드는 / 깃발은 / 쓰러진 전우의 / 피묻은 옷자락 / 허영도 멋도 아닌 / 목숨의 대가를 / 절규로 / 내 흔들며 / 아! 신화같이 / 승리할 다비데군들 / 멍든 가슴을 풀라 / 피맺힌 마음을 풀라 /

---

[20] 유종호, 「현대시에 부쳐 - 전후시 15년」, 『비순수의 선언』, 민음사, 1995. 461면.

막혔던 숨통을 풀라 / 짓눌린 몸뚱일 풀라 / 포박된 정신을 풀라고 / 싸우라 / 싸우라 / 싸우라고 / 이기라 / 이기라 / 이기라고 // 아! 다비데여 다비데들이여 / 승리하는 다비데여 / 싸우는 다비데여 / 쓰러진 다비데여 / 누가 우는가 / 너희들을 너희들을 / 누가 우는가 / 눈물 아닌 핏방울로 / 누가 우는가 / 역사가 우는가 / 세계가 우는가 / 신이 우는가 / 우리도 / 아! 신화같이 / 우리도 / 운다.

―「아! 신화같이 다비데군들」전문[21]

  신동문을 우리의 뇌리에 깊이 각인시킨 작품을 하나 들라 하면 우리는 단연 이 날것 그대로의 육성을 떠올릴 수 있다. '4·19의 한낮에'라는 부제가 붙어 있는 이른바 현장시의 대표격이다. 해방 직후의 유진오(兪鎭五)의 「누구를 위하는 벅차는 우리의 젊음이냐」와 맞먹는 이 세련되지 못한 거친 음역은 당대성과 현장성에 충실한 참여시학의 첨예한 예라고 할 수 있다.
  이 작품의 기본 모티프는 구약성서에 나오는 목동 다윗과 거인 골리앗의 대결이다. 여기서는 다윗을 집단의 개념으로 지칭한 '다비데군'이라는 용어가 시종 쓰이고 있다. 신화의 주인공들은 익명(匿名)의 민중들인 셈이다. 또 신화(神話)란 어떤 성격을 띠는가. 그것의 성격은 하나는 '비현실성 또는 현실일탈성'이고 또 하나는 '신성성 또는 숭엄성'일 것이다. 이 시에서 4·19의 정치사적 의미는 이 경우에 특히 후자로 집중되고 있다. 이 당시 많은 혁명 기념시가 산출되었지만 가장 역동적이고 인상 깊은 작품을 신동문은 남기고 있는 것이다. 이와 같이 그는 자유, 민주의 정치적 이념이 바로 당대 삶의 이념으로 성취되는 벅찬 감격을 매우 격양된 어조로 노래하였다. 이러한 격정의 어조가 그가 1950년대부터 가졌던 지향의 연장선상에서 자연스럽게 유로되었다는

---

21) 『사상계』 1960. 6.

것은 당연한 일일 것이다.

> 창 앞에서 기다리는 바깥 바람과 우두커니 앉아 있는 앉은뱅이 의 더구나 그 처녀의 가슴에서 타는 아쉬운 아쉬운 그리움같이 어긋난 봄이여 사월이여 사월에 기다리던 우리들의 기대여 기다리는 살갗에 와 닿는 감각은 그 옛날 어느 봄의 잔디밭에 누워서 사치하게 헤어 보던 한숨도 아니고 네 창앞에 멈춘 발로 기도처럼 섰었던 어린 날의 사랑도 꿈도 아니고 이렇게 시름시름 몸살을 앓듯 못 견디게 못 견디게 심심한 하루하루 해를 종일토록 못 갖고 마는 앗뜩한 나의 부재 주인 없는 나
>
> 없는 것을 진종일 갖고 있으면 산 너머머 아득히 갔다간 물러서 돌아오는 행복의 노래 노래라도 있으면 미치는 극약같이 대자꾸 마시어 홍얼대면서 온 세상이 빙빙 돌게 어지러운 어지러운 그런 현실이나 같지만 없는 걸 아무 것도 봄도 나도 오늘도 슬픈 궤도도 더더구나 인공위성 운석하고 충돌하는 사건도 기적도 천재도 없는 걸 사월이여 봄이여 기다리는 위장이여 죽은 음모여
>
> — 「춘곤(春困)」 전문[22]

이 시는 사월에 느끼는 서정을 담은 산문시다. '사월'이라면 흔히 역사적 상상력을 불러일으키는 상징적 어휘인데 이 시의 토대도 그러한 상상력에 바탕하고 있다. 그것은 '봄날'이라는 1차적 기의(記意)에서 시작하여 역사사회적 문맥의 관습 상징으로서 그 의미가 읽는 과정에서 자연스럽게 확대된다. 먼저 '사월'은 시적 주체에게 '어긋난 봄'으로 인식된다. '우리들의 기대'를 안은 채 사월은 온다. 그러나 그 봄날의 감각은 사치한 한숨도 아니고 사랑도 꿈도 보람도 아니다. 다만 '주인 없는 나'라는 끔찍한 부재일 뿐이다. 부재의 의미는 존재를 가능케 하는

---
22) 『사상계』 1961. 5.

역설적 힘으로도 사용되지만 여기서는 순전한 결핍의 상태 곧 봄날의 화창함과 전적으로 대비되는 텅 비인 '아무것도 없음'의 의미이다.

그 부재의 인식이 2연으로 이어지면서 '어지러운 현실'에 대한 비판적 의식으로 나아간다. 봄은 우리에게 '기다리는 위장'이고 '죽은 음모'일 뿐이다. 시적 화자에게 사월은 혁명적 열정이 가시고 난 후의 허위와 폭력적 음모로 각인된다. 이 시의 제목이 '춘곤'인 것은 봄날의 그와 같은 혼곤함을 우의적으로 나타낸 것이다. 이와 같이 현실의 흐름을 날카롭게 투시하였던 신동문 역시 박봉우와 마찬가지로 1960년대를 이으면서 시적 심화를 이루지는 못한다.

그러나 당대의 현실적 억압담론에 대하여 동화하지 않고 오히려 그것을 비판적, 풍자적으로 응시하고 의식의 치열성과 정직한 자기성찰[23])을 유지했던 그의 힘과 열정은 1950년대의 주목할 만한 시사적 사례라고 할 수 있다. 특히 박봉우나 신동엽이 민족주의적 관점에서 현실을 비판하고 성찰했던 데 비해, 신동문은 자유민주주의라는 당대의 지향을 시적으로 구현하려 했었고 자유민주주의를 유린하는 당대의 폭력에 대해 풍자적으로 노래한 시인이었다고 할 수 있다.

5. 신동엽의 경우

1950년대의 막바지에 마지막으로 등단한 참여시인으로 우리는 신동엽[24])(1930-1969)을 기억한다. 그는 1959년 『조선일보』 신춘문예에 「이

---

23) 박지영, 앞의 글, 239면.
24) 신동엽에 대한 연구는 위의 두 시인에 비해서 매우 활발하다. 그 까닭은 물론 이 시인의 문학적 수월성(秀越性)에서 찾아진다. 특히 1960년대를 이어오면서 더욱 진전된 형상성과 역사의식을 고취한 시인이니만큼 1950년대적 의미에 묶일 수밖에 없는 앞의 두 시인과는 궤를 달리 한다고 할 수 있다. 최

야기하는 쟁기꾼의 대지」라는 장시로 입선하였다. 그때 예심을 맡아보 았던 박봉우가 그의 시를 보고 얼마나 감격했는지는 그의 짧은 소론25) 을 보면 여실히 알 수 있다. 그는 등단작부터 남다른 역사의식으로 민 족 정서의 형상적 복원이라는 시적 과제를 충실히 이행한 시인임에 틀 림없다. 그런데 1959년이 다 갈 무렵 발표된 신동엽의 시 「진달래 산 천」은 매우 시사적인 작품이다. 이 시는 「이야기하는 쟁기꾼의 대지」 바로 뒤에 산출된 그 다음 작품이기도 하다.

> 길가엔 진달래 몇 뿌리 / 꽃 펴 있고, / 바위 모서리엔 / 이름 모
> 를 나비 하나 / 머물고 있었어요. // 잔디밭에 장총을 버려 던진 채 /
> 당신은 / 잠이 들었죠. // 햇빛 맑은 그 옛날 / 후고구렷적 장수들이
> / 의형제를 묻던, / 거기가 바로 / 그 바위라 하더군요. // 기다림에
> 지친 사람들은 / 산으로 갔어요 / 뼛섬은 썩어 꽃죽 널리도록. // 남
> 햇가, / 두고 온 마을에선 / 언제인가, 눈먼 식구들이 / 굶고 있다고
> 담배를 말으며 / 당신은 쓸쓸히 웃었지요. // 지까다비 속에 든 누군
> 가의 / 발목을 / 과수원 모래밭에선 보고 왔어요. // 꽃살이 튀는 산
> 허리를 무너 / 온종일 / 탄환을 퍼부었지요. // 길가엔 진달래 몇 뿌
> 리 / 꽃 펴 있고, / 바위 그늘 밑엔 / 얼굴 고운 사람 하나 / 서늘히
> 잠들어 있었어요. // 꽃다운 산골 비행기가 / 지나다 / 기관포 쏟아
> 놓고 가버리더군요. // 기다림에 지친 사람들은 / 산으로 갔어요. /
> 그리움은 회올려 / 하늘에 불붙도록. / 뼛섬은 썩어 / 꽃죽 널리도

근에 나온 김창완의 『신동엽 시 연구』(시와시학사, 1995)에 그에 관한 연구 목록이 정리되어 있다.
25) 박봉우, 「시인 신동엽」, 구중서 편, 『신동엽 - 그의 생애와 문학』, 온누리, 1983. 225-29면. "나는 혼자 3, 4일을 엄선, 또 엄선하여 좋은 시를 위하여 몰두하였다. 그리고 그 기쁨을 참을 수 없었다. 그것은 무릎을 치고 싶도록 좋은 시를 발견하였기 때문이다. 그것이 바로 신동엽의 장시 「이야기하는 쟁기꾼의 대지」다. 그 당시 문화부에서 문화면을 맡고 있던 평론가인 C씨는 예선 결과를 물었다. 그때 나는 서슴지 않고 '좋은 장시가 들어왔는데요'하고 흥분하였다."

록. // 바람 따신 그 옛날 / 후고구렷적 장수들이 / 의형제를 묻던 / 거기가 바로 / 그 바위라 하더군요. // 잔디밭엔 담배갑 버려 던진 채 / 당신은 피 / 흘리고 있었어요.

- 「진달래 산천」 전문26)

이 시는 잘 읽어볼 필요가 있다. 시의 배경은 '전쟁'임에 틀림없다. 한 병사의 죽음과 시적 화자가 들려주는 그의 개인사적 편린 그리고 그의 비극적 죽음을 관조하고 있는 진달래 핀 조국 산천 등이 선연한 이미지로 감각화되어 있는 것이 이 시의 우선적인 분위기이다. 그동안의 논자들은 이 시를 탁월한 반전시(反戰詩) 또는 6·25를 배경으로 하는 전후 서정시로 평가하면서 시 안에서 최후를 맞이하는 병사를 남한군(또는 정반대로 북한군으로 보는 사람도 있지만 고향이 남햇가라는 데서 그 가능성은 희박하다)으로 보아왔다. 그러나 이 작품의 문맥(context)은 이 시에 나타난 비극적 형상이 남북이라는 대결의식을 넘어서서 더 원초적인 비극형상임을 암시한다. 이 작품의 시적 주인공은 다름아닌 빨치산 청년일 개연성이 높다.

이 작품은 발표 당시 '불온성'을 넘어선 용공성 시비를 불러일으켰으며 그러한 시비는 사실 별다른 후속 논의 없이 사그라들었다.27) 신동엽이 역사학을 전공하였고 특히 진보적인 사관을 가졌으리라는 것은 여러 흔적을 통해 발견되는 터이지만, 당시로서는 상상도 못할 제재인 '민족적 비극으로서의 빨치산'을 형상화했을지는 여러 모로 의구심이 든다. 그러나 이 시의 문맥은 그러한 해석을 지지하는 여러 징후를 갖

---

26) 『조선일보』 1959. 3. 24.
27) 이 시의 창작 경위와 발표, 그리고 그에 대한 문단의 반응은 아쉬운 대로 성민엽 편, 『신동엽 - 한국현대시인연구 11』(문학세계사, 1992)에 나타나 있다. 그러나 성민엽은 이 작품에 나타난 전사자를 빨치산으로 보는 데 동의하지 않고 있다. 같은 책, 77면.

고 있다.

이 작품에 나타난 비극적 영상을 빨치산 청년의 비극적 초상으로 적극적인 해석을 한 이는 한수영이다.28) 그는 이 시를 "봄잔디밭의 바위 옆에 앉아 장총을 어깨에서 풀어내린 한 빨치산 청년의 영상을 떠올리도록 만드"는 작품으로 읽었다. 그러면서 해방 직후와 전쟁 기간에 우리 민족이 겪은 비극적 진실에 이 작품이 근접하고 있다고 보았다. 이러한 해석의 정당성은 "기다림에 지친 사람들은 산으로 갔어요"가 던져주는 역사적 상상력을 온당하게 해명하는 데서 얻어진다. 그것은 말할 것도 없이 '기다림'의 의미와 '산으로 가'는 행위의 상징성을 시 전체의 문맥 속에 적절히 복원하는 일이다.

이 시의 구조는 모두 13연으로 되어 있는데 시적 화자의 설정이 절묘하다. 그의 신원은 전쟁중에 사망한 이 병사를 '당신'이라고 호칭하며 그의 개인사까지 속속들이 알고 있는 일종의 '전지적 화자'이다. 그는 전쟁중의 동료일 수도 있고 허구적으로 설정되어 있는 객관적 목소리일 수도 있다. 이 시에서 나타나는 서사적 편력은 절묘한 시간적 배치에 의해 상징화되는데, 그것은 3연과 12연, 그리고 4연과 11연의 시간성 배치이다. 후고구렷적 전설과 산사람들의 기다림 그리고 현재 일어난 병사의 죽음이 여러 번 교차하면서 서사성을 희석시키고 다의적으로 해석 가능한 서정성을 증폭시키고 있다. 이 시에서 '기다림'은 이 작품의 배경이 되고 있는 전쟁의 한 이유가 될 수 있을 것이다. 그리고 산으로 가는 것은 그 기다림을 행위화하기 위하여 밟는 어떤 절차 같은 것으로 볼 수 있다. 따라서 이 시의 주인공은 남햇가에 삶의 터전을 두었다가 '기다림에 지쳐' 산으로 간 사람, 그리고 '뼛섬이 썩어 꽃죽 널리도록' 처절하고 '그리움은 회올려 하늘에 불붙도록' 기라림을 분노로 전화시킨 삶을 가슴에 품은 젊은이다. 그가 비행기의 폭격 속에서

---

28) 한수영, 「1950년대 문학의 재인식」, 『작가연구』 창간호, 새미. 1996. 28-30면.

서늘히 죽어가는 비극적 초상의 주인공이다.

　사실 진달래꽃의 원형적 심상은 흔히 그 빛깔로 상징되는 핏빛 비극성(이영도의 「진달래」)과 속절없이 떨어지는 역사적 선구자의 비극적 초상(박팔양의 「너무도 슬픈 사실」), 또는 이별의 상황을 선연한 이미지로 환기시키는 산화공덕의 매체(소월의 「진달래꽃」) 등으로 쓰인다. 또 그것은 척박한 땅에 강한 생명력을 표상하며 번성하는 민중적 생명력을 상징하기도 한다. 이 시에서 그것은 하늘의 포화(砲火), 젊은 전사자가 선연히 흘리고 있는 핏빛 흔적과 이미지가 중첩되어 붉은 색채를 통한 비극성 고양에 기여하고 있다. 나비 하나 머무는 적막 공간에 잠들어 있는, 정말 아무 일도 없었다는 듯이 잠들어 있는 한 청년의 형상을 통해 민족사의 심층적 추이에 접근하고 있는 것이다. 따라서 이 시를 전쟁이 끝나기를 기다리던 사람들의 삶이라고 보는 것은 이치에 닿지 않는다. 그리고 막연히 전쟁에 대한 깊은 증오를 형상화했다는 평가 역시 구체성을 결여한 인상비평에 가깝다고 할 수 있다.

　그러므로 신동엽의 이 작품은 모윤숙의 「국군은 죽어서 말한다」 등과 대극에 서 있는 전쟁 해석의 시라고 할 수 있다. 적대감이나 선정적인 반공의식 대신에, 먼 역사에서 '의형제'를 묻는 의식으로 민족 통합의 이념과 전쟁의 비극성 형상화를 서사성의 서정적 은닉을 통해 이루었다고 볼 수 있다. 이러한 시의식은 당시로서는 참으로 예외적이며 선구적이라고 할 수 있는데 이것을 그의 사회주의 지향으로 해석하는 것은 무리이겠지만, 그의 민족의식이 명징하게 드러난 작품이라고 할 수 있을 것이다. 이러한 의식은 1980년대 중반 이후 이를테면 이기형의 「지리산」, 최형의 「푸른 겨울」, 오봉옥의 「붉은 산 검은 피」, 또 빨치산 시인이기도 했던 김영의 「깃발없이 가자」 등에서 객관화에 이른다고 볼 때 신동엽의 시적 투시가 30년을 앞선 선구성을 갖고 있다고 평가해도 무리가 아닐 듯싶다.

신동엽의 이와 같은 반외세의식, 반전의식은 분단극복 의지와 결합하여 일정한 흐름으로 지속되는데 그러한 작품은 아이러니컬하게도 그의 전집이 발간(1975)된 후 1988년에 발간된 그의 미발표 시집에 수록되어 있다. 월북시인들의 해금과 거의 동시에 발간된 시집의 시의성을 생각할 때 어쩌면 그 이전 시기에는 내놓을 수 없었던 작품집이 아니었던가 생각된다. 이 시들의 창작 연대는 분명히 밝힐 수 없으나 대개 그가 시를 쓰기 시작한 1950년대 후반 어름이라는 짐작만이 가능하다.

총소리 간간이 사모치는 밤 / 어데서 누가 우느냐 / 횃불을 켜라 피를 밝혀야 // 죽음보다 어김없는 믿음이 있기에 / 가셨는가 그대여 웃으며 가셨는가 // 꽃같이 / 그대 쓰러진 곳에 칼바람 엎으러지고 / 그대 누우신 자리에 밤새는 찾아오고 / 그대 무덤 위에 찬란한 복수의 꽃은 피어 / 그대 가슴 위에 // 이룸의 열매가 맺는 날 / 푸른 하늘이 트이는 날 / 오 빛나는 나라 노래를 부르자

― 「바치는 노래 - Y에게」 전문29)

폭격으로 쓰러진 집터에선 / 능굴이가 원통히 울었다. // 하늘 멀리서 제트기들이 번개불처럼 지나다니고 / 어데선가 송장이 썩는다 / 낯익은 얼굴들이 무더기로 쓰러져 / 썩는 내음새가 국화 향기보다 진하다. // 다 같이 압록강 이남에 사는 / 조선 사람이었다. / 가는 곳마다 / 산골에서도 평야에서도 / 도시에서도, 마을은 모두 폐허로 화하고 / 젊은 아들딸들은 이편으로 저편으로 / 총들을 얼미고 없어져 버리었다. // 가다 가다 살아 남은 마을엔 / 질병과 기아와 상잔의 / 어두운 살풍경만이 배회했다. // 평화를 사랑하는 조국 / 조선 사람아 / 너는 어찌하여 / 너는 어찌하여 다 같이 조선말을 하는 얼굴 속에서 / 원수를 찾아내어야 하며 / 형제와 애인의 인연에 / 탄약을 챙겨야만 하느냐 // 그리하여 제각기 / 자기 남편이 이겨 오기

---

29) 신동엽, 『꽃같이 그대 쓰러진 - 신동엽 미발표시집』, 실천문학사, 1988.

를 / 자기 남편이 이겨 오기를 / 얼마나 많이 / 얼마나 많은 사람들의 가슴이 / 빌고 있을 것인가. // 애인아 누나야 / 조선 사람아 / 너는 누구를 위하여 누구에게 / 어제도 오늘도 방아쇠를 당기는 것이냐. / 삼천리 강토를 침략하는 자 누구냐 / 어느 놈이 / 아, 어느 놈이 /조선을 저의 방패로 삼으려 하는 것이냐 …… // 오늘도 / 폭격으로 쓰러진 집터에선 / 능굴이가 원통히 울었다.

- 「압록강 이남」 전문30)

죽음과 살육의 이미지가 특별히 강조되고 인간 조건의 비극성을 근본적으로 재검토하는 관점에서 1950년대의 우리 문학을 바라본다면 그것은 전쟁문학의 일반성으로서 세계의 전쟁문학과 동렬의 차원 곧 '세계적 동시성'의 차원에 놓일 수 있다. 그러나 신동엽은 그 의미를 민족사적 특수성의 시각에서 접근한 예를 보여주는 시인이다.

그의 이러한 사관(史觀)은 그가 나중에 밝히고 있는 시론(詩論)격인 「시인정신론(詩人精神論)」에서 말하는 귀수성(歸數性) 세계의 시적 반영이기도 하다. 그는 복고적인 음풍영월과 언어적 기교주의를 비판하면서 문명(그것은 당대적 의미로 번안하면 '전쟁'일 수도 있다)의 발전이 초래한 비극을 전체적 삶이 실현가능한 전경인(全耕人)적 삶으로 치유하려 하는 역사적 비전을 갖고 있었다. 그가 가졌던 이러한 관점의 시적 형상화는 「향(香)아」31)에 집약되어 있다. 물론 이러한 그의 역사인식이 관념론적이고 소박한 농본회귀의 보수성으로 부분적으로 물들어 있다는 것은 부인하기 어려울 것이다.32) 그러나 이 사안은 신동엽의 경

---

30) 신동엽, 앞의 책.
31) 『조선일보』 1959. 11. 9.
32) 신동엽의 역사관에 대한 비판은 그의 시세계에 찬탄을 보내며 압도당한 나머지 그동안 삼가온 게 사실이다. 그러나 그의 역사의식은 과학적이거나 사실(史實)에 충실하지는 못하다. 따라서 그가 이룩한 반외세의식이나 냉전 사고의 극복 또는 민족 정서의 형상적 복원 및 조국 통일에의 의지 등에 대한

우 강한 정신주의와 복고주의가 오히려 시에서의 현실주의적 성취를 촉진하는 계기가 되었다는 평가[33]도 있다는 점을 고려하여 신중하게 검토할 문제라고 생각한다.

이처럼 민중적 자기긍정과 반외세적 민족주의, 그리고 묘하게 공존하고 있는 그의 과거 지향의 보수성 등은 흔히 소시민적 자기부정과 자유민주주의의 시민적 감수성, 그리고 그에 토대를 둔 현실 지향의 진보적 시인인 김수영(金洙暎)과 여러 모로 대비되는 시인으로 그를 기억하게끔 하고 있다.

6. 맺음말 — 1960년대와의 연속성

우리가 1950년대의 시를 두고 리얼리즘과 모더니즘의 대립적 힘겨루기의 판세로 독법을 택할 경우, '민족문학의 공백기'라는 퇴영적이고 비관적인 결론을 피할 길은 없어 보인다. 더구나 1910년대의 외래소와 전통소의 자장, 1920-30년대의 리얼리즘과 모더니즘의 자장 등의 프리즘으로는 도저히 확보하기 어려운 난맥상이 이 시기에 펼쳐지기 때문에 그와 같은 단선적 독법으로는 이 시기의 역동성이 간과될 가능성이 많다.

1950년대의 시는 벽두에 일어났던 한국전쟁의 충격 속에서 배태된다는 측면에서 벌써 이성적이고 합리적인 시적 응전을 상당 부분 박탈당한 채 전개되었다. 지식인들은 모두 사상적 협애성을 강한 신념으로 내

정당한 평가와는 별도로 그의 시세계에 또 한편 도사리고 있는 복고적 보수성을 섬세하게 비판하는 일 또한 이루어져야 한다고 본다.
33) 신승엽, 「'정신주의'로부터 현실주의로」, 신동엽, 『껍데기는 가라』, 미래사, 1991. 152면.

면화하기 시작하였고, 전후 한국 사회를 바라보는 시각도 결코 호의적이지 않았다. 따라서 이러한 분위기에 응전할 수 있는 시적 방법론은 세 가지 정도로 펼쳐지게 된다.

하나는 비판적 대상이 되는 사회를 그 자체로 물신화하여 그것의 표피적 양상을 비판하는 방법이다. 그 결과 지식인들은 자신과 사회가 섞여 있지 않다는 심리적 염결성과 도덕적 우월감을 확보하게 되며, 나아가 그들이 쓰는 글에는 불행한 시대에 태어난 천재들의 요설과 소통 자체의 불신 그리고 의미 추구의 부질없음을 선험적으로 체득해버리는 초월주의 등이 나타나게 된다.

또 하나의 방법론은 그처럼 비합리적이고 속악한 세계를 어떤 형식으로든지 마주치지 않는 방식이다. 이러한 방식을 택하는 지식인들의 심리적 기제는 앞의 경우와 크게 다르지 않다. 그것은 순수서정이라는 어사(語辭) 안에 깊이 착색되어 있는 고고벽(孤高癖)이나 현실을 관념적으로 끊임없이 속악화하고 자신과 이질화함으로써 얻어지는 청정감 내지는 자기만족성이다. 이러한 정신을 떠받치고 있는 것이 예의 그 선비정신 또는 지사정신이라는 것쯤은 동의하지 못할 바 아니나 한 시대를 총체적으로 읽어내는 독법으로는 여전히 아쉬운 복벽성이 아닌가 한다.

마지막으로 하나는 전쟁과 분단의 고착화 그리고 끊임없이 왜곡되어가는 사회를 민족이라는 보다 더 승화된 차원으로 바라보려는 노력이다. 물론 이러한 노력은 노력 그 자체로서 이미 하나의 전기를 마련한 것은 틀림없어 보인다. 그러나 노력하는 자체의 우상화는 피해야 한다. 그것은 그들이 형상화한 작품 속에서 구상화된 감동으로 나와야 그 정당성을 얻게 되는 것이기 때문이다.

우리는 이 중에서 마지막 방법을 추구했던 시인들의 시세계, 곧 1950년대 후반이라는 역사적 무대에서 선보인 우리 시의 민족문학적 성격 또는 참여적 성격을 일별하여 보았다. 물론 이른바 '참여'라는 어사의 내포 확장에 따라 그 안에 적정성있게 조응될 수 있는 시세계는 얼마든지 있다고 본다. 앞서 이야기한 김수영은 물론이고, 전봉건(全鳳健), 민재식(閔在植), 전영경(全榮慶), 송욱(宋稶), 신경림(申庚林) 등의 세계 역시 다른 여타의 전통서정시 흐름이나 모더니즘 흐름과는 달리 새로운 미적 차별성을 가진 현실 지향의 시적 음역을 이루었다고 본다. 이들은 철저히 반공, 자본주의라는 원리로 수미일관하게 문단이 편성되어 가던 시기에 대안적 언어체계와 인식형태로 문제제기를 보여주었다. 또 서정적 직관이 승할 수밖에 없는 내외적 상황에 비판적 이성을 매개로 하는 시적 형식을 보여준 것 또한 값진 시사적 몫이라고 여겨진다.

생각하건대 우리 시사에서 진보적 전통의 맥락을 재구하기란 그리 어렵지 않다. 애국계몽기의 시가 및 민요에 나타난 선진성, 1920-30년대에 폭 넓게 펼쳐진 신경향파에 이은 카프의 프로시, 1930년대 후반에 펼쳐진 민족 현실의 시적 반영, 해방 직후의 조선문학가동맹을 축으로 전개되었던 시운동, 그리고 분단 이후 나타났던 이른바 참여시, 민중적 서정시, 노동시 등이 그 굵은 가닥이다. 그런데 대개 보아 1950년대의 시적 움직임을 4·19라는 결정적 분수령이 태동하기 전의 미동(微動)도 없던 '민족문학의 공백기'로 판단하는 것이 얼마나 비역사적이고 이벤트 중심의 서술이었는지 우리는 알아챌 수 있게 된다. 따라서 분단의 물리적 고착이 공고해지는 한편 이념적, 미학적 폐쇄성을 띤 채로 전개된 1950년대 시사를 우리로서는 후반부에 주목하여 반(反)50년대적 흐름을 읽어야 하리라 본다.

이들 신진시인들의 시는 서정적인 것과 현실적인 것의 조화를 추구하면서, 현실의 부조리와 모순적 삶을 드러내는 다양한 방법을 모색하고 있다.34) 이들의 시적 추구는 시사의 연속성이라는 것이 금방 눈에

---

34) 윤여탁, 「한국전쟁후 시단 형성과 참여시의 잉태」, 『시의 논리와 서정시의

뜨이지 않게 서서히 갱신과 부정의 변증법을 통해 진행된다는 것을 값 있게 보여주는 사례로 기억되어 마땅하다. 따라서 4·19라는 획시기적 분수령이 토해낸 물줄기로 1960년대의 참여시를 평가하는 것은 비실증적인 오류라고 할 수 있다. 그래서 이 시기의 참여시 운동을 해방기의 진보적 시세계와 1960년대 참여시의 세계를 연결하여 주는 교량적 역할을 하고 있다35)고 평가할 수 있는 토대가 마련되는 것이다. 또한 나아가 결국 1950년대의 시적 전개를 전통주의적 흐름과 모더니즘의 흐름으로 보고 이것이 후반에 이르러 참여시적 명제로 변증법적 합명제에 이르게 된다는 구도36)로 파악할 수도 있게 된다. 그럴 경우 1950-60년대의 시사를 김수영과 신동엽으로 과도하게 단순화37)하여 편의적으로 시사에 착수하는 우는 범하지 않으리라 본다.

이 글에서 다룬 세 시인의 연맥 관계는 '참여시'라는 민족문학적 전망의 자장 속에 포괄될 수 있다는 것 외에도 모두 『조선일보』 신춘문예로 등단했다는 사실과 또 정서적, 이념적 친연성을 갖고 있었다는 데서 확인된다. 신동엽이 작고하자 박봉우는 앞에서 언급한 글을 썼고, 신동문은 「신동엽송(頌)」이라는 시를 남기기도 했다. 참여시가 높은 도덕적 열정을 근간으로 하는 지사적 풍모를 보인다고 할 때 이들 세 시인은 모두 기존의 모더니즘과 전통주의라는 시적 이념의 전형적 대립

역사』, 태학사, 1995. 98면.
35) 윤여탁, 위의 글. 104면.
36) 한형구, 「1950년대의 한국시」, 문학사와비평연구회 편, 『1950년대문학연구』, 예하, 1991. 107면.
37) 1960년대의 이른바 참여시의 전개를 김수영과 신동엽으로 대표화하는 것은 실증적으로 보나 가치평가적으로 보나 온당한 일임에 틀림없다. 그러나 그렇게 문학사를 대표단수화하는 일은 문학사의 실상과 미세한 움직임을 포착하는 데 장애가 될 수도 있다. 필자로서는 1960년대를 언제나 그 두 시인으로 서술하는 것이 마치 1910년대의 문학사를 육당(六堂)과 춘원(春園)으로 대표화하여 이른바 '2인문단시대'라고 왜곡했던 반대 편향을 낳지 않을까 하는 의구심이 든다.

을 지양하고 새로운 현실적 서정의 세계를 개척함으로써 도덕적 정당성에 토대한 진보적인 시적 형상을 보여주었다38)고 할 수 있다.

그러나 이들의 참여시에는 냉철하고 과학적인 이념 분석이나 전망 탐색보다는 낭만주의적 비가(悲歌)의 성격이 짙음도 부인할 수 없을 것 같다. 사실 정치적 참여의식에는 두 가지 계기 곧 행동적 정열과 이성적 현실 분석의 두 면이 있는데, 후자가 강화되어야 체험의 직접성이 전달 가능한 보편성으로 고양될 수 있는 것이다. 그렇지 못할 경우 과도한 주관적 의지의 주장이나 감상성이 지적될 수 있고 나아가 정치적, 도덕적 논리가 시적 형상을 압도할 개연성도 잠복하게 된다. 그러나 이 모든 약점에도 불구하고, 그리고 당대의 인식 수위의 명백한 한계에도 불구하고 이들의 시는 우리 시의 높은 기품과 서정적 기조에 바탕한 시적 형상성을 보여주었다고 본다.

그렇다면 이와 같은 맹아적 움직임은 이후 펼쳐지는 1960년대의 진보적 시문학과는 어떤 관계에 있는가 ? 그 역사적 매듭과 연속성을 생각해보면 어떤가 ?

사실 1960년대는 4·19라는 정신사적 좌표를 계기로 민중, 민족 정서와 당당함이 결합하면서 새로운 시적 지평을 열게 된다. 1960년대 시단의 변화는 다양한 시적 인식, 활발한 동인지 활동, 그리고 등단 제도의 확대를 통한 작가층의 놀라운 확대 등이 그 징후로 지적될 수 있다. 이후 1960년대의 커다란 시적 줄기는 김춘수로 대표되는 '얼마간 정리된 난해시' 계열과 김수영으로 대표되는 모더니즘에 대한 싸움 그리고 신동엽처럼 과거의 시적 유산에 집착하지 않고 사회 현실과 곧바로 대결하는 길 등을 걷게 된다.39) 이 시기는 전쟁이 가져다주는 물리적인 징

---

38) 박윤우, 「전쟁체험과 분단현실의 시적 인식」, 구인환 외, 『한국전후문학연구』, 삼지원, 1995. 83면.
39) 염무웅, 「50년대 시의 비판적 개관」, 『민중시대의 문학』, 창작과비평사, 1979. 207면.

후들 예컨대 전통적 규범들의 일정 부분 해체와 재정립, 인간과 역사에 대한 환멸과 허무주의, 체험적이고 조건반사적인 즉자적 불안과 공포, 실존에 대한 의식적, 무의식적 자각 등을 일정 부분 털어버리고 전쟁이라는 역사적 의의에 대해 시적으로 재해석할 여유와 거리를 확보하게 된다. 이러한 결과는 물을 것도 없이 한 시대의 정서를 음울하고 감상적인 조가(弔歌)가 아닌 이념적 상투형과의 치열한 자기 싸움을 겪은 1950년대 후반의 시인들에 의해 개척된 영역의 연장선인 것이다.

문학사는 소수의 예외적 열정이 개척하는 것이 아니라 유산의 계승과 굴절, 변용 등으로 전개되는 것이기 때문이다. (1996)

1960년대 리얼리즘시의 전개
현실 지향의 시정신과 비판적 주체의 정립

1. 1960년대 시사(詩史)의 제3의 상(像)

 '1960년대'라고 하는 특정 시기는 독립적인 시사 기술의 대상으로 알맞은가. 비록 우리가 문학사를 서술할 때 10년 단위의 분할을 관행적으로 택하고 있다 하더라도 1960년대를 그 전후 시기와는 다른 변별적 단층으로 상정하는 것이 과연 효율성을 띨 것인가. 이것은 그 전후 시기와는 다른 층위의 성격으로 모양새있게 위치지울 수 있는 언어가 1960년대에 부여될 수 있는가 하는 물음으로 이어진다. 앞질러 말해 이와 같은 질문에 대한 우리의 반응은 회의적이다.
 특정 작가를 지칭한 것이기는 하지만 '감수성의 혁명'(김승옥)이나 '예술가의 양심과 자유'(김수영)라는 상징적 수사(修辭)로는 다 포괄할 수 없는 다양하고 역동적인 움직임이 이 시기에 있었다는 것은 말할 것도 없는 상식에 속하는 일이겠거니와, 그 전후 시기인 1950년대 및 1970년대와 1960년대의 시들이 담당한 역할 사이에 뚜렷한 실체로 존재하는 변별적 속성을 찾기란 결코 쉬운 노릇이 아니다. 오히려 1960년대에 활약한 대표적 시인들이 1950년대 후반부터 이미 작품 안에 서정적 주체의 자기동일성을 확실히 확보해왔다거나, 1960년대 후반에 싹을 보이기 시작한 이른바 민중적 서정시가 1970년대에 가서야 본격적인 개화를 이루었다든가 하는 사실(史實)이 이 시기가 갖는 독립성 및 자율성을 현저히 방해한다. 따라서 우리로서는 1960년대가 하나의 독립된 공간을 이룬다기보다는 그 전후 시기를 매개하는 하나의 진행선상 또는 연속선상의 한 자질의 성격을 띤다고 보아야 한다. 그러한 안목만이 특정한 정치적 사건을 과장되게 견강부회하여 결정론적으로 해석하거나 10년 단위의 편의적 분절을 마치 시사의 물줄기가 확연히 바뀐 것을 뜻하는 것으로 오인하는 등의 착시 현상을 수정할 수 있을 것이기 때문이다.

따라서 우리는 1960년대 시사의 실마리를 1950년대 후반의 시적 가능성으로부터 유추해야 한다. 김수영(金洙暎)이나 박봉우(朴鳳宇), 신동문(辛東門), 신동엽(申東曄)은 이러한 연속성을 설명할 수 있는 주요한 시인들이라고 할 수 있다. 1950년대의 시대적 과제는 4·19혁명이라는 경천동지의 상황에서 매우 이상적인 해결책을 얻은 듯했으나 오히려 그 혁명의 좌절이 1950년대의 시대적 책무를 떠맡아 1960년대에 더욱 구조적으로 착근시켰다고 보는 것이 옳다. 그러므로 1960년대 시의 주요 과제는 1950년대로부터 이월된 주체의 상실감을 극복하고 서정적 주체를 재구축해가야 한다는 것으로 집약되었다고 할 수 있다. 더불어 1960년대 이후 개발 독재에 의해 본격화되는 자본주의적인 근대적 삶의 원리나 근대적 주체의 내면을 모색해야 한다는 당위론적 명제 역시 이 시기의 지적 과제로 대두하였다. 1960년대에 이러한 과제를 가장 높은 문학적 성취도 속에서 이룬 시인을 떠올린다면 단연 김수영과 신동엽일 것이다.

이와 같이 김수영과 신동엽을 통해 1960년대의 시사를 조감하는 것이 비과학적이거나 정합성을 상실한 독단이 아님은 그들의 눈부신 시적 성취가 충분히 입증하고도 남음이 있는데, 그것은 이 두 시인이 4·19혁명이 가져다준 이념적 핵심이라고 할 수 있는 민주, 민족주의의 상보적 시화(詩化)를 그 누구보다 치열하고 세련된 문학적 의장 속에서 이루어냈기 때문이다. 그만큼 이 두 시인을 대표로 하여 1960년대의 시사를 기술하는 관행은 우리에게 익숙하기도 하거니와 그 나름대로 충실한 가치평가적 정합성을 견지하고 있는 셈이다. 따라서 우리의 머릿속에 각인되어 있는 1960년대 시사의 첫번째 상(像)은「푸른 하늘을」부터「풀」에 이르는 시민민주주의에 대한 열망, 그리고「금강」,「껍데기는 가라」등의 격조 높은 민족사 탐구 및 민족동질성 강조라는 형상이다. 여기에 1960년대 시사를 운위할 때 김수영과 신동엽을 거론할 수밖에 없는 필연성이 있는 것이다.[1]

또 이들과는 유다른 색상으로 우리의 뇌리 속에 그려져 있는 또다른 상이 있는데, 그것은 1960년대 중반 이후에 본격적으로 등장하는 신진 시인들에 의한 새로운 흐름이다. 이들은 모두 세련된 언어적 형상과 근대적 주체 설정을 통해 모더니즘 및 언어 미학의 추구라는 미적 편향을 다분히 견지했던 시인들이다. 『평균율(平均律)』의 마종기(馬鍾基), 황동규(黃東奎), 김영태(金榮泰)나『현대시(現代詩)』의 오세영(吳世榮), 이건청(李健淸), 이승훈(李昇薰) 그리고 각종 문예지로 등단하는 정현종(鄭玄宗), 오규원(吳圭原) 등이 이 같은 흐름의 주역들이다. 이들은 세련된 현대적 의장에 감각적 가상과 현대인의 실존적 관념을 실어 전후 서정시에 새로운 기율과 호흡을 불어넣은 이들이다. 이들에 이르러 1930년대 이래 우리 시에 닫혀 있던 현대적 감각이 분출하게 된 것은

---

[1] 김윤태,「4·19혁명과 민족현실의 발견」, 민족문학사연구소 편,『민족문학사 강좌 하』(창작과비평사, 1995)가 대표적이다. 1960년대의 문학사를 개괄하고 있는 이 글뿐만 아니라 1960년대를 논의하는 대부분의 글에서 이 두 시인이 중심적 자료로 채택되고 있음을 어렵지 않게 목격할 수 있다.

문학사적 가치로 평가받아 마땅할 것이다.

그러나 우리로서는 이와 같은 두 가지 주도적인 상 외에 제3의 상을 떠올려볼 수 있을 것이다. 그것은 항상 1970년대의 몫으로만 독점적으로 논의되었던 신경림(申庚林), 고은(高銀), 이성부(李盛夫), 조태일(趙泰一), 문병란(文炳蘭), 최하림(崔夏林), 이시영(李時英) 등의 이른바 현실 지향적 시인들을 1960년대의 자산으로 끌어내리는 지적 작업에서 가능하다. 이들은 모더니즘적 편향과는 또다른 대척점에서 동시대의 현실을 적극적으로 시 안에 반영하고 현실 타개의 의지를 서정적 주체의 육성에 의탁하여 노래한 시인들이다. 물론 이들 시의 절정이 1970년대에 와서 꽃피었다는 사실은 부인할 길 없지만, 1960년대 중반 이후 이들의 시가 이미 모순과 허위에 찬 현실을 독자적인 시적 언어 속에 담아내고 있다는 사실에 견준다면, 그리고 위에 언급한 황동규, 마종기, 정현종, 이승훈, 오규원의 경우도 1970년대에 와서 자기 세계를 확고히 열어갔던 것을 감안한다면, 이들을 1960년대 후반의 시적 전개의 중요한 결절점을 담당한 그룹으로 해석하는 일은 얼마든지 실증성과 미학적 정당성을 띤다고 본다. 따라서 우리는 이들을 통해 1960년대 후반이 담당했던 리얼리즘적 시 경향의 싹과 그 한계를 여실히 관찰할 수 있을 것이다.

2. 시적 리얼리즘과 민중성의 문제

우리 현대시의 역사를 돌아보면, 그 안에는 전대(前代)의 시가문학이 공유하고 있던 전근대적인 사유나 이념 또는 형식에 이르기까지 그것들을 근대적 서정시의 모습으로 변화시켜온 흔적들로 가득하다. 식민지 기간 동안 모국어에 대한 근원적 박탈감을 겪으면서도 시인들은 당대의 닫힌 현실과 열린 이상을 노래하며 공동체적 정서와 개인적 감정을 시적 형상 속에 담아내었고, 해방을 지나 분단기에 이르면서도 순탄치 않았던 현대사의 굴곡을 따라 현실과 맞서는 서정적 주체를 정립해갔다. 이처럼 근대전환기로부터 최근에 이르기까지 시인들의 자의식은 험난한 우리 역사의 결과 흐름을 구체적으로 반영하고 그것을 극복해 보려는 정열로 나타났다고 할 수 있다. 그러한 열망들은 시 안에서 경험적 구체성과 역사에 대한 긍정적 신념을 강조하는 '리얼리즘'이라는 양식적 요청을 불러오게 되었다.

본래 시에서 '리얼리즘'이라는 미학적 범주는 시인의 역동적 주관을 통한 현실의 본질적 측면의 형상화를 지칭하는 개념으로 쓰인다. 따라서 시적 리얼리즘의 문제는 주체의 세계관과 분리시켜 설명할 수 없는 것으로서, 창작방법의 문제이면서 동시에 세계관으로서의 시정신의 문제이기도 하다. 특히 시적 리얼리즘은 서정적 형상 안에 함축되어 있는 상징적 의미에 주목할 필요가 있는데, 험난했던 시대가 오히려 직접적인 산문성보다는 내포적 총체성에 이를 수 있는 '상징'이나 '비유' 같은 간접화된 언어를 요구했던 측면이 강하다고 볼 수 있다.[2] 현실의 다양한 역학 관계를 구체적이고 통일적으로 관찰하여 시적 형상으로 온축해내는 시인들의 역사적 상상력은 분단기를 관통하면서 '민중적 서정시'라는 명칭으로 현현하게 되는데, 그것은 시의 소재나 대상을 당대의 민중으로 설정했다는 외재적 측면뿐만 아니라 주체들이 견지하고 있는 민중지향성이라는 세계관에도 폭 넓게 연관되는 것이다.

우리 현대사에서 '민중'은 근대화의 첨병이면서 그 과정의 직접적 피

---

[2] 시와 리얼리즘의 관계에 대한 중층적 문제의식을 정리한 것으로는 다음 글들을 참조할 수 있다. 윤여탁, 「'시와 리얼리즘' 논의의 문제점과 앞으로의 과제」, 『리얼리즘시의 이론과 실제』, 태학사, 1994. 이은봉, 「'리얼리즘시 논쟁'의 주요 쟁점에 대하여」, 구중서·최원식 편, 『한국근대문학연구』, 태학사, 1997.

해자로 인식되고 있다. 이와 같은 민중의 이중적 성격은 성장 위주의 근대화 프로젝트가 초래한 사회의 구조적 모순과 더불어 나타나게 되는데, 이러한 민중의 위상에 대한 역사적 자각과 민중적 서정시의 문학적 성취 과정은 겹쳐서 흐를 수밖에 없다. 그 흐름은 역사적 상상력과 문학적 언어가 만나는 지점에서 형성되어 삶의 구체성과 보편성을 하나로 관통하는 상상력의 통합 과정으로 나타나게 되었다.

그런 의미에서 우리의 탐구 대상인 1960년대는 시적 주체들이 경험적 구체성과 민중적 자기긍정에 토대한 리얼리즘의 시적 가능성을 극대화해가기 시작하는 시기로 기록될 만하다. 그들은 민중적 일상성에 대한 시적 천착을 바탕으로 하여 스스로 처해 있는 신원적 조건이기도 했던 소시민적 상황을 극복하고 민중지향적인 의식과 삶을 열정적으로 보여주게 되는데, 이러한 그들의 노력은 시적 소재의 확대라는 외연적 변화 외에도 시인과 독자간의 의사소통 구조의 근본적 변화라는 양상을 가져왔고, 그렇게 씌어진 '민중적 서정시'는 삶의 구체성에 뿌리를 둔 '시적 상황' 자체를 중시하는 독법(讀法)을 요구하게 되었다. 그것은 시인들이 삶의 구체적 세부를 묘사하면서도 민중적 전망에 토대하여 민중의 역사적 역할에 대한 암묵적 전제를 공유하면서 시를 창작했기 때문이다. 따라서 이 시기의 시의 리얼리즘적 기율은 민중성의 형상화에 그 준거를 두었다고 볼 수 있다. 결국 개발 독재의 일방적 추진과 민중의 각성이라는 이중적 성격의 시대를 살아가면서 시인들은 민중의 고난과 생동하는 삶을 노래하기 시작하였고, 이와 같은 민중성의 시적 구현이 우리 리얼리즘시의 1960년대적 맥락을 이룬다고 할 수 있다.

이 글에서는 1960년대의 시적 리얼리즘의 싹과 한계를 이성부, 조태일 두 시인을 통해 살피려 한다. 물론 김수영과 신동엽을 빼고는 1960년대의 리얼리즘시의 전형을 제대로 정립할 수 없다는 것은 주지의 사실이다. 다만 이 글은 현실 지향적 시의 성격이 신진시인들에 의해서 발아, 확산되어가는 분기(分岐)의 형상을 확인해 보려는 그 나름대로의 방법적 고려가 내재해 있다고 할 수 있고, 두 시인을 고른 것은 신경림이나 고은이 그 이전부터 시작을 계속해왔고, 최하림이나 문병란, 이시영의 활약은 1960년대에는 상대적으로 미약하다고 판단했기 때문이다.

3. 민중적 연대의식과 세계관 중시의 시 - 이성부의 『李盛夫 詩集』, 『우리들의 糧食』

"벼는 서로 어우러져 / 기대고 산다. / 햇살 따가와질수록 / 깊이 익어 스스로를 아끼고 / 이웃들에게 저를 맡긴다"(「벼」)고 노래함으로써 동시대를 함께 살아가는 이웃들을 향한 연대의식과 민중에 대한 지속적인 연민을 시의식으로 보여준 이성부는 1960년대에 이미 1970년대 이후 펼쳐질 민중적 서정시의 원형적 가능성을 예비하고 있었던 대표적 시인이다. 그는 1962년 『현대문학』으로 등단한 이래 『李盛夫 詩集』(1969), 『우리들의 糧食』(1974) 등을 잇따라 발표하여 1960년대에 가장 왕성하게 활약한 시인으로 평가받고 있다.

이성부에 대한 그간의 평가는 '남성성'의 음역에 놓여지는 시인으로 모아진다.3) 여기서 '남성성'이라는 것은 애련(哀憐)이나 사랑 또는 한의 역설적 표출 같은 정서를 노래하는 연가풍의 여성성과 대척점에 놓이는 정서적 지향성으로서 한 시대를 얽어내고 있는 부단한 억압과 구조적 불의에 대한 분노와 저항을 기표화하는 것으로 특징지워진다. 이 같은 그의 시의식은 당시 이미 중견의 반열에 들어선 박봉우, 신동엽 등

---

3) 염무웅의 초기 시집 발문(『백제행』, 1977)이나 오세영의 최근 시집 발문(『야간산행』, 1996)이 한결같이 그의 시가 독자적으로 갖고 있는 '남성성'에 주목하였고, 그것을 가장 중요한 시적 특성으로 꼽고 있다.

과 더불어 지칠 줄 모르는 민중성의 발현으로 구체화되고, 주체의 삶의 내용을 강조하는 의식으로 전이되어 나타난다. 그가 한 평문에서 시와 시인의 비분리성을 강조한 것도 이와 맥을 같이 한다. 그의 견해는 시적 양식이 형성되는 과정에서 시인의 의식이 결정적인 역할을 하게 되며, 그러한 시의식이 시양식의 변이를 가져온다는 것으로 요약할 수 있는데, 고답과 초속(超俗)을 거부하고 삶의 진실성이 시에 그대로 각인하는 것이 진정한 시라는 생각이다. "진정한 시는 절대로 '감춤'을 용서하지 않으며 진정한 시인은 절대로 '유희'를 용납하지 않는 법이다. 어떠한 유파의 어떠한 주장, 그리고 어떠한 구체적인 작품에 이르러서도 작품은 곧 작가의 삶의 방식이라는 필연적인 모습"4)으로 나타난다고 보는 것이다. '그 나무에 그 열매'라는 유명한 문학비평적 잠언(箴言)을 떠올리게 하는 이 같은 생각은 예의 남성성과 결합하여 이른바 '결연성의 시학'을 창출하고, 그의 시에 남다른 지사적 품격을 부여하기도 한다.

>아침 노을의 아들이여 전라도여 / 그대 이마 위에 패인 흉터, 파묻힌 어둠 / 커다란 잠의, 끝남이 나를 부르고 / 죽이고, 다시 태어나게 한다 // 짐승도 藝術도 / 아직은 만나지 않은 아침이여 전라도여 / 그대 심장의 더운 불, 손에 든 도끼의 고요 / 하늘 보면 어지러워라 어지러워라 / 꿈속에서만 몇번이고 시작하던 / 내 어린 날, 죽고 또 태어남이 / 그런데 지금은 꿈이 아니어라. // 사랑이어라. / 光州 가까운 데서는 / 푸른 삽으로 저녁 안개와 그림자를 퍼내고 / 시간마저 무더기로 퍼내 버리면 / 거기 남는 끓는 피, 한 줌의 가난 // 아아 사생아여 아침이여 / 창검이 보이지 않는 날은 / 도무지 나는 마음이 안 놓인다 / 드러누운 山河에는 / 마음이 안 놓인다
>
>— 「전라도 · 2」 전문

---

4) 이성부, 「삶의 어려움과 시의 어려움」, 『창작과 비평』 1969. 여름. 450면.

시의 윤리성 또는 공리성을 따지게 될 때 중요한 요소로 등장하는 것이 주체의 세계관 문제이다. 시 작품은 현실의 직접적 반영물도 아니며 주체의 생활에 의해 직접적으로 결정되는 것도 아니다. 시인이 특정한 관점에서 생활을 바라보고 표현한 것일 뿐이다. 그러나 작품에 있어서 순수하게 개인적인 측면이 있다는 것을 인정하더라도 작품은 완전하게 개인적인 것은 아니다. 시인이 아무리 독창적이라 하더라도 그 독창성 속에는 타인의 몫이 들어 있기 때문이다. 타인의 몫이 들어 있다는 것은 시인과 동시대에 또는 그보다 앞서 살았던 사람들의 생각을 시인이 계속해서 이어받아 생각한다는 것이다. 따라서 우리에게 알려진 타인의 몫을 통해서 우리는 개인적 창작의 신비에 접근할 수 있게 되는 것이다. 또 타인의 몫이 들어 있다는 것은 시인이 고립된 개인이 아니라 공동체적 삶을 영위하고 있는 개인이라는 의미도 포함한다. 당대의 시대적 분위기와 소속 집단의 이념은 시인도 모르게 작품의 요소로 표출된다. 이상의 두 가지 측면은 작품을 독자적이고 고립된 개인의 작품으로서가 아니라 시인이 살고 있는 시대 상황이라는 역사적 맥락 속에서 파악하려고 할 때 필수적으로 요청되는 것이다. 또한 이 두 가지 측면은 문학을 단순한 형상으로서가 아니라 인식으로서 접근할 수 있게 만들어주고, 문학 작품의 개인적 측면을 넘어서 공통적 기반을 찾으려는 태도를 가능케 해준다. 이것이 바로 우리가 세계관을 중시하는 까닭이다.5)

이성부는 시에 있어서 주체의 세계관을 가장 중시하는 시인이다. 윗 시 역시 이러한 이성부의 세계관 중시의 시학을 잘 드러내준다. '전라도'라는 물리적 공간은 그가 자란 고향이자 상식적으로 보아 남도의 서정이 물씬 풍기는 향토성의 촉매라고 할 수 있다. 그런데 서정적 주체

---

5) Lucien Goldmann(송기형 · 정과리 역), 『숨은 신』, 연구사, 1986. 11-21면. 참조.

에게 전라도는 "아침 노을의 아들" "아직은 만나지 않은 아침" "사생아"로 유다르게 인식된다. 이와 같은 미답(未踏)으로서의 공간화는 이른바 '처녀지'로서의 성격을 부각시키기 위해서 이루어지는데, 미답의 처녀지는 순결성을 그 근본 속성으로 하지만 외적 침탈이라는 훼손 가능성 앞에 무방비 상태로 놓이는 운명을 더불어 갖는다. 그 침탈의 결과는 "사생아"일 수밖에 없고 서정적 주체는 따라서 그 사생아가 갖는 "심장의 더운 불"과 "도끼의 고요"를 내심 불안해한다. 그것은 죽고 태어남이라는 극단적인 길항적(拮抗的) 반복 행위 속에서만이 자기규정성을 획득하게 되므로, 결코 고립과 단절을 받아들이지 않고 연대와 투쟁을 통해서만이 존재의의를 가질 수밖에 없음을 예감케 해준다. 이와 같이 자신은 부정하고 싶지만 어김없이 현실로 떠오르는 축도(縮圖)이자 은유적 매개가 그에게는 그 옛적 '백제(百濟)'이자 한국현대사의 '전라도'인 것이다. 그에게 전라도는 "노인은 삽으로 / 榮山江을 퍼올린다 바닥이 보일 때까지 / 머지 않아 그대 눈물의 뿌리가 보일 때까지 / 노인은 다만 / 성난 사랑을 혼자서 퍼올린다 / 이제는 무엇을 위해서가 아니라 / 삶을 어떻게 용서하기 위해서가 아니라 / 노인은 끝끝내 / 영산강을 퍼올린다 가슴에다 / 불을 짊어지고 있는데 / 아직도 논바닥은 붉게 타는데 / 바보같이 바보같이 노인은 바보같이"(「전라도 · 7」)처럼 부정하고 싶은 한국 역사의 억센 '전라도(全裸圖)'인 셈이다.

  이러한 역사적 상상력은 전라도 지역이 겪은 남다른 경험이 그 직접적 원인일 수 있겠지만, 시인이 보편적인 우리 역사를 전라도에 투사시킨 결과로 확대해서 읽어도 무방할 것이다. 이성부는 이렇듯 개인의 공간을 벗어나 공동의 지반을 형성하는 '우리'의 시학으로 그의 시를 출발하였고, 모든 사물을 그러한 연대의식으로 일관되게 투시하는 세계관을 가진 시인이었다.

  따라서 이성부에게 서정적 주체의 내면에 흐르는 섬세한 감각 또는 감정의 결은 우선순위가 될 수 없다. 오히려 그에게는 서정적 주체가 확고하게 하나의 시선을 견지하고 있는가 또는 서정적 주체가 바라보는 현실이 어떤 성격을 띠고 있는가 하는 것이 중요할 뿐이다. 그만큼 그에게는 언어적 의장 같은 형식미학적 고려를 통한 시적 정치성(精緻性)은 언제나 부차화된다. 또 민중의 역할을 주변화하거나 무시해버리는 낭만적 엘리트 의식 역시 그에게는 어김없이 거부되고 있는 것이다.

> 모두 서둘고, 침략처럼 활발한 저녁 / 鐵筋工, 십여 명 아낙네, 스스로의 解放으로 사라진 뒤, / 빈 공사장에 녹슨 西風이 불어올 때 / 나도 일어서서 가야 한다면 / 계절은 몰래 와서 잠자고, 미움의 짙은 때가 쌓이고 / 돌아볼 아무런 歷史마저 사라진다. / 목에 흰 수건을 두른 저 거리의 일꾼들 / 담배를 피워 물고 뿔뿔이 헤어지는 / 저 떨리는 民主의 一部, 市民의 一部. / 우리들은 모두 저렇게 어디론가 떨어져 간다.
> ―「우리들의 糧食」 중에서

시적 주체가 세계와의 동일성을 가장 첨예하게 희망할 때는 세계가 대립·갈등으로 체험되는 상황이다. 이러한 상황이 역설적이게도 시적 주체에게는 자신의 시적 지향과 효과적으로 결합할 수 있는 천혜의 토양을 마련해준다. 현실의 다양한 질곡과 모순 가운데 엄연히 존재하는 통일적 질서를 발견하고 그것을 시창작의 주된 모티프로 삼을 때 주체의 자기동일성 문제는 자아의 재발견이라는 과제와 직면[6]하게 된다. 이럴 경우 세계관으로서의 민중적 전망은 주체의 구체적 일상성 속으로 깊이 잠입하고, 이 일상성 속에 서정적 주체는 스스로의 내면과 외적 현실을 관통하는 하나의 완충적 매개를 상정한다.

위의 작품은 급속한 산업화가 초래한 인간 소외의 현장을 사실적인

---

6) 김준오, 『시론』, 문장, 1982. 29면.

시적 묘사로 형상화한 이성부의 대표작으로서, 이와 같은 자기동일성 문제를 생활적 구체 속에서 바라보고 그것을 현실의 질서 속에서 의미 지우려 한 작품이다. 우리는 이 시에서 "빈 공사장"에서 "뿔뿔이 헤어지는" "민주의 일부, 시민의 일부"로서 민중들의 삶을 어렵지 않게 읽어낼 수 있다. 그러나 하나의 관찰자적 시선으로 포착되고 있는 시적 상황은 '나'에서 '우리들'로 점진적 동일화를 이루며 대상과 주체의 간극을 좁혀간다. 따라서 이 시를 두고 우리는 "그 특유의 서민감정"[7]을 거론할 수도 있을 것이다. 그런 의미에서 우리는 이성부의 시를 개인과 사회의 상호구속성 곧 '나'와 '우리'가 서로 통로를 열어놓은 채 상호침투하는 형상으로 읽을 필요가 있다. "현실 경험에 대하여 살아 있는 관계를 맺고자 하는 행위"로 이성부의 시를 읽은 견해[8] 역시 그와 동궤에 놓인다고 할 수 있다.

이 울음 소리 / 마을을 덮고 세상을 흔드는 / 이 울음 소리 / 九泉에 닿았다가 돌아와서 / 死者들을 일깨우고, / 단단히 굳어지면 / 이 나라의 아픈 돌부리가 된다. // 엄지로 코풀며 / 내뱉는 한숨도 / 겨레의 작은 가슴들에 / 깊은 悔恨으로 박히고, / 으드득 갈아붙이는 새벽 이빨도 / 잠자는 사람들의 / 헛된 꿈을 깨문다. // 억울한 者, / 억울하지 않은 者 / 모두 한꺼번에 껴안았던 죽음인 것을. // 아아 우리들의 이 커다란 슬픔이 / 슬픔으로 짓이겨져서 / 더운 사랑을 만들 날은 언제인가. / 더운 사랑들이 / 빛나는 狂喜의 춤을 출 날은 언제인가.

---

7) 김현승, 「60년대 시의 방향과 한계」, 『문학과 지성』 1970. 가을. 15면.
8) 김종철, 「이성부의 시세계」, 이성부, 『우리들의 糧食』, 민음사, 1974. 11면. 또 "어렵고 버림받은 사람들의 승리가, 반드시 고통 속에서 쟁취된다는 사실을 나는 믿는다. 그러기에 나는 나와 내 이웃들의 고통의 현장에서 한 발자국도 비켜설 수 없다. 이 고통의 편린들, 이 뼈아픈 삶의 정체를 밝혀보는 일이야말로 나에게는 가장 중요한 시적 목표가 된다."(시집 『백제행』 발문)는 그의 글도 이와 같은 성격을 명시적으로 방증하고 있다.

― 「上洞부락의 제삿날」 전문

이성부의 위 작품은 이른바 '집단적 저류'의 정서를 반영하고 있다.9) '상동 마을'이라는 공간적 배경에서 이루어지는 제의(祭儀)를 통해 '나'에서 확장된 '우리'의 삶 곧 민중으로 표상되는 한 사회의 저류를 훔쳐보고는 그들을 깨울 "더운 사랑"을 꿈꾼다. 이와 같은 유토피아 지향은 이 시를 상투적 비애에 묶어두지 않고 다소 낭만적인 "狂喜의 춤"으로 연결시키며 민중적 전망을 연다. 따라서 이성부의 시를 "사회적 현실을 시인 자신의 세계로 주체화하고 내면화하려고 할 때, 한층 높은 성취도를 보여주거니와 이렇게 되는 이유는 주체화와 내면화 속에 그의 시와 언어에 대한 자세가 독특하게 반영되고 있기 때문일 것"10)이라고 읽는 것은 시적 주체의 세계관과 태도를 중시하는 그의 시세계를 잘 반영한 독법이 될 것으로 보인다.

시적 상상력을 광기나 황홀의 등가물로 인식했던 단계에서 벗어나 여러 가지 관념들이 그들의 유사성과 근접성 그리고 이전에 결합되었던 빈도수에 따라 재결합되는 연합의 과정으로 볼 경우,11) 이성부의 시

---

9) 아도르노(Adorno)는 시인의 '주관'이 표면상의 동기가 됨에도 불구하고 위대한 훌륭한 속에 살아 있는 "집단적 저류(collective under current)"에 관심을 둔 일이 있다. 그에 의하면 서정시인의 자기 표현이란 서정시인이 갖고 있는 여러 가지 특권을 함께 누리지 못하고 시종일관 내성(內省)의 '주관적' 과정 속에 있는 사람들 곧 '집단적 저류' 편에 서서 소외에 저항하는 태도의 표명인 것이다. 나아가 한 개체의 주관성과 언어에 내재하는 객관적인 표현과의 서정적 동일화는 현대의 삶이 인류에게 강요하고 있는 이중적 곤경, 곧 사회조직에 대한 인간들의 단자적(單子的)인 저항과 이 사회 조직 안에서 작용하는 인간들의 자기 소외의 기능을 극복한다고 한다. Paul Hernadi(김준오 역), 『장르론 - 문학분류의 새 방법』, 문장, 1983. 109-110면. 참조.
10) 이경호, 「노여움과 사랑이 교차되는 '밤'의 공간」, 이성부, 『깨끗한 나라』, 한국대표시인100인선집, 미래사, 1991. 144-145면.
11) R. L. Brett(심명호 역), 『공상과 상상력』, 서울대출판부, 1987. 16면.

적 상상력은 당대의 복잡다단한 현실의 내용을 천착하고 거기에 주체의 세계관을 매개시켜 시적 형상으로 창출하는 것을 특징으로 한다. 따라서 다소 수사적 차원의 비유가 되겠지만 그의 시는 개인적 몽환에 의한 가상 공간에서 민중의 대지로 나와버리는 연대의식의 상상력으로 엮어져 있는 것이다.12)

4. 원초적 심상과 현실 전복적 사유의 시 - 조태일의 『아침 船舶』, 『식칼論』

"민중의 거대한 힘을 믿고 민중으로서의 자기 긍정에 이르러야 할 것"(「풍자냐 자살이냐」)이라고 한 시대의 문학적 과제를 갈파한 김지하의 글은 불가항력의 억압적 현실에 불굴의 의지와 신념을 요청하는 잠언으로 우리에게 비친다. 민중의 역사적 역할에 대한 과도한 신념이 절정기의 문학청년의 상을 더욱 매혹적이게 하거니와, 이러한 신념은 당대의 보편적인 언어로 규정력을 발휘하였다. 이와 같이 한 시대의 구조적 동인에 대한 자각과 시인으로서의 실존적 각성 그리고 윤리적 감각으로서의 자기 검색에 이르기까지 당대의 시적 주체들에게 최소한도로 요구되었던 것은 시인으로서의 치열성과 신념이었던 셈이다. 조태일은

---

12) "그의 시는 자아의 부끄러움에 대해 비판적 성찰을 보여주는가 하면 의인에 대한 애달픈 그리움을 드러내기도 한다. 시의 무력함을 탄식하면서도 그 힘을 믿고, 삶의 허망성을 안타까워하면서도 끈질기게 희망과 생명력을 분출하기도 한다. 외로운 뜻을 가졌지만 현실에서 끝내 그 뜻을 펼치지 못하고 덧없이 사라져간 역사 속의 비극적인 인물들 속에서 삶의 진실과 역사의 방향성을 읽기도 하는 것이다. 이 점에서 이성부는 허무주의자이면서 동시에 리얼리스트로서 이 시대에 있어서 한 유배시인의 면모를 지닌다"고 이성부를 리얼리스트로 규정한 것은 흥미롭다. 김재홍, 「이성부론」, 김용직 외, 『한국현대시연구』, 민음사, 1989. 535-536면.

이러한 시인적 입지를 누구보다도 그 명분과 실제에 있어 잘 지켜온 시인이다. "시대에 지치지 않고, 처절했던 同伴의 때"(「아침 船舶」)에 그는 활달한 기백과 거친 음색으로 다량의 작품을 산출하였다. 1964년 『경향신문』 신춘문예로 등단한 이래 최근까지 꾸준히 왕성한 시작을 지속적으로 하고 있는 그는 『아침 船舶』(1965)과 『식칼論』(1970)을 상재했던 1960년대에 이미 이러한 열정의 시학의 원형(原形)을 예비했다고 할 수 있다.

> 피묻은 피묻은 처녀막을 나부끼며 / 아프고 피비린 냄새를 풍기며 / 광화문 네거리 한복판에 / 내가 섰다 내가 섰어. // 삼천만 개의 쌍눈을 번뜩이며 / 삼천만 개의 쌍귀를 세우고 / 삼천만 개의 가슴을 비벼 불꽃 튀는 / 불꽃 튀는 단일화된 외침을 가지고 / 삼천만의 기념비처럼 / 내가 섰다. 내가 섰어.
>
> ―「나의 處女膜 3」중에서

'처녀막'이라는 물리적 실체가 원초적 순결성의 상징적 기제로 다루어지는 것은 문학적 소재로는 꽤 드문 경우이다. 작품 안에서 '처녀막'은 두 번이나 반복되듯이 "피묻은" 채로 "나부끼"고 있다. 서정적 주체가 처녀막을 나부끼며 눈을 부릅뜨고 있는 형상은 사실성에 부합하지는 않는다. 따라서 이 시는 시적 묘사보다는 주체의 의지가 도드라진 작품인데, 그러나 시 안에 설정된 시적 상황은 간단치가 않다. 이 시는 현실적 억압이 가치의 훼손 및 절멸 또는 정신의 불모성을 초래하고 있음을 상징하고, 그것을 "쌍눈을 번뜩이며 / 쌍귀를 세우고 / 불꽃 튀는 단일화된 외침을 가지고" 서 있는 결연한 서정적 주체의 의지로 극복해 보려는 '맞섬과 겨룸'의 형상으로 짜여 있다.

그러나 이러한 1차적 독해 이면에 이 시인을 근본적으로 움직이는 시적 에너지가 이 작품 안에 숨겨져 있음을 우리는 알아채야 한다. 그것은 원초적 생명력으로서 '리비도'의 문제이다. 리비도는 기성화된 문화는 물론 삶의 자족성이나 안위까지도 거부하는 힘을 가져야 하는데, 조태일에게 있어 현실 저항적 의지는 자연의 원초적 심상과 또 온전한 육체적 삶과 관계되어 있는 것이고,[13] 그만큼 리비도는 이 시인의 사유의 동력학을 가능케 하는 원형질인 것이다. 『國土』(1975)는 이러한 리비도의 시적 구현이 가장 풍요롭게 담겨 있는 시집이다.

하지만 조태일의 시에서 이야기의 압축적 제시와 같은 서사 지향의 리얼리즘 기율이나 세부적인 시적 묘사는 잘 나타나지 않는다. 이것은 위에서 거론한 이성부와 공통되는 특성인데, 그는 오히려 한 시대의 서사적 맥락을 온통 서정적 주체의 음역 안에 포괄하여 반역과 전복의 목소리로 충만한 시를 산출한다. 이와 같이 시대의 맥락을 집약하고 그것을 서정적 주체 내부에서 내연(內燃)시키는 것을 동시에 수행하는 목소리, 신랄한 풍자와 독설까지 겸전(兼全)하는 그의 목소리는 "언어는 실천적인 의식이며, 타인에 대해서 존재하는 현실적인 의식"이라는 경구를 충분히 연상시키고 또 충족시킨다.

> 뼉다귀와 살도 없이 혼도 없이 / 너희가 뱉는 천 마디의 말들을 / 단 한 방울의 눈물로 쓰러뜨리고 / 앞질러 당당히 걷는 내 얼굴은 / 굳센 짝사랑으로 얼룩져 있고 / 미움으로도 얼룩져 있고 // 버려진 골목 어귀 / 허술하게 놓인 휴지의 귀퉁이에서나 / 맥없이 우는 세월이나 딛고서 / 파리똥이나 쑤시고 자르는 // 너희의 녹슨 여러 칼을 꺾어 버리며 내 단 한 칼은 / 후회함이 없을 앞선 심장 안에서 / 말을 갈고 자르고 / 그것의 땀도 갈고 자르며 / 늘 뜬 눈으로 있다 / 그 날카로움으로 있다.
>
> ―「식칼論 2」 전문

---

13) 김우창, 「조태일의 현실적 낭만주의」, 조태일, 『연가』, 나남출판, 1985. 423면.

조태일은 1960년대 내내 「식칼論」과 「國土」의 연작에 남다른 열정을 바쳤다. 원래 '연작'이란 그 하나하나를 떼어놓아도 독립된 단위의 작품이 되는 경우의 작품으로 이루어진다. 그런 작품들이 한 주제나 제목 아래 모여서 한 덩어리가 되고, 그 덩어리가 곧 한 미적 실체가 되면 일단 연작시의 시도는 성공적이 된다. 그런데 이런 전제를 토대로 하는 연작시는 그 성격으로 보아 두 가지로 나눌 수 있다. 그 하나는 형태나 의미 내용이 비슷한 가운데 조금씩 변하고 그것으로 한 작품을 이루는 경우다. 이런 류의 작품은 어조가 고르다든가 의미 내용의 흐름이 일정해서 독자가 손쉽게 이해할 수 있다는 편의가 주어진다. 그러나 그와 함께 평면적이라는 인상이 빚어내는 부작용도 막아낼 수밖에 없게 되는 난점이 있다. 한편 다른 또 하나의 유형에 속하는 연작시로 우리는 이질적 요소들을 포괄한 복합적 작품을 생각해 볼 수 있겠다. 물론 이 경우에도 연작시의 근본 전제가 되는 주제의식은 작품의 깊은 밑바닥에 엄연히 확보된다. 그러나 이 경우 그 형태라든가 작품 하나하나가 간직하는 의미 내용은 상당한 차이를 가지면서 쓰여진다. 그리고 얼핏 보면 그 서로는 모순, 충돌하는 것처럼 보일 수도 있다. 그러나 전체적으로 그들은 하나의 구조 속에 포괄되어 조화, 종합되어 유기적인 형태를 이룬다. 조태일의 연작시는 현저하게 후자적 특성을 견지한 채 전개된다. 그것은 전체 연작이 하나의 상징적 목소리를 띠게끔 하는 시적 장치인데, 조태일에게 있어 그것은 원초적 심상의 건강성과 그것을 바탕으로 한 현실 전복적 사유의 축조이다.

위 작품은 그러한 주체의 의지가 선명하게 부각되어 있는 작품으로서 이 시인의 현실 전복적 상상력이 특유의 대립항을 통해 형상화되어 있다. 이 시의 대립항은 "너희가 뱉는 천 마디의 말"과 "단 한 방울의 눈물" 그리고 "너희의 녹슨 칼"과 "내 단 한 칼"의 설정에서 비롯된다. 서정적 주체는 "늘 뜬 눈"으로 날카로움을 벼리며 실체가 불분명한 어떤 힘과 힘겹게 대항하고 있다. 그러나 그 힘겨움은 '당당함'으로 바뀌며 시 안에 긍정적 전망을 가져오는데, 따라서 "조태일은 자신이 살고 있는 현실의 제반 상황을 투철하게 인식하고 그것을 특유의 의지적 언어를 통해 리얼하게 형상화하는 시인이다. 그는 진실이 왜곡되는 어두운 시대일수록 작가의 책무가 더욱 막중하다는 믿음을 견지하고 있으며, 때문에 그가 쓴 대부분의 작품들은 모순된 현실 구조를 뚜렷이 드러내는 동시에 인간의 자유로운 삶을 억압하는 정치 사회적 폭력의 실체를 상세히 밝혀내고 있다"14)고 할 수 있다. 시인됨의 지복(至福) 중의 하나이지만 자신을 둘러싸고 있는 대립적 타자를 향해 세계를 명명하고 자기동일성을 갈파할 수 있는 자기 언어를 그는 가지고 있는 셈이다.

내 가슴 속의 어린 어둠 앞에서도 / 한 번 꼿꼿이 서더니 퍼런 빛을 사방에 쏟으면서 / 그 어린 어둠을 한 칼에 비집고 나와서 / 정정당당하게 어디고 누구나 보이게 운다. / 자유가 끝나는 저쪽에도 능히 보이게 / 목소리가 못 닿는 저쪽에도 능히 들리게 / 한 번 번뜩이고 한 번 울고 / 번개다! 빨리 여러 번 번뜩이고 / 천둥이다! 크게 한 번 울고 / 낮과 밤을 동시에 동등하게 울리고 / 과거와 현재와 까마득한 미래까지를 / 단 한 번에 울리고 칼끝이 띈다. / 만나지 않는 내 가슴과 너희들의 / 벼랑을 건너 뛰는 이 無敵의 칼빛은 / 나와 너희들의 가슴과 정신을 / 단 한 번에 꿰뚫어 한 줄로 꿰서 쓰러뜨렸다가 / 다시 일으키고 쓰러뜨리고 다시 일으키고 / 메마른 땅 위에 누운 나와 너희들의 國家 위에서 / 아직 오지 않은 미래를 끌어다 놓고 / 더욱 퍼런 빛을 사방에 쏟으면서 / 천둥보다 번개보다 더 신나게운다 / 독재보다도 더 매웁게 운다

— 「식칼論 4」 전문

---

14) 민현기, 「조태일론」, 김용직 외, 『한국현대시연구』, 민음사, 1989. 556면.

원래 '관념'이란 현실(객관적 실재)을 반영하는 인간의 사유 형식 중에서 가장 고도의 추상적 단계를 말한다. 시인은 보통 자신의 궁극적인 시적 메시지인 관념을 노래하는 데 있어 그에 부합하는 은유적 상관물을 설정하고 거기에 정서적 육화를 시도한다. 그런데 조태일은 대립적 타자를 시 안에 설정하고 그 타자를 넘어서 자기 자신까지 극복의 대상으로 삼는 가파른 경사(傾斜)를 줄곧 택한다. 따라서 조태일의 시는 관념을 정서적으로 육화할 겨를도 없이 그대로 노출한다. 이 시에서 역시 서정적 주체는 "정정당당"하게 "無敵의 칼빛"을 휘두른다. 그것은 "나와 너희들의 가슴과 정신을" 베고 이기고 바르고 치유함으로써 한 시대의 정신적 방향이 나아갈 바를 강한 파토스로 일깨우는 역할을 한다. 그러나 세련된 은유적 매개가 존재하지 않고 다분히 직절적(直截的)인 목소리가 부당한 현실을 질타하는 것이 현실의 객관적 파악보다는 주체의 관념과 의지를 전면에 내세우게 되는 결과를 빚는다. 그의 이 같은 파토스는 궁극적으로 현실적 업악의 가장 밑바탕에 부조리하지만 거대한 권력 체계가 있음을 목도하고 그것을 "너희들의 國家"로 명명한 후 그에 저항하는 민중들의 더욱 거대한 힘을 역설적으로 그리고 있다.15) 그러나 현실 권력으로부터 눈을 돌려 자신의 언어 안에 미적 가상의 세계를 창조하면서 행하는 또 다른 권력 비판의 양상의 시들과 조태일의 권력 비판은 매우 다른 것이다. 그것은 한층 직접적이요, 낭만적인 것이다. 따라서 그의 시를 '식칼과 눈물의 시학'으로 읽고

---

15) "문학인은 현실 속의 모든 비리나 허위의식 같은 것을 없애고 보다 나은 미래를 창조하려는 의지의 창조인이고, 권력은 될 수만 있으면 모든 의식을 잠재우고 있는 현실을 그대로 감추어 유지해 나가려는 속성을 가지고 있기 때문입니다. 문학이 있는 한 양심이 있는 한 현실적 권력과 참삶을 살리려는 문학인 사이에 이런 마찰은 없어지지 않을 것입니다."와 같은 그의 발언은 그의 이 같은 사유의 흔적으로 볼 수 있다. 「오늘의 나의 문학을 말한다」, 『연가』, 나남출판, 1985. 401면.

행동적 정열 밑에 범상치 않은 원초적 심성과 낭만적 영혼의 힘이 담겨 있다고 본 시각16)은 적절한 것이다.

1970년을 맞이하면서 역사의식의 시로 발전해나아가는 경향17)으로 그의 시가 바뀌는 것은 눈여겨볼 만한 대목인데 민중적 서정시가 하나의 변증법적 발전을 겪는 형상으로 볼 수 있을 것이다. 이와 같이 조태일은 대상에 대한 연민을 정서적 토대로 삼는 주체의 서정 형식을 통해 연대의식을 넘어서 내연하는 정열을 이성적 성찰과 결합시키려는 열의로 나아간다. 그것은 시대적 한계로부터 어김없이 끼쳐오게 마련이었던 허무의식을 떨치고, 사실적 구체와 경험적 진실에 입각하여 참담한 세월을 버텨내는 에너지로 작용한다. 이성 중심의 단일한 주체의 목소리와 다양한 타자의 목소리가 조응하는 인간의 일상적 실재성에 주목하고, 기성화된 상투형을 부단히 극복하며 허위의식을 부정하는 것이 리얼리즘의 기율이라고 할 때, 조태일의 시는 주체와 대상의 완벽한 융화보다는 비판적 주체의 의지가 승한 채로 편향을 보이게 되고, 이와 같은 편향은 1970년대를 넘어서면서 지양되어 진전된 형상을 얻게 되는 것이다.

5. 1970년대 리얼리즘시의 역동적 전사(前史)

서정시는 언제나 인간에 대한 문제를 다루고 있으며 작품 속에 나타난 주체의 정서는 그들의 사회적, 역사적 환경과 구별할 수 없는 것이다. 시가 직접적으로 나타나는 것만을 그대로 재현하는 데 그치지 않고

---

16) 김화영, 「식칼과 눈물의 시학」, 조태일, 『고여있는 시와 움직이는 시』, 전예원, 1980. 261-265면.
17) 구중서, 「60년대 시의 주류」, 『시인』 1969. 12. 64면.

현실의 본질적인 상태를 보여줄 경우 그 작품은 수용자의 세계를 환기시키는 데 성공할 수 있다. 이처럼 객관적 현실을 올바르게 나타내는 문제는 현실 전반을 대하는 시인의 태도 또는 세계관에 달려 있다. 곧 시인이 현실의 사회적, 역사적 토대에 대해 올바로 인식하고 현실에서 본질적인 문제를 찾아 이를 변증법적으로 파악하여 작품 속에 반영할 때 우리는 인간과 사회, 역사에 대한 깊고 넓은 이해에 도달할 수 있는 것이다.

서정시가 객관적 현실에 속한 모든 요소들을 포괄하는 외연적 총체성을 획득하는 것은 불가능한 일이다. 오히려 시의 경우는 내포적 총체성의 획득을 목표로 한다. 그런데 창작 과정에서 세계관의 역할 규정은, 시가 현실을 반영해내는 주체의 능력을 설명하는 것이다. 곧 주체가 얼마나 올바로 객관적 현실을 반영할 수 있는가의 능력을 의미하는 것이다. 여기서 세계관은 단지 정치적 견해만을 의미하는 것이 아니라 사물과 삶을 바라보는 감수성의 전반을 말한다. 위에서 살핀 이성부와 조태일 두 시인은 사물을 바라보는 주체의 세계관을 직절하게 토로하는 것으로 시의 기조를 삼았으며, 그것은 1970년대에 본격화되는 민중적 리얼리즘의 전사를 불충분하나마 이루었다고 평가할 수 있을 것이다.

전후의 척박한 시사적 토양에서 박래성(舶來性) 짙은 모더니즘의 전면화와는 또 다른 층위로 존재하는 이들의 외로운 몸부림 곧 현실 지향의 시정신과 비판적 주체의 정립은 소중한 시적 자산으로 기억될 수 있을 것이다. 부단한 자가수정(自家修正)을 거쳐 4·19의 이념적 핵심이라고 할 수 있는 민족, 민주주의의 실천적 계승을 1970년대에 와서 본격화하게 되는 이들은, 개발 독재와 민중 각성이라는 이중적 흐름이 잠복해 있던 1960년대에 역사로부터 자신을 일탈시키고자 하는 허무주의적 포즈를 과감하게 버리고 치열한 주체의 의지를 언어적으로 구현하였다. 그럼으로써 1970년대 이후에 펼쳐지는 본격적인 리얼리즘시의 개화를 예비했다고 할 수 있고, 우리 리얼리즘시의 예각성과 풍요로움은 엄격히 말해 1970년대로 이월될 수밖에 없었다.

  이들은 패배적 복고주의나 비극적 상투형의 부단한 복제를 극복한 곳에 자신들의 시적 정당성을 드리웠다. 구체적 사물을 시적 대상으로 삼아 그것에 대한 창조적 발견을 통해 주체의 의식과 결합시키고 보편적인 인식에 도달할 경우 고도의 시적 성취가 이루어진다고 볼 때, 1960년대의 시들은 민중적 현실을 탐사, 반영하고 그 핵심적 모순 구조를 추출하여 변혁의 열망으로 견인시키는 기능을 떠맡기에는 일정 부분 역부족이었고, 문학의 유적 보편성과 문학이 현실을 객관적으로 반영한다는 미적 반영론의 원리는 어의에 함축되어 있는 의미로는 채 들어설 여지가 없었다고 판단할 수 있다. 이것이 1960년대 리얼리즘시의 전개를 이행기적 실체로 파악할 수밖에 없는 근본적 이유이기도 하다.
(1997)

1970년대 민중적 서정시의 전개
시적 리얼리즘의 다양한 성취

1. 1970년대 민중적 서정시의 전사(前史)

어찌보면 '역사'란 것은 추상적으로 존재하는 것이 아니라, 가장 구체적인 감각적 일상의 꾸준한 축적의 형식이라고 할 수 있다. 따라서 우리가 마치 평지돌출의 새로운 일이 있었던 것처럼 나누어 보게 마련인 10년 단위의 유효성은 의심스럽기 짝이 없는 것이다. 그러나 이와 같은 분법의 비과학성에도 불구하고 4·19로 촉발되었던 1960년대는 그 전시기인 1950년대와는 질적으로 엄청난 차이를 지니는 이질적 이미지로 다가온다.

1960년대의 벽두에서 우리 역사의 '푸른 하늘'로 빛났던 4·19 혁명은 사회적 생산의 주체인 민중이 혁명의 직접적 담당자로 등장하지 못하는 한계를 지닌다. 오히려 근대적 교육을 통하여 상대적으로 조직화된 학생층이 민중의 대행자로 혁명을 담당하게 되었는데, 담당층이 직접적 생산의 주체가 아니었기 때문에 혁명 과정에서 제기되었던 요구들은, 그 요구들이 토대로 하는 근본적인 기반이 마련되지 않은 상태에서 그 사회가 안고 있던 누층적인 모든 문제들 - 봉건 잔재, 식민지 잔재, 신식민지적 파행성 등 - 을 단지 비조직적, 산발적으로 제기하는 데 그치고 말았다. 이러한 한계에도 불구하고 4·19는 전체적인 민중운동의 발전 과정에서는 커다란 계기적 의미를 띤다. 그리하여 1960-70년대 민중운동의 성장은 민중들이 운동의 직접적 담당층으로 대두하게 되는 과정이며, 이 과정을 통하여 혁명에서 나타났던 자신들의 한계를 극복하고 새로운 단계로 나아가게 되었다. 결국 4·19는 민중에 대한 역사적 자각의 물꼬가 되었으며 이러한 인식의 맹아가 이후 나타나는 독재정권과 자본주의의 창궐이라는 시대적 흐름과 맞설 수 있는 이념적 준거가 된 셈이다.

민중의 역사적 역할이 극대화된 가능성으로 나타난 4·19와 그에 대한 반대의 폭력적 부정으로서 5·16이 발생하게 되는 1960년대는, 4·19의 이념적 핵심인 민주·민족주의의 침탈과 복원이라는 갈등의 시대로 점철된다. 여러 모로 4·19의 대극에 섰던 5·16은 가부장적인 전체주의와 외세의존적인 굴욕외교로 돌아설 싹을 내장하고 있었는데, 4·19의 혁명적 대의 속에 담겨 있는 민주화와 진보 그리고 사회 변혁의 이념적 토대는 군사정권과의 지속적인 대항·갈등을 통해 변형되어 나타나게 된다. 개발 독재의 일방적 추진과 민중의 각성이라는 이중적 성격의 시대를 살아가면서 시인들은 민중들의 생동하는 삶과 진실을 노래하기 시작한다. 이것이 우리 리얼리즘시의 모색으로 나타나는데, 1960년대 이후 민중적 서정시가 본격화된 데는 발표 매체의 증가도 빼놓을 수 없는 동인(動因)이다. 곧 『사상계』, 『신동아』, 『창작과비평』, 『현대시학』, 『시인』, 『문학과지성』 등의 창간은 시인들에게 발표 지면의 확대를 제공한 것은 물론 민중적 서정시가 자기동일성을 확보해가는 데 중요한 토양이 되어주었다.

김수영(金洙暎)은 「푸른 하늘을」에서 "자유를 위해서 / 비상하여본 일이 있는 / 사람"의 시선을 가지고 "혁명은 / 왜 고독한 것인가를" 노래하였다. 나아가 그는 현대시의 절정에 있는 유작 「풀」에서 민중적 삶의 근원적 생태를 확신있게 형상화하기도 하였다. 신동엽(申東曄)은 「껍데기는 가라」에서 "껍데기는 가라. / 한라에서 백두까지 / 향그러운 흙가슴만 남고 / 그 모오든 쇠붙이는 가라."고 민족 통합의 소망을 노래하였고, 그의 민중지향적 의식은 「종로 5가」에서 민중적 연대의식으로 나타나기도 하였다. 또 4·19의 열려진 가능성과 그 좌절을 나란히 노래한 신동문(辛東門)의 「아 신화같이 다비데군들」이나 박봉우(朴鳳宇)의 「진달래도 피면 무엇하리」 등도 이러한 시대의 정신사를 잘 나타낸 명편들이라고 할 수 있다. 이와 같이 대외의존적 성장 프로젝트와 통치권력의 불법적 강화라는 이중의 압력 속에서 역설적으로 우리 시는 민중적 자기동일성을 확보해간다. 또 「성북동 비둘기」의 김광섭(金珖燮)이나 「옹호자의 노래」의 김현승(金顯承) 같은 중견시인들이 그 나름의 개성적 목소리로 한 시대를 견딜 수 있는 비판적이고 지성적인 시를 썼던 시기가 1960년대이기도 하다. 따라서 1960년대는 1970년대 민중적 서정시의 개화를 준비했던 모색기였고, 자본주의의 발전과 독재권력의 심화에 대항하였던 1970년대 저항시들의 전사(前史)를 이루는 시기로 기록된다.

2. 시적 리얼리즘의 가능성에 대한 다양한 모색

1960년대의 문학적 인식과 형상화가 4·19가 마련한 가능성의 토대 위에서 결정(結晶)되었듯이, 1970년대의 시적 상상력은 '유신(維新)'이라고 하는 강력한 가부장적 통치 체제와 '전태일(全泰壹) 분신 사건'이라는 충격적인 사태로부터 길어올려진다. 이 두 축은 시인들로 하여금 지배 세력에 대한 인식과 민중에 대한 문학적 관심의 본격화를 가져오게 하였는데, 경제 성장과 물질적 욕망의 추구, 사회적 의무감과 도덕적, 낭만적 열정이 뒤섞인 한 시대의 개화를 가져다준다. 이 시기의 시인들은 민중지향적 원근법으로 당대 민중들의 삶과 정서를 형상화하고 그를 둘러싼 제역학관계를 집중적으로 비판하는 흐름을 형성한다. 김지하(金芝河), 신경림(申庚林), 고은(高銀), 조태일(趙泰一), 정희성(鄭喜成), 김명수(金明秀), 이동순(李東洵), 문병란(文炳蘭) 등이 그들인데, 이들은 다양한 형상화 방법으로 풍요롭고도 탄탄한 문학적 성취를 이루어 민중적 서정시의 본격적 개화기를 형성한다.

김지하의 첫시집 『황토(黃土)』(1970)는 서정시가 빚어내는 비극적 감동을 드러낸 뜻깊은 예에 속한다. 김지하는 우리 민족문학의 수난과 영광을 그대로 한몸에 안고 있는 '뜨거운 상징'이 아닐 수 없는데, 아무리 신비화를 생래적으로 거부하는 냉철한 논자가 있다 하여도 1970년대 김지하의 선구적 역할을 폄하할 수는 없을 것이다. 그의 「타는 목마름으로」나 「새」, 「서울길」, 「황톳길」, 「1974년 1월」, 「푸른 옷」 등의 서정시를 읽어 보면 그와 같은 평가가 빈 말이 아님을 금방 알 수 있다.

빈 산 / 아무도 더는 / 오르지 않는 저 빈 산 // 해와 바람이 / 부딪쳐 우는 외로운 벌거숭이 산 / 아아 빈 산 / 이제는 우리가 죽어 / 없어져도 상여로도 떠나지 못할 저 아득한 산 / 빈 산 // 너무 길어라 / 대낮 몸부림이 너무 고달파라 / 지금은 숨어 / 깊고 깊은 저 흙 속에 저 침묵한 산맥 속에 / 숨어 타는 숯이야 내일은 아무도 / 불꽃일 줄도 몰라라 // 한 줌 흙을 쥐고 울부짖는 사람아 / 네가 죽을 저 산에 죽어 / 끝없이 죽어 / 산에 / 저 빈 산에 아아 // 불꽃일 줄도 몰라라 / 내일은 한 그루 새푸른 / 솔일 줄도 몰라라

― 「빈 산」 전문

우리 서정시에서 한 시대의 비극적 형상을 이와 같이 격조있게 노래한 시는 일찍이 없었다. 김지하는 이 작품에서 모든 생명성이 결핍되어 있는 '빈 산'의 절멸 속에서도 '불꽃'과 '새푸른 솔'의 가능성을 암시하는데, 시대의 어둠 앞에 소시민적 체념이 아니라 민중적 한과 극복 가능성으로 대응하는 시인의 의식은 동시대의 다른 시인들에게 폭 넓은 영향을 끼쳤으며, 1970년대 민중적 서정시가 형상성을 결여한 상투적인 민중성의 반영이라는 일부의 비판을 무색하게 만든다. 또 담시(譚詩) 『오적(五賊)』(1970)은 당대 사회의 정치, 경제, 사회적 모순과 부조리를 풍자와 야유를 통해 비판하는 시의 사회적 기능을 드높인 작품으로 문학사에 기록될 것이다. '풍자'라는 양식이 가지는 알레고리적인 도덕적 기능을 상당 부분 잔존시키면서, 구비문학적 요소를 충실히 계승한 측면 역시 평가될 만하다.

신경림의 『농무(農舞)』(1973)는 농민적 삶에 결결이 배어 있는 세목의 실감을 집약적으로 드러낸 기념비적인 시집이다. 이 시집에는 농촌 사람들의 생활적 디테일이 시인의 서사적 충동에 의해서 형상화되는데, 그것은 시 안에 이야기의 요소를 도입하는 것으로 나타난다. 「새재」, 「남한강」 등의 장시는 그와 같은 시인의 정열이 구체화된 예이다. 그리고 농촌 사회의 피폐상에 대한 핍진성은 이 시인이 거둔 가장 큰 미덕에 속한다. 그것은 농촌의 구체적 세부와 농민들의 정서를 충실하게 재현하고 있는 리얼리즘의 한 전범이 되기에 족하다.

하늘은 날더러 구름이 되라 하고 / 땅은 날더러 바람이 되라 하네 / 청룡 흑룡 흩어져 비 개인 나루 / 잡초나 일깨우는 잔바람이 되라네 / 뱃길이라 서울 사흘 목계 나루에 / 아흐레 나흘 찾아 박가분 파는 / 가을볕도 서러운 방물장수 되라네 / 산은 날더러 들꽃이 되라 하고 / 강은 날더러 잔돌이 되라 하네 / 산서리 맵차거든 풀속

에 얼굴 묻고 / 물여울 모질거든 바위 뒤에 붙으라네 / 민물 새우
끓어넘는 토방 툇마루 / 석삼년에 한 이레쯤 천치로 변해 / 짐부리
고 앉아 쉬는 떠돌이가 되라네 / 하늘은 날더러 바람이 되라 하고 /
산은 날더러 잔돌이 되라 하네

― 「목계장터」 전문

시집 『새재』(1979)에 실려 있는 이 시는 신경림이 일생을 다해 추구
했던 현대시와 민중 정서의 결합을 민요적 가락에 실은 작품이다. '나'
에게 언어를 던지는 하늘과 땅, 구름과 바람, 산과 강은 모두 원초적
상상력을 자극하는 원형 상징들인데, 시인은 그것들이 서로 얼르고 소
통하면서 자신과 대화하는 양식으로 시를 풀어나간다. 자연과 혼융일체
가 되며 신산스럽게 떠도는 민중의 부초(浮草) 같은 생태를 그린 이 작
품은 역으로 그 안에 넉넉히 숨쉬고 있는 민중적 삶의 의지를 읽게 만
들고 있다.

고은의 『문의(文義)마을에 가서』(1974)는 그의 시가 근본적으로 지향
했던 허무의 늪에서 민중의 대지로 나오는 귀중한 분기점이 되는 시집
이다. 고은은 초기에는 낭만적이고 정신주의적인 탐미적 시를 주로 썼
으나, 1970년대를 거치면서 놀라운 양적 확대와 함께 민중의 역량과 지
식인의 역사적 실천가능성에 대해 눈을 뜨며 변화를 이루어간다.

우리 모두 화살이 되어 / 온몸으로 가자 / 허공 뚫고 / 온몸으로
가자 / 가서는 돌아오지 말자 / 박혀서 / 박힌 아픔과 함께 썩어서
돌아오지 말자 // 우리 모두 숨 끊고 활시위를 떠나자 / 몇십 년 동
안 가진 것 / 몇십 년 동안 누린 것 / 몇십 년 동안 쌓은 것 / 행복
이라던가 / 뭣이라던가 / 그런 것 다 넝마로 버리고 / 화살이 되어
온몸으로 가자 // 허공이 소리친다 / 허공 뚫고 / 온몸으로 가자 /
저 캄캄한 대낮 과녁이 달려온다 / 이윽고 과녁이 피 뿜으며 쓰러
질 때 / 단 한번 / 우리 모두 화살로 피를 흘리자 // 돌아오지 말자 /

돌아오지 말자 // 오 화살 정의의 병사여 영령이여

―「화살」전문

한 논자에 의해서 '혁명적 낭만주의'라고 칭함을 받았던 이 작품은 고은의 시가 한 시대의 맨 앞에 서서 전사(戰士)의 이미지를 띠며 전개될 조짐을 보인다. 이와 같이 고은은 허무의 늪을 박차고 민중의 바다로 합류한다. 그의 이 같은 정열은 1980-90년대에 『만인보』라는 인물시집으로 구체화된다.

조태일의 『국토(國土)』(1975)는 그의 시인적 천분이기도 한 낭만적 정열의 에너지가 날카로운 이성적 현실 분석과 결합하여 한 시대의 파토스로 나타나게 된 무게있는 육성의 의미를 띤다. 그의 시는 민중적 삶의 구체적 묘사보다는 시인의 정열적 톤에 시대의 고뇌와 열린 가능성을 실어 노래하는 것을 특성으로 삼는다.

물과 물은 소리없이 만나서 / 흔적없이 섞인다. / 차가운 대로 혹은 뜨거운 대로 섞인다. // 바람과 바람도 소리없이 만나서 / 흔적없이 섞인다. / 세찬대로 혹은 보드라운대로 섞인다. // 빛과 빛도 소리없이 만나서 / 흔적없이 섞인다. / 쏜살같이 혹은 느릿느릿 섞인다. // 한핏줄끼리는 그렇게 만나고 섞이는데 / 한핏줄의 땅을 딛고 서도 // 사람은 사람을 만날 수가 없구나 / 사람이면서 나는 사람을 만날 수가 없구나

―「물·바람·빛 - 국토 11」전문

물과 물은 조건없이 살을 섞으며 하나가 되는데 '나'와 '사람'은 온갖 인위적 질서 때문에 하나가 되지 못한다. 또 바람과 바람도, 빛과 빛도 마찬가지로 하나된 몸으로 존재하는데, 한 핏줄을 타고 났으면서도 우리는 만날 수가 없다. 자연의 질서와 분단된 조국을 대비시키며

우리를 짓누르고 있는 갖은 폭력들을 이렇듯 비가(悲歌)에 담아 그는 노래한다. 특히 조태일은 1980년대에도 지속적으로 자연의 질서에 반대되는 인간 세계의 온갖 폭력적 요소에 저항하는 시를 썼다. 이러한 그의 언어는 1970년대의 산문적 현실에 비추어 보기 힘든 정열의 노래로 우리의 뇌리 속에 각인되어 있다.

정희성의 『저문 강에 삽을 씻고』(1978)는 그가 첫 시집인 『답청(踏靑)』(1974)을 내고 민중지향적인 의식 세계를 지속적으로 심화시켜 얻어낸 귀중한 결실이다. 이 작품집은 시 안에 줄곧 '이야기'를 담고, 당시로서는 보기 드물게 노동자들의 삶과 의식을 담아낸 시집인데, 우리로서는 이 시집에 1970년대의 민중적 리얼리즘의 한 경지라는 칭예를 선사해도 좋으리라.

> 흐르는 것이 물뿐이랴 / 우리가 저와 같아서 / 강변에 나가 삽을 씻으며 / 거기 슬픔도 퍼다 버린다 / 일이 끝나 저물어 / 스스로 깊어가는 강을 보며 / 쭈그려 앉아 담배나 피우고 / 나는 돌아갈 뿐이다 / 삽자루에 맡긴 한 생애가 / 이렇게 저물고, 저물어서 / 샛강바닥 썩은 물에 / 달이 뜨는구나 / 우리가 저와 같아서 / 흐르는 물에 삽을 씻고 / 먹을 것 없는 사람들의 마을로 / 다시 어두워 돌아가야 한다
>
> ―「저문 강에 삽을 씻고」전문

1970년대의 민중적 서정시는 다분히 자연발생적인 것이 1980년대의 조직화된 시들과 다른 것이다. 그러나 그 자연발생성에도 불구하고 노동자에 대한 강한 연민과 연대감을 형상화한 시인이 바로 정희성인데, 이 작품에서 보듯, 그의 시에는 당대적 현실의 핍진한 묘사보다는 지사적인 열정과 모순된 사회에 대한 분노가 짙게 반영되어 있다. 가령 "내 조국은 식민지 / 일찌기 이방인 지배하는 땅에 태어나 / 지금은 옛 전

우가 다스리는 나라 / 나는 주인이 아니다"(「불망기」)의 혼쾌한 반외세적 목소리나 "나는 자유를 위해 / 증오할 것을 증오한다"(「이곳에 살기 위하여」)고 독설적으로 노래하는 것이 그것이다.

김명수는 첫 시집 『월식(月蝕)』(1980)에서 일상적 진실을 역사적 진실로 변전시키는 정제된 언어를 보여준다. 선명한 시적 인상을 내면적으로 걸러 암시적 언어로 풀어놓는 일이 그의 시적 전략이라고 할 수 있는데, 이와 같은 김명수의 시적 특성은 시적 리얼리즘의 다양성이라는 1970년대의 특성을 잘 보여주는 값진 예에 속한다.

> 먼 길 떠나시던 / 아버님 발자욱이 보인다. // 어두운 밤 홀로 흰 두루막자락 날리시며 / 검은 산 넘어 넘어 / 먼 길 가시던 날. // 어머님이 감추시던 / 눈물 어려 몇 방울 // 내 이젠 나이 들어 어린 딸 거느리고 / 여름저녁 한때 언덕에 서면 / 만주땅 어느 곳에 잠들어 계실 / 아버님 모습 …… // 풀벌레들 정적 더하던 / 고향 옛집에서 / 철모르던 우리 남매 잠재워 놓고 // 두만강 / 된서리 묻어온 두루마리 / 남 몰래 읽으시던 우리 어머니 // 촛불에도 떨리시던 / 당신의 눈물 모두 어려 보인다.
>
> — 「북두칠성」 전문

독립 투쟁과 유랑의 길을 떠난 아버지에 대한 회상, 그리고 그러한 상황이 아들대에도 별로 변하지 않은 상황을 차분한 시적 어조로 반추하는 이 작품은 그 다음 대에도 이별과 유랑은 계속되리라는 인식을 담고 있다. 그러나 그러한 역사적 인식이 거친 톤이 아닌 차분한 내면성을 얻으며 전개되고 있는 것이 그의 시의 가장 커다란 미덕이다. 그는 「일식」이나 「월식」, 「형광등」, 「하급반 교과서」 등의 가편(佳篇)에서 민중적 삶을 억압하는 유무형의 폭력들을 잔잔하게 형상화하면서 차분히 분노하는 보기 드문 음역(音域)을 선보인다.

이동순은 그의 첫 시집인 『개밥풀』(1980)에서 서러움의 정서를 바탕으로 하여 억압과 수난에 시달리면서도 꿋꿋한 생명을 이어가는 민중적 존재의 형상을 끈질기게 보여준다. 전통적인 한의 구비적 계승이라고 할 수 있는 형식을 취하던 그는 거기서 푸념이나 소극적 한이 아닌 새로운 민중적 휴머니즘을 구현한다.

> 추풍이 우는 달밤이면 / 우리는 숨죽이고 운다 / 옷깃으로 눈물을 찍어내며 / 귀뚜라미 방울새의 비비는 바람 / 그 속에서 우리는 숨죽이고 운다 / 씨앗이 굵어도 개밥풀은 개밥풀 / 너희들 봄의 번성을 위하여 / 우리는 겨울 논바닥에 말라붙는다
> ―「개밥풀」중에서

처음에는 참신한 기법과 내면의 디테일에 충실했던 그가「개밥풀」등에서 보여준 현실인식과 윤리의식은 전통적인 한(恨)의 구현을 통해 본격적인 민중적 서정시를 지향하게 된다. 그에게 '개밥풀'의 생태는 대대로 늘 당하기만 하고 살아온, 그러면서도 그들의 한을 풀지 못하고 응어리진 가슴으로, 밤중에 몰래 나가 거짓으로 꾸며진 송덕비나 발로 차보는, 이 나라 민중들의 역사 그대로였다. 역사적으로 누적되어온 민중들의 한을 정치윤리적 알레고리로 형상화한 이 작품은 논귀의 아무 곳이나 맴돌다가 홍수가 나면 뿔뿔이 흩어지고, 겨울이 되면 논바닥에 말라 붙었다가 봄이 되면 번성하는 개밥풀에서 민중들의 생리와 생동하는 형상을 읽게 해준다.

문병란은 『문병란시집』(1970) 이후 줄곧 남성적 음역과 지방색 짙은 건강성으로 한결같이 자기 세계를 견지해온 시인이다. 1970년대의 시적 성과를 묶은 시집 『땅의 연가(戀歌)』(1981)에는 한 시대를 응시하는 선 굵은 시인의 안목이 드리워져 있는데, 그것은 분단시대를 살아가는 우리 민중들의 삶에 대한 시대고와의 싸움이요 민족적인 근원적 우수에

대한 시적 통찰이기도 하다. "보다 뜨거운 가슴을 위하여 / 보다 피아 픈 운율을 위하여 / 시인아 시를 버려라 / 시인아 시를 배반하여라"(「시」)라고 노래하고 "이별이 너무 길다 / 슬픔이 너무 길다 / 사방이 막 혀버린 죽음의 땅에 서서 / 그대 손짓하는 연인아 / 유방도 빼앗기고 처녀막도 빼앗기고 / 마지막 머리털까지도 빼앗길지라도 / 우리는 다시 만나야 한다"(「직녀에게」)고 자기 성찰과 분단시대를 노래하는 그는 우리 현대시사의 빼어난 가인(歌人)이다.

> 나를 사랑해다오, 길게 누워 / 황토빛 대낮 속으로 잠기는 / 앙상한 젖가슴 풀어헤치고 / 아름다운 주인의 손길 기다리는 / 내 상처 받은 묵은 가슴 위에 / 빛나는 희망의 씨앗을 심어다오 ! // 짚신이 밟고 간 다음에도 / 고무신이 밟고 간 다음에도 / 군화가 짓밟고 간 다음에도 / 탱크가 으렁으렁 이빨을 갈고 간 다음에도 / 나는 다시 땅이다 아픈 맨살이다 // 철철 갈기는 오줌 소리 밑에서도 / 온갖 쓰레기 가래침 밑에서도 / 나는 다시 깨끗한 땅이다 / 아무도 손대지 못하는 아픔이다.
>
> — 「땅의 연가」 중에서

온갖 폭력, 온갖 증오, 온갖 상처를 다 보듬고 포용하는 대지적 모성을 그는 우리 시대의 가장 궁극적인 '큰 정신'으로 노래한다. 그때그때 상황적으로 나타나는 세미한 결들이 조급한 실천을 앞세워 횡행할 때도 그는 넓은 시적 투시를 통해 민중적 생명력의 폭을 형상화하였다.

그 외에도 우리는 황명걸(黃明杰)의 『한국의 아이』(1976), 이시영의 『만월(滿月)』(1976), 최하림의 『우리들을 위하여』(1976), 이성부의 『백제행』(1977), 김준태(金準泰)의 『참깨를 털면서』(1977), 김창완(金昌完)의 『인동일기(忍冬日記)』(1978), 정호승(鄭浩承)의 『슬픔이 기쁨에게』(1979) 등에 나타난 빼어난 민중적 상상력이 이 시대의 폭넓은 배음(背音)을 이룬다는 것을 기억한다. 또 반제적 의식을 시적으로 세련된 시적 의장으로 구현한 『동두천』(1979)의 김명인(金明仁), 『메이비』(1979)의 장영수(張英洙)도 거론할 수 있을 것이다.

3. 우리 시의 역사적 연속성

  1960-70년대의 민중적 서정시들은 대체로 진보적 의식을 가진 지식인에 의해 씌어졌다. 그것은 1980년대로 이어지면서 직접적으로 민중이 창작 주체로 나서는 노동문학 또는 노동해방문학으로 지속적 심화를 이룬다. 그러나 1960-70년대의 민중적 서정시들은 다분히 일상적 진실에 대한 핍진한 묘사보다는 창작 주체의 낭만적 열정과 민중주의적 편향이 너무 앞서 리얼리티가 오히려 위축된 면이 있는 것도 사실이다. 또 민중들이 어김없이 견지하고 있는 속악한 욕망이나 질긴 생존본능 등에 대한 비판의식이 민중에 대한 일방적 신비화로 희석된 측면 역시 진지한 내적 성찰을 결여한 외적 현시(顯示)에 자족했다는 비판을 벗기 어렵다고 보인다. 따라서 우리는 1960-70년대의 민중적 서정시들을 철저하게 닫혀 있던 세상을 올바로 보게 하려는 지식인들의 계몽적 열정의 소산이라고 부를 수 있다고 본다. 이들의 이와 같은 선구자적 열정은 1980년대에 김남주, 박노해, 곽재구, 고재종, 김해화, 백무산 등으로 이어지면서 우리 리얼리즘시의 본격적 전개로 이어진다. 시에서 현실성 도입, 이야기의 반영, 대중성의 고취 등 많은 긍정적 자기 변혁을 이룬 민중적 서정시들은 점점 그 강도를 더해가는 자본주의와 보수적 권력 앞에 서서히 자기갱신을 거듭해가면서 생명력을 더해야 하리라.
  그럴 경우 민중적 서정시 앞에 언제나 따라붙는 '비시적(非詩的)'이라는 췌언(贅言)은 어김없이 추문화될 것이다. 조급해하지 않고, 문학적 성취를 튼튼히 해가면서 현실과 미래를 노래할 일이다. 마치 황석영(黃晳暎)의 「객지(客地)」에 나오는 "꼭 내일이 아니어도 좋다"는 주인공의 마지막 독백처럼. (1997)

1990년대 시의 새로운 문법
탈중심 시대의 다양한 시적 형상

1. 1980년대에 대한 질적 대타의식

 1990년대 시의 성격을 한 마디로 서둘러 재단할 수는 없는 노릇이겠지만, 최근 씌어지고 있는 우리 시는 그 경향이나 이념적 층위와는 관계없이 어떤 일정한 공통점을 갖고 있는 듯이 보이는 것이 사실이다. 그것을 일단 우리는 지나간 1980년대에 대한 질적 대타의식(對他意識)이라고 규정할 수 있을 것이다. 전(前) 시대에 대한 강한 변별의식, 다시 말해서 1980년대와는 전혀 다른 새로운 시적 방법론과 안목만이 새로운 연대를 이끌어갈 수 있다는 인식에 다같이 동의하면서 다양한 창작 성과를 내고 있다는 말이다.
 그렇다면 우리 시대의 창작 주체들은 1980년대의 시적 공과(功過)를 어떻게 평가하고 계승하고 또는 반성하고 극복하려 하는가. 그리고 그 변화와 갱신의 노력은 과연 어떠한 양상으로 나타나고 있으며, 또 그것은 정당하고 바람직스러운 모습이라 할 수 있을 것인가. 이러한 질문에 대한 대답은 말할 것도 없이 근자에 활발하게 창작되고 있는 시집들을 꼼꼼히 살피고 나서 그 결과를 귀납한 다음에야 가능하겠지만, 미리 그 평가의 토대가 되는 잣대 정도는 제시될 수 있다고 본다. 그것은 변별의 계기가 될 만한 1980년대 시의 필연적 한계를 시인들이 '무엇'이라고 인식하고 있는가 하는 것과 그것을 '어떠한' 형상화 방법으로 또는 '어떠한' 주제나 내용을 통해 타개해가려고 하는가를 검토하는 것이다. 변혁에 대한 열망이 열병처럼 휩쓸고 간 시대, 1980년대. '진행중'이 아닌 '지나간 시대'라는 단절의식이 의식적, 무의식적으로 작품들 속에 두루 착색되어 나타나는 것이 근자의 경향이다. 그렇기 때문에 한 시대의 문학적 성과를 두고, 극복하고 넘어서야 할 과거지사(過去之事)요 또 소중한 문학사적 유산으로도 생각하는 시인들의 고민과 탐색의 의미는 이러한 검토를 거친 후에야만 제대로 된 평가와 바람직한 좌표를 얻을 수 있을 것이다.

2. 서정시의 사회적 의사소통으로서의 몫

서정시가 한 개인(시인)에게 또는 한 시대의 공동체(독자)에게 갖는 궁극적 의미는 무엇인가. 그 대답을 단적으로 제시하기란 여간 어려운 일이 아니겠지만 소박하게 이야기하면, 우리가 의심할 여지도 없이, 그것은 시인 스스로 누리는 자기 삶의 육화된 성찰과 기록으로서의 몫이요, 다른 하나는 독자들에게 간접 체험의 통로 역할을 하게 함으로써 삶과 사물에 대한 인식의 폭을 넓혀주는 거울과 같은 역할이라고 할 것이다. 이러한 서정시의 미학적 존재 가치에 대한 진술은 때로는 '사회적 울림'으로 변혁적 열정을 고양하는 역할과 또 범속한 일상적 삶을 소재로 그 일상성에 깊이 은폐되어 있는 허위의식과 지배 이데올로기를 깊은 깨달음과 감동으로 일깨우는 역할까지를 아우르는 말이다.

확실히 1980년대의 시들은 서정시의 이러한 사회적 의사 소통으로서의 몫을 톡톡히 해냈다. 언뜻 일별해도 김남주, 고은, 신경림, 문익환, 이시영, 박노해, 백무산, 황지우, 김용택, 곽재구, 김정환, 오봉옥, 김진경, 안도현 등 걸출한 시인들의 육성이 민족민주 진영의 대표적 서정시인으로 각기 다른 음역(音域)과 형상화 방법으로 우리에게 깊은 감동과 힘을 주었으며, 주제 면에서도 노동시, 농민시, 혁명적 전통의 복원을 위한 서사시, 전교조를 토대로 한 교육현장시, 통일 운동의 고양에 발맞춘 통일 지향의 시, 민중의 일상을 통해 현실을 반추할 수 있는 민중적 서정시 등이 우리 시단을 풍성하고 탄탄하게 이끌어온 것이다. 그들이 성취한 시적 성과는 그야말로 서정시의 소통 가능성과 영역을 확대한 것은 물론 일상어법의 확장, 형상화 방법과 시적 대상의 조응, 창작 주체의 계급적 존재 기반 확대 등 전 시대의 문학적 전통을 가일층 승화시킨 것이었다.

그런데 문제의 핵심은 이러한 1980년대의 우리 시가 성취한 긍정적 현상을 오늘의 시인들이 반성하려 하고 주춤거리며 방향 전환을 모색하고 있다는 데 있다. 강력한 민중연대성은 찾아보기 어렵고 새 시대에 대한 열망이나 이념적 고투보다는 애잔한 서정이 넘실댄다. 혹자는 이를 두고 서정시의 본령이 드디어 살아난다고 개가(凱歌)처럼 '시의 르네상스'를 이야기하는가 하면 시인들의 관심이 커다란 이념보다는 작고 소중한 일상으로 돌아오고 있다고 반기는 이들도 적지 않다. 그렇다면 시인들은 왜 자랑처럼 기록될 전 시대의 문학적 자산에 대하여 이토록 강한 변별성을 가지려 하고 또 가지게 되었는가. 그 원인을 깊이 천착하자면 시인 개개인이 각기 유다른 사유와 계기들을 갖고 있겠지만 그것은 대체로 변화한 현실인식에서 찾아진다고 할 수 있다. 그 외적 동인이야 말할 것도 없이 진보적 시인들이 지향하고 있던 이념적인 구심점이 와해되었다는 데서 찾아진다. 소련과 동유럽 사회주의 국가들의 체제 변화로 인한 세계사적 변모는 우리 사회 내부의 변화와는 별 매개도 없이 지식인, 작가들의 정신적 토대를 온통 뒤흔들어 놓았고 지식인 사회에서는 근거없는 회의와 무기력이 만연하였다. 현실은 변한 것이 그닥 없는데 현실에 대한 반응 방법만이 매우 달라진 셈이다. 따라서 지식인, 작가들은 그에 대한 대안을 섣불리 설정하기보다는 무엇엔가 들떠 있었던 자신을 반성하고 자기 폐쇄적인 '내면적 성찰'이라는 새로운 유행으로 빠져들어갔다.

그리고 이러한 인식은 이른바 서정성의 강화, 일상적 삶에 대한 관심의 증폭, 시적 형상성의 확보를 위한 노력 등으로 나타났고 정치(精緻)한 이념적, 방법적 기율을 벗어나 다양한 내용적 변모를 꾀하게 되었다. 자연스럽게 시의 경향은 전(前) 시대와는 주제나 대상이 판이해지게 되어 '우리'보다 '나'의 절실한 문제로 시선을 옮겨갔고, 그동안 불변의 가치로 인식되어왔던 이념적 구심력에서 별 필연적 이유도 없이 뛰어나올 수 있게끔 되는 형국이 되었다.

그러나 이러한 변모는 현실에 대한 깊은 고민을 통해 처러낸 변증법적 지양(止揚)의 결과라기보다는 반성의 대상이 불분명하고 반성 자체가 시적 대상이 되어버리는 역편향을 보이게 되었고 진지하지 못한 청산주의 등의 혐의도 벗기 어려워 보인다. 현실의 세부와 전체에 대한 포괄적 인식을 포기하고 개별적이고 경험적인 실재만을 시적 대상으로 삼는 태도는 궁극적으로 구체적 현실의 세계가 아니라 자기 부정적인 탈중심적 사고의 변주일 것이기 때문이다.

이 글은 이러한 우려를 토대로 쐬어진다. 기술 과정에서 밝혀지겠지만 우리 시의 변화라는 것이 그리 부정적인 것만은 아니면서도 이러한 우려를 먼저 제시하는 또 다른 이유는 요즘 툭 하면 '1980년대 시의 도식성'이니 '상투성'이니 하는 근거없는 비판을 평자들이 하고 있고 또 그런 '상투성'이나 '도식성'을 근래의 시가 벗어나고 있다면서 시의 발전을 이야기하는 이들이 진보적 진영에서는 많이 있으며 또 그러한 평가가 별 검증 없이 통용되고 있다는 불만에서였다.

3. 이념적 혼돈기의 세 가지 시적 경향

1992년에서 1993년을 지나는 겨울에는 참으로 많은 시집들이 출간되었다. 시인들의 연륜이나 경향도 다양하기 그지없고 또 대립적인 양 진영이 뚜렷하게 존재하지 않는 것이 특징이라면 특징이다. 그래도 시인들이 집요하게 추구하고 있는 시적 대상과 주제 그리고 형상화 방법에 따라 근래의 작품들은 대략 세 가지 부류로 구획될 수 있을 것 같다.

그 하나는 고향이나 자연 또는 유년 시대에의 정서적 침잠을 통하여 현재의 자아를 되비추고 반성하는 서정성에 중심을 대고 있는 시인들의 작품들이다. 여기에 해당하는 시인으로는 심호택, 이하석, 임동확, 이재무 등을 들 수 있을 것이다. 다른 한 부류는 자신의 삶의 일상성에 대한 시적 통찰을 통해 현실 속에 은폐되어 있던 가치들을 찾아내고 의미화하려는 시인들의 노력을 이야기할 수 있을 것이고 여기에는 김명인, 강은교, 임영조, 김종철, 이선영, 이영유, 김정란, 박순업 등을 예거할 수 있다. 마지막 한 부류는 변화된 현실인식을 전제로 하여 구체적인 사회역사적 현실을 대상으로 새로운 가치에 대한 모색을 하고 있는 일군의 작품들이라 하겠는데 여기에는 이광웅, 김정환, 김건남, 조재도, 고재종, 서홍관, 홍일선 등의 시인을 기억할 수 있을 것이다.

이러한 경향들은 각기 고유한 장점들을 갖고 있는 듯이 보인다. 물론 이러한 커다란 구획이 시인들의 시세계가 갖는 미세한 차이들을 포괄하지 못할 것은 자명한 이치이고, 또 어떤 시인들의 시세계는 이러한 분류의 경계선을 넘나드는 다양한 시적 성과를 보이고 있는 것도 사실이다. 다만 이러한 분류는 이른바 한 시기의 전체적 외연(外延)에 대한 조감(鳥瞰)을 위한 것임도 역시 자명하다.

3-1. 먼저 위에 제시한 첫번째 부류의 시 경향부터 검토해 보자.

45세라는 늦은 나이에 우리 앞에 소개된 심호택의 첫 시집 『하늘밥도둑』(창작과비평사)은 농촌 공동체의 삶과 정서를 탁월하게 재현시킨 작품집으로 평가된다. 훼손되기 이전의 원형적 삶에 대한 의식적 그리움을 기조로 하여 자본주의 문명 사회에 대한 비판적 인식을 가능케 해주고 있는 것으로 그의 시세계는 요약된다. 그에게서 '고향'이라는 대상은 두 가지 모습을 띠고 나타난다. 하나는 비록 경제적으로 궁핍의 극을 살았던 곳이지만 그래도 '그때 그곳'이 지금의 속악한 삶보다는 가치있고 행복했었다는 귀소 공간(歸巢空間)으로서의 고향이고, 다른 하나는 그의 삶을 있게끔 한 모태(母胎)로서의 고향이다. 특히 후자는 그의 범상치 않은 가족사를 토대로 형상화되고 있어 진실성을 더해주고 있다(「초겨울」, 「사변 직후」 등).

> 그만큼 행복한 날이 / 다시는 없으리 / 싸리빗자루 둘러메고 / 살금살금 잠자리 쫓다가 / 얼굴이 발갛게 익어 들어오던 날 / 여기저기 찾아보아도 / 먹을 것 없던 날
> — 「그만큼 행복한 날이」 전문

이 시가 갖는 행복에 대한 역설적인 시적 진술은 심호택 시인의 정서적 바탕이라고 할 수 있다. 잃어버린 순정한 어린 시절은 우리에게 무엇인가에 대해 그는 시로 묻고 답한다. 그 진실 어린 시적 재현은 때로는 민족 현실로(예컨대 「철조망」, 「미제 철모」 등) 인식이 확대되기도 하고 '손 닿지 못할 그리움'(「첫 수업」)을 추억하며 현재의 삶에 반

성적 자료를 제출하기도 한다. 자연의 서정을 노래한 「하늘밥도둑」 등도 퇴행적 전원시와는 다른 새로운 생명 공동체로서의 자연을 일깨우고 있다. 더불어 시인은 '왜 한가로이 고향을 찾는가. 물론 스스로 물었으나 구구한 이유없이 내 순정한 어린 날을 다시 한번 만나 보고 거기서 출발하자는 생각'을 가지고 있고 '하지만 시야를 가릴 수도 있을 친숙한 것의 위험을 모르지 않는 바, 이로써 나는 기꺼이 그 정든 앞개울을 건너야 하겠다.'(「후기」)며 이러한 시 경향의 현실 일탈 가능성을 스스로 경계하고 있다. 늦깎이 새내기로서의 서투름이나 조악함이 없고 오히려 원숙함마저 비치는 그의 시는 확실히 근자 시단의 소중한 수확의 하나라 여겨진다.

이하석 시집 『측백나무 울타리』(문학과지성사)는 산업사회의 첨예한 발달로 상징되는 현대문명에 대한 적극적 부정과, 현대 사회의 비인간화의 실상을 통찰하는 것으로 나타난다. 그리고 참다운 인간성의 회복 가능성을 시인은 문명의 반명제로서의 '자연'에서 찾는다. 그러나 이하석에게서 자연은 목월류의 관조나 생명 운동의 차원 또는 환경론적 차원의 그것이 아니다. 그것은 자연의 아름다움과 가치를 시인(또는 인간 일반)의 내면과 혼융시키고 일체화시켜버린다는 데 특징이 있다. 그렇기 때문에 그에게 시란 자연과 인간이 경계선 없이 화해할 수 있는 언어적 가능성을 의미하는 것으로 보인다. 다음 작품은 자아와 시적 대상 사이에 경계라는 것이 존재하지 않음을 보여주는 예이다.

저 폭포는 나의 안으로 쏟아져 폭발한다. 모든 밖이 나의 안이다. 모든 안이, 나의 상처이다. 가파른 절벽의 무지개로 걸리는 솟구치는 마음의 우뢰

― 「명금폭포」 전문

자연의 아름다움을 끌어들임으로써 자기의 내면을 아름답게 하는 내면과 외계의 이 혼재된 희열, 그의 시는 그것들로 가득하다. 문명사회가 갖는 구조적 양태는 물론, 인간의 개별화된 삶의 양식들은 그의 시의 관심이 아니다. 그렇기 때문에 그의 시는 이미지 위주의 삽화적 성격을 필연적으로 띨 수밖에 없다. 인식의 구체성이나 완결성이 독자의 의식으로 편입되는 것을 의도적으로 차단하고 있는 셈이다. 인간의 개별적이고 구체적인 삶의 양식을 언어의 이미지 안에 실어야 한다는 바람이 그의 시에 요구되는 것이다.

임동확 시집 『운주사 가는 길』(문학과지성사)은 유년 시절의 정서적 재현이 반성적 의미에서 현재화된 긍정적 예라 할 수 있다. 『매장시편』 이후 끊임없이 '5월의 광주'를 시적 화두로 그것의 역사적 의미를 자신의 체험 속에 내면화시켜 형상화했던 임동확은 이번 세번째 시집을 통해 그 쓸쓸한 삶의 상처를 더욱 원초적인 심상으로 반추하고 있다. 그 원초적 심상은 주로 유년 시절의 추억이나 고향 이미지로 나타나는데, 그것은 새롭게 전개되는 현실을 반영하고 동시대인의 절실한 정서를 형상화하는 데 일정한 제약을 마련하는 것으로 보인다. 그러나 그의 시는 앞서 살핀 심호택의 자연 서정이나 이하석의 문명에 대한 반명제로서의 자연 긍정과는 격이 다르다. 그것은 그 되새김을 '오랜 격정으로 덧난 / 지난 세월들을'(「만경평야」) 반추하며 '반성은 없고 / 야유만 남은 혼돈의 거리'(「유행」)를 살아가는 원동력으로 삼고 있다는 데서 찾아진다. 따라서 그의 시가 갖는 주된 경향은 유년 시절과 고향에 대한 회상을 통한 현실 반성이라는 측면과 문명에 대한 강한 저항 곧 문명 비판적 서정의 측면으로 집약된다. 광주라는 참혹한 역사적 공간을 가로질러왔던 그는 그만이 갖고 있는 경험적 구체성으로 직정적이지 않은 차분한 현실 서정을 노래하고 있는 것이다.

그러나 유리 파편 박힌 담벽보다 더 높게 / 공포의 뿌리보다 더
깊게 절망하고 일어서는 / 이곳의 삶을 결코 미워하지 않기로 했다
/ 어떻게든 견뎌내며 치욕마저 제 편으로 만들어 / 향기로 뿜어내는
저 도저한 시간의 경이를, / 그리고 운명마저 변화시키는 놀라운 /
생명의 신비를 노래하기로 작정했다
　　　　　　　　 - 「담장 밖으로 피어난 흰 목련」 중에서

　그의 과거는 확실히 '결코 무너질 수 없는 기억의 탑 속에 / 거기 그
대로 응결된 시간의 음각'(「기억만으로 행복한」)인 듯하다. 그것은 벗어
날래야 벗어날 수 없는 원죄 같은 삶의 그늘이자 역동적 의미의 원천
이기도 한 것이다. 임동확은 바로 그곳에서 자신의 삶을 반성할 사색적
질료와 현실에 대한 태도를 길어올리고 있다. 그렇기 때문에 정서가 무
척이나 개인화되어 있으면서도 자폐적이지 않고 역사화된 자아의 음성
을 들려줄 수 있는 것이며, 그의 또 다른 시적 경향 곧 '욕망의 굴뚝만
높아가는 / 속도 빠른 문명의 열차'(「귀성」)에 대한 강한 부정정신도 싹
틀 수 있는 것이다. 이처럼 하나의 뿌리에서 나온 반성과 비판정신은
회고조의 시가 빠질 수 있는 현실 일탈의 가능성을 견제하면서 유용한
그의 시적 방법론이 된 셈이다.
　이재무의 시집 『벌초』(실천문학사)는 그동안 이 시인이 관심을 갖고
창작해왔던 시 경향의 중간 결산이라는 인상이다. 그동안 이재무는 두
권의 시집을 통해 현실의 모순을 시화하는 일과 고향에 대한 형상화를
아우르고 있었다. 이번 시집도 시인 스스로 편제(編制)했듯이 '자연'
'현실' '애정'을 각 1부씩 할애해 주제별로 시적 탐색을 한 것이다. 그
러나 주제를 그렇게 나누었다고 할지라도 그 뿌리가 되는 공분모는 어
느 정도 분명해 보인다. 그것은 철저한 시적 의장에 실린 '순정성에 대
한 희구'라 할 만하다. 사실 이재무의 시는 어느 것 하나 서투르게 씌
어진 것이 없다. 시인으로서의 성실한 장인(匠人)의식은 그의 커다란

자산이다. 그런 자산을 바탕으로 그는 유년 시절의 자연 서정과 '마음은 배가 불렀던'(「몸보다 마음의 배고픔에 서러운 날은」) 그때의 아름다웠던 정서를 재현한다.

> 내 유년을 실어나르던 / 낡은 목선은 어디 갔는가 / 상류로부터 밀려온 물결은 / 바다를 눈앞에 두고 / 무엇이 아쉬워서 / 강가 풀잎들을 저리 흔드나 / 흙바람이 불어와 / 눈이 매운데 / 선창가 유년을 서럽게 울던 / 그리운 젓가락 장단 / 다 어디 갔는가
>
> —「강경에 와서」 전문

이재무가 희구하는 과거의 순정성은 실제로 현실의 삶에 반성적 충격을 주는 역할보다는 투명한 물살처럼 그곳에 빠져들게 하는 힘을 가진 것으로 읽힌다. 이것이 임동확과 변별되는 점이다. 이러한 특성은 그의 세련된 언어 구사에 힘입어 진정한 자연의 서정을 감각적으로 재현하는 데 탁월한 면을 보이고 있으나 현실의 맥락까지 유추하기는 어려운 일면을 띤다. 그러나 돌아가신 어머니에 대한 애틋한 정을 노래한 「간경화꽃」이나 「벌초」 또는 현재의 자아를 되비추고 있는 「기차」 등은 이재무 시의 가능성을 예견케 하는 수작들로 마땅히 주목되거니와 '현실'을 다룬 2부보다는 '자연'을 노래한 1부가 훨씬 시적 감동을 준다는 면을 고려한다면 시인이 앞으로 지향해야 할 몫은 이러한 세련되고 진실한 서정과 모순의 현실을 연관성있게 접목시키는 일일 것이다.

3-2. 다음으로 우리는 우리의 일상적 삶에 대한 깊은 통찰을 통해 그것을 의미화하는 일군의 시인들을 만나게 된다.

김명인 시집 『물 건너는 사람』(세계사)은 삶의 본질을 바라보는 독특한 시적 안목으로 주목받아 마땅하다. 그의 시세계는 운명적으로 주어진 삶의 비극적 여정을 깊은 서정과 형상력으로 노래하고 있는 것으로

집약된다. 지천명의 연배에 이르기까지 겪은 체험을 귀납하여 시적 감수성의 한계를 풍부하게 확장한 것은 이 시집의 뚜렷한 성과라고 여겨진다. 김명인에게서 현실은 역사적, 사회적 현실(예를 들면 『동두천』의 시들)이 아니라 인간의 근본적인 존재 조건으로만 파악된다. 그것은 뿌리를 내릴 '대지'가 아니고 건너야 할 '물'이고 지나가야 할 '사막'으로 표상된다. 이러한 순례의식은 비극적 실존의 길을 건너 삶의 긍정으로 나아가려는 힘겨운 모색을 보여주지만 시인 자신도 그 지향점을 분명히 인지하고 있지는 않은 듯이 보인다. 무의미한 일상이 반복되는 틈새로 그는 인간의 본래적 운명 같은 것을 날카롭게 포착해내어 풍부한 언어적 의장으로 시화해낸다.

> 짜디 짠 땀방울로 온몸 적시며 / 저물도록 발틀 딛고 올라도 늘 자기 굴헝에 떨어지므로 / 꺼지지 않으려고 水車를 돌리는 사람, 저 무료한 노동 / 진종일 빈 허벅만 퍼올린 듯 소금 보이지 않네 / 하나, 구워진 소금 어느새 썩는 살마다 저며와 뿌옇게 / 흐린 눈으로 소금바다 바라보게 하네 / 그 눈물 다시 쓰린 소금으로 뭉치려고 / 드넓은 바다로 돌아서게 하네
>
> ─「소금바다로 가다」중에서

그의 시에서 종종 비치는 '소금'의 이미지는 그가 자신의 외롭고 힘겨운 시도에 어떤 의미를 부여하고 있는지를 비교적 분명하게 보여준다. 그의 '무료한 노동'이 지향하고 있는 것은 그 자신이 '소금기둥으로 붙박혀'(「소금」) 남아 자기 몫을 감당해내겠다는 존재론적 결단과 통하는 것이다. 따라서 그의 시쓰기는 '저 세월 온몸으로 기지 않고서는 건너지 못한다는 것을'(「매미」) 절감하고 끊임없는 유랑과 순례를 거듭하는 존재 양식이라 할 것이다. 이와 같은 김명인의 시적 형상화에는 우리의 일상을 바라보는 통찰에 새로운 방향을 부여했고 시가 언어의 예

술이라는 인식을 새삼스럽게 일깨웠다는 긍정적 평가와 다양한 현실들 간의 내적 연관성이나 모순적 관계를 보편적 인간의 실존적 문제로 치환해버렸다는 부정적 평가가 공존한다.

20대에 벌써 작가적 명성을 얻고 그로부터 20여 년간 계속 창작 활동을 해온 강은교는 신선한 이미지 창조와 대담한 무속적 상상력으로 우리 시의 한 극점을 이루어온 시인이다. 이번에 낸 시집 『벽 속의 편지』(창작과비평사)는 그가 얼마나 자신의 주변 일상적인 삶의 모습들에 눈길을 붙박은 채 시를 쓰고 있는가를 잘 보여준다. 거대한 정치 권력과 자본주의적 기제 앞에서 소리없이 허물어져가는 것들의 소중함, 역설적이게도 그러한 것들이 세상을 근본적으로 움직이고 있다는 질긴 믿음과 각별한 애정을 그의 시는 보여준다.

> 이 세상의 모든 눈물이 / 이 세상의 모든 흐린 눈들과 헤어지는 날 // 이 세상의 모든 상처가 / 이 세상의 모든 곪는 살들과 헤어지는 날 // 별의 가슴이 어둠의 허리를 껴안는 날 / 기쁨의 손바닥이 슬픔의 손등을 어루만지는 날 // 그날을 사랑이라고 하자 / 사랑이야말로 혁명이라고 하자 // 그대, 아직 / 길 위에서 길을 버리지 못하는 이여
>
> —「벽 속의 편지 - 그날」전문

억압의 현실에 사랑이라는 혁명은 어떻게 성취될 수 있는가. 그의 시에는 억압의 사회역사적 원인이나 사랑의 구체적 방법론이 중첩된 이미지의 회로 안에 두텁게 갇혀 있다. 하여 그의 시는 이미지간의 논리적 연관성의 추적이 쉽지 않다. 행간의 의미 비약이 크고 결말 처리가 모호한 작품들이 적지 않게 발견된다. 이러한 특징은 두 측면으로 평가가 가능하다. 하나는 시인의 내적 체험으로 사회역사적 사상(事象)들을 용해시킴으로써 도식적 열망으로 빠져들어가는 것을 스스로 막고 있으

며 따라서 전 시기의 '죽음'의 이미지를 탈피한 사회적인 비극적 양상을 형상 속에 확보하려는 노력으로 볼 수 있고 다른 한 측면은 시집 제목에서 암시되듯 시인 자신도 뚜렷이 어떤 시적 출구를 찾지 못한 형편이 시 속에 나타난 것으로 보인다. 사실 그의 시 어느 것 하나 애정 아닌 것이 없지만 구체적 사물을 끈질기게 탐구한다든가 다양한 현실들간의 내적 연관을 추적한다든가 하는 노력은 거의 목격되지 않기 때문이다. 시「그대의 들」,「새우」,「절벽」,「벽 속의 편지」 연작들은 이러한 두 가지 특성들을 집약적으로 보여주는 작품들이다. 이 시인의 앞으로의 몫은 그의 남다른 장점인 사랑의 힘을 구체화하는 일일 것이다.

임영조 시집 『갈대는 배후가 없다』(세계사)는 일상 생활에서 흔히 목도할 수 있는 사물들을 소재로 삼는데 그것들을 은유화하여 우리 삶의 방식을 반성하는 작법을 보인다. 「자동판매기」는 자신이 자동판매기처럼 '도시의 한 켠에 방치된 채 / 아무나 눌러도 되는' 자존심 없는 생활을 해왔다는 것, 그리고 「리모콘」은 '물증은 없고 심증만 가는' 이 시대의 보이지 않는 테러리스트를 묵인하여왔다는 것의 은유물로 부상한다. 이렇게 사물을 삶의 거울 역할을 하는 것으로 은유화하는 태도는 그다지 새로운 것은 못 된다. 다만 그에게 특징적인 것이라면 그런 사물의 의인화된 존재 방식이 집요할 정도로 체질화되어 있다는 점이고, 또 그것이 무심히 지나치기 쉬운 일상성 속에 내재한 숨은 의미를 일구는 끊임없는 시적 도정이라는 점이다.

> 나는 오늘 / 그에게 안수를 받듯 / 손발을 씻고 세수를 하고 / 속죄하는 기분으로 몸을 씻었다
>
> —「비누」중에서

그가 구가하는 시적 자아는 순수하지만 무력하기 짝이 없이 나타난

다. 저녁 식단을 받아 놓고 '알고 보니 / 내가 늘 먹어치운 식단'이 '누군가의 손에 살해된 주검 / 온갖 시체로 조리된 성찬이었다'(「잡식동물」)는 깨달음이나 「비누」에 나타나는 속죄 의식처럼 '그동안 너무 자세가 불량했구나! 삐딱했구나!'(「좌골신경통」)라는 자의식을 동반하고 있으며, 「만년필」을 두고 이 시대에 단지 '고독한 서생'이자 '아웃사이더'로서 '너무 정직한 복싱만' 해대는 순수하지만 무기력한 자신을 읽어내는 것이다. 이러한 순수에의 강한 집착과 일상적 사물의 은유 기법은 적실하게 맞아떨어져 쉽고 아프게 읽혀진다. 그러나 이러한 시적 방법론의 한계는 너무도 분명하다. 그것은 그 은유화가 오히려 역으로 사물간의 구체성을 상실케 하는 기제로서 작용한다는 것이다. 일상 속에 깊이 은폐되어 있는 삶의 가치나 갈등 양상이 개인의 관념 속에 해소되거나 지극히 개별적인 문제로 환원된다는 것이다. 그렇기 때문에 임영조가 추구하는 일상의 의미화 작업은 사물을 대하는 근본적 태도에서 결정되는 한계로 인해 구체적인 인간의 삶을 노래하지 못했다고 평가할 수 있을 것이다.

  이 밖에도 김종철의 『못에 관한 명상』(시와시학사)은 '못'이라는 구체적 사물의 의미를 집중적으로 추구하여 일상성에서부터 사회 현실에 이르기까지 폭 넓은 은유로 형상화하였으며, 이선영의 『오, 가엾은 비눗갑들』(세계사)은 일상적 사물의 속성에 깊이 은폐되어 있던 삶의 의미를 반추하며 드러내고 있다. 그는 산문적 문체로 쉽고 친근하면서도 무의미한 사물을 일종의 '낯설게 하기'를 통하여 의미화하는 데 특장을 가진 시인이라 여겨진다. 또 이영유는 『유식한 감정으로 노래하라』(생각하는백성)에서 비시적(非詩的) 일상 화법으로 탈이념적 일상을 블랙유머를 통해 내보이고 있으며, 김정란의 『매혹, 혹은 겹침』(세계사)이나 박순업의 『1차원 나라』(세계사) 등도 독특한 기법으로 우리 존재의 일상성의 본질을 묻고 있다.

일상성(日常性)이란 무엇인가. '일상성'이란 사람들의 개별적인 삶을 매일매일의 테두리 속에 조직하는 관성적 힘이며 개인의 삶의 진행을 지배하는 시간의 조직과 리듬을 포괄하는 개념이다. 그것의 특성은 친숙성, 반복성, 대체 가능성으로 요약되는바, 그 물신화된 친근성 때문에 현실을 은폐할 가능성도 있고 사람들의 비판의식을 순치시킬 수도 있으며, 또 역으로 거짓 구체성 속에 은폐되어 있는 현실의 본질을 드러낼 수도 있다. 따라서 이러한 일상성의 시적 탐구는 그것이 재치의 수준으로 떨어지지 않고 형상화 방법으로 이용될 경우 현실의 가리워졌던 본질을 드러내는 유용한 방법일 수 있다. 위의 시인들은 항구적인 이념을 지지하는 것과 총체적인 현실 재현은 애초부터 단념하고 일상 속에 흩뿌려져 있는 숨은 말들을 찾아나선 이들이다. 그들의 작업은 1990년대 시의 변화의 뚜렷한 양상으로 자리잡고 있고 또 그 시적 성과 역시 새로운 바 없지 않지만 현실을 깊이있게 천착하거나 진정한 구체성에는 이르지 못한 것으로 평가된다.

3-3. 마지막으로 사회역사적 현실을 문제삼는 작품들을 볼 차례이다. 이념에 대한 시의 복무 현상이라는 영예롭지 못한 비판을 일부 받았던 민중시들의 자기변신은 우리 문학이 지향해야 할 몫을 암시해준다.
이광웅의 유작 시집이 되어버린 『수선화』(두리)는 시가 현실과 절연된 층위에 있는 것이 아님을 꾸준히 보여준 감동 깊은 예에 속한다. 이광웅의 '현실'은 그 자신이 몸담아왔던 교육 현장을 비롯한 '싸움'의 현장이며, 그의 시는 곧 삶의 치열함으로 빚어낸 현장의 기록이다.

> 내 생애에서의 영원이란 / 그 해 봄 / 내게 머나먼 압록의 강물같이나 바라뵈던 복직이 / 명절같이나 찾아와 / 떠나야 했던 교직에 또 몸담아 살면서 / 귀여운 소년 소녀들에게 평화로이 우리 국어를 가르치던 / 그 학교 / 그 교정 / 그 화단 가운데 / 수선화 피인 / 갠

날이다
          － 「수선화」 중에서

 해직 교사로서의 아픔과 꿈이 이 정도로 육화되어서 전달되기란 쉽지 않다. 그의 가장 고귀한 자산인 삶에 대한 순수한 열정은 『목숨을 걸고』 이후 더욱 결정체로서 빛을 낸다. 그러나 그의 시의 꾸준한 약점이기도 했던 상투적 비유와 산문화된 진술은 그 '싸움'의 관성화라는 의구심을 생기게 했고 이 시집에서도 그것이 시원스레 극복되지는 못했다. 그러나 어떠랴. 그는 이 시집을 낸 직후 유명을 달리 했다. 기교가 창궐하고 주의주의적인 미성숙한 시들 속에 오롯한 시정신의 좌표가 될 자랑스럽고 소중한 시인 이광웅의 이름은 그의 소망만큼이나 짙게 기억될 것이다.
 김정환은 1980년대 이후 민족문학 진영에서 독자적인 위치를 확보하고 꾸준히 창작 활동을 해온 시인이다. 이번 시집 『희망의 나이』(창작과비평사)는 그간의 지속적인 작업의 결과물로서 전 시대와는 구별되는 새로운 징후를 보인다는 데 관심이 모아진다. 그의 시는 그가 치열하게 몸담아온 '현실'에 대한 반성이 주가 된다. 그렇다면 문제는 그가 반성하고 있는 '현실'의 의미망일 것이다. 그것은 한마디로 관념적 좌파 지식인이 파악한 관념적 현실이다.

 한 시대가 끝났다 구겨진 종이처럼 / 슬퍼할 자격이 있는 사람은 또 몇 ? / 구겨질 자격이 있는 슬픔은 또 몇 ? / 한 시대가 끝났다 잊혀졌던 필름에 / 추억은 또 몇 ? 희망은 또 몇 미터 ? / 피비린 것은 ? 견고한 것은 ? 성난 ? / 촉촉한 것은 의문부호뿐 어여뻐라 / 이 다음 눈물방울로 똘똘 뭉쳐 그대여 / 패배가 있었고 다스린 육체가 남았다 / 그것이 너의 것이다 온전히, 불멸하라
          － 「사랑노래 5」 전문

그가 인식한 시대 변모의 필연적 계기는 그의 관념 속에서만 완결성을 갖고 시의 문면으로는 나타나지 않는다. 사물들마저 생기있지 못하고 시인 자신의 반성적 사유가 과잉되게 착색되어 관념의 옷을 입고 있다. 그는 '무너지는 것이 무엇인가를 튼튼하게 한다'(「첫눈」)는 신념을 가지고 있지만, 그것은 '현실을 본다 본질까지'(「등」)에 이르러서는 한껏 주관적 신념이 되어버린다. 그렇기 때문에 그가 노리는 '사회적 서정'(「후기」)도 현실의 변화와 지속의 양 측면을 고루 탐사해 통일시킨 서정이 아니라 의사 소통마저 쉽게 되지 않는 불투명한 반성의 시가 된 셈이다. 그동안 노동계급 당파성에 입각해서 역작들을 많이 산출했던 이 시인의 이 같은 변모는 1990년대 시의 사변적 성격을 여실히 증명하거니와 새로운 구심력 창출을 위한 노력보다는 반성의 대상이 불분명한 현실에 대한 패배의식으로 읽혀질 수 있다는 우려도 있다. 좋은 작품들도 꽤 있지만 전체적 얼개를 이러한 우려로 제시하는 것 또한 그가 우리 시단의 역량있는 시인 중의 한 사람이기 때문이다.

　김건남은 48세라는 늦은 나이에 참으로 열심히 시를 쓰고 있는 시인이다. 5공 정권이라는 폭력적 탄압에 맞서 그동안 힘있게 싸워온 그가 이제 그 체험을 밀도있는 언어로 옮겨 적고 있다. 그만큼 그는 우리 시단의 최고 늦깎이인 셈이다. 이번에 낸 두번째 시집 『홀러온 길 아득해도』(황토)는 불혹의 나이를 넘긴 많은 시인들의 대체적인 경향인 정신주의와는 전혀 무연하다. 그만큼 그의 시에는 진솔한 열정과 사회적 관심이 서정 속에 무르녹아 있다. 추측컨대 많은 습작기를 스스로 거친 시인이라 할 수 있을 정도로 그의 시는 얕거나 직정적이지 않다. 그의 시들은 대체로 자신의 지나온 삶의 결들을 서정에 얹어 노래한 작품군과 사회적 현실을 양심으로 맞대결하는 치열한 작품군으로 요약될 수 있을 것이다.

새벽 속쓰림으로 / 강은 얼어드는데 / 애써 불러온 잠 간 곳이 없어 / 무심히 강시울에 나앉으니 // 나직 나직히 / 풀뿌리 붙들고 속엣말 주절이며 / 물소리 외로이 살아가는 강언덕에 / 텃새 미루나무 여직 새벽꿈에 젖는데 // 보아, / 저기 푸르스름한 / 은비늘 털어내고 / 눈물같은 물안개로 피어나는 꽃넋 // 가슴에 피 / 아리게 치오르는 / 속모를 사연이야 / 물밑에 사려 두고 / 내색없이 흐느끼는 저 / 강심 // 누군가 소리쳐 돌아보니 / 외마디 비명으로 스러진 넋들 / 되살아 맨발로 물길 밟아오는 것만 같아 / 저리게 타는 가슴 가슴은 / 송두리째 강물로 풀어져 저리 / 푸른 비늘 돋우며 흐르는 것일까

―「새벽강」전문

이러한 서정시들이 시집 1부를 그득 채운다. 사회적 삶의 이치가 왜곡된 우리의 현실을 그의 시는 주된 소재로 노래한다. 그것은 사회 현상에 대한 직접적 비판(「서원공원에 올라」), 또는 자신의 시에 대한 쓰디쓴 자성적 질문(「나의 시」) 나아가 우리가 한때는 치떨리게 분노했으나 일상에 묻혀 쉽게 잊고 사는 것들에 대한 일깨움(「청옥동 호숫가에 갈꽃으로 피었구나」) 등으로 나타난다. 김건남은 진지하고 진실성있는 시인이다. 형이상적 정신주의나 도시 문명의 안티테제로서의 자연 몰입이 아닌 중견의 청년 시인의 서정을 보며 우리 시의 긍정적인 한 방향을 읽는다. 그것은 현실에 대한 '사랑의 마음'(「사랑인 것을」)인 것이다.

1980년대적 시적 성과의 지속과 변화의 측면을 통일적으로 결합시켜 형상화한 뛰어난 시인들이 있으니 조재도와 고재종이 그들이다. 1980년대의 한복판에서 교육운동시와 농민시의 대표주자로 활약했던 그들의 이번 시집은 그들을 관념적 지식인의 세계와 변별시켜주는 경계선을 확인시켜준다. 그것은 바로 생활의 구체적 모습에서 시를 길어올리는

그들의 시작 태도에서 비롯된다.

　조재도의 『쉴 참에 담배 한 대』(실천문학사)는 오랫동안 교육 현장의 일선에 있었던 시인이 자신의 모태인 농촌으로 돌아와 농민의 생활을 익혀가는 귀향기(歸鄕記)이다. 이것은 원형적 그리움의 유년 추억도 아니요 자연에 빗대어 현실을 비판하는 것도 아닌, 생활 속의 변화이자 그것의 형상화 작업이다. 그의 시는 농촌의 삶을 노래한 작품군과 농민의 시각에서 우리의 교육 현실을 노래한 작품군으로 대별할 수 있다.

　　　남의 등가죽이나 베껴 먹는 치들에겐 / 쉴 참에 담배 한 대가 아
　　니예요 / 손발 놀려 쉴 틈 없이 일하는 / 일하지 않고서는 달리 먹
　　고 살 도리 없는 / 막노동꾼 흙노동꾼에게만 / 쉴 참에 담배 한 대
　　지요
　　　　　　　　　　－「쉴 참에 담배 한 대」중에서

　그는 농민의 생활을 통해 그 생활의 계급적 의미와 모순을 몸으로 깨닫는다. 또 그것이 그래서 얼마나 소중한 것인지를 새기고 있다. 그래서 그는 '나이 삼십이 넘은 오늘에서야 / 그 손의 따뜻함을'(「손」) 알게 되고 '이제 재도도 반농사꾼은 되겠구나 / 하시는 어머니 말씀에 / 기분 좋아라'(「모판을 나르며」)며 농민의 자리를 기꺼워하게 된다. 그의 시 속에는 이제 막농사꾼이 되어 보고 느낀 농촌의 삶과 구조적 양상이 구체적으로 제시된다(「감자」나「고사리」,「순례 엄니」등). 또 교육 현실을 다룬 작품들도 '마치 내가 걸어오며 놓친 일처럼'(「강물」) 지나간 현실을 섬세하게 기억하고 커다란 운동 형태보다는 작은 것들의 소중함에 대해 눈떠간다. 이러한 결과가 그의 진정 어린 농민 체험에서 바탕한 것임은 부연할 필요가 없을 것이다.

　고재종의 『사람의 등불』(실천문학사)은 전형적인 농투성이 시인의 생활 기록이다. 이미 『바람부는 솔숲에 사랑은 머물고』와 『새벽들』을

통해 김용택과 더불어 이 땅의 대표적인 농민시인으로 자리를 굳힌 그인지라 어떤 변화를 가져올지 궁금하기도 했으나, 그는 참으로 일관되게 자신만의 농민시를 꾸준히 쓰고 있었다. 그의 시는 조재도와는 다른 깊은 연륜에서 묻어나는 농민 정서의 전형을 담고 있다. 그는 농사일이 즐겁거나 괴롭다는 진술을 아예 하지 않는다. 그것은 이미 그에게 '천하를 주고도 못 바꿀 / 저 생산자의 자식!'(「꿈」)이고 '한동안 목숨껏 쌓일 자리'(「자리」)인 것이다.

> 어디서 길게 길게 황소가 울고 // 지난 겨울 농약병을 들었던 귀득씨는 / 핼쑥한 눈빛을 하고 용수배미에 나와 / 무너진 논둑을 쌓아올리는 날 // 개구리 먼저 쌀 수입개방 소문이 면에 나갔던 경운기 소리에 묻혀온다
>
> — 「경칩」 중에서

그의 시에 나타나는 농촌 풍경은 신경림(申庚林)의 『농무(農舞)』이래 우리 시가 계속 천착해왔던 농촌의 억압적 현실로 나타난다. 그것은 '가을이 왔어도 더는 거둘 것 없는 이 땅'(후기」)에 대한 분노와 그 분노를 삭이며 결정(結晶)되는 눈물 겨운 서정에 길을 대고 있다. 그렇기 때문에 그의 작업은 지식인들의 시대변화 인식에 대고 '도대체 무엇이 변했느냐'고 반문한다. 여전히 역사적 모순의 가장 직접적인 피해자는 농민이고 그러한 양상에는 시대적 변화가 침투하지 못한다. 그의 시 「땅 한 평」, 「눈부신 길」 등에 나타나는 짙은 농민적 정서는 그 상황의 비극성을 농민들만이 딛고 서는 감동의 형상으로 싣고 있다. 그러므로 조재도와 고재종 두 시인의 창작 성과는 우리 민족시의 고집스런 명맥을 보여준 것은 물론, 섣부른 현실 진단을 통해 재빠른 자기변신을 하는 지식인 사회 일각에 생활 형상으로 일침을 놓고 있다.

이 밖에도 의사라는 개인적 체험을 통해 약한 것들에 대한 사랑과

부조리한 사회 현실에 대한 진술하고 소박한 휴머니즘을 노래한 서홍관의 『지금은 깊은 밤인가』(실천문학사)와 농민시인인 홍일선의 『한 알의 종자가 조국을 바꾸리라』(두리)도 우리 시문학의 가능성에 일조하고 있는 시적 결과라고 볼 수 있다.

변화된 현실인식은 시에서 어떤 변화를 가져왔는가. 어떤 시인은 관념적 자기반성으로 시대의 어려움을 대상(代償)하고 있으며 어떤 시인은 살아온 삶의 결을 더듬으며 현실을 올곧게 바라보는 치열한 서정을 내보이고, 또 어떤 시인은 자신의 생활 현장 속에서 민족의 현실과 민중의 삶의 구체성에 다가간다. 1980년대를 발전적으로 계승하고 시문학의 발전을 기하려면 불투명한 양심적 자조보다는 생활 형상의 구체성을 통하여 민중들의 삶의 진실을 형상화해야 한다는 해묵은 진실을 다시금 확인한다.

4. 우리 시사의 새로운 지형도

지금까지 우리는 1990년대의 많은 시인들의 작업을 눈여겨 보아왔다. 말하자면 최근 우리 시단의 지형도를 일별한 셈이다. 그것을 이 글에서는 세 부류로 범주화하여 살펴보았거니와, 그것들은 각기 고유한 일장일단을 가지고 있었다고 보인다. 여기저기서 민족문학의 위기 내지는 퇴조라는 설득력없는 진단을 하고 있고, 탈중심적 다원주의가 강한 이념 불신의 모습을 띠고 나타나고 있는 것도 사실이다. 따라서 이 즈음에 우리 시단의 현주소를 묻고 그 평균적 모습을 토대로 가치평가를 해 보는 일은 매우 긴절히 필요한 일이라 여겨진다.

우리가 살폈듯이, 현실 일반으로 환원할 수 없는 인간의 일상성이나 고유한 실존적 문제를 탐구해들어간 시인들과 자연, 고향, 유년에 대한 정서적 침잠을 통해 현재를 되비추려는 노력을 한 시인들의 강세는 1980년대와는 뚜렷이 변별되는 대표적인 1990년대적 특성이라 할 것이다. 그러나 그 방법과 태도의 유용성은 적극적으로 평가되지만, 우리가 발 딛고 있는 현실의 구체성을 드러내는 데에는 시인의 현실인식과 시적 방법론의 결합 양상에 따라 시적 성취도에서 다소 편차가 있음도 보았다. 반면 구체적 생활 형상을 통해 우리 현실의 구조적 문맥과 지향성을 제시한 시인들과 그들의 노력은 관념적 편향을 보이는 예외에도 불구하고, 탈중심 시대에 우리 문학이 지속적으로 지향해야 할 길에 대한 가능성과 시사점을 던져주었다고 생각한다. (1993)

1990년대 시에 나타난 '서울'의 형상
자본과 소비 과잉의 디스토피아, 서울

21세기를 코앞에 둔 1990년대 후반의 서울은 한 나라의 수도이기 이전에 이미 하나의 완결성있는 '공화국' 그 자체이다. 스스로의 내부에 하나의 강력한 배타적 자치 정부가 있고, 방대한 인구와 재정 규모 및 관리 시스템 등 다른 지역들을 수량적으로 압도하는 자율적 기반을 온전한 꼴로 갖추고 있는 공룡 도시가 바로 서울인 것이다. 그리고 서울을 머리끝부터 발끝까지 온통 감싸고 있는 자본주의의 기율은 역동적이고 지속적인 건설, 개발, 풍요, 대규모의 생산과 소비 등 거대한 근대화의 물결을 몰고왔으며, 그 과정에서 탈인간화, 범죄, 오염, 혼잡, 불평등, 소외 등 근대화의 이면에 숨겨진 갈등들을 첨예하게 표출하기도 하였다. 그런 만큼 서울은 우리에게 도시적 경험의 대표적 표상으로, 또는 근대적 변화상의 집적체로서 경험된다. 따라서 우리가 갖는 관심은 서울이라는 도시 그 자체에 있는 것이 아니라, 그 안에서 구성원들이 접하게 되는 구체적인 '도시적 경험' 속에 놓여 있는 것이다.

"종이 울리네, 꽃이 피네, 새들의 노래, 웃는 그 얼굴 (…) 아름다운 서울에서 서울에서 살렵니다" 하는 낭만이고 목가적인 노래나 "종로에는 사과나무를 심어 보자" 하는 계몽적인 언술도 이제 1990년대 한복판의 서울에는 어울리지 않아 보인다. 이미 우리는 '아름다운 서울'이나 '사과나무가 있는 서울'의 이미지가 서울의 대표적인 표상을 형성하는 데 적정성 있어 보이지 않는다는 것을 체험적으로 느끼고 있기 때문이다. 그와 더불어 우리는 "봄비를 맞으면서 충무로 걸어갈 때 (…) 베가본드 맘이 아픈 서울 엘레지"로 이어지는 「서울야곡」에 나타나는 센티멘털한 정서 역시 1990년대의 서울에서는 일상적으로 경험되기 어렵다는 것을 느끼고 있다. 이제 서울은 압구정동 '로데오 거리'에서 홍대앞 '발전소'에 이르기까지 마음 놓고 소비할 수 있는 일반화된 소비자들의 왕국의 이미지로, 국적없고 지방색도 없는 무미건조한 도시의 형상으로 다가오고 있다.

일반적으로 서울 같은 대도시 사람들의 경험 및 그들이 형성하는 사회 구조는 평균적이고 획일화된 모습으로 존재하는 것이 아니라, 일정한 공간 속에서 다양한 차별적 모습으로 구체화되어 현존한다. 그러나 그러한 다양성의 이면에는 체제와 환경이 강요하는 획일성 또한 만만치 않게 존재하기 마련이다. 이러한 차별성과 획일성의 묘한 공존이 도시의 생태학이라면 생태학이다. 그야말로 "거대한 문명의 빌딩들, 만남의 장소, 도서관과 극장, 타워와 돔, 그리고 고정되어 있기보다는 목적을 가지고 움직이는 듯한 수많은 집과 거리, 잡지, 많은 사람들의 흥분. (…) 스톡홀름과 플로렌스, 파리와 밀라노의 물리적 차이 속에 동일하게 운동하는 속성들, 그 중심, 그 행위, 그 빛. 또한 나는 다른 모든 사람들과 마찬가지로 거대 도시의 혼돈과 혼잡을 느낀다. 천편일률적으로 등급화된 주택들, 낯선 군중들의 압력 (…) 가능성, 만남, 움직임의 느낌들은 도시의 정서를 이루는 불변의 요소들이다."(R. Williams, The Country and the City, 1973, p.14-15)라고 고백한 어느 사회학자의 말 그대로이다.

서울 역시 이러한 자본주의의 섬세하고도 강력한 장악력 아래 천변만화(千變萬化)하는 도시임에 틀림없다. 따라서 서울에서는 제임슨(F. Jameson)이 말한 '정서의 쇠퇴', 곧 감각과 이성의 역할이 증폭되고 정서의 융홍과 침잠에 의한 인간 이해나 사유의 형성이 어렵다는 사실이 절감될 수밖에 없다. 이제 감각적 직접성 외에 우리에게 경험적, 구체적으로 다가오는 실체는 없다. 시인 유하가 포착한 서울의 풍경이 바로 이런 것이리라.

> 그러나 보라, 맛의 덫에 빠진 노자의 후예들이
> 햄버거에 맛들려 황황히 몰려가는 모습을
> 압구정동, 그 온갖 구매욕의 슈퍼마켓이 헉헉 내뿜는
> 현란한 바람의 향기가 온 천지로 휘몰아치며
> 온갖 잔잔했던 것들을 숨가쁘게 풍차 돌리는구나
> 죽음이라는 육신의 일시적 브레이크도
> 지칠 줄 모르고 미끄러져가는 저 가속도의 색혼들을
> 끝내, 멈추게 할 수 없으리라
> — 유하 「바람부는 날이면 압구정동에 가야 한다 9」 중에서

시인이 바라본 서울은 자본주의의 욕망의 배출구이자 그것으로 충만한 통조림 공장이다. 이른바 '파시스트적 속도'로 불릴 만한 자본주의의 장악력 변화가 이러한 메타포를 가능케 했을 것이다. 그것은 시인에 의해 '온갖 구매욕의 슈퍼마켓'이 즐비하고 '지칠 줄 모르고 미끄러져가는 저 가속도의 색혼들'의 형상으로 풍자된다. 그러나 이러한 풍자와 비판은 서울에 대한 복합적 탐구의 결과라기보다는 서울이 갖는 변화상의 대표적인 징후에 대한 이미지화에 불과하다. 그러니 시인의 뇌리속에 서울 어느 한 구석 근대화 이전에 우리가 흠모해마지 않던 '정서적 충일'의 인간다운 호흡이 있겠는가. 이제 우리 시인들에게 서울은

자본주의의 대표적인 욕망 체계인 소유욕과 소비 욕구로 수미일관하게 점철된, 또는 그것을 끊임없이 확대, 재생산하는 장으로서만 인식된다.

> 광고의 나라에 살고 싶다
> 사랑하는 여자와 더불어
> 아름답고 좋은 것만 가득 찬
> 저기, 자본의 에덴동산, 자본의 무릉도원,
> 자본의 서방정토, 자본의 개벽세상 −
>
> − 함민복 「광고의 나라」 중에서

　자본주의 사회에서 모든 이미지는 상품의 유통을 매개로 하여 확산되거나 유포된다. 그것을 시인은 '자본의 에덴동산(무릉도원, 서방정토, 개벽세상)' 곧 유토피아적인 반어적 형상으로 표현하였을 것이다. 이러한 반어적(어찌 광고 과잉의 시대가 천국일 수 있겠는가) 언어 속에 담긴 소시민들의 끝없는 절망은 자본이라는 불가항력적 실체에 대한 투항이자 저항이다. 이러한 '투항 = 저항'의 이중적 이미지를 띠고 있는 것이 함민복의 시적 역설(逆說)인 것이다. 그러나 우리가 보기에 이러한 일방적 절망과 희화(戲畵)는 또 하나의 극단일 수밖에 없다. 특히 그것이 후기 자본주의 사회에서 무서운 속도로 확산되는 대중의 무분별한 소비 욕구를 부추김하거나 그에 편승한 흐름이라는 점에서, 오히려 그러한 흐름을 견제할 수 있는 시적 주제와 표현이 요구된다 할 것이다.
　아무튼 건강한 노동과 생산의 자리에 파괴와 소비가 물신의 그림자를 드리우게 된 그런 도시가 1990년대의 서울임에는 틀림없다. 63빌딩을 제5공화국의 송덕비라고 말한 어느 시인의 말처럼 생존경쟁과 물신화를 지향하는 삶이 끝없이 투쟁하는 공간이 바로 서울이라는 도시이다. 이러한 양상을 그로테스크한 종말론적 상상력으로 천착해온 시인이 바로 최승호이다.

> 내려다보면 발 밑은, 아찔한 서울, 폭격에 폐허가 된 집터에서, 밥 짓는 연기가 모락모락 솟고 있다. 아이들은 시궁창에서 목을 놓아 길게도 운다. 왜 나를 낙태시켰냐고 떼를 쓰는 것이다. 어떤 녀석은 머리가 터진 채, 누런 양변기에 들어앉아, 두루마리 휴지를 씹으며 운다. 또 어떤 녀석은 똥오줌투성이 탯줄을 질질질 끌고 돌아다니며, 젖을 달라고 운다.
> — 최승호 「시간 없는 서울」 중에서

서울의 생리와 폐부를 핵심적으로 드러내고 있는 최승호의 언어 또한 1990년대의 서울이 지니고 있는 사실적 풍경화의 다른 이름이다. '낙태'에 대한 항의를 하고 있는 머리가 터진 아이들의 풍경은 섬찟하고 엽기적인 이미지이지만, 그의 이러한 시는 그 파괴적 충동 앞에 드러난 소시민들의 무기력한 추락과 침잠을 감각적으로 잘 형상화하고 있는 것이다. 일반적으로 역사의 모든 시기는 그 시기 특유의 욕망 형태를 생산하고 퍼뜨리며 심화하기 마련인데, 1990년대 한복판의 서울의 생태 곧 인간이 물(物)의 형식으로만 존재 가능한 세태에 대한 비판의 언어를 그의 시는 역사적으로 담고 있는 것이다. 그만큼 그에게 서울은 '시간 없는'(따라서 진보도 없는) 무시간의 진공 공간일 뿐이다.

이와 같이 1990년대 시에 나타난 서울의 형상은 그다지 밝지 않다. 희망도 없어 보이고 발전이나 진보도 수월치 않아 보인다. 종말을 향해 브레이크도 없이 달리는 협궤열차로서의 형상을 가지고 있는 우리의 서울. 그곳에 우리는 가쁜 호흡을 몰아쉬면서 하루하루를 무표정하게 살아갈 뿐이다. 한번 나가서 서울의 야경을 살펴보라! 윤동주가 바라본 하늘도 바람도 별도 시도 없고 네온의 십자가와 번쩍이는 광고탑들로 서울은 오늘밤에도 끝없이 욕망을 싣고 질주한다. 이제 그곳은 유토피아를 상실한 지옥의 도시(infernal city)이다. 이 디스토피아의 강력한 기운 앞에 우리는 서울을 두고 "종이 울리고 꽃이 피고 새들이 노래하는" 전원 도시를 다시 꿈꿀 수는 없으리라. 그것은 가능하지도 않고 바람직하지도 않다. 다만 인간다운 호흡의 가능성을 억압하지 않는 여백이 서울의 공간에 간곡하게 요청될 뿐인 것이다. 다가오는 21세기는 그런 서울을 꿈꾸어야 하리라.

이제 서울은 밉든곱든 우리 모두의 가능성이자 굴레이다. 우리의 모태이자 성장지이고 무덤이다. 요람에서 죽음까지 이곳에서 우리의 소중한 삶을 살아야 한다. 자본주의가 내건 무한 성장에의 욕구에 의해 서울의 모든 것을 잃고 주도면밀하게 계량화된 '성장'의 도시로 나갈 것인가, 아니면 자본주의의 기율이 남기고 간 숱한 반인간적 속도감에 일정한 항체를 키우며 공존해가는 도시로 남을 것인가. 서울은, 아니 우리들은 결단해야 한다. (1997)

서정시의 제개념
'감각', '감정(정서)', '정조'에 대하여

1. 서정시에서 '정(情)'의 의미

'서정시'라는 문학 양식에 대하여 우리가 갖는 장르론적 선입견은 다른 장르에 비해서 남다른 데가 있는 것이 사실이다. 그 선입견은 서정시가 한 개인의 삶에서 우러나오는 고양된 순간의 정서(또는 감정)를 짧은 언어적 형식으로 함축하여 전달하는 언술 형식이라는 생각을 지칭한다. 이러한 보편적이고도 해묵은 정의에 더하여 '서정시'라는 말의 내포에는, 그것이 순환성과 반복성을 특징으로 하는 일상성과는 질적으로 차별되는 비상한 상태의 정서를 표현하는 것이라는 인식도 함의되어 있는 것이 보통이다. 서정시에 대한 이와 같은 이해(비상한 상태의 개인적 정서와 감정을 강조하는)는 역사적 문예사조에 나타난 낭만주의적 인식에 많이 빚지고 있다. 낭만주의가 감정이나 이국정서(exoticism) 또는 시적 상상력을 표나게 강조한 문학운동이었다거나, 또는 영국의 낭만주의 시인 워즈워드(W. Wordsworth)가 "시는 강렬한 감정의 자연스러운 유로"라고 말한 것을 놓고 보더라도 서정시에서 정서 또는 감정을 강조하는 것은 낭만주의적 인식과 밀접한 상동성을 가지고 있다고 할 수 있다. 그러나 이러한 특성은 과거의 역사적 낭만주의에만 해당하는 것이 아니라 지금도 서정시를 논할 때 어김없이 그림자처럼 따라붙는 성격 규정이다. 이러한 기본 전제를 승인한 위에 서정시는 '논리적 인식'의 제시가 아니라 '생활적 구체에 깊이 뿌리내린 형상'의 제시라는 특성도 아울러 부가되기 마련이다.

물론 서정시는 인물 행위의 객관적 전개를 서술하는 서사 양식에 비해서 시적 주체 자신의 주관적 체험을 그 고조된 감정 상태에서 직접적으로 표백하는 것을 기본 특징으로 삼는다. 그만큼 서정시에서 모든 외적, 내적인 경험의 소재는 시적 주체에게 흡수되고 주관화되어 각인된다. 그러므로 서정시의 가장 두드러진 특징 중의 하나는 시적 주체의 내적인 세계와 외적인 세계가 철저히 결합하거나 충돌하는 관계에 있다. 이를 주관적인 정서와 객관적인 사물의 교감에 의해 빚어지는 '시적 창조'라고도 흔히 부른다. 또한 설명하는 입장에 따라 객관과 주관, 자연과 인간, 세계와 자아, 객체와 주체 등의 대응 관계라고 말하기도 한다. 결국 시인의 내면적인 의지가 외부적인 세계와의 긴장이나 충돌을 통하여 새로운 세계를 조망하는 정신적 노력의 산물이 바로 서정시라고 할 수 있을 것이다.[1]

그러나 이와 같이 서정시의 장르적 속성을 규정하고 났을 때 그것이 오히려 서정시의 외연과 내포를 좁게 만드는 역할을 하는 것 또한 사실이다. 시 안에서 어떤 사건이 다루어지거나(서사) 풍경만이 제시되거나(서경) 또는 사유의 편린인 지적 관념이 늘어놓아진다거나(진술) 할 때 대개 그것들은 서정시의 정수(精髓)의 영역으로 포괄되지 못하고 배제되어 버리는 협의적 태도가 야기되기 쉽다는 것이다. 다시 말하면 그것들을 일러 '이야기시', '서경시', '관념시' 같은 서정시와는 다른 하위

---

[1] 홍문표, 『현대시학』, 양문각, 1988. 320면.

범주를 설정해버릴 개연성이 있는 것이다. 이런 경우 서정시는 주정적인 요소가 절대우위적으로 강조되는 이른바 "개인적인 감정의 표백"으로서만 정의되어질 수밖에 없다. 작품 안에 지적 가열성이라든가 형이상학적 관념의 세계 또는 이야기적 요소가 주조를 이룰 때, 그것은 이미 감정이나 정서와는 층위가 다른 자질들을 위주로 하는 것인데, 그렇다면 그런 작품은 서정시가 아닌가 또는 서정시라고 할지라도 그 본령에는 적합하지 않은 변종인가 하는 의문이 제기됨직한 것이다.

엘리엇(T. S. Eliot)이 한 "시는 관념의 정서적 등가물"이라는 유명한 말은 여전히 유효한 것으로 보인다. 이것은 시가 관념을 일체 배제한다거나 관념이 정서보다 하위 가치를 가진다는 뜻이 아니라, 시적 주체가 견지하고 있는 관념이 정서적으로 객관화되어 전달된다는 뜻이다. 우리가 이 명제를 받아들이는 것은 서정시라는 양식 안에서 관념의 중요성을 승인하는 일과 상통한다고 할 수 있다. '관념'이란 다름 아닌 인간의 의식 속에 존재하는 감각과 사유 일반을 총칭하는 것인데, 그것이 정제화되고 질서화되면서 주체의 세계관, 인생관이 되는 것이다.

관념은 그 자체로는 추상적인 것이어서 시 안에서 형상으로 구체화되면서 언표되어야 한다. 따라서 시는 주체의 관념을 정서적 형상이라는 매질(媒質)을 통하여 내보이는 언어적 양식이라고 할 수 있다. 이와 같은 시의 관점에는 시를 효용론적 관점에서 해석하였던 동양적 시관[재도론(載道論)]도 한 몫 거들고 있다. 결국 시는 인간의 관념을 떠난 진공 상태에서의 감정을 표현하는 것이 아니라 주체의 관념을 언어라는 매체를 통하려 구상화하는 양식인 것이다. 따라서 서정시에서 말하는 '서정'의 사전적 의미는 '정을 일깨우다 또는 정을 일으키다'는 뜻인데 거기서 일컬어지는 '정(情)'은 인간의 인지적 요소와 정서적 요소를 통칭하는 폭 넓은 개념이라고 할 수 있을 것이다. 따라서 비록 이야기를 주조로 했거나 관념이 우세하게 나타난 시라고 할지라도 우리로서는 그것들의 장르 명칭을 따로 설정할 필요는 없다고 본다. 왜냐하면 그것은 주조나 지향만이 다를 뿐 넓은 의미에서 서정시에 포괄될 수 있기 때문이다.

2. 이성(理性)과 감성(感性)의 관계

인간의 정신 능력은 대개 이분법적으로는 이성과 감성, 삼분법적으로는 지(知)·정(情)·의(意)로 나뉜다. 지(cognition), 정(emotion), 의(volition)는 인간 주체의 인지적, 정서적, 의지적 측면을 이르는 말로서 '이성 / 감성'의 이분법보다는 정치(精緻)한 것이 사실이지만 '정'과 '의'는 사실 이성에 대척되는 감성 쪽으로 편입되기 십상이다.

감성(感性)은 일반적으로 "감각을 매개로 하여 받아들이는 정신적 능력"[2]으로 정의된다. 다시 말하여 감성은 '감정의 능력(faculty of feeling)'으로서 특정 감정 이를테면 통증, 쾌/불쾌, 공포감 따위를 느낄 수 있는 우리 마음의 능력을 뜻한다.[3] 반면 이성(理性)은 "객관적 실재의 총체성을 파악하려는 인간의 정신적 활동"으로 정의되어진다. 그것은 감각을 통해서 이루어지는 자질이 아니라 사유 과정에 필요한 정신적 형질이다.

감성적 직관과 이성적 사유는 그 나름의 독자적 영역을 가지며 인간의 정신적 활동의 양대축을 형성한다. 때때로 감성에 의한 사물 이해가 이성적 인식의 결여로 인해 '광기(狂氣)'로 치부될 개연성이 있다거나, 이성적으로 분석한 타인의 감정 이해가 메마른 도식적 이해를 낳는 등의 오류를 볼 때 이 두 가지 정신적 활동은 총체적으로 얽혀서 사물과

---

[2] M. 뮐러(강성위 역), 『철학소사전』, 이문출판사, 1988. 14면.
[3] 임일환, 「감정과 정서의 이해」, 『감성의 철학』, 민음사, 1996. 27면.

인간을 이해하는 데 상보적인 위상을 차지한다고 볼 수 있다.
 그런데 이성이 감성보다 우월한 지위에 있다는 인식이 서양 철학에서는 어느 정도 보편화된 것 같다. 그것은 감성이 이성적 매개를 거치지 않은 즉자적이고 충동적이고 정제되지 않은 '날것 그대로'의 것이라는 인식이 지배적이기 때문이다. 따라서 인간의 감성에는 논리적 인식이나 이성적 사유가 근본적으로로 함유되어 있지 않다는 편견이 생겨나게 된다. 이성을 감성과 대립시키고, 감성을 이성에 비해 열등하고 부정확하며 믿을 만한 것이 못 된다고 치부하는 이성중심주의(logocentrism)가 가져온 이념적 폐해라고 할 수 있다. 그와 같은 이념적 지형 안에서 이성은 천상의 수정 같은 원리이고 감성은 신체의 용광로 같은 원리라는 이미지가 전통적으로 그려져온 것이다. 또 이성은 '영혼의 눈'으로, 감성은 '직접적으로 총체적인 거울'로 비유된 것 또한 지배적이었다.
 서양 철학에서 감성은 고전적으로 마음에 닥쳐오는 강렬한 느낌으로 육체적, 생리적 반응을 수반하는 것으로 이해되어왔는데, '정념(情念)'과 더불어 미천한 것일 뿐만 아니라 더 나아가서 내부의 적 또는 내부의 괴물(inside dragon)로서 내적 동요와 영혼의 혼란을 야기하는 것으로 간주되기도 하였다. 그것들은 치유되어야 할 병리학적 현상에 불과하였고, 이것이 바로 파토스(pathos)에 대한 에토스(ethos)의 절대우위를 단적으로 말해주는 징후였다.[4]
 이와 같은 감성에 대한 이성 우위의 인식은 인간을 총체적이고 온전하게 바라보는 안목을 근원적으로 차단한다. 따라서 원래 분석적인 체질인 데다 이원론적 사유에 근본적으로 토대를 두고 있는 서양 철학의 흐름을 우리가 우리의 정신적 자산인 서정시를 대하면서까지 의식할 필요는 없다고 본다. 다시 말하면 인간은 이성과 감성을 끊임없이 매개

---

4) 박정순, 「감정의 윤리학적 사활」, 앞의 책. 72-73면.

하면서 하나의 인식과 성향 또는 기질과 세계관을 배태하고 있는 것이고 어떤 특정한 정황에서 어느 한쪽이 비교우위적으로 현출한다고 보아야 할 것이다. 따라서 우리가 다루는 서정시의 개념은 이성과 감성 사이를 부단히 매개하면서 시적 주체의 세계를 드러내는 언어적 양식이라는 데로 모아진다.

3. 서정시에서의 감성 내용 - 감각, 정서(감정), 정조의 개념

3-1. 감각(感覺)에 대하여 : 감성이 빚어내는 내용 중 가장 초보적이고 즉자적인 것을 우리는 '감각(sensation)'이라고 부른다. 그것은 오관(五官)이 빚어내는 색(色)·성(聲)·향(香)·미(味)·촉(觸)의 다섯 가지를 말하는데, 가령 종소리가 들려 우리의 귀가 그것을 알아듣고 청각을 일으키어 그 아름다움에 감동하면 곧 청각에 의한 반응이 생기는 것이요, 여기 한 꽃송이가 있어 그의 색채 또는 향기에 시각이 아름답게 성립하고 후각이 감동적으로 성립해도 감각의 반응이 자리잡는 것이다.

특정한 감각을 여러 차례 경험하면서 그것들을 모아 축적하고 선택하고 종합해가는 동안에 우리는 '정서(감정)'라는 정신적 형질을 얻게 된다. 마치 어떤 친구와의 첫 대면이 감각적 종합인 '인상(印象)'이었다가 여러 차례 접촉해가는 동안에 그 친구에 대한 하나의 독특한 정서를 빚어내는 것과 같이, 또 빚어내고서는 차분히 또 곰곰이 꽤 오랜 시간을 두고 그 친구에 대한 우정의 정서를 지속해가는 것과 같이, 감각은 순간적인 데 비해 정서는 상당히 긴 시간을 계속해서 우리 속에 지속되는, 대상에 대한 주관적인 정신적 내용이다. 따라서 감각은 주체가 느끼는 시간이 한시적이고 일과성(一過性)에 그치는 반면, 정서는 상대적으로 지속성을 그 속성으로 삼는다.

피아노에 앉은
여자의 두 손에서는
끊임없이
열 마리씩
스무 마리씩
신선한 물고기가
튀는 빛의 꼬리를 물고
쏟아진다.

나는 바다로 가서
가장 신나게 시퍼런
파도의 칼날 하나를
집어 들었다.

— 전봉건 「피아노」 전문

이 작품에 나타나 있는 언표 자질은 철저히 감각에 의존해 있다. 피아노 소리에서 받은 감동을 생기있는 물고기와 파도의 이미지로 표현하고 있는 시적 주체는 피아노 건반을 두드리는 손에서 연상된 이미지를 통해 상상의 유희를 즐기고 있다. 피아노를 두드리는 손의 리드미컬한 움직임과 피아노 소리에서 '신선한 물고기'를 연상하고, 열 마리씩 스무 마리씩 쏟아지는 물고기의 빛나는 꼬리(피아노 건반의 움직임 또는 음악을 만들어내는 음표들)에서 다시 파도를 연상하고, 그 시퍼런 파도로부터 다시 생선을 잡는 시퍼런 칼날을 연상하고 있다. 이 꼬리에 꼬리를 무는 연상 작용은 청각 - 시각 - 촉각을 동원한 공감각적 이미지의 순환으로 이루어져 있는데, 여기서 중요한 것은 시적 주체의 상상력 속에서 자유롭게 이루어지는 감각의 전이 능력이다. 이와 같이 감각은 시적 주체의 세계관이나 정서적 정황 등을 언표하지 않고도 자율적으로 하나의 영역을 획득할 수 있는 정신적 능력이 될 수 있다. 그러나, 말할 것도 없이, 대부분의 서정시에서 감각은 시적 주체의 정서와 결부되어서 표출되기 마련이다(정지용, 김광균 등의 이미지즘에서 보듯이).

3-2. 감정(感情) 또는 정서(情緖)에 대하여 : 주체가 가지는 또 하나의 정신적 형질인 '감정'과 '정서'는 서로 어떻게 다른가. 그것은 정말 다르기는 한가. 아니면 똑같은 뜻을 함유하는 어떤 형질을 놓고 언어적 관습 및 사용 맥락에 따라 그때그때 달리 부르는 것뿐인가. 이 문제는 이 글에서 확론(確論)할 수는 없겠지만, 한번 시론(試論)적으로 검토할 만한 매우 흥미로운 문제이다. 그러나 서정시에서 당연히 표현될 수밖에 없는 주체의 주관성, 그것의 별칭이라고도 볼 수 있는 '감정'과 '정서'를 범주적으로 확연히 변별하는 일은 결코 쉬운 일이 아니다.

우리가 일상 생활 속에서 사용하는 '정서'와 '감정'은 흔히 다른 층위의 용례로 발견된다. 이를테면 '그는 자기의 감정을 노골적으로 드러냈다'라거나 '한국인들의 정서에는 민족적 자부심이 뿌리깊이 남아 있다'라는 문장에 서로 다른 것들을 대입하면 어감이 상당히 어색하다는 것을 금방 알 수 있다. 더구나 "그 아이는 꽤 감정적으로 나오더라"라고 할 경우 거기에 '정서적'을 대입하면 그 뜻이 완연히 달라지고 만다.

반면 '지역 정서(감정)'라거나 '그것은 국민 정서(감정)에 어긋난다'라는 표현에서는 그 호환성(互換性)에 별 무리가 없어 보인다. 시를 해설하는 비평문에서도 감정과 정서는 혼용되는 것이 예사이다. 감정과 정서에 각각 상응하는 영어 단어는 feeling과 emotion인데, 이 두 단어의 내포와 외연이 함의하는 것 역시 미세한 차이를 갖고는 있지만 그리 다른 것이라고 보기는 힘들다.[5] 그러나 그 두 단어를 정확한 의미에서

---

5) 사실 대부분의 영어사전에서도 emotion과 feeling은 그리 다른 내포를 갖지

동의어로 처리하는 일 또한 현명한 일은 아닐 것이다.

먼저 '감정'은 개인이 자신의 체험 내용(지각, 표상, 사고 내용)에 대해 자신의 성격 구조에 따라 주관적으로 반응하는 전체적인 방식을 지칭한다. 따라서 감정은 의식의 다른 요소로 환원될 수 없다. 왜냐하면 그것 자체가 심리적 체험의 기본 요소이기 때문이다. 감정은 결국 "인간이 사물(대상)에 대하여 일어나는 어떤 마음의 상태"인데, 곧 외부의 자극에 응하여 변화하는 쾌/불쾌, 기쁨/슬픔, 노여움, 공포 따위로 나타나는 가장 원초적인 양상이며 사물과 세계에 대하여 갖게 되는, 개별적인 인간들의 '주관성'의 뿌리가 되는 인자(因子)이다. 따라서 감정은 인간으로 하여금 어떠한 사물을 보았을 때 그 사물이 지닌 현실적인 한계, 곧 현실적인 '객관성'으로부터 인간을 벗어나게 한다. 또한 사물을 인간화시키고 인간을 사물화시킴으로써 사물과 인간이 교감을 이루게 한다.

또한 감정은 뇌 구조의 특정 영역과 결부되어 있지 않으며, 인간에게만 있는 것이 아니라, 동물심리학이 밝히듯이 고도로 진화된 포유동물에게도 있다. 감정은 항상 의식과 독립적인 객관적 내용을 갖는 지각, 표상 등과 구별되는데, 지각, 표상 등은 감정 속에서 개인적이고 주관적인 상태로 가공되며, 감정은 지각, 표상 등에 대해 적절하거나 부적절한 주관적인 반응을 나타낸다. 따라서 감정은 그 자체로 참이거나 거짓된 것을 알 수 없으며 객관적 상황에 적합하거나 부적합할 수 있을 뿐이다. 그러나 감정은 그 주관성과 상대적인 자립성에도 불구하고 지각, 사고 내용과 확연히 분리될 수는 없다. 왜냐하면 감정은 적합하든

않는 것으로 나타난다. 일례로 A. S. Hornby의 사전에 의하면 emotion은 feeling과 동의어로 처리되고 있으며, 우리말로도 감정, 감동, 정서로 혼용하여 번역하고 있다. feeling 역시 감정, 느낌, 정서 등으로 섞여서 번역되고 있다. A. S. Hornby, *Oxford Advanced Learner's Dictionary of Current English*, 범문사, 1985.

지 부적합하든지간에 어떤 경우이든 그것 자체로 이미 지각과 사고 내용에 대한 반응이기 때문이다. 마찬가지로 감정은 인간 행위와의 관계로부터도 분리될 수 없다. 감정은 본질적으로 인간 욕망의 생산과 동기의 성취에 관여하기 때문에 환경에 적응하고 환경을 변화시키기 위한 중요한 자극제가 된다. 궁극적 의미에서 사고는 자동적으로 행위로 나아가는 것이 아니라 감정을 통해 행위로 연결되는 것이라고 볼 수 있다.[6]

그에 반하여 '정서'란 서사를 통해 전달되는 인간의 행위와 마찬가지로 인간의 형상의 한 부분을 이루는 형질이다. 고전적으로 그것은 좁은 의미의 감정 토로 - 보통 낭만주의 시의 특성으로 알려져 있는 것 - 를 포함하긴 하지만 그것에 국한되는 것은 아니었다. 정서로 흔히 번역되는 emotion의 어원은 e + movere(= move away)에 있다. 운반의 목적지는 물론 자기 자신이다. 사람은 먹는 모든 식물을 소화하여 자기의 피와 살로 만드는 것과 마찬가지로, 환경에서 들어오는 모든 체험의 요소들을 동화(同化)해서 자기의 생명 영역에 기여케 한다. 이와 같이 환경을 운반하고 동화하는 것이 정서의 기능이다. 예술가의 내부에서 정서가 소재들을 자기동일화하는 과정을 듀이(Dewey)는 다음과 같이 설명하고 있다. "지구의 이끝 저끝으로부터 물재들을 물리적으로 운반해다가 물리적으로 상호작용시키어 새로운 물건을 만들어낸다. 물리적인 운반과 집합이 없이도 이와 비슷한 일이 체험 속에서 나타날 수 있다는 점이 인간 정신의 기적인 것이다. 정서는 움직이는 힘이며 응고하는 힘이다. 정서는 적합한 것을 선택하고 선택한 것을 물감으로 물들이고 그렇게 함으로써 외면적으로는 서로 배치되고 상반되는 재료들에다 질적인 통일성을 주게 된다. 이리하여 정서는 통일체로서의 체험의 다양한 부분들에다 통일을 주며, 또 그 부분들을 통하여 통일을 이룩한다."[7]

---

[6] 한국철학사상연구회 편, 『철학대사전』, 동녘, 1989. 25면.

이와 같은 정서는 개인적인 범위에서 성립함은 물론, 범위를 넓혀 한 가정, 한 고을, 한 민족 또는 한 지역, 한 시대의 한계 안에서도 성립한다. 그러나 이 정서는 감각보다는 그 정신이 오래 가는 것이지만 아주 불변하는 것은 아니다. 한 시인의 재미있는 비유처럼 가령 우리가 한 친구나 애인과 서로 사랑하여 즐거운 정서를 누리다가, 한쪽이 틀어지면 사랑에 변화가 오는 것과 같은 것이 정서이다.[8]

한편 심리학에서 20세기초까지 정서는 감정(affect, feeling)과 동일한 것으로 또는 혼동되어 사용되었는데, 감정이란 용어는 여러 다른 용어들 예컨대 불안, 분노, 사랑 등으로 사용되고 있어서 이를 일정한 범주로 통합할 필요가 생기게 되었다. 현재 심리학에서 정서는 여러 가지 감정들을 포괄하는 상위 개념으로 사용되고 있다.[9] 결국 정서는 어떤 대상이나 상황을 지각하고 그에 따르는 생리적 변화를 수반하는 복잡한 상태라고 본다.

그렇다면 '감정'과 '정서'의 관계는 무엇인가. 감정과 정서 두 낱말은 같은 뜻으로 쓰이기도 하지만, 대개 정서는 두려움, 분노, 기쁨, 놀람, 근심, 혐오, 증오 등으로 지칭되는 상태 중 어느 하나, 감정은 감식력에 기초한 인식, 감지, 어느 정도 고통스럽거나 상쾌한, 부분적으로는 신체적이고 부분적으로는 정신적인 반응을 말한다고 설명할 수 있다.

따라서 감정과 정서는 그 함의가 중첩되어 동의어로 쓰일 수 있는 경우와 그것을 미학적으로 세심히 구분해야 하는 경우 두 가지를 같이 생각해 볼 수 있다는 결론으로 모아진다. 지나치게 영어 단어인 emotion과 feeling을 의식하지 말고 우리 어법에 의한 직관적 용례를 숙지하면서 그 용법을 생각해 보는 일이 필요할 것이다.

---

7) Dewey, *Art As Experience*, p.42. 최재서, 『문학원론』, 신원도서, 1976. 278면에서 재인용.
8) 서정주, 『시문학원론』, 정음사, 1986. 48-54면.
9) 김경희, 『정서란 무엇인가』, 민음사, 1995. 12면.

우리로서는 먼저 "시는 한마디로 말하면 정조(감정, 정서, 무드)의 음악적 표백입니다. 그렇기 때문에 시에는 이지(理知)의 분자가 있어서는 아니될 것입니다"10)고 어느 시인이 정서와 감정을 같은 뜻으로 처리하고 있는 발언에 접하거나, 동양에서 그 두 개념을 통합적으로 쓰고 있다11)는 사실을 보거나 또 서양시학에서 두 어휘를 같은 항으로 처리하고 있는 예12)를 두고 보더라도 그와 같이 두 개념을 같은 함의의 것으로 처리하는 것이 가장 보편타당할 것이다.

그러나 한 가지 경우 곧 감정을 순간적으로 솟구쳐오르는 정신적 형질로, 그리고 정서를 지적 여과 과정을 거친 가치관의 반영 형태로 쓰는 것은, 언제나 옳은 것은 아니지만, 상황에 따라 가려 원용하면 좋을 것이다.

    모란이 피기까지는
    나는 아직 나의 봄을 기다리고 있을 테요
    모란이 뚝뚝 떨어져버린 날
    나는 비로소 봄을 여읜 설움에 잠길 테요
    오월 어느날 그 하루 무덥던 날
    떨어져 누운 꽃잎마저 시들어버리고는
    천지에 모란은 자취도 없어지고
    뻗쳐오르던 내 보람 서운케 무너졌느니

---

10) 김억, 「서문」, 『잃어진 진주』, 평문관, 1924.
11) 참고로 중국의 시론에서는 정서, 정감, 정, 정취, 심정, 심의 등으로 혼용하여 쓰고 있다. 이들은 서양식 어원에서 오는 emotion과 feeling처럼 인식론적 구분이 없고 통합적으로 쓰이고 있다. 그것은 모두 '서경' 또는 '이지'와 대비되는 '서정'의 자질이 된다. 朱光潛(정상홍 역), 『시론』, 동문선, 1991. 참조.
12) 권위있는 시학사전으로 평가를 받고 있는 프린스턴 시학사전에서도 emotion과 feeling은 동의어로 처리되고 있다. feeling항은 "see emotion"으로 처리되어 있어 두 어휘가 같은 뜻을 함의하는 것으로 보고 있다. *Princeton Encyclopedia of Poetry & Poetics*, edited by Preminger, Princeton Univ. Press. 1974.

모란이 지고 말면 그뿐 내 한 해는 다 가고 말아
삼백예순 날 하냥 섭섭해 우옵내다
모란이 피기까지는
나는 아직 기다리고 있을 테요 찬란한 슬픔의 봄을
　　　　　　　　　- 김영랑 「모란이 피기까지는」 전문

　이 유명한 작품에 나타난 시적 주체의 느낌은 "찬란한 슬픔의 봄"에 집약되어 있다. 모란이 질 때 주체가 느꼈을 법한 슬픔은 순간성, 단편성을 속성으로 하는 감정임에 틀림없다. 그러나 시적 주체는 그것을 '찬란'하다는 수사(修辭)로 탈바꿈시킴으로써 자신의 심미적인 정서를 드러낸다. 이와 같이 정서는 동일한 패턴으로 반복되는 감각들이 누적되어 주체의 내면에 일종의 지적 여과 과정을 거쳐 내면화한 느낌의 총체를 말한다고 할 수 있다. 따라서 시에 표현된 정서는 서정적 주체의 주객통일성을 직접적으로 드러내준다고 하는 것과, 정서에는 주객관계를 통해 획득된 현실에 대한 인식, 가치평가, 태도 등이 포괄되어 있다[13]는 견해는 그 타당성을 얻게 된다.
　그러나 이러한 변별이 절대적이거나 같은 뿌리를 가지고 있는 두 개념의 획일적 계선(界線)이 될 수 없다는 점은 자명하다. 다만 우리로서는 정서가 지적이고 이성적인 인식의 매개 과정을 거치지 않은 자연발생적이고 무매개적인 순수한 의미에 있어서의 인간적 감정이라고 보는 견해에 대해서만은 경계해야 한다고 본다. 왜냐하면 서정시가 결국 인간의 폭 넓은 정서를 형상화한다고 했을 때, 그것의 범주를 탈사회적이고 극히 개인적 범주에 머무르게 할 위험성을 경계해야 하기 때문이다. 그리고 정서가 주관적이라고 하여 자의성이나 우발성으로 그 속성을 단정지을 수는 없는 것이고, 또 문학의 가장 개인적인 장르인 서정시에

---

[13] 오성호, 「시에 있어서의 리얼리즘 문제에 관한 시론」, 『한국근대시문학연구』, 태학사, 1993. 288면.

서도 사회적 체험을 형상화할 수 있는 개연성을 간과할 수 없기 때문이다.14)

3-3. 정조(情調)에 대하여 : '정조(mood)'는 자발적이고 대상이 없는 상황에서의 마음의 상태 또는 기분이라고 정의할 수 있다. 그것은 종종 '분위기(atmosphere)'와 동의어로 쓰이는데, 작품 전체에 스며들어 있는 주조(主調)를 말한다. 그것은 행복을 지향하건 재난을 지향하건간에 사건 또는 상황의 진로에 대한 독자의 예상을 만들어낸다. 셰익스피어는, 유령이 다시 나타날 것을 예상하고 있는 파수병의 간결하고 신경질적인 대화에 의해서『햄릿』의 서두의 긴장된 공포 분위기를 이루어 놓고 있는데 그 분위기를 일러 우리는 '정조'라고 할 수 있다. 특히 시에 있어서의 정조의 의미는 어조(語調)에 의해서 결정되는 수가 많은데, 어조란 "시적 주체의 상황과 취하고 있는 태도를 알게 해주는 특징적인 말씨"15)를 의미하기 때문이다. 가령 소월(素月)의 시가 여성적 어조를 띤다고 할 때나 육사(陸史)의 시가 남성적 어조를 띤다고 할 때, 그것은 시의 정조를 거의 그대로 나타내는 중요한 요소가 되는 것이다. 또 "서정적인 것 속의 세계와 자아가 자기표현적 정조의 고조 속에서 융합하고 침투하는 것, 정조의 순간적 고조에 따른 대상성의 내면화가 서정시의 본질"16)이라는 명제를 우리가 수락할 경우 우리는 시 안에 담겨 있는 서정적 분위기를 간파함으로써 시적 주체가 언표하고 있지 않은 이면적 언어를 읽어낼 수도 있는 것이다.

그리고 정서와 정조의 차이는 하이데거(M. Heidegger)가 확연하게 정의한 바 있는데, '정조'란, 그에 의하면, 대상이 없는 마음의 영역을 의

---
14) T. 메춰(이춘길 역),「반영이론으로서의 미학」,『리얼리즘미학의 기초이론』, 한길사, 1985. 106면.
15) 이정일 편,『시학사전』, 신원문화사, 1995. 367면.
16) W. 카이저(김윤섭 역),『언어예술작품론』, 대방출판사, 1982. 521면.

미한다.17) 정서가 그것을 촉발시키는 대상을 필연적으로 갖고 있는 데 반하여, 정조는 주체의 내면에서 스며나오는 분위기 같은 것이다. 따라서 시는 정조 안에서 시적 주체와 대상이 순간적으로 융화되고 서로 동화된다고 할 수 있다.

> 나와
> 하늘과
> 하늘 아래 푸른 산뿐이로다.
>
> 꽃 한 송이 피워 낼 지구도 없고
> 새 한 마리 울어 줄 지구도 없고
> 노루새끼 한 마리 뛰어다닐 지구도 없다.
>
> 나와
> 밤과
> 무수한 별뿐이로다.
>
> 밀리고 흐르는 게 밤뿐이오
> 흘러도 흘러도 검은 밤뿐이로다
> 내 마음 둘 곳은 어느 밤 하늘 별이드뇨.
>
>   - 신석정「슬픈 구도」전문

이 시의 정조는 단연 '슬픔'에 있다. 이 시의 표면적 기표에는 '슬픔'으로 해석할 수 있는 어떤 표징도 나타나지 않는다. 그러나 이 시는 그

---

17) 예컨대 불안은 공포와 다르다. 공포를 emotion이라고 할 때, 불안은 mood의 영역에 살고 있다. 전자는 대상이 있는 감정세계요, 후자는 대상이 없는 것, 따라서 mood는 intentionality이다. intentionality는 이념의 거대한 계층과 세계에의 신념과 결합되어 있다. R. Schmitt, *Martin Heidegger on Human Being-An Introduction to Sein und Zeit*, Random House, New York, 1969. 156-159면. 이승훈, 『시론』, 고려원, 1988. 325면에서 재인용.

어조가 조성하는 정조에서 이미 시대적 절망과 주체의 내면에 어리는 절망의 동시적 움직임을 우리로 하여금 얼마든지 느낄 수 있게 하고 있는 것이다.

4. 맺음말 - '감상(感傷)'의 문제와 관련하여

'감상(sentiment)'이라는 말에는 원래 부정적인 가치 판단이 내재해 있다. 그것은 '상(傷)'이라는 자의(字意)가 이미 시적으로 승화하지 못한 감정의 과잉 상태를 지칭하기 때문이다. 감상은 "자체 속에서 발생하여 자기 자신을 뜯어먹고 살며, 모든 것을 자기 자신에 맞도록 주조해 버리는 정서"를 의미한다. 사물에 대하여 지적이지 않고 주관적이며 공상과 꿈이 극단적으로 추구되어 현실과 모순되게 나타나는 과장, 과잉된 정서를 가리키는 것이다. 따라서 인간의 감정이 감상에 빠지지 않고 일정한 인지적 여과를 거친 정서적 상태에 이르는 데는 지적, 정서적 힘이 결합된 상상력이 필요할 것이다. 다시 말하여 파토스와 에토스의 상상적 결합이 요구되는 것이다.

시적 진실성과 감상적 허위를 구별하는 일 또한 민감한 문제이지만 언제나 논쟁거리가 될 만하다. 감상적 허위(pathetic fallacy)는 존 러스킨(John Ruskin)의 용어[18]로 그는 진실하지 않은 것은 선하지 않고 나아가서 우리에게 즐거움을 줄 수도 없다고 말하면서 단 하나의 예외를 시로 든다. 시에 있어서는 표상이 진실치 못하면서도 우리에게 여전히

---

18) 인간이 아닌 사물에는 인간과 같은 감정들이 없는데도 마치 감정을 갖고 있는 것처럼 표현하는 것은 잘못된 것이라는 이론이다. 러스킨이 처음 사용하였는데, 그는 킹즐리의 시 가운데 "느릿느릿 다가오는 잔인한 물결, 잔인하고 굶주린 물결"이라는 의인법을 비판하며 '감상적 허위'라는 말을 썼다.

즐거움을 주는 경우가 허다하다. 시인이 강한 정서 - 이를테면 비애
- 에 영향을 받아 무생명한 자연 물체에 상상적으로 인간의 감정을
이입시킬 때에 독자는 동일한 정서에 영향을 받아 이성을 상실하기 때
문에 그 허위적인 인상 속에서 허위를 인식하지 못하고 도리어 예술적
인 쾌감을 느낄 수 있다. 이러한 정신 상태를 일러 러스킨은 '감상적
허위'라고 부르며 그것의 가치를 부분적으로 시인하였다.[19] 그러나 러
스킨이 이야기한 초점은 열정과 지성의 융합 곧 감상적 허위를 뛰어넘
는 사고의 진실성을 포함한 시적 진실성에 있었던 것이다. 이와 같이
시적 진실은 감성적 직관과 인지적 사유가 융화되고 길항하며 새로운
역동적 형상을 창조하는 데서 얻어진다고 할 수 있다.

>시인이란, 그가 진정한 시인이라면
>우주의 사업에 동참할 수 있어야 한다
>
>그러나 내가 언제 나의 입김으로
>더운 꽃 한 송이 피워낸 적 있는가
>내가 언제 나의 눈물로
>이슬 한 방울 지상에 내린 적 있는가
>내가 언제 나의 손길로
>광원(曠原)을 거쳐서 내게 달려온 고독한 바람의 잔등을
>잠재운 적 있는가 쓰다듬은 적 있는가
>
>   - 이시영 「내가 언제」 전문[20]

'자책(自責)'이라는 힘겨운 정신 활동을 견디고 있는 이 시인은, 우주
자연의 광활한 독자성에 대한 인지와 스스로에 대한 한계에 대한 정당

---

19) 최재서, 앞의 책, 295-296면.
20) 이시영, 『무늬』, 문학과지성사, 1994.

한 인식을 통해서 역설적으로 시인됨의 지복(至福)을 누리고 있다. 흔히 엄살떨고 과장되기 쉬운 자학적 요소가 산뜻하게 증발해버리고 이 작품이 깔끔한 소품이 될 수 있었던 것은 바로 그가 강렬한 파토스 일변도의 감상주의에 대한 유혹을 시적 주체 스스로 이겨낸 까닭이다.

나로서는 이 시론(試論)의 끝을 이렇게 맺고 싶다. 원래 개념이란 끊임없는 재해석과 의미 확장 또는 의미 축소의 선상에서 유동하는 관념적 실체일 뿐, 단 하나의 확정적 좌표를 요구하는 고정물은 아니다. 따라서 우리가 살펴온 '감각 / 정서 / 감정 / 정조' 등도 상상적인 체험을 전달하는 언어적 양식인 서정시 안에서 언제나 탄력있고 가변성있게 움직이는 좌표와 같은 것일 뿐이다. 다만 리처즈(I. A. Richards)가 독자의 마음 속에 어떤 주제나 제재에 대해서 정서적인 반응을 산출하기 위하여 이미저리, 선택된 세부, 음, 리듬, 모호성과 다른 기법들을 사용하는 언어를 정서적 언어(emotive language)라고 하여, 정서적 언어의 인지적 성격을 분명히 하였21)듯이 우리 서정시를 대할 때 정서 안에서 인지적이고 이성적인 사유 작용을 탈각시키는 오류는 피해야 하지 않을까 하는 제언을 적고 싶다.

참고로 북한의 최근 서정시론에서는 "일정한 사회미학적 이상을 가진 시인이 현실을 체험하는 과정에서 받아들인 새로운 사상을 뜨거운 정서에 담아 열정적으로 토로할 때 이루어지는 사상과 정서의 결정체"22)가 시라고 함으로써 정서와 사상이 이원화되는 것에 근본적으로 부정적 견해를 보였다. 북한의 사회 체제에서 비롯된 문학의 공리성을 염두에 두어야겠지만 서정시를 사상과 끊임없이 유리시키려 했던 우리의 비평적 풍토와 비교해 볼 때 새롭게 인식해 볼 필요가 있는 발언이라고 생각한다. (1996)

---

21) I. A. 리처즈(김영수 역), 『문예비평의 원리』, 현암사, 1978. 135-141면.
22) 심경호, 「주체적 문예이론과 서정시론」, 『예술과 비평』 1991. 봄. 56-57면.

우리 서정시의 내적 형식에 대한 역사적 고찰
윤여탁 『시의 논리와 서정시의 역사』

1

우리 근대문학의 역사를 역사주의적, 실증주의적 관점에서 재구(再構)하고 그 전개양상을 온전하게 사실적으로 복원하는 작업은 이른바 월북작가들이 비평적 논의의 가능 범주로 들어온 1980년대 후반부터 본격화되었다. 그 결과 그동안 불구적 형태로 축적될 수밖에 없었던 우리 근대문학사 서술이 어느 정도 사실성과 전체성을 견지할 수 있는 계기가 형성되었다. 아울러 민족 분단과 그에 따른 상호 적의(敵意) 및 내적, 외적 금기 그리고 이데올로기적 사시(斜視)가 어느 정도 치유의 동기를 얻게 되었고, 우리 앞에는 새로운 민족문학사의 얼개가 상당 부분 다시 그려지게 되었다. 이러한 작업은 주로 내용사회학에 토대를 둔 주제비평적 정리의 수준을 한껏 넘어서지 못했지만 우리 문학의 또 하나의 역동적 범주를 문학사적 실체로 확인시켰다는 연구사적 의의를 지니는 것이었다. 그러나 섬세하고 적절한 미학적 결에 대한 정치(精緻)한 연구방법론 및 다양한 층위의 문학적 해석을 결한 채 진행되어왔던 진보주의적 연구 태도는 어느 정도 소강상태에 접어들었고, 이제는 자체 반성의 모색기에 접어든 느낌이 짙다. 그에 따라 소재적 차원의 연구를 가급적 지양하고 아직도 문학사의 불모지대를 구성하고 있는 작품, 작가, 문학운동 등에 대해 미시적이고 세목적인 재해석을 가하려는 젊은 연구자들의 열의 또한 지속되고 있는 것이 사실이다. 시와 리얼리즘의 상관성에 대한 미학적 탐구를 지속해왔던 일군의 연구자들이 이에 해당할 터인데, 윤여탁(尹汝卓) 교수 역시 언제나 그러한 작업의 맨 앞자리에서 자신의 몫을 충실히 해왔던 연구자 중의 하나이다.

그는 이미 자신의 첫 저서인 『리얼리즘시의 이론과 실제』(태학사, 1993)를 통해 우리 근대 시문학사에 나타난 리얼리즘 지향의 양상에 대한 역사적 조감과 그 형상화 원리를 천착한 바 있다. 이번에 새로이 출간한 『시의 논리와 서정시의 역사』(태학사, 1995)는 이제까지 저자가 줄곧 견지해왔던 역사주의적 관점의 확대와 그 방법적 심화를 보여주는 연구 성과라고 할 수 있다. 이 책에는 연구 대상의 새로움은 물론, 그 나름대로 근대시사의 중요한 쟁점이 될 만한 시적 흐름에 대한 통사적 탐색을 주조로 하는 논문들이 다수 실려 있다. 다시 한번 확인하지만, 이 책에서도 여전히 관철되고 있는 그의 연구자로서의 미덕은, 연구자의 선험적인 가치판단 및 신념을 텍스트를 빌어 연역적으로 풀어내는 것이 아니고, 불필요하게 느껴질 정도로 연구 대상을 치밀하게 재구하여 그 자체 논리를 귀납하는 역사주의적, 실증주의적 태도이다.

'역사주의'란 연구 대상의 실체가 대상 자체내에 고립되지 않고 그 대상을 규정 가능하게 하는 사회적 제요소의 관계 속에서 설명하는 동시에, 대상의 전개 및 변화 양상의 요인을 인과적 이론틀로써 해명하는 방법을 말한다. 이러한 저자의 방법론적 안목은 저자 스스로도 "한 문학인에 대한 역사적 평가는 그의 전생애에 걸친 문학적 족적을 개괄하는 과정에서 이루어져야 한다. 그리고 이때 개인적인 문학적 변모는 당대의 통시적 맥락과 전후 시대와의 공시적 맥락이 아울러 검토되어야 한다"(292-93면)는 비평적 신념 속에서 일이관지하고 있는 것으로 보인다.

2

이 책은 4부로 구성되어 있다. 제1부 '우리 시의 논리'에서는 일제 강점기에 펼쳐진 우리 시론의 주요 흐름을 '민요조 서정시론', '프로시론', '기교주의 논쟁' 등의 각론으로 통사화하고 있으며, 나아가 해방정국과 1950년대의 우리 시단 형성을 개관하는 논문을 곁들여 싣고 있다. 제2부 '전통과 이식 사이'에서는 일제 강점기의 한복판에서 씌어진 다양한 양식의 시들을 민요조 서정시, 서사시, 서술시 등 장르론적 입장에서 바라보는 글이 실려 있고, 제3부 '암흑과 광명의 시절'은 제목이 시사하듯 식민지 시대에서부터 해방정국에 걸쳐 활약했던 진보적 시인들에 대한 개별적 작가론을 전재하고 있다. 마지막 제4부 '지금 여기에서의 시'는 마치 책의 부록처럼 붙어 있는 동시대 시인들에 대한 비평적 해설이다. 따라서 이 책의 연구서로서의 무게중심은 필경 제1-3부에 실려 있는 것이고 그 논문들의 개별적 또는 상호 소통적 가치와 의미 또는 한계를 짚어 보는 것이 이 서평의 책무가 되는 셈이다.

책의 첫 논문 「민요조 서정시론의 전개」에서 저자는 1920년대 민요조 서정시론의 양상을 민족적 정서에 바탕한 안서(岸曙), 송아(頌兒)의 국민문학파적 문학관과, 계급투쟁의 그릇으로 파악한 파인(巴人)의 계급주의 문학관으로 양분하여 고찰한 뒤 이들 두 경향의 시론들이 서로 역동적인 관계에 서서 당대의 민요조 서정시 창작에도 영향을 주었음을 밝히고 있다. 제2부에 실린 첫 논문과 상호 소통적으로 읽힐 수 있는 동일한 안목의 글이다.

「현대시의 기점 문제」는 저자가 이미 박사학위논문에서 한번 제기한 바 있는 리얼리즘시의 변화과정을 '현대시'의 기점으로 확대하고 있는 글이다. 저자는 이미 학위논문에서 1929년을 전후한 두 시기의 질적 차이를 구명하면서 프로시 작품의 양식적 변모와 그 사회적 연관을 체계화한 바 있다. 그것은 임화(林和)의 단편서사시 양식이 창작되고, 프로시의 형식미학적, 인식론적 수준이 전대의 신경향파 시기를 완전히 탈각한 발전된 모습을 보인다는 논증이었다. 이 논문에서는 그 논점을 '현대시의 기점 문제'로 확대, 응용하고 있다. 현대시의 기점 문제는 오랜 역사를 가진 논쟁점의 하나로서 만족할 만한 지론은 아직 없는 터이고 또 최근의 '근대성 / 현대성' 논의의 장에서도 유효하게 제기될 수 있는 사적 성격의 쟁점이라고 할 수 있다. 저자는 그동안의 기점론을 소상히 예거한 후에 결론적 논지로서 현대시의 기점을 "카프의 결성을 전후한 일련의 시문학사적 전환기"(32면)로 본다. 이 가설이 설득력을 얻으려면 결국 프로시가 전대(前代)의 시적 흐름과 변별될 수 있는 성격이 이른바 '현대성'으로 검증되어야 할 터인데, 저자는 궁극적으로 '현대성'이란 "현대의 과제를 적절히 드러내고 형상화하는 것이어야 한다"(42면)고 본다. 따라서 식민지 시대의 특수성을 총체적으로 반영하며 전대의 문학적 양식을 비판, 계승한 임화의 프로시 등장을 본격적인 현대의 시작이라고 보아야 하며 그동안 타성적으로 공인되다시피 한 서구적 '모던' 개념에 집착한 일련의 모더니즘시 기점설에 회의를 보내고 있다.

그러나 이 글을 읽으면서 평자로서는 프로시가 성취한 민족문학사적 성격과 '현대성'이라는 범주가 글 속에서 착종되어 있다는 인상을 떨칠 수가 없었다. 다시 말하자면 신경향파시를 전사(前史)로 한 프로시가 결국 전대의 순수서정시, 정신시, 서사적 시들에 대한 지양, 극복의 양태로 긍정적 평가를 받는 것과 그 특성들이 곧바로 그 복잡다단한 '현대성'을 온전히 획득한 문학사적 전범으로 환치된다는 것 사이에는 더욱 많은 매개적 논리항이 필요할 것 같다는 것이다. 식민지 시대의 온전한 반영과 획기적인 양식적 발전을 이룬 프로시의 위상을 전대와 현저히 변별되는 '현대성' 획득으로 등치시킬 때 필연적으로 따를 수밖에 없는 이의 제기를 예상할 수 있는 가설이라고 할 수 있다. 그러나 일반적으로 정지용류의 언어미학적 탐구, 모더니즘시에 반영된 인식론적 변모, 또는 해방 직후라는 시기적 획정 등으로 타성적으로 설명되어오던 '현대시' 논의에 새로운 논점을 부여하고 그 의의를 시의 양식적 특성에서 찾은 안목은 일정한 구체성과 타당성을 얻고 있다고 보아야 할 것이다.

그 다음에 이어지는 「기교주의 논쟁의 전개와 그 의미」는 김기림, 박용철, 임화가 벌였던 1930년대 시론의 세 흐름 곧 "도시 부르조아의 모더니즘 / 프로문학론 / 지주 계급의 순수문학론"이 정립(鼎立)되는 통시적 양상을 밝히고 있다. 그 다음의 해방기 및 1950년대에 대한 개괄적 통사는 우리 시의 역사 중 진보적인 흐름이 면면히 이어지고 있음을 보여주는 실증적이고 가치평가적인 논문들이라고 할 수 있다. 이들 논문은 저자가 그리고 있는 우리 시사의 지형도의 핵심적 질료를 보여주는 결과라고 할 수 있다.

제2부에는 저자의 시 장르 인식이 구체화된 논문들이 실려 있다. 「서정시로서의 민요조 서정시」는 안서, 소월, 송아, 파인 등의 민요조 서정시의 서정시적 특질을 궁구하고 있는데 저자는 서정시의 함의를 슈타이거(E. Staiger)나 카이저(W. Kayser) 같은 장르론자들의 견해보다 넓게 범주화하여 "서정시가 단지 감정의 직설적인 표출이나 심혼의 표현만이 아닌 서사적, 극적 요소도 깊이 관련"(122면)됨을 논증하고 있다. 따라서 그는 1920년대 민요조 서정시의 서정시적 특질이 시적 화자의 내

면 표출은 물론, 공동체적 입장에서 서사적, 극적 요소들을 적절하게 활용함으로써 획득되었다고 본다. 이와 같은 광의의 '서정시' 개념은 그동안 '서정시 / 이야기시'를 나누어서 서정시를 주관적 정서 토로라는 개념으로 협애화하여 이해했던 사고와는 다른 규정이라고 할 수 있다. 이러한 저자의 광의의 서정시 인식은 뒤따르는 논문들에 그대로 어김없이 관철된다.

그 다음 이어지는 파인 및 안서의 서사시나 임화, 백석, 안용만 등의 서술시를 바라보는 저자의 안목 또한 이러한 서정시 개념의 연장선상에 있다. 그것은 서사시 또는 서술시에서도 시 본래의 서정성은 여전히 유효하고, 따라서 서사적, 극적 요소를 갖고 있는 작품들에서도 서정적 몫이 중요하다는 논증을 이루게 된다. 김동환의 「국경의 밤」과 김억의 「지새는 밤」을 분석한 논문에서는 1920-30년대의 우리 서사시가 전대의 서사민요를 계승했다는 사실을 밝히고, 기존에 부정적으로 평가받아 왔던 '감상성'의 문제를 시적 공간을 확보하고 독자에게 서정적 반응을 유도할 수 있는 긍정적 요소로 평가하는 파격을 보여준다. 그러나 이 논문은 작품 분석의 적실성과, 서지적 성실성 그리고 서사시의 계보를 올바로 탐구했다는 미덕에도 불구하고 서사시에 낭만적 센티멘털리즘이 짙게 수용되어 있는 것을 긍정적인 시적 전략으로 보는 관점은 지나치게 결과론적 해석이 아닌가 하는 의구심을 갖게 한다. 프로시 논자들(임화, 이정구 등) 사이에서 벌어진 '감상성' 논쟁과 더불어 좀 더 면밀하게 따져보아야 할 견해가 아닌가 한다.

또 저자는 임화, 백석, 안용만의 시를 분석하면서 서술시의 개념을 "단지 narrative적인 사건이나 이야기를 내포하는 시"(153면)라고 설정하면서 서술시가 시 장르의 고유한 속성인 서정성, 낭만성과 더불어 대상의 총체성을 확보하고자 하는 시대적 요구에 부응하여 현실을 수용한 장르라고 본다. 이와 같이 저자는 그 대상이 서사시든 서술시든 그가 설정하고 있는 광의의 서정시 개념의 자장 안에서 한결같이 작품 분석을 행한다. 서정시란 기본적으로 사회적 인간(주체와 독자) 사이의 의사소통이라고 믿고 있는 그의 시관(詩觀)이 시종 관철되고 있는 것이다.

제3부에서는 이용악, 윤동주, 조영출, 김상훈, 최석두 등에 대한 시인론을 싣고 있다. 크게 보아 이용악론은 시적 화자의 양상과 주제 구현의 상관 관계를 리얼리즘 미학 원리에 의해 규명한 글이고 나머지 네 글은 이른바 철저한 역사 전기적 안목에 의한 작가론적 주제 비평이다. 저자 특유의 부지런한 자료 섭렵, 생애 추적, 그리고 그에 따른 그들의 시세계의 고증이 이루어지고 있다. 특히 이용악론은 주목되는바, 서정시가 취하는 시적 화자의 양상에 따라 서정시에서의 리얼리즘 성취의 양상이 다름을 밝히고 있다. 이 논문 역시 위에서 밝힌 그의 서정시에 대한 믿음을 잇고 있는 글이다.

3

한 작품에 대한 분석에서 한 나라 전체의 문학사 서술에 이르기까지 모든 문학 연구는 해석 행위가 가장 중심이 된다. 실증적 재구성 행위는 해석의 일차적 질료는 될지언정 문학 연구 또는 비평의 궁극적 의미는 아니다. 따라서 그 해석 행위에는 연구 대상이 되는 자료의 선택 원칙과 일정한 연구방법론이라는 연구자의 주관과 개성이 필연적으로 개재하게 되는데 그 일관성 못지 않게 중요한 것이 대상과 방법론의 적실한 조응(照應)이다. 그런 의미에서 우리 서정시의 내적 형식에 대한 역사주의적, 장르론적 천착을 보이고 있는 저자의 이번 작업은 이와 같은 우리 시대의 지적 과제를 충실히 수행하여 우리 서정시의 내적 논리와 역사적 실상을 한켠 앞서 보여준 것이라고 할 수 있다. 문학 연구 영역의 끊임없는 확대, 그리고 그것을 문학사에 편입시키고자 하는 주제론적, 작가론적 접근, 나아가 '소재적 진보성'을 넘어서려는 장르론적, 미학적 고려가 작품 분석에서 구체화된 노력은 이 책의 존재 의의를 충분히 보여준다.

다만 윤 교수의 비평적 해석에 나타나는 시적 전언 우위를 전제한 형식 탐구, 그리고 논문마다 어김없이 나타나는 풍부한 각주에서 보여지듯 독창적 관점보다는 성실한 탐사를 위주로 하는 자세 등은 그의 고유한 장점이자 글을 읽어나가는 독자로서의 미시적 아쉬움의 일단이라고 해야 할 것 같다. 그동안 문학사에서 제외되어왔던 문학 유산들에 대한 성실한 조감과 문제제기는 저자가 이룬 득의의 영역이었다. 이제 그것들을 풍부화하고 또 한갓 시대적 유행이 아닌 민족문학의 보고(寶庫)로 그것들의 위상을 정립하는 것은 저자를 포함한 우리 모두의 연구자로서의 실존적 부채일 것이다. (1996)

현실 변화와 소설 담론의 새로운 지형도

1. 자기동일성의 위기와 항체 형성의 필요성

 우리가 살고 있는 이 시대는 '경제적 실용주의' 또는 '자본의 전일적 지배'라는 획일적이고도 단일한 기율에 의해 모든 것이 철두철미 움직여지고 있는 자본주의의 현란한 극점에 와 있다. 철옹성 같아 보이던 소 연방과 동구(東歐)가 보란듯이 붕괴해버리고, 현실 사회주의가 실질적으로 몰락한 이 도저한 변화의 시대, 세기말에 우리는 자본주의의 전 지구적 승리라는 상징적이고도 전환기적인 상황을 아무런 이의없이 목도하고 있다. 학계에서도 그동안 진보 진영의 대안으로 추켜 세워졌던 사회주의적 전망이 논의되는 경우는 찾아보기 어렵고, '몰락 이후'니 '포스트 자본주의'니 '자유주의 이후'니 하며 미래에 대한 불안스런 예단이 본격적으로 등장하고 있는 형편이다. 따라서 흔히 '불확정성'으로 특징지워지는 이 시대의 징후는 이와 같이 부유(浮游)하는 시대 이념을 창출하고 있는 제일 원인이 되고 있다. 이와 같은 정신적 무정부주의 또는 중심 부재는 결과적으로 인간의 합리적 이성의 적극적 역할과 역사의 진보를 믿고 열망했던 많은 이들로 하여금 그 내면에 깊은 역사적 허무주의를 각인시키게 하였고, 그들의 행동적 열정을 뿌리로부터 앗아가버렸다. 이렇게 한 시대의 정신사를 투박하게 정식화하는 것이 지나치게 도식적이고 비관적일지라도 적어도 지금까지는 이러한 판단이 충분한 타당성을 견지하고 있다고 보인다.

그것이 일종의 관념이었든 아니면 분명한 실체를 염두에 둔 실천적이고 합목적적인 운동의 형식으로 나타난 것이었든, 우리가 바라던 대안적 유토피아의 신념은 어느새 자취없게 되었다. 아니, 그것은 사라진 것이 아니라 부재한 채로 그리움의 형식 또는 무의식적 이념의 형식으로 남아 있다고 볼 수 있다. 1990년대의 지식인 또는 작가들의 고민과 방황, 지적 유랑은 근원적으로 이와 같은 중심 부재 또는 대안적 상황의 설정 불가능성에서 유래한다. 이제 우리는 어느 매체, 어느 사람을 만나 보아도 다만 살아가기에 분주한 모습과 자본주의가 관철하는 이해 관계로부터 한 치도 자유롭지 못한 모습만 눈에 띄는 이른바 '사물화의 시대'에 살고 있다. 따라서 어떠한 진보적 열정도 허락하지 않는 것처럼 보이는 지금의 이 시대는 우리들에게 순결한 열정과 인식의 치열함을 거저 선사하지 않는다. 그저 잘 먹고, 될 수 있으면 많은 시간을 통해 감각적인 충족을 누리고, 자본주의가 허락한 욕망의 체계들 - 돈, 권력, 섹스 - 에 충실하게 한 걸음 한 걸음 전진하고 있는 모습만이 자연스럽고, 현명하고, 실제적인 모습으로 그 능력을 인정받고 있기 때문이다.

다시 말하지만 우리 시대에 대한 이렇듯 극단적이고 극히 부정적인 실상 파악이 현실에 대한 객관적 해석을 부분적으로 왜곡할 것이라는 것은 충분히 인정할 수 있다. 지독한 환멸의 시대일수록 그에 저항 또는 적대하는 또 하나의 창조적 힘이 분출되기 마련일 것이고, 우리 시대도 그러한 역사의 일반성에서 예외일 수는 없겠기 때문이다. 따라서 모든 시대는 한 시대를 지배하는 주류적 분위기와 그에 저항하는 창조적 소수의 열정이라는 이중적 층이 반드시 나타나기 마련인 것이다. 요즘 우리 주위에서 창작되고 읽혀지는 많은 문학 작품들도 그러한 이중적 속성을 충실히 반영하고 있다고 보인다. 다시 말해서 자본주의의 속도 빠른 변화상을 직접적으로 반영하는 문학 작품 본래의 반영적 속성과, 그에 저항하고 출구를 찾아보려는 대안적 속성이 동시에 나타난다는 것이다.

따라서 이 글에서 살펴보려는 소설 작품들과 그에 따르는 해석 및 평가는 그러한 이중성을 확인하는 구체적 작업이 되는 셈이고, 우리는 그것들을 비판적으로 검토함으로써 이 자본과 물질의 시대, 곧 자기동일성의 위기의 시대에 그 동일성과 정신적 예지 및 에네르기를 지켜나갈 수 있는 정신적 항체를 형성할 수 있는 계기를 마련할 수 있으리라고 기대해 본다.

2. 1990년대의 소설적 특성

지나간 1980년대는 두루 아다시피, '광주 민중항쟁'이라는 끔찍하고도 가열했던 역사적 현장으로부터 그 막을 올렸다. 그것은 공고해진 '군사 독재의 재판(再版)'이라는 어둠의 그림자와 함께 찾아온 것이었다. 그러나 그와 동시에 그것은 민중적 역량의 실질적 분출이라는 또 하나의 '빛'으로 찾아왔다. 따라서 그 시대는 그 '어둠'과 '빛'의 처절한 싸움 속에서, 정신사적으로 볼 때 '정의(正義)'라는 화두가 절정에서 그 위력을 발휘한 채 단순화되어 펼쳐지게 된다. 그만큼 우리가 지나간 1980년대를 변혁의 시대, 이념의 시대라고 부르는 것은 섣부른 감상적 구호나 철부지스런 지적 상투형이 아니라 하루하루를 심정적, 행동적 진실성으로 채워간 역사적 실체였던 것이다.

이러한 시대적 격변에 즉각적으로 대응한 문학적 양식은 주지하다시피 시 장르였다. 1980년대 초반을 '시(詩)의 시대'로 각인하는 것은 역사적으로 충분히 검증될 수 있는 진실에 가득찬 언표이다. 한 시대의 폭력적 도래에 놀라 그저 어안이 벙벙한 채 망연자실해 있는 주체들에게, 시대와 부정적 세력에 대한 열렬한 비판적 파토스와 성난 목소리는 시 장르를 통해 대중들에게 전달되고 공유되었다. 그러나 주지하듯 소설이라는 장르는 현실 반영에서 서정시에 비해 현저하게 시간을 요구하는 양식이다. 그런 만큼 상당 부분 온축(蘊蓄)되어 있는 이성적 판단과 충분히 확보된 미적 거리가 소설적으로 형상화가 가능할 때 그것은 하나의 작품으로 완결성을 얻게 되는 것이다.

따라서 1980년대의 소설은 중반 이후에 가서야 역사의 현장을 폭 넓게 반영하는 민중문학적, 노동문학적 성격을 강하게 띠며 전개된다. 특히 1987년을 기점으로 폭발적으로 증가하게 된 노동문학과 과거의 민족사를 복원하는 역사문학 등의 출현은 이 시대를 민족문학의 보고(寶庫)로 위치지울 수 있는 튼튼한 문학적 줄기를 확보해주었다. 따라서 그 같은 지사적 열망이 숨쉬었던 시절의 문학은 이른바 역사, 민족, 혁명, 유토피아 등의 거대한 이름들로 충만해 있었고, 사람들은 하루하루의 삶이 그러한 진보와 이상을 실현해줄 자양이 될 것으로 믿었다. 물론 이 시대의 문학이 모두 이러한 치열성과 역사성으로 충만했다고 말하면 그것은 상식을 결한 독단임에 틀림없지만, 분명한 것은 이 시대의 가장 줄기찬 흐름으로 민중지향적, 변혁지향적 문학이 존재했다는 사실이다. 그와 같은 정신사적 특성은 이 시대로 하여금 조정래의 『태백산맥(太白山脈)』을 가능케 하였고, 정도상, 방현석, 김하기 등의 소설에 나타난 새로운 문학적 주제 이를테면 분단문학적, 노동문학적 내용을 산출케 했으며, 문학과 정치 또는 문학과 역사가 구체적으로 날카롭게 조우하는 형상적 성취를 가능하게 하였다.
 그런데 그러한 변혁의 시대를 지나 이제 현실 사회주의가 몰락하고 공동체적 유토피아에 대한 열망과 희구가 침전해버린 1990년대는 그 역편향 곧 개인으로의 회귀, 자잘하고 세부적인 일상적 디테일로의 퇴행, 그리고 본능, 사랑 등의 미시적 움직임에 대한 천착 등이 그 대세를 이어간다. 1990년대의 문학은 이러한 변화상을 민감하게 반영한다. 따라서 문학 작품 중에서도 한 시대의 변화상을 가장 폭 넓게 그리고 예리하게 담는 것이 소설이라고 할 때, 1990년대의 소설을 우리가 검토하는 것은 변화한 우리 시대의 참모습을 미루어 알 수 있는 좋은 절차가 될 것이다. 먼저 우리는 이 시대의 소설적 특징을 여기서 대략 세 가지의 개괄적인 지형도로 생각해 볼 수 있을 것이다. 이와 같은 개괄은 섣부르게 미리 해 보는 분류 작업이 아니라 이 시대의 소설들을 거칠게나마 일별한 후 얻게 된 귀납형이라는 점을 먼저 밝혀야 할 것 같다.
 그 특징적 경향으로 우리는 첫째 이념성의 쇠퇴와 역사적 현실인식의 현격한 약화를 들 수 있을 것이다. 그것은 '역사(歷史)'라는 거대 담론(巨大談論)을 토대로 한 민중문학의 급부상을 가져다준 1980년대에 대한 대타적(對他的) 의식에서 나온 하나의 경향이라고 할 수 있다. 역사보다는 소시민의 일상을, 외적 사건보다는 내면 심리에 대한 섬세한 접근을, 그리고 투쟁하는 인간보다는 번민하고 방황하는 인간을 보여줌으로써 1990년대의 소설들은 어쩌면 인간의 총체적인 모습을 보여줄 수 있는 가능성을 여러 부분에서 예비했다고 할 수 있다. 그러나 이러한 현상은 세부의 절대화라는 편향적 부산물을 가져왔고 나아가 실제로 우리 사회에 엄존하는 사회적, 이념적 문제들에 대한 착목의 가능성을 상당 부분 앗아가는 징후로 자리하기도 하였다.
 두번째 특징은 소설적 경향의 다양화를 꼽을 수 있다. 그것은 역사소설, 추리소설, 애정소설, 후일담소설 등의 이름으로 편재되는데, 한 시대를 획한 후의 부산하고 질서없는 움직임을 예리하게 포착하고 있는 것으로 그 다양성의 성격은 해명된다. 이러한 현상은 1990년대 들어서 본격화된 매체의 변화와 생활의 다변화의 영향이라고 할 수 있다. 실로 우리 소설사에서 이와 같이 다양한 주제 및 기법 또는 작가군이 등장한 시대는 없었을 것이다. 이러한 일반성은 종래에 리얼리즘 소설로 불리던 작품들 또는 작가들에게 새로운 변신을 요구하는 특수성도 만들어냈다. 또 이른바 대중소설로 불리는 작품들이 본격소설과의 이분법적 울타리를 자재로이 넘나드는 이른바 대중문학의 은성기를 초래하기도 하였다. 그러나 특별한 중심이 없는 이러한 소설의 다양성을 내용없고 작가 정신도 부재한 '파편성'으로 인식할 수 있는 개연성의 소지 역시 작지 않은 크기로 남아 있는 것이 사실이다.

마지막으로, 이것은 우리 문학사에서 초유로 강조되어 마땅한데, 여성 작가들이 본격적으로 진출했다는 사실이다. 예전에는 여성이 소설을 쓰면 흔히 '여류 작가'라 하여 일종의 별종 취급을 한 때가 있었다. 그러나 이제는 그야말로 수많은 여성 작가들이 본격적으로 작품을 써서 이제는 그들만의 섬세하고 내밀한 문체에 인간의 다양한 삶의 방식을 실어 전하고 있는 실정이다. 이러한 현상은 여성들이 남성 작가들이 해내지 못하는 영역에 자기 독자성을 가지고 본격적으로 힘을 행사하게 된 좋은 본보기라고 할 수 있다.

이러한 현상들이 앞서 이야기한 1980년대와의 변별적 단층(斷層)임은 두 말할 나위 없다. 이제 이러한 양상이 구체적 작품 속에 어떻게 나타나 있는지 그리고 우리는 그것들을 어떻게 인식하고 받아들여야 하는지에 대해 생각해 볼 차례이다.

3. 현실인식의 약화와 '신세대 소설'의 의미

 현실인식의 현저한 후퇴가 불러온 문학적 현상은 일일이 지적할 수 없을 정도로 폭 넓고 광범위한 것이지만, 그 중에 가장 중심이 되는 변화로서 우리는 '서사의 퇴행'과 그의 역편향으로서의 '이미지의 부상'을 들 수 있을 것이다.
 요즘 시대를 살아가는 많은 이들의 주요 정보 통로가 활자 매체가 아닌 영상 매체임은 이제 누구도 부인하지 못할 대세가 되어버렸다. 소설을 비롯한 문학은 항상 뒷전이고 그나마 유통되는 것이 소수의 베스트셀러이다. 그런데 그 소수의 책이나마 영화화라는 양식으로 대중들에게 나타나면 우리는 '읽기'는 포기하고 영화 관람 곧 '보기'에 열을 올린다. 웬만한 사람이면 하일지의 소설 『경마장 가는 길』보다는 강수연, 문성근이 주연한 같은 제목의 영화를 훨씬 많이 안다. 마찬가지로 최근에 영화화한 일련의 베스트 셀러들 이를테면 장정일의 『너에게 나를 보낸다』, 이인화의 『영원한 제국』, 공지영의 『무소의 뿔처럼 혼자서 가라』, 이청준의 『서편제』나 『축제』 등은 많은 이들이 영상을 통해 그 실상과 메시지를 기억하고 있는 것이 사실이다.
 이러한 '영상 집중 현상'은 우리 시대의 변화와 긴밀하게 연결되어 있다. 우선 그것은 영상 기술의 혁신적 발전에 토대를 두고 있다. 사람들은 이제 영화관에 앉아 또는 비디오를 집에서 보면서 자신이 비로소 첨단의 시대를 살고 있구나 하는 자기확인을 할 수 있게 되었다. 그 반면에 활자를 그 매체로 하는 문학은 여전히 속도나 새로움 면에서 영상을 당할 재간이 없는 것이다.
 또 영화와 소설의 차이는 그것들이 각각 '이미지'와 '서사'를 근간으로 한다는 데 있다. 영화는 수많은 이미지들의 결합으로 이루어져 있어 그것을 선호하는 요즘 시대의 감수성과 잘 맞지만, 서사를 근본 추동력으로 삼는 소설은 웬만한 감식력과 지적 열정이 있지 않고서는 상대적으로 읽어내기 어렵다.

또 관객과 독자로서 수용의 차이 역시 영화를 선호하게 만든다. 능동적으로 행간의 의미를 추적해야만 하는 문학에 비해 영화는 그러한 번거로움 없이 수동적 관객이 되어서 그 이미지의 전개를 즐기면 되는 것이다. 또 하나 무시할 수 없는 요인은 책은 혼자 읽지만 영화는 대개 둘 이상이 같이 즐길 수 있다는 점이다. 이것은 신세대의 이른바 연애 문화와 깊은 연관을 갖는다. 영화 관객의 상당수가 연인들이고 그들의 시간 운용 방식과 결합되어 있다는 것은 주지의 사실이다.

이러한 추세에 발맞추어 소설의 영상화 또는 이미지 위주의 신세대적, 감각적 소설들도 등장하게 된다. 그것은 지리하고 장중한 '서사'보다는 새로운 감각을 추구하는 것으로 나타난다. 이인화의 『내가 누구인지 말할 수 있는 자는 누구인가』, 『영원한 제국』, 박일문의 『살아남은 자의 슬픔』, 장정일의 『너에게 나를 보낸다』, 『아담이 눈뜰 때』, 『너희가 재즈를 믿느냐』 등이 그 대표적인 예이다. 이들은 하나같이 지금의 시대가 거대 서사가 몰락한 포스트 모던의 사회라는 것을 근본적 신념으로 하고 총체성에 대한 불신, 그리고 반영과 재현에 대한 회의로 자신들의 문학을 시작한다. 특히 이들 작품과 포스트 모더니즘과의 상관성을 주목해 볼 필요가 있는데, 이성을 통한 역사의 진보는 환상일 뿐이라는, 이성과 중심에 대한 해체의 이념에 바탕을 둔 포스트 모더니즘은 인간의 역사와 삶의 가치를 다원화하고 그 욕망의 체계를 세밀하게 검토하는 데 일익을 담당하기는 했지만, 국내적으로나 세계적으로나 '근대성'마저 제대로 착근(着根)되지 못한 상황에서 이러한 탈근대를 논하는 것 역시 자본주의의 자기 증식 논리의 하나가 아닐 수 없다. 또 포스트 모더니즘에 바탕한 이와 같은 많은 소설들이 작가 스스로의 독창성보다는 패러디, 패스티쉬(혼성모방) 등 이른바 '짜깁기 문화'의 일단을 드러내는 것 역시 본질적인 문제 중의 하나이다. 이것은 '창작(創作)'이라는 개념 자체의 수정을 요구하는 폭력적이고 해체 지향적인 현상인데, 우리로서는 자신들만의 언어를 갈고 닦는 이른바 장인(匠人) 정신의 엄연한 실재를 믿는 쪽으로 이 논의의 방향을 이름지을 수밖에 없다. (물론 모든 언어는 패러디이고, 재활용이지 근본적으로 순수한 의미에서 새로운 것은 없다는 대의에는 동의 못할 바 아니다. 그러나 구상과 작법 나아가서 표현의 양식까지 남의 것에서 따오는 것은 작가의 '재치'와 '역량'이 혼동되고, 나아가 문학에 대한 심각한 불신까지 초래하는 자기학대가 아닐 수 없다. 우리가 지나치게 엄숙주의를 고집하는 것 역시 나쁘지만 최소한도의 자기갱신의 열정 속에서 존재의 의미를 일구는 작가 정신은 끝내 유효하고 또 요구되어야 할 덕목일 것이다.) 따라서 이러한 소설들이 1990년대 초반에 한때 강세를 떨친 것은 사실이지만 이것 역시 한갓 지적 유행으로 끝나버리고, 이제는 개인의 정체성과 독자성 그리고 우리의 삶의 심연 속에 도사리고 있는 역사의 의미를 되묻는 진정성의 문학으로 돌아오고 있다는 사실은 여간 반갑지 않을 수 없다.

  이러한 현상을 접하면서 우리는 우리 시대가 포스트 모던의 사회냐 아니면 근대로 나아가고 있는 점이 지대에 있느냐 하는 사회 과학계의 판단 이전에 우리는 한 시대를 너무 일찍 정리해버리고 새로운 곳에 대한 희구 자체를 절대시하는 문학적 경향의 퇴각을 경험한다고 볼 수 있다. 이러한 소설적 경향은 이제 새로운 자기인식과 독자적인 문체 그리고 치열한 작가 정신에 의해 극복, 지양되는데 윤대녕, 구효서, 정찬, 하창수, 채영주 등을 비롯한 일군의 젊은 소설가들에 의해 그것은 일부 실현되고 있다고 보인다. 특히 구효서의 실험적 태도나 윤대녕의 신화적 상상력 그리고 주인석의 형식 실험이나 김소진이 독자적으로 내보이고 있는 지적 탐구 등도 일정한 한계에도 불구하고 그 가능성에 있어서 주목을 요한다고 할 수 있다.

4. 소설적 경향의 다양화 — 대중소설의 융흥

우리가 살고 있는 현대 사회를 일컬어 흔히들 '대중 사회'라고 부른다. 이 용어는 현대 사회의 속성들을 포괄하여 지칭하는 과학적 개념이라고 하기는 어렵겠지만 그 나름대로 현대 사회의 중요한 본질적 측면을 부각시키는 말이라고 할 수 있다. 또 몇몇 특수한 예인(藝人)들에 의해서가 아닌 일반 대중들이 문화 창조나 향유의 능동적 주체가 되어 있는 사회를 '대중 사회'라 할 때 우리 사회는 분명 그런 일면을 띠고 있는 것이다. 그러한 대중 사회는 산업 사회의 발달과 보폭을 맞추어 필연적으로 대중 매체의 발달과 대량 소비를 수반하게 되거니와 이런 현상은 문학이라는 부면에도 예외없이 드러나고 있다.

대체로 우리 문화의 중심 매체는 1960년대 후반에 라디오나 TV가 폭 넓게 보급되기 이전에는 신문과 잡지 같은 인쇄 매체였고 문화적 특수층에 의하여 문화 정보는 독점되었다. 그러던 것이 경제 발전을 통해 점차적으로 일반 대중들에게 TV가 보급되게 되자 우리 문화의 정보 소통은 활자 문화를 등지고 안방 극장으로 그 주무대를 옮기게 된다. 이것은 전대중적인 전파력을 갖게 되었고 실로 우리 대중 문화는 TV와 더불어 시작되었다고 해도 과언이 아닌 것이다. 제한된 사람들에게만 끼쳐졌던 문화 향유가 어느 정도 평균화된 모습을 띠면서 대중화한 것이다.

이렇듯 현격히 대중성을 토대로 한 사회에서는 소수의 엘리트에 의해 독점되다시피 하는 문화보다는 다양한 형태로 유통되는 이른바 '문화 상품'들이 존재하기 마련이다. 문학 작품도 이에서 자유로울 수 없는데, 1990년대 들어 소설의 어김없는 특성으로 지적되어야 할 것이 이른바 '대중소설'의 강세라고 할 수 있다. 여기서 말하는 대중소설의 개념은 정밀한 과학적 개념이라기보다는 계층과 학력 또는 성별을 초월하여 가장 폭 넓은 호응을 얻은 작품인 데다가, 다루는 주제 역시 형이상학적이거나 무거운 주제가 아니라 가벼운 일상사나 모든 이들이 공유하기 쉬운 애정, 인물, 역사 등인 작품들을 통칭하는 편의적 개념이다. 1950년대 정비석의 『자유부인(自由夫人)』이래 이른바 대중들에게 가장 폭발적인 사랑을 받은 작품으로는 최인호의 『별들의 고향』이라든가 김홍신의 『인간시장(人間市場)』 등을 들 수 있다. 1990년대에 들어와서도 이은성의 『소설 동의보감』이래 이재운의 『소설 토정비결』, 김진명의 『무궁화꽃이 피었습니다』, 이인화의 『영원한 제국』 등이 그 계보를 잇고 있다. 이러한 작품들에는 오세영의 『베니스의 개성 상인』, 김한길의 『여자의 남자』 등을 첨가할 수 있을 것 같고, 또 최근에는 대중소설적 특성을 강하게 드러내고 있는 번역물들도 독서 시장을 빠른 속도로 점유하고 있는 형편이다.

이러한 대중소설의 몫은 일단 대중들과의 '친밀성'에 있다. 가장 센세이셔널한 흥미를 끌 수 있는 대중적 소재를 쉽게 읽히는 문체에 실어 전하는 것이 그들의 공통된 서사 전략이다. 가상 역사(假想歷史)를 설정한 추리 기법의 구사라든가 다양하고 주변적인 관심사를 중심에 복원하는 일, 또는 잊혀진 역사 속의 인물들을 재해석하여 대중들에게 소개하는 일 등을 이 대중소설들은 그 주된 역할로 하고 있다.

그러나 이러한 긍정적인 역할 외에도 대중소설은 그 특유의 성격 때문에 무시할 수 없는 부정적 역기능도 가지고 있다. 그것은 전반적인 통속화 또는 하향 평준화라는 우리 문화의 '깊이 상실'과 관련된다. 그런가 하면 또 누가 알고 있는 것은 누구도 알고, 누가 모르면 누구도 모르는 공동화 또는 평준화가 전개된다. 이러한 지적 평준화는 '다양성'이라는 현대 문화의 모토에도 어울리지 않을 뿐만 아니라 문화가 인간의 깊이를 살찌우고 현실과 인간을 이해하는 안목의 층을 두텁게 하는 기제라는 면을 고려할 때 그리 환영할 만한 일이 못 된다. 누가 알든 모르든 자신만의 안목과 개성으로 독서를 택하는 것이 진정으로 현대인의 개성이 아닌가 한다.

또 우리는 이러한 소설들이 갖는 상품적 가치에 대해서도 생각해 볼 수 있다. 문학이 대중의 취향에 산술적으로 철저히 영합할 수 있을 때 작품은 '씌어지지' 않고 '만들어진'다. 작품이 한 창작 주체의 삶에 기반하여 씌어지지 않고 기획자에 의해 기획되고 주문되고 작가는 그에 부합하려고 할 때 우리는 작가 정신의 절멸을 경험할 수밖에 없다. 소비자의 취향을 문학적으로 예리하게 파악하고 그대로 써나가는 이른바 또 하나의 '자본주의적 장인(匠人)'이 탄생하는 것이다. 이러한 현상이 문학의 심각한 자기파괴 현상을 동반함은 고전적 의사 소통 체계로서의 담론 질서로서의 문학을 받아들이는 이들에게는 자명한 이치로 보인다.

따라서 우리는 대중소설의 이러한 공과(功過)를 분명히 인식하여 그 안에 담겨 있는 긍정적 요소는 공유하면서 누리되 그것이 인간에 대한 깊이있는 이해와 공감에 근본적으로 장애를 주고 있는 측면 역시 주의를 기울일 필요가 있다. 그럴 때 한갓 엄숙주의가 아니라 진지한 인간 이해라는 인문 정신의 기본항에 능동적으로 참여할 수 있을 것이다.

그런 면에서 대중들에게 폭 넓은 호응을 얻으면서도 인간과 실존에 대하여 깊이있는 사색의 장을 열어준 작품들 이를테면, 윤대녕의 『은어낚시 통신』이라든가 이승우의 『生의 이면』 등은 인간과 사회 또는 존재에 대한 심도있는 소설적 성찰로 높이 평가되어 마땅하다.

5. 현실인식을 바탕으로 한 소설들의 변모

한편 1980년대에 가장 날카로운 현실안을 가지고 전개되었던 이른바 리얼리즘 소설들은 매우 가열한 자기반성과 진지한 성찰로 자기변모를 꾀하고 있다.

방현석은 『내일을 여는 집』(1991)이라는 창작집에 1980년대의 성과를 묶어 상재한 바 있다. 그런 그가 1990년대의 한복판에 장편 소설 『십년간』을 냈다. 이 작품은 세칭 후일담문학으로 불리는 일군의 작품에 끼일 수 있는 소지가 많다. 1970년대의 10년간을 시간적 배경으로 20대 젊은이들이 겪는 곡진한 사랑을 형상화하였기 때문이다. 방현석은 정화진과 함께 1980년대에 노동 현장을 소설화하여 주목을 받은 역량 있는 작가이다. 이 작품은 어린 나이에 고향을 떠나 서울에서 요꼬공장의 함빠로 일하기 시작한 완수가 노동 운동가로 성장해가는 내용을 담고 있는데, 제목에서도 드러나듯이 일종의 성장소설적 요소가 배어 있다. 또 순분을 둘러싸고 있는 배경 곧 그 시대의 버스 차장들의 삶이라든가 섬유 공장 노동자들의 삶이 세부의 리얼리티를 확보하고 있다. 이 작품에 나타난 이러한 소설적 형상은 이 작가의 끊임없는 자기갱신을 표나게 보여주는 사례로서, 끊임없는 노동문학적 시각의 착색을 통해 한갓 유행처럼 대두되고 있는 성급한 후일담소설들에게 실질적인 비판의 몫을 하고 있는 작품이라 할 것이다. 이러한 방현석의 작품 실천은 다음과 같은 한 평론가의 자기학대를 넉넉히 이겨갈 수 있는 문학적 실례가 될 수 있을 것이다.

> 이제 '민족문학'은 끝이다. 깃발을 내림은 물론 문도 닫아야 한다. (……) 지금 우리가 우리의 일상의 삶에서 늘 만나고 그러면서 우리를 위협해 들어오는 적, 혹은 적대성에 맞설 상대자는 아무리

생각해도 더 이상 '민족'은 아니다. 물론 '민중'도 아니다. 그 적이 미국도 아니고, 일본도 아니고, 독점 자본도 김영삼도 아니기 때문에 그렇다. 경우에 따라선 미안하지만 '민족'도 '민중'도 적이 될 수 있기 때문에 그렇다.(김명인, 「민족문학의 범주와 작품적 성과」, 『실천문학』 38호, 1995. 여름)

1990년대의 또 하나의 문학적 사건은 박경리의 소설 『토지(土地)』가 1995년 8월 15일 완간되었다는 것이다. 『현대문학』에 연재를 시작하면서부터 장장 25년에 걸쳐 완성한 이 역작(力作)은 그동안 많은 평론가들의 문학적 조명을 받아왔으나 그 심오한 사상적 경지와 문학적 구조는 아직 해명되지 않은 것이 많다. 아무튼 한 작가의 집념과 사상이 커다란 대하로 나타난 것은 한 시대에 얽매이지 않는 작가적 역량과 순결한 열정을 보여준 대표적 사례라고 할 수 있다. 새로운 소설 형식의 창출과 한국적 사상의 집적 그리고 한국 근대사의 소설적 복원 등이 이 작품이 획득한 득의의 영역일 터인데 이에 대한 섬세한 고찰이 나오기를 기대한다. 물론 이 작품을 리얼리즘 문학의 실례로 우리가 거론할 경우 그것은 중대한 개념 왜곡이 되고 나아가서는 작품을 온전한 의미망으로 읽은 경우도 아닐 것임은 말할 것도 없다. 시류(時流)를 타지 않고 고고한 장인 정신과 창조적 열정으로 문학사에 우뚝 선 작가 정신 역시 우리가 기려 마땅한 이 시대의 몫임을 강조하고자 하는 것뿐이다.

또 조정래가 대하소설 『아리랑』을 완간하였고, 송기숙, 김주영 등이 여전히 역사소설을 내는 것 등도 섣부른 청산주의적 시각으로 쉽게 변화하는 작가들에게 경종이 되어주고 있다. 지나간 수난의 시대를 복원하고 사회학적 상상력의 개입을 통해 우리 시대를 말하는 이 작가들의 작업은 우리 소설이 결국은 디뎌야 할 현실의 뿌리를 말해주고 있는 것이다. 또 『광장(廣場)』의 작가 최인훈의 『화두』 또한 오랜 침묵을 깬

이 작가의 역작이라는 데서 관심을 모았다. 자전적인 요소를 밑바탕에 깔고 화려한 지적 순례를 해내는 이 작가의 사변(思辨)은 이 작품에서도 특유의 광휘를 뿜는데 인간의 내면 세계를 확장한 데서 미덕을 찾는 견해와 지나간 시대에 대한 진지하고 성실한 역사적 인식에는 못 미친 관념적 소설이라는 견해를 동시에 얻고 말았다.

이문구의 「유자소전」이나 김남일의 「길」 등 또한 90년대 초반에 나온 역작이다. 방현석의 경우도 「또 하나의 선택」이라는 과거에 대한 반성과 성찰의 시간을 준비하고 있다. 또 광주 문제를 진지하고 새로운 형식으로 다룬 정찬의 「완전한 영혼」 역시 이 시기의 값진 수확이라는 데 이의는 없을 것 같다.

또 윤후명의 단편 「하얀 배」, 정찬의 「슬픔의 노래」처럼 일종의 여행 기록적인 양식의 유행이라든가 신민족주의의 대두 등 또한 흥미로운 이 시대의 문학적 경향이라 여겨진다. 특히 윤후명의 박품은 연해주에서 강제로 추방되어 중앙 아시아로 이주해간 이른바 '카레이스키'의 삶을 다룬 소설이다. 이 작품 속에 깊이 착색되어 있는 민족주의적 파토스는 주목을 요한다. 고려말을 배움으로써 자기 정체성을 확보하려는 '류다'의 열정과 그것을 자신의 관점과 일치된 지점에서 통합해내는 작가적 안목을 확인한다.

그리고 여전히 현실과 인간의 관계를 진지하게 묻는 유순하, 복거일 등의 작업은 여전히 주목을 요하고 번역가로 잘 알려진 이윤기, 기자 출신인 고종석 등의 작품도 새로운 기운을 불어넣었다고 판단할 수 있다. 또 신예 엄우흠이나 김호창 등도 기대해 볼 만하다고 생각된다.

6. 여성 작가들의 활발한 활동과 작품 세계

여성 작가의 수적 증가는 그 사회적 토대로 보아 일종의 필연성을 가진다. 산업 구조가 정착하면서 여성들의 사회적 활동이 증가하였고, 교육 수준이 높아진 데다 지적 능력을 갖춘 여성 인력의 유휴 노동력화가 활성화되었고, 그 위에 이른바 '페미니즘'이라는 정신적, 사회적 지향이 폭 넓은 공감을 가지고 확산된 데다 거대 사회 구조에 대한 관심에서 미시적이고 섬세한 인간 존재에 대한 관심으로 전이된 현상 등이 여성이라는 창작 주체들의 대거 등장을 요구했다고 볼 수 있다.

근래에 발표된 여성 작가들의 작품 경향은 대략 세 가지로 정리해 볼 수 있다. 하나는 이른바 여성 해방이라는 주제를 다룬 일련의 페미니즘 작품들이고, 둘째는 삶의 미세한 결을 그리려 하는 서정적 소설들, 그리고 셋째로는 이른바 후일담문학이라고 할 수 있다. 그 하나하나를 살펴보자.

먼저 이른바 '페미니즘'을 주제로 한 작품들은 전시기의 박완서의 『그대 아직도 꿈꾸고 있는가』라든가 이경자의 「절반의 실패」 등을 잇는 것들이다. 그 대표적인 작품이 양귀자의 『나는 소망한다, 내게 금지된 것을』이다. 이 작품은 1990년대 문학에서 여성 해방이라는 이념이 최초로 극명하게 표면화된 작품이라는 면에서 많은 이들의 주목을 받았다. 작가는 여성에 대한 남성의 폭력에 복수하기 위해서 인기 배우를 납치하는 여성을 주인공으로 삼아 여성 해방 문제를 시험한다. 그러나 학대받는 여인의 납치 행각, 복수, 그 좌절이라는 플롯 설정은 실로 어처구니없는, 현실성없는 어설픈 해프닝으로 끝난 감이 없지 않다. 그리고 폭력을 또 하나의 폭력으로 복수하려는 주인공의 의도 역시 현실성이 없는 데다가, 올바른 방법도 아니었다는 데 이 소설의 결정적 홈이 있었다는 것이 대체적인 평가이다. 그러나 우리로서는 이러한 혹독한 평가에 선뜻 동의할 수 없게 된다. 왜냐하면 그토록 비현실적인 상황 설정 자체가 하나의 문학적 알레고리일 수 있다는 해석의 가능성 때문이다. 물론 소설 속에서야 주인공이 남자 배우를 납치하고 학대하지만 그것을 고스란히 뒤집어보면 주인공의 언어 및 행동 체계는 그대로 이 시대 남성들의 것이 되어버린다. 따라서 작가는 주인공을 통해 여성의 남성에 대한 복수를 그렸다기보다는 그녀를 통해 남성들의 내적, 외적 폭력을 그리려 했다는 역설적 해석이 가능한 것이다. '알레고리'란 표면 이야기의 저변에서 표면 이야기와 함께 그 속에서 2차적 의미를 읽을 수 있게 하는 말의 암유적(暗喩的) 용법을 일컫는데, 이 작품의 독법에 있어서 그것의 인식은 매우 중요해 보인다.

그 다음 살펴볼 작품이 최윤의「하나코는 없다」이다. 이 소설은 여성과 남성의 관계를 동등한 관계로 인식하려는 하나코와 그녀를 친구보다는 하나의 성적인 대상으로 여기는 남자들의 심리를 추적한 작품이다. 작가 최윤은 사회의 온갖 편견을 극복하고 당당한 하나의 인격체로서 독립하는 여성상을 그녀를 통해 보여주고 있다.

또 공선옥의 작품집 『피어라 수선화』도 빼놓을 수 없는 이 시기의 수확이다. 공선옥은 상대적으로 '여성의 정체성'에 대해 무척 새로운 시각을 보여주는 작가이다. 이를테면「목마른 계절」,「우리 생애의 꽃」 등에서 나타나는 여인들은 인내하고 순종하는 여성들이 아니다. 자신의 운명을 감내하지만 자신의 본능적 충동을 마냥 억압하지 않고 그에 충실하려는 여인상을 보여준다. 특히 이 작가는 광주의 체험을 선명하게 작품 속에 반영하고 있어 개인적 일상사에 매이기 쉬운 이야기 전개에 사회 역사성까지 담고 있는 미덕을 보이고 있다.

마지막으로 우리는 공지영의 『무소의 뿔처럼 혼자서 가라』를 살필 필요가 있다. 이 작품은 혜완, 영선, 경혜라는 이질적인 세 인물의 여성적 삶을 대비시키면서 여성의 참된 사회적, 실존적 의미가 무엇인가를 묻고 있는 정통 페미니즘 작품이다. 통속성의 요소가 강하게 내재하고 있지만 공지영의 작가적 역량은 '혜완'이라는 주인공을 통해 사회적 모순과 그것을 감내하고 이겨나가는 여성의 참된 정체성의 편린을 보여준다는 데 있다.

이들의 소설은 다양하게 흔들리고 있는 여성의 자기 정체성을, 통속성을 최대한 경계하면서 형상화함으로써 한 시대의 변화상과 지향의 시사점을 예리하게 보여주는 역할을 했다고 볼 수 있다.

그 다음 경향으로 우리가 살필 수 있는 것은 삶의 섬세성에 주의를 기울인 것을 들 수 있는데, 그 대표적 작가로 우리는 신경숙을 떠올릴 수 있다. 그가 발표한 「풍금이 있던 자리」, 『깊은 슬픔』 등은 그런 전형적인 예이다. 「풍금이 있던 자리」는 한 기혼 남성을 사랑하는 여성의 곡진한 심리가 수려한 문체에 실려 형상화되어 있는 그의 데뷔작이자 출세작이다. 이 작품의 변별적 특장은 빼어난 문체(스타일)에 있다. 서사적 진전을 뼈대로 삼지 않고 심리적 정황 자체를 집요하고 아름답고 서정적인 문체로 다듬어내는 재간은 그의 독자적 역량에 속한다. 이후 발표된 『깊은 슬픔』은 그의 첫 장편인데 이 작품은 이 작가의 성향을 가장 잘 보여주는 소설이다. 젊은이들의 사랑을 소재로 하여 우리의 삶이 얼마나 쉽게 상처받는가를 보여준다. 주인공과 두 남자 사이에서 벌어지는 삼각관계 연애 스토리는 식상한 멜로 드라마적 구성이지만 그들 사이의 미묘한 심리 묘사가 탁월한 수준의 인간 이해를 보여주고 있다. 물고 물리는 사랑 이야기를 통해 작가는 사람들이 자신이 받았던 상처의 슬픔을 다른 사람에게 입히는 반복되는 삶의 양태를 제시하고 있다. 그러나 서사보다는 문체에 특장이 있던 이 작가의 한계가 이 작

품에서 필연적으로 보이게 되는데 그것은 장편이라는 양식과의 부적절
성에서 명징하게 드러나고 있다.
 거기에 최윤의 「회색 눈사람」을 추가할 수 있다. 이 작품은 우연한
기회에 사회 운동을 하는 사람들 틈에 끼게 된 여성의 눈을 통해 민중
을 위해 일한다는 사람들의 가식과 모순을 폭로하는 형식을 택한다. 이
러한 주제 설정은 1980년대처럼 변혁 운동의 고양기라면 형상화하기
힘들었겠지만 진보적 운동이 또 하나의 모순을 만들어낼 수 있는 개연
성을 얼마든지 지녔을 수 있다는 점에서 반성적 사유가 반영된 작품이
라고 하겠다. 최윤의 소설은 끈질긴 관념을 형상화하는 이른바 '관념소
설'에 속할 것으로 보이는데 이러한 면모는 분명 우리 소설사에 낯선
부분이 틀림없다.
 그리고 우리로서는 신예 작가 한강의 첫 작품집 『여수의 사랑』을 기
억할 수 있다. 그의 경우도 주로 인간의 사람에 내재하는 온갖 폭력들,
상처들 그리고 거기서 결코 벗어날 수 없는 인간 삶의 비극적 양상들
이 출몰하는데, 보기 드문 내적 치열성과 단단한 구성력 그리고 해박하
고 적확한 산문 문장의 구사로, 내가 보기에는, 사소설적 경향으로의
탐닉과 지나친 비극적 상투형만 조심한다면 가장 주목받을 수 있는 여
성 작가가 될 것으로 생각된다. 그 밖에도 김형경이나 김인숙, 김향숙,
은희경, 송경아, 서하진, 윤영수, 함정임 등 역량있는 여성 작가들의 괄
목할 만한 작품 활동은 당분간 지속적인 강세를 띨 것으로 보인다.

 마지막 경향으로 우리가 꼽을 수 있는 여성적 소재와 후일담문학이
결합된 예로 우리는 공지영의 『고등어』를 들 수 있다. 이 작품의 줄거
리는 80년대 노동 현장에 뛰어들었던 한 여인과 그녀를 사랑했던 남자
사이의 미묘한 갈등을 이야기의 뼈대로 하고 있다. 충분한 현실적 고려
없이 후배와 결혼했지만 뒤늦게 자신이 사랑하는 사람은 다른 사람이

라는 것을 알게 된 은림은 그와 사랑의 도피 행각까지 시도하지만 사회적 통념에 구애받는 남자는 그녀를 저버린다. 그로부터 7년의 세월이 흐른 뒤 서로가 많은 인생 경험을 갖고 다시 만나지만 새로이 형성된 인간 관계들 때문에 그들은 쉽사리 결합할 수 없다. 결국 생을 마감하는 순간에야 서로를 껴안게 되는 비극적 사랑이 주요 내용이다. 이 줄거리에 사회 운동이 격렬했던 1980년대와 찰나적인 몸부림만이 진실성을 갖는 1990년대의 사회 풍속이 배어 있고 그 같은 현실 변화 자체가 작품의 배경을 이루고 있다. 그러나 이 작품은 후일담문학이 으레 가질 수 있는 함정 곧 섣부른 패배적 감상주의와 통속성에서 별로 자유롭지 못하다. 감상성과 통속성 그리고 패배와 상처로 전시대를 표상했을 때 그것은 지나간 시대의 열정에 심각한 왜곡과 굴절을 덧씌우는 것일 터이니 말이다.

또 신경숙의 『외딴 방』은 주목해 마땅한 사적 가치가 있는 작품이다. 1970년대 후반에 산업체 부설학교에서 공부하던 옛 시절의 기억과 현재 소설가가 되어 있는 자신을 넘나들며 쓴 이 작품은 '수기(手記)'와 '소설' 곧 '사실'과 '허구'의 벽을 무너뜨리며 읽는 이로 하여금 사람의 진실에 접근하게 하는 힘을 가지고 있다. 특히 이 소설의 노동소설적 요소 다시 말해서 산업체에서 나타나는 노사 문제라든가 열악한 작업 환경 그리고 갈등하는 주인공의 심리 등은 투쟁하는 주체가 전면에 등장했던 1980년대의 노동소설보다 한결 진한 감동을 주는 요소라 할 것이다. 또 주인공의 성장소설적 요소도 이 작품을 읽는 재미를 더해주고 있다. 결국 이 작가에게 '글쓰기'란 외롭고 남루했던 '외딴 방'으로부터의 벗어남이었고 또 그와 더불어 독자들로 하여금 지나간 시대에 대한 형상적 체험을 가능하게 하는 역량을 동시에 이룩했다고 보인다.

이상에서 살핀 여성 작가들의 활약은 참으로 괄목상대한 바 있다. 박경리, 박완서, 오정희, 윤정모, 서영은, 김채원 등에 의해 주도되었던 여성소설들은 이제 폭 넓은 작가층과 성숙한 역량으로 이제는 한갓 '여류 (女流)'가 아닌 당당한 여성 작가로 등장하게 된 것이다. 그들의 소설 세계는 이상에서 살펴보았듯이 공동체의 역사보다는 개인사의 집중적 인 탐구에 그 무게 중심이 놓여져 있다. 사랑, 본능, 심리적 갈등 같은 극히 섬세한 감각적 소재들이 등장하고, 사건 전개의 속도보다는 정서 적 반응을 보이는 심리 묘사가 우세하고, 서정적인 문체에 일상사를 탐 구해 들어가는 그들의 노력과 성향은 당분간 어김없는 강세를 띠면서 전개될 것이다. 그러나 논리성보다는 감각성을 위주로 하는 문체가 지 난 시대에 황석영, 이문구, 윤흥길 등이 보여 주었던 정통 서사 문법에 비해 발전한 것이라고는 단정하기 힘들고, 오히려 진정한 소설의 양상 은 서사성의 회복으로 다시 찾아질 수 있다는 면에서, 이들의 노력은 서사성의 강화라는 본래의 궤도로 돌아와야 한다는 요청에 직면할 것 으로 보인다. 이런 부분은 오정희, 박완서나 윤정모, 이남희, 유시춘, 정 지아 등의 역량있는 작가들의 작품들에 의해서 이루어지리라고 본다.

7. 맺음말 - 1990년대 소설의 중간 점검의 의미

우리는 이제까지 1990년대 들어서 본격화되기 시작한 소설 작품들의 경향을 살펴보았다. 문학이 인간의 정신적 가치라든가, 인류가 이제까 지 쌓아왔던 지혜를 친절하고 쉬운 언어로 들려주는 소통 방식이라는 믿음을 전제할 때, 지금의 시대는 그에 대한 중대한 도전에 직면해 있 다고 할 수 있다. 우리가 문학 작품을 읽고 거기서 의미있는 체험을 하 는 까닭은 달리 생각할 것도 없이 가치있는 체험 속에 우리를 고스란 히 잠기게끔 하는 문화적 깊이에 대한 그리움과 갈망이 남아 있기 때 문일 것이다. 그 '그리움'이야말로 문학의 소통 주체 곧 작가와 독자가 존재하는 근원적 이유가 될 것이다.

지금은 앞서 말했듯이 자본의 자기 운동 영역이 언필칭 '파시스트적 속도'로 뒤얽히며 진리 기준이 와해되어가는 시대이다. 주조 이념의 퇴조로 인해 가치의 준별이 이루어지기 어려운 시대적 정황이 드리워져 있고, 글을 쓰는 주체나 읽는 독자들 역시 일상성 속으로 깊이 침윤되어 있다. 그 와중에 1990년대는 신세대 시나 소설의 질주, 삶의 일상사에 대한 관심의 증폭, 대중 소설의 대폭 확산 등으로 양적 확대와 질적 빈곤을 동시에 드러내고 있는 형편이다. 그 중에 뚜렷한 변화 양상으로 들어 본 것이 이념성의 약화와 소설 경향의 다양화 그리고 여성 작가의 대거 등장 등이었다.

우리는 항상 정신적 사유 또는 삶에 대한 가치 지향적 삶을 자기 자신에게 요구하며 살아간다. 그러나 '사물화'가 진전되면 될수록 우리의 사유 또한 균열되고 물질화된다. 이러한 상황 속에서 자기의 동일성을 지켜가고 또 일구어갈 수 있는 정신적 항체를 길러나가는 일 또한 치열한 작가 정신이 낳은 위대한 언어 속에 그 잠재적 가능성이 숨쉬고 있는 것은 두 말할 나위가 없을 것이다. 다만 우리로서는 다가올 21세기에 인간 정신 속에 숨쉬는 그리움의 형식이 어떤 양상으로 펼쳐질지 기대반 우려반을 가지며 우리 스스로 그 기대를 현실화시켜 나가는 주체로 서야 할 것임을 다짐해 볼 뿐이다. (1996)

한국 현대시의 형상과 논리

인쇄일 초판 1쇄　1997년 12월 10일
　　　　 2쇄　2018년 07월 20일
발행일 초판 1쇄　1997년 12월 15일
　　　　 2쇄　2018년 07월 25일

지 은 이　유 성 호
발 행 인　정 찬 용
발 행 처　국학자료원
등록일　1987.12.21, 제2-412호
ISBN: 978-89-8206-183-7 (03810)

서울시 강동구 성내동 447-11 현영빌딩 2층
Tel : 442-4623~4 Fax : 442-4625
www.kookhak.co.kr
E- mail : kookhak2001@hanmail.net
가 격 20.000원

*저자와의 협의 하에 인지는 생략합니다.